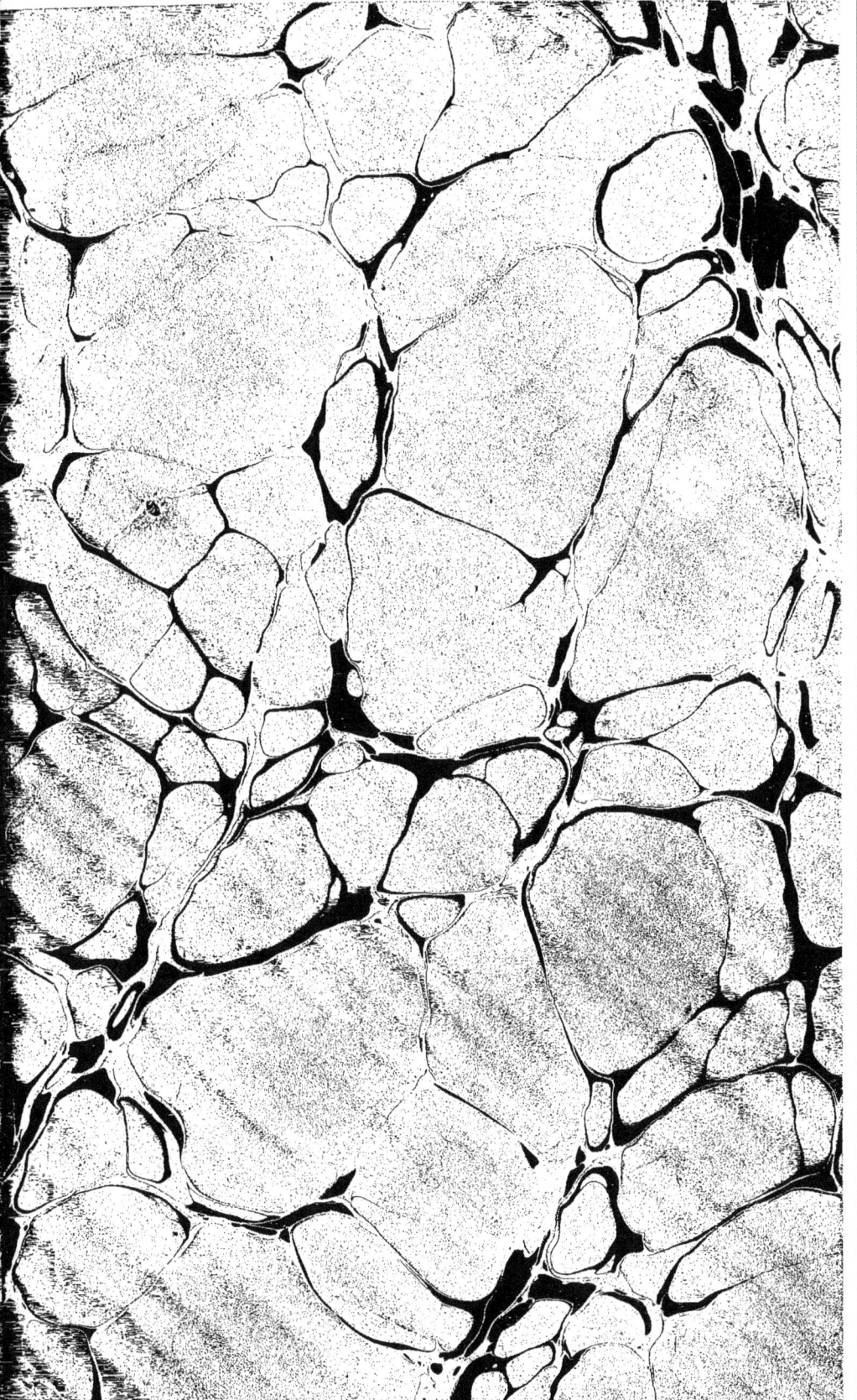

1517 ?
NF

LE LIVRE
DE CUISINE

OUVRAGES DU MÊME AUTEUR

PUBLIÉS PAR LA LIBRAIRIE HACHETTE ET Cie

LE LIVRE DE PATISSERIE

ILLUSTRÉ DE 10 PLANCHES EN CHROMOLITHOGRAPHIE ET DE 120 GRAVURES

Dessinées d'après nature par E. Ronjat

Un magnifique volume in-8 jésus, broché, 20 francs.

LE LIVRE DES CONSERVES

ILLUSTRÉ DE 34 GRAVURES INTERCALÉES DANS LE TEXTE

Un beau volume in-8 jésus, broché, 10 francs.

LE LIVRE DES SOUPES ET DES POTAGES

CONTENANT PLUS DE 400 RECETTES DE POTAGES FRANÇAIS ET ÉTRANGERS

Un beau volume in-18 jésus, broché, 2 francs.

LE LIVRE
DE CUISINE

PAR

JULES GOUFFÉ

ANCIEN OFFICIER DE BOUCHE DU JOCKEY-CLUB DE PARIS

COMPRENANT

LA CUISINE DE MÉNAGE ET LA GRANDE CUISINE

AVEC

4 PLANCHES IMPRIMÉES EN CHROMOLITHOGRAPHIE
ET 182 GRAVURES SUR BOIS

DESSINÉES D'APRÈS NATURE PAR E. RONJAT

HUITIÈME ÉDITION

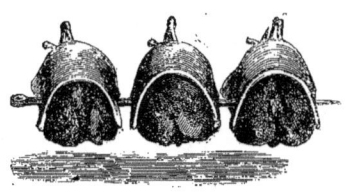

PARIS

LIBRAIRIE HACHETTE ET Cⁱᵉ

79, BOULEVARD SAINT-GERMAIN, 79

Droits de propriété et de traduction réservés

PRÉFACE

J'ai hésité beaucoup avant de me décider à écrire l'ouvrage que je publie aujourd'hui. Ce qui m'a fait balancer pendant de longues années, c'est, je le déclare, l'inutilité de la plupart des livres de cuisine publiés jusqu'à ce jour, qui presque tous n'ont fait que se copier servilement les uns les autres, répétant les mêmes recettes les plus vagues et souvent les plus fausses, adoptant tous les mêmes routines et les mêmes erreurs, ne précisant, dans leurs formules, ni poids ni mesures, ni quantités ni durées de cuisson, ravalant notre profession plutôt qu'ils ne la rehaussaient, enfin ne pouvant être d'aucun secours pour personne, ni pour ceux qui savent ni pour ceux qui ont à apprendre, ni pour les gens du monde ni pour les gens du métier.

Ai-je fait mieux? Ai-je eu enfin le bonheur de *réaliser ce livre de cuisine* universellement attendu? Le public jugera; tout ce que je puis dire, c'est que j'ai fait autre chose que ce que l'on a fait jusqu'ici.

On confond ordinairement dans les ouvrages culinaires la petite et la grande cuisine, les mets les plus simples avec ceux du genre le plus compliqué; de là un amalgame des plus fâcheux, et qui explique comment l'étude et la pratique de l'art culinaire ont fait si peu de progrès jusqu'à ce jour.

Ainsi, pour citer un exemple, quoi de plus irrationnel que de donner les recettes des bisques, des suprêmes, des essences, pêle-mêle avec les haricots de mouton, les sautés de lapins, les blanquettes, les veaux à la bourgeoise, les choses les plus élémentaires de la cuisine domestique? Quoi de plus propre à tout embrouiller, à faire que personne n'y reconnaisse rien, ni maîtres ni cuisiniers?

J'ai voulu séparer ce qui, à mon point de vue, ne pouvait sans inconvénient être réuni. A l'aide des dimensions exceptionnelles du livre, et qui me paraissent indispensables si l'on veut embrasser la cuisine dans toute son étendue, j'ai pu diviser mon traité en deux parties bien distinctes: l'une pour la cuisine de ménage, et l'autre pour la cuisine d'extra. Ces deux branches se correspondent, sans aucun doute, et se complètent l'une par l'autre, comme j'aurai plus d'une fois l'occasion de le démontrer; mais il n'en est pas moins vrai que dans la pratique elles représentent deux parties différentes.

Il est incontestable que la tâche de la cuisinière bourgeoise n'est pas la même que celle d'un chef de grande maison.

Ainsi, dans ma première Partie, on trouvera la cuisine de *ménage* proprement dite, sans complications d'aucun genre sous le rapport du travail et de la dépense; on verra si j'ai craint d'y donner les détails les plus minutieux, d'entrer dans les explications les plus positives, de manière à les mettre tout à fait à la portée des débutants et des apprentis.

J'ai été constamment guidé par une pensée qui est la base même du *Livre de cuisine* et qui suffira, je l'espère, pour lui assigner, rien que sous ce rapport, une place à part : j'ai tenu à donner, pour les recettes du ménage, les mesures les plus précises. On n'a rien expliqué ni rien démontré en cuisine ordinaire, si l'on ne procède que par des quantités approximatives, des données arbitraires, comme poids, comme mesure des matières, et aussi comme durée des opérations.

Je n'ai pas rédigé une seule de mes indications élémentaires sans avoir constamment l'horloge sous les yeux et la balance à la main. Je m'empresse d'ajouter qu'on n'est pas obligé d'avoir continuellement recours, dans la pratique, à ces moyens de vérification absolue, du moment où l'on est devenu un ouvrier habile et consommé. Mais, lorsqu'il s'agit de formuler pour les personnes qui n'ont pas encore de connaissances acquises, je déclare qu'on ne saurait procéder d'une façon trop rigoureuse; c'est le seul moyen d'en finir avec les à-peu-près et les doutes, qui planent encore actuellement même sur les préparations les plus simples, et font que tant de personnes mangent mal chez elles, et se plaignent, avec juste raison, du peu de progrès qu'a faits jusqu'à présent la cuisine de ménage.

Dans la seconde Partie, j'ai présenté la grande cuisine avec tous ses développements et ses perfectionnements. Je pense n'avoir rien omis : toutefois j'ai évité avec le plus grand soin toutes les dénominations pompeuses ou bizarres, tous ces charlatanismes si ridicules de mets inconnus qui encombrent tant de livres, et qui ne représentent en résumé que des choses de pur étalage dont personne ne mange, ou des vieilleries déguisées sous un nom nouveau.

Pourquoi n'ajouterais-je pas aussi que j'ai été poussé à écrire le *Livre de cuisine* par les sollicitations pressantes de plusieurs de mes jeunes confrères qui veulent bien recourir quelquefois à mes conseils et à mon expérience? Ils m'ont rappelé que, par ma position personnelle et les circonstances de ma vie, je me trouvais être en cuisine à la fois l'homme du passé et l'homme du présent, l'homme du courant et l'homme de l'extra : apte, par cela même, à écrire sur l'ensemble et les détails de notre métier des choses utiles, instructives, qui n'ont pas été dites avant moi.

Entré dès mes plus jeunes années dans la carrière culinaire, j'ai beaucoup vu, beaucoup observé, beaucoup pratiqué dans tous les sens.

J'ai eu occasion d'étudier de près le travail de nos anciens grands maîtres, dont on aurait tort de laisser les noms et les travaux tomber dans l'oubli. Ainsi je citerai Loyer, l'homme qui a su le mieux dresser, suivant

PRÉFACE. XI

moi, une grosse pièce de cuisine; Drouhat, aussi bon administrateur que bon cuisinier; Léchard, le praticien universel, traitant avec un talent supérieur toutes les parties : Bernard, si renommé pour la délicatesse minutieuse de son travail; Tortez, le meilleur élève des Loyer et des Drouhat, digne en tous points de leur succéder. J'ai été d'ailleurs employé pendant sept années consécutives comme cuisinier et comme pâtissier par l'illustre Carême. J'ai fait en sorte de tirer tout le profit possible de ses excellents préceptes et de ses grandes traditions, qu'il serait si désirable de voir revivre à notre époque.

Cependant les souvenirs d'autrefois ne m'ont jamais rendu injuste envers le présent. Je ne suis pas de ceux qui déclarent que la cuisine française, cette partie de notre nationalité dont nous avons raison d'être fiers, est perdue aujourd'hui, et qu'elle ne se relèvera jamais. Les bonnes et vraies choses ne périssent pas ; il peut y avoir sans doute des moments de déclin ; mais on se relève tôt ou tard avec le travail, l'intelligence et la bonne volonté. Je maintiens qu'on n'a jamais été mieux à même de faire bien et très bien qu'à présent.

Pénétré de cette conviction et des progrès continus dont la cuisine est susceptible, aussi bien dans ses parties les plus simples que dans ses branches les plus relevées, il n'y a pas de jours où je ne cherche et ne travaille au milieu de jeunes praticiens déjà célèbres, et qui témoignent assez par leurs talents et leur renommée justement acquise que la jeune cuisine n'a nullement dégénéré. Je citerai en première ligne MM. Paul Pasquier, Charles et

Léon Canivet, Paul Dessolliers, Got, chef pâtissier chez Sa Majesté l'Empereur Napoléon III, Bernard fils et Cogerie, Madelain, Amédée Bain, chef de bouche chez Sa Majesté la reine Christine, Charles et Alexandre Lavigne, Édouard Chenu et tant d'autres.

Plusieurs d'entre eux veulent bien se dire mes élèves : qu'ils me permettent de ne leur donner d'autre titre que celui de confrère et d'ami.

Je leur dois un grand nombre d'excellentes recettes que je n'ai eu qu'à transcrire textuellement ; tous ceux auxquels j'ai fait appel, notamment MM. Amédée Bain et Charles Canivet, mes collaborateurs particuliers, m'ont aidé puissamment de leur concours actif et dévoué dans l'exécution de ce long et difficile ouvrage, qui a été fait au milieu de nos travaux de tous les jours, *sur nos fourneaux*, la vraie place du *Livre de cuisine*.

Parmi mes auxiliaires, je citerai aussi mes deux frères, Alphonse Gouffé, officier de bouche à la cour d'Angleterre depuis vingt-cinq ans, et Hippolyte Gouffé, officier de bouche chez le comte André Schouvaloff, aussi depuis vingt-cinq ans. Les renseignements qu'ils m'ont envoyés de l'étranger m'ont été d'un grand secours. Ce n'est pas seulement comme frère que je les remercie, c'est aussi comme cuisinier rendant justice à leur mérite incontesté.

Enfin, je me résume dans ceci, c'est surtout à l'usage que l'on pourra juger le *Livre de cuisine*.

Grâce aux réformes et aux méthodes que je propose, si j'apprends d'ici à quelques années que chacun mange du mieux possible, suivant sa position sociale ; que d'une part la cuisine de ménage se pratique enfin avec soin, économie et confortable, et que d'une autre la grande cuisine s'exerce dans les conditions de progrès, de bon goût, d'éclat, que comporte si bien un siècle de lumières et de luxe comme le nôtre, j'aurai atteint réellement le but que je m'étais proposé, je me déclarerai pleinement satisfait du résultat et bien payé de toutes mes peines.

J. Gouffé.

15 juillet 1867.

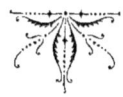

Le couvert mis et le potage sur la table.

DESSINS DE L'OUVRAGE

Je crois nécessaire d'indiquer la destination spéciale des planches de couleur et en noir que renferme le *Livre de cuisine*.

Ce n'est pas à moi à faire ressortir la valeur artistique de ces planches ni le mérite des dessinateurs et des graveurs qui ont bien voulu me prêter l'appui de leur talent; mais tout en reconnaissant l'éclat incontestable que de pareilles illustrations n'ont pu manquer de donner au volume, je tiens à insister sur un point, c'est que ces dessins ont été faits, non pas seulement pour l'ornement et l'effet du coup d'œil, mais aussi pour concourir directement à l'œuvre d'enseignement culinaire que j'ai eu en vue, avant toutes choses, en écrivant mon ouvrage.

J'ajoute que tous ces dessins et planches ont été exécutés d'après nature, par M. Ronjat, peintre habile, à qui je me plais à rendre justice, et que, grâce à la chromolithographie, j'ai pu donner des indications nouvelles et précieuses, par exemple en représentant en face les unes des autres les viandes de boucherie et les volailles de bonne et de mauvaise qualité.

Toutes les fois qu'un dessin m'a semblé utile pour expliquer une opération, pour mettre en relief le détail pratique d'une recette, je me suis empressé de l'appeler à mon aide, bien convaincu du grand avantage que les jeunes cuisiniers qui travailleront d'après mon livre trouveront à avoir sous les yeux des illustrations techniques, conçues au point de vue du métier, destinées à leur offrir des modèles qu'ils devront suivre exactement.

Ainsi, dans la question du dressage, cette partie où il est si souvent nécessaire de donner des explications qui parlent aux yeux du praticien, on verra que je n'ai pas hésité à démontrer pour ainsi dire morceau par morceau, à l'aide de figures détachées, les grosses pièces de relevés et d'entrées les plus importantes, de façon que le cuisinier puisse arriver à se rendre compte du travail partiel que représentent telles bordures ou telles garnitures avant d'être mises en place et afin de procéder par le détail à l'exécution de la pièce d'ensemble.

Il m'a semblé que cette façon de dessiner et de peindre pratiquement la cuisine, en décomposant le travail partie par partie, valait infiniment mieux que de se borner à donner des dessins généraux de grosses pièces d'apparat qui trop souvent n'indiquent rien, ne fournissent que des renseignements tout à fait insuffisants quant à la manière d'exécuter les détails, et semblent avoir pour but d'éblouir et généralement de décourager les novices, bien plutôt que de les éclairer et de leur tracer la voie.

On pourra d'ailleurs se convaincre que je n'emploie pas le procédé démonstratif seulement pour les recettes de la grande cuisine ; on en trouvera de fréquentes applications dans les opérations les plus élémentaires de la cuisine bourgeoise, ce qui prouve assez le sens d'utilité positive dans lequel les illustrations de l'ouvrage ont été constamment dirigées.

Je pense que cette manière de compléter les recettes à l'aide de figures qui en sont réellement la mise en œuvre professionnelle, ne peut manquer de faire faire de rapides progrès aux jeunes gens qui voudront désormais apprendre leur métier, non pas seulement d'après la routine, comme on l'a fait pendant si longtemps, mais en joignant au travail manuel de tous les jours l'observation, l'étude; ces notions d'art, de science, de goût sans lesquelles il n'y aura jamais de véritable cuisinier.

PREMIÈRE PARTIE

LA

CUISINE DES MÉNAGES

Fig. 1. Attributs de cuisine.

CONSIDÉRATIONS PRÉLIMINAIRES

J'ai réuni sous ce titre : *Considérations préliminaires*, un certain nombre de préceptes et de principes élémentaires que je regarde comme la pierre fondamentale de la cuisine, petite et grande. Je crois devoir appeler sur ce chapitre toute l'attention de ceux qui tiennent à commencer par sa véritable base la pratique de la profession culinaire. Les jeunes cuisinières trouveront là des renseignements tout à fait essentiels, et que je n'hésite pas à recommander aussi aux maîtresses et maîtres de maison qui désirent que la table, cette chose si importante de la vie, soit chez eux, comme soin et comme exécution, toujours ce qu'elle doit être.

Voici l'énoncé sommaire des sujets traités dans ces préliminaires ; il suffit de les indiquer pour en faire ressortir toute l'importance :

1° TERMES DE CUISINE. — Je commence par expliquer ce qu'il faut entendre par ce qu'on appelle les *termes de cuisine*, que j'essaye, comme on le verra, de réduire à leur juste valeur, en débarrassant autant que possible le métier des locutions de convention, qui ne servent qu'à l'embrouiller dans la pratique.

2° INSTALLATION ET TENUE DE LA CUISINE. — Chacun admettra sans aucun doute qu'il faut un local convenable pour pouvoir travailler convenablement. J'insiste à dessein sur la question de tenue et de propreté : j'entre à ce sujet dans des détails minutieux qu'il est toujours bon de rappeler dans l'intérêt de tous, maîtres et praticiens.

3° OUTILLAGE DE LA CUISINE. — Je donne une liste aussi complète que possible de tous les instruments et accessoires qu'une cuisine doit contenir.

4° APPROVISIONNEMENTS. — J'indique la manière de faire son marché, puis les procédés pour bien diriger les fourneaux et pour établir les diverses espèces de feux et de cuissons, conformément aux opérations que l'on veut exécuter.

5° ÉPICES ET AROMATES. — J'explique comment on doit les employer et les apprêter soi-même ; je donne pour chaque recette des quantités exactes, comme je l'ai fait dans tout cet ouvrage.

6° SERVICE DE LA TABLE ET DE LA CUISINE. — Je termine en indiquant ce qui me paraît être le véritable nécessaire pour ce qui concerne le service de la cuisine et de la table.

Je puis affirmer que, si l'on veut étudier ces considérations préliminaires avec soin et réflexion, se bien pénétrer de ce qu'elles contiennent et en faire usage quand on se trouvera devant les fourneaux, on sera en état d'entamer comme il convient le travail de la cuisine, et d'abréger de beaucoup la période toujours si pénible et si compliquée de l'apprentissage.

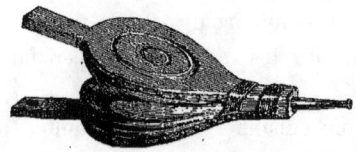

Fig. 2. Soufflet de cuisine.

I

TERMES DE CUISINE

J'intitule ce chapitre : *Termes de cuisine*, pour me conformer à un usage généralement admis, mais qui pour moi, je l'avoue, n'a pas grand sens. Il n'y a pas, à proprement parler, de *termes de cuisine* : la cuisine d'aujourd'hui, naturelle et vraie avant tout, ce qui est le cachet du progrès moderne, doit s'exprimer de manière à être comprise de tout le monde. Si elle a laissé s'introduire autrefois dans ses habitudes certaines expressions spéciales, devenues du reste surannées pour la plupart, elle n'a guère d'intérêt à les propager actuellement, attendu que, sauf bien peu d'exceptions, les choses auxquelles ces expressions s'appliquent peuvent être aussi bien indiquées avec les ressources du langage ordinaire.

Je veux donc m'occuper ici non pas tant des *termes* de cuisine que des *opérations* de cuisine, dont il est essentiel d'avoir au moins une idée précise avant d'entrer dans le détail de la profession culinaire.

Blanchir, c'est mettre dans l'eau bouillante pendant un temps déterminé certains légumes dont on retire ainsi l'âcreté. On blanchit aussi les têtes et pieds de veau, afin de les rendre plus flexibles et plus faciles à parer. Le blanchissage s'applique également aux couennes de porc, pour en faciliter le nettoyage et le dégorgement.

Braiser, c'est faire cuire à la casserole, à petit feu, une pièce de viande que l'on couvre hermétiquement avec feu dessus.

Brider, c'est faire passer dans les membres d'une volaille une ficelle pour les empêcher de s'écarter au feu et donner à la pièce la forme adoptée pour entrée ou rôti.

Ciseler, c'est faire des incisions au couteau, plus ou moins profondes, à la surface de certains poissons ou de certains légumes, afin d'en faciliter la cuisson.

Clarifier. Ce terme s'applique à l'opération qui a pour but de rendre limpides les gelées, les jus, les consommés, le beurre. Les gelées se clarifient à l'œuf; les jus et les consommés à la viande; on clarifie le beurre en le mettant à feu doux; on le passe à la serviette pour s'en servir dans les opérations si nombreuses où l'on emploie le beurre *clarifié*.

Découper, c'est séparer les membres d'une volaille ou d'un gibier que l'on veut ou fricasser ou sauter. Voir le dessin pour la manière de séparer les membres (pl. VII).

Dégorger. Faire dégorger signifie laisser tremper les légumes le temps voulu pour leur faire perdre toute espèce d'âcreté; on dégorge aussi les pieds de veau, têtes de veau, crêtes de coq, etc., pour en enlever le sang, qui les ferait noircir à la cuisson.

Dessécher, c'est tourner pâtes ou légumes avec la cuiller de bois en pressant sur le fond de la casserole: pour empêcher les préparations de s'attacher, et pour faciliter en même temps l'évaporation.

Flamber, c'est passer volaille et gibier au-dessus de la flamme d'un foyer ardent. Dans les cuisines où l'on emploie le fourneau de fonte, on a recours, pour flamber, à la lampe à esprit-de-vin, dont il sera question à l'outillage.

Frémir. On entend par ce terme la petite agitation qui se produit à la surface d'un liquide au moment où il va se mettre à bouillir.

Garniture. On indique par ce mot l'encadrement des entrées.

Glacer, c'est passer au pinceau avec le jus de viande consistant, appelé *glace*, les viandes piquées, rôties, les sautés, les croûtons, etc.

On appelle *faire tomber sur glace*, faire réduire un mouillement quelconque en couvrant le feu au fur et à mesure que la réduction a lieu.

Le mot *glacer* s'entend aussi des couches de sucre que l'on applique aux beignets, pannequets et à certaines pièces de pâtisserie.

Enfin, le mot *glacer* s'applique aux entremets que l'on prépare à la glace, tels que nesselrode, chateaubriand, etc.

Mouiller, c'est mettre dans la casserole le liquide nécessaire pour la cuisson.

Parer. On appelle *parer* l'opération qui consiste à enlever d'une volaille ou d'une viande toutes les parties qui peuvent nuire à la forme et au dressage.

Rafraîchir, c'est, après avoir fait blanchir les légumes et les viandes, les mettre dans l'eau froide : on rafraîchit les légumes pour les empêcher de prendre une teinte jaunâtre, et les viandes pour les nettoyer et enlever les restes d'écume.

Revenir signifie faire passer les morceaux de viande dans le beurre, pour leur faire prendre couleur.

Sauter, c'est faire cuire avec beurre, à feu vif, sans aucun mouillement.

Tourner, c'est donner avec le couteau la forme de poire, de boule ou de bouchon aux légumes et fruits employés pour garnitures.

II

INSTALLATION ET TENUE DE LA CUISINE

Avant tout, une cuisine la plus vaste, la mieux aérée, la mieux installée, la mieux outillée possible : telle doit être évidemment la première préoccupation de quiconque tient à bien vivre et doit avoir à cœur l'hygiène et aussi la réussite du travail des personnes attachées à son service.

Malheureusement, même dans plus d'une habitation grandiose, où tout a été sacrifié au luxe, à l'apparat, la cuisine est souvent la partie la plus négligée, celle où on a le moins consulté les notions les plus élémentaires de l'expérience et du progrès.

Il y a là incontestablement de grandes réformes à faire. Mais n'oublions pas que nous ne traitons dans notre première partie que de la cuisine bourgeoise ; par conséquent, notre devoir est d'accepter les conditions des cuisines ordinaires, telles qu'elles se présentent dans la majorité des maisons actuelles, qui ont pour base des fortunes moyennes.

Nous ne nions pas que, dans beaucoup d'appartements, même d'un prix très élevé, et surtout dans les grandes villes, les cuisines laissent beaucoup à désirer comme espace, comme jour, comme distribution intérieure.

C'est un grand mal, sans aucun doute, mais le cuisinier intelligent doit y parer du mieux possible et se tirer d'affaire à force de soin, de bon vouloir, et aussi de talent et d'adresse.

Dans notre métier, il faut, dans bien des occasions, savoir se contenter de ce qu'on trouve ; on n'a pas toujours à sa disposition les cuisines de Chantilly ou de Ferrières. Mais je maintiens que, même dans de très petits locaux, on peut faire encore de bonnes et de très bonnes choses. Je dis cela surtout pour ceux de nos jeunes praticiens qui seraient tentés de se laisser décourager en se voyant transportés dans de certaines installations insuffisantes, et dont ils doivent apprendre à s'accommoder, la réforme des localités culinaires ne pouvant malheureusement pas se faire en un jour.

Comme exemple de la philosophie pratique dont on doit s'armer en pareil cas, je citerai un de mes amis les plus intimes qui, ayant été appelé en extra un certain jour au château du baron D..., à Argenteuil, n'a trouvé en arrivant, pour confectionner deux grosses pièces montées et une entrée froide, d'autre emplacement pour son travail, vu l'encombrement du château, qu'un couloir étroit où n'existait en fait de table qu'une planche suspendue au plafond par des cordes, puis, dans un coin, un morceau de marbre en forme de fichu scellé dans le mur.

Pas de plaque ni de plafond ; obligation absolue de faire cuire la pâte d'office dans la lèchefrite, qui, heureusement, se trouvait être en cuivre et nouvellement étamée.

Notre ami découvrit, comme ressource infiniment précieuse en pareil cas, deux plateaux vernis qu'il fallut d'abord dévernir au feu, puis enduire de papier pour composer deux plafonds destinés au feuilletage et aux gâteaux de garniture.

En dépit de tous ces obstacles, de la nécessité de dresser sur une planche vacillante comme une balançoire, il est arrivé non seulement à exécuter complètement ses pièces, mais même à en recueillir des éloges que n'auraient peut-être pas obtenus bien des cuisiniers beaucoup mieux outillés qu'il ne l'était.

Je ne raconte pas ce fait-là pour encourager les mauvaises cuisines, tant s'en faut! mais seulement pour qu'on tire tout le parti possible de celles que l'on rencontre.

J'ajouterai que plus une cuisine est désavantageuse comme local, plus il faut remédier à ce grave inconvénient par la propreté, les soins minutieux de chaque détail, l'outillage, la réunion de tous les instruments nécessaires pour faciliter et alléger la tâche du travailleur.

« Propreté! propreté! » ce grand mot, si capital pour tout ce qui tient aux détails de la consommation, je déclare, dût-on me trouver ridicule ou exagéré, qu'il devrait être inscrit en énormes majuscules sur la porte de toutes les cuisines, grandes ou petites.

Une cuisine peut être étroite, mal distribuée, mal éclairée, mais sous aucun prétexte elle n'a le droit d'être sale.

Je consigne ici les principes essentiels, et je ne crains pas d'entrer dans des détails qui ne paraîtront minutieux qu'à ceux qui n'ont pas suivi de près le travail culinaire, et qui n'ont pu se rendre compte par eux-mêmes des mauvais résultats que peuvent avoir, dans beaucoup de cas, certaines négligences et l'oubli des soins relatifs à la question de propreté.

Quand on pense qu'il suffit souvent d'une seule casserole malpropre pour faire manquer tout l'effet du meilleur dîner!

Je dirai donc aux travailleurs et travailleuses :

Que le carreau de la cuisine et de l'office soit lavé à grande eau une fois au moins par semaine. Après le lavage du carreau, on répandra une couche de sciure très propre, que l'on renouvellera tous les jours.

La pierre à évier doit être lavée chaque jour au savon noir et à l'eau chaude, et rincée avec le plus grand soin.

Les fourneaux de fer seront grattés et lavés tous les soirs, sans préjudice des nettoyages de détail que les accidents de travail pourraient nécessiter.

Les fourneaux à charbon de bois devront être brossés pendant le travail et rougis tous les soirs au rouge de Prusse étendu d'eau.

Les fourneaux à carreaux de faïence demandent que le charbon ait son département tout à fait à part, de manière à ne pas devenir une cause perpétuelle de malpropreté envahissante, comme il arrive dans certaines cuisines qui restent constamment noires comme l'échoppe du charbonnier.

On n'oubliera pas, le travail une fois terminé, d'ouvrir les fenêtres toutes grandes, afin de renouveler l'air entièrement et d'éviter les mauvaises odeurs persistantes. Une cuisine bien tenue ne doit pas, lorsque les fourneaux sont éteints, être plus odorante qu'une salle à manger : il faut qu'on puisse y manger toujours avec plaisir.

Quant aux ustensiles journaliers, et notamment aux casseroles, je ne saurais trop insister pour qu'on veille de très près au renouvellement de l'étamage. On ne manquera pas de passer la batterie en revue tous les jours, et, dès qu'on verra qu'une des pièces commence à rougir, on s'empressera de la faire étamer. Je n'approuve pas la méthode qui consiste à avoir des jours fixes pour faire étamer en bloc toute la batterie de cuisine. Il me paraît bien plus sûr et plus prudent de soumettre les pièces à une vérification quotidienne, et d'envoyer sans retard à l'étamage celles qui en ont besoin. C'est le moyen le meilleur pour que chaque chose soit toujours en état. On n'oubliera pas qu'avec des casseroles qui ne sont pas suffisamment pures, non seulement on s'expose aux dangers connus de tout le monde sous le rapport hygiénique : mais de plus on ne peut rien faire de bon en cuisine : consommés, sauces, gelées, tout devient d'une couleur trouble et noirâtre.

Avec le soin de faire étamer les casseroles aussi souvent que besoin est, on aura celui de les entretenir avec des précautions toutes particulières que l'on ne saurait pousser trop loin. Qu'elles soient lavées, récurées au sablon, lavées de nouveau et rincées à l'eau propre toutes les fois qu'elles servent. On doit blâmer énergiquement cet usage malpropre et insalubre qui consiste à employer la même eau pour laver plusieurs ustensiles de cuisine : il en résulte une eau grasse, épaisse, qui forme une couche noire autour des parois, et rend l'opération du nettoyage à peu près impossible.

Je trouve très bien que les casseroles soient polies et brillantes à la vue, et je suis le premier à rendre justice au bon effet que produit sur des rayons une batterie de cuisine où l'on peut se mirer comme dans un métal neuf ; mais à la condition toutefois que le nettoyage de l'intérieur ne soit pas sacrifié au luisant de l'extérieur, et que ces casseroles si belles au dehors ne soient pas négligées au dedans : ce qui n'est malheureusement pas sans exemple, comme j'en ai eu la preuve par moi-même.

Ainsi, dans une très grande maison que je ne veux désigner d'aucune façon, par un motif que l'on comprendra, et où se trouvait précisément une de ces superbes batteries de cuisine éblouissantes, parfaitement rangées, il m'est arrivé, ayant à exécuter une sauce que l'on m'avait demandé, de faire décrocher jusqu'à *onze* casseroles les unes après les autres, sans en trouver une seule qui pût me servir.

J'ai été obligé d'en faire nettoyer une sous mes yeux, et j'ai constaté, après le nettoyage, que l'étain était presque entièrement rongé ; on pouvait juger, d'après ce seul échantillon, de ce que devait être le reste de la batterie.

J'ajouterai que cette leçon de propreté qu'il m'a fallu donner par la force des choses, et bien malgré moi, n'a pas été perdue.

J'ai eu depuis occasion de me rendre plusieurs fois dans cette même maison et de reconnaître par moi-même que la batterie de cuisine était tout à fait en état ; l'intérieur des casseroles ne laissait absolument rien à désirer.

III

OUTILLAGE DE LA CUISINE

Que toute cuisine, et quelle que soit la condition d'existence à laquelle elle se rapporte, soit toujours outillée le mieux possible : voilà une de ces règles fondamentales qu'un homme de sens, même n'eût-il aucune idée de la pratique de notre métier, ne peut manquer d'admettre. Comment veut-on que le travail de la cuisine s'exécute dans les conditions voulues, si l'on n'a pas à sa disposition les instruments nécessaires?

C'est pourquoi je crois rendre un véritable service à toutes les personnes d'ordre et de bon sens, notamment aux ménagères qui calculent et ont à veiller de près sur leurs dépenses, en leur disant : « Ayez absolument tout ce qu'il faut dans vos cuisines, vous vous en trouverez bien, et comme économie et comme réussite des repas. De plus, achetez toujours dans les meilleures maisons et dans les meilleurs qualités ; vous y trouverez également un très grand avantage sous le rapport de la dépense et aussi de l'exécution culinaire. » C'est surtout pour les acquisitions du ménage et de la cuisine qu'il est bon de se répéter souvent le vieil adage : « Il n'y a que le bon marché qui ruine. »

Je donne ici la liste des objets qui doivent constituer l'outillage d'une bonne cuisine de ménage, conformément au genre de travail que comprend la première partie du Livre de Cuisine.

On remarquera qu'en désignant les objets, j'indique en même temps l'usage auquel ils s'appliquent, et autant que possible la manière de s'en servir, ce qui ne sera pas, je pense, sans quelque utilité pour les personnes qui débutent et en sont bien souvent à ne pas même connaître la destination de bien des ustensiles qui garnissent les cuisines.

USTENSILES DE CUISINE.

2 marmites en cuivre : une de 10 litres, une de 4 litres (la seconde pour l'ordinaire, 2 litres de bouillon ; la première, 6 litres de bouillon).

1 cuiller percée, pour écumer (fig. 3).

1 écumoire en cuivre étamé, pour retirer viande, légumes, friture.

1 cuiller à pot.

2 cuillers à ragoût, pour dresser les ragoûts et pour dégraisser.

CONSIDÉRATIONS PRÉLIMINAIRES. 13

10 casseroles étagées depuis 30 centimètres jusqu'à 10 ; chaque casserole doit être garnie de son couvercle.

3 plats à sauter, 30, 25 et 20 centimètres, avec leurs couvercles (fig. 17).

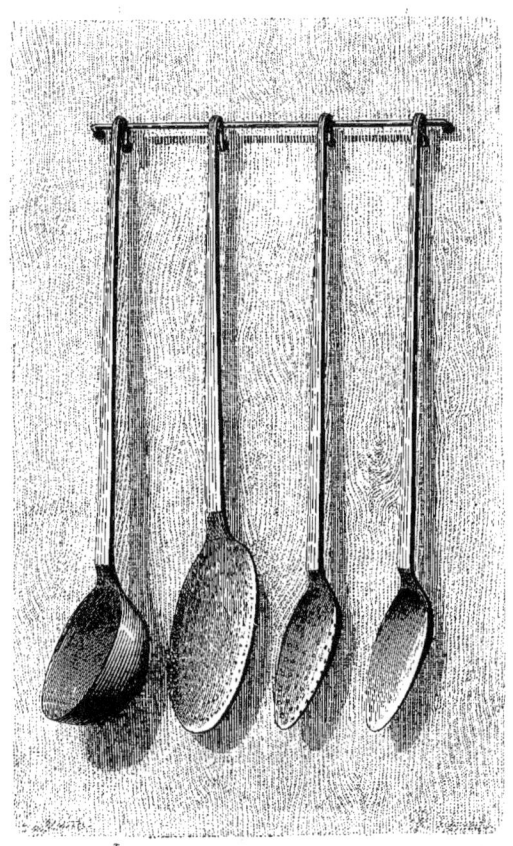

Fig. 3. Cuillers et écumoires.

1 casserole ovale, de 30 cent. de long sur 20 de large et 18 de haut avec sa grille. Cette casserole sert pour tous les braisés ; elle remplace l'instrument dit *braisière* ; on peut y faire cuire jambons, filets de bœuf, carrés de veau, et même, au besoin, certains poissons.

1 casserole à glacer, avec couvercle de 20 cent. de largeur, 12 de hauteur (fig. 101).

1 turbotière, avec sa grille, de 45 cent. de long sur 20 de large.

1 poissonnière, avec sa grille, de 55 cent. de long sur 17 de large.

Fig. 4. Grande passoire en cuivre.

1 moule uni, pour charlottes, timbales, gâteaux de riz (fig. 142).
1 moule à cylindre, pour aspics, gelées, bavarois (fig. 146).
1 moule à pâté (fig. 63).
2 moules à flan (fig. 89).

Je ne donne pas de dimensions pour les quatre moules précédents ; on les choisira suivant les besoins du service.

Fig. 5. Plat ovale pour gratin.

2 plaques d'office, de 32 cent. sur 20.
4 plafonds de cuivre de 18 à 30 cent.

Ces plaques et plafonds ont deux usages : ils servent d'abord pour la pâtisserie, dans le cas où on voudrait la faire confectionner dans l'intérieur ; puis pour les plats qui demandent à être mis en presse, comme nous le verrons aux articles *Galantine*, *Poitrine de mouton*, *Côtelettes braisées*, etc.

CONSIDÉRATIONS PRÉLIMINAIRES.

1 bassine, de 32 cent. sur 22 de haut, pour blanchir (fig. 134).

1 bassine non étamée, de 30 cent. de large sur 16 de haut (fig. 92).

1 écumoire non étamée, pour confitures.

2 poêlons d'office non étamés : 1 de 10 cent. et 1 de 20 cent. pour compote, sirop, sucre à glacer, etc. (fig. 150).

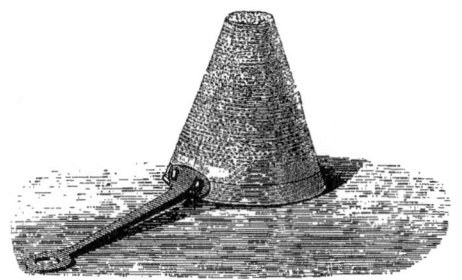

Fig. 6. Passoire dite *chinois*.

1 bassin à blancs d'œufs, de 22 cent., avec son fouet (fig. 145).

1 grande passoire en cuivre étamé, de 20 cent., pour ragoûts, blanchissage, etc. (fig. 4).

1 passoire moyenne, de 12 cent., pour égouttages et friture de persil.

3 plats ovales en cuivre étamé, pour gratins : le premier de

Fig. 7. Étui à lardoires.

30 cent. sur 19, le second de 25 sur 22, le troisième de 40 sur 24.

Ces plats doivent être faits sans anses (fig. 5).

1 four de campagne, de 22 cent. de large sur 15 de haut, pour soufflés, omelettes soufflées, pommes meringuées, et, au besoin, un entremets de pâtisserie (fig. 81).

1 grand couvercle en tôle, à rebords, pour couvrir le plus

16   LE LIVRE DE CUISINE. — PREMIÈRE PARTIE.

grand des plats ovales ; ce couvercle suffit pour tous les gratins ; un seul couvercle suffit pour les plats ovales de toute grandeur.

1 poêle à frire en fer étamé, de 34 cent. de longueur sur 26 de largeur et 11 de profondeur. Cette poêle est destinée à toutes

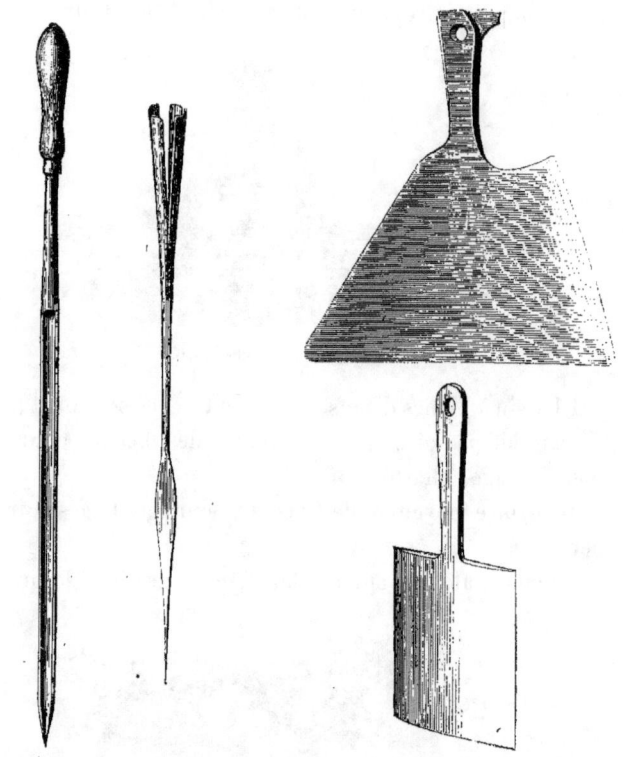

Fig. 8. Lardoires, grosse et moyenne. — Fig. 9. Couperet en fer. — Fig. 10. Batte en acier pour aplatir.

les fritures ; elle doit être munie de deux poignées de chaque côté sur la longueur (fig. 36).

1 petite poêle à frire, de 24 cent. sur 15 de largeur et 12 de hauteur.

2 poêles en fer non étamé : l'une de 22 cent. (fig. 82), et l'autre de 16 : on réservera spécialement celle de 16 centimètres pour les omelettes, sans l'appliquer à aucun autre usage (fig. 74).

2 grils en fer, pour grillade : 1 de 20 cent., et l'autre de 30 cent. (fig. 35).

1 grille pour friture, et grillage en fer étamé, de 32 cent. de long sur 24 de large. Cette grille a pour but d'empêcher que les choses mises dans la friture ne s'attachent au fond de la poêle;

Fig. 11. Aiguilles à brider.

de plus, elle permet d'enlever à la fois d'un seul coup tout ce qui est à frire : beignets, croquettes, beignets soufflés, etc. (fig. 36).

2 passoires en fer-blanc, dites *chinois*; l'une de 14 et l'autre de 10 cent. de large. Ces passoires, percées aussi finement que le filtre de la cafetière dite *Dubelloy*, remplacent avantageusement l'étamine dans les ménages (fig. 6).

Fig. 12. Couteaux de cuisine.

6 cuillers de bois étagées : 2 de 20 cent., 2 de 30 cent., 2 de 40 cent.

1 tamis à purée en fil de fer étamé (fig. 22).

1 passe-purée en bois dur destiné à presser sur le tamis pour faire passer farces et purées.

1 grosse lardoire en fer pour piquer les grosses viandes braisées (fig. 8).

1 lardoire moyenne pour le même usage.

1 étui contenant 12 lardoires en fer étamé pour piquer filets de bœuf, noix de veau, ris de veau, filets de chevreuil, etc. (fig. 7).

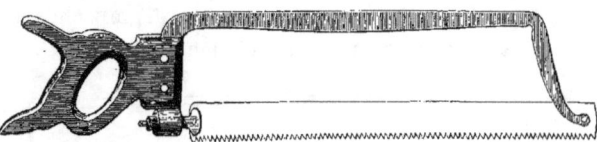

Fig. 13. Scie pour boucherie.

2 aiguilles à brider en acier : une de 15 cent. et l'autre de 22 cent. (fig. 11).

1 batte en acier pour couper et aplatir carrés de veau, de mouton et de chevreuil, etc. (fig. 10).

Fig. 14. Garde-manger pour être adapté à la fenêtre.

1 couperet en fer (fig. 9).

2 couteaux à hacher pour farces, légumes, etc. (fig. 30).

1 scie à main pour la boucherie (fig. 13).

1 mortier en marbre de 25 cent. de largeur sur 18 de profondeur, avec pilon en bois dur (fig. 88). Ce mortier est indispen-

CONSIDÉRATIONS PRÉLIMINAIRES. 19

sable dans une cuisine, pour farces, godiveaux, quenelles, purées, lait d'amandes, etc.

1 rouleau en buis pour pâtisserie, de 32 cent. de long sur 5 de diamètre (fig. 86).

1 boîte à glacer en fer-blanc pour glacer entremets, gâteaux, etc. (fig. 143).

2 boîtes à coupe-pâte, une unie et une godronée. Ces boîtes servent pour la petite pâtisserie, petits pâtés, petits vol-au-vent, etc. (fig. 144).

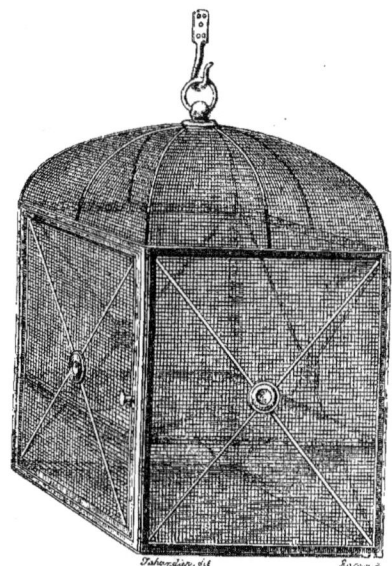

Fig. 15. Garde-manger à appartement.

1 boîte à colonnes ou vide-pommes (fig. 24).

1 pèse-sirop, avec son éprouvette, pour apprécier les degrés de sucre dans les compotes, gelées, confitures. On s'assure de l'exactitude du pèse-sirop en le plongeant dans l'eau froide et en constatant qu'il marque bien zéro. S'il indiquait seulement 1 ou 2 degrés, il ne serait pas dans les conditions convenables.

2 planches à hacher en bois de hêtre, de 45 cent. de longueur, sur 30 de largeur et 6 d'épaisseur.

1 billot pour couper la viande.

1 paire de balances en cuivre étamé, pouvant peser 10 kilos,

avec série de poids en cuivre depuis 1 kilo jusqu'à 5 grammes ; plus une série de poids en fer : 1 de 5 kilos, 1 de 2 kilos, 2 de 1 kilo.

10 terrines en terre émaillée, étagées de 10 centimes à 1 fr. (fig. 64).

6 plats en terre de Champagne : 2 de 25 cent. de long, 2 de 30 cent. et 2 de 35 cent.

Table de cuisine en hêtre avec ses tiroirs.

Fontaine à filtrer.

2 entonnoirs en fer-blanc.

3 couteaux de cuisine, dont un à abattre, en acier (fig. 12).

2 couteaux d'office.

12 serviettes œil-de-perdrix pour passer consommés et gelées; elles remplacent le tamis de soie, que l'on a reconnu être de peu de durée et par cela même très dispendieux.

1 garde-manger (fig. 14). — Dans les cuisines composées d'une seule pièce, il est indispensable d'avoir un garde-manger en bois et en toile métallique, dont je donne le modèle ci-dessus, pour être adapté à la fenêtre. Dans le cas où le local ne permettrait pas d'user de la fenêtre, je donne un autre modèle fait pour être suspendu dans la cour de service ou à la voûte de la cave (fig. 15). Il est bien entendu que l'exposition au nord est la seule qui convienne. On doit avoir le soin de ne renfermer que des choses entièrement refroidies.

Si on pouvait disposer de deux fenêtres dans la cuisine, je ne craindrais pas de conseiller même deux garde-manger. On n'en a jamais de trop dans les cuisines.

Horloge. — Une horloge, même du modèle le plus simple, est un objet essentiel dans une cuisine pour les détails du travail et la régularité du service.

Lampe à esprit-de-vin. — Pour les cuisines qui n'ont pas de fourneaux à charbon de bois, il est nécessaire d'avoir une lampe à esprit-de-vin, à mèche de 5 centimètres, pour tout ce qui est à flamber.

1 litre en fer-blanc.

1 demi-litre.

1 décilitre.

CONSIDÉRATIONS PRÉLIMINAIRES.

OBSERVATIONS SUR LES BATTERIES DE CUISINE.

Je conseille les batteries de cuisine en cuivre, sans toutefois exclure absolument le fer étamé, moins avantageux sous le rapport de la durée et aussi pour les opérations auxquelles s'appliquent les casseroles, plats à sauter, plats à glacer. Cependant il est des pièces, telles que marmites, braisières, turbotières, poissonnières, qui peuvent être fabriquées en fer étamé sans aucun inconvénient.

L'outillage que je viens d'indiquer et qui me paraît être l'indispensable d'un bon intérieur bourgeois, s'adapte à un nombre de personnes partant du chiffre de 4 ou même de 2, pouvant s'élever jusqu'à celui de 12, que je n'ai pas voulu dépasser, afin de rester dans les limites de la cuisine de ménage.

Je n'ai pas besoin de dire que ce catalogue d'ustensiles peut être modifié suivant les existences ; ainsi les personnes qui auraient la certitude de n'être jamais plus de deux, quatre ou six à table n'achèteraient que les premières ou secondes grandeurs de marmites et de casseroles. Il est bien entendu aussi que celles qui ne feraient pas de confitures dans leur intérieur ne s'imposeraient ni la bassine ni l'écumoire à confitures.

Toutefois, sans vouloir pousser à la dépense, bien loin de là, puisque je ne saurais trop répéter que j'ai eu constamment l'économie en vue en écrivant cette première partie, et en admettant fort bien que l'on n'achète que les ustensiles pour son usage, je ferai remarquer qu'il est bien peu d'intérieurs où l'on n'ait à donner de temps à autre un repas d'extra ; c'est pourquoi il est bon que dans toutes les familles il y ait les choses nécessaires pour pouvoir préparer ces repas.

Chacun sait par expérience combien il est pénible de ne pas trouver à l'heure de la préparation d'un dîner tel ou tel objet indispensable, que la cuisinière réclame en vain et que la maîtresse de la maison regrette tant à ce moment-là de n'avoir pas compris dès le principe dans ses acquisitions de ménage.

Je ferai remarquer aussi qu'en fait de casseroles, grils, poêles, il y a presque toujours double avantage à prendre plutôt plus grand que trop petit.

D'une part, le travail se fait généralement mieux dans des objets de grandes dimensions ; de plus, on a souvent intérêt à faire des plats pour quatre ou cinq personnes, même ne fût-on d'habitude que deux à dîner. Il y a économie de temps et de combustible, et, de plus, on évite les difficultés que présentent les morceaux par trop restreints, qui sont, comme on sait, un des écueils de la cuisine des petits ménages.

Quoi qu'il en soit, en mettant les choses au plus haut, la dépense de l'outillage d'une bonne cuisine ne peut guère avoir rien d'exagéré pour personne, surtout si l'on songe à tout ce qui se dépense dans tant d'intérieurs, même les plus simples, pour tant de futilités et d'objets de luxe d'une utilité souvent contestable.

De bons ustensiles de cuisine, bien achetés et bien entretenus, durent généralement toute la vie. Ce n'est donc qu'une question de mise de fonds première. Dans tous les cas, n'est-ce pas une satisfaction réelle que de pouvoir se dire que rien ne manque dans sa cuisine, et que, si quelque chose réussit mal, on ne saurait s'en prendre, dans aucun cas, à l'insuffisance ou à la pénurie des instruments reconnus nécessaires ?

FOURNEAUX DE CUISINE.

On emploie dans la cuisine actuelle deux espèces de fourneaux, le fourneau à charbon de bois, dit *à l'ancienne*, et le fourneau de fonte.

Le fourneau à l'ancienne ne se chauffe qu'au charbon de bois. Il doit contenir trois bouches, l'une de 18 cent. carrés, et les deux autres de 15. Ces trois bouches suffisent pour toute la cuisine de la première partie du livre.

Le grand point est de bien charger la bouche principale, qui doit servir à faire partir à grand feu marmite, blanchissage, braisés, légumes, etc.

Les deux autres bouches servent, l'une à faire mijoter lente-

Fig. 16. Fourneau modèle.

ment les braisés, et l'autre tous les liquides dont je désigne ci-après la cuisson par ce terme : *sur le coin du fourneau*.

Une seule bouche peut servir à faire mijoter en même temps une marmite et trois casseroles disposées à l'entour, moyennant qu'on aura le soin d'entretenir un feu bien actif, c'est-à-dire que l'on mettra du charbon constamment au milieu, sans déranger aucune des casseroles.

La cuisinière devra faire en sorte que la principale bouche du fourneau soit toujours occupée, et que les choses qui demandent à être cuites à feu vif se succèdent sans interruption, pour que le charbon ne brûle pas en pure perte.

Le fourneau de fonte se chauffe au charbon de terre. Son système consiste en un foyer qui chauffe une surface de métal et un four qui se trouve placé dans la partie inférieure. Pour la cuisine de ménage, un seul foyer et un seul four sont nécessaires.

Le foyer est couvert d'une ou deux rondelles qui servent à graduer la chaleur. Lorsqu'on a besoin d'un feu très vif, on retire les rondelles.

La plaque sert à ranger les casseroles et les marmites que l'on dispose selon les degrés de chaleur exigés par les différentes cuissons.

Le four sert pour les glacés, les braisés, les entremets, la pâtisserie et les gratins.

Ces deux fourneaux ont leurs inconvénients et leurs avantages.

Le fourneau à l'ancienne donne incontestablement plus de facilité pour le fini du travail.

Les fourneaux en fonte permettent d'exécuter, par le moyen de leurs fours, les gratins, soufflés, pâtisseries, ce que l'on ne peut guère obtenir avec les fourneaux à l'ancienne.

Dans tous les cas, il faut savoir se servir aussi bien des fourneaux en fonte que de ceux à bois ; ce n'est qu'une question de plus de soins et aussi de difficultés à surmonter pour certaines opérations. Je répéterai pour les fourneaux ce que j'ai déjà dit précédemment au sujet des locaux : « Il faut savoir, en cuisine, se contenter de ce qu'on rencontre. »

CONSIDÉRATIONS PRÉLIMINAIRES.

J'ai eu occasion de voir dans une cuisine bourgeoise un fourneau qui m'a paru réaliser à la fois les avantages du fourneau à l'ancienne et ceux du fourneau de fonte. J'ai cru devoir en prendre le modèle.

Je m'empresse de dire que je ne l'impose nullement, puisque j'ai commencé par déclarer que l'on pouvait et devait travailler sur les fourneaux que l'on trouve établis dans les maisons. Je le propose surtout pour l'usage des personnes qui, ayant à faire construire un fourneau chez elles, se trouveraient peut-être bien d'adopter celui-là.

Fig. 17. Coupe du fourneau modèle montrant l'appareil pour rôtir.

Le fourneau représenté par la figure 16 est fait en briques, avec plaque de fonte, ce qui l'empêche de donner ces excès de chaleur que l'on reproche si souvent, à juste titre, aux fourneaux de fonte.

Il est disposé de manière à être chauffé soit au bois, soit au charbon de terre.

La plaque en fonte n'existe que sur le foyer et le four; elle représente un emplacement suffisant pour la confection de la cuisine ordinaire.

Il existe sur la gauche du fourneau une bouche à charbon de bois qui permet d'exécuter, hors de la plaque, certaines sauces, liaisons, caramels d'exécution minutieuse.

Avec ce fourneau on aura à la fois grillade et rôtissoire.

Je profite de l'occasion, puisque j'en suis ici sur l'article du fourneau, pour recommander très particulièrement le fourneau à gaz, dont on peut tirer un si grand parti, lorsque l'on veut obtenir un feu continu et régulier. Je regrette que cette invention nouvelle soit encore si peu répandue et qu'on n'en ait pas suffisamment compris la haute utilité pour certaines parties de la cuisine. Le fourneau à gaz a d'ailleurs l'avantage de ne tenir que fort peu de place, ce qui n'est certes pas une question à dédaigner dans tant d'intérieurs bourgeois.

Outre les fourneaux, une cuisine doit posséder une grillade et un appareil pour rôtir, qui se compose d'une coquille que l'on peut faire sceller dans le mur, en l'adaptant devant la cuisinière et le tournebroche (fig. 17).

Ce système convient surtout aux cuisines où l'on est obligé de ménager l'espace.

FEUX DE CUISINE ET COMBUSTIBLES.

Nous avons, en cuisine, plusieurs dénominations de feux, conformément aux diverses natures de cuissons spéciales que réclament les différentes opérations culinaires.

Il me paraît utile, sans vouloir entrer dans les détails mêmes des degrés de cuisson qui seront indiqués pour chaque préparation en particulier, de donner dès à présent une idée générale de ces divers feux de cuisine.

Ainsi, on peut distinguer trois espèces principales de feux :

1° Le *feu de marmite*, particulièrement doux et continu, qui sera expliqué amplement à l'article *Pot-au-feu* ;

2° Le *feu de grillade*, qui doit toujours être très égal, c'est-à-dire que le foyer doit être également allumé sur tous les points ;

3° Le *feu de rôti*, feu soutenu, c'est-à-dire que la coquille doit toujours être remplie de charbon, depuis le commencement jusqu'à la fin du rôtissage.

Il est surtout un terme, *sur le coin du fourneau*, qui revient sans cesse dans les démonstrations de la cuisine, dont j'aurai moi-même à faire un usage fréquent et sur lequel il est essentiel que l'on soit très nettement fixé dès à présent.

Lorsqu'on indique de mettre une casserole *sur le coin du fourneau*, on veut dire par là qu'il s'agit de faire aller à feu doux, de faire mijoter ce que contient cette casserole. L'ébullition n'a plus lieu que d'un seul côté; et, s'il s'agit d'une sauce, par exemple, elle ne fait plus que soulever des bouillons sur la partie qui se trouve sur le feu.

Lorsqu'on se sert des fourneaux à charbon de bois, l'opération est très simple : il ne s'agit que d'ôter la casserole du trou et de la déposer sur l'angle ; ainsi, pour une casserole de 25 centimètres, 10 centimètres se trouveront à feu vif. On aura soin de couvrir de cendres le reste du foyer pour éviter le trop d'ébullition.

Mais pour les fourneaux à charbon de terre l'opération se complique, et même le terme usité pour expliquer le mijotement *sur le coin du fourneau* devient impropre, puisqu'on agit sur une surface chauffée sur tous les points.

On procède alors de la manière suivante :

On éloigne ou on rapproche la casserole du foyer, suivant le degré de la chaleur, et on obtient ainsi *le coin du fourneau* de l'ancien système. On fait toujours en sorte que l'ébullition n'ait lieu que d'un seul côté.

OBSERVATIONS SUR LES CUISSONS ET LES RÉDUCTIONS.

Je consigne relativement à la *cuisson* et à la *réduction*, ces deux parties si essentielles du travail des fourneaux, un détail d'opération qui est le fruit de mon expérience personnelle, et que je ne puis me dispenser de placer dans ces considérations préliminaires.

Les cuissons s'obtiennent par le feu lent et continu.

Les réductions s'obtiennent, au contraire par un feu très vif et une évaporation très prompte.

Ainsi, quand il s'agit de faire cuire, n'espérez pas hâter votre travail en forçant le charbon; vous ne dépasserez jamais les 100 degrés, dernier terme de toute ébullition. Vous perdrez le bénéfice de la cuisson progressive, sans pour cela gagner du temps.

Quand il s'agit de réduire, vous devez au contraire employer un feu très ardent, pour faire évaporer le plus vite possible.

Une glace ou une sauce qui réduit trop lentement perd à la fois comme coup d'œil et comme goût.

IV

APPROVISIONNEMENTS.

Il est bien positif que sans de bonnes matières premières le plus grand cuisinier du monde ne vous fera jamais rien de bon.

C'est pourquoi on ne saurait apporter trop de soin à *faire son marché*; ce fait représente à lui seul toute une science, basée avant tout, comme la plupart des branches de la cuisine, sur l'expérience et la longue pratique.

Je dois me borner, quant à présent, à donner certaines notions générales sur les approvisionnements, l'art de les choisir et de les acheter. J'aurai à revenir plus en détail sur les caractères extérieurs des viandes, des poissons, des gibiers, des légumes, lorsque je traiterai chacun de ces chapitres en particulier.

Toutefois je dirai comme point de départ et comme première règle de conduite aux acheteurs encore novices qui ont à s'approvisionner dans les halles et marchés :

Assurez-vous d'abord du cours des denrées pour toutes vos acquisitions, ce qui vous sera toujours facile en interrogeant plusieurs étalages avant de vous décider à acheter définitivement.

N'ayez jamais de marchand précisément attitré; ne donnez votre confiance à personne d'une façon absolue ; rapportez-vous-en bien plutôt à votre discernement et à votre propre examen qu'aux paroles du marchand, même le plus digne de foi.

Lorsqu'une pièce vous est recommandée avec une insistance particulière, tenez-vous doublement sur vos gardes : il est bien peu d'industriels qui résistent à la tentation d'*écouler* quand

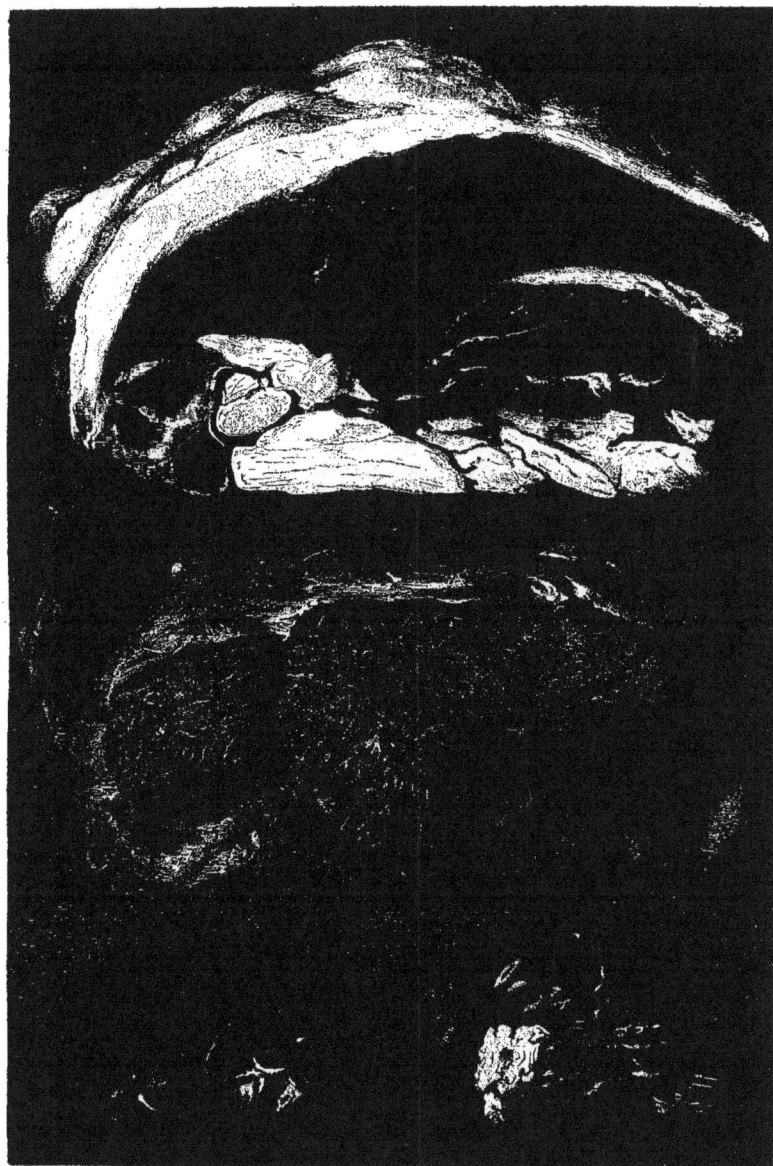

VIANDE DE BŒUF

1. Bœuf de bonne qualité.
2. Bœuf de mauvaise qualité.
3. Rognons de bœuf de mauvaise qualité
4. Rognons de bœuf de bonne qualité

même le poisson, le gibier, la viande d'une fraîcheur douteuse.

Soyez convenable et poli avec tous les marchands, mais sans jamais vous lier précisément avec aucun d'eux. Il est bien rare que le trop d'intimité n'engendre pas à la longue certains abus, qui sont toujours au préjudice de l'acheteur.

Voici certaines indications élémentaires dont on fera bien de se pénétrer profondément pour le choix des denrées :

VIANDE DE BOUCHERIE.

Pour le bœuf, attachez-vous à une viande d'un ton amarante très vif; que la graisse soit d'un jaune très clair, rappelant la nuance du beurre très fin (voir pl. II, n° 1); qu'elle soit dure et résistante sous le doigt; la graisse molle, peu abondante; la teinte brune et la teinte livide sont les indices infaillibles d'un bœuf de qualité inférieure. (Voir pl. II, n° 2.)

Nous donnons, comme complément d'indication pour la viande de bœuf le rognon de bœuf de bonne et de mauvaise qualité. (Voir pl. II, n°s 3 et 4.)

Pour le veau, choisissez toujours la chair bien blanche; que la graisse soit également très blanche et bien transparente. (Voir pl. III, n° 4.)

Évitez surtout le veau qui se trouve privé de graisse, dont la chair offrirait une teinte d'un rouge livide, et celui dont le rognon serait enveloppé d'une graisse rougeâtre. (Voir pl. III, n° 3.)

Le bon mouton offre les mêmes indices que le bon bœuf : amarante clair, nerf très mince, graisse très blanche et diaphane. (Voir pl. III, n° 2.)

Le mauvais mouton a la chair d'une teinte livide et terne et la graisse d'un jaune mat et terne. (Voir pl. III, n° 1.)

VOLAILLE.

Pour la volaille, s'attacher avant tout à la tendresse, dont il faut s'assurer avec un soin extrême, surtout dans ce que nous appelons la *fin de saison*, c'est-à-dire du 1ᵉʳ décembre au 1ᵉʳ mai.

Les poulets nouveaux arrivent en mai ; c'est donc l'époque la plus favorable, ce qui n'empêche pas qu'il faille examiner toujours avec le même soin la bête que l'on veut acheter.

Vous reconnaîtrez le poulet tendre à la grosseur des pattes et à celle du cou. Une volaille jeune a toujours les pattes grosses et les genoux très gros, ces grosseurs caractéristiques, justement prisées des amateurs, disparaissent avec l'âge.

Un poulet dur a les pattes minces et le cou maigre ; la chair du gros de la cuisse offre une teinte légèrement violacée.

Après avoir examiné les signes extérieurs, on doit pincer le gros de l'aileron et la pointe du bréchet : si la chair est flexible à ces deux endroits, vous pouvez employer le poulet en toute confiance.

JAMAIS DE VIEILLES VOLAILLES !

J'appelle à dessein l'attention de tous sur ce principe que j'établis comme une des grandes lois de la cuisine.

Jamais en cuisine de vieilles volailles, avec lesquelles il n'y a rien de bon à faire, de quelque façon qu'on s'y prenne.

C'est une grosse erreur que de déclarer, comme il est dit dans plus d'un traité de cuisine, que l'on doit mettre une *vieille poule* dans le pot-au-feu. Loin d'améliorer le bouillon, la vieille poule ne peut que lui nuire en lui communiquant une mauvaise odeur de poulailler.

C'est également une erreur de croire que l'on peut arriver à faire une bonne daube avec une vieille oie ou une vieille dinde : on n'obtiendra qu'un mauvais résultat.

Toutefois on ne doit pas confondre la volaille ferme naturellement, mais jeune, avec la volaille dure pour cause de vieillesse.

On peut encore tirer parti de la volaille ferme et jeune en usant de certains procédés que nous indiquerons au chapitre spécial de la volaille ; mais avec les vieilles bêtes dures, je le

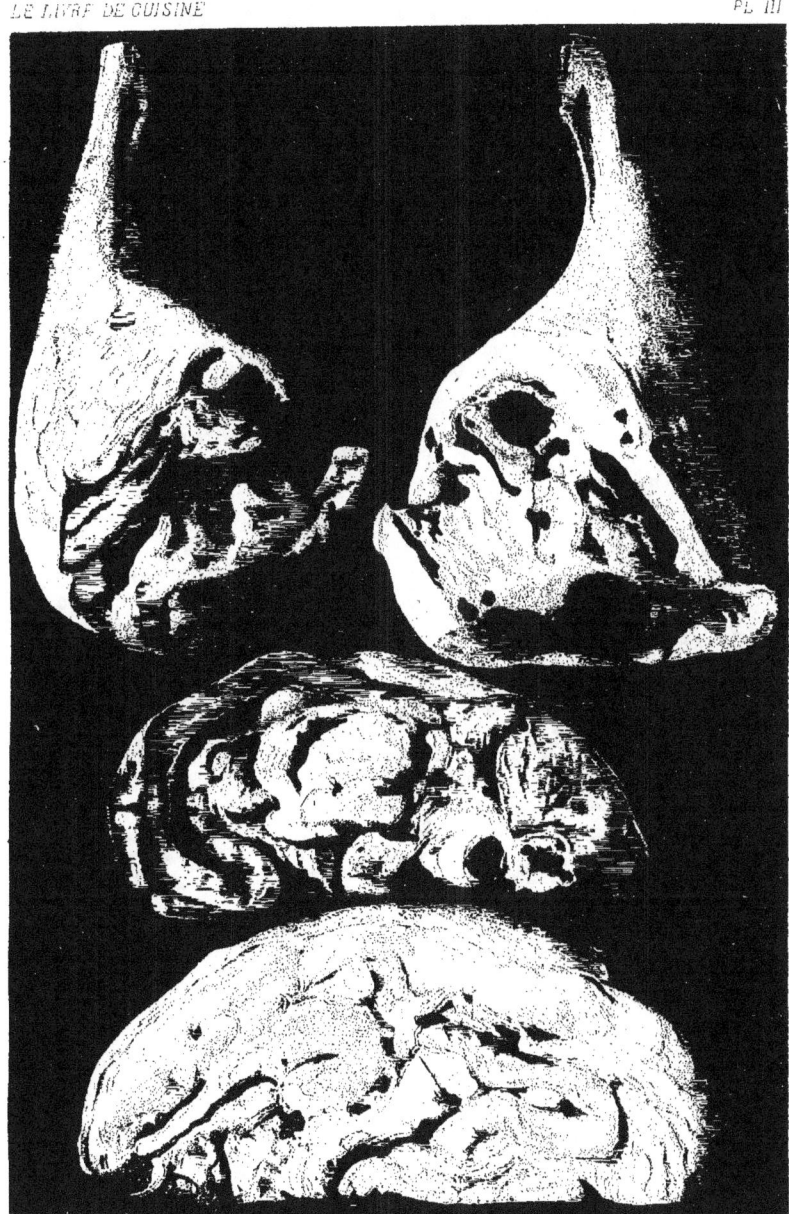

VIANDE DE VEAU ET DE MOUTON
1. Mouton de mauvaise qualité   3. Veau de mauvaise qualité
2. Mouton de bonne qualité   4. Veau de bonne qualité

répète avec l'assurance d'une conviction profonde, rien, absolument rien de bon à faire.

Vous reconnaîtrez une bonne dinde à la blancheur de la graisse et de la chair. Gardez-vous de celles qui ont de longs poils et la chair des cuisses et du sot-l'y-laisse d'une teinte violacée.

Pour choisir l'oie, on pince l'aileron et on brise la partie inférieure du bec; il faut que le bec se casse très facilement, et que la graisse soit d'une teinte pâle et tout à fait transparente.

On choisira le canard d'après les mêmes indices.

Pour le pigeon, il faut que la chair des filets soit d'un rouge très clair.

Lorsque le pigeon vieillit, le filet devient d'une teinte noire violacée; la patte s'amincit considérablement.

POISSON.

On reconnaît un poisson frais à la rougeur des ouïes, au brillant de l'œil et à la fermeté des chairs.

L'odeur ne suffit pas pour constater la fraîcheur ou la qualité d'un poisson; il peut être ce que nous appelons *usé* sur la glace, sans avoir pour cela de mauvaise odeur appréciable; sa chair, dans ce cas-là, est terne et molle, et il faut bien se garder de l'employer.

On n'oubliera pas que tous les poissons perdent de leur qualité au moment du frai. C'est aussi là un fait essentiel dont on doit tenir compte dans les acquisitions.

Ce que j'ai dit pour les vieilles volailles s'applique encore plus directement aux vieux poissons, qui ne doivent, sous aucun prétexte, paraître sur une table.

GIBIER.

On évitera toujours les vieux lièvres, dont on ne peut jamais tirer qu'un mauvais parti en cuisine. On n'achètera donc jamais que des levrauts et des *trois quarts*. On reconnaît un lièvre tendre lorsque la patte de devant se casse facilement, lorsque les genoux sont gros, le cou court et ramassé.

Les bons lapins de garenne se reconnaissent aux mêmes signes.

Pour le faisan, l'ergot doit être prononcé ; on pince l'aileron pour reconnaître si la chair est flexible.

On pince également l'aileron et le bréchet de la bécasse pour reconnaître si la bête est tendre.

Mêmes signes pour le canard sauvage, le pilet, les appelants, la poule d'eau, la sarcelle, le rouge de rivière.

Mêmes signes pour les perdreaux ; on s'assurera de l'âge d'après l'aspect des grandes plumes : les vieux perdreaux ont la plume ronde ; elle est pointue chez les jeunes.

LÉGUMES.

Le premier point à observer pour l'acquisition des légumes est de se tenir bien au courant des variations que chaque espèce de légume subit comme goût et comme aspect, en raison des diverses époques de l'année.

Je demande que l'on prenne soigneusement note de ce fait important, quant au choix des légumes : ils subissent souvent de très grandes différences, suivant les saisons : la carotte du printemps, par exemple, est fort loin de ressembler, comme goût et qualité, à la carotte d'automne et d'hiver.

Je donnerai, en parlant de chaque légume en particulier, les indices les plus précis pour faire connaître leurs bonnes et leurs mauvaises saisons, et les employer en conséquence.

ÉPICERIE. — FRUITERIE.

Quant aux articles concernant l'épicerie, la fruiterie, la crèmerie, beurre, crème, huile, vinaigre, sucre, pâtes, etc., je recommande plus que jamais, comme principe invariable, d'acheter toujours dans les premières qualités ; on y trouvera à la fois satisfaction et économie.

CONSIDÉRATIONS PRÉLIMINAIRES.

Une huile de qualité inférieure que vous introduirez dans une sauce ne peut que vous la gâter; de même pour le beurre, qu'il est toujours si important d'avoir de première fraîcheur et de premier choix.

Une petite quantité de vrai beurre riche en arome vous donnera quelque chose de bon, et ajoutera à la qualité de ce que vous avez à servir, tandis qu'avec le mauvais beurre vous obtenez un résultat tout contraire : plus vous le prodiguez, plus vous gâtez ce que vous apprêtez.

Règle invariable, n'achetez jamais de beurre sans l'avoir soigneusement flairé, puis goûté à la pointe du couteau du marchand : ces deux épreuves préalables sont tout à fait essentielles. Si vous n'êtes pas absolument satisfait de la fraîcheur, soyez impitoyable : n'achetez pas, allez ailleurs. On ne saurait trop se pénétrer de cet axiome : « Pas de cuisine possible avec du beurre douteux. »

N'employez non plus jamais d'œufs sans les avoir bien examinés, non pas seulement en les achetant, mais aussi une fois cassés.

Un œuf peut être parfaitement clair à l'œil et avoir un goût de paille, ce qui suffit pour gâter tout un mets. Vous devez casser vos œufs l'un après l'autre, et ne les verser dans la terrine que lorsque vous vous serez assuré de leur goût.

La question du lard est aussi très importante, et on doit bien se garder de la négliger : choisissez votre lard toujours bien blanc, le moins nerveux possible, et qu'il n'ait jamais de goût de rance ni d'évent.

Le porc frais doit avoir la chair légèrement teintée de rouge, et jamais marbrée.

V
ÉPICES ET AROMATES

Les épices et aromates pour assaisonnement comptent parmi les objets de nécessité première dans une cuisine.

Il est indispensable d'avoir toujours à sa disposition pour le travail :

Sel blanc et sel gris,
Poivre blanc mignonnette et poivre en grains,
Muscade,
Clous de girofle ;
Thym,
Laurier,
Ail,
Moutarde ordinaire *(sans aromates)*.
Farine de moutarde anglaise,
Poivre de Cayenne,
Piment Chili,
Huile d'Aix,
Vinaigre d'Orléans *(sans arome)*,
   Id.   à l'estragon,
   Id.   au piment Chili,
Cannelle,
Vanille,
Farine de gruau, *tout ce qu'il y a de mieux*,
Eau de fleurs d'oranger,
Sucre blanc,
Caramel,
Épices composées.

ÉPICES.

On distingue en cuisine, sous le nom général d'*épices*, un certain nombre d'aromates de diverses espèces que l'on emploie à l'état de mélange pour beaucoup d'assaisonnements, entre autres pour le froid, galantine, pâté, etc.

La vraie méthode pour avoir les épices dans les meilleures conditions est de les apprêter soi-même ; voici les quantités pour la cuisine ordinaire :

Vous mettez dans un sac de papier blanc :

    8 grammes de thym.
    8 grammes de laurier,
    4 grammes de marjolaine.
    4 grammes de romarin.

Faites dessécher parfaitement à l'étuve ces quatre aromates : quand ils sont bien desséchés, mêlez-les dans un mortier avec :

    15 grammes de muscade,
    15 grammes de girofle,
    8 grammes de poivre blanc en grains,
    4 grammes de poivre de Cayenne.

Pilez le tout ; passez au tamis de Venise.

On conserve ces épices dans une bouteille ordinaire bien propre et bien bouchée.

On emploie les épices composées soit seules, soit avec une addition de sel ; lorsqu'on veut les mêler avec du sel, la proportion est de 100 grammes de sel, que l'on aura bien pilé et passé au tamis, contre 25 grammes de mélange des épices.

En se conformant à ces proportions pour le mélange des épices, d'abord seules, puis avec le sel, on sera sûr d'obtenir un bon assaisonnement. Il est facile de se faire une idée de l'avantage que l'on trouve à avoir ce mélange d'aromates tout préparé, avec les différences de doses que réclame le genre d'assaisonnement auquel s'appliquent spécialement les épices.

Pour donner, dès à présent, une idée de l'usage dans la pratique, je dirai que 32 grammes de sel épicé tel qu'il vient d'être indiqué représentent la dose voulue pour assaisonner 1 kilo 500 grammes de farce pour galantine.

BOUQUET GARNI.

On appelle, en cuisine, *bouquet garni*, un assemblage de persil, thym et laurier.

Le bouquet garni est d'un emploi général pour tous les assaisonnements.

On compose un bouquet ordinaire avec :
- 30 grammes de persil en branche,
- 2 grammes de thym,
- 2 grammes de laurier.

On commence par laver le persil ; on place le thym et le laurier au milieu ; on reploie la tête et la queue de la branche de persil sur le milieu de manière à bien envelopper le thym et le laurier ; on ficelle ; on ébarbe pour que les feuilles qui dépasseraient ne se détachent pas dans le liquide. Un bouquet bien fait doit avoir 5 centimètres de longueur.

PINCÉES DE SEL ET DE POIVRE.

On emploie à tout instant, en cuisine, les termes de *pincée*, de *prise* de sel et de poivre, pour spécifier des quantités déterminées et qu'il est important de fixer d'une façon positive, si l'on veut opérer avec certitude.

La balance est sans doute le meilleur moyen d'apprécier au juste les quantités ; il est nécessaire souvent d'y avoir recours ; mais, au moment de l'activité du travail, son emploi devient à peu près impraticable.

Chacun devra donc se rendre compte préalablement de la capacité de ses doigts en pesant ce qu'ils peuvent contenir. On saura ainsi qu'en prenant une prise de poivre ou une pincée de sel, on se trouve prendre tel poids de sel ou de poivre.

J'ai adopté, comme mesure de la pincée, 10 *grammes* ; comme mesure de la prise, 1 *gramme*. Quand j'aurai à employer, dans l'énoncé des recettes, ces mots *prise* et *pincée*, on aura ainsi la mesure exacte de ce qu'ils expriment comme quantité.

CONSIDÉRATIONS PRÉLIMINAIRES. 37

POIDS DES LÉGUMES

POUR GARNITURE DE POT-AU-FEU.

Une carotte de moyenne grosseur pèse 150 grammes.
Un oignon moyen, 100 grammes.
Un poireau épluché, 35 grammes.
Une moyenne branche de céleri, 35 grammes.
Une grosse échalotte, 10 grammes.
Une gousse d'ail, 7 grammes.

Il est bon de s'habituer à apprécier de l'œil, autant que possible, les poids de ces divers légumes, comme de tous les objets d'un emploi usuel, pour n'avoir pas à recourir à tout instant à la balance.

VI

SERVICE DE LA TABLE ET DE LA CUISINE.

Le service de la table, qui concerne spécialement les fonctions du maître d'hôtel, ne peut guère trouver son application dans un livre de cuisine proprement dit, qui tient à rester dans son sujet déjà si vaste par lui-même, et surtout lorsqu'il traite de la cuisine de ménage.

Le service ordinaire consiste, comme chacun sait, à mettre sur la table les plats les uns après les autres.

Il arrive assez souvent que ce sont les maîtresses de maison qui fixent elles-mêmes l'ordre dans lequel les mets doivent être servis.

Les détails du couvert bourgeois sont aujourd'hui beaucoup trop vulgarisés pour que je croie nécessaire d'entrer à ce sujet dans des explications qui supposeraient par trop d'ignorance de la part des personnes qui me lisent.

Quant au service de la cuisine, je me bornerai à rappeler aux cuisiniers comme aux cuisinières une grande règle pratique qu'on ne doit jamais perdre de vue : c'est qu'il vaut toujours mieux être en avance qu'en retard pour la préparation d'un repas, quel qu'il soit. Il est toujours possible de ralentir les choses lorsque l'on se trouve avoir du temps devant soi ; mais, lorsque l'on est forcé de les précipiter, faute de temps, on s'expose à mal faire, et il est rare que certaines parties du dîner ne s'en ressentent pas. On aurait grand tort d'ailleurs de s'imaginer que l'on pourra toujours se faire pardonner le grave inconvénient d'un retard par le mérite de la chère que l'on servira aux invités. Que de fois j'ai vu des repas excellents, comme ordonnance et comme fonds, être mal accueillis, échouer à cause de l'attente qu'ils avaient fait subir aux convives en proie à une impatience bien légitime, et dont les estomacs irrités gardaient rancune même aux meilleures choses ! Un cuisinier sans exactitude ne sera jamais un véritable cuisinier.

Fig. 18. Marmites.

CHAPITRE I

POT-AU-FEU ET BOUILLON DE BOEUF

Le bouillon de bœuf est l'âme de la cuisine du ménage, il constitue la partie la plus essentielle et la plus réellement nutritive de l'alimentation journalière, c'est-à-dire la bonne soupe grasse ; de plus, il est la base d'un grand nombre de préparations culinaires, telles que ragoûts, sauces, purées, etc.

Le premier des bouillons est sans contredit le bouillon de bœuf ; mais je ferai remarquer qu'il existe aussi d'autres bouillons de diverses espèces, tels que bouillons de volaille, de légumes, de poisson, de gibier.

Un bon pot-au-feu m'a paru représenter une de ces opérations à la fois élémentaires et fondamentales qu'on ne saurait trop mettre à la portée de tout le monde, du moment que l'on traite de la cuisine de ménage.

Ici moins que jamais je ne reculerai devant aucuns détails, même les plus minutieux, quitte à faire sourire les gens qui ne se rendent pas compte de ce qu'est le premier apprentissage de la cuisine. Ce à quoi je tiens avant tout, c'est que même une personne qui s'approcherait des fourneaux pour la première fois de sa vie ne puisse manquer d'opérer à coup sûr en suivant mes formules à la lettre.

MARMITE.

On emploie dans les ménages quatre genres de marmites différents :
1° La marmite de fonte (fig. 18);
2° La marmite de terre vulgairement appelée *huguenote*;

Fig. 19. Marmite en cuivre.

3° La marmite en fer étamé;
4° La marmite en cuivre (fig. 19).
Je déconseille de la façon la plus formelle les deux premières marmites : celle de fonte, parce qu'il devient difficile, sinon impossible d'enlever la graisse qui se loge, au bout d'un certain temps, dans les pores de la fonte.
Je déconseille également la marmite de terre, qui jouit d'une réputation si peu justifiée auprès de certaines ménagères. Loin d'améliorer le bouillon, elle ne fait que le gâter. Neuve, elle conserve pendant longtemps un goût de terre et de vernis que l'eau chaude ne lui enlève jamais entièrement; en vieillissant,

elle prend un goût de mauvaise graisse rance qu'aucun nettoyage ne peut détruire.

On adoptera donc la marmite en cuivre ou en fer étamé, en se conformant, quant au choix, aux indications données dans le chapitre des *Ustensiles* (page 12).

Je recommande expressément ces deux dernières marmites, parce qu'elles sont d'un nettoyage facile, et qu'il n'y a ni bon ni beau bouillon à confectionner sans la propreté absolue du vase.

CE QUI ENTRE DANS LE POT-AU-FEU.

J'établis deux sortes de pot-au-feu, le petit et le grand : le premier pour l'ordinaire, le second pour les jours d'extra.

Le petit pot-au-feu se fait avec :

    750 grammes de viande,
    125 grammes d'os (c'est à peu près la quantité d'os que comporte la quantité de viande),
    4 litres d'eau,
    30 grammes de sel,
    150 grammes de carottes,
    150 grammes d'oignons,
    200 grammes de poireaux,
    10 grammes de céleri,
    1 clou de girofle,
    150 grammes de navets,
    25 grammes de panais.

On pique le clou de girofle dans un oignon.

Quelques personnes ont l'habitude d'ajouter de l'ail au pot-au-feu ; je ne le conseille pas : le goût de l'ail, toujours si prononcé, tend à dénaturer l'arome du bouillon, et de plus il ne permet pas de le servir à des malades.

Pour le pot-au-feu d'extra, on emploie :

    1 kilo 500 grammes de viande,
    4 hectos d'os,
    8 litres d'eau,

60 grammes de sel,
300 grammes de carottes,
300 grammes d'oignons,
400 grammes de poireaux,
25 grammes de céleri,
2 clous de girofle,
300 grammes de navets,
50 grammes de panais.

On se demandera peut-être si le petit pot-au-feu que j'appelle *petit* à dessein, répond bien aux convenances des petits ménages, dont la cuisine est nécessairement réduite à des proportions restreintes.

Je ne perds pas de vue un seul instant, dans cette première partie, qu'on le croie bien, les nécessités même des plus petits intérieurs. Le petit pot-au-feu fournit une quantité de bouillon pour quatre ou cinq personnes. — Mais si l'on n'est que deux? me dira-t-on. — Je réponds à cela qu'il est bien peu de ménages où l'on ne fasse le bouillon au moins pour deux jours. Il est bon d'ailleurs d'en avoir en réserve pour les sauces du bœuf réchauffé.

On voit donc que nous sommes tout à fait dans les proportions voulues, même pour les ménages de deux personnes. Chercher à aller au-dessous de la quantité que j'indique serait faire à la fois une mauvaise économie et de mauvaise cuisine.

LA VIANDE.

Les parties du bœuf adoptées pour le pot-au-feu sont :
La tranche,
La tranche au petit os,
Le gîte à la noix,
La culotte.

Ces quatre morceaux composent toute la partie supérieure de la cuisse du bœuf ; il ne reste plus de la cuisse que la jambe et la boîte du genou, morceaux peu charnus, gélatineux et très peu nutritifs.

On emploie après ces morceaux principaux :

Le paleron,

Le talon de colier.

Ces deux morceaux sont les parties supérieures de l'épaule; ils font également de bon bouillon et représentent une bonne viande comme bouilli : toutefois il est reconnu que les parties de la côte du bœuf donnent un bouillon plus nutritif que celles de l'épaule.

On fait aussi le bouillon avec la côte d'aloyau; on obtient ainsi de bonne viande à manger ; mais le bouillon est toujours faible, attendu que ce morceau, qui convient surtout aux rôtis, aux grillades et aux braisés, n'est pas assez charnu pour donner un bouillon savoureux.

Dans certains intérieurs, on a l'habitude, sous prétexte qu'on ne mange pas de bœuf bouilli, de faire le pot-au-feu rien qu'avec le gîte de jambe. Je désapprouve cette méthode ; le gîte seul ne saurait faire de bon bouillon, par la raison qu'il contient beaucoup de gélatine et peu de substance nutritive.

Toutefois le gîte serait employé avec avantage pour les personnes qui préfèrent le bouillon particulièrement consistant. Pour ce cas-là, on ajouterait 500 grammes de gîte aux quantités données pour notre grand pot-au-feu.

Je recommande par-dessus tout l'extrême fraîcheur de la viande. Une viande séchée et hâlée ne peut donner ni bon bouillon ni bon bouilli.

MANIÈRE D'OPÉRER POUR LE POT-AU-FEU.

Le premier soin est de bien faire son feu.

Emplissez parfaitement votre fourneau de charbon ; une marmite dont le feu a été bien fait dès le principe peut durer trois heures sans qu'il soit besoin d'y toucher. Toutes les fois qu'il sera nécessaire de raviver le feu, évitez de le faire repartir avec trop de vivacité ; les feux ardents ne valent jamais rien pour le pot-au-feu qui demande à être mené toujours très doucement.

Il faut avoir soin, en plaçant le couvercle de la marmite, de laisser une ouverture de deux travers de doigt : le bouillon se troublerait dans une marmite hermétiquement fermée.

Déposez le morceau de bœuf;

Ficelez-le pour maintenir la chair;

Cassez les os au couperet;

Placez dans la marmite les os d'abord et la viande par-dessus;

Versez l'eau, qui doit être filtrée : 6 litres pour la grande marmite, et 3 pour la petite;

Mettez sur le feu;

Ajoutez les 60 ou 30 grammes de sel :

Faites bouillir.

Aussitôt que l'écume commence à monter, vous *rafraîchissez*, c'est-à-dire que vous versez 3 décilitres d'eau froide pour la grande marmite et 2 décilitres et demi pour la petite;

Écumez avec la cuiller percée;

Faites bouillir trois fois et écumez trois fois.

Après cette opération, votre bouillon doit être parfaitement écumé.

Essuyez avec soin les bords de la marmite;

Ajoutez les légumes indiqués ci-dessus, ce qui arrête momennément l'ébullition.

Laissez repartir, et, sitôt, que l'ébullition recommence, placez votre marmite sur l'angle du fourneau, de façon qu'un tiers seulement se trouve sur le trou, comme il est dit aux *Considérations préliminaires*.

Couvrez le reste du feu avec de la cendre, pour obtenir une ébullition continue et la plus régulière possible pendant cinq heures pour la grande marmite et trois heures pour la petite.

Il ne faut pas laisser tomber le feu au point que l'ébullition s'arrête tout à fait; dans le cas où on aurait à mettre du charbon dans le fourneau, on évitera de faire bouillir trop fort; la régularité d'ébullition est une des conditions les plus essentielles pour la qualité du pot-au-feu.

On enlève la viande du pot-au-feu quand le bouillon est entièrement fait; on la dispose sur un plat; on goûte le bouillon et l'on s'assure s'il est d'un bon sel pour le potage. Mais s'il était nécessaire de ressaler, il faudrait le faire seulement dans la soupière.

Le bouillon de la marmite doit être tenu à sel très doux ; il se ressale toujours lorsqu'on le fait réchauffer le lendemain, et à plus forte forte raison lorsqu'il réduit pour une sauce. Il est donc essentiel de ne pas arriver dès le premier jour à un trop haut degré de salaison.

DÉGRAISSAGE.

Dégraisser parfaitement le bouillon, quand le bœuf est retiré, est aussi un principe essentiel à observer, aussi bien au point de vue hygiénique qu'au point de vue culinaire.

Dégraisser, c'est enlever toute la graisse qui est à la surface avec la cuiller à dégraisser. On aura soin, en enlevant la graisse, d'enlever le moins possible de bouillon. Cette opération se fait beaucoup plus facilement lorsque le bouillon est en ébullition, toujours sur le coin du fourneau.

Les graisses qui résultent du pot-au-feu et autres cuissons peuvent faire, lorsqu'elles ont été parfaitement clarifiées, de très bonne friture.

On clarifie les graisses en les faisant cuire à feu très doux pendant une heure.

Laissez refroidir un quart d'heure, puis passer à la passoire dite *chinois* (voir page 15).

OBSERVATIONS SUR LES LÉGUMES DU POT-AU-FEU.

Les légumes ajoutent beaucoup à la saveur du bouillon, mais c'est à condition qu'on ne les laissera séjourner dans la marmite que le temps voulu pour leur cuisson. Aussitôt qu'ils sont cuits, on les retire de la marmite et on les dispose sur l'assiette.

Il est facile de concevoir que des légumes qui restent trop longtemps dans le bouillon lui enlèvent de sa saveur. On peut s'en convaincre, du reste, en goûtant carottes, poireaux, et navets, que l'on aura laissés trop longtemps dans le pot-au-feu, ils ont pris un goût succulent aux dépens du bouillon dont ils ont pompé une partie de la substance. Or on met évidemment le pot-au-feu pour avoir tout le bénéfice du bouillon dans sa qualité la meilleure, et non pour engraisser spécialement les légumes.

Au printemps et en été, les légumes sont plus tendres et cuisent plus rapidement ; leur cuisson est plus difficile en hiver ; on aura donc égard aux différences des saisons pour leur emploi dans le pot-au-feu.

COLORATION DU BOUILLON. — CARAMEL.

On tient généralement à ce que le bouillon ait une teinte dorée ; le goût n'en est pas meilleur pour cela, mais l'œil est satisfait, et c'est souvent un grand point en fait de cuisine.

La chose essentielle, lorsque l'on colore le bouillon, est de ne pas en altérer le goût. C'est pourquoi j'engage les personnes qui tiennent à sa qualité à ne jamais employer les oignons brûlés, les carottes brûlées, les boules colorantes et autres ingrédients qui ne peuvent que donner de l'âcreté au bouillon et en dénaturer les principes.

Le meilleur caramel est celui que l'on fait soi-même.
On procède de la façon suivante :
Mettez dans un poêlon d'office 1 demi-livre de sucre en poudre.
Faites fondre en remuant avec la cuiller de bois.
Lorsque le sucre est bien fondu, laissez bouillir une heure sur le feu à 1 centimètre d'ébullition, avec la cuiller dedans pour pouvoir agiter de temps à autre.

Dès que le sucre fondu a atteint une couleur brune bien foncée, vous mouillez avec 1 litre d'eau froide.

Laissez bien dissoudre à feu doux le sucre, qui a dû se solidifier lorsqu'on a mis l'eau froide ; faites bouillir pendant 20 minutes sur le coin du fourneau.

Laissez refroidir, mettez en bouteille, bouchez soigneusement, pour vous en servir au besoin.

Le caramel doit être d'un rouge d'acajou foncé, ce que l'on obtient en le faisant, comme je l'indique, à très petit feu.

Le caramel fait à grand feu brûle et prend une couleur noire qui donnerait une fausse teinte aux choses que l'on voudrait colorer.

Vous colorez le bouillon avec ce caramel cinq minutes avant de servir et seulement dans la soupière.

On aurait tort de colorer la quantité de bouillon dans la marmite ; on ne pourrait en faire usage pour sauces poulettes et blanquettes.

Le mieux, dans tous les cas, est de le conserver à l'état naturel pour l'emploi du lendemain. On a toujours la ressource d'employer le caramel pour lui donner de la couleur.

CONSERVATION DU BOUILLON.

Le premier principe pour conserver le bouillon est de le dégraisser et de le passer avec le plus grand soin.

Laissez-le parfaitement refroidir avant de l'enfermer.

Placez-le dans l'endroit le plus frais, et que le vase où vous le conservez ne soit jamais couvert.

Dans l'hiver, le bouillon peut être gardé pendant deux et trois jours sans s'altérer.

En été, il est nécessaire de le faire bouillir chaque jour et de bien nettoyer le vase avant de le remettre.

DES CUISSONS PROLONGÉES.

On m'adresse, au sujet du pot-au-feu et du bouillon, la question suivante :

« Est-ce qu'en faisant bouillir le bœuf pendant sept ou huit heures, on n'obtiendrait pas un bouillon plus savoureux, de meilleure qualité, qu'avec une ébullition de cinq heures seulement ? »

Je réponds à cela : En aucune façon ! Il vient un moment où la viande est cuite et n'a plus rien à vous donner en fait de suc et d'arome. La laisser séjourner dans la marmite après son entier épuisement par la cuisson, c'est risquer de gâter le bouillon, bien loin de le rendre meilleur!

Ainsi, pour le bon bouillon, la viande du pot-au-feu doit être cuite à point, ni trop ni trop peu.

J'indique la limite de cinq heures pour le grand pot-au-feu, mais on comprend fort bien qu'il n'y a pas là-dessus de règle absolument invariable. Certaines viandes, suivant l'âge et la nature de la bête, sont d'une cuisson plus ou moins rapide.

On s'assure du degré de cuisson de la viande en la sondant avec une aiguille à brider, au bout de quatre à cinq heures.

Si l'aiguille enfonce aisément, sans résistance, le bœuf est cuit; le bouillon est ce qu'il doit être.

Fig. 20. Salière de cuisine.

Fig. 21. Soupière et accessoires.

CHAPITRE II

POTAGES

Je n'ai pas besoin d'insister sur l'importance capitale du potage, qui est considéré si justement comme l'ouverture indispensable de tout dîner ordinaire ou d'extra.

Je donne les recettes de 20 à 25 potages gras et maigres, que j'ai choisis parmi les plus usités, ceux qui représentent le fond de l'ordinaire de tout le monde.

J'aurais pu aisément grossir ma liste, et en ajouter une foule d'autres plus recherchés et surtout plus ambitieux comme titre; mais à quoi bon? Les potages compliqués qui tiennent à la grande cuisine se trouvent compris tout naturellement dans la seconde partie.

Quant aux potages inconnus ou inusités et dont personne ne mange, je déclare qu'ils ne trouveront pas leur place dans ce *Livre de cuisine*, pas plus dans la seconde partie que dans la première.

Avec ceux que je donne ici, avec les explications et les détails dans lesquels je suis entré, je pense que l'on doit être en mesure de faire face à toutes les exigences de la cuisine bourgeoise renfermée dans ses véritables limites.

I

POTAGES GRAS

SOUPE AU PAIN.

La soupe au pain, malgré sa simplicité toute primitive, exige certains soins qu'il est nécessaire de ne jamais perdre de vue. Du reste, je proteste dès à présent contre l'idée, malheureusement trop répandue dans plus d'une cuisine, que l'on peut traiter légèrement et sans beaucoup d'attention les choses de l'ordinaire. Ce sont, au contraire, celles-là qui réclament le plus de soin, précisément à cause de leur fréquente application, ce qui exclut absolument toute chance de non-réussite.

Nous avons laissé le bouillon dans la marmite au moment où il a été dégraissé et où il se trouve en ébullition : c'est alors que l'on doit s'occuper de tremper la soupe.

On compte généralement, pour quatre personnes, 1 litre de bouillon et 60 grammes de flûte à potage.

Les soupes au pain demandent 15 grammes de pain par personne. Les soupes avec purées et garnitures de légumes exigent une moindre quantité de pain, sous peine de devenir trop épaisses. Il est entendu qu'on élèvera les proportions de bouillon et de pain en raison du nombre des convives.

On coupe la flûte en tranches d'un centimètre d'épaisseur, on place ces tranches dans la soupière, on verse le bouillon par-dessus, on couvre pour faire tremper.

---

1. Les recettes des différents potages sont données pour quatre personnes.

POTAGES.

On n'oubliera pas que c'est le moment d'ajouter le caramel dans la soupe, et, seulement à ce moment-là, on ressale s'il est nécessaire.

On sert les légumes sur une assiette à part. Toutefois, dans l'arrière-saison, il arrive souvent qu'ils sont durs et filandreux; il vaut beaucoup mieux, dans ce cas, ne pas les servir du tout.

On emploie aussi, pour tremper la soupe, des croûtes de pain mollet grillé. Certains boulangers vendent parfois ces croûtes insuffisamment grillées, ce qui cause qu'elles moisissent à l'intérieur. Il n'en faut pas davantage pour gâter la meilleure soupe.

Dans le cas où l'on emploierait les croûtes du pain de ménage, on ne manquerait pas de les faire griller préalablement au four ou sur le gril.

BOUILLON A LA MINUTE.

J'indique le bouillon dit *à la minute* dans la cuisine de ménage, bien qu'il ne représente pas une opération précisément économique. Mais il me paraît très utile d'en avoir la recette pour les circonstances exceptionnelles, pour les cas de maladie par exemple, dans lesquels la question d'argent devient tout à fait secondaire.

Pour confectionner le bouillon à la minute, ayez :

1 livre de bœuf bien maigre,
1 demi-poule désossée.

Vous pilez le tout, que vous mettez dans une casserole avec 10 grammes de sel.

Vous délayez avec un litre et demi d'eau, et vous faites partir à bon feu en remuant doucement.

Dès que l'ébullition commence, vous garnissez de carottes, navets, oignons, poireaux, céleri, le tout émincé.

Laissez bouillir 20 minutes ; passez et servez.

VERMICELLE.

On doit toujours servir les pâtes de première qualité ; on adoptera de préférence celles d'Italie et d'Auvergne.

Blanchissez 60 grammes de vermicelle pendant 5 minutes dans 1 litre d'eau où vous aurez mis 4 grammes de sel.

Rafraîchissez ;

Égouttez dans une passoire ;

Versez le vermicelle dans 1 litre de bouillon bouillant.

Remuez avec une cuiller à dégraisser, pour éviter que le vermicelle ne grumelote ;

Laissez mijoter 5 minutes, sur le coin du fourneau, la casserole couverte aux trois quarts ;

Écumez la mousse qui s'est formée à la surface ;

Goûtez s'il est d'un bon sel. — Cette recommandation s'applique invariablement à toutes les choses que l'on prépare.

Servez.

Toutes les pâtes à potage, sans distinction, se préparent de la même manière ; ainsi, pâtes d'Italie mêlées, macaroni, nouilles, etc.

On sert souvent, avec les pâtes, une assiette de parmesan râpé.

TAPIOCA.

Le tapioca des Indes est celui que l'on doit adopter de préférence.

Faites bouillir 12 décilitres de bouillon ;

Versez lentement d'une main 40 grammes de tapioca dans le bouillon ; de l'autre, agitez avec une cuiller à ragoût, pour éviter les grumeaux.

Quand le tout est versé, vous placez sur le coin du fourneau la casserole entièrement couverte pour éviter qu'une peau se forme à sa surface, et vous laissez mijoter pendant 20 minutes.

Écumez et servez.

RIZ.

Le riz de la Caroline est toujours le meilleur.

Lavez 35 grammes de riz à trois eaux ;

Blanchissez dans 1 litre d'eau, en remuant avec soin avec la cuiller :

Rafraîchissez;

Égouttez;

Versez le riz dans 12 décilitres de bouillon bouillant, puis agitez-le avec la cuiller pour le bien mêler au bouillon.

Vous laisserez la casserole couverte aux trois quarts pendant 25 minutes sur le coin du fourneau, afin de donner au riz le temps de crever.

Écumez et servez.

SEMOULE.

On doit apporter un soin tout particulier au choix de la semoule; il arrive souvent que certaines semoules ont des goûts de résine, de poussière ou d'humidité, qui suffisent pour gâter le bouillon.

Versez 50 grammes de semoule dans 12 décilitres de bouillon bouillant;

Agitez en versant avec la cuiller à ragoût.

Quand la semoule est bien mêlée, couvrez entièrement la casserole; mettez sur le coin du fourneau pendant 30 minutes, et veillez à ce que le mijotement soit toujours très doux.

SOUPE MITONNÉE.

On met dans une casserole 12 décilitres de bouillon avec 60 grammes de pain, que l'on a soin de casser et non de couper, attendu que le pain coupé ne se détrempe pas aussi facilement que le pain rompu.

On fait mijoter pendant 20 minutes sur le fourneau, en remuant avec la cuiller de bois.

Lorsque le pain est entièrement dissous, et que la soupe est arrivée à consistance de bouillie, on sert.

SOUPE AUX CHOUX.

La soupe aux choux peut se faire en toutes saisons.

Ayez un petit chou frisé, et retirez les premières feuilles, qui sont généralement dures;

Coupez le chou en quatre ;

Lavez-le à grande eau ;

Blanchissez-le à l'eau bouillante pendant 10 minutes, avec deux hectos de petit lard ;

Puis faites-le dégorger une heure à l'eau froide, toujours à grande eau.

A l'aide de cette double opération, vous l'aurez rendu parfaitement digestif.

Lorsque le chou est dégorgé, pressez-le fortement pour bien en extraire l'eau, puis assaisonnez chaque morceau d'une pincée de sel et d'une prise de poivre.

Préparez :

    1 bouquet garni,

  100 grammes de carottes,

  100 grammes d'oignons,

   15 grammes de sel,

    2 clous de girofle piqués dans un des oignons.

Mettez les quatre morceaux de chou dans une casserole pouvant contenir 4 litres d'eau, avec bouquet, carottes et oignons ;

Placez sur les choux 500 grammes de plate-côte de bœuf ;

Les 2 hectos de petit lard blanchis avec les choux ;

Versez 3 litres d'eau ;

Faites bouillir ; écumez parfaitement, puis laissez bouillir trois heures sur le coin du fourneau ;

Retirez la viande, les légumes et les choux ;

Coupez les quartiers de chou par morceaux pour qu'ils soient bien divisés dans la soupe, et mettez-les dans la soupière, où vous aurez placé 25 grammes de pain ;

Versez le bouillon par-dessus et servez.

POTAGE AUX LAITUES.

Ce potage peut se faire dans toutes les saisons.

Ayez 11 décilitres de bouillon gras ;

Épluchez 200 grammes de laitue, c'est-à-dire enlevez les feuilles de dessus, qui sont toujours dures ;

Blanchissez à l'eau bouillante pendant 10 minutes.

Rafraîchissez, puis pressez fortement pour que la laitue soit bien sèche ;

Vous la placez dans une casserole de 16 centimètres de large ;

Ajoutez 3 décilitres de bouillon gras ;

Faites cuire à petit mijotement, jusqu'à ce que le bouillon soit entièrement réduit ;

Évitez que la laitue ne s'attache dans la casserole, ce qui arriverait, sans aucun doute, si le feu était trop ardent ;

Mouillez avec 8 décilitres de bouillon ;

Faites bouillir, et, au premier bouillon, mettez sur le coin du fourneau pendant 10 minutes ;

Placez 40 grammes de pain dans la soupière, comme pour la soupe grasse ;

Écumez, pour enlever la mousse de la surface ; trempez la soupe et servez.

II

POTAGES MAIGRES.

JULIENNE.

La julienne ne peut être faite dans de bonnes conditions que pendant neuf mois de l'année ; je ne conseille pas de faire ce potage en janvier, février et mars, à cause de la dureté des carottes, navets et poireaux.

QUANTITÉS.

60 grammes de beurre,
125 grammes de carottes,
125 grammes de navets,
50 grammes de poireaux.

50 grammes d'oignons,
12 grammes de céleri en branche,
25 grammes de chou frisé,
10 grammes de laitue,
10 grammes d'oseille.
5 grammes de peluche de cerfeuil (la pointe des feuilles).

MANIÈRE DE PROCÉDER.

Grattez carottes et navets;
Épluchez poireaux, céleri, oignons et chou;
Lavez et essuyez chaque légume;
Coupez, en filets de 2 centimètres de long sur 4 millimètres de large, poireaux, céleri, oignons, carottes, navets, chou;
Mettez ces filets dans une casserole de 20 centimètres, avec le beurre, en réservant l'oseille, la laitue et le cerfeuil;
Passez à feu vif, en remuant avec la cuiller jusqu'à ce que les légumes deviennent d'une couleur d'acajou foncé;
Mouillez avec 12 décilitres d'eau;
Ajoutez 2 pincées de sel et 2 pincées de poivre;
Faites bouillir et mettez sur le coin du fourneau, pendant trois heures, à feu doux, pour éviter le trop de réduction;
Ajoutez, au premier bouillon, l'oseille, la laitue et le cerfeuil, qui, en faisant purée, empêcheraient les autres légumes de revenir dans le beurre, s'ils étaient mis en même temps dans la casserole;
Versez dans la soupière et servez.

On mange la julienne le plus souvent avec les légumes seuls; quelques personnes y ajoutent des croûtes de pain taillées comme pour la soupe grasse.

Remarque. — Lorsqu'on aura fait cuire soit des haricots, soit des lentilles, on emploiera le bouillon de ces légumes pour mouiller la julienne, ce qui sera toujours préférable à l'eau, et ne peut que remonter le goût du potage.

On vend dans le commerce, sous le titre de *juliennes*, des mélanges de légumes séchés à la vapeur. Ces légumes, ayant perdu toute espèce de saveur, ne vaudront jamais, pour les potages, les légumes frais qui devront être toujours préférés à cause du suc qu'ils contiennent, même dans l'arrière-saison.

On fait aussi la julienne au gras ; la préparation est la même que pour la julienne au maigre, si ce n'est que l'eau est remplacée par le bouillon gras. On tiendra compte, pour l'assaisonnement, de la salaison du bouillon.

SOUPE A L'OIGNON.

Épluchez 200 grammes d'oignons ;

Coupez les oignons en deux, puis retirez la partie dure de la tête et de la queue, qui a environ 1 demi-centimètre d'épaisseur ;

Coupez ensuite l'oignon sur le travers, en tranches très minces et de même épaisseur, pour que la cuisson ait lieu bien également ;

Faites blanchir pendant 10 minutes à l'eau bouillante, pour ôter toute espèce de goût d'âcreté ; égouttez ;

Mettez dans une casserole de 15 centimètres 30 grammes de beurre ;

Faites revenir à feu vif, et, lorsque l'oignon aura atteint une couleur blonde, ajoutez 30 grammes de farine (une cuillerée à bouche ordinaire) ;

Laissez encore 2 minutes sur le feu ;

Mouillez avec 1 litre d'eau ;

Ajoutez 2 pincées de sel et 2 prises de poivre ;

Tournez sur le feu jusqu'au premier bouillon ;

Laissez 5 minutes sur le coin du fourneau ;

Goûtez pour le sel ;

Mettez dans la soupière 60 grammes de pain et 30 grammes de beurre ;

Versez le bouillon sur le pain, agitez légèrement avec une cuiller pour faire fondre le beurre ;

Servez. — Servez gruyère ou parmesan râpé à part.

Remarque. — Le temps que l'on emploie au blanchissage de l'oignon se trouve amplement regagné par la facilité que l'on éprouve à le faire ensuite revenir dans le beurre ; l'opération du blanchissage a d'ailleurs pour effet de rendre l'oignon bien moins indigeste.

SOUPE A L'OIGNON LIÉE A L'ŒUF.

On fait aussi la soupe à l'oignon liée à l'œuf.

Le bouillon se prépare et la soupe se trempe comme il est dit dans l'article précédent.

On casse 3 œufs, sans oublier les précautions relatives à l'examen des œufs, contenues dans les *Préliminaires* (page 33) ;

On sépare le blanc des jaunes dans des terrines séparées ;

On met 30 grammes de beurre dans les jaunes, avec 1 décilitre de soupe que l'on prend dans la soupière ;

On agite avec une cuiller pour que le bouillon, le beurre et les œufs soient bien mêlés ;

On verse dans la soupière, on mêle de nouveau, et on sert.

Cette liaison dans la soupière demande à être faite avec une grande promptitude, tout à fait au moment de servir.

SOUPE A L'OSEILLE.

Épluchez et lavez :
 100 grammes d'oseille,
 25 grammes de cerfeuil,
 50 grammes de laitue.

Émincez le tout ;

Mettez dans une casserole, avec 25 grammes de beurre, 3 pincées de sel et 1 prise de poivre ;

Faites revenir sur le feu, en remuant avec la cuiller de bois pour faire fondre les herbes.

Au bout de 5 minutes, ajoutez 20 grammes de farine ;

Cinq minutes après, mouillez avec 1 litre d'eau ;

Remuez jusqu'au premier bouillon, pour éviter que la farine forme des grumeaux ;

Laissez mijoter 15 minutes sur le coin du fourneau ;

Mettez dans une terrine 2 œufs, que vous battez pendant deux minutes, comme pour l'omelette ;

Ajoutez 60 grammes de beurre ;

Retirez votre soupe du feu, puis versez 1 décilitre de bouillon dans la terrine ;

Remuez pour faire fondre le beurre ;

Remettez un deuxième décilitre de bouillon,

Mettez dans la soupière 60 grammes de flûte coupée en tranches de 2 à 3 centimètres ;

Trempez la soupe ;

Ajoutez la liaison, c'est-à-dire les œufs que vous avez mêlés avec le bouillon ;

Remuez pendant une minute, puis servez.

Observation. — En conseillant de battre avec soin les œufs de la liaison, nous voulons éviter que les blancs se forment en morceaux, ce qui arriverait si les œufs n'étaient pas parfaitement battus.

Pendant les mois de septembre, octobre et novembre l'oseille devient fortement acide. On aura le soin pendant ces trois mois, de n'employer pour l'oseille que la moitié des proportions indiquées ci-dessus.

Dans les ménages, pendant l'hiver, on remplace sans inconvénient l'oseille vierge, qui est toujours d'un prix très élevé, par l'oseille de conserve, que l'on achète, ou, ce qui est toujours bien préférable, que l'on prépare soi-même en septembre et en octobre.

SOUPE AUX POIREAUX.

La soupe aux poireaux n'est bonne que dans la saison où ce légume est tendre. On doit éviter de faire cette soupe en mars et en avril à moins que l'on n'ait des poireaux nouveaux.

Épluchez et lavez 200 grammes de poireaux coupés en filets de 4 centimètres de long sur 2 de large ;

Faites revenir dans 15 grammes de beurre pour leur donner une couleur blonde ;

Mouillez avec 1 litre d'eau ;

Ajoutez 3 pincées de sel et 2 prises de poivre ;

Faites bouillir, et, au premier bouillon, mettez mijoter pendant 20 minutes sur le coin du fourneau.

Taillez dans la soupière 40 grammes de pain en tranches de 2 à 3 centimètres ;

Préparez deux jaunes d'œufs dans une terrine pour la liaison ;

Mouillez avec un décilitre de lait froid ;

Ajoutez 30 grammes de beurre ;

Remuez pour bien mêler le tout :

Trempez la soupe ;

Versez la liaison d'une main, et agitez de l'autre la soupe dans la soupière.

Quand le beurre est entièrement fondu, la soupe est faite. Servez.

SOUPE AUX POMMES DE TERRE ET AUX POIREAUX.

Épluchez et lavez 100 grammes de poireaux, comme il est dit ci-dessus ;

Faites revenir, mouillez, salez et poivrez de même ;

Ajoutez 100 grammes de pommes de terre jaunes, épluchées, lavées et coupées en gros morceaux ;

Faites bouillir, à très petit bouillon et jusqu'à entière cuisson, les pommes de terre qui doivent arriver à être en purée ;

Taillez 20 grammes de croûtes de pain en filets minces que vous jetez dans la casserole avec 30 grammes de beurre ;

Agitez pour fondre le beurre, et servez.

PURÉE DE LENTILLES.

Choisissez 4 décilitres de lentilles grosses et blondes ; qu'elles soient toujours de l'année, comme du reste tous les légumes que l'on emploie pour potages et purées ;

Lavez les lentilles à l'eau tiède et mettez-les dans une casserole avec :

POTAGES.

1 litre et demi d'eau,
35 grammes d'oignons entiers,
10 grammes de céleri,
35 grammes de carottes,
10 grammes de sel.

Faites bouillir, et, quand les lentilles bouillent, couvrez le feu puis laissez mijoter jusqu'à cuisson.

Vous vous assurerez de la cuisson en pressant une des lentilles, qui doit s'écraser très facilement entre les doigts.

Pour les attendrir et faciliter la cuisson, vous aurez soin de verser dans la casserole le quart d'un verre d'eau froide, de

Fig. 22. Tamis pour purée.

demi-heure en demi-heure, sans dépasser, pour la totalité, la quantité d'un verre.

Vous ferez repartir aussitôt, après avoir versé l'eau froide.

On recommandait autrefois de faire tremper, dès la veille, les légumes secs pour purées. L'addition d'eau froide pendant la cuisson rend inutile l'ancienne opération du trempement préalable.

Les lentilles étant bien cuites, égouttez-les dans une passoire ;
Réservez le bouillon qu'elles ont donné ;
Passez au tamis de laiton, en mettant un plat de terre sous le tamis afin de recevoir la purée ;
Mouillez avec une partie du bouillon à plusieurs reprises, pour que le légume passe plus facilement.

La purée faite, versez dans la casserole ; faites bouillir, et, au premier bouillon, mettez sur le coin du fourneau, pendant une demi-heure, en remuant avec la cuiller de bois, pour éviter que la purée ne s'attache.

Taillez 15 grammes de pain dans la soupière ;

Ajoutez 60 grammes de beurre ;

Versez la purée sur le beurre et le pain ;

Agitez avec la cuiller pour faire fondre le beurre.

Servez.

PURÉE DE HARICOTS BLANCS.

Choisissez 4 décilitres de haricots de Soissons, toujours de l'année.

Faites la purée comme il vient d'être dit pour la *Purée de lentilles*.

PURÉE DE HARICOTS ROUGES.

On doit préférer les haricots rouges de Liancourt.

Même procédé que pour la purée de lentilles (voir *Purée de lentilles*, page 60).

PURÉE DE POIS SECS.

Choisissez 5 décilitres de pois bien verts ;

Mettez-les dans une casserole et mouillez avec 1 litre et demi d'eau ;

Ajoutez 5 grammes de sel, sans autre assaisonnement.

Pour le reste, même procédé que pour la *Purée de lentilles* (voir page 60).

Observation. — Toutes les soupes de purée qui sont indiquées en maigre se font aussi en gras. On remplace le bouillon maigre par le bouillon gras, en se réglant toujours sur la quantité d'un litre de soupe pour quatre personnes.

SOUPE AU POTIRON.

La saison du potiron est de la mi-octobre à la mi-février.

On emploie soit le gros potiron jaune ordinaire, soit le potiron vert appelé *giraumon*.

Ayez 800 grammes de potiron ;
Épluchez de la manière suivante ;
Retirez les pépins de l'intérieur ;
Enlevez la croûte de dessus, à une épaisseur d'un demi-centimètre ;
Coupez les morceaux en carrés de 4 centimètres ; mettez dans la casserole avec :

    30 grammes de beurre,
    1 pincée de sel,
    30 grammes de sucre,
    2 décilitres d'eau.

Faites cuire deux heures ;
Passez à la passoire dans une terrine ;
Remettez dans la casserole avec 6 décilitres de lait que vous aurez fait bouillir (le lait non bouilli est souvent susceptible de tourner) ;
Faites bouillir, et, au premier bouillon, versez dans la soupière, où vous avez mis 15 grammes de pain taillé en tranches.
Servez.

OBSERVATION SUR LES SOUPES DE PURÉE.

Malgré le soin que j'ai pris pour indiquer les proportions exactes des purées, il peut arriver que ces proportions ne tombent pas absolument juste, certains légumes étant susceptibles de lier beaucoup plus les uns que les autres. On remédiera à cet inconvénient en ajoutant du bouillon de légume pour rendre la soupe moins épaisse. A défaut de bouillon de légume, on aura recours à l'eau, mais en ayant la précaution de ne jamais dépasser le litre, qui est la mesure pour quatre personnes.

On notera la différence qui existe entre la purée pour soupes et les purées pour entremets ; les premières sont toujours tenues très liquides, comme il convient pour les soupes ; les autres doivent être, au contraire, serrées et consistantes, ainsi que nous l'indiquerons à l'article *Entremets de légumes*.

RIZ ET ORGE POUR LES SOUPES DE PURÉE.

On peut remplacer, dans les soupes de purée, le pain par le riz.

La quantité de riz est de 30 grammes pour les potages de quatre personnes.

On lave parfaitement le riz à l'eau froide, puis on le fait crever avec 2 décilitres d'eau;

On ajoute 15 grammes de beurre, 4 grammes de sel.

Le riz doit être cuit au bout de vingt minutes.

Mêlez le riz avec la purée, en ajoutant 15 grammes de beurre dans la soupière ;

Remuez et servez.

L'orge se prépare de la même manière :

On mouille avec 6 décilitres d'eau seulement, on ajoute 8 grammes de sel, et on fait cuire pendant 1 heure et demie à très petit feu ;

On égoutte avec soin dans la passoire ;

On mêle l'orge avec la purée, en ajoutant dans la soupière 15 grammes de beurre comme pour le riz.

POTAGE AU RIZ ET AUX HERBES.

50 grammes d'oseille,
50 grammes de laitue,
50 grammes de cerfeuil ;

Épluchez, lavez et hachez, comme il est dit à la soupe *à l'oseille*.

Mettez les herbes dans une casserole de la contenance de 2 litres d'eau avec :

15 grammes de beurre,
12 grammes de sel,
2 grammes de poivre ;

Faites revenir pendant 5 minutes ;

Ajoutez 14 décilitres d'eau :

POTAGES.

Faites mijoter 15 minutes sur le coin du fourneau :
Mettez 60 grammes de riz bien lavé ;
Remuez avec la cuiller, pour que le riz soit parfaitement mêlé ;
Laissez cuire une demi-heure à très petit bouillon ;
Mettez, au moment de servir, 30 grammes de beurre dans la soupière ;
Versez le contenu dans la casserole, agitez et servez.

Le même potage se fait également avec le vermicelle, et généralement avec toutes les pâtes.

RIZ AU LAIT.

Lavez et blanchissez 60 grammes de riz de première qualité ;
Rafraîchissez après avoir fait blanchir ; égouttez ;
Faites bouillir 12 décilitres de lait dans une casserole contenant 2 litres ;
Versez le riz dans la casserole, et remuez avec la cuiller pour éviter les grumeaux ;
Ajoutez 5 grammes de sucre et 5 grammes de sel ;
Laissez cuire une demi-heure à très petit bouillon.
Servez.

Observation. — Je donne avec intention des proportions très minimes pour le sucre et le sel ; mais je considère comme tout à fait nécessaire de sucrer et de saler le riz au lait quand même. Du reste, il est bien entendu que l'on augmentera les doses pour se conformer au goût des personnes qui aiment le riz au lait particulièrement sucré ou salé.

Dans le cas où on aimerait le riz peu crevé, on ne laisserait cuire que pendant 20 minutes.

Tous les potages au lait, vermicelle, semoule, etc., se préparent de la même manière.

BOUILLIE.

Mettez dans une casserole de la contenance de 1 litre :
30 grammes de farine délayée avec 4 décilitres de lait ;

Évitez les grumeaux pour que la bouillie soit bien lisse ;

Ajoutez une prise de sel et 5 grammes de sucre ;

Faites bouillir sur le feu pendant 20 minutes, en agitant toujours avec la cuiller de bois pour empêcher que la bouillie ne s'attache.

Si elle épaissit trop, ajoutez du lait pour l'éclaircir.

Quand la bouillie est cuite, elle doit être assez consistante pour couvrir la cuiller.

Certaines farines lient plus les unes que les autres ; c'est pourquoi je conseille d'ajouter du lait pour éviter le trop d'épaisseur.

On emploiera toujours pour la bouillie les premières qualités de farine de froment ; c'est le moyen de la rendre d'une digestion facile, surtout pour les jeunes estomacs.

PANADE.

Mettez 14 décilitres d'eau dans une casserole d'une contenance de 3 litres.

Ajoutez :

    50 grammes de pain cassé en morceaux ;

    1 pincée de sel ;

    15 grammes de beurre ;

Mettez sur un bon feu vif ;

Au premier bouillon, remuez avec la cuiller de bois, pour éviter que la soupe ne s'attache au fond de la casserole ;

Faites cuire pendant 20 minutes en continuant à tourner ;

Mettez dans une terrine 4 jaunes d'œufs délayés avec un demi-décilitre de lait ;

Ajoutez 30 grammes de beurre ;

Mettez la panade dans la soupière ;

Versez la liaison d'une main en agitant de l'autre ;

Servez.

Observation. — Dans le cas où la panade se trouverait trop liée, ajoutez 1 demi-décilitre ou 1 décilitre de lait, suivant le besoin.

POTAGES.

Les blancs d'œufs qui n'ont pas été employés pour la panade ne doivent pas être perdus. J'indiquerai le moyen d'en tirer parti aux articles *Crème* et *Panure*.

EMPLOI DU BEURRE DANS LES SOUPES MAIGRES

Je termine ce chapitre par un principe général relatif à l'emploi du beurre pour toutes ces sortes de soupes.

On n'oubliera pas que le beurre nécessaire pour les soupes maigres doit s'employer en deux fois, en exceptant pourtant la julienne, qui, n'étant pas liée, demande à avoir tout son beurre en une seule fois.

La première quantité, qui sert à faire cuire et revenir les légumes, doit être minime, par la raison qu'elle ne compte pour ainsi dire pour rien comme assaisonnement.

La saveur est donnée principalement par la seconde quantité employée pour la liaison et que l'on met dans la soupière au moment de servir ; ce beurre, n'ayant pas été chauffé, donne une fraîcheur et un goût que l'on n'obtiendra jamais de celui qui aura passé sur le feu.

Fig. 23. Bol à bouillon.

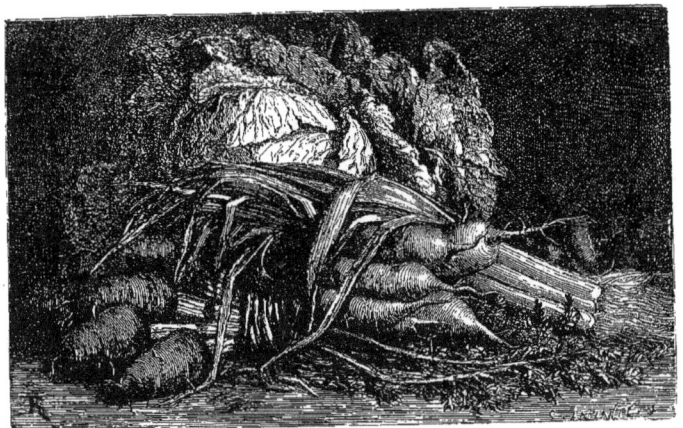

Fig. 24. Garnitures.

CHAPITRE III

GARNITURES, LIAISONS, SAUCES DE MÉNAGE

Peut-être s'étonnera-t-on de me voir aborder les *Garnitures* dans ma première partie; il semble que ce soit là surtout un article concernant la grande cuisine.

Je ferai remarquer que les garnitures jouent en effet un rôle important dans la grande cuisine, et je ne manquerai pas de leur donner dans la seconde partie la place qui leur convient; mais il y a aussi pour la cuisine de ménage un certain genre de *garnitures* spéciales qu'il est essentiel de connaître et dont il est traité dans ce chapitre

Les garnitures pour la cuisine de ménage sont représentées surtout par les légumes de fond qui servent à encadrer certaines viandes. De plus, ces légumes entrent dans la préparation des sauces les plus usitées pour l'ordinaire, que l'on trouvera réunies plus loin sous ce titre : *Sauces de ménage*.

Pour les sauces, comme pour les potages, je me bornerai à indiquer celles que l'on emploie dans la consommation de chaque jour. J'ai tenu à n'en donner qu'un nombre restreint et à les indiquer dans tous leurs détails, plutôt que de me lancer dans une infinité de recettes qu'il m'eût fallu nécessairement abréger et dont on n'a que faire d'ailleurs, en s'en tenant aux conditions de la cuisine bourgeoise.

Je joins aux recettes des garnitures et des sauces celles des liaisons, qui en forment le complément nécessaire.

Ce chapitre nous conduit à celui des entrées de viandes, poissons, volailles, que la connaissance des sauces devait naturellement précéder.

I

GARNITURES

CHAMPIGNONS TOURNÉS POUR GARNITURES.

Les champignons s'emploient à la fois pour les garnitures et pour les sauces.

Le champignon cultivé doit être blanc, ferme, bien plein, n'avoir aucun vide entre la tête et la queue.

Pour une garniture destinée à quatre personnes environ, choisissez 4 maniveaux de champignons; 1 maniveau, tel qu'on les vend sur les marchés, contient généralement 5 ou 6 champignons de grosseur moyenne;

Commencez par enlever au couteau toute la partie terreuse qui se trouve sur la queue, puis jetez les champignons dans une terrine d'eau fraîche.

Agitez-les vivement pour enlever le sable qu'ils contiennent;

Retirez-les aussitôt qu'ils sont nettoyés et égouttez-les sur un torchon. Ne pas oublier que le champignon qui reste trop longtemps dans l'eau perd à la fois comme goût et comme apparence.

Mettez dans une casserole de la contenance de 2 litres une cuillerée à bouche de jus de citron, même quantité d'eau et 5 grammes de sel.

La meilleure manière d'éplucher un champignon, c'est de le

Fig. 25. Couteau cannelé.

tourner. Pour faire cette opération, coupez la queue sans effleurer la tête ; posez-le entre les quatre doigts de la main gauche ; tenez un petit couteau d'office de la main droite ; faites tourner le champignon sur la lame du couteau qui reste immobile, de manière à enlever 2 millimètres de champignons (voir la figure 26).

J'indique de tourner le champignon, parce qu'alors il prend

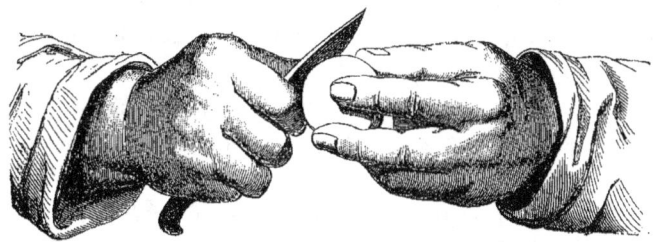

Fig. 26. Position des mains pour tourner les champignons.

plus facilement le jus de citron qui donne la blancheur.

A mesure que vous tournez les champignons, vous les jetez dans la casserole ; vous les sautez, pour qu'ils s'imprègnent bien de citron et de sel.

Mettez sur feu vif :

Ajoutez 30 grammes de beurre ;

Faites bouillir pendant cinq minutes, en agitant la casserole, pour que la cuisson se fasse également.

Mettez les champignons dans une terrine et couvrez d'un

rond de papier, ce qui empêchera de noircir ceux qui ne baigneraient pas suffisamment ;

Ainsi préparés, vous les employez pour sauces et garnitures ; les parures doivent être réservées avec soin pour l'usage qui sera indiqué dans l'article suivant.

Observation. — Le jus de citron a pour objet de rendre le champignon plus blanc : pour les personnes qui n'aiment pas le goût de citron, on fera dégorger les champignons pendant un quart d'heure dans 1 litre d'eau tiède, avec 5 grammes de sel ; qui ôtera entièrement l'acide.

On conservera la cuisson qui, n'ayant pas de goût acide, peut s'employer dans toutes les sauces.

FINES HERBES POUR GARNITURES ET SAUCES.

Je désigne, sous le nom de *fines herbes pour garnitures et sauces*, le mélange connu en cuisine sous le nom ambitieux, suivant moi, surtout en fait de cuisine de ménage, et assez peu intelligible dans tous les cas, d'*Uxelles*. J'ai préféré adopter un nom beaucoup plus simple et plus propre à indiquer l'emploi même de la chose.

Je ne puis pas donner ici de mesure, parce qu'elle se trouve déterminée par la quantité de parures de champignons dont on peut disposer.

Après avoir préparé vos champignons pour garnitures, comme il est dit à l'article précédent, hachez menu les parures que vous avez dû mettre de côté, puis pressez-les dans le coin d'un torchon pour bien faire sortir l'eau ;

Hachez même quantité de persil bien lavé et bien pressé dans le coin d'un torchon ;

Joignez une quantité d'échalotes également bien lavées et bien hachées, la moitié moins de ce que représente la quantité de parures, soit 50 grammes d'échalotes pour 100 grammes de champignons.

Mettez dans une casserole d'abord l'échalote, avec :

15 grammes de beurre,

5 grammes de sel,

1 pincée de poivre ;

Placez le tout sur le feu ; vous tournez avec une cuiller pendant 5 minutes, pour éviter que l'échalote ne s'attache ;

Ajoutez champignons et persil ;

Faites cuire encore pendant 5 minutes en continuant à tourner :

Versez dans une terrine, couvrez d'un rond de papier beurré pour empêcher que les fines herbes ne se dessèchent.

Ces fines herbes pour garnitures et sauces servent pour les gratins, barigoules, papillotes, sauces italienne, piquante, etc.

Les parures de champignons indiquées pour la préparation de ces fines herbes doivent être employées aussitôt que les champignons auront été tournés. Si on attendait pour en faire usage, elles noirciraient et perdraient entièrement leur goût.

CHAMPIGNONS SAUTÉS POUR GARNITURES.

Épluchez et lavez 3 maniveaux de champignons, comme il est dit à l'article *Champignons tournés* (page 70).

Émincez les queues et les têtes de l'épaisseur d'un demi-centimètre ;

Mettez un hecto de beurre dans la poêle à sauter (il est bien entendu que la poêle pour omelette ne doit servir absolument que pour les omelettes ; voir les *Considérations préliminaires*, page 15).

Lorsque le beurre est bien chaud sans avoir pris couleur, vous y jetez les champignons ; vous ajoutez 2 pincées de sel et 2 prises de poivre.

Faites sauter les champignons pendant 4 minutes ;

Saupoudrez-les de 20 grammes de farine pour former la liaison ;

Sautez encore pendant 1 minute ;

Mouillez avec 1 décilitre de bouillon.

Mettez une cuillerée à bouche de persil haché, et une d'échalote hachée, bien lavée.

Les champignons ainsi préparés doivent être d'un brun clair.

CAROTTES.

On peut employer les carottes pour garnitures pendant toute l'année.

La saison de la carotte nouvelle est de fin avril à la mi-juillet.

Choisissez 40 carottes autant que possible d'égale grosseur pour qu'elles soient d'égale cuisson ;

Tournez-les en forme de poires ;

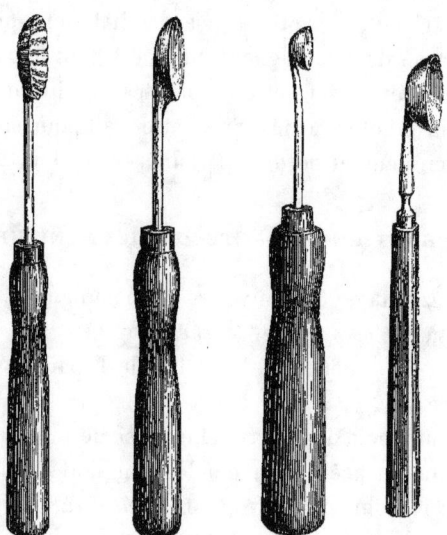

Fig. 27. Cuillers à légumes.

Lavez-les, égouttez-les, et mettez-les dans une casserole d'une contenance de 2 litres, avec :

    2 décilitres de bouillon,
    5 grammes de sucre,
    5 grammes de sel ;

Faites cuire à grand feu pendant 20 minutes, en couvrant bien la casserole.

Ce temps doit suffire pour la cuisson du légume et pour la **réduction** du bouillon.

GARNITURES.

Dans le cas où le bouillon ne réduirait pas assez vite, on ôterait le couvercle afin d'accélérer la réduction.

Gardez les carottes pour garnir au moment où vous servirez.

Après la saison d'avril à juillet, les carottes deviennent trop grosses pour pouvoir être employées en entier; alors coupez-les en 4 morceaux de 6 centimètres de long sur 4 de large, en forme de bouchon, enlevez la peau avec le couteau d'office :

Lavez-les, égouttez-les, et mettez-les dans une casserole de même contenance que ci-dessus, avec :

3 décilitres de bouillon,
5 grammes de sucre,
5 grammes de sel ;

Faites cuire à feu modéré pendant une demi-heure, toujours

Fig. 28. Boîte à colonne.

casserole couverte, en ayant soin également d'ôter le couvercle si la réduction se faisait trop lentement.

Cette opération s'applique à la carotte de fin juillet à fin septembre.

La carotte d'hiver se prépare de même; seulement on aura soin de la blanchir, de la mouiller avec 6 décilitres de bouillon, en faisant mijoter pendant deux heures à feu très doux.

La carotte d'hiver, étant plus dure que les autres, demande une cuisson à la fois plus lente et plus prolongée.

NAVETS.

La véritable saison du navet est du 1ᵉʳ mai à fin février.

Il faut le choisir bien blanc, bien lisse, non creux ; évitez les piqûres de ver, qui sont indiquées par des traînés de rouille dans l'intérieur.

On prépare les navets pour garnitures, blancs ou colorés, suivant qu'on les emploie pour grosses viandes ou pour ragoûts.

NAVETS BLANCS.

Procédez comme il suit :

Taillez 40 morceaux de navets de 4 centimètres de long sur 3 de large ;

Enlevez la peau avec le couteau d'office ;

Lavez-les, égouttez-les, et faites-les blanchir 5 minutes dans l'eau bouillante ; égouttez de nouveau ;

Mettez-les dans une casserole d'une contenance de 2 litres, avec :

    2 décilitres de bouillon,
    1 décilitre d'eau,
    5 grammes de sucre,
    5 grammes de sel ;

Faites cuire pendant 20 minutes à petit feu ;

Sondez avec l'aiguille à brider pour vous assurer de la cuisson ;

Retirez du feu, et laissez dans la casserole pour égoutter au moment de dresser.

NAVETS COLORÉS.

Pour les navets colorés, on lave, on égoutte, et on fait blanchir comme il vient d'être dit.

On fait fondre dans la poêle 25 grammes de beurre.

Lorsque le beurre est chaud, sans avoir pris couleur, on met les navets dedans, on les fait sauter pendant 8 ou 10 minutes pour leur faire prendre une couleur rougeâtre. (Tenir toujours compte, pour chaque détail de cuisson, du plus ou moins de résistance du légume.)

Égouttez, pour les employer dans les ragoûts où les navets devront finir de cuire.

OIGNONS.

L'oignon pour garniture s'emploie pendant toute l'année.
On le fait de trois manières différentes :
Blanc, pour fricassées de poulets et blanquettes ;
Coloré, pour ragoûts, civets, matelotes, gibelottes, etc. ;
Glacé, pour garniture de bœuf.

OIGNON BLANC.

L'oignon blanc se prépare de la manière suivante :
Choisissez 20 oignons d'une grosseur de 3 centimètres environ.

Coupez les têtes et les queues de l'épaisseur d'un demi-centimètre, puis faites blanchir dans 1 litre d'eau bouillante pendant 10 minutes ;

Égouttez et rafraîchissez ;

Enlevez la peau jaune et la première peau blanche, en faisant une légère incision sur le côté avec le couteau d'office ;

Mettez les oignons dans une casserole d'une contenance de 1 litre, avec 6 décilitres d'eau, 4 grammes de sel et 4 grammes de sucre ;

Faites cuire à très petit bouillon jusqu'à la cuisson, dont vous vous assurerez avec l'aiguille à brider ;

Égouttez bien, et mettez-les dans le ragoût 4 minutes avant de servir.

OIGNON COLORÉ.

Préparez et blanchissez les oignons comme il est dit à l'article précédent ;

Faites-les revenir pour les colorer.

Égouttez-les pour les employer dans les ragoûts, où ils achèveront de cuire.

OIGNONS GLACÉS.

Choisissez 12 oignons de 5 centimètres ;
Coupez les têtes et les queues de 1 centimètre chaque ;
Faites blanchir 20 minutes à grande eau ;
Égouttez et rafraîchissez ;
Enlevez la peau jaune et la première peau blanche, puis retirez avec le couteau d'office le cœur de chaque oignon, ce qui doit produire un vide d'environ 2 centimètres ;
Beurrez un plat à sauter, c'est-à-dire enduisez le plat d'une couche de beurre d'un demi-centimètre d'épaisseur ;
Rangez les oignons de façon qu'il n'y ait pas de place perdue ;
Placez 2 prises de sucre en poudre dans le vide que vous avez formé à l'intérieur de chaque oignon ;
Mettez sur un feu assez vif pour que le légume prenne couleur mais sans pousser le feu jusqu'à ce que le beurre noircisse ;
Retournez les oignons pour qu'ils se colorent des deux côtés, puis versez une quantité de bouillon suffisante pour qu'ils soient entièrement couverts ;
Faites glacer, en plaçant sur le plat un couvercle en tôle avec une couche de feu, jusqu'à réduction du bouillon, qui doit former glace et couvrir les légumes ;
Ayez soin d'arroser avec la cuisson toutes les dix minutes pour éviter que les oignons ne se rident, ce qui vous empêcherait d'obtenir un beau glacé ;
Réservez pour garnir.

Observation. — Lorsqu'on emploiera pour garniture l'oignon blanc de primeur, qui se récolte en avril et en mai, on n'oubliera pas qu'il cuit très vite et peut facilement se réduire en purée, si on ne le surveille pas avec le plus grand soin.

GARNITURES.

POMMES DE TERRE.

Les pommes de terre que l'on doit préférer pour garnitures sont la *vitelotte* et la *hollande*. Ces deux espèces ont l'avantage de pouvoir arriver à parfaite cuisson tout en conservant leur forme.

La vitelotte est incontestablement supérieure aux autres variétés comme goût et comme apparence ; elle devient malheureusement plus rare de jour en jour, et on ne peut guère la compter parmi les ressources ordinaires de la cuisine actuelle.

On la remplace sans trop de désavantage par la hollande, que l'on reconnaît à sa forme ovale-allongée et à sa peau lisse, d'un jaune clair.

Les pommes de terre pour garnitures se divisent en trois catégories :

Pommes de terre à l'eau, principalement pour poisson ;

Fig. 29. Couteau à légumes.

Pommes de terre sautées, pour garnitures de bœuf ;
Pommes de terre frites pour grillades, biftecks, entrecôtes, côtelettes, etc.

POMMES DE TERRE A L'EAU.

Choisissez 20 pommes de terre que vous taillez en morceaux de forme ovale, de 5 centimètres de long sur 3 de large ;

Lavez-les, égouttez-les et mettez-les dans une casserole d'une contenance de 2 litres, avec un litre d'eau et 10 grammes de sel ;

Faites cuire pendant 15 minutes, c'est-à-dire à trois quarts de cuisson, pour être finie ensuite à la vapeur ;

On s'assure du premier degré de cuisson en enfonçant dans la pomme de terre une épingle, qui doit entrer sans résistance ;

Jetez l'eau et achevez de faire cuire à la vapeur.

On obtient la cuisson à la vapeur en plaçant les pommes de terre sur un feu très doux, et en les couvrant du couvercle en tôle avec un feu dessus ; 8 à 10 minutes doivent suffire pour qu'elles soient cuites à point.

POMMES DE TERRE SAUTÉES.

Taillez les pommes de terre comme il est dit ci-dessus ; lavez-les et essuyez-les dans un torchon ;

Mettez 36 grammes de beurre clarifié dans un plat à sauter, assez grand pour que les pommes de terre ne se trouvent pas les unes sur les autres.

Faites chauffer le beurre ; qu'il soit fondu sans noircir ;

Mettez les pommes de terre dans le beurre, et sautez-les toutes les 2 ou 3 minutes, pour qu'elles prennent une couleur égale. Lorsqu'elles sont flexibles sous le doigt, la cuisson est faite. Les pommes de terre sautées doivent être servies aussitôt qu'elles sont cuites.

On se plaint, dans certains ménages, de ce que les pommes de terre que l'on mange ont parfois un goût terreux, de ce qu'elles sont sèches, ridées, et qu'elles ont perdu une partie de leur saveur.

Si les pommes de terre sont de bonne qualité, ces inconvénients ne peuvent tenir qu'à une seule cause : c'est qu'elles ont attendu trop longtemps et qu'elles se sont desséchées en chauffant après la cuisson.

POMMES DE TERRE FRITES.

Épluchez 6 pommes de terre autant que possible d'égale grosseur ;

Coupez-les sur le large en lames de 4 millimètres d'épaisseur ;

Mettez dans la petite poêle 1 kilo de graisse pour friture ;

Faites fondre la friture à feu vif et jetez aussitôt les pommes de terre dedans ;

Agitez de temps en temps avec l'écumoire pour que les pommes de terre cuisent également : 8 à 10 minutes doivent suffire :

Lorsqu'elles sont de belle couleur dorée, égouttez-les sur la grille de la grande poêle ;

Saupoudrez de sel et garnissez.

Pour les personnes qui aiment les pommes de terre rissolées et croquantes, on aura soin de faire frire 4 minutes de plus.

HARICOTS BLANCS.

Faites frire un demi-litre de haricots, comme il est dit à la *Purée de haricots* (page 62).

Lorsqu'ils sont cuits, égouttez-les et mettez-les dans une casserole d'une contenance de 2 litres ;

Ajoutez : 1 décilitre de bouillon, 1 hecto de beurre, 1 cuillerée à bouche de persil, 1 pincée de sel et 2 prises de poivre ;

Faites sauter jusqu'à ce que le beurre soit fondu ; la chaleur du légume doit suffire pour le faire fondre.

LENTILLES.

Les lentilles pour garniture se préparent de la même manière que les haricots.

CHOUX-FLEURS.

Le chou-fleur pour garniture peut être employé en toutes saisons.

Il faut le choisir bien blanc, bien ferme, avec le grain très serré ; on doit attacher une importance particulière à l'extrême blancheur.

Choisissez un chou-fleur moyen, coupez la queue à 2 centimètres de la tête, divisez-le ensuite en 4 parties :

Épluchez-le, c'est-à-dire enlevez avec le couteau d'office une petite peau dure et coriace qui se trouve sur la tige ;

Jetez chaque morceau de chou-fleur dans une terrine d'eau froide où vous aurez mis 1 demi-décilitre de vinaigre.

On est sûr, en employant ce procédé, de faire sortir les vers ou les chenilles qui pourraient se trouver dans l'intérieur du légume.

Faites bouillir 2 litres d'eau dans une casserole d'une contenance de 4 litres; mettez le chou-fleur dans l'eau bouillante pendant 5 minutes pour blanchir. Le blanchissage a pour but de rendre le chou-fleur facile à digérer.

Rafraîchissez, puis faites bouillir 2 autres litres d'eau avec 10 grammes de sel;

Égouttez les choux-fleurs et faites-les bouillir dans l'eau de sel, jusqu'à ce qu'ils soient cuits; on s'assure de cette cuisson en prenant un des morceaux, qui doit fléchir sous les doigts tout en conservant une certaine fermeté.

Le chou-fleur se recuit encore lorsqu'il est retiré du feu; c'est pourquoi il est très important de saisir juste le point de cuisson que j'indique : une certaine flexibilité, mais toujours avec un peu de résistance.

CHOUCROUTE.

La choucroute doit être généralement très blanche.

Certaines personnes ont l'habitude de l'employer sans la laver, d'autres la blanchissent : je me rallie à ce dernier système.

En admettant que la choucroute blanche perde quelque chose sous le rapport du goût, cet inconvénient se trouve amplement racheté par ce qu'elle gagne, au point de vue hygiénique et digestif, par l'opération du blanchissage.

Ayez 1 kilo de choucroute, faites blanchir à l'eau bouillante pendant 10 minutes;

Rafraîchissez, égouttez, et pressez avec soin pour bien extraire l'eau;

Mettez la choucroute dans une casserole d'une contenance de 4 litres;

Ajoutez 1 litre de bouillon, 3 décilitres de dégraissis de marmite, 3 prises de poivre;

Faites mijoter pendant 8 heures, la casserole entièrement couverte;

Retirez dans une terrine que vous couvrez d'une feuille de papier.

Réservez pour garnir.

CHOUX DE BRUXELLES.

La saison des choux de Bruxelles est de novembre à la fin de février. Ils doivent être très verts, très fermes, et ne contenir aucune feuille jaune.

Ayez 500 grammes de choux de Bruxelles;

Retirez les queues, en coupant le chou d'un millimètre d'épaisseur; enlevez les feuilles jaunes, s'il s'en trouvait malgré le soin particulier que l'on a dû prendre pour les choisir;

Lavez, égouttez, et faites cuire pendant un quart d'heure dans 4 litres d'eau, en ajoutant 25 grammes de sel.

Avec la quantité d'eau que j'indique, on évite l'opération du blanchissage.

Égouttez de nouveau sur un linge blanc.

Au moment de vous servir des choux de Bruxelles pour garnir, faites fondre 15 grammes de beurre dans la poêle à sauter, sans laisser prendre couleur; mettez-y les choux et faites-les sauter pendant 4 minutes;

Saupoudrez-les d'une légère pincée de sel et d'une petite prise de muscade.

ÉPINARDS.

L'épinard s'emploie pendant toute l'année, si ce n'est dans les moments de forte gelée, et en été au moment des fortes chaleurs. On peut cependant se procurer ce légume même aux époques de canicule et de gelée, mais il devient alors d'un prix excessif et passe à l'état de rareté; on ne peut donc le comprendre dans la cuisine de ménage.

Épluchez 1 kilo 500 grammes d'épinards, c'est-à-dire retirez les queues et les pailles;

Lavez les épinards à grande eau, égouttez-les dans la passoire, puis mettez-les, pendant 5 minutes, dans un chaudron contenant

4 litres d'eau bouillante et 15 grammes de sel, pour les faire blanchir.

Égouttez-les et faites-les rafraîchir. Il est essentiel de bien les agiter pour les rafraîchir complètement, afin qu'ils refroidissent très vite.

Si on les laissait se refroidir d'eux-mêmes, on serait exposé à les voir jaunir et prendre un mauvais goût.

Pressez-les parfaitement, afin d'en bien extraire l'eau;

Vous les étalerez ensuite sur une planche de cuisine parfaitement propre, bien entendu, en formant une couche d'environ 1 centimètre d'épaisseur;

Examinez-les avec soin, en les tirant avec le couteau de cuisine, pour enlever les pailles qu'ils pourraient encore contenir,

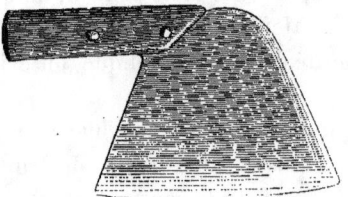

Fig. 30. Couteau à hacher pour farces et légumes.

en tournant et retournant plusieurs fois, de manière qu'ils soient nettoyés bien à fond; rassemblez-les ensuite en tas sur la planche et hachez-les avec le couteau à hacher pendant 5 minutes, puis relevez-les sur une assiette;

Faites fondre dans une casserole, d'une contenance de 2 litres, 30 grammes de beurre dans lesquels vous ajoutez 25 grammes de farine;

Faites cuire pendant 3 minutes;

Mettez les épinards dans la casserole pendant 5 minutes, en les remuant constamment avec la cuiller de bois pour empêcher qu'ils ne s'attachent;

Ajoutez 2 pincées de sel;

3 décilitres de bouillon, versés en trois fois; n'oubliez pas de bien agiter, pour mêler, à chaque décilitre de bouillon que vous versez.

GARNITURES. 85

Au moment de servir, ajoutez 30 grammes de beurre et une prise de muscade. Une fois cette dernière quantité de beurre mêlée aux épinards, ils ne doivent plus retourner sur le feu.

CHICORÉE.

La saison de la chicorée pour ménage est de juin à janvier.

Choisissez 12 têtes de chicorée autant que possible jaunes et bien fraîches.

Pour éplucher, vous retournez chaque tête, vous arrachez toutes les parties dures, c'est-à-dire une épaisseur de trois feuilles ;

Ébarbez les bouts de feuilles en laissant le moins possible de vert, puis coupez entièrement le trognon jusqu'aux feuilles ;

Ouvrez les têtes des chicorées et fouillez avec soin dans l'intérieur de toutes les feuilles pour enlever les vers qui pourraient s'y trouver logés ;

Lavez, égouttez, blanchissez comme pour les épinards ; seulement vous ferez blanchir, au lieu de 5 minutes, pendant 25 minutes, la chicorée exigeant une cuisson beaucoup plus prolongée ;

Rafraîchissez, pressez, épluchez en étendant sur la planche de cuisine pour retirer les pailles, comme il est dit dans l'article précédent ;

Hachez pendant 20 minutes.

Pour le reste de la préparation, beurre, farine, sel, bouillon, opérez comme pour les épinards.

OSEILLE.

La saison de l'oseille pour ménage est du 1er mai au 1er novembre.

Ayez 1 kilo 500 grammes d'oseille : la plus fraîche et la plus verte est toujours la meilleure ;

Épluchez l'oseille en retirant entièrement les queues ; lavez-la à grande eau ; égouttez-la, puis mettez-la dans une casserole d'une contenance de 6 litres, avec 2 pincées de sel et 1 litre d'eau ;

Placez sur le feu, pendant 15 minutes, en remuant constamment avec la cuiller de bois pour empêcher que l'oseille ne s'attache ;

Égouttez sur un tamis de laiton.

Lorsque l'oseille est parfaitement égouttée, épluchez sur la planche comme pour les épinards et la chicorée. (Voir page 83.)

Hachez, comme la chicorée, pendant 20 minutes ;

Mettez dans une casserole d'une contenance de 2 litres 35 grammes de beurre, 30 grammes de farine ;

Faites cuire pendant 3 minutes en agitant toujours ;

Mettez l'oseille dans cette seconde casserole ; laissez sur le feu pendant 30 minutes, sans oublier de remuer et en versant 2 décilitres de bouillon : 1 décilitre d'abord et l'autre décilitre au bout de 10 minutes.

Cassez 3 œufs dans une terrine ; ajoutez aux œufs un demi-décilitre de lait ;

Battez pendant 3 minutes et versez dans l'oseille ;

Faites cuire pendant 5 minutes, en agitant fortement avec la cuiller de bois.

Réservez pour garnir.

PERSIL FRIT.

Le persil frit s'emploie généralement pour toutes les fritures et pour garnitures de poissons.

Épluchez 50 grammes de persil en laissant des queues de 5 centimètres ;

Lavez, égouttez, puis essuyez entre deux linges ;

Mettez le persil dans la passoire de laiton ;

Plongez la passoire dans la friture chaude, de façon que le persil trempe entièrement ; laissez-le frire pendant 40 secondes, en remuant avec la cuiller à ragoût pour qu'il puisse cuire également ;

Égouttez, et servez suivant le besoin.

Fig. 31. Chou-fleur.

II

LIAISONS

Les liaisons ont pour but de donner de la consistance aux bouillons qui constituent la base des sauces de ménage.

J'indique celles que l'on emploie le plus fréquemment dans le courant de la cuisine ordinaire. J'ai cru devoir réunir les principales liaisons dans un chapitre à part et le placer avant celui des sauces. Lorsqu'il s'agira de lier les diverses espèces de sauces que je donne dans le chapitre suivant, on saura d'avance à quelles espèces de liaisons on doit les rapporter.

LIAISON A L'ALLEMANDE.

La liaison dite *à l'allemande* se fait sur le feu ; elle a pour base la farine détendue dans de l'eau, du lait ou du bouillon, suivant le genre d'opérations pour lequel on l'emploie ; sa couleur est d'un blanc jaunâtre.

On délaye la farine avec un des liquides indiqués ci-dessus.

On passe à travers la passoire dite *chinois*, puis on verse d'une main dans les sauces que l'on veut lier, en agitant de l'autre avec la cuiller, et cela pendant cinq minutes.

Je fixerai les proportions exactes de cette liaison lorsque j'aurai à donner les diverses recettes auxquelles elle s'applique.

Observation. — On ne confondra pas la liaison *à l'allemande* avec *l'allemande* de la grande cuisine. J'ai cru devoir adopter le nom de *liaison à l'allemande*, parce qu'il m'a paru tout à fait propre à exprimer le caractère de ce que j'appellerai le *velouté bourgeois*, lequel, en remplissant sous plus d'un rapport le but de *l'allemande* proprement dite, offre en même temps les

Fig. 32. Position des mains pour faire la liaison.

avantages d'économie et de facilité dans le travail que l'on doit chercher à réaliser, avant tout, dans le genre de cuisine qui nous occupe.

LIAISON AU ROUX.

Le roux se fait avec beurre et farine.

On le cuit à feu très doux pour qu'il prenne une nuance acajou clair, qui doit être sa couleur.

La liaison au roux se fait en mouillant le mélange de farine et de beurre, et en le remuant avec la cuiller de bois à feu vif jusqu'à ébullition.

Ensuite elle se met sur le coin du fourneau; on laisse mijoter une heure, on dégraisse, on passe dans une terrine, et l'on réserve pour l'emploi.

LIAISON A L'ŒUF.

La liaison à l'œuf s'emploie pour potages, blanquettes, poulettes, fricassées de poulet, etc.

Le premier soin, lorsqu'on veut lier une sauce à l'œuf, est de la retirer et de la laisser entièrement hors du feu, pendant au moins 2 minutes.

Ce refroidissement est tout à fait essentiel pour que la sauce ne tourne pas lorsque l'on ajoute les œufs.

La liaison se fait en prenant une partie de la sauce que l'on mêle aux jaunes d'œufs en les tournant pour que les jaunes arrivent à être bien brisés.

On verse la liaison ainsi faite dans la sauce; on continue à remuer avec la cuiller de bois jusqu'au premier bouillon.

LIAISON AU SANG.

La liaison au sang se fait avec le sang de la volaille ou du gibier qu'on emploie.

On fait la liaison, comme il est dit ci-dessus, avec une partie de la sauce que l'on mêle au sang, en remuant jusqu'au premier bouillon.

LIAISON AU BEURRE.

On appelle liaison au beurre la partie de beurre que l'on ajoute aux légumes et aux sauces, lorsqu'on les retire du feu au moment de servir.

Je répète ici l'observation que j'ai déjà faite à l'article *Potages* (page 67) : ne jamais mettre le beurre qu'au dernier moment. Si l'on remettait sur le feu, on perdrait entièrement le goût du beurre ajouté en dernier lieu et il faudrait le considérer comme perdu.

LIAISON AU BEURRE ET A LA CRÈME.

Cette liaison est employée surtout pour les sauces et potages. Elle se fait avec un mélange de beurre et de crème que l'on met dans la soupière, en agitant pour bien fondre le mélange avec la soupe au moment de servir.

Pour les légumes et les sauces, on verse dans la casserole, on mêle et on retire aussitôt du feu pour servir.

III

SAUCES DE MÉNAGE

SAUCE BLANCHE [1].

Observation. — Dans le cours de ma longue pratique, j'ai bien souvent entendu dire à des maîtresses de maison que la sauce que l'on manquait le plus fréquemment, dans leur cuisine, était la sauce blanche ; j'avoue que rien ne m'a plus étonné qu'une semblable déclaration.

Aucune sauce n'est cependant d'une exécution plus facile ; je ne crois pas être taxé de présomption, si je dis qu'il est tout à fait impossible de ne pas la réussir, pour peu que l'on veuille se conformer littéralement à la recette que j'indique.

Pour une sauce blanche pour quatre personnes, ayez :

   90 grammes de beurre,
   30 grammes de farine,
   3 décilitres d'eau chaude,
   1 pincée de sel,
   1 prise de poivre.

---

1. Les quantités sont indiquées pour quatre personnes.

MANIÈRE D'OPÉRER.

Mettez dans une casserole d'une contenance d'un litre :
  30 grammes de beurre,
  30 grammes de farine ;
Mêlez farine et beurre pour en faire une pâte ;
Ajoutez sel et poivre ;
Versez 2 décilitres et demi d'eau chaude ;
Tournez sur le feu avec une cuiller jusqu'au premier bouillon. Le mélange beurre, farine et eau ne doit pas donner moins de 3 décilitres : il faut que ce mélange arrive à la consistance voulue pour couvrir le dos de la cuiller d'une couche de 2 millimètres.

Ajoutez alors les 60 grammes de beurre mis en réserve et coupé en morceaux pour que le beurre fonde plus facilement.

Retirez du feu et tournez jusqu'à ce que le beurre soit entièrement fondu.

Votre sauce est faite ; elle doit vous donner, avec l'addition du beurre, 4 décilitres.

Observation. — Dans le cas où elle serait trop liée, ce qui pourrait arriver malgré les doses que nous indiquons, certaines farines liant plus les unes que les autres, ajoutez le demi-décilitre d'eau que vous avez réservé, ou la moitié seulement, suivant le besoin.

Faites reprendre le bouillon, s'il avait cessé ; ajoutez les 60 grammes de beurre en remuant fortement avec la cuiller, et servez.

POURQUOI ON MANQUE LA SAUCE BLANCHE.

Ainsi, on le voit, le grand principe pour la préparation de la sauce blanche, c'est d'abord de faire bouillir jusqu'au premier bouillon seulement, d'y ajouter ensuite le beurre qui constitue le goût et la saveur de la sauce, et de retirer aussitôt du feu.

Pourquoi la manque-t-on si souvent ? nous dit-on ; comment

se fait-il que dans tant de ménages on voit arriver sur la table de la sauce blanche à l'état de colle trouble, d'empois blafard, n'ayant d'autre goût que celui de la farine et de l'eau chaude?

Je réponds que le mal vient le plus ordinairement de ce qu'on a fait la liaison de farine beaucoup trop forte eu égard à la proportion du beurre, ce qui en retire entièrement le goût.

Souvent aussi on veut mettre tout à la fois dans la casserole les quantités de farine et de beurre d'un seul coup, ce qui produit ces *sauces-colles* dont on se plaint avec si juste raison. J'ai vu bien des fois employer, dans des prétendues sauces blanches, des doses de beurre relativement énormes qui se trouvaient perdues, tandis que la moitié, le quart employé à propos eût suffi amplement pour très bien faire.

Si l'on s'aperçoit que la sauce est trop épaisse, on la met à son point avec deux cuillerées d'eau; si, au contraire, elle se trouve trop liquide, on mêle à part 10 grammes de beurre avec une cuillerée de farine, en augmentant la quantité si besoin est.

On retire la sauce du feu; on laisse refroidir pendant 3 minutes; on ajoute le beurre et la farine que l'on a maniés; on tourne hors du feu.

Dès que le beurre est fondu, on remet sur le feu, et, au premier bouillon, on ajoute le beurre de la fin, comme il est dit ci-dessus.

Une chose essentielle, capitale, que je ne saurais trop recommander comme la condition indispensable de la réussite de la sauce blanche, c'est la quantité de la farine et du beurre. Hors de là, point de salut, quelles que soient d'ailleurs les prescriptions que l'on puisse donner.

La mauvaise farine se détend au feu, ne produit pas la liaison convenable, et c'est là encore une des causes les plus fréquentes de la non-réussite des sauces.

Le beurre, s'il n'est pas de première fraîcheur et de première qualité, ne peut jamais vous donner une bonne sauce blanche.

Pour les personnes qui aimeraient la sauce blanche acidulée, on ajouterait quelques gouttes de vinaigre réduit ou du jus de citron.

Mettre le citron, qui ne doit jamais bouillir ni attendre seulement dans la saucière, au moment de servir.

SAUCE HOLLANDAISE.

Ayez 120 grammes de beurre toujours de première qualité;

Faites réduire dans une casserole de la contenance d'un litre 2 cuillerées à bouche de vinaigre assaisonné de 5 grammes de sel et 3 grammes de poivre blanc; votre réduction doit vous donner une cuillerée à café de vinaigre;

Retirez du feu, et ajoutez 2 cuillerées à bouche d'eau froide et 2 jaunes d'œufs, en ayant soin de retirer les germes et de ne laisser aucune partie de blanc;

Remettez sur un feu doux et tournez avec la cuiller de bois.

Aussitôt que les jaunes commencent à prendre, retirez du feu, ajoutez 20 grammes de beurre, tournez avec la cuiller jusqu'à ce que les 20 grammes de beurre soient fondus;

Remettez sur le feu une minute, et ajoutez 20 grammes de beurre.

Retirez encore une fois du feu, ajoutez également 20 grammes de beurre.

Ce travail doit se répéter jusqu'à l'emploi des 120 grammes de beurre, 20 grammes par 20 grammes. N'ajoutez une nouvelle quantité de beurre que lorsque la précédente est bien fondue.

Après avoir mêlé la troisième partie de beurre, versez dans la casserole une cuillerée à bouche d'eau froide pour empêcher la sauce de tourner.

Lorsque tout le beurre aura été employé, vous verserez encore une cuillerée d'eau pour que la sauce ne soit pas trop liée; si, malgré cette précaution, elle masquait le dos de la cuiller à plus de 3 millimètres d'épaisseur, vous ajouteriez une troisième cuillerée d'eau froide.

Goûtez la sauce, et assaisonnez suivant le goût des personnes.

Observation. — Il arrive souvent que l'on mêle à la hollandaise soit sauce blanche, soit farine ou fécule ; suivant moi, c'est en dénaturer le caractère et le goût. Ces additions n'ont d'autre effet que de compliquer le travail inutilement, et en même temps de changer le principe de la sauce qui ne doit avoir absolument d'autre base que le jaune d'œuf et le beurre.

La sauce hollandaise faite dans les vrais principes est pour les connaisseurs la reine des sauces blanches.

SAUCE MAITRE-D'HOTEL.

Pour une maître-d'hôtel ordinaire (2 biftecks ou 2 maquereaux), ayez 2 hectos de beurre et 30 grammes de persil épluché, lavé et haché.

Il est nécessaire de faire subir deux lavages au persil que l'on veut employer. On lave d'abord à grande eau, lorsqu'il est en branches pour enlever la terre ou le sable. On le lave de nouveau, lorsqu'il est haché. On l'enferme dans le coin d'un linge, on le trempe dans l'eau froide, et on presse ensuite fortement.

Je recommande cette opération de second lavage, pour ôter au persil le goût d'âcreté qu'il a, surtout en automne et en hiver.

Pour faire la maître-d'hôtel, mettez dans une terrine le beurre, le persil haché, avec 2 pincées de sel, 2 prises de poivre, une cuillerée à bouche de jus de citron ;

Approchez la terrine du fourneau pour ramollir le beurre, qui doit avoir seulement la consistance de la crème épaisse ; mêlez avec la cuiller et retirez pour garnir.

On doit éviter de laisser fondre la maître-d'hôtel, si l'on ne veut pas qu'elle tourne en huile.

SAUCE MAITRE-D'HOTEL LIÉE.

Ayez 150 grammes de maître-d'hôtel préparée comme il est dit à l'article précédent ;

Mettez dans une casserole, d'une contenance d'un litre, un

décilitre de sauce blanche (voir article *Sauce blanche*, page 90), que vous étendez d'un décilitre d'eau ;

Faites bouillir pendant 3 minutes en remuant avec la cuiller de bois, et ajoutez la maître-d'hôtel au bout de 3 minutes ;

Retirez du feu en agitant pour bien mêler.

BEURRE FONDU.

Le beurre fondu qu'on emploie principalement pour poisson dit *à la hollandaise*, se prépare ainsi :

Ayez :

    2 hectos de beurre,
    2 pincées de sel,
    2 prises de poivre,
    2 cuillerées à bouche de jus de citron ;

Mettez le beurre avec l'assaisonnement dans la casserole que vous placez sur le feu ; remuez avec la cuiller de bois.

Quand le beurre est fondu à moitié de son volume, retirez-le du feu, continuez à remuer jusqu'à ce qu'il soit entièrement dissous.

Si l'on a le soin de retirer le beurre du feu quand il n'est fondu qu'à moitié et qu'on le laisse achever de fondre hors du fourneau, on l'obtient crémeux et avec une fraîcheur de goût qu'il n'aurait pas s'il était resté au feu plus longtemps.

BEURRE NOIR.

Pour une sauce au beurre noir, ayez 3 hectos de beurre en livre que vous coupez en plusieurs morceaux ;

Mettez le beurre sur le feu dans la poêle à sauter ; faites-le fondre jusqu'à ce qu'il ait une couleur d'un brun foncé. La dénomination de *beurre noir* ne veut pas dire qu'il faille le pousser en cuisant jusqu'à le faire brûler, mais seulement jusqu'à ce qu'il soit d'une couleur brune.

Lorsqu'il a acquis cette nuance, tirez la poêle du feu pour le laisser refroidir.

Mettez dans une casserole de la contenance d'un litre :
   3 cuillerées à bouche de vinaigre,
   2 prises de poivre ;
Faites réduire à 2 cuillerées ;
Retirez la casserole du feu.

Assurez-vous que le beurre fondu est bien refroidi ; passez-le à la passoire dite *chinois*, dans la casserole où se trouve le vinaigre ; mêlez l'assaisonnement et faites chauffer pour servir ; évitez l'ébullition.

Il est essentiel que le beurre soit refroidi avant qu'on fasse le mélange ; s'il se faisait à chaud, on risquerait de voir le beurre s'enlever et renverser.

J'indique exceptionnellement le beurre en livre pour cette recette, parce que la cuisson prolongée enlève au beurre sa finesse et son bon goût ; il serait donc inutile d'employer du beurre de grande qualité dont on n'aurait aucunement le bénéfice.

SAUCE PIQUANTE.

Pour une sauce piquante destinée à assaisonner environ une livre de bœuf bouilli, ayez :
   4 décilitres de bouillon,
   15 grammes d'échalotes,
   30 grammes de beurre,
   30 grammes de farine,
   3 cuillerées à bouche de vinaigre,
   1 cuillerée à bouche de persil haché et lavé comme il est dit à l'article *Maître-d'hôtel* (voir page 94),
   1 cuillerée à bouche de cornichon haché.

MANIÈRE D'OPÉRER.

Épluchez l'échalote que vous hachez ensuite et lavez comme le persil ;

Mettez-la dans une casserole d'une contenance d'un litre, en y ajoutant le beurre et le vinaigre ;

Mettez sur le feu et tournez avec la cuiller jusqu'à ce que le vinaigre soit entièrement réduit. On reconnaît que la réduction du vinaigre est faite, lorsque le beurre, en cuisant, est devenu très net et très clair.

Le vinaigre est employé pour aciduler la sauce, mais il empêcherait de faire le roux nécessaire pour la liaison ; c'est pourquoi il est indispensable de le faire réduire ; il se trouve ainsi absorbé par l'échalote, laquelle emporte le principe acide.

Ajoutez la farine ; faites cuire pendant 4 minutes pour faire roux, puis mouillez avec les 4 décilitres de bouillon ;

Ajoutez 2 prises de poivre et quelques gouttes de caramel pour colorer ;

Faites cuire pendant un quart d'heure ;

Mettez cornichon et persil ; faites bouillir ; au premier bouillon, écumez et servez.

Observation. — Je n'indique pas de sel, à cause du bouillon que l'on emploie, qui a été primitivement salé. On doit tenir compte de ce que le bouillon a donné comme assaisonnement et saler en dernier lieu, si besoin est.

SAUCE ITALIENNE.

Même quantité de sauce que pour la sauce piquante.

Ayez :

    3 décilitres et demi de bouillon,

    1 décilitre de vin blanc (on emploiera un bon vin blanc ordinaire, chablis ou pouilly),

    30 grammes de beurre,

    30 grammes de farine,

    3 cuillerées à bouche de fines herbes pour sauces (voir aux *Garnitures* : *Fines herbes pour garnitures et sauces*, page 72) ;

Faites réduire à part le décilitre de vin blanc qui ne doit plus donner qu'un demi-décilitre ; ajoutez 2 prises de sel et 2 prises de poivre ;

Faites un roux avec la farine et le beurre ;

Laissez 3 minutes sur le feu, en agitant constamment avec la cuiller ;

Mouillez avec 3 décilitres et demi de bouillon et la réduction de vin blanc (voir, pour le mouillement à chaud ou à froid, l'observation faite à l'article *Liaison au roux*, page 88) ;

Faites cuire, en tournant, pendant un quart d'heure ;

Ajoutez les 3 cuillerées de fines herbes ; tournez encore 2 minutes sur le feu ;

Écumez et servez.

SAUCE POIVRADE.

Ayez :

    5 décilitres de bouillon,
    30 grammes de beurre,
    30 grammes de farine,
    1 décilitre de vinaigre,
    15 grammes d'échalotes,
    2 grammes de thym,
    2 grammes de laurier,
    2 grammes de girofle,
    20 grammes de persil en branche,
    50 grammes d'oignons coupés en lames d'un centimètre d'épaisseur,
    20 grammes de carottes en lames d'un centimètre,
    6 grammes de mignonnette.

Mettez dans une casserole de la contenance d'un litre tous les objets indiqués ci-dessus, à l'exception du bouillon, du beurre et de la farine ;

Faites cuire jusqu'à ce que la quantité de vinaigre soit réduite à moitié ;

Ajoutez le bouillon ;

Faites bouillir et laissez sur le coin du fourneau.

Faites un roux dans une autre casserole de la contenance d'un litre, avec le beurre et la farine, en faisant cuire pendant 3 minutes et en agitant avec la cuiller ;

Versez dans le roux par décilitres tout le contenu de la première casserole, mais en ayant soin de n'ajouter un nouveau décilitre que lorsque le précédent est bien mêlé ; vous éviterez ainsi les grumeaux ;

Faites cuire pendant 20 minutes en tournant, puis mettez quelques gouttes de caramel pour colorer ;

Passez à la passoire dite *chinois* ; écumez et servez.

Pour saler, tenez toujours compte de l'assaisonnement primitif du bouillon.

SAUCE POULETTE.

4 décilitres de bouillon,
30 grammes de beurre,
30 grammes de farine,
2 jaunes d'œufs.

Faites un roux dans une casserole d'une contenance d'un litre, avec 20 grammes de beurre et les 30 grammes de farine ;

Faites cuire pendant 3 minutes, sans oublier de bien agiter, puis ajoutez les 4 décilitres de bouillon ;

Tournez un quart d'heure sur le feu ;

Liez avec les deux jaunes d'œufs et les 10 grammes de beurre que vous avez réservés (voir *Liaison à l'œuf*, au chapitre des *Liaisons*, page 89) ;

Passez à travers la passoire dite *chinois* ; servez.

On ne salera que si le bouillon n'était pas suffisamment salé.

Observation. — On emploie généralement les champignons pour les poulettes ; on ne manquera pas d'ajouter le jus des champignons dans la sauce, au moment où on verse le bouillon, ce qui ne peut que la bonifier comme goût.

On mêle quelquefois du persil haché dans la sauce poulette ; j'indique cette addition sans la prescrire ; le mieux, à ce sujet, est de consulter le goût des personnes.

SAUCE TOMATE.

La sauce tomate se fait avec la tomate fraîche ou la tomate de conserve.

La saison de la tomate fraîche est de juin à fin d'octobre, on pourrait même dire que la saison dure toute l'année. Mais, en dehors des mois de juin, juillet, août, septembre et octobre, elle est d'un prix trop élevé pour se trouver dans les conditions de la cuisine bourgeoise.

La tomate doit être choisie d'un rouge très vif.

Ayez 1 kilo de tomate que vous épluchez en enlevant la partie verte qui existe à la queue ;

Coupez les tomates en deux morceaux chacune, puis mettez-les dans une casserole d'une contenance de 2 litres, avec :

1 bouquet garni,
2 pincées de sel,
1 prise de poivre,
2 décilitres d'eau ;

Mettez le tout sur le feu, en ayant soin de couvrir la casserole de son couvercle ;

Faites cuire pendant 40 minutes, en remuant toutes les 5 minutes avec la cuiller de bois pour éviter que les tomates ne s'attachent ;

Passez les tomates à travers le tamis de laiton ;

Faites un roux dans une casserole d'une contenance d'un litre, avec 25 grammes de beurre et 15 grammes de farine ;

Faites cuire 3 minutes, en agitant avec la cuiller ;

Retirez du feu, et versez les tomates dans le roux en plusieurs fois, en mêlant bien, pour empêcher les grumeaux ;

Ajoutez 2 décilitres de bouillon ; remettez sur le feu et faites cuire pendant 20 minutes, en agitant toujours avec la cuiller.

Si la sauce était trop liée, on ajouterait encore 1 décilitre de bouillon pour la rendre moins épaisse.

Lorsqu'on emploie la tomate de conserve, on fait le même roux que ci-dessus ;

On ajoute 2 décilitres de bouillon ; on fait cuire la sauce pendant 20 minutes, en tournant avec la cuiller : on goûte pour l'assaisonnement, et on sert.

SAUCES DE MÉNAGE.

MAYONNAISE BLANCHE.

Mettez dans une terrine de 15 centimètres un jaune d'œuf, en ayant soin qu'il n'y ait ni blanc ni germe, comme il est dit à la sauce hollandaise (voir page 93).

Versez un hecto d'huile sur le jaune d'œuf par cuillerées à café, en agitant à chaque fois ; vous ne verserez une nouvelle cuillerée d'huile que lorsque la précédente aura été parfaitement mêlée.

A chaque huitième cuillerée d'huile, ajoutez une cuillerée de vinaigre, 1 pincée de sel, 2 prises de poivre ;

Continuez à verser huile et vinaigre, en agitant toujours, jusqu'à ce que l'hecto d'huile soit entièrement épuisé ;

Goûtez pour l'assaisonnement, et servez.

La mayonnaise doit toujours être haute en goût.

MAYONNAISE VERTE.

Préparez une sauce mayonnaise comme il est dit ci-dessus ;

Hachez 3 cuillerées à bouche de *ravigote*, c'est-à-dire de cerfeuil, estragon, cresson alénois et pimprenelle.

On remplacerait au besoin la ravigote par 3 cuillerées à bouche de cerfeuil et 1 cuillerée à bouche de vinaigre à l'estragon.

Mêlez dans la mayonnaise, et servez.

RÉMOULADE.

Même procédé que pour la mayonnaise blanche (voir ci-dessus).

Vous ajouterez :
    Une cuillerée à bouche de câpres,
    Une cuillerée à bouche de cornichons hachés,
    15 grammes d'échalotes hachées et lavées,
    Deux anchois bien nettoyés et hachés,
    Une cuillerée à bouche de moutarde ordinaire.

Mettez le tout dans la sauce, et servez.

SAUCE TARTARE.

Préparez une sauce mayonnaise (voir *Mayonnaise blanche*, page 101) et ajoutez :
> Une cuillerée à bouche de farine de moutarde anglaise,
> 15 grammes d'échalotes hachées très fin et bien lavées,
> 15 grammes de cornichons hachés,
> Une cuillerée à bouche de ravigote,
> Une cuillerée à café de vinaigre de piment ou une demi-prise de Cayenne.

Mettez le tout dans la mayonnaise, et servez.

JUS DE VIANDE POUR LE MÉNAGE.

Je me suis formellement interdit, dans ma première partie, d'aborder en quoi que ce soit ce qui touche à la grande cuisine, que j'ai voulu laisser dans son domaine tout à fait distinct; mais, tout en observant cette règle, ce n'est pas une raison pour que je ne donne pas ce qui me paraît de nature à contribuer à l'agrément et au perfectionnement de la cuisine de ménage, qui a, elle aussi, son cachet et son mérite propre.

Quand une chose très utile et très bonne peut s'exécuter avec les ressources d'un intérieur bourgeois, mon devoir n'est-il pas de l'indiquer? Je me conforme ainsi à ce que j'ai dit dans ma préface : « Faire que chacun vive du mieux possible, suivant sa condition sociale. »

Je pense donc qu'on me saura quelque gré d'avoir songé à donner un jus de viande de ménage qui permettra à la cuisinière bourgeoise d'avoir à sa disposition, sans beaucoup de frais et sans de grandes difficultés d'exécution, un jus pouvant remplacer sans trop de désavantage la glace de viande, qui est, comme on sait, une des ressources essentielles de la cuisine.

MANIÈRE D'OPÉRER.

Je suppose que vous vouliez obtenir un litre et demi de jus.

Ayez 800 grammes de rouelle de veau ;

Vous désossez, ficelez, cassez les os, comme il est dit au *Pot-au-feu* (voir page 43) ;

Vous placez la viande dans une casserole d'une contenance de 2 litres, et vous mouillez avec 2 décilitres d'eau ;

Mettez sur un feu modéré pour obtenir une réduction lente qui produira dans le fond de la casserole un jus couleur acajou foncé, d'une épaisseur de 3 millimètres. Pendant que vous faites la réduction, retournez le morceau de veau ; il faut que la viande prenne couleur des deux côtés.

Ajoutez :

    1 litre et demi d'eau,

    8 grammes de sel,

    2 grammes de poivre,

    1 bouquet garni,

100 grammes de carottes,

100 grammes d'oignons,

    2 clous de girofle.

Faites bouillir, et au premier bouillon mettez sur le coin du fourneau pour laisser mijoter pendant une heure. Vous aurez couvert la casserole de son couvercle aux trois quarts. Je recommande expressément de laisser *mijoter* seulement ; c'est le point essentiel, si l'on veut que le jus soit clair : vous l'obtiendriez trouble infailliblement, si vous faisiez cuire à trop gros bouillons.

Passez tout le contenu de la casserole à travers le tamis de soie, ou bien à travers une serviette toujours lavée avec un soin particulier.

Réservez pour être employé au besoin :

Dégraissez parfaitement : le jus ne doit contenir aucune partie de graisse ;

Retirez le morceau de veau de la casserole ; mettez-le sur un plat; saupoudrez-le de sel pour être employé pour le déjeuner du lendemain en blanquette, ou avec sauce italienne, sauce piquante, etc.

Si on voulait faire le jus en gelée pour les choses froides, on ferait la même opération que ci-dessus, en ajoutant un pied de veau au moment du mouillement. Au bout d'une heure de cuisson, retirez le morceau de rouelle de veau; mettez-le sur un plat et saupoudrez de sel comme il vient d'être dit.

Quant au pied de veau, il doit rester dans la casserole jusqu'à entière cuisson, c'est-à-dire jusqu'à ce qu'il cède très facilement sous le doigt.

Vous passez à travers le tamis ou la serviette ; vous dégraissez, puis vous déposez dans un endroit frais pour que le jus prenne en gelée : s'il se trouvait encore quelques parties de graisse sur la gelée, ne pas manquer de les enlever.

Mettez le pied de veau sur un plat; désossez-le; saupoudrez-le de sel et mettez en presse, c'est-à-dire placez le pied de veau entre deux plafonds (voir *Ustensiles de cuisine*, page 14) avec un poids de 2 kilos dessus, jusqu'à ce qu'il soit entièrement refroidi.

A l'aide de cette préparation, il peut être employé pour poulette ou marinade.

Observation. — On n'aura qu'à jeter un simple coup d'œil sur la recette de notre jus de ménage pour reconnaître qu'il est bien réellement tel que je l'ai annoncé, fort simple d'exécution et en même temps fort peu dispendieux, puisque j'ai le soin d'indiquer en même temps l'emploi des viandes pour les repas du lendemain.

Les personnes même les moins initiées aux détails de la cuisine comprendront parfaitement quelles ressources ce jus peut offrir dans l'intérieur, soit pour suppléer le bouillon, dans le cas où il manquerait, soit pour donner aux mets une saveur que le bouillon seul ne fournit pas. Il suffira souvent de quelques cuillerées de notre jus bien préparé d'après la formule pour donner à une sauce le montant et le corsé que l'on est toujours si heureux de rencontrer, même dans les choses simples qui sont du ressort de la cuisine ordinaire.

SAUCES DE MÉNAGE.

Si on a des parures de filet de bœuf, de carré de veau et de mouton, je suis d'avis qu'on les ajoute ; on ne peut en obtenir qu'un bon résultat, à la condition toutefois de n'employer que des viande d'excellente qualité et toujours de première fraîcheur.

Mais je ne suis pas du tout d'avis que l'on mette dans la casserole, sous prétexte de corser le jus, *tout ce que l'on a*, comme on dit quelquefois dans certaines indications culinaires, c'est-à-dire toutes sortes de vieux débris, tels que manches de gigots, os de côtelettes, vieilles carcasses de volailles, etc.

Je ne saurais trop déconseiller des additions semblables ; outre le reproche si juste qu'on doit leur adresser au point de vue de la propreté la plus vulgaire, elles ne peuvent que gâter le jus, loin de le bonifier. Une carcasse de volaille qui n'est déjà plus dans sa fraîcheur peut communiquer une odeur de rance susceptible de dénaturer les meilleures choses.

Le mieux, à tous les points de vue, est donc de n'opérer qu'avec des viandes à la fois très propres, très fraîches et très saines, conformément à la recette que je donne.

Fig. 33. Œufs dans un calbanon.

Fig. 34. Lièvre à la broche.

CHAPITRE IV

ROTI — GRILLADE — FRITURE — PANURE.

Sans avoir positivement la prétention de faire un cours de cuisine gradué, je tiens cependant à ce que les personnes qui prendront mon livre au point de vue de l'enseignement se rendent compte de la marche progressive que j'ai cru devoir adopter, surtout pour les recettes de la cuisine de ménage.

Ainsi, je donne dès à présent le rôtissage, la friture et la grillade, parce qu'il me paraît bien plus naturel de les placer en commençant, plutôt que de les reléguer tout à fait au bout du livre, dans le voisinage des entremets sucrés, comme on l'a fait presque toujours avant moi.

Il me semble que l'on ne saurait apprendre trop tôt ce que c'est que *rôtir, frire, griller*. De telles notions comptent, ainsi que les sauces qui viennent d'être indiquées, parmi les premiers principes et les bases élémentaires de toute espèce de cuisine.

ROTI.

La première condition pour bien rôtir est que le feu soit parfaitement égal, c'est-à-dire que le foyer devant lequel on place la pièce à rôtir soit allumé sur toute la ligne.

Ayez soin que votre coquille se trouve toujours pleine de charbon entièrement allumé. Si le feu tombait tout à fait, faites-le reprendre avec le charbon du fourneau plutôt que d'en remettre de non allumé, ce qui arrêterait la cuisson. On comprend aisément que si le feu n'est pas constamment soutenu, il devient impossible d'assigner un temps fixe pour le rôtissage.

Évitez les courants d'air entre la cuisinière et la coquille; une pièce à rôtir qui se trouverait exposée à un courant d'air ne cuirait qu'avec la plus grande difficulté.

On compte pour un roastbeaf de 1 kilo 500 grammes, une heure devant le feu;

Pour un gigot de 2 kilos 500 grammes, 45 minutes;

Pour un carré de veau de 1 kilo 500, 50 minutes;

Pour un carré de porc frais du même poids, même temps;

Pour un dinde gras d'environ 4 kilos, 1 heure 40 minutes;

Pour une petite poule d'Inde de 1 kilo 500 à 2 kilos, 45 minutes;

Pour une oie du même poids, même temps de cuisson;

Pour une poularde de 2 kilos, 50 minutes;

Pour un poulet de 1 kilo 500, 30 minutes;

Pour un pigeon de volière, 15 minutes;

Pour un faisan, 35 minutes;

Pour perdreau et bécasse, 15 minutes;

Pour mauviettes, 6 minutes, à feu très vif;

Pour canard sauvage, 15 minutes;

Pour le canard de Rouen, même temps de cuisson;

Pour un levraut, 30 minutes;

Pour le râble de lièvre, 30 minutes;

Pour le lapereau, 15 minutes;

Vous ne mettrez la pièce à rôtir que lorsque le feu sera parfaitement allumé. En commençant l'opération vous verserez

ROTI. — GRILLADE. — FRITURE. — PANURE.

2 décilitres de bouillon dans la cuisinière, pour arroser les grosses pièces cinq ou six fois pendant la cuisson, le perdreau et petits gibiers trois fois.

Je n'ai pas besoin, sans doute, de rappeler aux personnes intelligentes que les indications de temps de cuisson ne sauraient être absolues; il y a des viandes qui, par leur nature, cuisent plus lentement les unes que les autres. Il sera donc toujours nécessaire de s'assurer de la cuisson avant de débrocher.

La méthode la plus simple et la plus sûre pour reconnaître si une viande est cuite à point est d'appuyer fortement le doigt sur la noix des viandes de boucherie, et, pour les volailles et gibiers, sur le gros de la cuisse. Si la viande est cuite, elle doit fléchir sous le doigt sans opposer aucune résistance.

GRILLADE.

La grillade s'établit sur une surface plane de cendre et de braise débordant le gril de six centimètres tout autour. On

Fig. 33. Gril.

forme d'abord une légère couche de cendre sur laquelle on étend de la braise bien allumée, d'une épaisseur de 4 centimètres pour le feu vif, et de 2 centimètres pour le feu doux. Que le feu soit vif ou doux, la couche de braise doit être allumée également partout, de façon qu'il n'y ait pas de parties noires et d'autres flambantes.

On se figure parfois pouvoir économiser impunément le combustible pour les grillades; c'est un grand tort. On s'expose à ne cuire les viandes qu'imparfaitement, c'est-à-dire à les perdre, pour avoir voulu épargner quelques poignées de braise.

On place, dans les cuisines ordinaires, les grils sur plaques de fonte ou sur les prussiennes qui existent sur les fourneaux.

Un entrecôte de 3 hectos, paré, demande 10 minutes de cuisson à feu modéré ;

Pour un bifteck de 200 grammes, paré, 7 minutes à feu modéré ;

Une côtelette de mouton, parée, qui pèse généralement 125 grammes, demande 6 minutes de cuisson à feu vif ;

Un rognon à la brochette demande 4 minutes à feu vif ;

Une côtelette de veau, parée, pèse 200 grammes, et demande 9 minutes de cuisson à feu modéré ;

Pour la côtelette de porc frais, même poids, même temps de cuisson que pour la côtelette de veau ;

La côtelette de mouton, panée, doit être cuite à feu doux et exige une minute de plus de cuisson ;

Pour les côtelettes de veau et de porc frais panées, également feu doux et 2 minutes de plus.

FRITURE.

La graisse est la meilleure des matières que l'on puisse employer pour friture. On doit adopter de préférence les graisses recueillies des rôtis et des pot-au-feu, en rejetant les graisses de rôti trop colorées.

A défaut de ces graisses, on emploiera celle de rognon de bœuf, que l'on hachera et que l'on fera fondre à feu doux, en évitant qu'elle prenne couleur.

On reconnaîtra que la graisse est suffisamment fondue, lorsqu'elle sera devenue assez liquide pour que l'on puisse voir le fond de la casserole.

Laissez refroidir pendant un quart d'heure et passez à travers la passoire dite *chinois*. La friture trop chaude pourrait faire fondre la passoire et causer de graves accidents.

Pour les fritures maigres, on emploie le beurre fondu ; mais il faut surveiller avec grand soin, attendu que le beurre se chauffe plus vite que la graisse, et exige par conséquent un feu moins actif.

ROTI. — GRILLADE. — FRITURE. — PANURE. 111

On peut aussi faire frire à l'huile, mais il y a certaines précautions à prendre très essentielles. On doit faire cuire au moins pendant 25 minutes les huiles que l'on emploie, à feu très doux; on évitera ainsi qu'elles ne lèvent et ne renversent.

On emploie parfois le saindoux; mais je ne le conseille guère, attendu qu'il a toujours l'inconvénient de laisser une couche de gras désagréable sur les objets que l'on fait frire.

On peut se servir de la graisse tant qu'elle n'a pas atteint

Fig. 36. Poêle à frire avec grille.

une couleur brun foncé, qui annonce qu'elle est usée; elle ne donnerait plus, dans ce cas, qu'une friture noirâtre et ressuant la graisse.

MANIÈRE D'OPÉRER POUR LA FRITURE.

Servez-vous de la poêle à frire avec grille, comme elle est représentée par la figure 36.

Ne mettez jamais la graisse plus d'à moitié de la contenance de la poêle, pour éviter qu'elle ne renverse.

La friture doit être plus ou moins chaude, suivant la nature des choses que l'on fait frire.

La friture trop chaude doit être évitée dans tous les cas; le trop de chaleur est indiqué par la fumée qui monte au-dessus de la poêle.

On peut apprécier les divers degrés de chaleur à l'aide d'un morceau de mie de pain gros comme une noisette que l'on jette dans la poêle. Si le morceau de mie de pain produit un grésillement et s'entoure de gros bouillons, la friture est arrivée au point voulu pour ce que l'on indique en cuisine par le nom de *friture chaude*.

Pour la friture *modérée*, le pain ne doit produire que de très petits bouillons et des grésillements imperceptibles.

Dans le cas où l'on aurait mis dans la poêle à frire plus d'objets qu'elle ne doit en contenir, soit 5 merlans dans une poêle qui ne doit en contenir que 3, il arriverait que les 5 merlans friraient mal, la quantité de chaleur ne se trouvant plus suffisante. Dans ce cas, on devra laisser cuire les poissons aux trois quarts seulement ; on les retirera de la friture sur la grille ; on poussera la friture à feu très vif, jusqu'à ce qu'elle fume ; on plongera 3 merlans dans la friture fumante, on les laissera 2 minutes, puis on le retirera. Même opération pour les 2 autres ; l'accident résultant de l'accumulation des poissons dans la poêle se trouvera ainsi réparé.

Le caractère de la belle friture est d'avoir une couleur d'un blond doré et d'être toujours sèche et croquante.

PATE A FRIRE.

La pâte à frire s'emploie pour viandes et poissons et pour entremets sucrés.

Elle se fait avec 125 grammes de farine, 2 œufs et 2 cuillerées à bouche d'huile.

Tamisez la farine et versez-la dans une terrine de 10 centimètres ;

Faites un trou au milieu, et versez 2 décilitres d'eau ;

Ajoutez 3 grammes de sel, 2 jaunes d'œufs, et les 2 cuillerées à bouche d'huile, en réservant les blancs pour être fouettés.

Mêlez avec soin pour former une pâte : agitez jusqu'à ce que cette pâte soit lisse, qu'elle ait assez de consistance pour masquer le dos de la cuiller à une épaisseur d'un demi-centimètre.

Si elle se trouvait trop épaisse, on ajouterait un demi-décilitre ou un décilitre d'eau.

20 minutes avant de servir, fouettez les blancs d'œufs très ferme ; mêlez avec la pâte, et réservez pour faire frire.

PANURE ET CHAPELURE.

Pour la panure, ayez mie de pain, œufs battus et huile, ou bien 800 grammes de pain rassis dont vous enlevez la croûte ;

Brisez la mie dans un linge blanc ; enfermez les morceaux dans le linge et frottez pour les réduire en petites parties ;

Passez à travers le tamis de laiton ; faites sécher et conservez dans une boîte fermée.

Pour faire la panure, on bat les œufs pour les briser et les rendre bien liquides.

Pour trois œufs, ajoutez une cuillerée à bouche d'huile, une cuillerée à bouche d'eau, une pincée de sel et une prise de poivre.

Je conseille l'eau, pour éviter que la panure ne soit trop épaisse.

La chapelure se fait avec des croûtes de pain auxquelles on fait prendre une couleur blonde sous le couvercle de tôle garni de feu doux.

On écrase avec le rouleau ; on passe au tamis et on réserve dans une boîte à part, comme pour la mie de pain séchée pour panure

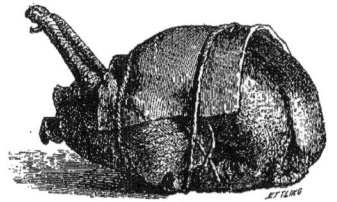

Fig. 37. Perdreau rôti.

Fig. 38. Hors-d'œuvre.

CHAPITRE V

HORS-D'ŒUVRE D'OFFICE POUR L'ORDINAIRE

Je donne dans ce chapitre une liste de hors-d'œuvre d'office, que je choisis parmi ceux que l'on emploie le plus usuellement dans la cuisine bourgeoise. On me dira peut-être que les hors-d'œuvre sont du ressort du maître d'hôtel et non du cuisinier; mais on m'accordera bien aussi que, dans les habitudes de la cuisine ordinaire, le soin en est généralement confié à la cuisinière de la maison; c'est pourquoi il m'a semblé que les indications de ces quelques hors-d'œuvre froids étaient bien du ressort de la cuisine du ménage.

RADIS ROSES.

On peut se procurer des radis roses pendant toute l'année. On doit les choisir roses, petits et non creux. Le radis creux est gros et d'un rouge foncé.

On épluche les radis en coupant les feuilles vertes de la longueur de 4 centimètres, et en grattant légèrement la pellicule qui se trouve au bas des feuilles.

Lavez-les à grande eau, puis dressez-les dans le bateau avec de l'eau fraîche.

BEURRE POUR HORS-D'ŒUVRE.

Le beurre pour hors-d'œuvre se sert en pain ou en coquille, toujours avec de l'eau très fraîche, sans trop remplir le bateau, pour éviter de renverser en faisant circuler.

CORNICHONS.

Ils doivent être choisis petits, fermes, bien verts ; on les met dans le bateau avec du vinaigre.

SAUCISSONS.

Les saucissons de Lyon, d'Arles, d'Italie ou d'Allemagne, que l'on sert pour hors-d'œuvre, doivent être coupés en tranches d'un demi-centimètre d'épaisseur. On enlève la peau et on les range dans le bateau avec persil haché.

OLIVES.

Choisissez l'olive dite *vicholine*; elle doit toujours être verte et très ferme.

Si les olives se trouvaient trop salées, on les ferait dégorger pendant une heure avant de servir. On les retire et on les sert dans le bateau avec de l'eau fraîche.

Les olives qui reviennent de la table doivent être remises dans un bocal avec de l'eau légèrement salée. Avoir soin qu'elles trempent toujours complètement pour les empêcher de noircir.

HORS-D'ŒUVRE D'OFFICE POUR L'ORDINAIRE.   117

ANCHOIS.

Pour un bateau, un nombre de huit anchois ordinaires doit suffire.

Le meilleur anchois est celui de Nice : il est petit, rond; les écailles du dos sont blanches; la saumure doit être d'un rouge brique foncé.

Faites dégorger les anchois deux heures dans l'eau froide, puis séparez-les en deux : s'ils sont suffisamment dégorgés, ils doivent se séparer facilement sans se briser ;

Enlevez la grosse arête du milieu, grattez les écailles, lavez de nouveau, et épongez sur un linge sec ;

Coupez l'anchois d'un millimètre sur la largeur de chaque côté et retirez les petites arêtes qui se trouvent du côté du ventre ;

Rangez-les dans le bateau et couvrez-les d'huile.

SARDINES.

Retirez huit sardines confites de la boîte de fer-blanc, puis essuyez-les légèrement avec un linge ;

Rangez-les dans le bateau avec deux bouquets de persil haché et deux bouquets de câpres. Couvrez-les d'huile, mais sans jamais employer celle de la boîte.

HARENGS MARINÉS.

Retirez trois harengs marinés du tonneau; rangez-les dans le bateau ; ajoutez huile, persil et câpres.

HUITRES MARINÉES.

Ayez un demi-baril d'huîtres marinées ;

Rangez les huîtres dans le bateau ; passez la marinade à travers un linge ; versez-la sur les huîtres et saupoudrez-les de persil haché.

VARIANTES AU VINAIGRE.

Rangez les variantes dans le bateau, en ayant soin de bien mêler les couleurs.

CONCOMBRE.

La principale saison du concombre est de la mi-avril à fin septembre.

Choisissez un concombre vert, celui que l'on doit toujours préférer pour hors-d'œuvre; coupez-le en quatre parties égales sur la longueur;

Retirez les pépins, enlevez l'écorce verte de l'épaisseur d'un millimètre;

Après avoir épluché les quatre morceaux, coupez-les sur le travers en tranches de 1 millimètre d'épaisseur, et mettez-les dans une terrine de 10 centimètres;

Ajoutez 20 grammes de sel blanc et laissez mariner pendant 4 heures;

Égouttez parfaitement; assaisonnez d'huile, de vinaigre et de poivre, comme pour salade de haut goût;

Ajoutez une cuillerée de ravigote hachée (voir *Mayonnaise* pour la *Ravigote*, page 101).

ARTICHAUTS POIVRADE.

Choisissez des artichauts de 6 centimètres de large, bien verts et bien tendres;

Coupez le bout des feuilles de 2 centimètres; tournez le fond pour enlever les deux ou trois feuilles dures;

Mettez les artichauts dans de l'eau légèrement vinaigrée pour les empêcher de noircir; au moment de servir, égouttez-les et mettez-les dans le bateau avec de l'eau fraîche.

RADIS NOIR.

Ayez un radis noir bien plein et bien blanc à l'intérieur, la peau noire extérieure bien lisse ; coupez la tête et la queue, et enlevez la peau noire avec le couteau d'office ;

Coupez le radis sur le travers en tranches de 2 millimètres d'épaisseur ; mettez-le dans une terrine de 10 centimètres avec 20 grammes de sel fin et laissez mariner pendant six heures. Au moment de servir, égouttez, mettez dans le bateau et servez.

Le radis noir se sert le plus communément comme je l'indique ; on le sert aussi quelquefois assaisonné comme pour salade.

Fig. 39. Melon (cantaloup).

Fig. 40. Pièce de bœuf, garnie de racines.

CHAPITRE VI

BŒUF

LE BOUILLI.

Le bouilli domestique a essuyé, à cause de sa fadeur et de sa monotonie comme goût et comme aspect, bien des critiques que je suis loin de déclarer imméritées, surtout si on le met en parallèle avec les mets qui se rattachent à la consommation de luxe. Il est bien clair que la viande qui a produit le bouillon ne peut manquer d'avoir perdu quelques-unes de ses qualités essentielles.

Cependant, tel qu'il est, le bouilli représente un plat de fondation que l'on n'exclura sans doute jamais du programme d'un bon ordinaire bourgeois. Il a son utilité et même son genre d'agrément : le grand point est de le présenter convenablement et d'en tirer tout le parti possible.

L'un des talents de la vraie cuisinière bourgeoise doit donc être de savoir faire manger le bouilli à ses maîtres, d'abord au naturel, et ensuite avec les divers accommodements que comportent les restes de viande, les lendemains de pot-au-feu.

Dès que le bouillon est achevé, vous retirez le bœuf de la marmite et le déposez sur un plat pour être servi sur la table. N'oubliez pas d'enlever la ficelle qui a servi à maintenir la viande pendant la cuisson.

GARNITURES DE BOUILLI.

Mon avis est qu'il est toujours bon de garnir le morceau de viande du pot-au-feu que l'on sert sur la table; c'est une façon de le faire manger et d'empêcher qu'on ne le dédaigne. Ainsi, même sous le rapport de l'économie bien entendue, il y a intérêt à ne pas servir le bouilli dépourvu de garniture.

Je ne recommanderai pas la vieille et traditionnelle garniture de persil, que l'on a souvent ridiculisée, et qui ne l'a pas volé, il faut en convenir. Elle représente plutôt un accessoire de convention qu'une garniture proprement dite, puisque cette couronne de persil, que l'on sert autour du bœuf, ne se mange pas et se met de côté sur une assiette dès qu'il s'agit de découper. On doit viser, dans la cuisine bourgeoise, plutôt au réel et au solide qu'aux choses futiles et de pur ornement.

Il vaut mieux recourir, pour garnir le bouilli, aux légumes préparés simplement, mais avec soin, comme je l'ai indiqué au chapitre des *Garnitures*.

Ainsi, pommes de terre sautées, oignons glacés, carottes, navets, champignons, choux-fleurs, choux de Bruxelles, tous ces légumes et d'autres encore, variés suivant les saisons, peuvent constituer d'excellentes garnitures pour la viande du pot-au-feu, et racheter le manque de goût qu'on lui reproche si souvent.

On doit d'ailleurs toujours s'attacher à dresser ses garnitures dans les meilleures conditions de goût et de symétrie. La gravure placée en tête de ce chapitre indiquera ce qu'on peut faire, même sous le rapport du coup d'œil, avec une simple pièce de bouilli, arrangée et présentée comme elle doit l'être (voir la figure 40).

BŒUF.

EMPLOI DU BOUILLI. — MIROTON.

Soit 700 grammes de bœuf bouilli à employer :

Coupez la viande en tranches de l'épaisseur d'un centimètre ; enlevez toutes les parties grasses et celles qui pourraient être séchées, puis rangez les tranches dans le plus petit des plats ovales en cuivre pour gratin (voir le chapitre des *Ustensiles de cuisine*, page 14) ;

Saupoudrez avec 1 pincée de sel et 2 prises de poivre ;

Préparez 500 grammes d'oignons comme pour la soupe à l'oignon (voir *Soupe à l'oignon*, page 57) ; puis faites cuire jusqu'à ce que l'oignon ait une couleur blonde ;

Saupoudrez avec 25 grammes de farine, 1 pincée de sel et 2 prises de poivre, et faites cuire encore pendant 5 minutes ;

Retirez du feu et ajoutez 6 décilitres de bouillon ; mêlez bien avec la cuiller de bois ; vous tournerez 20 minutes sur le feu ;

Ajoutez 1 cuillerée à café de moutarde et une demi-cuillerée à café de caramel ;

Versez l'oignon sur le bœuf qui se trouve dans le plat de cuivre ;

Faites chauffer pendant 20 minutes à feu doux, dessus et dessous.

Servez.

BOUILLI A LA SAUCE PIQUANTE.

Coupez en tranches la même quantité de bœuf que pour le miroton (voir l'article précédent) ;

Rangez les tranches de bœuf dans le même plat et arrosez-les d'un décilitre de bouillon ; faites réchauffer pendant 15 minutes à feu très doux dessus et dessous ;

Ayez 5 décilitres de sauce piquante (voir *Sauce piquante*, page 93) ;

Versez la sauce sur le bœuf et servez.

BOUILLI A LA SAUCE TOMATE.

Le bouilli à la sauce tomate se coupe en tranches, comme il est dit à l'article précédent.

Préparez 6 décilitres de sauce tomate (voir *Sauce tomate*, page 99);

Saucez et servez.

BOUILLI A LA SAUCE ITALIENNE.

Coupez le bœuf en tranches comme pour le miroton (voir page 123);

Arrosez avec 5 décilitres de sauce italienne (voir *Sauce italienne*, page 97).

BŒUF AU GRATIN.

On coupe le bœuf comme il est dit ci-dessus; on le range dans le plat et on le couvre de 6 décilitres de sauce italienne.

On le saupoudre de chapelure fine; on le met sur feu doux et on le couvre du couvercle de tôle garni d'une couche de feu.

Le feu du dessus doit être plus vif que celui du miroton.

Il faut que le bœuf gratine, mais sans brûler.

BOUILLI EN PERSILLADE.

Coupez le bœuf en tranches comme pour le miroton;

Mettez dans la poêle à sauter 1 hecto de beurre; dès qu'il est fondu, placez les tranches de bœuf dans la poêle, en évitant qu'elles se trouvent les unes sur les autres;

Saupoudrez d'une pincée de sel et de 2 prises de poivre;

Dès que les tranches de bœuf ont chauffé pendant 5 minutes, retournez-les pour qu'elles chauffent de l'autre côté, pendant 5 autres minutes :

Saupoudrez-les de nouveau d'une pincée de sel et de 2 prises de poivre;

Dressez le bœuf sur un plat pour servir ;
Mettez dans la poêle, avec le beurre, 2 cuillerées à bouche de vinaigre ;
Faites bouillir une minute et arrosez le bœuf avec le vinaigre ;
Semez une demi-cuillerée à bouche de persil haché sur les tranches de bœuf.
Servez.

BOUILLI AUX POMMES DE TERRE.

Toujours même quantité de viande : 700 grammes de bœuf bouilli, que vous coupez en morceaux carrés de 4 centimètres, en ayant soin de retirer les parties grasses et séchées.

Ayez 1 hecto de petit lard de poitrine le plus maigre possible, dont vous retirez la couenne et que vous coupez en morceaux de 4 centimètres ;

Faites revenir le lard d'une couleur blonde, avec 30 grammes de beurre, dans une casserole d'une contenance de 2 litres ; dès qu'il est revenu, mouillez-le avec 1 litre d'eau.

Ajoutez :
    500 grammes de pommes de terre jaunes épluchées et coupées en morceaux de 4 centimètres, comme le bœuf,
    1 bouquet garni,
    1 oignon moyen ;

Faites cuire pendant un quart d'heure ;
Ajoutez le morceau de bœuf ;
Faites cuire à petits bouillons pendant 10 minutes ;
Assurez-vous de la cuisson des pommes de terre avant d'ôter du feu ;
Retirez le bouquet, puis goûtez pour l'assaisonnement ; le degré de salaison fourni par le lard ne peut être apprécié qu'en goûtant.
Servez.

HACHIS DE BOUILLI.

Parez 700 grammes de bœuf bouilli, en retirant nerfs, graisse et parties séchées ;

Hachez fin ;

Faites un roux avec 30 grammes de beurre, 30 grammes de farine, 3 minutes de cuisson ;

Retirez du feu ;

Versez 4 décilitres de bouillon et ajoutez 2 pincées de sel et 1 prise de poivre :

Tournez pendant 2 minutes et remettez sur le feu ;

Continuez de tourner pendant 10 minutes, puis ajoutez le bœuf avec une cuillerée à bouche de persil haché ;

Vous tournerez encore pendant 2 ou 3 minutes. Si le hachis se trouvait trop épais, vous ajouteriez 1 décilitre ou un demi-décilitre de bouillon.

Ce même hachis se fait avec une sauce italienne ou sauce tomate ; on fait chauffer l'une ou l'autre de ces sauces. On ajoute le bœuf haché comme il vient d'être dit.

On met sur le feu ; on tourne pendant 5 minutes ; on goûte avant de servir : pour saler ou poivrer, tenir compte de l'assaisonnement de la sauce que l'on emploie.

CROQUETTES DE BOUILLI.

Préparez 700 grammes de bouilli comme pour le hachis ;

Faites 4 décilitres de sauce poulette dans une casserole d'une contenance de 2 litres ; réduisez-la à 3 décilitres ;

Liez avec trois jaunes d'œuf, en réservant les blancs.

Mettez le bœuf haché dans la sauce liée ;

Ajoutez une cuillerée à bouche de persil haché et lavé, avec 1 pincée de sel et 2 prises de poivre ;

Mêlez bien avec la cuiller de bois et étalez sur un plafond à une épaisseur de 4 centimètres ;

Laissez refroidir, puis divisez le hachis en seize parties égales ;

Saupoudrez la table de mie de pain (voir *Panure*, page 113) ; vous formerez une couche de 2 millimètres d'épaisseur ;

Placez les seize parties de hachis sur la couche de mie de pain, en espaçant chaque morceau de 6 centimètres ;

BŒUF.

Recouvrez-les ainsi rangées d'une couche de mie de pain égale à celle qui a été mise sur la table ;

Roulez chaque morceau en bouchon, d'égale grosseur autant que possible ;

Battez les trois blancs que vous avez réservés, pendant une minute, de manière à les briser sans les faire mousser ;

Ajoutez :

    1 prise de poivre,
    2 pincées de sel,
    1 cuillerée à bouche d'huile,
    1 cuillerée à bouche d'eau ;

Fig. 41. Croquettes de bouilli.

Trempez les bouchons dans les blancs d'œufs battus ; repassez-les dans la mie de pain et rangez-les sur un plafond ;

20 minutes avant de servir, faites chauffer la friture chaude (voir *Friture*, page 119) ;

Rangez les croquettes sur la grille, mettez-les dans la friture ; lorsqu'elles sont à moitié frites, agitez-les en les balançant avec l'écumoire pour qu'elles se colorent également.

Lorsqu'elles sont blondes et fermes sous le doigt, retirez-les, saupoudrez-les de sel, dressez en rocher, couronnez de persil et servez (fig. 41).

BOUILLI EN SALADE.

Vous coupez 700 grammes de bouilli en forme de dés, en ayant soin de bien retirer nerfs et graisse ;

Mettez dans le saladier, avec un décilitre de bouillon froid :
    2 cuillerées à bouche de vinaigre,
    2 pincées de sel,
    2 prises de poivre ;

Laissez mariner deux heures.

Au moment de servir, vous ajoutez :
    4 cuillerées à bouche d'huile,
    2 cuillerées à bouche de ravigote hachée ;

Assaisonnez en plus, suivant le besoin.

On peut mettre aussi, dans cette salade, oignon haché ou échalote hachée bien lavée, mais en consultant pour ces additions le goût des personnes.

BŒUF A LA MODE CHAUD.

Ayez 2 kilos de tranche de bœuf coupée en carré. On peut aussi employer le talon de collier ; ce morceau est moins sec que la tranche, et peut lui être préféré quelquefois avec avantage.

Ayez 3 hectos de lard gras ; retirez la couenne, que vous mettez de côté pour blanchir ;

Coupez le lard en lardons de 1 centimètre carré et saupoudrez de sel et de poivre.

Piquez la viande sur le fil ; ficelez comme pour le pot-au-feu ;

Mettez le morceau de bœuf dans la casserole avec :
    5 décilitres de vin blanc,
    1 décilitre d'eau-de-vie,
    6 décilitres de bouillon,
    6 décilitres d'eau,
    2 pieds de veau que vous aurez désossés et blanchis,
    La couenne de lard également blanchie ;

Mettez sur le feu, et ajoutez 30 grammes de sel ;
Faites bouillir, puis écumez comme pour le pot-au-feu ;
Mettez, après avoir écumé :
   500 grammes de carottes,
      1 oignon,
      3 clous de girofle,
      1 bouquet garni,
      20 grammes de sel,
      2 prises de poivre ;

Mettez sur le coin du fourneau en couvrant la casserole ; vous laisserez mijoter pendant quatre heures et demie à très petits bouillons.

Sondez avec l'aiguille à brider pour vous assurer de la cuisson. Lorsque le bœuf est cuit, mettez-le sur un plat avec les carottes et les pieds de veau ;

Tenez au chaud bien couvert jusqu'au moment de servir ;

Passez le jus à travers la passoire dite *chinois* ;

Dégraissez parfaitement et faites réduire d'un quart ;

Déficelez le morceau de bœuf et mettez-le sur le plat pour servir ;

Ajoutez les pieds de veau, que vous couperez en 8 morceaux chacun ; les carottes taillées en morceaux de la grosseur d'un bouchon ; puis 10 oignons glacés (voir *Oignons glacés* aux *Garnitures*, page 70) ;

Disposez pieds de veau, oignons et carottes autour du bœuf, en mélangeant, sans pourtant affecter la symétrie ;

Versez la sauce dans le plat sur la viande et réservez le surplus pour le lendemain ;

Goûtez toujours pour vous assurer de l'assaisonnement.

Le bœuf à la mode doit être relevé de goût.

On ajoute quelquefois une gousse d'ail ; je l'indique, non comme une chose indispensable, mais qu'il est toujours prudent de soumettre à l'assentiment de la maîtresse de maison.

BŒUF A LA MODE FROID.

Lorsqu'on voudra faire un bœuf à la mode froid pour le déjeuner, on le préparera comme il est dit ci-dessus.

On dressera le morceau de viande dans un saladier, en ajoutant les pieds, les légumes et le jus qui doit se prendre en gelée.

Au moment de servir, on renversera le saladier sur un plat rond, et le bœuf à la mode se trouvera ainsi présenté tout naturellement sous une forme convenable.

OBSERVATIONS SUR LE BŒUF A LA MODE.

Le bœuf à la mode est un plat si utile et si justement apprécié dans la consommation du ménage, que je pense que l'on me saura gré de résumer les principaux détails de l'opération, pour qu'il n'y ait aucune chance d'erreur dans la manière de procéder.

La grande question, après le choix du morceau de viande, est la cuisson, qui doit se faire tout à fait à petit mijotement, comme je l'ai dit; c'est là un des points essentiels pour la réussite.

Un bœuf à la mode mené à grand feu vous donnera infailliblement un de ces jus blanchâtres, aqueux, insipides, que l'on voit apparaître trop souvent dans plus d'un intérieur où l'on néglige les vrais principes, si simples pourtant et si faciles à observer dans la pratique.

Le jus de bœuf à la mode doit être de couleur rouge, assez consistant, comme gommeux, plein de cette bonne saveur nutritive de viande braisée et de légumes confits dans le jus qui est le cachet du plat.

Quant aux carottes, il n'est pas nécessaire, comme on le pense quelquefois, de les faire cuire à part en les préparant et en les aromatisant en dehors de la cuisson de la viande; c'est là une complication que je considère comme inutile pour la cuisine ordinaire.

Faites cuire vos carottes dans le jus, en les mettant au moment indiqué, et vous les obtiendrez savoureuses, colorées, ayant ce goût corsé que recherchent et qu'exigent avec raison les amateurs de cet excellent plat de ménage.

Je conseille, pour les bœufs à la mode, comme pour les veaux à la bourgeoise et généralement pour toutes les viandes braisées, de prendre, même dans les petites cuisines, les morceaux de viande plutôt plus forts que trop faibles.

Les mets à longue cuisson s'exécutent toujours mieux avec des proportions de viande suffisantes, plutôt qu'avec des quantités par trop restreintes. Les viandes braisées, surtout avec les ressources des gelées, peuvent parfaitement constituer deux repas dans les ménages. Il vaut donc mieux, ce me semble, manger deux fois de suite un bon morceau que de s'exposer à mal manger en tenant absolument à ne se faire servir de la viande que pour un seul jour, ce qui devient souvent une difficulté presque insurmontable, tant pour le choix du morceau que pour la façon de l'apprêter.

COTE DE BŒUF BRAISÉE.

Ayez une côte de bœuf de 2 kilos, taillée très court, c'est-à-dire ayant seulement 7 centimètres au-dessus de la noix ;

Retirez l'os de l'échine et ne laissez que l'os de la côte ; ficelez comme pour le pot-au-feu, et mettez-la dans une casserole qui la contienne juste.

Ajoutez :

    10 décilitres de bouillon,
    1 décilitre d'eau-de-vie,
    20 grammes de sel,
    2 prises de poivre,
    100 grammes d'oignons,
    1 clou de girofle,
    1 bouquet garni,
    100 grammes de carottes ;

Faites cuire 2 heures en couvrant la casserole et toujours à très petit bouillon ;

Assurez-vous de la cuisson avec l'aiguille à brider ;

Égouttez la viande sur un plat et tenez au chaud ;

Fig. 42. Côte de bœuf braisée, garnie.

Passez le jus à la passoire dite *chinois*, dégraissez et réduisez de moitié ;

Dressez la côte sur le plat à servir et couvrez-la de jus.

La côte de bœuf se sert avec macaroni, nouilles, et tous les légumes indiqués aux *Garnitures*.

CŒUR DE BŒUF A LA MODE.

Ayez un cœur de bœuf bien frais et bien gras ; fendez-le en deux, mais sans séparer les deux morceaux ;

Retirez le sang de l'intérieur, lavez et essuyez avec soin ;

Piquez le lard comme pour le bœuf à la mode ; ficelez-le ;

Pour la cuisson, la garniture et l'assaisonnement, procédez comme pour le bœuf à la mode.

LANGUE DE BŒUF.

Retirez le cornet et les fagoues d'une langue de bœuf, que vous faites dégorger pendant une heure dans l'eau froide ;

Mettez la langue dans une casserole d'une contenance de 6 litres, avec 4 litres d'eau ;

Ajoutez :

    35 grammes de sel,

    3 prises de poivre.

    100 grammes d'oignons,

    2 bouquets garnis,

    2 clous de girofle.

Faites cuire pendant 3 heures, assurez-vous de la cuisson et retirez du feu ;

Enlevez la peau blanche qui couvre la langue ;

Mettez sur le plat.

La langue de bœuf se sert au gratin avec sauce piquante, sauce italienne, sauce tomate.

La cuisson peut être employée dans les potages de légumes. Elle devra toujours être préférée à l'eau.

PALAIS DE BŒUF.

Jetez dans l'eau bouillante 3 palais de bœuf, et laissez-les bouillir pendant 10 minutes ;

Rafraîchissez-les, égouttez-les, et grattez-les avec soin ;

Coupez les palais en deux, et mettez-les dans une casserole d'une contenance de 2 litres ;

Ajoutez :

    8 décilitres de bouillon,

    1 décilitre de dégraissis de marmite,

    25 grammes de sel,

    1 bouquet garni,

    100 grammes d'oignons,

    1 clou de girofle ;

Faites cuire 3 heures à petits bouillons ;

Égouttez les palais sur un linge, épongez-les légèrement en enlevant toute la graisse qui peut rester de la cuisson ;

Dressez en couronne pour servir.

On sert les palais de bœuf à la poulette, au gratin, à l'italienne (voir *Garnitures* et *Sauces*, pages 70 et 90).

QUEUE DE BŒUF HOCHEPOT.

Ayez une queue de bœuf de 1 kilo 500.

Choisissez de préférence le gros bout de la queue, celui qui se rapproche de la culotte ;

Coupez et sciez en morceaux de 5 centimètres d'épaisseur (je recommande de se servir de la scie pour diviser, parce qu'on pourrait tomber au milieu d'un os qu'il serait nécessaire de scier pour obtenir les morceaux de grosseur égale) ;

Faites blanchir pendant 20 minutes, puis dégorger pendant une heure ;

Égouttez, essuyez les morceaux et mettez-les dans une casserole d'une contenance de 5 litres ;

Ajoutez 3 litres de bouillon, faites bouillir et écumez au premier bouillon :

Ajoutez :
- 200 grammes d'oignons,
- 400 grammes de carottes tournées en bouchon,
  - 3 clous de girofle,
  - 2 bouquets garnis (il est bien entendu que les 2 bouquets représentent, comme quantité, le double du bouquet ordinaire),
  - 2 pincées de sel,
  - 2 prises de poivre ;

Retirez sur le coin du fourneau et laissez mijoter pendant trois heures et demie ;

Assurez-vous de la cuisson, en voyant si la chair fléchit sous le doigt :

Égouttez tout le contenu de la casserole dans une grande passoire, en évitant que les morceaux de queue ne se brisent, puis réservez à part dans une casserole d'une contenance de 2 litres les morceaux de queue que vous aurez bien nettoyés ;

Mettez les carottes dans une autre casserole de la contenance d'un litre;

Dégraissez bien la cuisson que vous avez laissée dans la grande casserole, et faites réduire de moitié;

Arrosez avec la réduction les morceaux de queue et les carottes, que vous laissez dans leurs casseroles à part, pour éviter que les légumes et la viande ne se mêlent;

Faites chauffer, puis dressez en rocher pour servir;

Versez la sauce;

Ajoutez 15 oignons glacés (voir *Garnitures*, page 78), que vous disposez avec les carottes.

QUEUE DE BŒUF FRITE.

On peut aussi faire frire la queue de bœuf : on la prépare comme il est dit dans l'article précédent;

On la pane à l'œuf et on fait frire à friture chaude, seulement le temps de prendre couleur;

On sert sur une sauce tomate.

La queue de bœuf frite est surtout employée pour utiliser les restes; elle est généralement considérée comme un plat de déjeuner.

GRAS-DOUBLE A LA MODE DE CAEN.

Ayez 1 hecto de gras-double bien blanc et parfaitement nettoyé que vous coupez en morceaux de 8 centimètres carrés;

Faites blanchir 5 minutes, puis égouttez dans une passoire;

Ayez 2 hectos de petit lard de poitrine;

Levez la couenne que vous réservez pour faire blanchir;

Coupez le lard en morceaux de 3 centimètres d'épaisseur;

Désossez un pied de veau, que vous coupez en 6 morceaux et que vous faites blanchir avec la couenne;

Mettez dans une marmite d'une contenance de 4 litres le gras-double, le lard et le pied, en ayant soin que les diverses espèces de viandes soient mêlées;

Ajoutez :
>   2 litres de bouillon,
>   300 grammes d'oignons,
>   1 bouquet garni (double),
>   3 clous de girofle,
>   3 pincées de sel,
>   4 prises de poivre,
>   1 décilitre d'eau-de-vie ;

Couvrez parfaitement la marmite de son couvercle, faites bouillir, et, après le premier bouillon, laissez sur un feu très doux pour obtenir un mijotement imperceptible pendant trois heures :

Au moment de servir ôtez bouquet et oignons ;

Dégraissez et servez dans une casserole à légumes.

GRAS-DOUBLE A LA LYONNAISE.

Coupez 500 grammes de gras-double en filets de 1 centimètre de large sur 4 de long.

Faites sauter dans la poêle à sauter, à feu vif, avec :
>   50 grammes de beurre,
>   50 grammes d'huile,
>   2 pincées de sel,
>   2 prises de poivre.

Que le gras-double cuit soit croquant et d'une couleur jaune foncé.

Faire frire, dans une autre poêle, 500 grammes d'oignons préparés comme pour la soupe à l'oignon, avec 50 grammes d'huile : que l'oignon cuit ait une couleur rouge comme pour le miroton ;

Versez le gras-double dans la poêle où se trouvent les oignons ; ajoutez une cuillerée à bouche de persil haché et une cuillerée à bouche de vinaigre ;

Faites chauffer pendant une minute ;

Mêlez, et servez.

ROGNONS DE BŒUF SAUTÉS.

Ayez un rognon de bœuf de grosseur ordinaire, que vous coupez en deux parties sur la longueur ;

Coupez chaque partie sur le travers de l'épaisseur d'un demi-centimètre ;

Faites fondre 1 hecto de beurre dans la poêle à sauter, et, lorsqu'il est bien fondu, mettez le rognon dans la poêle avec 2 pincées de sel et 3 prises de poivre ;

Faites sauter toutes les minutes, pour obtenir une cuisson égale ;

Après 6 minutes de cuisson, égouttez le rognon dans une passoire ;

Mettez, dans une casserole d'une contenance d'un litre, 3 décilitres de vin blanc, que vous ferez réduire d'un quart, avec une pincée de sel et une prise de poivre ;

Remettez le rognon dans la poêle et saupoudrez-le de 25 grammes de farine ;

Faites-le sauter pendant 2 minutes, puis ajoutez le vin, 1 décilitre d'eau et 1 décilitre de bouillon ;

Laissez bouillir pendant une minute, puis ajoutez une cuillerée à bouche de persil haché ;

Goûtez pour l'assaisonnement, et servez.

On saute aussi les rognons de bœuf sans les égoutter et sans faire cuire le vin.

Saupoudrez avec les 25 grammes de farine ;

Mouillez avec 2 décilitres de vin et 1 de bouillon, comme il vient d'être dit ;

Faites bouillir une minute et retirez le rognon de la sauce ;

Dressez-le sur le plat, et faites bouillir la sauce pendant 4 minutes ;

Ajoutez une cuillerée à bouche de persil haché ;

Saucez, et servez.

Le poivre et le sel comme il est dit plus haut.

Cette méthode est plus expéditive que la première, mais elle n'a d'autre avantage que l'économie de temps. Le vin, en ne cuisant pas, donne souvent aux rognons un goût acide qu'il est toujours mieux d'éviter.

COTE DE BŒUF ROTIE.

Ayez une côte de bœuf de 3 kilos, taillée et préparée comme il est dit à l'article *Côte de bœuf braisée* (voir page 131).

Faites rôtir pendant une heure à feu modéré, mais toujours soutenu;

Passez le jus qui se trouve dans la cuisinière; dégraissez et servez.

OBSERVATIONS SUR LES ROTIS DE BOUCHERIE.

On a longtemps indiqué, et on indique encore dans certaines cuisines de faire mariner la viande de boucherie pour rôti : je ne suis nullement partisan de cette méthode.

La viande de boucherie ne doit avoir d'autre saveur que la sienne propre; tout ce qu'on y ajoutera en fait d'assaisonnements et d'aromates ne peut qu'en dénaturer le goût.

La grande question est de l'avoir juste à point, et de la manger sans trop l'attendre; il n'est pas vrai non plus que la bonne et vraie viande gagne à être mortifiée.

La seule préparation que l'on puisse faire subir à la viande n'a sa raison d'être que dans le cas où l'on se trouverait dans l'obligation de la conserver chez soi un jour ou deux. Ainsi, un entre-côte que l'on prévoirait ne pouvoir manger que le lendemain ou le surlendemain devrait être enduit d'huile, mais seulement dans un but de conservation, et nullement pour ajouter à sa qualité.

ALOYAU ROTI.

L'aloyau rôti est la partie du bœuf que l'on appelle filet et faux filet, qui se trouvent séparés par une chaîne d'os.

Ces trois parties constituent ce qu'on appelle l'*aloyau* ou *rosbif*.

L'aloyau qui paraît ordinairement sur les tables bourgeoises est ce qu'on appelle, en terme de boucherie, la deuxième pièce.

Reployez la bavette ; ficelez et mettez en broche comme le dessin l'indique (pl. V, fig. 6).

FILET DE BŒUF ROTI.

Ayez 1 kilo 500 grammes de filet de bœuf, que vous parerez et piquerez avec des lardons de 4 millimètres carrés et de 5 centimètres de long.

Choisissez le lard toujours bien blanc et d'une absolue fraîcheur : un seul morceau de lard douteux pourrait vous gâter tout un filet de bœuf.

Embrochez et faites cuire pendant 40 minutes ; arrosez toutes les 10 minutes ;

Passez et dégraissez le jus que vous servez sous le roti.

On sert habituellement avec le filet rôti, sauce piquante, italienne ou tomate, dans une saucière à part.

ENTRE-COTE AUX POMMES DE TERRE.

Ayez un entre-côte de 4 centimètres d'épaisseur, dont vous retirez graisse et nerfs ;

Coupez le morceau de viande tout autour et donnez-lui une forme de poire allongée (pl. V, fig. 5), puis saupoudrez-le de sel et de poivre des deux côtés ;

Passez-le dans l'huile, pour empêcher que la peau ne se durcisse ;

Faites-le griller pendant 10 minutes à feu modéré, toujours égal ;

Mettez dans un plat 1 hecto de maître-d'hôtel (voir *Maître-d'hôtel*, page 94) ; servez l'entre-côte sur la maître-d'hôtel et garnissez de pommes de terre frites.

L'entre-côte se sert aussi avec sauces italienne, tomate, piquante, béarnaise et bordelaise.

BIFTECK AUX POMMES DE TERRE.

Le bifteck doit être pris toujours dans le filet de bœuf; les grillades qui se font avec d'autres parties que le filet ne doivent pas recevoir la dénomination de *bifteck*.

Le bifteck se fait avec un morceau de 4 centimètres coupé sur le travers du filet de bœuf.

On aplatit légèrement avec la batte; on coupe à l'entour les nerfs et la peau pour donner au bifteck une forme ovale.

Saupoudrez de sel et de poivre, et traitez comme pour l'entrecôte;

Faites griller pendant 8 minutes à feu modéré et égal;

Mettez le bifteck dans un plat avec 40 grammes de maître-d'hôtel, garnissez de pommes de terre frites, et servez.

On compte habituellement un bifteck pour deux personnes.

Il est bien entendu que si j'indique de passer les grillades dans l'huile, c'est seulement pour faciliter la cuisson, mais non pas pour modifier en quoi que ce soit le goût de la viande.

BIFTECK A L'ANGLAISE.

Même préparation que ci-dessus.

Le bifteck à l'anglaise se sert sans beurre et sans sauce, tout à fait au naturel.

BIFTECK AU BEURRE D'ANCHOIS.

Pour un bifteck ordinaire, ayez un anchois bien lavé, bien épongé, que vous pilez sur la table avec le dos du couteau (le mortier est inutile pour une quantité aussi minime);

Mêlez l'anchois pilé dans 40 grammes de beurre;

Passez au tamis, et mettez le beurre d'anchois dans le plat, que vous avez fait chauffer comme pour toutes les grillades;

Placez le bifteck sur le beurre; servez.

FILET SAUTÉ AUX CHAMPIGNONS.

Les filets sautés se font avec les mêmes parties de filets que les biftecks.

Préparez un morceau de filet comme il est dit à l'article *Bifteck aux pommes de terre* (page 140).

Saupoudrez de sel et de poivre;

Mettez 15 grammes de beurre dans un petit plat à sauter,

Ajoutez le filet et mettez-le sur un feu vif pendant 4 minutes; vous le retournez et le faites cuire encore pendant 5 minutes;

Veillez avec le plus grand soin à ce que le beurre ne brûle pas;

Retirez le filet sur une assiette, puis mettez 8 grammes de farine dans le beurre du plat à sauter;

Tournez 1 minute avec la cuiller de bois;

Versez 1 décilitre de bouillon et le jus des champignons employés pour la garniture;

Passez la sauce à travers la passoire dite *chinois* dans une petite casserole;

Ayez un maniveau de champignons préparés comme il est dit aux *Garnitures*, et faites-les chauffer dans la sauce;

Mettez le filet sur le plat; rangez les champignons sur le filet;

Saucez et servez.

FILET AUX OLIVES.

Même préparation que ci-dessus pour le filet.

Ayez 24 olives rondes et grosses comme pour garnitures dont vous enlevez les noyaux; faites blanchir 5 minutes à l'eau bouillante, puis égouttez bien sur un linge; mettez les olives dans la sauce, comme il est dit ci-dessus, en les laissant pendant 2 minutes;

Rangez-les autour du filet, et servez.

On peut employer avec avantage notre jus de ménage (voir

Jus de ménage, page 102) pour les sauces de filets sautés, en remplacement du bouillon.

OBSERVATIONS SUR LES SAUTÉS.

Le feu, pour tous les sautés, doit être assez vif pour que les viandes conservent leur jus et prennent, en cuisant, une belle couleur jaune, ce qu'on n'obtiendrait pas si on les menait à feu trop doux.

Il faut cependant observer aussi qu'un feu trop vif ferait brûler le beurre et donnerait à la sauce un mauvais goût.

Il y a donc un milieu à tenir, pour les sautés, entre le feu trop modéré et le feu trop ardent.

ÉMINCÉ DE FILET DE BŒUF A LA SAUCE PIQUANTE.

L'émincé de filet est surtout destiné à utiliser les restes du filet rôti de la veille.

Coupez la viande en morceaux d'un centimètre d'épaisseur sur 5 centimètres de largeur ; faites chauffer sans faire bouillir dans la sauce piquante (voir *Sauce piquante*, page 96).

Une viande rôtie que l'on ferait bouillir se durcirait et perdrait entièrement son goût.

Nous n'indiquerons pas la quantité de sauce ; on se réglera sur la quantité de viande que l'on aura à sa disposition.

Fig. 43. Miroton.

Fig. 44. Tête et pieds de veau

CHAPITRE VII

VEAU

VEAU ROTI.

Les parties de veau que l'on emploie pour mettre à la broche sont la longe, le carré et le quasi.

N'acceptez du boucher que du veau bien blanc, bien gras; que la graisse ait une teinte diaphane et ne soit jamais d'un ton mat.

Pour la longe, ayez 2 kilos de viande, en y faisant comprendre le rognon.

Vous dégraissez ; vous enlevez les os et l'échine de roulez la bavette en laissant le rognon dans l'intérieur ;

Ficelez, mettez en broche et faites rôtir pendant une heure et demie à feu doux, mais égal, en arrosant tous les quarts d'heure ;

Passez le jus ; dégraissez, saupoudrez de sel, débrochez, et servez.

Pour le carré, ayez 2 kilos de carré de veau.

Vous sciez les os des côtes à moitié de leur longueur, puis vous enlevez toute l'échine, de manière qu'il ne reste que 5 centimètres d'os des côtes.

Roulez la bavette et ficelez comme pour le pot-au-feu ;

Embrochez : une heure et demie de cuisson à feu modéré ; saupoudrez de sel 5 minutes avant de servir ;

Passez et dégraissez le jus, comme il est dit plus haut.

Fig. 45. Quasi de veau rôti.

Pour le quasi, ayez un quasi de 2 kilos, que vous désossez entièrement.

Ficelez pour redonner au morceau sa première forme ;

Pour le reste, même procédé que pour la longe et le carré.

BLANQUETTE DE VEAU.

La blanquette de veau se fait le plus ordinairement dans les ménages avec la poitrine de veau.

Coupez 1 kilo 500 de poitrine en morceaux de 6 centimètres carrés, que vous mettez dans une casserole d'une contenance de 5 litres ;

Couvrez d'eau pour que les morceaux de viande baignent

VEAU.

entièrement, puis ajoutez 3 pincées de sel et 3 prises de poivre ;

Faites bouillir et écumez au premier bouillon ;

Mettez 200 grammes d'oignons, 2 clous de girofle et 1 bouquet double ;

Faites cuire 1 heure à très petit bouillon.

Lorsque le veau est suffisamment cuit, vous le passez dans une grande passoire ; nettoyez avec soin les morceaux et placez-les ensuite dans une casserole, d'une contenance de 3 litres ;

Faites dans une autre casserole, d'une contenance de 2 litres, un roux avec 30 grammes de beurre et 40 grammes de farine ;

Tournez 4 minutes sur le feu ;

Retirez du feu et mêlez la cuisson tout entière en remuant avec la cuiller ; faites réduire 20 minutes en tournant toujours ;

Liez avec 3 jaunes d'œufs (voir *Liaison à l'œuf*, page 89) ;

Passez à travers la passoire dite *chinois* dans la casserole où se trouvent les morceaux de veau ;

Faites bouillir une minute et ajoutez une cuillerée de persil haché ; mêlez et servez.

On fait aussi la blanquette de veau avec les restes des rôtis de veau.

Vous coupez les morceaux en tranches de 4 centimètres de long sur un demi-centimètre d'épaisseur ; vous retirez toutes les parties colorées ;

Vous faites chauffer dans une sauce poulette (voir *Sauce poulette*, page 99), en ayant soin de ne pas laisser bouillir le veau, pour qu'il ne durcisse pas ;

Vous ajoutez une demi-cuillerée de persil au moment de servir.

VEAU A LA BOURGEOISE.

Le veau à la bourgeoise se fait avec noix et quasi.

Ayez une noix de veau de 1 kilo 500, que vous piquez de gros lard, comme il est dit au bœuf à la mode (voir *Bœuf à la mode*, page 128) ;

Ficelez pour conserver la forme du morceau, et mettez la viande dans une casserole d'une contenance de 5 litres ;

Mouillez avec 2 litres de bouillon ;

Ajoutez au pied de veau de la couenne de lard, comme pour le bœuf à la mode ;

Faites bouillir et écumez au premier bouillon ;

Ajoutez :

    400 grammes de carottes,
    300 grammes d'oignons,
       3 clous de girofle,
       1 bouquet double,
       2 pincées de sel,
       2 prises de poivre ;

Faites mijoter 3 heures à petit bouillon en couvrant la casserole aux trois quarts ;

20 minutes avant de retirer le veau, couvrez la casserole avec le couvercle en tôle garni de feu pour faire prendre couleur ;

Arrosez cinq ou six fois avec le jus :

Assurez-vous de la cuisson en enfonçant l'aiguille à brider ; lorsque le veau est cuit, égouttez-le sur un plat ;

Passez le jus à la passoire dite *chinois* ; dégraissez et faites réduire de moitié ;

Ajoutez une cuillerée à café de caramel pour donner couleur ;

Coupez les carottes en morceaux égaux, en forme de bouchons ;

Déficelez le morceau de viande, et dressez-le sur le plat pour servir ;

Garnissez-le avec des carottes tournées et 10 oignons glacés ;

Versez le jus sur la viande, et réservez le surplus pour être mangé en gelée le lendemain.

VEAU A LA BOURGEOISE ET A LA GELÉE.

Le veau à la bourgeoise se sert froid avec la gelée.

On le prépare dès la veille, comme il est dit ci-dessus ; on le laisse prendre dans un saladier, que l'on renverse le lendemain dans un plat au moment de servir.

Observation. — Le veau à la bourgeoise est, comme le bœuf à la mode, un de ces plats de *fond* pour la cuisine ordinaire que l'on ne saurait trop s'attacher à réussir toujours à coup sûr.

Je répéterai ce que j'ai déjà dit, que le grand point est le mijotement à très petit bouillon.

La bonté du jus, une des conditions essentielles, doit être obtenue avec la réduction dont j'ai donné le principe. On évite ainsi ces sauces insipides et blanchâtres qui sont la mort des braisés, et on obtiendra la saveur et le corsé du jus véritable.

LONGE DE VEAU BRAISÉE.

Désossez et ficelez une longe de veau ; même quantité que pour rôtir ;

Mettez la longe dans une casserole avec 20 grammes de beurre ;

Faites revenir pour que la viande ait une couleur blonde sur toutes les faces ;

Versez 8 décilitres de bouillon et ajoutez :

    100 grammes d'oignons,

    100 grammes de carottes,

      2 clous de girofle,

      1 bouquet garni,

      2 pincées de sel,

      1 prise de poivre ;

Faites mijoter toujours à petit feu pendant une heure trois quarts ; couvrez la casserole en laissant une ouverture de deux doigts ;

Retirez la viande sur un plat ;

Passez le jus à travers la passoire dite *chinois* ;

Dégraissez et faites réduire de moitié ;

Déficelez le morceau de veau et mettez-le sur un plat pour servir, après l'avoir arrosé avec le jus.

On sert, avec la longe de veau braisée, oseille, chicorée, épinards.

FRICANDEAU.

Le fricandeau de ménage se fait généralement avec un morceau de rouelle de veau, soit 1 kilo 500 de viande.

Désossez et piquez de lard fin (voir pl. V, fig. 1).

Mettez la viande dans une casserole à glacer (voir aux *Ustensiles*, page 13), avec 2 décilitres de bouillon ;

Placez-la sur le feu et laissez bouillir jusqu'à réduction du bouillon, en évitant que la viande ne s'attache au fond de la casserole. Lorsque le jus du veau a pris une teinte jaunâtre et qu'il est devenu consistant et gommeux, vous ajouterez 6 autres décilitres de bouillon ;

Faites mijoter pendant une heure 15 minutes à très petit

Fig. 46. Fricandeau.

bouillon, la casserole couverte aux trois quarts. Après ce temps de mijotement, vous enlevez le couvercle de la casserole et mettez à la place le couvercle en tôle avec une couche de feu ;

Arrosez le veau toutes les 4 minutes, jusqu'à ce qu'il ait pris une teinte jaunâtre et brillante ; cette opération a pour but de *glacer* ;

Dressez la viande sur le plat pour servir ;

Passez le jus à travers la passoire dite *chinois* ; dégraissez et arrosez le morceau de veau.

Le fricandeau préparé de cette façon s'appelle *fricandeau au jus*.

On le sert aussi le plus ordinairement à l'oseille. On place l'oseille d'abord sur le plat, le morceau de veau sur l'oseille, et

VEAU. 149

on arrose avec le jus. (Préparez la quantité d'oseille indiquée aux *Garnitures*, page 85).

On procède de même pour le fricandeau à la chicorée (voir oseille, chicorée et épinards, aux *Garnitures*, pages 83-85).

COTELETTES DE VEAU GRILLÉES ET PANÉES.

Une côtelette de veau toute parée doit peser environ 200 grammes.

Parez la côtelette, c'est-à-dire aplatissez-la pour briser les chairs et empêcher qu'elle ne se gonfle au feu ; enlevez l'os de l'échine, le nerf qui entoure la noix et la peau qui recouvre la chair du manche ; enlevez cette peau d'une épaisseur de 2 millimètres.

Pour griller la côtelette, vous la saupoudrez de sel et de poivre des deux côtés, vous l'huilez légèrement, comme il est dit pour les grillades (page 109).

Faites griller pendant 8 minutes.

Pour la paner, vous la trempez dans le beurre fondu, vous la couvrez de mie de pain (voir *Mie de pain* et *Chapelure*, page 113) ; faites griller à feu doux pendant 10 minutes ;

Mettez sous la côtelette ainsi préparée 2 cuillerées de jus de ménage (voir *Jus de ménage*, page 102).

COTELETTES DE VEAU A LA SAUCE PIQUANTE.

Préparez la côtelette de veau comme il vient d'être dit, soit panée, soit grillée. Mettez dessous la sauce piquante ; on compte 1 décilitre de sauce par côtelette.

COTELETTES DE VEAU A LA MAITRE-D'HOTEL.

Préparez comme la côtelette panée et grillée ; ajoutez la maître-d'hôtel, toujours sous la côtelette, 50 grammes de maître-d'hôtel par côtelette.

COTELETTES DE VEAU A LA SAUCE TOMATE.

Préparez comme la côtelette panée ou grillée ; 1 décilitre de sauce tomate par côtelette.

COTELETTES DE VEAU SAUTÉES AUX CHAMPIGNONS.

Ayez une côtelette comme il est dit à l'article *Côtelettes de veau grillées et panées* (page 149) ;

Ayez un maniveau de champignons préparés comme il est dit à l'article *Champignons* (voir aux *Garnitures*, page 70) ;

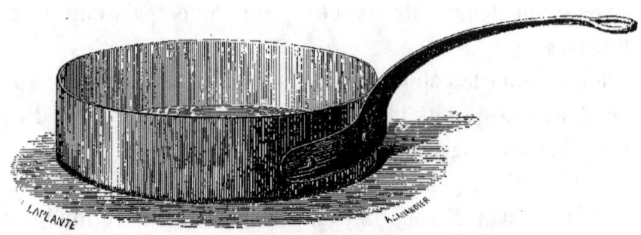

Fig. 47. Plat à sauter.

Saupoudrez de sel et de poivre la côtelette que vous faites sauter avec 15 grammes de beurre dans le petit plat à sauter ;

Faites-la cuire 12 minutes, en la retournant au bout de 6 minutes, pour qu'elle cuise de chaque côté ;

Retirez-la sur une assiette ;

Mettez dans le plat à sauter 8 grammes de farine pour faire le roux, vous ajouterez 2 décilitres de bouillon et le jus des champignons employés pour garnir ;

Faites cuire encore 5 minutes en tournant avec la cuiller ;

Passez la sauce à travers la passoire dite *chinois*, dans une casserole d'une contenance d'un litre ;

Faites chauffer les champignons dans cette sauce pendant 3 à 4 minutes ;

Placez la côtelette sur le plat pour servir ;

Rangez les champignons dessus, et servez.

COTELETTES DE VEAU AUX CAROTTES.

Ayez une côtelette de veau de 500 grammes;
Enlevez seulement l'os de l'échine ;
Faites revenir dans un plat à sauter pendant 5 minutes de chaque côté ;
Versez 4 décilitres de bouillon ;
Faites bouillir et au premier bouillon retirez du feu ;
Passez le jus à travers la passoire dite *chinois* ;
Nettoyez bien la côtelette, pour qu'il ne reste pas la moindre parcelle d'os, et déposez-la sur une assiette ;
Lavez le plat à sauter; remettez la côtelette avec 20 morceaux de carottes taillées en bouchons ;
Ajoutez :
   100 grammes d'oignons,
      1 clou de girofle,
      2 pincées de sel,
      2 prises de poivre,
      Le jus que vous avez passé et 2 décilitres d'eau ;
Remettez sur le feu, couvrez et faites mijoter une heure à très petit bouillon ;
Assurez-vous de la cuisson des carottes ; la viande doit être cuite en même temps ;
Placez la côtelette sur le plat pour servir ;
Dressez les carottes autour ;
Passez le jus, dégraissez-le, et versez-le sur la côtelette ; le jus seulement, sans les oignons ;
Servez.

COTELETTES DE VEAU EN PAPILLOTE.

Ayez une côtelette de veau de 250 grammes ;
Enlevez l'os de l'échine ;
Aplatissez la côtelette avec la batte et saupoudrez-la de sel et de poivre ;

152 LE LIVRE DE CUISINE. — PREMIÈRE PARTIE.

Mettez 15 grammes de beurre dans le petit plat à sauter;

Faites sauter la côtelette pendant 12 minutes, en la retournant au bout de six minutes pour qu'elle cuise également. Quand elle est cuite, retirez-la sur une assiette;

Mettez 10 grammes de farine dans le plat à sauter; tournez sur le feu 2 minutes, avec la cuiller de bois;

Ajoutez 2 décilitres de bouillon, faites bouillir, puis passez la sauce dans une terrine à travers la passoire dite *chinois*;

Nettoyez le plat à sauter, remettez la sauce dans le plat et faites réduire de moitié;

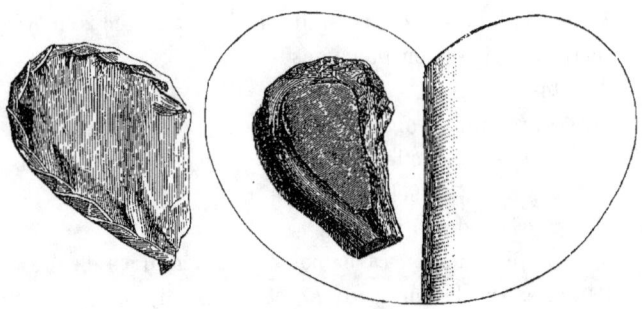

Fig. 48. Côtelette de veau en papillote.

Ajoutez 3 cuillerées à bouche de fines herbes pour garniture (voir *Fines herbes pour sauces et garnitures*, page 72);

Faites réduire 5 minutes et retirez du feu;

Ayez une feuille de papier blanc bien collé que vous taillez en cœur, pour pouvoir introduire la côtelette entre les deux feuilles;

Vous avez l'ouverture naturelle de la feuille de papier et le dos qui forme la cloison sur laquelle on appuie la côtelette. Les deux parties de la feuille que vous avez découpée doivent dépasser la côtelette de 8 centimètres.

Vous huilez, puis vous posez dans l'intérieur une barde de lard de 1 millimètre d'épaisseur, taillée sur le patron de la noix de la côtelette;

Mettez sur le lard une cuillerée à bouche de sauce, puis la

côtelette, puis une autre cuillerée à bouche de sauce, puis une autre barde de même épaisseur.

Vous fermez le papier pour former une tunique dans laquelle la côtelette doit se trouver emprisonnée pour cuire avec le lard et la sauce.

On fait la clôture du papier avec des plis obliques, comme pour former un pot de confiture.

Un quart d'heure avant de servir, mettez sur le gril la côtelette ainsi enveloppée de papier, et bien close, pour que la sauce ne s'échappe pas;

Vous faites cuire à feu très doux 8 minutes d'un côté et 7 de l'autre;

Servez.

ESCALOPES DE VEAU AUX FINES HERBES.

Ayez un morceau de rouelle de veau de 1 kilo, dont vous retirez os, graisse, nerfs et peau;

Taillez le veau en tranches épaisses de 1 centimètre et larges de 5 centimètres; ces tranches s'appellent les *escalopes*;

Battez chaque escalope avec la batte pour l'aplatir;

Enduisez le plat à sauter d'une couche de beurre de 2 millimètres, puis saupoudrez toute la couche de beurre, de sel et poivre; 1 pincée de sel et 2 prises de poivre;

Rangez les escalopes dans le plat, les unes à côté des autres, et saupoudrez-les de nouveau de sel et de poivre (même quantité que ci-dessus);

Faites cuire à feu vif 4 minutes de chaque côté;

Retirez la viande sur une assiette;

Mettez 8 grammes de farine dans le plat à sauter, et tournez une minute sur le feu avec la cuiller de bois;

Ajoutez 3 décilitres de bouillon et faites cuire cinq minutes;

Si les escalopes ont rendu de leur jus dans l'assiette, versez-le dans la sauce;

Dressez la viande en rocher sur le plat pour servir;

Mettez la sauce sur le feu, et, au premier bouillon, ajoutez

30 grammes de beurre coupé en six morceaux et une cuillerée à bouche de persil haché ;

Remuez avec la cuiller pour bien mêler la sauce avec le beurre ;

Versez la sauce sur les escalopes, assurez-vous de l'assaisonnement, et servez.

On sert aussi les escalopes de veau avec la sauce italienne : 4 décilitres pour la quantité ci-dessus (voir *Sauce italienne*, page 97).

TENDONS DE VEAU A LA PROVENÇALE.

Ayez 1 kilo de poitrine de veau, que vous coupez en morceaux de 6 centimètres carrés ;

Taillez 200 grammes d'oignons comme il est dit à la *Soupe à l'oignon* (page 97).

Ayez une demi-feuille de laurier haché, même quantité de thym haché, et 4 grammes d'ail également haché ;

Mettez, dans une casserole d'une contenance de 4 litres, 100 grammes d'huile ;

Ajoutez la viande, puis l'oignon, le laurier, le thym, l'ail, avec 2 pincées de sel et 4 prises de poivre ;

Mettez à feu doux, couvrez du couvercle de tôle garni de feu ;

Faites cuire pendant 2 heures, en remuant avec une cuiller de bois toutes les 5 minutes ;

Ajoutez 5 décilitres de bouillon et 2 cuillerées à bouche de persil haché gros ;

Faites cuire encore pendant cinq minutes.

Dressez en rocher sur le plat, versez la sauce sur la viande, et servez.

Observation. — On remarquera que la sauce provençale ne se dégraisse jamais. J'indique l'ail comme étant le cachet de ce genre de sauce ; on pourrait toutefois le supprimer dans le cas où ce genre d'assaisonnement ne serait pas du goût des personnes que l'on aurait à servir.

RIS DE VEAU AU JUS, CHICORÉE, OSEILLE, ÉPINARDS, SAUCE TOMATE.

Ayez 2 noix de ris de veau bien pleines et nullement gercées;

Fendez le cornet sans le détacher du ris (on appelle *cornet* le tube qui se trouve sous la noix et qu'il est nécessaire de fendre pour faciliter le dégorgement);

Mettez les ris de veau à dégorger dans l'eau froide pendant 4 heures;

Blanchissez-les dans une casserole d'une contenance de 2 litres avec 1 litre et demi d'eau;

Mettez sur le feu et faites chauffer jusqu'à ce que les ris se raffermissent et se gonflent en prenant la forme d'un ballon. Il ne faut pas cependant que les ris soient trop durs, ce qui empêcherait de les piquer.

Mettez-les dans une terrine d'eau froide et laissez-les parfaitement refroidir;

Égouttez-les et mettez-les en presse entre deux plafonds, avec un poids de 2 kilos dessus;

Piquez-les comme il est dit au *Filet rôti* (page 139);

Placez les ris dans le petit plat à sauter avec 2 décilitres de bouillon coloré d'une demi-cuillerée de caramel;

Saupoudrez-les d'une pincée de sel et mettez-les sur le feu, faites réduire le bouillon pour former un jus de consistance gommeuse;

Retirez du feu et mouillez avec 2 autres décilitres de bouillon;

Enlevez entièrement le cornet avec le couteau;

Remettez les ris dans le plat, couverts du couvercle de tôle avec feu dessus; faites aller à petit feu, arrosez-les avec le jus jusqu'à ce qu'ils soient bien glacés; ils sont cuits du moment où ils ont pris une couleur blonde;

Dégraissez le jus;

Dressez les ris dans le plat;

Arrosez avec le jus, et servez.

Observation. — Dans le cas où le jus serait par trop réduit, on ajouterait 1 décilitre de bouillon. On fait bouillir pendant 2 minutes, on dégraisse : le jus doit être à point.

Pour les ris à la chicorée, oseille, épinards, sauce tomate, on procède de même. On les garnit avec la moitié de la quantité d'oseille, de chicorée, d'épinards et de sauce tomate indiquée aux *Sauces* et aux *Garnitures*.

TÊTE DE VEAU AU NATUREL.

Ayez une tête de veau, suivant le nombre de convives pour la grosseur ; qu'elle soit grasse et bien blanche.

Désossez-la entièrement et coupez-la en deux pour faciliter le blanchissage ; retirez la langue et la cervelle : la langue sur un plat, la cervelle dans l'eau fraîche pour dégorger ;

Coupez les deux demi-têtes chacune en 3 morceaux, en ayant soin que celui de l'oreille soit parfaitement carré, ce qui facilite l'opération du dressage ;

Faites blanchir à grande eau pendant 20 minutes ;

Égouttez et faites rafraîchir ;

Faites un blanc de la manière suivante :

Hachez 2 hectos de graisse de bœuf très fin ; mettez-les dans la grande casserole ;

Faites fondre la graisse ; au moment où elle devient limpide, vous ajoutez :

    2 hectos de farine,
    6 litres d'eau,
  100 grammes d'oignons,
    1 bouquet double,
    1 gousse d'ail,
    3 clous de girofle,
    1 demi-litre de vinaigre,
   40 grammes de sel,
   20 grammes de poivre ;

Remuez avec une cuiller de bois, et, au premier bouillon, mettez la tête dans la casserole en y joignant la langue ;

Faites cuire 2 heures et demie sur le coin du fourneau.

HORS-D'ŒUVRE.

TÊTE DE VEAU AU NATUREL.

Vous aurez couvert entièrement avec une feuille de papier fort la tête qui se trouve dans la casserole; sans cette précaution, les parties que le liquide ne couvrirait pas seraient exposées à se noircir.

La casserole doit être couverte aux trois quarts.

Lorsque la tête est cuite, ce dont vous vous assurez en voyant si la peau fléchit sous le doigt, vous retirez la peau blanche qui couvre la langue, vous fendez la langue en deux sur sa longueur, sans la séparer tout à fait.

Au moment de servir, pliez une serviette pour garnir le fond d'un plat ovale; placez les morceaux à oreilles aux deux bouts du plat, les autres sur les côtés; la langue que vous déployez est donc entre les deux oreilles et la cervelle sur la langue.

Disposez 4 bouquets de persil dans le vide des quatre coins et 2 petits bouquets de chaque côté de la cervelle (voir la pl. VI).

La tête de veau au naturel se mange à l'huile et au vinaigre; on sert persil et oignons hachés et lavés, avec câpres, sur une assiette à part.

PRÉPARATION DE LA CERVELLE.

Enlevez la petite peau sanguine qui se trouve sur la cervelle, évitant surtout de la briser; laissez-la dégorger encore une heure;

Lorsqu'elle est bien blanche, mettez-la dans une casserole d'une contenance de 2 litres, avec 1 litre et demi d'eau, 15 grammes de sel et 1 demi-décilitre de vinaigre;

Faites bouillir; au bout d'une demi-heure, la cervelle doit être cuite.

TÊTE DE VEAU A LA SAUCE DITE PAUVRE-HOMME.

Préparez et dressez la tête comme il vient d'être dit.

Pour faire la sauce dite *pauvre-homme*, mettez dans une casserole de la contenance d'un litre 20 grammes d'échalotes hachées et lavées et 1 demi-décilitre de vinaigre;

Faites réduire entièrement ;

Passez à travers la passoire dite *chinois* un demi-litre de la cuisson de la tête de veau que vous faites tomber sur l'échalote ; faites bouillir pendant cinq minutes ;

Ajoutez une cuillerée à bouche de persil haché. Goûtez pour l'assaisonnement, et servez la sauce dans une saucière.

TÊTE DE VEAU A LA POULETTE.

Vous faites blanchir une demi-tête de veau ; puis vous la coupez en morceaux de 3 centimètres carrés ;

Faites cuire comme il est dit à la tête de veau au naturel ;

La cuisson faite, égouttez ;

Ayez 6 décilitres de sauce poulette (voir *Sauce poulette*, page 90) ;

Ajoutez une cuillerée à bouche d'estragon haché :

Mettez les morceaux de la tête dans la sauce ainsi préparée ;

Dressez sur un plat et servez.

TÊTE DE VEAU EN MARINADE.

Coupez en morceaux de 3 centimètres carrés une demi-tête de veau, que vous aurez fait blanchir et cuire comme la tête de veau au naturel ;

Ajoutez et faites mariner pendant une heure, avec :

    10 grammes de sel,

    5 grammes de poivre,

    1 cuillerée de vinaigre ;

    2 cuillerées à bouche d'huile ;

Mêlez bien pour que chaque morceau prenne l'assaisonnement ;

25 minutes avant de servir, égouttez les morceaux de tête de la marinade ;

Préparez 6 décilitres de pâte à frire (*Pâte à frire*, page 110) ; ayez 1 kilo 500 de graisse ;

Faites chauffer la friture ; trempez chaque morceau dans la pâte à frire et mettez à friture chaude ;

Retournez légèrement les morceaux dans la friture pour qu'ils prennent une couleur blonde;

Égouttez-les sur un linge et saupoudrez-les de sel;

Pliez une serviette dans le plat et dressez dessus les morceaux en rocher.

On sert sauce tomate à part et persil frit dessus.

Observation. — La marinade et la poulette ont surtout pour objet d'utiliser les restes de la tête de veau pour le déjeuner du lendemain.

LANGUE DE VEAU AU GRATIN.

Ayez une langue de veau dont vous retirez le cornet.

Faites blanchir; faites cuire et mettez au gratin comme pour la langue de bœuf au gratin (voir page 132).

La langue de veau se sert également avec sauces piquante, tomate, italienne. La quantité de sauce est de 4 décilitres pour une langue.

MOU DE VEAU.

Ayez 1 kilo de mou de veau bien frais et sans être ridé;

2 maniveaux de champignons préparés comme il est dit aux *Garnitures* (page 70);

Apprêtez 250 grammes de petit lard, dont vous retirez la couenne, que vous mettez tremper dans une terrine;

Faites revenir le lard dans une casserole d'une contenance de 4 litres, avec 60 grammes de beurre; lorsqu'il est bien coloré, mettez-le sur une assiette;

Coupez le mou de veau en morceaux carrés de 6 centimètres; faites-le revenir dans une casserole, jusqu'à ce qu'il soit d'une couleur brune, sans toutefois le laisser brûler;

Saupoudrez-le de 45 grammes de farine; tournez-le sur le feu trois minutes, puis ajoutez:

    4 décilitres de bouillon,
    2 décilitres de vin blanc,
    4 décilitres d'eau,
    Le jus des champignons;

Faites bouillir en tournant ;
Au premier bouillon, mettez :
- 2 pincées de sel,
- 2 prises de poivre,
- 1 bouquet garni,
- 1 oignon avec 2 clous de girofle ;

Ajoutez le lard que vous avez mis de côté ;
Couvrez la casserole aux trois quarts, et laissez cuire une heure et demie à petit bouillon ;
Mettez 20 oignons de 3 centimètres de large que vous aurez fait revenir dans la poêle ;
Faites cuire une demi-heure ;
Mettez les champignons et faites cuire encore 5 minutes ;
Retirez le bouquet et l'oignon garni de clous de girofle ;
Goûtez pour l'assaisonnement qui doit être de haut goût ;
Dressez la viande en rocher, et ajoutez la garniture et la sauce.

FRAISE DE VEAU A LA VINAIGRETTE.

Ayez 1 kilo de fraise de veau, bien blanche, parfaitement nettoyée et dégorgée ;
Faites blanchir et rafraîchir ;
Mettez dans la grande casserole :
- 5 litres d'eau,
- Un fort bouquet composé de 30 grammes de persil, 5 grammes de thym et 5 grammes de laurier ;
- 200 grammes d'oignons,
- 3 clous de girofle,
- 1 gousse d'ail,
- 60 grammes de sel,
- 15 grammes de poivre en grains ;

Faites bouillir, écumez après le premier bouillon, et laissez mijoter 2 heures sur le coin du fourneau.
Au moment de servir, égouttez et mettez la fraise sur le plat ;
Servez avec l'huilier, câpres, oignon et persil haché, comme il est dit à la *Tête de veau au naturel* (page 156).

PIEDS DE VEAU A LA POULETTE.

Ayez 2 pieds de veau toujours bien blancs; vous enlevez le gros os du milieu ;

Faites blanchir et faites cuire comme la tête de veau ;

Lorsque les pieds sont cuits, retirez tous les petits os avec le plus grand soin ;

Mettez les pieds en presse entre deux plafonds avec un poids de 1 kilo dessus, jusqu'à ce qu'ils soient entièrement refroidis ;

Coupez chaque pied de veau en 8 morceaux d'égale grosseur ;

Ayez 6 décilitres de sauce poulette ; mettez les morceaux de pied dans la sauce ;

Faites bouillir, retirez après le premier bouillon, et servez.

PIEDS DE VEAU FRITS.

Préparez comme il est dit ci-dessus pour les pieds de veau à la poulette ;

Faites frire comme pour la tête de veau marinade ; servez de même persil frit et sauce poivrade à part.

On peut laisser les demi-pieds entiers ; on les pane comme il est dit à l'article *Panure* (page 113), on fait griller à feu doux.

On dresse sur un plat avec une sauce tartare à part.

CERVELLE DE VEAU EN MATELOTE.

La cervelle de veau s'apprête et se fait comme il est dit au chapitre de la *Tête de veau au naturel* et à la *Préparation de la cervelle* (pages 156, 157).

Il est nécessaire de faire dégorger la cervelle après la cuisson, pour lui enlever le goût du vinaigre ; cette précaution devient inutile pour les cervelles au beurre noir et en vinaigrette.

Faites dégorger dans l'eau chaude légèrement salée ;

Faites blanchir 20 petits oignons ;

Épluchez-les et faites-les revenir dans 15 grammes de beurre; évitez que le beurre ne roussisse.

Lorsque l'oignon est blond, mettez 15 grammes de farine, et remuez pendant 3 minutes;

Ajoutez 2 décilitres de bouillon et 1 décilitre de vin rouge;
Faites cuire l'oignon à feu doux;
Mettez 1 pincée de sel et 1 prise de poivre.
Ajoutez un maniveau de champignons épluchés et lavés, que vous couperez en morceaux;
Faites cuire pendant 8 minutes;
Égouttez la cervelle et mettez-la sur le plat; rangez autour les champignons et les oignons;
Versez la sauce, et servez.

CERVELLE DE VEAU AU BEURRE NOIR.

Préparez la cervelle comme il est dit à l'article ci-dessus.
Ayez 2 décilitres de beurre noir;
Égouttez la cervelle, dressez dans le plat, versez la sauce et ajoutez 2 bouquets de persil frit.

Observation. — La cervelle de veau se sert aussi avec sauce tomate, oignons blancs, champignons, en vinaigrette et frite.

ROGNONS DE VEAU GRILLÉS A LA MAITRE-D'HOTEL.

Fendez un rognon de veau sur la longueur de manière à former deux parties égales;
Aplatissez-le légèrement et assaisonnez de sel et de poivre;
Passez les morceaux de rognon au beurre; panez-les et faites-les griller à feu égal, 4 minutes de chaque côté;
Retirez-les du feu;
Faites 50 grammes de maître-d'hôtel (voir *Maître-d'hôtel*, page 94);
Mettez la maître-d'hôtel dans le fond du plat, les rognons dessus, et servez.

VEAU. 163

ROGNONS DE VEAU SAUTÉS.

Même préparation et même sauce que pour les rognons de bœuf (voir *Rognons de bœuf*, page 137).

FOIE DE VEAU A LA BOURGEOISE.

Ayez 1 kilo de foie de veau le plus blond possible ;

Piquez-le avec des lardons de lard gras assaisonné de poivre et de sel ; vous éviterez que les lardons ne paraissent à la surface.

Faites revenir le foie avec 1 hecto de beurre dans une casserole d'une contenance de 3 litres, en ayant soin de le retourner plusieurs fois pour qu'il prenne une couleur égale.

Lorsqu'il est bien revenu, retirez-le de la casserole et ajoutez au beurre 20 grammes de farine ;

Mêlez sur le feu avec la cuiller pendant 4 minutes ;

Ajoutez :

    1 demi-litre d'eau,
    1 demi-litre de vin blanc,
    1 bouquet de persil assaisonné,
    1 oignon avec 2 clous de girofle.
    2 pincées de sel,
    2 prises de poivre ;

Faites bouillir en tournant ;

Remettez le foie dans la casserole, et ajoutez 20 morceaux de carottes taillés en bouchons ;

Couvrez la casserole aux trois quarts et faites mijoter à feu très doux.

Au bout de 2 heures de cuisson, vous ajouterez 10 oignons de 3 centimètres chaque, épluchez et passez à la poêle pour leur faire prendre couleur ;

Laissez cuire encore pendant 1 heure ;

Dressez le foie sur le plat ;

Passez la sauce à travers la grande passoire ; dégraissez-la, et si elle se trouvait un peu longue, faites réduire 3 minutes à bon feu ;

Retirez le bouquet et l'oignon où vous avez planté le girofle ;
Garnissez le foie avec les oignons et les carottes ;
Versez la sauce et servez.

FOIE DE VEAU SAUTÉ A L'ITALIENNE.

Coupez 1 kilo de foie de veau sur la longueur, de l'épaisseur de 2 centimètres ;

Assaisonnez-le de 3 pincées de sel et de 3 prises de poivre, puis passez-le dans la farine ;

Faites chauffer 120 grammes de beurre dans le plat à sauter ;

Mettez les lames de foie dans le plat lorsque le beurre est chaud ;

Laissez cuire 3 minutes, retournez 3 minutes de l'autre côté ; en tout 6 minutes de cuisson ;

Retirez le foie du feu et tenez-le chaudement ;

Mettez dans le beurre :

 25 grammes de farine,
 10 grammes d'échalote hachée et bien lavée,
 1 maniveau de champignons épluchés, lavés et hachés ;

Tournez sur le feu, et mouillez avec 2 décilitres de vin blanc et 2 décilitres de bouillon ;

Réduisez pendant 10 minutes ;

Dressez les lames de foie en couronne ;

Ajoutez à la sauce 1 cuillerée de persil haché, et saucez ;

Goûtez pour l'assaisonnement : si la sauce se trouvait trop longue, réduisez pour l'épaissir ; si, au contraire, elle était trop liée, ajoutez du bouillon, de manière qu'elle ne fasse que masquer le dos de la cuiller.

FOIE DE VEAU SAUTÉ A LA LYONNAISE.

Coupez le foie en tranches, comme il est dit, à l'article précédent, pour le foie à l'italienne ;

VEAU.

Assaisonnez de même et passez-le à la farine ;
Sautez-le dans le beurre 3 minutes de chaque côté ;
Retirez-le du plat dès qu'il sera sauté ;
Ajoutez dans le beurre 100 grammes d'oignon haché très fin et bien lavé ;
Mettez l'oignon dans le plat à sauter ; 2 minutes sur le feu suffisent ;
Dressez le foie en couronne et mettez le beurre et l'oignon ;
Servez un citron à part.

FOIE DE VEAU SAUTÉ A LA MÉNAGÈRE.

Coupez 1 kilo de foie de veau en morceaux de 5 centimètres carrés, épais de 1 centimètre ;
Faites fondre 2 hectos de beurre dans une poêle ; lorsque le beurre est chaud, mettez le foie dedans ;
Ajoutez 3 pincées de sel et 2 prises de poivre ;
Faites cuire pendant 6 minutes, en sautant constamment pour obtenir une cuisson égale ;
Semez sur le foie 10 grammes d'échalote hachée et lavée, 30 grammes de farine et une cuillerée à bouche de persil haché ;
Mouillez avec 2 décilitres de vin, blanc ou rouge, et 2 décilitres de bouillon ;
Faites bouillir, et, au premier bouillon, servez.

ÉPAULE DE VEAU FARCIE.

Je donne l'épaule complète, parce qu'il est souvent utile dans les ménages d'avoir des plats d'une certaine dimension, qui représentent une précieuse ressource pour les maisons où l'on se trouve avoir un nombreux personnel à nourrir.

L'épaule telle que je l'indique constitue aussi une bonne pièce de résistance pour les grands repas de famille et les parties de campagne.

Ayez une épaule de veau du poids de 4 kilos, sans jarret ;

désossez-la entièrement sans crever la peau ; étalez-la sur la table, la peau en dessous ;

Levez les chairs sur les parties les plus épaisses ; toute la surface de l'épaule doit être d'égale épaisseur.

Ajoutez aux chairs que vous avez levées 1 kilo de noix de veau et un kilo de panne bien énervée ; assaisonnez de 50 grammes de sel, poivre et muscade ; hachez bien le tout ; lorsque les chairs seront hachées, pilez pendant 10 minutes ;

Coupez 2 hectos de lard en gros dés, que vous mêlez avec la farce ; réservez la couenne de lard qui sera blanchie avec les pieds de veau ; saupoudrez l'épaule de 2 pincées de sel et de 3 prises de poivre ;

Étalez la farce sur l'épaule d'une épaisseur de 10 centimètres ;

Reployez les deux côtés sur le milieu pour donner à l'épaule une forme ovale-ronde ;

Enveloppez-la dans une serviette en lui conservant sa forme ; serrez les deux bouts que vous attachez fortement avec une ficelle ; vous maintenez le milieu avec deux autres ficelles, sans serrer, et seulement pour assujettir l'épaule pendant la cuisson.

Mettez dans la casserole ovale :

 4 litres d'eau,
 1 décilitre d'eau-de-vie,
 3 pieds de veau que vous aurez désossés et blanchis,
 La couenne de lard que vous avez réservée et que vous ferez également blanchir,
 Les os de l'épaule que vous avez cassés en morceaux,
 200 grammes de carottes,
 300 grammes d'oignons,
 3 clous de girofle,
 1 bouquet double,
 50 grammes de sel,
 10 grammes de poivre ;

Mettez sur le feu ; écumez au premier bouillon, et laissez cuire à très petit mijotement pendant 4 heures.

Au bout de 4 heures, retirez du feu, égouttez et déballez de la serviette ;

VEAU. 167

Laissez l'épaule sur un plafond;

Passez la serviette à l'eau chaude et remballez l'épaule en ficelant comme il vient d'être dit;

Mettez en presse entre deux plafonds avec un poids de 2 kilos dessus;

Laissez refroidir, déballez et dressez l'épaule sur le plat.

La cuisson dont on se sert pour garnir se passe à travers une serviette toujours lavée avec le plus grand soin.

Dégraissez entièrement; laissez refroidir dans une terrine, afin que la cuisson prenne en gelée.

On ne manquera pas de mettre les pieds de veau en presse comme il est dit aux *Pieds de veau à la poulette* (page 161), pour être employés en marinade ou à la poulette, toujours en prévision du déjeuner du lendemain.

Fig. 49. Cervelle de veau.

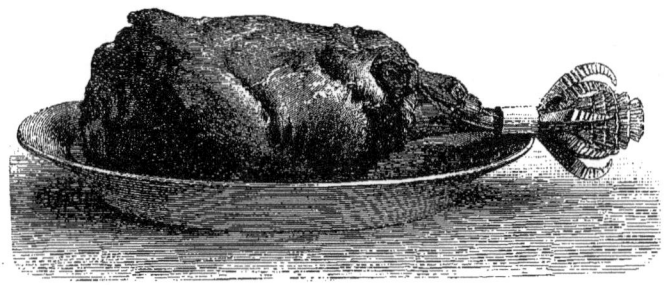

Fig. 50. Gigot de mouton.

CHAPITRE VIII

MOUTON

GIGOT ROTI.

Ayez un gigot de 3 kilos, dont vous sciez le manche à 4 centimètres au-dessous de l'osselet;

Embrochez et faites rôtir une heure à feu soutenu sans être trop vif;

Mettez dans la cuisinière 3 décilitres de bouillon, comme il est dit au chapitre *Rôti, grillade*, etc. (page 108);

Arrosez quatre fois pendant la cuisson;

Saupoudrez le gigot de 3 pincées de sel 5 minutes avant de débrocher;

Assurez-vous de la cuisson;

Passez le jus à travers la passoire dite *chinois*;

Mettez le gigot sur le plat;

Dégraissez le jus et versez-le sur la viande;

Vissez le manche métallique; à défaut, mettez une papillote de papier.

On sert habituellement, avec un gigot de mouton, haricots, purée de haricots, chicorée, macaroni, etc., sous la viande ou dans un plat à part.

GIGOT DIT DE SEPT HEURES.

C'est une erreur de croire que pour les gigots braisés on puisse employer les gigots durs et coriaces, qui s'attendriraient et se bonifieraient soi-disant par l'effet de la longue cuisson.

Pour braiser aussi bien que pour rôtir, je recommande la viande tendre, sans laquelle on ne saurait rien produire de satisfaisant, pas plus pour la casserole que pour la broche.

Pour le gigot dit *de sept heures*, choisissez un gigot dans les mêmes conditions que pour rôtir; nous supposons le poids de 3 kilos;

Sciez le manche, comme pour le gigot rôti;

Désossez le gigot, c'est-à-dire enlevez l'os du quasi; détachez l'os du milieu sans fendre le gigot et sciez-le à 4 centimètres du joint : avec cette précaution, on est sûr de ne pas crever la peau;

Ayez 2 hectos de lard gras, dont vous enlevez la couenne et que vous taillez en lardons de 6 centimètres de long sur 1 de large;

Assaisonnez le lard d'une pincée de sel et de 2 prises de poivre;

Piquez le gigot au dedans, en évitant qu'aucun lardon ne passe à l'extérieur, puis ficelez comme pour le pot-au-feu;

Mettez 1 hecto de beurre dans la casserole ovale, et faites revenir pour prendre couleur;

Ajoutez :

   1 litre de bouillon,

 400 grammes de carottes,

   1 pincée de sel,

   2 prises de poivre;

Faites bouillir, et, au premier bouillon, couvrez le feu pour laisser cuire à très petit mijotement; vous aurez mis sur la casserole un couvercle de tôle avec une couche de feu;

Au bout de 3 heures de cuisson, retournez le gigot, et ajoutez six oignons de 5 centimètres de large avec un demi-décilitre d'eau-de-vie.

Recouvrez la casserole, continuez la cuisson pendant une heure et demie, ce qui fera 4 heures et demie de cuisson en tout ;

Réglez votre feu de telle façon qu'il reste 6 décilitres de jus ;

Égouttez le gigot ; dressez-le sur le plat ; coupez les carottes en bouchon ; garnissez le gigot d'oignons et de carottes ; passez et dégraissez le jus ;

Arrosez le gigot, auquel vous mettez le manche en métal ou en papier, comme il est dit au gigot rôti (voir *Gigot rôti*, page 169) ;

Servez.

GIGOT BRAISÉ.

Ayez un gigot de même poids que le gigot de sept heures ; désossez-le, assaisonnez-le et faites-le cuire comme il est dit à l'article précédent.

Mettez-le dans la casserole ovale ;

Ajoutez :

    2 pieds de veau désossés et blanchis comme pour le *Bœuf à la mode* (page 128),
    1 litre d'eau,
    1 litre de bouillon,
    1 demi-décilitre d'eau-de-vie,
    1 oignon avec 3 clous de girofle,
100 grammes de carottes,
    2 pincées de sel,
    2 prises de poivre ;

Faites bouillir ; écumez au premier bouillon ; couvrez le feu ; mettez sur la casserole le couvercle en tôle avec une couche de feu dessus ;

Laissez mijoter pendant 3 heures ;

Égouttez le gigot ;

Passez et dégraissez le jus ; faites-en réduire 6 décilitres à 3, pour servir sous la viande.

Le reste du jus sera employé pour les garnitures, telles que haricots à la bretonne, chicorée, épinards, oignons glacés, etc.

HACHIS DE GIGOT.

Le hachis de gigot se fait généralement avec les restes du gigot de la veille.

Pour 1 livre de viande préparée pour hachis, ayez 4 décilitres de sauce italienne fortement assaisonnée ;

Enlevez de la viande toutes les parties nerveuses, la graisse et les peaux, puis hachez avec le couteau à hacher ;

Mêlez la sauce italienne avec le hachis et faites chauffer sans bouillir.

On peut garnir ce hachis avec croûtons de pain frits, œufs pochés, œufs mollets.

CROQUETTES DE GIGOT.

Même sauce que pour les croquettes de bœuf (voir *Croquettes de bouilli* (page 124).

Hachez la chair du gigot comme pour le hachis ; faites vos croquettes comme il est dit à l'article *Croquettes de bouilli* (page 126).

ÉMINCÉ DE GIGOT A LA SAUCE PIQUANTE.

L'émincé de gigot est destiné principalement à utiliser les restes du gigot rôti, comme pour les restes de filet de bœuf.

On coupe la viande et on fait chauffer sans bouillir dans la sauce piquante (voir *Émincé de filet de bœuf à la sauce piquante*, page 142).

ÉPAULE DE MOUTON FARCIE.

Désossez une épaule de mouton en évitant de crever la peau ;
Étalez l'épaule sur la table ; saupoudrez de sel et de poivre ;
Faites une farce avec 250 grammes de chair de porc, soit

MOUTON.

noix de jambon, soit dans le filet, et 250 grammes de lard ;

Préparez cette farce comme celle de l'épaule de veau farcie (voir *Épaule de veau farcie*, page 165).

Ajoutez 2 pincées de sel et 2 prises de poivre ;

Mettez la farce sur l'épaule que vous cousez avec l'aiguille à brider, en lui donnant une forme ronde et en ayant soin de bien enfermer la farce ;

Mettez l'épaule dans une casserole d'une contenance de 4 litres et faites revenir un quart d'heure, en retournant au bout de 8 minutes ;

Ajoutez un demi-décilitre d'eau-de-vie et 1 litre d'eau ;

Faites bouillir et écumez ;

Mettez :

    100 grammes de carottes,

    100 grammes d'oignons et 2 clous de girofle,

    20 grammes de sel,

    2 grammes de poivre,

    1 bouquet garni ;

Couvrez la casserole aux trois quarts, et faites cuire à feu doux pendant une heure et demie ;

Mettez sur la casserole le couvercle de tôle avec feu dessus, et faites cuire pendant une demi-heure en arrosant cinq ou six fois pour glacer la viande ;

Égouttez l'épaule sur un plat ;

Passez et dégraissez le jus ; faites-le réduire de la moitié de son volume ;

Déficelez la viande, versez le jus, et servez.

L'épaule de mouton farcie se sert avec oignons glacés, navets glacés, champignons sautés.

HARICOT DE MOUTON.

Ayez 1 kilo de haut de carré de mouton, appelé *chapelet* en terme de boucherie. On emploie aussi le filet de l'épaule, mais je préfère le haut de carré comme étant moins sec.

Levez la petite peau qui existe sur les morceaux; coupez ceux-ci en carrés de 6 centimètres;

Mettez la viande dans une casserole d'une contenance de 5 litres, en ajoutant 1 hecto de beurre, 4 pincées de sel et 3 prises de poivre;

Faites revenir pendant un quart d'heure; que le feu soit assez vif pour que la viande ne rende pas son jus; on évitera cependant que le beurre ne brûle.

La qualité du ragoût dépend en grande partie de l'opération qui consiste à bien faire revenir la viande. Il ne faut pas qu'il y ait dans la casserole plus de deux morceaux l'un sur l'autre.

Le mouton revenu, saupoudrez de 30 grammes de farine, et faites prendre couleur pendant 4 minutes;

Ajoutez 1 litre d'eau, et remuez avec la cuiller de bois jusqu'au premier bouillon;

Mettez le ragoût dans la grande passoire, avec une terrine dessous pour recevoir la sauce;

Nettoyez les morceaux de viande les uns après les autres;

Rincez la casserole et remettez la viande dedans. (J'indique l'emploi de la même casserole parce que je me place au point de vue du ménage, où le nombre des ustensiles est généralement restreint.)

Passez la sauce qui se trouve dans la terrine à travers la passoire dite *chinois*;

Remettez sur le feu la viande et la sauce, et faites mijoter pendant une heure, en ajoutant 1 bouquet garni, 1 oignon et 2 clous de girofle;

Préparez 500 grammes de navets taillés en bouchons et 10 oignons de 3 centimètres de large;

Faites revenir dans la poêle oignons et navets d'une belle couleur rouge, avec 20 grammes de beurre, et ajoutez-les au ragoût au bout d'une heure de cuisson;

Veillez à ce que le ragoût mijote toujours; si les oignons et les navets arrêtaient le bouillon, il faudrait découvrir le feu pour faire repartir;

Épluchez 15 pommes de terre grosses comme un œuf de

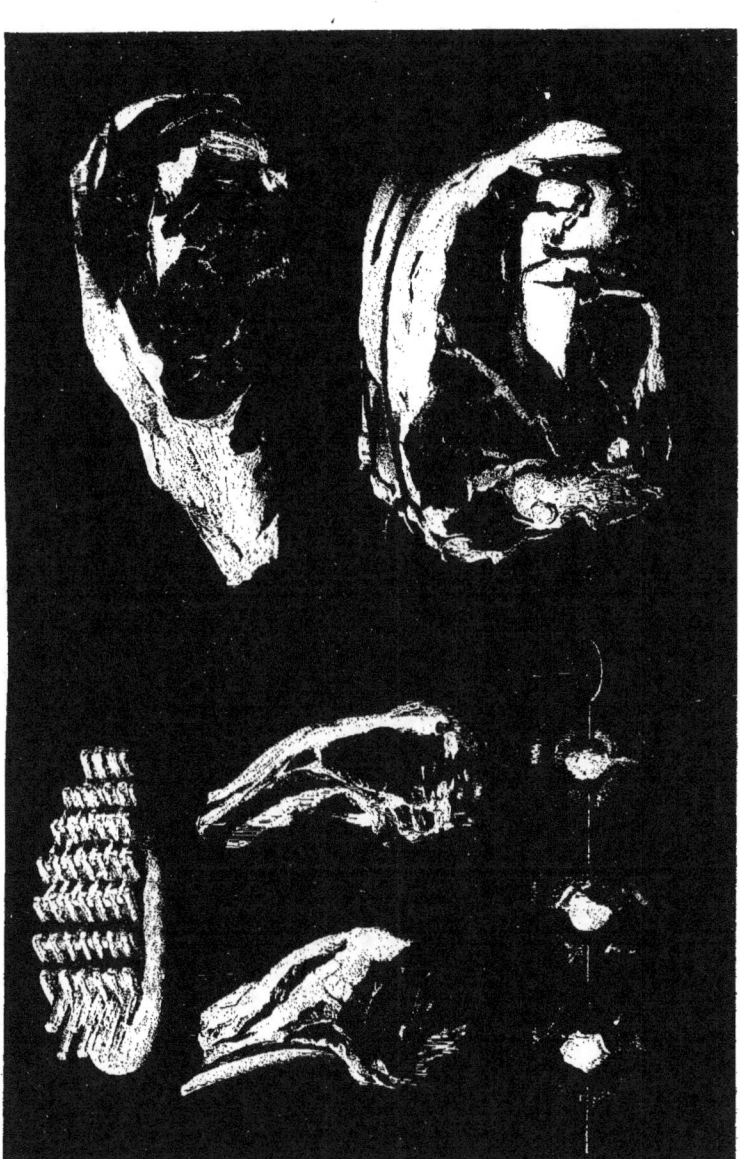

VIANDES DE BOUCHERIE.

1 Fricandeau.
2 Côtelettes de mouton parées.
3 Côtelettes de mouton non parées
4 Rognons de mouton en brochettes
5 Entrecôte de bœuf
6 Aloyau

pigeon ; mettez-les, au bout d'une demi-heure, dans le ragoût, que vous goûterez, pour ajouter sel et poivre, s'il était trop doux.

On compte deux heures et demie pour un haricot de mouton de la quantité indiquée ci-dessus. On doit tenir compte du plus moins de fermeté de la viande pour la cuisson.

Au moment de servir, on retire le bouquet et l'oignon garni de clous de girofle; on dégraisse le jus et on sert.

Observation. — Dans l'été, les légumes étant plus tendres qu'en hiver, on mettra les oignons et les navets en même temps que les pommes de terre.

FILET DE MOUTON BRAISÉ.

Ayez un filet de mouton de 1 kilo 500, que vous désossez entièrement sans détacher le filet mignon ;

Levez la peau qui se trouve en dessus et roulez la bavette jusqu'au filet mignon, puis ficelez comme pour la pièce de bœuf, en lui donnant une forme de carré long ;

Faites revenir dans une casserole avec 15 grammes de beurre, en ayant soin de retourner le morceau pour qu'il prenne couleur des deux côtés ;

Ajoutez :
   6 décilitres d'eau,
   1 oignon piqué de deux clous de girofle,
   1 bouquet garni,
   2 pincées de sel,
   2 prises de poivre :

Faites cuire une heure à très petit feu, à casserole couverte :

Au bout d'une heure, vous placez sur la casserole le couvercle de tôle avec feu dessus, et vous faites cuire encore pendant trois quarts d'heure ;

Arrosez la viande toutes les dix minutes pour faire prendre couleur ;

Égouttez ;

Passez le jus, dégraissez et faites réduire de moitié ;

Déficelez le filet et mettez-le sur le plat ;

Garnissez avec 500 grammes de navets, préparés comme il est dit aux *Garnitures* (*Navets*, page 76) ;

Versez le jus sur le filet et servez.

FILET DE MOUTON ROTI.

Le filet de mouton rôti se désosse et se ficelle comme le filet de mouton braisé (voir l'article précédent).

Pour la quantité de viande indiquée ci-dessus, faites rôtir pendant 30 minutes ;

Débrochez, déficelez ; passez et dégraissez le jus, mettez-le sous le rôti, et servez.

COTELETTES DE MOUTON AU NATUREL.

Ayez un carré de mouton entier, qui doit vous donner 7 côtelettes ;

Sciez le haut du carré sur le long, en réservant 10 centimètres de large ; le haut du carré est employé pour les poitrines grillées ;

Taillez sur le reste du carré 7 côtelettes ;

Enlevez l'os de l'échine ; aplatissez ; retirez le nerf qui se trouve sur la noix, sans la séparer de la graisse du manche ;

Formez le manche de la côtelette en retirant les chairs ; enlevez la peau qui se trouve sur l'os en dedans de la côtelette à une épaisseur de 2 millimètres ; cette opération a pour but de donner à la côtelette la forme convenable (pl. V, n°s 2 et 3) ;

Saupoudrez les côtelettes, de chaque côté, de 2 pincées de sel et d'une prise de poivre ;

Huilez très légèrement les côtelettes comme il est dit aux *Grillades* (voir page 109) ;

Mettez-les sur le gril à feu vif, en évitant qu'elles ne se touchent ; 4 minutes de cuisson d'un côté et 3 de l'autre ;

Dressez en couronne et servez.

COTELETTES DE MOUTON PANÉES ET GRILLÉES.

Préparez les côtelettes comme il a été ci-dessus, puis assaisonnez-les de sel et de poivre;

Faites fondre 30 grammes de beurre dans le petit plat à sauter;

Trempez les côtelettes dans le beurre fondu les unes après les autres, et passez-les dans la mie de pain (voir *Panure*, page 113);

Mettez-les sur le gril à feu égal et doux 4 minutes de chaque côté;

Dressez-les en couronne et servez.

On sert avec les côtelettes sauce piquante ou jus de ménage.

COTELETTES DE MOUTON SAUTÉES A LA SAUCE ET AUX LÉGUMES.

Préparez les côtelettes comme il est dit aux côtelettes au naturel;

Fig. 51. Côtelettes de mouton.

Salez et poivrez de chaque côté (2 pincées de sel et 2 prises de poivre); beurrez le plat à sauter moyen pour y ranger les côtelettes, en évitant qu'elles ne soient les unes sur les autres;

Faites-les sauter pendant 8 minutes, en les retournant au bout de 4 minutes;

Dressez en couronne et servez.

Le jus de ménage peut être employé avec avantage pour les

côtelettes sautées : chauffez 1 décilitre de jus, et servez sous les côtelettes.

On sert aussi, avec les côtelettes sautées, toutes les garnitures de légumes et les sauces piquante, tomate, italienne.

POITRINE DE MOUTON BRAISÉE, PANÉE ET GRILLÉE.

La poitrine, comme je l'indique, a pour objet d'employer le haut du carré que l'on retire des côtelettes de mouton, ce qui n'empêche pas, bien entendu, d'acheter à part de la poitrine de mouton chez le boucher, indépendamment des côtelettes.

Soit une poitrine de 600 grammes; je donne deux manières de la faire cuire :

D'abord dans le pot-au-feu.

Vous mettez la poitrine, ficelée comme le morceau de bœuf, dans la marmite, et vous la faites cuire jusqu'à ce que les os se détachent facilement.

Si vous n'avez pas le pot-au-feu, vous mettez la poitrine dans une casserole d'une contenance de 3 litres ;

Ajoutez :

    Les parures et les os,
    2 litres d'eau,
    1 bouquet assaisonné,
    1 oignon garni de 2 clous de girofle,
    100 grammes de carottes,
    5 pincées de sel.
    3 prises de poivre ;

Faites bouillir; écumez au premier bouillon; laissez cuire comme dans le pot-au-feu, jusqu'à ce que les os se retirent ;

Égouttez sur un plat; déficelez et enlevez tous les os ; saupoudrez de sel ;

Mettez en presse entre deux plafonds avec un poids de 2 kilos dessus.

Quand la poitrine est entièrement refroidie, taillez-la en six morceaux égaux, qui soient coupés bien net tout autour ;

Faites fondre dans le plat à sauter 30 grammes de beurre ;

MOUTON.

Trempez les morceaux de poitrine dans le beurre et panez-les comme il est dit aux côtelettes panées; puis mettez-les sur le gril de même que pour les côtelettes.

Les poitrines de mouton braisées, panées et grillées se servent avec sauce piquante, tomate, chicorée, épinards.

ROGNONS DE MOUTON A LA BROCHETTE.

Ayez 6 rognons de manière à former 2 brochettes;
Fendez les rognons sur le dos, sans les séparer; enlevez la petite peau qui les recouvre; embrochez-les par le travers avec la brochette de métal et, à défaut, avec une brochette de bois (pl. V, fig. 4); saupoudrez-les dessus et dessous de sel et de poivre;
Huilez-les légèrement et faites-les griller à feu vif 3 minutes de chaque côté;
Retirez-les du feu et dressez-les sur le plat;
Ayez 1 hecto de maître-d'hôtel que vous partagez en six parties pour garnir les rognons à l'intérieur;
Servez.

ROGNONS DE MOUTON PANÉS ET GRILLÉS.

Pour paner les rognons, vous opérez comme pour les côtelettes panées; vous les passez dans les brochettes et vous les faites griller comme les rognons à la brochette.

Pour les rognons sautés, vous procédez comme pour les rognons de veau sautés; même préparation et même sauce (voir *Rognons de veau sautés*, page 163).

PIEDS DE MOUTON A LA POULETTE.

Ayez 8 pieds de mouton;
Enlevez la petite touffe de laine qui se trouve entre les deux onglets;
Flambez les pieds, puis mettez-les dans une casserole d'une contenance de 3 litres;

Faites-les blanchir à l'eau bouillante pendant cinq minutes;
Rafraîchissez;

Retirez l'os en prenant le pied de la main gauche et en tournant l'os avec la droite, avec un coup sec, pour le détacher et l'enlever;

Coupez le haut du pied de 1 demi-centimètre;

Faites un blanc dans la casserole comme il est dit à la *Tête de veau au naturel* (page 156);

Mettez les pieds de mouton cuire pendant 3 heures et demie; assurez-vous de la cuisson en voyant s'ils fléchissent sous le doigt;

Égouttez-les et mettez-les dans 4 décilitres de sauce poulette, préparée comme il est dit à la *Tête de veau poulette* (page 158);

Ajoutez 300 grammes de champignons tournés.

MARINADE DE PIEDS DE MOUTON.

Préparez, flambez, et faites cuire tous les pieds de mouton comme il est dit ci-dessus.

Égouttez-les, faites-les mariner et frire comme il est dit à la tête de veau en marinade (voir *Tête de veau en marinade*, page 158).

Fig. 52. Botte de pieds de mouton.

Fig. 53. Fricassée de poulet.

CHAPITRE IX

VOLAILLES

POULET

FRICASSÉE DE POULET.

Plumez un poulet de 1 kilo 500. C'est généralement le poids adopté pour 4 ou 5 personnes ;

Épochez pour retirer la vessie. On époche en faisant une fente de 6 centimètres sur le cou du côté du dos.

La vessie retirée, vous coupez le fondement du poulet ; vous dégagez la graisse qui se trouve au fondement pour retirer le gésier, le foie, le cœur et les poumons. Flambez, puis enlevez le cœur et l'amer. Vous servez le foie, s'il est bon, avec la fricassée.

Découpez le poulet ;

Vous le placez sur le dos, la tête se trouvant du côté de la poitrine du cuisinier.

Pratiquez deux incisions partant de l'extrémité du bréchet et allant jusqu'au joint de l'aile pour le séparer. Cette opération se fait des deux côtés ;

Retournez le poulet et pratiquez deux autres incisions pour séparer les cuisses (voir pl. VII, n° 1) ;

Enlevez les ailerons du deuxième joint, puis les pattes aux joints, et le cou entièrement ;

Enlevez les cuisses, puis les filets, en laissant toujours l'estomac de sa largeur ;

Séparez l'estomac des reins, puis coupez l'estomac et les reins en quatre morceaux égaux ; enlevez les chairs qui pourraient séparer les morceaux en coupant bien net autour (voir pl. VII, n° 2) ;

Mettez les morceaux de poulet dans une casserole d'une contenance de 3 litres ; chaque morceau doit être recouvert de sa peau.

Remplissez la casserole d'eau, pour laisser dégorger pendant 1 heure ;

Jetez cette première eau et mettez :

    12 décilitres d'eau,
    100 grammes d'oignons avec un clou de girofle,
    1 bouquet garni,
    2 pincées de sel,
    3 prises de poivre ;

Faites bouillir, écumez et laissez cuire sur le coin du fourneau pendant une demi-heure, la casserole couverte aux trois quarts ;

Assurez-vous de la cuisson du poulet avant de le retirer ; lorsqu'il est cuit, égouttez-le dans une passoire et mettez-le 5 minutes dans l'eau fraîche ;

Réservez la cuisson dans une terrine ;

Faites un roux avec 80 grammes de beurre et 80 grammes de farine ;

Faites cuire le roux dans une casserole de 2 litres, pendant 5 minutes, sans qu'il prenne couleur ;

Ajoutez la cuisson et le jus de 250 grammes de champignons que vous aurez préparés comme il est dit aux *Champignons tournés* (page 70) ;

Dès que la sauce bout, mettez-la sur le coin du fourneau pendant une demi-heure ;

Nettoyez et essuyez avec soin les morceaux de poulet que vous déposez dans le plat à sauter.

Dégraissez la sauce ; passez à travers la passoire dite *chinois* 2 décilitres de la sauce que vous ferez tomber sur le poulet ; couvrez le plat et faites chauffer à feu doux ;

Liez le reste de la sauce avec 4 jaunes d'œuf et 30 grammes de beurre ; procédez comme il est dit au chapitre des *Liaisons* (voir *Liaison à l'œuf*, page 89) ;

Lorsque la sauce est liée, passez à travers la passoire dite *chinois*, mettez les champignons dans la sauce ; dressez les morceaux de poulet dans le plat de la façon suivante :

Les deux morceaux de reins au milieu du plat ;

Les deux pattes dessus ;

Sur les deux pattes les deux morceaux du cou, et sur le cou les deux ailerons ;

Vous formez ainsi un carré en hauteur sur lequel vous appuyez les deux ailes et les deux cuisses ;

Placez sur le haut du carré les deux morceaux d'estomac pour terminer ;

Couvrez la fricassée avec la sauce ; disposez les champignons aux quatre coins.

Si on veut donner plus d'apparence à la fricassée de poulet, on place aux angles quatre belles écrevisses qui en font un plat sortant de l'ordinaire.

On ajoute aussi croûtons de pain, petits oignons et fonds d'artichauts.

OBSERVATIONS SUR LA FRICASSÉE DE POULET.

La fricassée de poulet occupe à juste titre une grande place, non seulement dans la cuisine de ménage, mais dans toute espèce de cuisine, et on ne saurait trop insister sur les éléments si simples qui la constituent, et dont il ne faut pas s'écarter si l'on veut réussir d'une façon infaillible.

Ainsi, pour résumer l'observation dans quelques principes essentiels, rappelons que la grande question est dans le choix de la volaille, que l'on doit s'attacher à avoir toujours très fraîche et très tendre.

Ensuite, dans le temps de cuisson pour le poulet ; on s'imagine quelquefois qu'en laissant la fricassée trop longtemps sur le feu, on en augmente la qualité. Erreur. On ne doit faire cuire que juste le temps voulu ; une fricassée trop cuite perd entièrement son goût et *se tue* par l'excès de cuisson.

Enfin, dans le choix du beurre et des œufs pour la liaison : des œufs d'une fraîcheur absolue, du beurre de première qualité, voilà les bases essentielles d'une fricassée de poulet faite dans les règles.

Que l'on s'attache scrupuleusement au choix des matières premières, que l'on se conforme à l'exécution de la règle pour la durée de l'opération, et je n'hésite pas à déclarer qu'il est impossible de manquer ce plat, à la fois si agréable et si utile, qui restera constamment, au milieu de toutes les recherches et des innovations, comme un des meilleurs produits de notre bonne vieille cuisine française.

POULET A LA BOURGUIGNONNE.

Ayez un poulet que vous saignez : vous recueillez le sang dans une terrine et vous le remuez pendant deux minutes avec une cuiller de bois, pour éviter qu'il ne se forme en caillots ;

Plumez, épochez, videz, flambez et découpez le poulet comme il est dit à la *Fricassée de poulet* (voir l'article précédent) ;

Mettez dans le plat à sauter 30 grammes de beurre que vous faites fondre ;

Rangez les morceaux de poulet dans le beurre fondu, en évitant qu'ils ne soient les uns sur les autres ; saupoudrez de 3 pincées de sel et de 2 prises de poivre ;

Faites revenir les morceaux de poulet des deux côtés pour qu'ils prennent couleur, puis saupoudrez-les de 40 grammes de farine ;

VOLAILLES.

Remuez avec la cuiller pendant 3 minutes ;
Ajoutez :
- 6 décilitres de bouillon,
- 3 décilitres de vin rouge,
- 1 bouquet garni,
- 400 grammes de petits oignons blanchis et passés à la poêle ;

Le jus de 15 champignons préparés comme il est dit aux garnitures (*Champignons tournés*, page 70) ;
Laissez cuire à feu doux pendant une demi-heure ;
Assurez-vous de la cuisson et de l'assaisonnement ;
Mettez les champignons dans la fricassée ;
Liez avec le sang de la volaille que vous avez réservé (voir *Liaison au sang*, page 89) ;
Dressez comme il est dit à la *Fricassée de poulet*.
Le *poulet à la bourguignonne* demande à être fortement relevé.

POULET A LA BONNE FEMME.

Plumez, épochez, videz, flambez et découpez un poulet comme pour la *Fricassée de poulet* (voir page 181) ;
Mettez dans une casserole d'une contenance de 3 litres 100 grammes de carottes taillées en tranches, 100 grammes d'oignons émincés, et 150 grammes de beurre ;
Faites revenir 5 minutes en tournant avec la cuiller de bois ;
Ajoutez le poulet avec 3 pincées de sel et 2 prises de poivre ;
Faites revenir 5 minutes en continuant à remuer ;
Mettez 60 grammes de farine ;
Faites revenir encore pendant 3 minutes ;
Ajoutez 7 décilitres de bouillon et 100 grammes de tomates cassées en morceaux, dont vous enlèverez la petite peau et la partie verte qui se trouve à la queue ;
Remuez jusqu'au premier bouillon, puis laissez mijoter pendant 20 minutes ;
Ajoutez 300 grammes de champignons taillés en lames de 1 centimètre et une cuillerée de persil haché gros ;

Faites bouillir 10 minutes;
Assurez-vous de la cuisson et de l'assaisonnement;
Dressez comme pour la fricassée de poulet;
Servez.

POULET A LA MARENGO.

Préparez un poulet comme pour la *Fricassée de poulet* (voir page 181);
Mettez dans le plat à sauter un décilitre d'huile;
Rangez les membres du poulet en évitant qu'ils ne soient les uns sur les autres;
Ajoutez:
 3 pincées de sel,
 2 prises de poivre,
 15 grammes d'échalote non hachée,
 8 grammes d'ail non épluché,
 1 feuille de laurier,
 3 grammes de thym,
 25 grammes de persil en branche;
Faites cuire pendant 25 minutes et assurez-vous de la cuisson;
Égouttez le poulet sur un plat et tenez-le au chaud;
Mettez dans le plat à sauter 40 grammes de farine, mêlez sur le feu pendant 4 minutes, et ajoutez 5 décilitres de bouillon;
Faites cuire 10 minutes en remuant avec la cuiller de bois;
Passez la sauce à travers la passoire dite *chinois*;
Dressez le poulet comme pour la *Fricassée de poulet*;
Versez la sauce et servez.

Observation. — La sauce du poulet marengo ne se dégraisse jamais.

On peut ajouter des champignons pour garniture.

POULET SAUTÉ AUX CHAMPIGNONS.

Préparez le poulet comme pour la *Fricassée de poulet* (voir page 181);
Couvrez avec 30 grammes de beurre l'intérieur du plat à

VOLAILLES. 187

sauter, dans lequel vous rangez le poulet, sans que les morceaux soient les uns sur les autres ;

Saupoudrez avec 3 pincées de sel et 2 prises de poivre ;

Faites cuire 25 minutes, et assurez-vous de la cuisson ;

Retirez le poulet sur un plat et tenez-le au chaud ;

Mettez 30 grammes de farine dans un plat, et remuez 3 minutes sur le feu ;

Ajoutez 5 décilitres de bouillon et le jus de 300 grammes de champignons, préparés comme il est dit aux *Garnitures* (voir *Champignons tournés*, page 70) ;

Tournez pendant 10 minutes ;

Passez à la passoire dite *chinois*, dans une casserole d'une contenance de 1 litre ;

Mettez les champignons dans la sauce pour les chauffer ;

Dressez le poulet comme il est dit à la *Fricassée de poulet* (page 181) ;

Garnissez avec les champignons, versez la sauce, et servez.

POULET AU GROS SEL.

Plumez, épochez, videz, flambez, épluchez le poulet, comme pour la *Fricassée de poulet* (page 181) ;

Bridez le poulet comme le dessin l'indique (voir pl. VIII, n° 2) ;

Mettez-le dans une casserole proportionnée à la grosseur du poulet ;

Ajoutez :

    1 demi-litre de bouillon,

    1 oignon avec 2 clous de girofle,

    1 bouquet garni,

    2 pincées de sel,

    2 prises de poivre ;

Couvrez le poulet avec un papier beurré pour empêcher qu'il ne noircisse ;

Couvrez la casserole de son couvercle ;

Au bout de 15 minutes de cuisson à petit bouillon, retirez le papier et retournez le poulet.

Remettez le papier beurré et le couvercle de la casserole, faites cuire encore pendant 15 minutes ;

Assurez-vous de la cuisson ;

Égouttez ;

Passez le jus à travers la passoire dite *chinois* dans une petite casserole, puis ajoutez 12 gouttes de caramel ;

Faites réduire le jus 10 minutes ;

Débridez le poulet ;

Mettez-le sur le plat ;

Écumez le jus ; versez-le sur la volaille ; servez du gros sel gris à part dans une soucoupe.

POULET A L'ESTRAGON.

Préparez le poulet comme le *Poulet au gros sel* (voir page 187) ;

Même cuisson et même sauce ;

Ajoutez, avec les aromates, 15 grammes d'estragon ;

Faites réduire le jus 5 minutes, comme il est dit à l'article précédent ;

Passez, écumez, et ajoutez une cuillerée à bouche d'estragon, haché gros ;

Débridez, dressez le poulet, arrosez-le avec jus et servez.

POULET A LA SAUCE TOMATE.

Préparez comme le *Poulet au gros sel* (page 187) ;

Ayez 6 décilitres de sauce tomate (voir *Sauce tomate*, page 99) ;

Dressez, versez la sauce sur le poulet, et servez.

POULET AU RIZ.

Préparez et faites cuire le poulet comme le *Poulet au gros sel* (page 187) ;

Mettez sur le feu pendant 15 minutes ;

Retirez bouquet et oignons ;

Ajoutez 2 hectos de riz, que vous aurez bien lavé, comme il est dit au *Potage au riz* (page 64) ;

Continuez la cuisson pendant une demi-heure ;

Retirez le poulet sur un plat ;

Remuez le riz avec la cuiller de bois, pour qu'il soit également mouillé ;

Dressez-le sur le plat, le poulet au milieu ;

Arrosez avec 1 décilitre de jus de ménage (voir *Jus de ménage*, page 102).

POULET AU BLANC.

Même préparation que pour le *Poulet au gros sel* (page 187) ;

Ayez 5 décilitres de sauce poulette (voir *Sauce poulette*, page 99), et 300 grammes de champignons tournés (voir *Champignons tournés*, page 70) ;

Débridez, dressez, versez la sauce de manière que le poulet en soit entièrement couvert ;

Mettez les champignons autour du poulet.

POULET ROTI.

Préparez le poulet comme il est dit à la *Fricassée de poulet* (page 181) ;

Bridez-le pour rôti comme le dessin l'indique (voir pl. VIII, n° 4) ;

Faites-le rôtir 35 minutes ;

Assurez-vous de la cuisson et débridez ;

Passez le jus, dégraissez, et versez-le sous le poulet, que vous garnissez de cresson.

MARINADE DE VOLAILLE.

La marinade de volaille s'emploie généralement pour utiliser les restes du poulet rôti.

Soit un demi-poulet : vous taillez des morceaux d'environ 6 centimètres de long sur 4 de large ;

190 LE LIVRE DE CUISINE. — PREMIÈRE PARTIE.

Mettez-les mariner dans une terrine avec 2 cuillerées à bouche de vinaigre, 1 pincée de sel et 1 prise de poivre ;

Laissez-les dans la marinade pendant 2 heures ;

Égouttez ;

Mettez dans la petite poêle à frire 1 kilo de friture ;

Trempez chaque morceau de volaille dans la pâte à frire :

Faites frire comme il est dit au chapitre *Friture* et *Pâte à frire* (pages 110, 112) ;

Dressez les morceaux de poulet en rocher sur un plat garni d'une serviette ;

Couronnez de persil frit ;

Servez une sauce tomate à part.

POULET A LA MAYONNAISE.

Soit un demi-poulet comme il est dit à l'article précédent, coupez-le en morceaux et marinez comme pour la *Marinade de volaille* (voir l'article précédent) ;

Fig. 54. Mayonnaise de volaille.

Dressez les morceaux en rocher sur le plat, et disposez autour des quartiers d'œufs durs et des cœurs de laitues, comme le dessin l'indique ;

Préparez 3 décilitres de sauce mayonnaise (page 101) ;

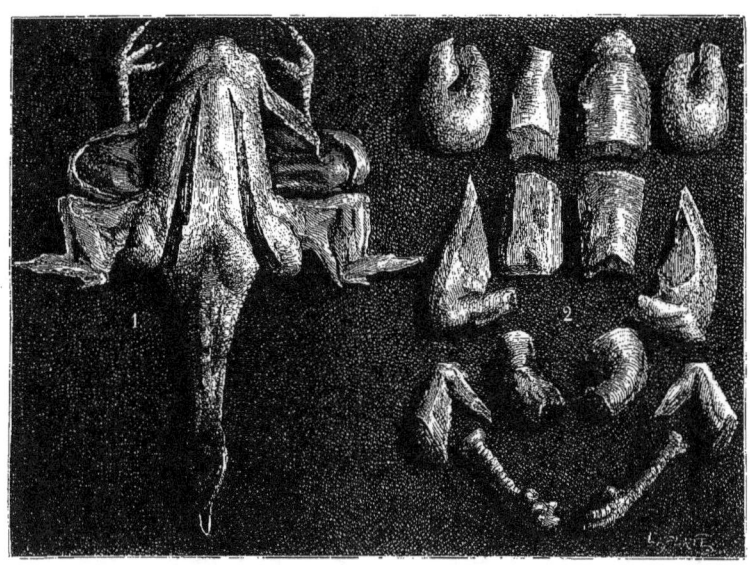

1. POULET PRÊT A ÊTRE DÉCOUPÉ. 2. MEMBRES DU POULET DÉCOUPÉ.

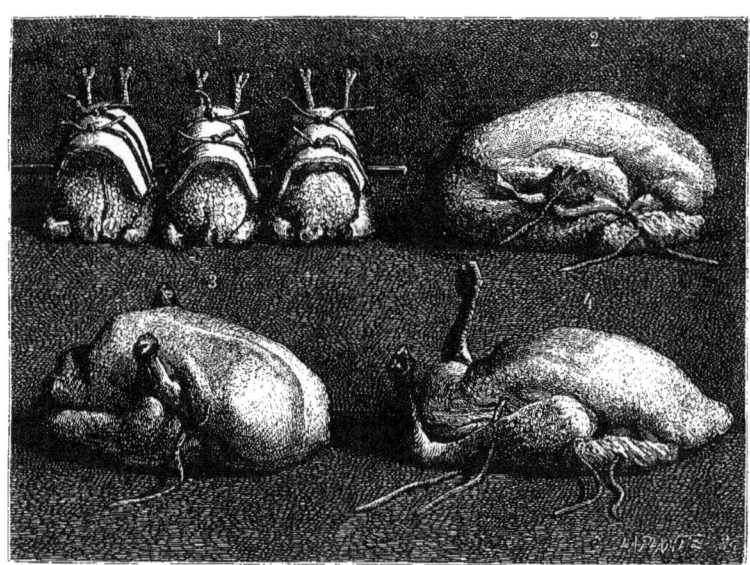

1. PIGEONS BRIDÉS ET BARDÉS SUR BROCHE. 2. POULET BRIDÉ POUR ENTRÉE.
3. CANARD BRIDÉ. 4. POULET BRIDÉ POUR ROTI.

Couvrez le poulet avec la sauce, mais sans en verser sur la bordure.

CANARD AUX NAVETS.

Je renouvelle à propos du canard mon observation relative à toutes les volailles en général : n'employez jamais que des bêtes jeunes, si vous voulez servir quelque chose de bon.

Épochez, videz, flambez, et épluchez un canard de grosseur ordinaire :

Retroussez et bridez comme le dessin l'indique (pl. VIII, n° 3) ;

Mettez-le dans une casserole avec 30 grammes de beurre, 2 pincées de sel et 1 prise de poivre ;

Faites-le revenir et retournez-le pour qu'il soit également coloré ;

Retirez-le de la casserole lorsqu'il est revenu ; laissez-le sur un plat à part ;

Mettez dans la casserole 40 grammes de farine ; tournez pendant 3 minutes, et ajoutez 7 décilitres de bouillon ;

Faites bouillir pendant 5 minutes ;

Passez la sauce à travers la passoire dite *chinois* ;

Nettoyez la casserole et mettez-y le canard et la sauce, avec un bouquet garni et un oignon piqué de deux clous de girofle ;

Faites cuire à feu doux pendant trois quarts d'heure :

Ajoutez 400 grammes de navets préparés comme il est dit aux *Garnitures* (voir page 76) ;

Lorsque les navets sont cuits, retirez le bouquet et l'oignon ;

Débridez le canard, et mettez-le sur le plat ;

Dégraissez-la cuisson ; mettez les navets autour du canard ; versez la sauce dessus, et servez.

CANARD AUX PETITS POIS.

Préparez et faites revenir un canard comme il est dit à l'article précédent ;

Blanchissez dans la casserole 2 hectos de petit lard dont vous aurez retiré la couenne et que vous couperez en dés de 3 centimètres carrés ;

Faites revenir le lard avec 30 grammes de beurre; lorsqu'il est blond, saupoudrez-le de 30 grammes de farine, et faites cuire pendant 3 minutes en remuant avec la cuiller de bois.

Ajoutez :

6 décilitres de bouillon,
1 oignon piqué de 2 clous de girofle,
1 bouquet garni,
1 pincée de sel,
2 prises de poivre;

Faites bouillir en tournant; au premier bouillon, mettez le canard et le lard que vous avez fait revenir dans la casserole avec un litre de pois :

Faites mijoter pendant 1 heure un quart, la casserole couverte aux trois quarts;

Assurez-vous de la cuisson; égouttez, puis retirez oignon et bouquet;

Dégraissez les pois et mettez-les dans le plat avec les morceaux de lard;

Débridez le canard et posez-le sur les pois.

Observation. — Le pois moyen s'emploie pour les garnitures de ragoûts. Le pois trop fin n'a pas assez de chair pour résister à la cuisson; le gros pois ne convient que pour les purées.

CANARD AUX OLIVES.

Préparez le canard comme il est dit au *Canard aux navets* (voir page 191);

Même sauce.

Ayez 40 olives préparées comme il est dit au *Filet aux olives* (voir page 141);

Mettez les olives bouillir 5 minutes dans la sauce;

Assurez-vous de la cuisson du canard et de l'assaisonnement;

Débridez le canard, et mettez-le sur le plat;

Dégraissez la sauce;

Placez les olives autour du canard;

Servez.

1. DINDON CRU SUR BROCHE. 2. DINDON RÔTI DÉBROCHÉ

CANARD ROTI.

On ne saurait choisir un canard trop tendre pour mettre à la broche.

On le prépare et on le bride comme le poulet rôti ;
On le met rôtir à feu très vif pendant 16 minutes ;
Un canard rôti doit être servi saignant ;
Débridez ; servez avec le jus dessous et cresson autour.

PIGEON.

Il y a trois sortes de pigeons : le volière, le ramier et le bizet.

Le volière est celui que l'on doit préférer ; la qualité rachète amplement la différence de prix.

Le ramier ne s'emploie que lorsqu'il est jeune, et seulement pour rôtir.

Le bizet s'emploie comme le volière ; il est plus petit d'espèce et inférieur en qualité.

PIGEON EN COMPOTE.

Videz et flambez deux pigeons de volière ;
Coupez les cous ;
Remettez les foies dans l'intérieur des pigeons et bridez-les comme pour le poulet gros sel (voir pl. VIII, n° 2) ;
Blanchissez, dans une casserole d'une contenance de 2 litres, 2 hectos de petit lard dont vous aurez retiré la couenne ;
Coupez le lard en gros dés de 2 centimètres carrés et faites-le revenir dans 30 grammes de beurre ; dès qu'il est coloré, retirez-le de la casserole ;
Faites revenir les pigeons dans le même beurre, pour qu'ils prennent une couleur égale ; lorsqu'ils sont blonds, retirez-les dans un plat à part avec le lard ;
Faites un roux avec 20 grammes de farine et le beurre de la casserole ;

Mouillez avec 4 décilitres de bouillon et le jus de 400 grammes de champignons ;

Assaisonnez avec 1 pincée de sel et 2 prises de poivre ;

Tournez sur le feu, et, au premier bouillon, passez la sauce à travers la passoire dite *chinois* ;

Rincez la casserole ; mettez les pigeons dedans ;

Ajoutez avec la sauce 1 bouquet garni, 20 petits oignons que vous aurez blanchis, épluchés et fait revenir, comme il est dit aux *Oignons pour garnitures* (page 77), et le petit lard ;

Faites cuire les pigeons pendant 25 minutes à très petit bouillon ;

Ajoutez les champignons, et faites cuire encore pendant 5 minutes ;

Assurez-vous de la cuisson des pigeons ; débridez-les et mettez-les sur le plat ;

Otez le bouquet ;

Dégraissez bien la sauce ; versez-la sur les pigeons ; mettez les garnitures autour ;

Servez.

PIGEON AUX PETITS POIS.

Préparez les pigeons comme il est dit à l'article précédent ;

Même sauce, en supprimant les oignons et les champignons ;

On met dans les pigeons 1 litre de pois moyen, 1 bouquet garni et le petit lard, comme il est indiqué aux pigeons en compote

Faites cuire à petit bouillon pendant une demi-heure ;

Assurez-vous de la cuisson ;

Dégraissez les pois ;

Otez le bouquet ;

Mettez les pois et le lard dans le plat, les pigeons dessus ;

Servez.

PIGEON A LA CRAPAUDINE.

Ouvrez les pigeons en deux, développez-les sans séparer les parties (voir page 199) ;

VOLAILLES. 195

Aplatissez à la batte ;

Assaisonnez chaque moitié de pigeon avec une pincée de sel, 2 prises de poivre ;

Mettez les pigeons dans le plat à sauter avec 30 grammes de beurre; faites-les revenir des deux côtés pendant un quart d'heure ;

Mettez-les en presse entre deux plafonds, avec un poids d'un kilo dessus ;

Mettez dans le beurre qui se trouve dans le plat à sauter 20 grammes d'échalotes hachées et lavées ;

Tournez deux minutes sur le feu ;

Ajoutez 2 décilitres de bouillon ou de jus de ménage (page 102) avec 2 prises de poivre ;

Faites réduire le jus à 1 décilitre ;

Passez à travers la passoire dite *chinois* dans la petite casserole où vous réservez le jus ;

Dégraissez-le, puis faites fondre 15 grammes de beurre dans lequel vous trempez les pigeons ;

Passez-les à la mie de pain (voir *Mie de pain* et *Panure*, page 113) ;

Mettez-les sur le gril à feu très doux, cinq minutes de chaque côté ;

Faites chauffer le jus que vous avez réservé ; versez-le dans le plat, et mettez les pigeons par-dessus ;

Servez un citron à part sur une assiette.

PIGEON ROTI.

Épochez, videz, flambez les pigeons ;

Coupez les cous ; bridez comme pour le poulet rôti ;

Laissez les pattes ;

Couvrez les pigeons d'une barde de lard gras de 8 centimètres de longueur sur 6 de largeur et 5 millimètres d'épaisseur, que vous attachez avec la ficelle en deux endroits (voir pl. VIII, n° 1).

Mettez en broche et faites cuire à feu vif pendant 15 minutes ;

Assurez-vous bien de la cuisson ; le pigeon rôti exige un soin tout particulier ;

Débrochez, débridez et dressez sur le plat ;

Replacez les bardes sur chaque pigeon ;

Versez le jus ;

Garnissez de cresson ;

Servez.

DINDE ROTI.

Ayez une poule d'Inde de 2 kilos, que vous préparez comme le dessin l'indique (voir pl. IX, n° 1) ;

Faites rôtir une heure à feu soutenu ;

Débrochez, débridez ;

Mettez jus dessous, cresson autour, et servez.

Une poule d'Inde bien rôtie doit se présenter avec la chair affaissée ; la peau légèrement ridée, et doit être d'une belle teinte dorée sur toutes les parties (voir pl. IX, n° 2).

On emploie les restes du dinde rôti en poulette, en croquettes, en mayonnaise, etc.

DINDE FARCI AUX MARRONS.

Épluchez et hachez 300 grammes de rouelle de veau bien énervée et 1 livre de panne de porc bien épluchée ;

Assaisonnez avec 30 grammes de sel épicé (voir *Épices et aromates*, page 34) ;

Ajoutez 1 décilitre de bouillon que vous versez en deux fois pendant le temps que vous hachez la farce ;

Mettez la farce dans le mortier et pilez pendant dix minutes ; quand elle est finie, mettez-la dans une terrine ;

Ajoutez 40 marrons grillés à blanc et épluchés ;

Préparez un dinde comme il est dit au dinde rôti ; ayez soin, en l'épochant, de laisser la peau du cou la plus grande possible ;

Enlevez le cou et introduisez par l'ouverture la farce et les marrons ;

Bridez le dinde et mettez-le à la broche à feu soutenu, mais pas trop vif, pendant 1 heure 40 minutes;

Assurez-vous de la cuisson;

Débrochez et débridez;

Versez le jus dans le fond du plat après l'avoir bien dégraissé;

Servez.

ABATIS DE DINDE AUX NAVETS.

Ayez un abatis de dinde jeune et gras; échaudez-le, flambez-le et nettoyez-le avec soin;

Coupez le cou en quatre morceaux égaux, le gésier en quatre après avoir retiré la poche remplie de gravier qui se trouve dans le milieu, les ailerons en deux, les pattes en deux.

Réservez le foie, pour le faire cuire dix minutes avant de servir;

Ayez 2 hectos de petit lard de poitrine; levez la couenne et coupez le lard en morceaux de 3 centimètres sur 2;

Faites-le revenir dans une casserole avec 20 grammes de beurre;

Faites revenir et procédez pour l'abatis comme pour le haricot de mouton (voir *Haricot de mouton*, page 173);

Même garniture d'oignons, de navets et de pommes de terre, en ajoutant le petit lard;

Faites cuire une heure et demie.

Ne pas oublier le foie que vous avez réservé et que vous mettez au feu dix minutes avant de servir, comme il est dit plus haut.

Dégraissez le ragoût et ôtez le bouquet;

Dressez les abatis en mettant les pattes, le gésier, la tête et le foie au milieu du plat, les morceaux du cou autour et les morceaux d'ailerons par-dessus;

Couvrez avec la sauce et les garnitures.

OIE ROTIE.

Soit une oie de 3 kilos.

Plumez, épochez, videz, flambez et retroussez comme le poulet pour rôti (voir *Poulet rôti*, page 189);

Faites rôtir cinq quarts d'heure à feu égal et soutenu;

Saupoudrez de sel et assurez-vous de la cuisson;

Débrochez, débridez et dressez;

Passez le jus que vous dégraissez avec grand soin;

Réservez la graisse, que l'on emploie avec avantage pour apprêter choucroute, choux, soupe à l'oignon, aux poireaux, etc.

OIE AUX MARRONS.

Préparez l'oie comme pour le dinde aux marrons (voir page 196). On farcit et on fait rôtir de même.

OIE A LA CHOUCROUTE.

Préparez l'oie comme pour rôtir;

Bridez comme pour le *Poulet au gros sel* (voir page 187);

Mettez l'oie dans la casserole;

Ajoutez 2 kilos de choucroute préparée comme il est dit à la *Choucroute pour garniture* (voir page 82);

Préparez deux hectos de petit lard bien lavé;

Ayez 1 saucisson cru ordinaire de 200 grammes et 1 oignon garni de deux clous de girofle;

Faites mijoter deux heures;

Retirez lard et saucisson aussitôt cuits;

Coupez le saucisson en tranches d'un demi-centimètre d'épaisseur.

Retirez la couenne du lard, que vous taillez en tranches de 4 centimètres de longueur, 3 de largeur, et 1 centimètre d'épaisseur;

Mettez lard et saucisson dans le plat à sauter et tenez au chaud;

VOLAILLES.

Assurez-vous de la cuisson de l'oie;
Égouttez en pressant la choucroute dans la passoire;
Débridez l'oie;

Fig. 55. Oie à la choucroute.

Formez dans le fond du plat un lit de choucroute sur lequel vous mettez l'oie;
Rangez lard et saucisson autour.

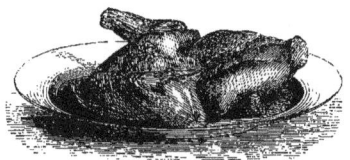

Fig. 56. Pigeon à la crapaudine.

Fig. 57. Porc.

CHAPITRE X

PORC

Je n'indique, en traitant du porc, que ce qui est vraiment du domaine de la cuisine et non pas ce qui tient à la charcuterie. Certains ouvrages, qui se donnent pour élémentaires et pratiques, impriment des recettes pour la confection des boudins, des saucisses, des saucissons, des langues fourrées, etc. A quoi bon, lorsqu'il est prouvé que ces choses ne se fabriquent dans aucun ménage ni même dans aucune cuisine? C'est grossir les livres de détails inutiles et prendre la place de recettes vraiment usuelles et bien plus nécessaires.

Ce qu'on doit tenir à connaître, ce sont les parties du porc qui rentrent dans le travail même du cuisinier, et aussi la manière de faire cuire les quelques plats de charcuterie admis dans les usages des repas. Il faut se borner à cela et prendre la charcuterie comme on l'emploie dans la réalité de la consommation, c'est-à-dire achetée toute préparée à l'état de fabrication spéciale.

Toutefois je ferai remarquer que, puisqu'il est admis que l'on se procure de la charcuterie au dehors, c'est une raison pour apporter le soin le plus scrupuleux au choix des viandes préparées et cuites hors de la maison.

Il y a là un examen constant et très minutieux à faire, et qui rentre, par l'attention qu'il réclame, dans les soins et les devoirs des cuisiniers, qui sont responsables de toutes les matières qu'ils emploient.

FILET DE PORC FRAIS ROTI.

Ayez un filet de porc frais de 2 kilos ; que la chair soit d'un rouge clair, et qu'il n'y ait aucune tache blanche dans la noix des filets ;

Ne laissez sur le filet qu'une couche de graisse d'un centimètre ;

Sciez l'échine sur toute la longueur ;

Mettez le filet dans une terrine avec 2 hectos de gros sel pour le faire mariner pendant deux heures, en le retournant plusieurs fois ;

Essuyez le morceau avec soin ;

Mettez en broche et faites rôtir à feu soutenu pendant une heure un quart ;

Débrochez, passez et dégraissez le jus, versez-le sur le filet ;

Servez.

FILET DE PORC A LA SAUCE ROBERT.

Préparez le filet comme il est dit dans l'article précédent.

Mettez-le dans une casserole avec 10 grammes de beurre, 2 pincées de sel et 2 prises de poivre ;

Faites-le revenir d'une couleur égale sur tous les côtés ;

Ajoutez :

    2 décilitres de bouillon,

    2 décilitres de vin blanc,

1 bouquet assaisonné,

1 oignon piqué de 2 clous de girofle;

Couvrez entièrement la casserole;

Faites mijoter 2 heures à petit bouillon en arrosant quatre fois pendant les deux heures;

Épluchez, pour faire la sauce dite *Robert*, 300 grammes d'oignons, dont vous retirez les parties dures qui se trouvent à la tête et à la queue;

Coupez les oignons en morceaux de 2 centimètres carrés, puis mettez-les dans une casserole d'une contenance de 1 litre, avec 20 grammes de beurre;

Faites-les revenir jusqu'à ce qu'ils soient blonds;

Ajoutez 25 grammes de farine;

Tournez 2 minutes sur le feu avec la cuiller de bois;

Retirez et ajoutez à ce roux que vous venez de faire 3 décilitres de bouillon, 1 pincée de sel et 2 prises de poivre;

Faites cuire 10 minutes en tournant.

Le filet étant cuit au bout des 2 heures, retirez le jus qui se trouve dans la casserole;

Passez-le à la passoire dite *chinois*;

Dégraissez-le parfaitement;

Joignez-le à la sauce;

Faites réduire 5 minutes en tournant;

Mettez la sauce dans le fond du plat, le filet dessus, et servez.

Observation. — On a souvent l'habitude d'ajouter une cuillerée de moutarde à la sauce Robert; mais il sera toujours essentiel de consulter les goûts à ce sujet, beaucoup de personnes ayant une aversion, très fondée suivant moi, pour la moutarde chaude.

COTELETTES DE PORC FRAIS A LA SAUCE PIQUANTE.

Soient 2 côtelettes de porc frais de 200 grammes chacune.

Parez comme les côtelettes de veau (voir *Côtelettes de veau grillées et panées*, page 149);

Faites fondre dans le plat à sauter 30 grammes de beurre;

Saupoudrez les côtelettes de 2 pincées de sel et de 2 prises de poivre chacune ;

Mettez-les dans le plat et faites cuire 20 minutes, 10 minutes de chaque côté ;

Dressez-les sur le plat et ajoutez 3 décilitres de sauce piquante (voir *Sauce piquante*, page 96) ;

Servez.

COTELETTES DE PORC FRAIS PANÉES AU JUS.

Parez la côtelette comme il est dit à l'article précédent ;

Faites fondre 10 grammes de beurre ;

Assaisonnez la côtelette avec 2 pincées de sel et 2 prises de poivre ;

Trempez-la dans le beurre fondu et panez (voir *Panure*, p. 113) ;

Faites griller 12 minutes, 6 de chaque côté ;

Faites chauffer 2 décilitres de jus de ménage, que vous servez sous la côtelette.

On sert aussi sauce tomate ou sauce italienne.

ROGNONS DE PORC SAUTÉS.

Coupez un rognon de porc en tranches de l'épaisseur d'un centimètre ;

Faites sauter comme pour le rognon de bœuf (voir *Rognons de bœuf*, page 137).

PIEDS DE COCHON A LA SAINTE-MENEHOULD.

Faites griller à feu doux les pieds de cochon panés, jusqu'à ce qu'ils aient une couleur blonde des deux côtés ;

Servez-les très chauds.

SAUCISSES SUR LE GRIL.

Piquez les saucisses longues avec l'aiguille à brider ; une douzaine de trous de chaque côté, pour éviter que la peau ne crève ;

Faites-les griller à feu ordinaire pendant 5 minutes, en ayant soin de les retourner;

On les sert toujours sur un plat bien chaud.

SAUCISSES A LA PURÉE.

On fait griller les saucisses comme il vient d'être dit, et on les sert avec une purée de pommes de terre, de haricots, de pois, de lentilles.

Ces purées se font comme les purées pour potages maigres (voir *Potage à la purée*, pages 60 et suiv.).

On les assaisonne avec du beurre, 1 hecto de beurre pour un plat de 8 saucisses.

Mettez la purée dans le plat, les saucisses rangées dessus;

Arrosez avec 1 décilitre de jus de ménage.

SAUCISSES AU VIN BLANC.

Ayez 4 saucisses longues que vous mettez dans le plat à sauter avec 2 décilitres de vin blanc et 2 prises de poivre;

Couvrez le plat à sauter et faites cuire 8 minutes;

Retirez les saucisses et tenez-les au chaud;

Mettez dans le vin blanc 1 décilitre de sauce poulette (voir *Sauce poulette*, page 99);

Faites réduire pendant 4 minutes;

Retirez du feu, et ajoutez 20 grammes de beurre et 1 cuillerée à bouche de persil haché;

Remuez avec la cuiller à dégraisser jusqu'à ce que le beurre soit fondu.

Mettez les saucisses dans le plat, couvrez-les avec la sauce et servez.

SAUCISSES PLATES, DITES CRÉPINETTES.

Faites griller les crépinettes à feu ordinaire pendant 6 minutes, en les retournant pour qu'elles cuisent des deux côtés;

Mettez sur le plat et servez.

CRÉPINETTES AU RIZ ET A LA SAUCE TOMATE.

Pour 5 crépinettes, préparez 1 hecto de riz bien lavé ;
Ajoutez dans le riz :
   4 décilitres de bouillon,
   1 pincée de sel,
   1 prise de poivre,
   50 grammes d'oignons ;

Faites bouillir, et, au premier bouillon, couvrez la casserole ; mettez cuire à feu doux pendant 20 minutes ;

Au moment de servir, retirez l'oignon, remuez le riz avec la cuiller ;

Fig. 58. Andouillette ciselée, crue et cuite.

Mettez-le dans le fond du plat, les saucisses dessus ;

Arrosez le riz et les saucisses avec 3 décilitres de sauce tomate (voir *Sauce tomate*, page 99).

BOUDIN NOIR ET BLANC.

Faites des ciselures le long des bouts de boudin de chaque côté, pour empêcher qu'ils ne crèvent en cuisant ; les hachures ne doivent pas avoir plus de 3 millimètres de profondeur ;

Faites griller pendant 5 minutes ; retournez et faites griller encore pendant 5 minutes ;

Servez toujours très chaud.

Le procédé est le même pour le boudin blanc que pour le boudin noir.

ANDOUILLETTES.

On opère pour l'andouillette comme il vient d'être dit ;

On fait des ciselures sur les deux côtés et on fait griller le même temps que pour les boudins.

CHOUCROUTE GARNIE.

Ayez 1 kilo de choucroute préparée comme il est dit aux *Garnitures* (voir *Choucroute*, page 82) ;

Mettez la choucroute dans une casserole d'une contenance de 4 litres ;

Lavez 2 hectos de petit lard ;

Ayez un saucisson ordinaire de 200 grammes et 8 petites saucisses dites *chipolata* ;

Faites cuire dans la choucroute le lard, le saucisson et les saucisses, avec un oignon piqué de 2 clous de girofle et un bouquet garni ;

Retirez d'abord les saucisses, qui doivent cuire les premières, le saucisson ensuite, et le lard le dernier ;

Quand le lard est cuit, égouttez et pressez bien la choucroute, puis dressez-la en rocher dans le plat ;

Ne servez ni l'oignon ni le bouquet, et coupez le lard en morceaux de 4 centimètres sur 3, et sur 1 centimètre d'épaisseur ;

Rangez-le autour de la choucroute, les ronds de saucisson ensuite et les saucisses au sommet.

Fig. 59. Jambonneau.

Fig. 60. Perdrix aux choux.

CHAPITRE XI

GIBIER

CHEVREUIL ROTI.

Ayez un gigot de chevreuil de 2 kilos 500 dont vous sciez le manche 4 centimètres au-dessous de l'osselet;

Enlevez la peau de dessus sur 10 centimètres carrés;

Piquez cette partie du chevreuil avec du lard fin comme pour le fricandeau (voir *Fricandeau*, page 148).

Le chevreuil rôti se mange de deux façons, frais ou mariné.

Pour rôtir le chevreuil frais, enveloppez-le d'abord avec une feuille de papier beurré, en ayant soin de ne pas fermer les deux bouts; mettez en broche et faites cuire 50 minutes à feu égal et soutenu.

Dix minutes avant de retirer du feu, enlevez le papier et saupoudrez le gigot de 2 pincées de sel;

Débrochez-le, dressez sur le plat après avoir mis au manche le manche en métal ou une papillote:

Servez avec la sauce poivrade (voir *Sauce poivrade*, page 98).

Le gigot de chevreuil mariné se prépare et se pique comme le gigot frais.

Faites une marinade avec :

    100 grammes de carottes,

    200 grammes d'oignons,

      2 grammes de laurier,

      2 grammes de thym.

     25 grammes d'échalotes entières,

     20 grammes de persil en branche, feuilles et queues ;

Faites revenir ces légumes et aromates dans une casserole d'une contenance de 4 litres, avec 30 grammes de beurre.

Lorsqu'ils sont revenus,

Ajoutez :

    1 demi-litre de vinaigre,

    1 litre d'eau,

    4 pincées de sel,

    3 prises de poivre ;

Faites bouillir la marinade, et, au premier bouillon, mettez sur le coin du fourneau pour faire mijoter pendant une demi-heure ;

Passez dans une terrine assez grande pour contenir le gigot, qui doit mariner pendant 2 jours ;

Une heure avant de servir, égouttez-le, enveloppez-le de papier beurré comme il vient d'être dit, puis mettez-le rôtir pendant 50 minutes à feu égal et soutenu.

Vous servez avec le gigot une sauce poivrade que vous préparez en procédant de la manière suivante :

Faites bouillir la marinade, et, après le premier bouillon, passez à la serviette pour éviter que les grumeaux de sang ne salissent la sauce ;

Faites un roux dans une casserole d'une contenance de 2 litres, avec 30 grammes de beurre et 50 grammes de farine ;

Laissez le roux 5 minutes sur le feu en le remuant pour éviter qu'il ne brûle, puis ajoutez la marinade et tournez hors du feu pendant 2 minutes ;

Remettez sur le feu et continuez à tourner avec la cuiller jusqu'à réduction de 8 décilitres ;

Ajoutez quelques gouttes de caramel pour colorer ; goûtez pour l'assaisonnement ; passez à travers la passoire dite *chinois*, et servez dans une saucière.

On sert aussi de la gelée de groseille avec le gigot de chevreuil.

Observation. — Le gigot de chevreuil peut se garder de 10 à 12 jours, à la condition qu'on le laissera dans la marinade et qu'on le conservera dans un endroit frais.

ÉMINCÉ DE CHEVREUIL.

On sert les restes de gigot de chevreuil en émincés avec la sauce poivrade ;

Faites les émincés comme il est dit à l'émincé de gigot de mouton (voir page 172).

LIÈVRE ROTI.

Ayez un lièvre (trois-quarts), qui pèse communément 2 kilos 500 ;

Dépouillez-le, videz-le et réservez le sang pour la sauce. Je ne conseille pas d'employer le foie : j'ai constaté qu'il avait souvent de graves inconvénients pour la santé ;

Coupez le lièvre en deux parties, à la place des rognons, en les laissant sur le morceau de derrière ; réservez le devant pour civet ;

Faites une fente au nerf d'une patte et passez l'autre dedans pour qu'elles se tiennent croisées. Si l'on veut bien faire cette opération, il faut, en dépouillant le lièvre, couper la patte-au-dessous de l'osselet, de manière que celui-ci reste attaché à la cuisse ;

Roulez les peaux du ventre sans couvrir les filets mignons, et fixez-les sur les côtés avec des brochettes de bois ;

Arrosez d'un peu de sang la place des filets et des cuisses, puis passez le lièvre au-dessus d'un feu flambant pendant 1 minute, afin de raidir les chairs, ce qui facilite l'opération du piquage ;

Piquez les cuisses et les filets comme il est dit au *Fricandeau* (page 148) ;

Mettez le lièvre en broche et couvrez-le entièrement de papier beurré, en mettant sur les filets le papier double ;

Faites-le cuire pendant 30 minutes à feu soutenu, en observant que le feu soit plus actif du côté des cuisses que sur les filets ;

Servez sur le plat, le côté piqué en dessus ;

Ayez 5 décilitres de sauce poivrade, que vous lierez au sang (voir *Sauce poivrade* et *Liaison au sang*, pages 89, 98).

La sauce se sert dans une saucière à part.

CIVET DE LIÈVRE.

Coupez le devant du lièvre en morceaux de 6 centimètres carrés ;

Taillez 3 hectos de petit lard, le plus maigre possible, en morceaux de 3 centimètres carrés ; retirez la couenne ;

Blanchissez le lard pendant 5 minutes à l'eau bouillante ; égouttez-le et faites-le revenir dans une casserole de la contenance de 4 litres, avec 30 grammes de beurre ;

Lorsqu'il est coloré, retirez-le sur une assiette ;

Mettez les morceaux de lièvre dans la casserole et faites-les revenir 10 minutes ;

Saupoudrez-les de 50 grammes de farine et remuez pendant deux minutes sur le feu ;

Ajoutez dans la casserole 4 décilitres de vin rouge et 4 décilitres de bouillon ;

Faites bouillir 5 minutes en tournant avec la cuiller, puis passez dans une grande passoire ;

Nettoyez la casserole, essuyez les morceaux et remettez-les dedans ;

Passez la sauce sur le lièvre à travers la passoire dite *chinois* ;

Ajoutez un bouquet garni, le petit lard, une pincée de sel et 3 prises de poivre ;

Couvrez la casserole de son couvercle, et mettez sur le feu mijoter très doucement ;

Laissez cuire 20 minutes ;

Ajoutez 20 petits oignons que vous aurez fait revenir dans la poêle, et laissez mijoter jusqu'à entière cuisson des oignons ;

Cinq minutes avant de servir, vous ajouterez 2 maniveaux de champignons préparés comme il est dit à l'article *Champignons* (page 70) ;

Retirez le bouquet, dégraissez, et servez les morceaux de lièvre sur le milieu du plat, la garniture et la sauce dessus.

LAPIN ROTI.

Dépouillez un lapin, coupez les pattes de derrière au-dessus de l'osselet, celles de devant au premier joint ;

Videz le lapin, retroussez-le et faites une fente au nerf d'une patte, afin que les pattes de derrière soient croisées. Cette opération a pour but de maintenir le lapin dans sa forme et de faciliter la mise en broche.

Pour maintenir le devant, passez avec une aiguille à brider une ficelle dans les yeux, et ensuite dans les épaules, de manière à ramasser la tête sur elle-même et à serrer les épaules le long du corps.

Couvrez le lapin de bardes de lard attachées avec des ficelles ; embrochez et faites rôtir ;

Laissez 25 minutes au feu ;

Débrochez, ôtez les ficelles ; assurez-vous de la cuisson ; mettez le lapin sur le plat du côté du ventre ;

Servez 2 décilitres de sauce poivrade.

Observation. — Je ne juge pas à propos de donner de poids précis pour les lapins et les lièvres ; les trois-quarts, et les lapins jeunes, les seuls que je conseille d'employer, doivent être cuits généralement dans le temps que j'indique.

GIBELOTTE DE LAPIN.

Dépouillez, videz et découpez le lapin en morceaux de 4 centimètres ;

Coupez 2 hectos de petit lard de poitrine très maigre, en morceaux de 3 centimètres sur 2 ; enlevez la couenne ;

Faites blanchir ; égouttez et faites revenir le lard dans 30 grammes de beurre ;

Dès qu'il est coloré, retirez-le sur une assiette ;

Mettez le lapin dans le plat à sauter et faites-le revenir pendant 10 minutes ;

Saupoudrez-le de 20 grammes de farine, et remuez sur le feu pendant deux ou trois minutes ;

Ajoutez :
    Le lard,
    3 décilitres de bouillon,
    3 décilitres de vin,
    1 pincée de sel,
    2 prises de poivre,
    1 bouquet garni,
    15 petits oignons passés à la poêle ;

Faites cuire 20 minutes à petit bouillon, la casserole entièrement couverte ;

Ajoutez un maniveau de champignons ;

Laissez cuire encore 5 minutes ; retirez le bouquet, dressez et servez.

LAPIN SAUTÉ.

Dépouillez, videz et découpez en morceaux le lapin, comme il est dit à la *Gibelotte de lapin* (voir l'article précédent)

Mettez dans le plat à sauter :
    30 grammes de beurre,
    3 cuillerées à bouche d'huile,
    1 prise de muscade,
    2 prises d'épices,

2 pincées de sel,

2 prises de poivre;

Faites fondre le beurre, et, lorsqu'il est fondu, mettez les morceaux de lapin dans le plat à sauter, à feu vif pendant 20 minutes ;

Au bout de ce temps, retirez le lapin sur un plat, puis mettez dans le plat à sauter 25 grammes de farine, que vous tournez sur le feu pendant 1 minute ;

Ajoutez 2 décilitres de vin blanc et 1 décilitre de bouillon;

Faites bouillir 5 minutes, puis passez la sauce à travers la passoire dite *chinois*;

Nettoyez le plat, dans lequel vous remettrez la sauce et le lapin, et ajoutez 20 grammes d'échalotes hachées et bien lavées, avec 1 cuillerée à bouche de persil haché;

Faites bouillir, et, au premier bouillon, servez avec la sauce.

Observation. — Je répète ici ce que j'ai déjà dit à propos des sautés : ils ne doivent jamais bouillir, attendu que l'ébullition les rend durs.

On peut, au besoin, faire le lapin sauté dans la poêle et à feu flambant. On procède alors comme il vient d'être dit, en ayant soin de faire sauter le lapin constamment pour qu'il soit d'une cuisson égale.

PERDREAUX ROTIS.

Plumez, épochez, videz, flambez un perdreau, comme il est dit au *Poulet rôti* (page 189) ;

Entourez-le d'une barde de 8 centimètres sur 6, que vous attacherez avec une ficelle;

Embrochez, faites rôtir 16 minutes à feu vif et soutenu;

Débrochez, débridez et mettez sur le plat garni de cresson.

PERDRIX AUX CHOUX.

Je dis *perdrix*, mais je n'entends pas par là qu'il faille prendre, même pour mettre aux choux, une perdrix vieille et dure, comme on se l'imagine quelquefois dans les ménages. Je maintiens plus que jamais mon observation sur le vieux gibier et la vieille volaille, que je proscris absolument de toute cuisine.

Épochez, videz et flambez 2 perdrix ; retroussez les pattes en dedans et bridez-les (voir le *Poulet au gros sel*, page 187) ;

Piquez les perdrix de lardons d'un demi-centimètre de long ; piquez les filets dans l'intérieur, en évitant que le lard ne dépasse ;

Blanchissez 1 kilo de choux ; faites-les dégorger pendant une heure ; égouttez, retirez les trognons et pressez très ferme pour en exprimer toute l'eau, puis mettez-les dans une casserole d'une contenance de 4 litres ;

Faites 2 trous dans les choux pour enterrer les 2 perdrix ;

Ajoutez :

 2 hectos de petit lard de poitrine très maigre, que vous aurez blanchi pendant 20 minutes,

 100 grammes de saucisson cru,

 1 bouquet garni,

 200 grammes de carottes,

 200 grammes d'oignons,

 1 clou de girofle piqué dans un des oignons,

 2 prises de poivre ;

Mouillez, avec du bouillon, 2 centimètres au-dessus des choux ;

Ajoutez 2 décilitres de graisse de pot-au-feu, que vous aurez fondue et passée ;

Placez sur les choux une feuille de papier double ; couvrez la casserole entièrement, et faites bouillir. Après le premier bouillon, laissez cuire à très petit mijotement pendant une heure trois quarts ;

Assurez-vous de la cuisson des perdrix, et retirez-les sur un plat avec le saucisson et le petit lard ; maintenez-les chaudement.

Lorsque les choux seront cuits, égouttez-les bien et desséchez-les sur le feu.

Cette opération se fait en mettant les choux dans une casserole sur un feu vif. On les assaisonne de sel et de poivre, et on les tourne jusqu'à ce qu'ils ne contiennent plus de liquide.

Mettez les choux dans le fond du plat et formez un lit d'une épaisseur de 4 centimètres ;

Débridez les perdrix et placez-les sur les choux, l'estomac en l'air ;

Coupez le lard en morceaux de 4 centimètres sur 2 d'épaisseur, et le saucisson en rouelles de 1 centimètre d'épaisseur ;

Taillez les carottes en bouchons et garnissez les perdrix avec lard, saucisson et carottes ;

Préparez une sauce faite avec 25 grammes de beurre et 20 grammes de farine ;

Mettez-la sur le feu et tournez avec la cuiller pendant 3 minutes ; vous mouillerez avec 4 décilitres de jus de ménage ;

Faites réduire pendant 10 minutes ; passez à la passoire dite *chinois* ; mettez dans une saucière et servez les perdrix.

MAUVIETTES.

Retirez le gésier de 6 mauviettes : flambez-les et coupez les pattes aux joints ;

Quand elles sont flambées, épluchez-les, en ayant soin qu'il ne reste pas de plumes.

Ayez un hâtelet ou une brochette de 30 centimètres de long ;

Vous aurez préparé 6 bardes de lard de 6 centimètres de long et de 3 de large ; couvrez entièrement chaque mauviette avec chaque barde de lard, et enfoncez la brochette dans le milieu de la mauviette, en traversant la barde des deux côtés pour la maintenir ;

Évitez que les mauviettes ne se touchent ;

Vous fixez la brochette de mauviette sur la broche en l'attachant par les deux bouts ;

Faites cuire à feu très vif pendant 8 minutes ;

Servez avec le jus dessous et garnissez de cresson.

Observation. — Pour retirer le gésier, vous enfoncez la pointe d'un petit couteau sous la cuisse ; vous appuyez légèrement sur le ventre, et vous faites sortir le gésier ; vous le retirez, en ayant soin de ne pas déchirer la mauviette.

SALMIS DE MAUVIETTES POUR MÉNAGE.

Retirez les gésiers de 12 mauviettes ; flambez-les, épluchez-les ; coupez pattes et cous.

J'indique le nombre de 12 mauviettes, ce qui ne nous met guère au delà des proportions pour 4 personnes.

Mettez les mauviettes dans une casserole d'une contenance de 2 litres ;

Ayez 1 hecto de petit lard dont vous retirez la couenne ; coupez-le en morceaux de 3 centimètres de long sur 1 de large, et passez-le au beurre sans blanchir (30 grammes de beurre).

Lorsque le lard est coloré, ajoutez les mauviettes et 300 grammes de champignons, que vous aurez épluchés, lavés et émincés sans les tourner :

Faites cuire 8 minutes ; saupoudrez de 25 grammes de farine et remuer 1 minute pour bien mêler ;

Mouillez avec 4 décilitres de vin blanc, que vous aurez fait bouillir dans une petite casserole pendant 5 minutes, avec une prise de poivre et une petite pincée de sel (tenir compte de la quantité de sel que contient le lard) ;

Versez le vin dans la casserole où se trouvent les mauviettes ; tournez en même temps pour éviter les grumeaux ;

Ajoutez une cuillerée à bouche de persil haché et faites bouillir : un seul bouillon suffit ;

Goûtez pour l'assaisonnement ;

Dressez et servez.

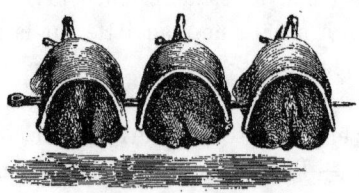

Fig. 61. Mauviettes à la broche.

Fig. 62. Pâté.

CHAPITRE XII

TERRINES ET PATÉS DE MÉNAGE

TERRINE DE DINDE.

Ayez une terrine à conserve de 16 centimètres;

Soit un dinde de 2 kilos, sans les abatis, que vous épochez, flambez, épluchez et désossez; vous réservez la carcasse qui est d'un bon emploi pour le pot-au-feu;

Enlevez la chair des cuisses en retirant les gros nerfs;

Ayez 250 grammes de rouelle de veau dont vous ôterez les nerfs avec soin, et 500 grammes de lard sans couenne ni nerfs;

Assaisonnez de 30 grammes de sel épicé; hachez le tout, pilez, en ajoutant 2 décilitres de bouillon, et mettez de côté dans un plat de terre;

Piquez les filets de dinde de lardons, de lard gras assaisonné avec une pincée de sel et une prise de poivre;

Mettez une couche de farce dans le fond de la terrine à conserve ;

Saupoudrez le dinde de deux pincées de sel épicé ;

Étalez une couche de farce de 2 centimètres d'épaisseur sur la partie de chair qui tenait aux os, de façon que la peau se trouve en dessus ;

Formez une boule que vous mettez dans la terrine ;

Couvrez d'une couche de farce de 2 centimètres, et répandez 2 pincées de sel épicé sur la farce.

Couvrez le dessus de bardes de lard très minces, et mettez sur la barde une grande feuille de laurier ;

Couvrez la terrine de son couvercle ;

Mettez dans la grande casserole de l'eau à la hauteur de 4 centimètres ;

Faites bouillir et placez la terrine dans l'eau, en couvrant avec le couvercle en tôle ; feu dessus ;

Faites mijoter 3 heures à très petit bouillon, puis assurez-vous de la cuisson avec l'aiguille à brider.

Quand la terrine sera froide, vous la couvrirez entièrement de graisse de volaille ou de saindoux.

Observation. — Les terrines, comme les pâtés, ne doivent être mangées que 24 heures au plus tôt après leur cuisson.

TERRINE D'OIE.

Pour la terrine d'oie, même procédé que pour celle de dinde (voir l'article précédent).

On fait fondre la graisse d'oie et on l'emploie pour couvrir la terrine.

TERRINE DE LIÈVRE.

Ayez une terrine de conserve de la même grandeur que celle pour dinde.

Soit un lièvre de 2 kilos à 2 kilos 500 que vous dépouillez, videz et désossez ; vous réservez le sang que vous emploierez pour la farce ;

Enlevez la chair des épaules au ras du filet et la chair de la moitié des cuisses ; retirez avec soin les nerfs et les peaux ;

Ayez 300 grammes de rouelle de veau tout épluchée dont vous retirez les peaux, les os et les nerfs, et 500 grammes de lard gras sans couenne ;

Ajoutez les chairs du lièvre que vous avez enlevées ;

Hachez le tout, que vous aurez assaisonné de 30 grammes de sel épicé ;

Pilez, et, en pilant, ajoutez le sang du lièvre et 2 décilitres de bouillon ;

Piquez la chair du lièvre de petits lardons assaisonnés ;

Coupez le lièvre en deux parties par le travers ; saupoudrez-les de 2 pincées de sel épicé, puis faites-les revenir dans le grand plat à sauter pendant 10 minutes avec 30 grammes de beurre. Cette opération a pour but de retirer l'eau qui se trouve dans l'intérieur du lièvre ;

Le lièvre revenu, formez une couche de farce, dans le fond de la terrine, d'une épaisseur de 2 centimètres, et mettez sur la farce une des parties du lièvre.

Saupoudrez avec une pincée de sel épicé ;

Mettez une couche de farce ;

Puis l'autre partie du lièvre ;

Autre couche de farce ;

Bardes de lard très minces et grande feuille de laurier ;

Faites cuire comme pour la terrine de dinde ;

Couvrez de graisse quand la terrine est entièrement refroidie.

Observation. — On peut faire par le même procédé des terrines avec lapins, perdreaux, mauviettes.

Quand on voudra conserver les terrines pendant un certain temps, on remplacera le veau par la chair de porc ; même quantité.

PATÉ DE VOLAILLE.

Ayez un moule ovale à pâté de 20 centimètres de large ;

Vous faites la pâte de la manière suivante :

750 grammes de farine, toujours gruau très pur ;

375 grammes de beurre ;

15 grammes de sel ;

Ayez sous la main 2 décilitres et demi d'eau ;

Passez la farine sur la table à travers le tamis de laiton ;

Faites au milieu de la farine un trou pouvant contenir beurre, sel et moitié de la quantité d'eau ;

Mêlez parfaitement beurre et farine ;

Ajoutez, en continuant à mêler, le reste de l'eau en trois fois : quand l'eau sera entièrement absorbée, saupoudrez la table de farine en tournant la pâte pour en faire une boule bien lisse.

Ce qui distingue une pâte bien faite, c'est qu'elle ne colle jamais ni aux mains, ni à la table, ni au rouleau.

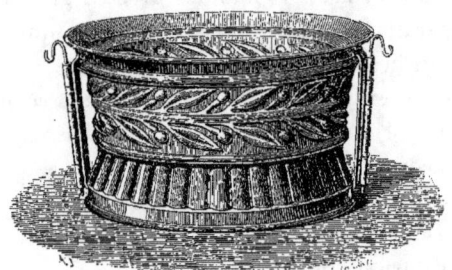

Fig. 63. Moule à pâté.

Laissez reposer une demi-heure ;

Prenez les trois quarts de la pâte et aplatissez-la en ovale de 2 centimètres d'épaisseur ; relevez les bords de cette couche de pâte à une hauteur de 5 centimètres pour former comme une bourse à quêter ;

Mettez dans le moule et pressez dans le fond pour bien garnir ; remontez la pâte sur les côtés, en faisant dépasser de 2 centimètres ;

Ayez soin que la pâte appliquée sur le moule soit partout d'une égale épaisseur : si on laissait des endroits trop minces, elle risquerait de percer en cuisant au four ;

Aplatissez le reste de la pâte, qui servira pour le couvercle du pâté ; laissez-la reposer sur la table ;

Ayez un poulet de 1 kilo 200 que vous épochez, flambez, épluchez et désossez ;

Faites une farce avec 400 grammes de rouelle de veau sans nerfs, et 400 grammes de lard sans couenne ; réservez la couenne pour être employée dans le jus ;

Assaisonnez avec 15 grammes de sel épicé ; hachez et pilez ;

Réservez la farce dans une terrine ;

Piquez la chair du poulet avec de petits lardons gras assaisonnés ;

Mettez une couche de farce sur le poulet et donnez une forme ovale de manière à remplir le moule à 4 centimètres du bord ;

Mettez une couche de farce de 2 centimètres dans le fond du pâté ;

Posez le poulet par-dessus et saupoudrez de 2 pincées de sel épicé ;

Mettez une couche de farce en laissant un rebord de 2 centimètres pour pouvoir souder le couvercle ;

Placez sur la farce une barde de lard de 2 centimètres d'épaisseur, feuille de laurier par-dessus ;

Mouillez le bord du pâté : posez le couvercle, puis soudez le corps du pâté et le couvercle ensemble, en appuyant sur les deux parties avec le pouce ;

Coupez la pâte qui dépasse ;

Pincez avec la pince à pâté un rang tout autour ;

Prenez la rognure du pâté et formez-en une boule que vous aplatirez d'un demi-centimètre ;

Coupez-la en ovale d'une grandeur de 17 centimètres pour former le second couvercle ;

Mouillez le premier couvercle et appliquez l'autre par dessus ;

Faites au milieu un trou de 3 centimètres sur 2 ;

Dorez avec de l'œuf battu ;

Faites une rayure sur le couvercle d'une profondeur de 2 millimètres ;

Mettez au four et faites cuire pendant 2 heures ; si le pâté se colorait trop, vous le couvririez avec une double feuille de papier mouillé ;

Assurez-vous de la cuisson avec l'aiguille à brider que vous enfoncez par l'ouverture du couvercle ; l'aiguille doit entrer sans résistance.

GELÉE POUR PATÉ DE VOLAILLE.

Ouvrez la carcasse du poulet et retirez gésier et foie ; coupez le cou et la carcasse en 3 morceaux ;

Mettez, dans une casserole d'une contenance de 3 litres, la couenne que vous avez réservée ; vous aurez eu le soin de bien la nettoyer ; vous la couperez en 8 morceaux ;

Ajoutez :
- 200 grammes de jarret de veau,
- 1 demi-pied de veau,
- 1 oignon piqué de deux clous de girofle,
- 1 bouquet garni,
- 2 pincées de sel,
- 2 prises de poivre,
- 1 litre et demi de bouillon ;

Faites bouillir et écumez ; laissez mijoter sur le coin du fourneau jusqu'à entière cuisson de la couenne de lard ;

Après cuisson, passez à travers le tamis de soie ;

Une demi-heure après avoir retiré le pâté du four, vous introduisez le jus par l'ouverture du couvercle ;

Bouchez l'ouverture avec un morceau de pâte.

PATÉ DE VEAU ET JAMBON.

Ayez 1 kilo de jambon dont vous retirez couenne et graisse ;

Ayez 1 kilo de rouelle de veau bien énervée ;

Réservez, pour garnir, la plus belle partie du morceau, qui doit toujours peser 6 hectos ; vous le piquerez de lardons de lard assaisonné ;

Otez les peaux, les nerfs et les os des parties qui vous restent;

Ayez une même quantité de lard gras en enlevant les nerfs et la couenne; vous réservez la couenne après l'avoir bien lavée;

Mettez 20 grammes de sel épicé dans le veau et dans le lard que vous hacherez et pilerez pour former la farce;

Faites la croûte de pâté comme il est dit au *Pâté de volaille*, page 221;

Mettez une couche de farce dans le fond du pâté;

Coupez le jambon en morceaux pour en former une couche de 8 centimètres d'épaisseur;

Ajoutez :

    Couche de farce;

    Couche de veau;

    Saupoudrez de 2 pincées de sel épicé,

    Couche de farce,

    Couche de jambon,

    Couche de farce;

Couvrez avec bardes de lard et feuille de laurier;

Finissez le pâté et faites-le cuire comme le pâté de volaille.

GELÉE POUR PATÉ DE VEAU ET JAMBON.

Coupez en 8 morceaux la couenne que vous avez réservée;

Mettez avec la couenne, dans une casserole d'une contenance de 3 litres, les parures de veau et les os;

Ajoutez un pied de veau désossé et coupé en morceaux;

Mettez dans la casserole 1 litre et demi de bouillon, 1 oignon piqué de clous de girofle et 1 bouquet garni;

Faites bouillir, écumez et ajoutez 2 pincées de sel épicé; faites mijoter pendant 2 heures sur le coin du fourneau;

Le pied de veau cuit, passez à la serviette;

Dégraissez et versez dans le pâté une demi-heure après qu'il sera sorti du four.

PATÉ DE LIÈVRE.

Dépouillez, videz un lièvre et réservez le sang ;

Coupez le lièvre en deux sur le travers ; vous gardez le devant pour civet et le derrière pour pâté ;

Désossez et piquez de petits lardons gras assaisonnés ;

Ayez 300 grammes de rouelle de veau dont vous retirerez la peau, les os et les nerfs, et 300 grammes de lard sans couenne ni nerfs ;

Assaisonnez de 20 grammes de sel épicé ; hachez, pilez et ajoutez le sang en pilant ;

Faites la croûte de pâté comme il a été dit au *Pâté de volaille* (page 221).

Garnissez de la manière suivante :

    Couche de farce,

    Lit de lièvre,

    Couche de farce,

    Lit de lièvre,

    Couche de farce,

    2 prises de sel épicé ;

Couvrez de bandes de lard et de feuille de laurier ;

Finissez et faites cuire comme pour le pâté de volaille.

GELÉE POUR PATÉ DE LIÈVRE.

Mettez dans une casserole d'une contenance de 3 litres :

    1 litre et demi de bouillon,

    Les parures de veau,

    Les os du lièvre,

    La couenne de lard,

    1 pied de veau coupé en 8 parties,

    1 bouquet garni,

    1 oignon piqué de 2 clous de girofle,

    2 pincées de sel épicé ;

Faites bouillir, écumez et faites mijoter jusqu'à entière cuisson du pied de veau; passez à travers la serviette;

Versez le jus dans le pâté par l'ouverture, comme il a été dit au *Pâté de volaille* (page 225).

Observation. — On fait les pâtés de lapins, perdreaux, etc. par les mêmes procédés.

Fig. 64. Terrine.

Fig. 65. Carpe, anguille, brochet.

CHAPITRE XIII

POISSON

I

POISSON DE MER

Nous gardons toujours notre base approximative de quatre personnes; nous établissons donc les acquisitions de poissons comme étant faites sur cette donnée.

TURBOT.

Soit un morceau de turbot de 1 kilo 500, que vous ébarbez et faites dégorger 2 heures dans l'eau froide.

Jetez l'eau et couvrez le poisson d'une couche de sel blanc de l'épaisseur de 1 centimètre :

Une heure avant de servir, faites bouillir de l'eau dans la casserole ovale (voir *Ustensiles de cuisine*, page 13);

Mettez le turbot dans l'eau bouillante et faites cuire 25 minutes à petit bouillon;

Égouttez et dressez sur le plat garni d'une serviette, le côté blanc du turbot toujours en-dessus;

Garnissez de persil et de pommes de terre cuites à l'eau;

Servez à part 4 décilitres de sauce au beurre ou de hollandaise (voir pages 93, 95).

BARBUE.

La barbue se prépare et se garnit comme le turbot, mais il faut avoir soin de la gratter pour enlever les écailles.

Elle se sert avec les mêmes sauces.

CABILLAUD.

Soit un morceau de cabillaud de 1 kilo, pris toujours dans le milieu.

Lavez-le et dégorgez-le pendant une heure;

Égouttez-le et couvrez-le de sel blanc;

Faites bouillir dans la casserole ovale remplie d'eau à moitié;

Dix minutes avant de servir, mettez dans l'eau bouillante; vous couvrez entièrement la casserole et laissez mijoter;

Au bout de dix minutes, retirez le poisson qui doit être cuit;

Égouttez-le et dressez-le sur une serviette comme pour le turbot.

Garnissez de persil et servez avec beurre fondu et citron à part.

BAR.

Soit un bar de 1 kilo, dont vous retirez les ouïes et les intestins, que vous écaillez et dont vous ficelez la tête pour qu'elle se maintienne à la cuisson :

Faites bouillir de l'eau dans la petite poissonnière avec 35 grammes de sel;

Faites cuire pendant 20 minutes; égouttez et dressez sur une serviette avec persil autour;

Ayez dans la saucière 4 décilitres de sauce au beurre;

Servez à part 4 cuillerées à bouche de câpres.

MULET A LA MAITRE-D'HOTEL.

Ayez un mulet du poids de 1 kilo, dont vous retirerez les ouïes et les intestins;

Grattez avec soin l'intérieur, en vous servant pour cette opération d'une cuiller à ragoût;

Écaillez, lavez et essuyez;

Ciselez, c'est-à-dire faites sur chaque côté du poisson des entailles de 4 centimètres de longueur sur une profondeur de 1 demi-centimètre; il faut une douzaine d'entailles de chaque côté;

Saupoudrez de 2 pincées de sel, et arrosez de 3 cuillerées à bouche d'huile;

Une demi-heure avant de servir, faites griller le mulet à feu égal et modéré, 10 minutes de chaque côté;

Mettez sur le plat; arrosez de 3 hectos de maître-d'hôtel;

Servez.

MULET A LA SAUCE HOLLANDAISE.

Le mulet se sert aussi à la sauce hollandaise.

Dans ce cas, on le fait cuire à l'eau de sel comme le *Bar* (voir page 230).

TRUITE, SAUMON, ESTURGEON, HOMARD.

Je crois devoir renvoyer, pour ces poissons, à la deuxième partie, les détails de leur cuisson m'ayant paru dépasser les données de la cuisine ordinaire; on reconnaîtra bien avec moi que ce ne sont pas précisément là des poissons *de ménage*.

SOLE AU GRATIN.

Ayez une sole pour 4 personnes, dont vous retirerez les ouïes, les intestins et la peau noire; écaillez la peau blanche; lavez et essuyez.

Faites une incision sur le côté dépouillé, de 1 demi-centimètre de profondeur de chaque côté de l'arête, sans l'entamer. On opère en inclinant le couteau de gauche à droite.

Ébarbez, puis mettez dans le plat ovale :

30 grammes de beurre,
2 décilitres de vin blanc,
2 pincées de sel,
2 prises de poivre;

Placez la sole dans le plat et faites-la cuire pendant 5 minutes en la couvrant avec 4 décilitres de sauce italienne (voir *Sauce italienne*, page 97) et en la saupoudrant d'une couche de chapelure de 1 demi-centimètre;

Couvrez le plat avec le couvercle de tôle, feu dessus et dessous modéré; que le mijotement ne soit jamais interrompu;

Un quart d'heure de cuisson, et servez dans le plat.

SOLE AU VIN BLANC.

Préparez une sole de même grosseur que pour la sole au gratin.

Faites cuire avec 35 grammes de beurre, 4 décilitres de vin blanc, 2 pincées de sel et 2 prises de poivre;

Faites cuire à feu dessus et dessous, pendant 20 minutes;

Faites une sauce dans une casserole de la contenance de 1 litre, avec 25 grammes de beurre et 25 grammes de farine;

Mêlez, puis ajoutez une pincée de sel, une prise de poivre et 3 décilitres d'eau; tournez sur le feu jusqu'au premier bouillon;

Au bout de 20 minutes de cuisson, versez la cuisson de la sole dans la sauce;

Faites bouillir; un seul bouillon suffit.

Ajoutez 30 grammes de beurre et une cuillerée de persil haché;

Remuez la sauce avec la cuiller de bois hors du fourneau, et, lorsque le beurre est entièrement fondu, arrosez la sole et servez.

SOLE AUX FINES HERBES.

Ayez une sole de même grandeur que dans les articles précédents, que vous nettoyez et préparez de même;

Mettez-la dans le plat ovale, avec :

 30 grammes de beurre,
 2 pincées de sel,
 Le jus d'un citron,
 1 décilitre d'eau;

Faites cuire à feu dessus et dessous;

Préparez la sauce comme pour la *Sole au vin blanc* (voir page 232);

Au bout de 20 minutes, mettez la cuisson de la sole dans la sauce, et ajoutez 60 grammes de beurre et 1 cuillerée de persil haché;

Faites fondre le beurre en remuant avec la cuiller hors du feu;

Arrosez le poisson, et servez.

SOLE FRITE.

Préparez, videz, nettoyez une sole comme pour la *Sole au gratin* (voir page 232); ne pas oublier d'enlever la peau noire;

Faites l'incision sur la partie dépouillée, comme il a été dit à la *Sole au gratin*;

Faites tremper le poisson dans du lait pendant 10 minutes; retirez-le et couvrez-le entièrement de farine des deux côtés;

Mettez à friture pas trop chaude, en ayant soin d'activer la friture par degrés jusqu'à ce que la sole ait pris une teinte d'un blond doré;

Égouttez, épongez légèrement, saupoudrez de sel, servez avec persil frit et citron coupé en deux.

LIMANDE AU GRATIN, AUX FINES HERBES, AU VIN BLANC, FRITE.

Vous videz, grattez et ébarbez la limande, sans ôter la peau. Elle se sert au gratin, au vin blanc, aux fines herbes et frite comme la sole.

MAQUEREAU A LA MAITRE-D'HOTEL.

Retirez les ouïes, les intestins du maquereau, ainsi qu'un boyau qui se trouve à l'intérieur dans un petit trou, à 5 centimètres de la queue;

Coupez le bout de la queue et les nageoires;

Faites une fente de 3 centimètres sur le dos, de la tête à la queue;

Assaisonnez avec 2 pincées de sel et 2 prises de poivre;

Mettez le poisson dans un plat en terre avec 2 cuillerées à bouche d'huile;

Une demi-heure avant de servir, mettez sur le gril à feu vif, 6 minutes d'un côté, 7 minutes de l'autre, et 4 sur la partie fendue;

Ayez 2 hectos de maître-d'hôtel; ouvrez la fente du poisson et mettez la maître-d'hôtel dans l'intérieur;

Servez sur plat bien chaud.

RAIE AU BEURRE NOIR.

Ayez un blanc de raie que vous ébarbez et lavez;

Faites cuire dans le plat à sauter le morceau de raie avec de l'eau qui le couvre entièrement;

Ajoutez :
    100 grammes d'oignons coupés en tranches de 1 millimètre,
    25 grammes de persil en branche,
    2 décilitres de vinaigre,
    30 grammes de sel,
    5 grammes de poivre;

Au premier bouillon, retirez du feu et achevez de faire cuire à bouillon imperceptible ;

Mettez, dans une casserole de la contenance de 1 litre, 1 demi-litre de cuisson de la raie et le foie ;

Faites cuire pendant 5 minutes ;

Égouttez la raie, enlevez la peau des deux côtés et ébarbez le bas des arêtes ; mettez-la sur le plat, et ajoutez 2 pincées de sel, 2 prises de poivre et 40 grammes de persil frit ;

Arrosez avec 6 décilitres de beurre noir (voir *Beurre noir*, page 95) ; servez.

RAIE A LA SAUCE AUX CAPRES.

Même préparation que pour la *Raie au beurre noir* (voir l'article précédent).

Quand elle est cuite et nettoyée, mettez-la sur le plat ;

Préparez 5 décilitres de sauce blanche avec 2 cuillerées à bouche de câpres ; versez sur le poisson, et servez.

MORUE AU BEURRE ET AUX POMMES DE TERRE.

Ayez un entre-deux ou une crête de morue d'à peu près un kilo, que vous commencez par bien dessaler.

Il faut 12 heures pour faire cette opération : 6 heures à l'eau tiède et 6 heures à l'eau froide ; on change l'eau 4 fois. Si au bout de ce temps la morue n'est pas assez dessalée, on jette l'eau et on met le poisson encore pendant un quart d'heure dans l'eau chaude.

Placez le morceau de morue dans une casserole d'une contenance de 4 litres, que vous emplissez d'eau ;

Mettez sur le feu, faites bouillir et retirez dès le premier bouillon ;

Égouttez, mettez sur le plat, et couvrez avec 2 hectos de beurre fondu, auquel vous ajouterez le jus d'un citron ;

Ajoutez une demi-pincée de sel, et garnissez avec 8 pommes de terre de moyenne grosseur, cuites à l'eau et épluchées ;

Servez.

MORUE A LA SAUCE A L'ŒUF.

Préparez la morue comme il a été dit à l'article précédent ;

Faites bouillir deux œufs ; vous hachez gros les blancs et les jaunes séparément ;

Mettez-les dans 5 décilitres de sauce blanche (voir *Sauce blanche*, page 90) ; égouttez la morue ;

Mêlez les œufs dans la sauce ; arrosez la morue avec la sauce, et servez.

MORUE A LA MAITRE-D'HOTEL.

Préparez la morue et faites cuire comme il vient d'être dit ;

Égouttez-la, dressez-la, et couvrez-la de 2 hectos de maître-d'hôtel fondue.

MORUE AU BEURRE NOIR.

On prépare de même, et on arrose avec 5 décilitres de beurre noir, comme pour la raie ; persil frit dessus.

MERLAN AU GRATIN.

Pour 4 personnes, on peut compter 2 merlans d'environ 500 grammes chacun.

Videz-les, ébarbez, grattez, lavez et essuyez-les, puis ciselez les deux côtés à 1 centimètre de profondeur ;

Beurrez le plat ovale avec 1 hecto de beurre ; posez les merlans dans le plat ;

Saupoudrez de 2 pincées de sel et de 2 prises de poivre ;

Ajoutez 1 décilitre de vin blanc, et le jus de 2 maniveaux de champignons (900 grammes), que vous rangerez sur les merlans, la moitié sur chacun ;

Faites fondre 30 grammes de beurre, que vous versez sur les champignons et les merlans ;

Ajoutez une cuillerée de persil haché et 2 cuillerées à bouche de chapelure ;

Faites cuire un quart d'heure feu dessus et dessous avec le couvercle de tôle ; évitez que les merlans ne s'attachent en gratinant trop ;

Après un quart d'heure de cuisson, servez.

MERLAN A LA SAUCE AUX CAPRES.

Préparez et grattez 2 merlans comme il a été dit à l'article précédent ;

Beurrez le plat comme pour le merlan au gratin ;

Fig. 66. Merlans.

Assaisonnez de 2 pincées de sel et 2 prises de poivre, et ajoutez 1 décilitre de vin blanc ;

Faites cuire feu dessus et dessous, en évitant de faire prendre couleur : un quart d'heure de cuisson doit suffire ;

Ayez 4 décilitres de sauce blanche, dans laquelle vous mêlez la cuisson des merlans avec 2 cuillerées à bouche de câpres ;

Versez sur les merlans ;

Servez.

MERLAN FRIT.

Préparez comme pour le merlan au gratin ;

Assaisonnez de 1 pincée de sel et 1 prise de poivre ;

Trempez les merlans dans 1 décilitre de lait ; roulez-les bien ensuite dans la farine ;

Faites-les frire à friture modérée d'abord pendant 4 minutes, puis à feu très vif pendant 3 minutes ;

En graduant ainsi la cuisson, vous obtenez une friture bien blonde et bien sèche.

Égouttez, et saupoudrez avec 2 pincées de sel ; servez avec persil frit et citron.

MERLAN AUX FINES HERBES ET AU VIN BLANC.

Il se prépare comme la sole aux fines herbes et au vin blanc (voir *Sole au vin blanc* et *Sole aux fines herbes*, pages 232, 233).

HARENG FRAIS SAUCE MOUTARDE.

Le hareng frais doit toujours être très plein.

Quand il est vide, il a perdu beaucoup de sa qualité.

Videz, grattez, ébarbez 4 harengs frais, que vous ciselez comme les merlans ;

Mettez-les dans un plat de terre, en ajoutant 2 cuillerées à bouche d'huile, 2 pincées de sel et 2 prises de poivre ;

Un quart d'heure avant de servir, faites-les griller à feu vif, 4 minutes de chaque côté ; une fois cuits, mettez-les sur le plat ;

Servez-les avec 5 décilitres de sauce blanche dans laquelle vous mettrez une cuillerée à bouche de moutarde ; la moutarde se met en même temps que le beurre ;

Servez la sauce à part.

HARENG FRIT.

Préparez les harengs comme il est dit ci-dessus ; trempez-les dans le lait, farinez-les et faites-les frire comme il est dit au *Merlan frit* (voir page 237) ;

Servez 2 hectos de maître-d'hôtel à part.

POISSON. 239

ÉPERLANS.

Soient 18 éperlans, pour composer 3 brochettes, que vous ébarbez, essuyez et grattez;

Embrochez-les par les yeux dans une brochette de bois ou de métal, comme il est dit aux *Rognons à la brochette* (voir page 179);

Trempez-les dans 1 décilitre de lait, couvrez-les de farine, et faites-les frire comme les merlans; ils sont cuits quand ils sont raides et d'un beau blond doré;

Égouttez-les et saupoudrez-les d'une pincée de sel;

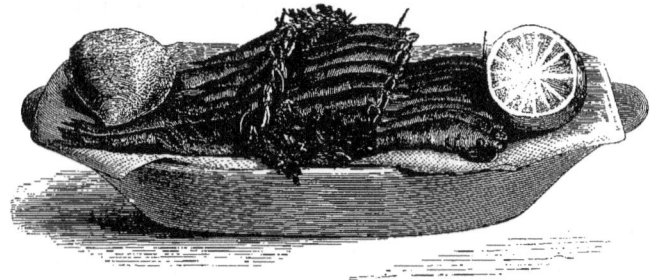

Fig. 67. Brochettes d'éperlans.

Servez avec persil frit et citron.

On peut aussi faire frire les éperlans sans brochette; dans ce cas, on les dresse en rocher avec persil frit sur le haut.

ÉPERLANS AU GRATIN.

On sert aussi les éperlans au gratin; mais il faut les choisir beaucoup plus gros que pour la friture.

On procède comme pour la *Sole au gratin* (voir page 232).

ALOSE A L'OSEILLE, A LA SAUCE AUX CAPRES ET A LA MAITRE-D'HOTEL.

Ayez une alose de 1 kilo, laitée autant que possible, que vous videz, nettoyez, lavez et ciselez comme le hareng;

Faites-la mariner pendant 1 heure avec 4 cuillerées à bouche d'huile, 4 pincées de sel et 2 prises de poivre ;

Quarante minutes avant de servir, faites griller à feu doux et égal 18 minutes de chaque côté ;

Servez sur le plat avec 1 litre de purée d'oseille ou 6 décilitres de sauce aux câpres ou de maître-d'hôtel.

CARRELET BOUILLI A LA SAUCE HOLLANDAISE, AU GRATIN ET FRIT.

Ayez un carrelet de 1 kilo, dont vous ôtez les ouïes, que vous videz, ébarbez, lavez et grattez, comme il est dit pour la sole (voir *Sole au gratin*, page 232) ;

Faites-le bouillir pendant un quart d'heure dans 3 litres d'eau salée. Vous salerez l'eau avec 40 grammes de sel. Il faut que le poisson soit entièrement couvert d'eau.

Égouttez-le et servez avec 4 décilitres de sauce hollandaise à part.

Le carrelet se sert aussi au gratin ; on procède comme pour la sole au gratin.

On le sert également frit ; on choisit de préférence les petits carrelets, que l'on fait frire comme les merlans.

Servez avec persil et citron.

ROUGET GRILLÉ A LA MAITRE-D'HOTEL.

Ayez 4 rougets, dits *barbets*, dont vous retirez les ouïes seulement ; je dois faire remarquer que le rouget ne se vide pas ;

Écaillez, ébarbez-les, passez dans l'eau en évitant de les laisser tremper ;

Essuyez-les et ciselez-les comme le merlan ;

Faites mariner avec :

    3 cuillerées à bouche d'huile,
    2 pincées de sel,
    2 prises de poivre,
    100 grammes d'oignons, coupés en lames de 1 millimètre,

25 grammes de persil en branche;

Vingt minutes avant de servir, retirez les rougets de la marinade et évitez qu'il n'y reste aucune partie d'oignon et de persil;

Faites-les griller à feu, 5 minutes de chaque côté;

Servez avec 2 hectos de maître-d'hôtel seulement ramollie.

On sert aussi les rougets au vin blanc; même procédé que pour la sole (voir *Sole au vin blanc*, page 232).

CONGRE OU ANGUILLE DE MER A LA SAUCE HOLLANDAISE OU A LA SAUCE BLANCHE.

Ayez un morceau d'anguille de mer de 1 kilo; si le morceau contient des intestins, ayez soin de les retirer;

Lavez-le, ficelez-le comme pour la viande du pot-au-feu, puis faites-le blanchir un quart d'heure à l'eau bouillante;

Retirez de l'eau, égouttez-le et mettez-le dans une casserole d'une contenance de 4 litres, que vous remplirez d'eau de manière à bien couvrir le poisson;

Ajoutez :
- 200 grammes d'oignons taillés en lames de 1 demi-centimètre,
- 20 grammes de persil en branche,
- 2 feuilles de laurier,
- 2 décilitres de vinaigre,
- 1 gousse d'ail,
- 30 grammes de sel,
- 20 grains de gros poivre;

Faites mijoter pendant une demi-heure, égouttez et servez sur un plat avec une serviette, garnissez de persil.

Sauce au beurre ou hollandaise dans une saucière à part.

BRÊME DE MER GRILLÉE A LA MAITRE-D'HOTEL.

Préparez comme les rougets;

Nettoyez, mettez sur le gril, et servez avec maître-d'hôtel à part.

16

MOULES A LA POULETTE.

Ayez 2 litres de moules; vous les choisirez moyennes autant que possible; les moyennes sont toujours les plus délicates;

Grattez parfaitement les coquilles au couteau, puis lavez jusqu'à ce qu'il ne reste plus aucune partie de sable;

Mettez 1 litre seulement de moules dans le plat à sauter;

Ajoutez:
- 100 grammes d'oignons taillés en lames de 1 centimètre,
- 20 grammes de persil en branche,
- 2 prises de poivre,
- 4 décilitres de vin blanc;

Couvrez le plat avec le couvercle;

Sautez les moules.

Observez bien le moment où elles s'ouvrent; c'est ce qui indique qu'elles sont cuites.

Quand le premier litre est cuit, vous les retirez du plat à sauter les unes après les autres, et vous laissez dans une coquille.

Vous procédez de même pour l'autre litre.

J'indique de faire cuire la quantité de moules en deux fois, pour éviter qu'elles ne soient trop entassées, ce qui les empêcherait de cuire toutes également.

On s'attachera à ne pas les faire cuire au delà du temps voulu; le trop de cuisson les racornit, et rien n'est plus fait pour leur ôter leur qualité.

Vous passerez la cuisson dans une terrine;

Faites un roux avec 30 grammes de beurre et 30 grammes de farine, et faites cuire pendant 3 minutes;

Mouillez avec la cuisson et remplissez avec l'eau pour avoir 4 décilitres de sauce;

Liez avec 2 jaunes d'œufs et 14 grammes de beurre;

Ajoutez une cuillerée de persil haché;

Passez les moules dans l'eau chaude à grande eau;

Égouttez-les, essuyez-les sur un linge, et mettez-les dans la sauce; servez-les avec les coquilles.

MOULES A LA MARINIÈRE.

Préparez les moules à la marinière comme les moules à la poulette : la cuisson se fait de même, seulement vous ajouterez 6 décilitres de vin blanc au lieu de 4.

Les moules cuites, passez la cuisson à travers la passoire dite *chinois* ;

Faites bouillir et ajoutez 60 grammes de beurre et 1 cuillerée à bouche de persil ;

Retirez du feu ;

Remuez le beurre pour qu'il fonde :

Mettez les moules bien égouttées sur le plat dans les coquilles comme les moules à la poulette ;

Arrosez avec la sauce, et servez.

Observation. — Les moules à la marinière se servent aussi avec de l'échalote hachée (15 grammes) ; mais, l'échalote n'étant pas du goût de tout le monde, on ne la mettra que si elle est spécialement ordonnée.

II

POISSON D'EAU DOUCE

COURT-BOUILLON.

Le court-bouillon s'emploie pour les poissons qui n'ont pas un goût très prononcé par eux-mêmes et demandent à être relevés par l'assaisonnement.

On se sert de court-bouillon pour les poissons de rivière et aussi pour certains poissons de mer, tels que bar, anguille de mer, mulet.

Mettez dans une casserole d'une contenance de 4 litres :

    100 grammes de carottes,

100 grammes d'oignons,
30 grammes de persil en branche,
5 grammes de thym et laurier,
30 grammes de sel,
20 grains de gros poivre,

Faites revenir 10 minutes à feu ordinaire ;

Ajoutez 2 litres d'eau et 2 décilitres de vinaigre, et faites mijoter 1 heure sur le coin du fourneau ;

Passez dans une terrine, et réservez pour vous en servir.

Le court-bouillon peut se garder pendant longtemps, pourvu qu'on ait soin de le faire bouillir tous les quatre jours, en ajoutant chaque fois 4 décilitres d'eau.

BROCHET SAUCE AUX CAPRES.

Soit un brochet de 1 kilo 500 que vous laissez se mortifier pendant deux jours pour l'attendrir ;

Videz-le, ébarbez-le et ficelez la tête ;

Faites-le cuire dans le court-bouillon à feu très doux pendant 10 minutes ; que le court-bouillon ne fasse que frémir.

Si vous pouvez, faites cuire le brochet la veille ou l'avant-veille, il ne pourra que gagner en qualité ; dans tous les cas, faites-le cuire toujours au plus tard le matin.

Il n'y a pas de comparaison à faire comme goût entre un brochet ayant séjourné 48 heures dans le court-bouillon et celui qui n'y serait resté qu'une heure ou deux.

Assurez-vous que la poissonnière est toujours bien étamée ;

Lorsque vous voulez servir le brochet, retirez-le et mettez la cuisson dans une terrine à part ;

Nettoyez bien la poissonnière pour y remettre poisson et cuisson ; faites chauffer pendant 20 minutes.

Ces précautions sont très utiles ; on évitera ainsi les dangers qui pourraient résulter d'un mauvais étamage.

Dressez le brochet sur un plat garni d'une serviette ; mettez un cordon de persil de chaque côté ;

Servez à part, dans une saucière, 5 décilitres de sauce blanche, avec 2 cuillerées à bouche de câpres.

Observation. — Le brochet se sert aussi froid avec mayonnaise ou avec huile et vinaigre.

CARPE FRITE.

Ayez une carpe de 6 à 7 hectos, bien dorée comme le brochet, dont vous retirez les ouïes et que vous écaillez ;

Fendez la carpe de la tête à la queue et ouvrez-la par le dos, sans détacher les deux parties ; retirez la laite que vous réservez dans un plat ; ôtez la vessie et le foie ;

Trempez la laite et la carpe dans le lait pendant 5 minutes ; puis saupoudrez-les d'une pincée de sel et roulez-les bien dans la farine ;

Faites frire la carpe de 8 à 10 minutes jusqu'à ce qu'elle soit bien ferme et d'une belle couleur blonde :

Servez avec persil frit et citron ; mettez la laite frite sur le milieu.

ANGUILLE A LA TARTARE.

Ayez une anguille du poids de 700 grammes dont vous retirez la première peau ;

Videz les intestins : cette opération se fait en pratiquant une légère incision sur le ventre à 6 centimètres de la tête ;

Ensuite vous échaudez l'anguille afin de retirer la deuxième peau, qui est huileuse et qui rend souvent ce poisson difficile à digérer.

Pour échauder l'anguille, faites bouillir de l'eau dans une casserole d'une contenance de 4 litres ; lorsque l'eau bout, retirez la casserole du feu, plongez-y l'anguille et couvrez la casserole de son couvercle ;

Laissez l'anguille dans l'eau pendant 3 minutes ; retirez-la de l'eau, et vous enlèverez facilement cette deuxième peau avec le torchon.

S'il y avait certaines parties que l'on ne pût enlever la première fois, il faudrait remettre le poisson dans l'eau bouillante pour achever l'opération.

L'anguille étant ainsi dépouillée, vous coupez à vif avec un couteau les barbes qui sont sur le dos et celles qui sont sur le ventre ;

Coupez l'anguille en tronçons de 8 centimètres de long, que vous faites cuire au court-bouillon, dans le plat à sauter, pendant 20 minutes à très petit bouillon ;

Ayez soin que les morceaux ne soient point trop serrés les uns contre les autres.

Lorsque l'anguille est cuite, laissez-la refroidir pendant 20 minutes ; puis égouttez-la et épongez-la légèrement dans un linge blanc ;

Battez 2 œufs dans une terrine, et ajoutez 1 cuillerée à bouche d'huile et 1 cuillerée à bouche d'eau.

Agitez pendant quelques minutes comme pour l'omelette, puis trempez les morceaux d'anguille dans l'œuf battu ;

Passez-les à la mie de pain et faites-les frire à friture chaude, jusqu'à ce qu'ils soient d'une belle teinte dorée ;

Dressez-les sur un plat garni d'une serviette ;

Servez dans une saucière à part 5 décilitres de sauce tartare (voir *Sauce tartare*, page 102).

Garnissez de persil frit.

MATELOTE DE CARPE ET D'ANGUILLE.

Ayez une carpe et une anguille de 6 à 700 grammes chaque ;

Videz et écaillez la carpe et préparez l'anguille comme il est dit à l'*Anguille à la tartare* (page 245).

Taillez carpe et anguille en morceaux de 4 centimètres ;

Mettez, dans une casserole d'une contenance de 3 litres, 60 grammes de beurre et 20 petits oignons blanchis et épluchés ;

Faites revenir les oignons pour qu'ils prennent couleur, et, lorsqu'ils sont colorés, ajoutez 40 grammes de farine ;

Remuez pendant 5 minutes ;

Ajoutez :

1 litre de vin rouge,
2 pincées de sel,
2 prises de poivre,
1 bouquet garni double,
1 forte gousse d'ail épluchée ;

Faites mijoter 20 minutes, la casserole entièrement couverte ;

Mettez les tronçons d'anguille et faites cuire pendant un quart d'heure ;

Mettez les morceaux de carpe sur l'anguille ;

Ajoutez 1 demi-décilitre d'eau-de-vie, et faites mijoter pendant 10 minutes ;

Goûtez pour l'assaisonnement, qui doit être relevé ;

Retirez ail et bouquet ; dressez en rocher, et couvrez avec oignons et sauce.

Observation. — Cette manière de faire la matelote nous paraît à la fois la meilleure et la plus simple. Elle est de beaucoup préférable aux matelotes dites *marinières*, dans lesquelles le vin insuffisamment cuit produit presque toujours un goût d'aigre.

BARBILLON GRILLÉ A LA MAITRE-D'HOTEL.

Ayez 2 barbillons de 500 grammes chacun, que vous videz, écaillez et essuyez avec soin ;

Ciselez-les, comme il a été dit aux *Merlans au gratin* (page 236) ;

Mettez-les dans un plat de terre, et ajoutez 4 cuillerées à bouche d'huile, 3 pincées de sel et 3 prises de poivre ;

Une demi-heure avant de servir, faites-les griller à feu modéré 8 minutes de chaque côté ;

Mettez-les sur le plat et couvrez-les avec 2 hectos de maître-d'hôtel fondue (voir *Maître-d'hôtel*, page 94) ;

Servez.

Observation. — Le barbillon se sert aussi en matelote. On procède comme pour la matelote de carpe et d'anguille.

TANCHE A LA POULETTE.

Ayez 700 grammes de tanches dont vous retirez les ouïes et les intestins ;

Mettez les tanches dans l'eau bouillante pendant 4 minutes pour enlever la peau ; essuyez-les et coupez-les en tronçons de 4 centimètres ;

Mettez dans une casserole d'une contenance de 3 litres 60 grammes de beurre et 40 grammes de farine ;

Faites un roux pendant 3 minutes ;

Ajoutez 1 litre de vin blanc ;

Faites cuire pendant 10 minutes en remuant avec la cuiller de bois ;

Mettez les morceaux de tanche dans la casserole, et ajoutez 1 bouquet assaisonné, 1 grosse gousse d'ail, 3 pincées de sel et 3 prises de poivre ;

Faites mijoter 15 minutes ;

Liez avec 3 jaunes d'œufs et 15 grammes de beurre (voir aux *Liaisons*, page 89) ;

Retirez ail et bouquet ;

Goûtez pour l'assaisonnement, et ajoutez une cuillerée de persil haché ;

Dressez en rocher, la sauce dessus, et servez.

PERCHE AU VIN BLANC.

Ayez trois perches de grosseur ordinaire, que vous nettoyez, videz et mettez dans le plat à sauter ;

Couvrez-les avec 1 litre de vin blanc ; serrez-les bien dans le plat pour que le vin puisse les couvrir parfaitement ;

Ajoutez :

    2 pincées de sel,

    2 prises de poivre,

    1 oignon coupé en lames de 1 demi-centimètre,

    1 bouquet garni,

Une gousse d'ail non épluchée ;
Faites mijoter pendant un quart d'heure.
Assurez-vous de la cuisson du poisson : s'il est cuit, il doit fléchir légèrement sous le doigt ;
Égouttez-le sur un plat de terre, et faites un roux avec 30 grammes de farine et 30 grammes de beurre.
Passez la cuisson à travers la passoire dite *chinois* ;
Mouillez le roux avec la cuisson et faites réduire pendant 20 minutes ;
Enlevez la peau des perches en ménageant les nageoires, puis dressez-les sur le plat à côté les unes des autres ;
Ajoutez dans la sauce une demi-cuillerée de persil haché et 15 grammes de beurre ;
Agitez pour former la liaison ;
Versez la sauce sur le poisson, et remettez les nageoires à leur place en évitant que la graisse ne les couvre.

GOUJONS FRITS.

Ayez 24 goujons vivants, comme, du reste, tous les poissons de rivière sans exception aucune ;
Faites une incision sur le ventre de chaque goujon, à 1 centimètre et demi de la tête ;
Pressez légèrement sur le ventre pour faire remonter les intestins jusqu'à la fente ; enlevez-les par par cette fente ;
Coupez les nageoires avec les ciseaux ;
Essuyez chaque goujon ; trempez-le dans le lait, puis enduisez-le bien de farine, et faites cuire jusqu'à ce que les goujons soient raides et d'un blond doré ;
Servez avec persil frit.

ÉCREVISSES.

Soient 25 écrevisses ordinaires.
Il y a deux sortes d'écrevisses : le *pied rouge* et le *pied blanc*. On doit toujours préférer le *pied rouge* ; la patte est rouge en

250 LE LIVRE DE CUISINE. — PREMIÈRE PARTIE.

dessous ; c'est à ce signe qu'on le reconnaît. Le *pied blanc*, au contraire, a le dessous de la patte jaunâtre.

Lavez parfaitement les écrevisses, et mettez-les dans une casserole d'une contenance de 3 litres ;

Ajoutez :

 1 oignon coupé en tranches de 1 centimètre,
 25 grammes de persil en branche,

Fig. 68. Buisson d'écrevisses.

 2 pincées de sel,
 4 prises de poivre,
 1 décilitre de vin blanc ;

Mettez les écrevisses à grand feu en couvrant entièrement la casserole, sautez-les trois fois pendant le temps de cuisson, qui doit être de 10 minutes. Elles sont cuites quand elles sont parfaitement rouges.

Au moment de servir, retirez oignon et persil ;

Dressez les écrevisses en buisson sur un plat garni d'une serviette, disposez un bouquet de persil au sommet, et servez.

POISSON.

SARDINES FRAICHES.

Les sardines fraîches se font cuire sur le gril, 2 minutes de chaque côté.

On les sert sur le plat avec beurre fondu, en évitant qu'elles ne baignent dans le beurre.

HARENGS SAURS.

Choisissez des harengs saurs qui ne soient point trop vieux, car, dans ce cas, on serait exposé à les avoir beaucoup trop salés ;

Fig. 69. Gradins pour buisson d'écrevisses.

Retirez la tête et la peau entièrement, séparez-les en deux parties égales ;

Enlevez l'arête du milieu et les petites arêtes.

Vous devez former, avec les harengs ordinaires, 2 filets d'environ 10 centimètres de long sur 3 de large ; coupez ces filets de 1 centimètre de large sur toute la longueur ;

Mettez-les dans un bateau et couvrez-les d'huile d'olive ;

Servez.

On prépare aussi les harengs saurs en les coupant en deux parties sans les détacher l'une de l'autre ; on retire la tête et la queue et on laisse les arêtes ;

On les met sur le gril 2 minutes de chaque côté à feu vif, et on les sert sur le plat avec beurre frais à part.

COLIMAÇONS.

Ayez 24 beaux colimaçons de Bourgogne ;

Mettez-les dans une casserole d'une contenance de 3 litres, avec 2 litres d'eau et 5 grammes de potasse ;

Faites blanchir jusqu'à ce que les colimaçons puissent s'ôter facilement de la coquille ;

Faites-les dégorger 6 heures en changeant d'eau toutes les heures et en les frottant légèrement entre les doigts pour ôter toute la matière gluante.

Nettoyez les coquilles, et faites-les sécher à l'étuve ou sur le four de campagne à feu doux ;

Égouttez les colimaçons, essuyez-les avec un linge blanc, et mettez dans chaque coquille gros comme une petite noisette de maître-d'hôtel dans laquelle vous ajouterez une pointe d'ail écrasé ;

Placez chaque colimaçon dans une des coquilles et pressez pour qu'il entre bien jusqu'au fond ;

Garnissez de maître-d'hôtel l'ouverture de chaque coquille ;

Au moment de servir, faites chauffer 10 minutes au four ou dans le plat à sauter, feu dessus et dessous ;

Servez.

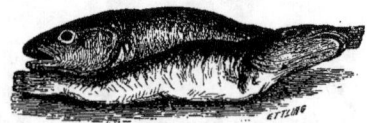

Fig. 70. Merlans.

Fig. 71. Légumes.

CHAPITRE XIV

LÉGUMES

Règle générale : tous les légumes que l'on fait cuire à l'eau doivent être lavés préalablement.

ASPERGES A LA SAUCE BLANCHE.

La saison des asperges est avril et mai.

Il faut choisir celles qui ont la tête bien violette et la queue très blanche.

Coupez le petit bout de la tête de 1 millimètre ; épluchez-les bien, et ratissez-les en glissant le tranchant du couteau de cuisine couché sur le long de l'asperge.

Vous les attachez par bottes de 8 à 10, et les mettez cuire dans le chaudron pendant 10 minutes à grande eau bouillante et salée.

On sale l'eau à raison de 5 grammes par litre pour une quantité d'asperges destinée à environ 4 personnes.

Retirez-les du chaudron une fois cuites, et plongez-les dans l'eau froide;

Vous les ôtez de l'eau aussitôt; vous les égouttez avec soin et les dressez sur un plat garni d'une serviette, en rangeant les têtes bien également;

Servez une sauce hollandaise ou une sauce au beurre dans la saucière à part.

Observations. — Dès que l'asperge est cuite, ce dont on s'assure en la pressant légèrement entre les doigts et en constatant qu'elle commence à fléchir, on doit la retirer aussitôt pour éviter qu'elle ne pompe l'eau et devienne molle comme une éponge, ce que produit infailliblement le trop de cuisson, non pas seulement pour l'asperge, mais généralement pour tous les légumes que l'on fait cuire au delà du temps voulu.

ASPERGES A L'HUILE.

Pour servir l'asperge à l'huile, ayez le soin de bien la laisser refroidir. On la sert comme l'asperge à la sauce blanche, huile et vinaigre à part.

ASPERGES EN PETITS POIS.

Ayez une botte d'asperges vertes. On compte, pour 4 personnes, environ 800 grammes d'asperges en petits pois toutes coupées.

Effeuillez-les; coupez le bout des têtes, puis chaque asperge en morceaux d'une longueur de 8 millimètres environ;

On aura soin de fendre en deux celles qui se trouveraient trop grosses;

Faites-les blanchir à l'eau de sel (5 grammes de sel par litre) dans la grande casserole jusqu'à cuisson;

Assurez-vous de la cuisson;

Pour que l'asperge en petits pois soit cuite, il faut qu'elle s'écrase sous le doigt sans résistance;

LÉGUMES.

Ajoutez :
  1 pincée de sel,
  2 décilitres de sauce blanche,
  4 grammes de sucre en poudre ;
Liez avec :
  2 jaunes d'œufs,
  20 grammes de beurre,
  1 demi-décilitre de crème ;
Remuez jusqu'à ce que le beurre soit fondu, en agitant la casserole pour bien mêler ;
Servez.

ARTICHAUTS A LA SAUCE BLANCHE ET A L'HUILE.

Ayez 4 artichauts moyens ; choisissez-les de façon qu'ils ne soient ni durs ni filandreux.

La saison des artichauts est de mai à octobre.

Coupez les feuilles du haut de 2 centimètres ;

Enlevez en bas 2 rangées de feuilles, et coupez 1 centimètre du fond en tournant comme pour les champignons tournés (voir *Champignons tournés*, page 70) ;

Lavez-les et faites-les cuire à l'eau de sel (5 grammes de sel pour 1 litre d'eau) ;

Pour vous assurer de la cuisson, faites entrer l'aiguille à brider dans le fond : elle doit enfoncer sans résistance ;

Égouttez-les bien, retirez le foin, et servez 4 décilitres de sauce blanche à part.

Les artichauts se mangent aussi à l'huile et au vinaigre ; on les fait cuire comme il vient d'être dit, et on les laisse bien refroidir comme pour l'asperge à l'huile.

ARTICHAUTS A LA BARIGOULE.

Faites blanchir 4 artichauts moyens, que vous faites rafraîchir et dont vous retirez le foin ;

Pressez-les légèrement pour éponger l'eau, puis assaisonnez-les avec 1 pincée de sel et 1 prise de poivre;

Faites frire le bout des feuilles de l'artichaut dans la poêle, où vous aurez mis 6 cuillerées d'huile;

Préparez 1 décilitre de fines herbes *pour sauce* (voir *Fines herbes pour garnitures et sauces*, page 72);

Râpez 1 hecto de lard que vous mettrez dans une casserole de la contenance de 1 litre, en ajoutant 5 grammes de farine mêlée avec 5 grammes de beurre, 1 décilitre de bouillon et les fines herbes;

Mettez sur le feu pendant 5 minutes, en tournant avec la cuiller de bois;

Placez dans chaque artichaut le quart de la farce que vous venez de faire;

Mettez une petite barde de lard de 4 centimètres sur chacun des artichauts;

Ficelez-les pour qu'ils ne se déforment pas; rangez-les dans le plat à sauter, et ajoutez 2 décilitres de bouillon;

Faites-les cuire 20 minutes feu dessus et dessous;

Assurez-vous de la cuisson, et servez.

ARTICHAUTS FRITS.

Soient 2 artichauts moyens; choisissez-les bien tendres;

Coupez les feuilles du haut;

Enlevez celles du bas, et tournez le fond comme il est dit aux *Artichauts à la sauce* (page 255);

Coupez-les en morceaux de 1 centimètre, retirez le foin, et mettez-les dans une terrine contenant 2 litres d'eau et 1 demi-décilitre de vinaigre pour empêcher qu'ils ne noircissent;

Jetez l'eau et assaisonnez de 1 pincée de sel et 1 prise de poivre;

Cassez 3 œufs sur les artichauts, puis ajoutez 3 cuillerées à bouche d'huile et 80 grammes de farine;

Mêlez bien avec la main de manière que chaque morceau d'artichaut se trouve couvert d'une couche de pâte de l'épaisseur de 3 millimètres.

Si la pâte était trop molle, c'est-à-dire si elle ne tenait pas suffisamment sur l'artichaut, vous ajouteriez un peu de farine. Si, au contraire, elle était trop ferme, vous sèmeriez un peu d'eau, en ayant soin de bien mêler.

Lorsque les artichauts sont ainsi préparés, ayez de la friture que vous essayerez avec la mie de pain, comme il est dit à l'article *Friture* (page 110), et qui ne fasse que grésiller très doucement.

Il ne faut pas que la friture soit trop chaude ; on y met l'artichaut cru, et il ne doit pas prendre couleur avant d'être cuit.

Lorsque les artichauts sont frits, égouttez-les, salez-les et dressez-les en rocher :

Garnissez de persil frit, et servez.

PETITS POIS A LA FRANÇAISE.

Soit 1 litre de pois fins et toujours fraîchement écossés ;

Mettez-les dans une casserole d'une contenance de 2 litres ; lavez et égouttez ;

Ajoutez :
   100 grammes de beurre,
     1 décilitre d'eau,
    50 grammes d'oignons blancs,
     1 pincée de sel,
    25 grammes de sucre.

Quelques personnes ajoutent du persil : nous le proscrivons absolument. Il ne sert, suivant nous, qu'à dénaturer le goût des pois, qu'on ne saurait trop conserver dans toute sa pureté.

Mettez-les à feu modéré pendant 30 minutes, la casserole bien couverte ;

Quand ils sont cuits, ajoutez-y 100 grammes de beurre manié avec 20 grammes de farine, puis retirez-les du feu ;

Agitez la casserole en tournant pour bien mêler ; s'ils sont trop liés, mettez un quart de décilitre d'eau froide ;

Goûtez ; s'ils ne sont pas suffisamment sucrés, ajoutez 5 grammes de sucre.

Lorsqu'on emploie les pois de conserve, on les lave à l'eau bouillante, on les égoutte, on les assaisonne comme les pois frais.

POIS A L'ANGLAISE.

Mettez dans une casserole, de la contenance de 3 litres, 2 litres d'eau et 10 grammes de sel ; faites bouillir et jetez dans l'eau 1 litre de pois choisis comme il vient d'être dit à l'article précédent ;

Laissez sur le feu jusqu'à entière cuisson des pois, ce dont vous vous assurerez en les pressant entre les doigts et en voyant s'ils s'écrasent facilement ;

Égouttez-les, versez-les dans le plat, et mettez dessus un morceau de beurre de 100 grammes.

POIS AU LARD.

Ayez 1 hecto de petit lard de poitrine, dont vous enlevez la couenne et que vous coupez en morceaux de 3 centimètres et demi sur 1 centimètre ;

Faites-le blanchir 5 minutes à l'eau bouillante, égouttez-le, puis mettez dans une casserole d'une contenance de 2 litres, avec 30 grammes de beurre ;

Faites revenir pendant 5 minutes, et ajoutez 15 grammes de farine ;

Remuez le lard et la farine avec la cuiller en laissant sur le feu 4 minutes, puis mettez 1 litre de pois avec un oignon blanc, en ajoutant 4 décilitres d'eau ;

Faites mijoter une demi-heure à casserole couverte ;

Goûtez pour voir si les pois sont assez salés ;

Retirez l'oignon, dégraissez et servez.

HARICOTS BLANCS A LA MAITRE-D'HOTEL.

La saison des haricots blancs est du 1ᵉʳ juillet au 15 octobre.

Ayez 1 litre de haricots frais écossés;

Mettez 3 litres d'eau dans une casserole de la contenance de 4 litres, et ajoutez 3 pincées de sel;

Lorsque l'eau bout, mettez les haricots dans la casserole et faites-les mijoter jusqu'à entière cuisson;

On s'assure de leur cuisson en les pressant entre les doigts et en voyant s'ils n'offrent point de résistance;

Égouttez-les et mettez dans une assiette à part 30 grammes de beurre et 10 grammes de farine que vous mêlez bien pour faire une pâte;

Coupez la pâte en 6 ou 8 morceaux, mettez-la dans les haricots et ajoutez :

1 demi-décilitre de la cuisson,
1 cuillerée à bouche de persil haché,
2 pincées de sel,
1 prise de poivre,
1 cuillerée à café de jus de citron;

Agitez fortement pour mêler;

Lorsque la liaison est bien faite, servez.

HARICOTS FLAGEOLETS.

La saison des haricots flageolets est du 1er juillet au 15 octobre.

Ayez-les toujours dans leur fraîcheur et d'un beau vert.

On les cuit et on les assaisonne de même que les *Haricots blancs à la maître-d'hôtel* (voir l'article précédent).

Servez un citron à part.

Les flageolets de conserve se lavent dans l'eau bouillante; on les égoutte et on les assaisonne de même que les frais.

HARICOTS DE SOISSONS.

Mettez 1 litre de haricots blancs secs, dits de *Soissons*, dans 3 litres d'eau avec 10 grammes de sel après les avoir lavés;

Faites-les bouillir, et au premier bouillon mettez sur le coin du fourneau en couvrant la casserole; laissez-les mijoter jusqu'à entière cuisson, ce dont on s'assure en constatant que le haricot s'écrase facilement sous le doigt;

Égouttez-les;

Remettez-les dans la casserole;

Ajoutez :

    125 grammes de beurre,

        1 cuillerée à bouche de persil haché,

        2 pincées de sel,

        1 demi-décilitre de bouillon de haricots;

Agitez la casserole en tournant;

Lorsque le beurre est fondu, servez.

Les haricots se servent aussi en salade, après qu'on les a laissés bien refroidir.

HARICOTS ROUGES.

Ayez 1 litre de haricots rouges; faites-les cuire comme les *Haricots de Soissons* (voir l'article précédent).

Ayez 2 hectos de petit lard, dont vous retirez la couenne, et que vous coupez en morceaux de 2 centimètres et demi sur 1;

Faites-le blanchir 5 minutes, égouttez-le, mettez-le dans une casserole d'une contenance de 2 litres, et faites-le revenir jusqu'à ce qu'il soit blond;

Ajoutez 15 grammes de farine, et remuez 3 minutes sur le feu avec la cuiller de bois;

Mettez :

    3 décilitres de vin rouge,

    2 décilitres d'eau,

    2 prises de poivre;

Faites mijoter pendant 25 minutes; égouttez les haricots et mettez-les dans la casserole;

Ajoutez 30 grammes de beurre, et agitez la casserole jusqu'à ce que le beurre soit fondu;

Servez.

HARICOTS VERTS A LA POULETTE.

Ayez 500 grammes de haricots verts, épluchés et lavés; on les épluche en enlevant un demi-centimètre de chaque bout;

Faites bouillir 3 litres d'eau dans une casserole d'une contenance de 4 litres;

Ajoutez 10 grammes de sel et mettez les haricots dans l'eau bouillante jusqu'à entière cuisson, ce dont vous vous assurerez en les pressant entre les doigts : ils doivent être flexibles sans toutefois s'écraser;

Égouttez-les;

Mettez dans une casserole d'une contenance de 2 litres 30 grammes de beurre et 15 grammes de farine;

Remuez avec la cuiller pendant 3 minutes;

Ajoutez 3 décilitres d'eau et 1 pincée de sel;

Tournez sur le feu pendant 10 minutes;

Liez avec 2 jaunes d'œufs et 15 grammes de beurre (voir *Liaison au beurre*, page 89);

Mettez les haricots dans la casserole avec une demi-cuillerée à bouche de persil haché;

Mêlez-les à la sauce, en ayant soin qu'ils ne se brisent pas;

Servez.

Observation. — On obtiendra toujours les haricots verts de la teinte verte que l'on recherche avec raison, en ne les salant que d'après les proportions que nous venons d'indiquer. Il faut avoir soin, en outre, de les faire cuire toujours à grande eau, à grand feu, la casserole non couverte.

HARICOTS VERTS SAUTÉS AU BEURRE.

Ayez 500 grammes de haricots verts, que vous faites cuire comme il est dit à l'article précédent;

Mettez dans la poêle à sauter 50 grammes de beurre;

Faites fondre le beurre, puis ajoutez les haricots;

Faites-les sauter pendant 8 minutes à feu vif;

Ajoutez 1 petite pincée de sel, 1 demi-cuillerée à bouche de persil haché, et une cuillerée à café de jus de citron;

Mêlez parfaitement, et servez.

HARICOTS VERTS A L'ANGLAISE.

Préparez 500 grammes de haricots verts, comme il est dit aux *Haricots verts à la poulette* (voir page 260);

Égouttez-les, saupoudrez-les de sel et mettez-les sur le plat.

Vous placerez dessus un morceau de beurre de 100 grammes.

LENTILLES A LA MAITRE-D'HOTEL.

Faites cuire les lentilles comme il a été dit aux garnitures (voir *Lentilles*, page 81);

Pour 1 litre, ayez 2 hectos de maître-d'hôtel, que vous faites fondre dans les lentilles en y ajoutant 1 demi-décilitre de cuisson;

Servez.

POMMES DE TERRE AU LAIT.

Lavez et faites cuire 1 kilo de pommes de terre de Hollande dans 2 litres d'eau avec 1 pincée de sel; il faut qu'elles cuisent à très petit feu pour qu'elles ne fondent pas.

Lorsqu'elles sont cuites, égouttez-les, épluchez-les et coupez-les en ronds d'une épaisseur de 8 millimètres;

Mettez-les dans une casserole d'une contenance de 2 litres, en ajoutant 5 décilitres de lait;

Faites-les mijoter pendant 10 minutes, puis ajoutez 40 grammes de beurre coupé en 6 morceaux, avec 1 pincée de sel;

Remuez les pommes de terre jusqu'à ce que le beurre soit bien fondu;

Servez.

POMMES DE TERRE A LA MAITRE-D'HOTEL.

Faites cuire les pommes de terre et coupez-les comme il est dit à l'article précédent;

Mettez-les dans la casserole avec 2 hectos de maître-d'hôtel 2 décilitres de bouillon;

Mêlez parfaitement, et servez.

Les jours maigres, on remplace le bouillon par de l'eau.

CHOUX-FLEURS A LA SAUCE BLANCHE.

Épluchez, lavez et faites cuire les chous-fleurs comme il est dit aux *Garnitures* (voir *Choux-Fleurs*, page 81);

Égouttez-les, dressez-les, et saucez-les avec 4 décilitres de sauce blanche (voir *Sauce blanche*, page 90).

CHOUX-FLEURS AU GRATIN.

Préparez et faites cuire les choux-fleurs comme il est dit aux *Garnitures* (voir *Choux-Fleurs*, page 81).

Faites la sauce de la manière suivante :

Mettez, dans une casserole de la contenance de deux litres, 30 grammes de beurre et 25 grammes de farine ;

Mettez sur le feu deux minutes pour faire roux ;

Ajoutez 7 décilitres d'eau, 2 pincées de sel et 3 prises de poivre ;

Mettez sur le feu et faites bouillir 10 minutes en tournant avec la cuiller de bois ;

Ajoutez 30 grammes de fromage de Parmesan râpé et 30 grammes de fromage de Gruyère râpé ;

Faites encore réduire 5 minutes ;

Égouttez les choux-fleurs, séparez-les en deux, et faites avec la moitié une couche de 4 centimètres dans la casserole à légumes ;

Mettez par-dessus une couche de sauce ;

Disposez le reste des choux-fleurs en forme de dôme ;

Couvrez le tout avec le reste de la sauce ;

Saupoudrez de 25 grammes de parmesan râpé, et semez sur le dôme une cuillerée à bouche de chapelure ;

Arrosez avec 20 grammes de beurre fondu ;

Mettez sous le four de campagne, et entretenez un feu assez soutenu pour que les choux-fleurs aient pris couleur en 20 minutes ; lorsqu'ils sont suffisamment colorés, servez.

On doit préparer les choux-fleurs au gratin dans des casseroles de porcelaine ou de grès allant au feu, et que l'on puisse servir sur la table.

CHOUX DE BRUXELLES SAUTÉS AU BEURRE.

Faites cuire 500 grammes de choux de Bruxelles comme il est dit aux garnitures (voir *Garnitures*, p. 83);

Égouttez-les;

Faites fondre dans la poêle à sauter 40 grammes de beurre;

Ajoutez les choux de Bruxelles, qui ne doivent plus contenir la moindre partie d'eau;

Saupoudrez-les de 4 grammes de sel, et faites-les sauter à feu vif pendant 8 minutes;

Ajoutez une cuillerée à bouche de persil haché;

Servez.

CHAMPIGNONS FARCIS.

Ayez 12 champignons de 4 centimètres, d'égale grosseur;

Enlevez avec le couteau la terre qui se trouve en bout de la queue, puis lavez-les et égouttez-les sur un linge;

Arrachez les queues et hachez-les;

Mettez dans une casserole, de la contenance de 1 litre, 30 grammes de beurre et 15 grammes de farine;

Tournez sur le feu deux minutes; ajoutez 4 décilitres de bouillon, et faites réduire de la moitié en tournant toujours avec la cuiller de bois;

Pressez bien les queues dans un torchon pour en faire sortir l'eau;

Mettez dans la sauce:

    3 cuillerées à bouche de persil haché et lavé,

    1 cuillerée à bouche d'échalote hachée et lavée,

    2 petites pincées de sel,

    1 prise de poivre;

Faites réduire 8 minutes à feu vif;

Mettez 2 cuillerées d'huile dans le petit plat à sauter;

LÉGUMES.

Rangez les champignons, le creux en dessus ;

Garnissez-les avec la farce que vous aurez faite, à 1 centimètre au-dessus du rebord ;

Saupoudrez les champignons d'une cuillerée à bouche de chapelure également divisée sur tous ;

Mettez le plat à sauter sur un feu très doux, après l'avoir couvert du couvercle de tôle avec feu dessus ;

Faites cuire pendant 10 minutes, et servez.

CHAMPIGNONS A LA POULETTE.

Préparez et tournez 3 maniveaux de champignons comme il est dit aux *Garnitures* (page 70) ;

Délayez 15 grammes de farine avec un décilitre d'eau ;

Passez à travers la passoire dite *chinois* l'eau et la farine, que vous faites tomber sur les champignons en remuant avec la cuiller de bois pour éviter les grumeaux ;

Liez avec 2 jaunes d'œufs et 15 grammes de beurre (voir *Liaison à l'œuf*, page 89) ;

Servez.

TOMATES FARCIES.

Ayez 6 tomates de 6 centimètres, d'égale grosseur ;

Plongez-les dans l'eau bouillante une minute et retirez-les ;

Enlevez la petite peau qui se trouve dessus, puis ouvrez-les du côté de la queue en faisant un rond de 3 centimètres ;

Retirez les pépins avec soin ; on emploie pour cette opération le manche d'une cuiller à café ;

Assaisonnez-les avec 2 pincées de sel et 2 prises de poivre ;

Rangez-les dans le plat à sauter que vous aurez huilé avec 2 cuillerées à bouche d'huile ;

Faites une farce comme il est dit aux *Champignons farcis* (page 264) ;

Garnissez chaque tomate avec une partie de farce, à 1 centimètre au-dessus du bord ;

Saupoudrez les tomates, d'une demi-cuillerée à bouche de

chapelure; mettez-les sur un feu très vif pendant 8 minutes, feu dessus et dessous, et servez.

AUBERGINES FARCIES.

Coupez 3 aubergines moyennes en deux parties sur la longueur; enlevez la chair de l'intérieur à 1 centimètre du bord et à 2 centimètres de profondeur;

Ciselez la chair en formant de petits losanges, 6 fentes à gauche et 6 à droite;

Rangez-les dans le plat à sauter que vous huilerez avec 2 cuillerées d'huile;

Faites-les revenir à feu vif 5 minutes de chaque côté; lorsqu'elles sont blondes, égouttez-les sur un linge, le côté coupé sur le linge;

Hachez les parures d'aubergines; pressez-les dans un linge pour en bien extraire l'eau;

Ajoutez sur le plat à sauter 15 grammes de farine;

Faites un roux avec l'huile en tournant pendant 5 minutes; mouillez ce roux avec 2 décilitres de jus de ménage;

Ajoutez dans le plat les chairs de l'aubergine; faites revenir pendant 8 minutes en agitant avec la cuiller;

Mettez 6 cuillerées à bouche de fines herbes pour sauce (voir *Fines herbes pour garnitures et sauces*, page 72);

Ajoutez un quart de poivre de Cayenne, et faites réduire 4 minutes;

Garnissez les aubergines à 1 centimètre au-dessus du rebord;

Rangez-les dans le plat à sauter en ajoutant 2 cuillerées à bouche d'huile; saupoudrez-les avec 1 cuillerée à bouche de chapelure, et faites cuire pendant 10 minutes, feu dessus et dessous;

Dressez-les sur le plat, et servez.

ÉPINARDS AU MAIGRE ET AU GRAS.

Ayez 1 kilo d'épinards, épluchés, lavés, égouttés et blanchis, comme il est dit aux *Garnitures* (page 83); hachez-les et assaisonnez-les de même;

Mettez dans une casserole d'une contenance de 3 litres : 30 grammes de beurre, 20 grammes de farine et 1 pincée de sel ;

Remuez pendant trois minutes ;

Mettez les épinards dans la casserole, et tournez à feu vif pendant 5 minutes, en évitant qu'ils ne s'attachent ;

Mouillez avec 1 décilitre de bouillon, remuez 2 minutes, et ajoutez 2 autres décilitres de bouillon ;

Faites cuire en continuant à tourner pendant 5 minutes ;

Retirez du feu et ajoutez 30 grammes de beurre ; vous remuerez pour bien mêler le beurre ;

Dressez sur le plat garni de croûtons que vous préparez de la manière suivante :

Coupez de la mie de pain en triangles de l'épaisseur de 1 centimètre sur une largeur de 3 centimètres ;

Faites fondre dans la petite casserole 20 grammes de beurre que vous écumerez aussitôt qu'il sera fondu ; ajoutez les triangles de mie de pain, auxquels vous ferez prendre une couleur blonde de chaque côté ;

Égouttez-les et rangez-les autour du plat d'épinards à égale distance ;

Servez.

Pour les épinards au maigre, on procède de même, en remplaçant le bouillon par du lait en même quantité.

ÉPINARDS AU SUCRE.

On les prépare avec du lait comme les épinards au maigre (voir l'article précédent), et on ajoute 8 grammes de sucre râpé que l'on mêle en remuant.

CHICORÉE AU GRAS ET AU MAIGRE.

Ayez 12 têtes de chicorée que vous préparez, que vous hachez comme il est dit aux *Garnitures* (page 85) ;

Mettez dans une casserole, de la contenance de 2 litres, 30 grammes de beurre et 15 grammes de farine ;

Faites cuire pendant 3 minutes ;

Ajoutez la chicorée et tournez pendant 5 minutes ;

Mouillez avec 5 décilitres de jus de ménage ou de bouillon (voir *Jus de ménage*, page 102) ;

Faites cuire pendant 30 minutes en tournant toujours avec la cuiller ;

Retirez du feu ; ajoutez 30 grammes de beurre, et servez en garnissant de croûtons comme les épinards.

Pour le maigre, on remplace le jus par la même quantité de lait.

SALSIFIS A LA SAUCE BLANCHE.

Ayez 2 kilos de salsifis ; que les feuilles soient bien fraîches. que le salsifis soit très noir et non creux ;

Mettez dans une terrine 2 litres d'eau et 1 demi-décilitre de vinaigre ;

Coupez la tête des salsifis, puis ratissez-les de façon que l'écorce noire soit entièrement enlevée ;

Mettez-les dans l'eau à mesure que vous les grattez ;

Mettez, dans une casserole d'une contenance de 3 litres, 1 hecto de graisse de rognon de bœuf bien hachée que vous faites fondre sans laisser prendre couleur ;

Ajoutez :

2 litres d'eau, 2 pincées de sel et 2 cuillerées à bouche de vinaigre ;

Tournez sur le feu jusqu'au premier bouillon ;

Mettez les salsifis dans la casserole que vous couvrez en laissant une ouverture de 4 centimètres ;

Faites mijoter une demi-heure sur le coin du fourneau ;

Égouttez, puis coupez les salsifis en tronçons de 7 centimètres de long ;

Mettez-les dans une casserole d'une contenance de 2 litres ; arrosez-les avec 5 décilitres de sauce blanche, et servez.

LÉGUMES.

SALSIFIS FRITS.

Préparez et faites cuire même quantité de salsifis que pour les *salsifis à la sauce blanche* (voir l'article précédent);

Égouttez-les, coupez-les d'une même longueur et mettez-les sur un plat;

Faites 1 demi-litre de pâte à frire (voir *Pâte à frire*, page 112):

Faites chauffer 1 kilo de friture dans la petite poêle;

Trempez les salsifis dans la pâte et faites-les frire;

Lorsqu'ils sont bien secs et d'une belle couleur blonde, égouttez-les sur un linge;

Dressez-les en rocher sur un plat garni d'une serviette;

Ajoutez persil frit;

Servez.

CONCOMBRES A LA POULETTE.

Ayez deux concombres moyens que vous coupez en quatre; enlevez la peau de dessus et les pepins qui sont à l'intérieur;

Coupez chaque partie de concombre en morceaux de 5 centimètres de long sur 3 de large;

Mettez ces morceaux dans une casserole d'une contenance de 3 litres;

Ajoutez 2 litres d'eau, 30 grammes de beurre et 2 pincées de sel;

Faites mijoter jusqu'à entière cuisson; assurez-vous de la cuisson avec l'aiguille à brider, qui doit entrer sans résistance;

Égouttez sur un linge;

Ayez 5 décilitres de sauce poulette; mêlez les concombres dans la sauce après vous être assuré qu'ils sont bien égouttés;

Servez.

CÉLERI AU JUS.

Ayez 6 pieds de céleri ni fané ni ridé, que vous coupez de la longueur de 10 centimètres;

Enlevez les branches qui sont vertes et trop dures pour la cuisson ;

Taillez la racine en pointe en enlevant la peau sur une épaisseur de 1 demi-centimètre ;

Lavez les céleris, puis faites-les blanchir dans l'eau bouillante pendant 10 minutes ;

Rafraîchissez-les ;

Écartez les feuilles, et nettoyez les branches dans l'intérieur sans les détacher du pied ;

Lavez-les à plusieurs eaux, égouttez-les et attachez-les par bottes de trois ;

Mettez-les dans la casserole, avec :

    3 décilitres de bouillon,
    2 décilitres d'eau,
    1 décilitre de dégraissis de marmite,
    1 bouquet garni,
    50 grammes d'oignons,
    50 grammes de carottes,
    1 pincée de sel,
    1 prise de poivre ;

Couvrez-les d'une feuille de papier et mettez le couvercle de la casserole :

Faites mijoter deux heures et assurez-vous de la cuisson ;

Égouttez-les, essuyez-les avec un linge, puis dressez-les sur le plat ; vous en placerez 3 d'abord, puis 2, et le dernier dessus.

Arrosez-les avec une sauce princesse de la manière suivante :

Mettez dans une casserole de la contenance de 1 litre, 30 grammes de beurre et 30 grammes de farine ;

Faites cuire 3 minutes sur le feu en tournant ;

Ajoutez 6 décilitres de jus de ménage (voir *Jus de ménage*, page 102) ;

Faites réduire à 4 décilitres en tournant toujours ;

Passez à la passoire dite *chinois* ; saucez et servez.

LÉGUMES.

CÉLERI-RAVE AU JUS.

Ayez deux têtes de céleri-rave; coupez chaque tête en 10 morceaux d'égale dimension et enlevez la pelure à vif; chaque morceau doit avoir la forme d'un quartier de pomme;

Faites cuire comme le *Céleri au jus* (voir l'article précédent);
Préparez la même sauce;
Égouttez les céleris, dressez-les et servez.

LAITUE AU JUS.

Ayez 8 laitues bien pommées et serrées; enlevez toutes les feuilles dures et la peau jaune qui se trouve sur le trognon;

Lavez-les et faites-les blanchir pendant 10 minutes;
Rafraîchissez-les et pressez-les pour qu'il n'y reste pas une goutte d'eau;
Fendez-les en deux parties et assaisonnez-les avec 3 pincées de sel pour les huit;
Ficelez les deux morceaux ensemble et mettez-les dans une casserole de la contenance de 2 litres;
Couvrez-les de bouillon et ajoutez : 2 décilitres de dégraissis de marmite, 1 bouquet garni, et 1 oignon piqué de 2 clous de girofle;
Couvrez d'un papier et faites cuire 2 heures à petit bouillon; après la cuisson, égouttez sur un linge, déficelez et étalez chaque morceau;
Enlevez la moitié du trognon, puis ployez les feuilles de manière à former un carré long de 6 centimètres sur 4;
Dressez en couronne sur le plat et arrosez avec 8 décilitres de jus de ménage réduits à 4;
On sert aussi avec ces laitues des croûtons de pain frits dans le beurre. On met un croûton entre chaque laitue.

CAROTTES FLAMANDES.

On n'emploie pour les carottes flamandes que des carottes nouvelles, c'est-à-dire du 1er mai au 1er octobre.

Faites blanchir 800 grammes de carottes à l'eau bouillante pendant 5 minutes;

Rafraîchissez-les et enlevez la peau avec un torchon;

Coupez la partie verte de la tête et un petit bout de la queue, puis taillez-les en ronds de 1 centimètre d'épaisseur;

Mettez-les dans une casserole de la contenance de 2 litres;

Ajoutez :

    1 demi-décilitre d'eau,

  30 grammes de beurre,

    1 pincée de sel,

    5 grammes de sucre;

Couvrez la casserole de son couvercle et faites cuire 20 minutes à petit bouillon, en ayant soin de sauter les carottes toutes les 5 minutes pour obtenir une cuisson égale;

Assurez-vous de la cuisson par la pression des doigts;

Liez avec ;

    2 jaunes d'œufs,

    1 demi-décilitre de crème,

    15 grammes de beurre (voir aux *Liaisons, liaison à l'œuf*, page 89);

    1 demi-cuillerée de persil haché;

Mêlez, et servez.

NAVETS AU SUCRE.

Tournez 24 boules de navets de 3 centimètres de large que vous lavez, égouttez et faites blanchir 5 minutes dans l'eau bouillante;

Égouttez-les, puis mettez dans la poêle à sauter 15 grammes de beurre;

Ajoutez les navets et faites-leur prendre une belle couleur blonde;

Égouttez-les de nouveau, puis mettez-les dans le petit plat à sauter en ajoutant 6 décilitres de jus de ménage (voir *Jus de ménage*, page 102) et 5 grammes de sucre ;

Faites mijoter jusqu'à entière cuisson des navets, ce dont vous vous assurez par la pression des doigts ;

Dressez sur le plat et arrosez avec la cuisson.

CARDONS.

Je renvoie pour les cardons à la seconde partie, où l'on trouvera tous les détails voulus. L'assaisonnement des cardons, pour être traité comme il doit l'être, me paraît sortir des conditions de la cuisine du ménage.

FÈVES DE MARAIS A LA POULETTE.

Ayez 1 litre de petites fèves de marais ;

Retirez la petite peau noire qui se trouve sur la tête ; lavez-les et faites-les blanchir dans 3 litres d'eau et 1 pincée de sel.

Lorsqu'elles sont cuites, ce dont vous vous assurez par la pression des doigts, vous mettez dans une casserole de la contenance de 2 litres, 5 grammes de beurre ;

Ajoutez 15 grammes de farine, tournez sur le feu 3 minutes, puis liez avec 2 jaunes d'œufs, 1 demi-décilitre de crème, 15 grammes de beurre et 4 grammes de sucre (voir *Liaison à l'œuf*, au chapitre des *Liaisons*, page 89) ;

Mettez les fèves dans la sauce avec une cuillerée à café de sarriette hachée ;

Mêlez, et servez.

MACÉDOINE DE LÉGUMES

Ayez :
- 100 grammes de carottes que vous couperez en carrés de 1 demi-centimètre, aussi égaux que possible,
- 60 grammes de navets taillés de même,

100 grammes de petites asperges vertes taillées comme les asperges aux petits pois,
100 grammes de petits pois,
100 grammes de haricots verts taillés en carrés comme les navets et les carottes ;

Faites cuire ces légumes séparément dans 1 litre d'eau, où vous mettrez 4 grammes de sel ;

Lorsqu'ils sont cuits, égouttez-les sur un linge ;

Faites, dans une casserole de la contenance de 2 litres, une sauce avec 20 grammes de beurre et 10 grammes de farine que vous mouillerez avec 2 décilitres de bouillon ;

Ajoutez 2 pincées de sel et 2 prises de sucre ;

Faites cuire pendant 10 minutes, puis liez avec 2 jaunes d'œufs et 1 décilitre de crème ;

Mettez tous les légumes dans la casserole ;

Mêlez-les avec la sauce, en ayant la précaution de ne pas les écraser ;

Servez.

SALADE DE LÉGUMES.

La salade de légumes se compose et se prépare comme la *Macédoine de légumes* (voir l'article précédent).

Laissez refroidir les légumes, puis mettez dans le fond du saladier tous les haricots verts ; vous disposerez les quatre autres légumes sur le dessus, en formant des bouquets égaux de diverses couleurs, composés comme il suit :

1 bouquet de carottes,
1 bouquet de pois,
1 bouquet de navets,
1 bouquet d'asperges,
1 bouquet de carottes,
1 bouquet de pois,
1 bouquet de navets,
1 bouquet d'asperges ;

Le surplus des pois et des asperges est mis dans le milieu couvert d'une cuillerée à bouche de ravigote hachée ;

Servez l'huilier sur la table.

Observation sur les salades vertes. — Il me paraît inutile de donner la liste des salades vertes. Tout le monde connaît les salades de saison et sait comment s'y prendre pour les assaisonner. A quoi bon en dérouler le catalogue, à moins de vouloir grossir le volume de banalités oiseuses, qui ne peuvent être utiles à personne ?

Fig. 72. Artichaut.

Fig. 73. Soupière en faïence pour œufs à la coque.

CHAPITRE XV

ŒUFS

ŒUFS A LA COQUE.

Soient 6 œufs à la coque : mettez, dans une casserole d'une contenance de 2 litres, 1 litre et demi d'eau ;

Faites bouillir, et, au premier bouillon, mettez 6 œufs frais du jour dans l'eau ;

Couvrez la casserole de son couvercle ;

Une seule minute sur le feu suffit ; retirez la casserole, et, au bout de 5 minutes, servez.

On peut garder les œufs dans l'eau pendant une heure, en ayant soin de les retirer du feu sans qu'ils cuisent davantage.

Égouttez-les, et servez dans une serviette.

ŒUFS SUR LE PLAT.

Étalez sur un plat de fer rond 25 grammes de beurre, une demi-pincée de sel et une prise de poivre ;

Cassez dessus 6 œufs toujours de première fraîcheur ;

Saupoudrez-les avec demi-pincée de sel et 2 prises de poivre ;

Mettez-les sur le fourneau à feu doux ; couvrez avec le couvercle de tôle et feu dessus ;

Laissez cuire 4 minutes ; dès que le blanc est pris, servez.

ŒUFS AU BEURRE NOIR.

Cassez 6 œufs dans une assiette et saupoudrez-les avec une pincée de sel et 3 prises de poivre ;

Mettez dans la poêle à omelette 1 hecto de beurre, que vous laissez sur le feu jusqu'à ce qu'il ait une couleur brune ;

Versez le beurre sur les œufs, puis remettez les œufs dans la poêle ;

Faites-les cuire pendant 2 minutes ; retournez-les comme une crêpe, puis remettez-les une demi-minute sur le feu ; versez-les sur le plat ;

Faites bouillir dans la poêle 2 cuillerées à bouche de vinaigre réduites à une ; versez-les sur les œufs ;

Servez.

Ayez soin d'essuyer la poêle et de la graisser avec du dégraissis de marmite pour éviter la rouille, qui nuirait à la confection de l'omelette.

ŒUFS BROUILLÉS AUX FINES HERBES.

Mettez dans une casserole de la contenance de 2 litres 1 hecto de beurre ;

Ajoutez 6 œufs frais, 1 demi-décilitre de lait, une petite pincée de sel et une prise de poivre ;

Mettez les œufs sur le feu et battez-les avec le fouet très vivement ; lorsqu'ils commencent à prendre, retirez la casserole du fourneau et remuez encore pendant 2 minutes, puis ajoutez une demi-cuillerée à bouche de persil haché ;

Servez sur le plat avec croûtons de pain frit (voir aux *Épinards* pour les croûtons, page 266).

OEUFS.

Observation. — On se plaint quelquefois de ce que les œufs brouillés sont servis à l'état graineux : cela tient soit à l'excès de cuisson, soit au défaut de soin dans le travail. Il est nécessaire que le fouet aille dans toutes les parties de la casserole, si l'on veut obtenir des œufs moelleux et d'une cuisson égale.

ŒUFS BROUILLÉS AU FROMAGE.

Préparez les œufs comme il vient d'être dit, et ajoutez, en même temps que le beurre, 60 grammes de fromage de Parmedans râpé ; finissez comme il est dit à l'article précédent.

Observation. — On fait aussi les œufs brouillés aux pointes d'asperges et aux petits pois. On ajoute ces légumes avant de mettre les œufs sur le plats.

ŒUFS FRITS A LA SAUCE TOMATE.

Mettez dans la poêle à sauter 3 cuillerées à bouche d'huile ; penchez la poêle en avant pour que l'huile se réunisse dans un coin de la poêle ;

Mettez à feu vif, et, dès que l'huile est chaude, cassez dedans un œuf très frais ;

Assaisonnez avec une prise de sel et une prise poivre ;

Ramenez le blanc d'œuf sur le jaune, de manière à bien l'en velopper ; retournez et égouttez aussitôt.

Recommercez l'opération suivant le nombre d'œufs que vous emploierez.

Les œufs frits doivent toujours être cuits séparément l'un après l'autre ; le jaune doit rester liquide pour les œufs frits comme pour les œufs pochés ;

Saupoudrez-les de sel, 1 pincée pour 6 ;

Dressez sur le plat, et servez 3 décilitres de sauce tomate (voir *Sauce tomate*, page 99).

ŒUFS POCHÉS AU JUS, A L'OSEILLE ET A LA CHICORÉE.

Mettez, dans le petit plat à sauter, de l'eau jusqu'à 1 centimètre du bord ;

Ajoutez une pincée de sel et un demi-décilitre de vinaigre ;

Faites bouillir l'eau ; lorsqu'elle bout, cassez dedans 6 œufs très frais, et couvrez le plat à sauter d'un couvercle ;

Après 2 minutes, retirez du feu ; si le blanc enveloppe le jaune d'une couche solide, l'œuf est cuit ;

Ayez dans une terrine 1 litre et demi d'eau tiède ; enlevez chaque œuf avec la cuiller percée pour le mettre dans la terrine ;

Laissez-les 10 minutes, égouttez-les, puis coupez les parcelles de blanc autour de l'œuf, afin de lui conserver une forme ovale bien nette ;

Mettez-les sur un plat, et servez 6 décilitres de jus de ménage réduits à 3 (voir *Jus de ménage*, page 102) ;

Saupoudrez chaque œuf avec 1 prise de mignonette.

On sert également les œufs pochés sur chicorée et oseille (voir *Garnitures*, page 85).

Observation. — On doit apporter les plus grandes précautions à l'opération, beaucoup plus minutieuse qu'on ne croit, qui consiste à faire pocher les œufs. Il est très facile, si l'on n'y prend garde, de crever le blanc, ce qui empêcherait de pouvoir servir les œufs sur la table.

ŒUFS DURS A L'OSEILLE.

Faites bouillir, dans une casserole de la contenance de 1 litre, 8 décilitres d'eau, puis mettez 6 œufs dans la casserole ;

Couvrez et laissez bouillir 10 minutes ; on ne doit pas dépasser ce temps de cuisson, sinon le jaune noircit et se détache du blanc.

Lorsque les œufs sont cuits, rafraîchissez-les, ôtez les coquilles, passez-les à l'eau, égouttez-les et essuyez-les ;

Coupez chaque œuf en deux sur la longueur;

Mettez dans le plat 6 décilitres d'oseille, préparée comme il est dit à l'*Oseille pour garniture* (page 85);

Rangez les moitiés d'œufs sur l'oseille, et servez.

ŒUFS A LA TRIPE.

Ayez 30 grammes d'oignons épluchés;

Coupez chaque oignon en deux, puis retirez les parties dures à la tête et à la queue;

Coupez ensuite les oignons en lames de 1 demi-centimètre d'épaisseur;

Faites-les blanchir pendant 5 minutes à l'eau bouillante, égouttez-les, et mettez, dans une casserole de la contenance de 2 litres, 40 grammes de beurre;

Ajoutez les oignons et tournez sur le feu avec la cuiller jusqu'à ce qu'ils soient d'une couleur rouge.

Lorsqu'ils sont colorés, ajoutez 25 grammes de farine, 6 décilitres de bouillon, une pincée de sel et une prise de poivre;

Tournez à feu doux pendant 20 minutes;

Ayez 6 œufs durs que vous aurez épluchés et lavés, coupez-les en tranches d'un demi-centimètre d'épaisseur et mêlez-les à l'oignon;

Assurez-vous de l'assaisonnement, et servez.

OMELETTE AUX FINES HERBES.

L'omelette représente encore une de ces opérations à la fois très simples et très élémentaires, que l'on manque très souvent dans la pratique courante, parce que l'on n'opère pas d'après les principes qui seuls permettent de réussir infailliblement ce mets si usuel, si utile et vraiment si agréable, lorsqu'il est exécuté dans ses véritables conditions.

Cassez 6 œufs dans une terrine;

Ajoutez 5 prises de sel, 3 prises de poivre et 1 demi-cuillerée à bouche de persil haché ;

Battez avec une fourchette pour bien briser les blancs d'œufs et les mêler parfaitement avec les jaunes.

Cette opération de battre les œufs dure environ une minute ; on ne doit guère la prolonger au delà de ce temps, sous peine d'avoir des œufs clairs comme de l'eau, ce qui empêche d'obtenir une omelette moelleuse et d'un bon aspect.

Commencez par bien vous assurer de l'état de la poêle et voir si elle est parfaitement claire et nette. Je rappelle que la

Fig. 74. Poêle à omelettes.

poêle à omelettes ne doit jamais être employée à aucun autre usage.

Mettez dans la poêle à feu vif 90 grammes de beurre ;

Remuez pour que le beurre fonde sans prendre couleur ;

Lorsqu'il est chaud, versez les œufs et agitez avec la fourchette pour les faire cuire également.

Quand ils commencent à être pris, remuez la poêle en tournant.

Reployez les deux bords de l'omelette sur elle-même pour lui donner une forme ovale ; sautez-la légèrement au-dessus du feu pour qu'elle se colore, puis renversez-la sur le plat ;

Lorsqu'on désire l'avoir *baveuse*, on a soin de la relier avant que les œufs soient trop pris ; on lui fait prendre couleur, et on sert.

OBSERVATION SUR L'OMELETTE.

La réussite de l'omelette dépend de l'observation de trois points essentiels : l'omission de l'un d'eux fait souvent manquer l'opération.

On ne doit jamais dépasser le nombre de 12 œufs si l'on veut que l'omelette soit belle et bonne. Il vaut mieux, comme on l'a dit avant moi avec raison, faire plusieurs omelettes séparées quand les convives sont nombreux, plutôt que d'en essayer une seule d'un gros volume qui ne saurait être exécutée d'une façon satisfaisante.

Ensuite, on ne doit jamais employer, pour une omelette, que la poêle qui lui est spécialement destinée ; c'est encore là une des premières conditions de succès.

Enfin, on ne doit pas battre les œufs pendant trop longtemps suivant l'habitude de certaines personnes qui se figurent ajouter ainsi à la qualité. Elles *tuent* les œufs en les agitant à l'excès, et n'arriveront jamais à avoir une omelette de bon goût ni de bonne mine.

OMELETTE AU LARD.

Faites blanchir 1 hecto de petit lard 5 minutes à l'eau bouillante ; rafraîchissez, essuyez et retirez la couenne ;

Coupez le lard en morceaux de 3 centimètres de long sur 1 de large ;

Mettez les morceaux de lard dans le petit plat à sauter, avec 15 grammes de beurre, et faites-les revenir d'une couleur blonde ;

Mettez-les dans 6 œufs battus comme pour l'*Omelette aux fines herbes* (voir l'article précédent) ;

Ajoutez une prise de sel et une prise de poivre ;

Mettez le lard dans les œufs battus qui se trouvent dans la terrine ; finissez comme l'omelette aux fines herbes.

OMELETTE AU JAMBON.

Ayez 1 hecto de jambon maigre cuit que vous couperez en morceaux de 1 centimètre carré ;

Ajoutez le jambon aux œufs battus, avec 1 prise de sel, 2 prises de poivre ;

Faites l'omelette comme aux fines herbes

OMELETTE AUX CHAMPIGNONS.

Ayez 2 maniveaux de champignons sautés, comme il est dit aux garnitures (voir *Champignons*, page 73) ;

Préparez comme l'omelette aux fines herbes ;

Mettez les champignons dans le milieu de l'omelette ;

Reployez les deux bords, et servez.

OMELETTE AUX ROGNONS DE MOUTON.

Sautez 3 rognons de mouton, comme il est dit aux *Rognons sautés* (page 179) ;

Mettez les rognons au milieu.

OMELETTE A L'OSEILLE.

Ayez 2 décilitres d'oseille préparée et assaisonnée comme il est dit aux garnitures (voir *Oseille*, page 85) ;

Mettez l'oseille au milieu de l'omelette ;

Servez.

OMELETTE AU FROMAGE.

Ayez 30 grammes de parmesan et 30 grammes de gruyère coupés en morceaux de 1 centimètre carré ;

Préparez l'omelette comme il est dit à l'*Omelette aux fines herbes* (voir page 281), sans persil ;

OEUFS. 285

Assaisonnez avec une prise de sel et 3 prises de poivre ;

Ajoutez aux œufs battus le fromage de Parmesan râpé; mettez dans la poêle et faites cuire l'omelette ; avant de la reployer, semez le gruyère dans l'intérieur ;

Reployez les deux bords de l'omelette.

Fig. 75. Œufs à la coque.

Fig. 76. Pâtes.

CHAPITRE XVI

PATES

MACARONI A L'ITALIENNE, AU GRAS ET AU MAIGRE.

Mettez dans une casserole, d'une contenance de 2 litres, un litre et demi d'eau ;

Faites blanchir à grande eau 200 grammes de macaroni, après vous être assuré de sa qualité, vous reconnaîtrez le bon macaroni en passant les tiges entre les doigts et en voyant si elles sent *grenues*. Il faut aussi qu'il ait une couleur jaune transparente, et que, lorsqu'on le casse, il soit bien lisse et bien serré à l'intérieur ;

Assaisonnez-le avec 1 pincée de sel et 2 prises de poivre, puis faites-le cuire 20 minutes à petit bouillon ;

Égouttez-le dans la passoire, et évitez qu'il ne contienne aucune partie d'eau ;

Essuyez la casserole, et remettez le macaroni avec 2 décilitres de bouillon ; faites-le mijoter à feu doux jusqu'à ce qu'il ait pompé le bouillon entièrement ;

Râpez 50 grammes de parmesan et 50 grammes de gruyère ;

Mettez dans la casserole la moitié des parties de ces deux fromages, mêlez-les en tournant la casserole et en les faisant sauter ;

Quand la première partie est mêlée, ajoutez l'autre partie des fromages avec 30 grammes de beurre. Pour que le macaroni file bien, il est nécessaire que le fromage soit parfaitement fondu.

Si le fromage faisait huile, ce qui arrive lorsque le macaroni est trop dur, remettez-le sur le feu avec 1 décilitre de bouillon, et remuez pendant 1 minute ;

Goûtez pour l'assaisonnement ; le macaroni doit toujours être relevé de goût.

Pour le macaroni au maigre, vous remplacerez le bouillon par le lait ; même quantité.

MACARONI AU GRATIN.

Vous préparez de la même manière que pour le macaroni à l'italienne (voir l'article précédent) ;

Vous beurrez le petit plat de cuivre avec une couche de beurre très mince, puis vous remplissez le plat avec le macaroni en formant un dôme à une hauteur de 6 centimètres ;

Saupoudrez avec 30 grammes de parmesan râpé et 1 demi-cuillerée à bouche de chapelure ;

Faites fondre 15 grammes de beurre, que vous verserez sur le macaroni ; mettez à feu très doux et couvrez avec le couvercle de tôle à feu vif ; si le feu de dessus est bien fait, le macaroni doit être cuit en 10 minutes ;

On fait aussi le macaroni au gratin au maigre, en substituant le lait au bouillon, comme il a été dit pour le macaroni à l'italienne.

NOUILLES AU JAMBON.

Ayez 250 grammes de farine que vous passez au tamis ; faites un trou au milieu dans lequel vous cassez 3 œufs ;

Ajoutez 15 grammes de beurre et une prise de sel ;

Pétrissez bien le tout de manière à faire une pâte parfaitement lisse ; coupez cette pâte en 4 parties égales, que vous aplatissez chacune à l'épaisseur de 2 millimètres ;

Saupoudrez de farine les morceaux, pour éviter qu'ils ne se collent en se roulant ; les morceaux, une fois roulés, doivent avoir 4 centimètres de large ;

Coupez chaque morceau en filets de 4 millimètres ;

Vous les prenez en dessous et vous les agitez dans les mains, afin qu'ils se détachent en filets.

Lorsque le tout est coupé, mettez, dans une casserole de la contenance de 3 litres, 2 litres d'eau, une pincée de sel et une prise de poivre ;

Mettez sur le feu, et, lorsque l'eau bout, ajoutez les nouilles en les semant d'une main et en remuant de l'autre avec la cuiller de bois pour éviter qu'elles ne fassent grumeaux ;

Au bout de 6 minutes de cuisson, égouttez les nouilles, rafraîchissez-les et égouttez-les sur le tamis ; lorsqu'elles sont bien égouttées, remettez-les dans la casserole avec :

    30 grammes de beurre,

      5 décilitres de jus de ménage, que vous ferez réduire à 3 (voir *Jus de ménage*, page 102).

    40 grammes de parmesan râpé,

      1 hecto de jambon maigre coupé en carrés de 1 centimètre.

Mêlez avec la cuiller les nouilles et le jambon, en ayant soin de ne pas briser les nouilles ;

Goûtez pour l'assaisonnement, et servez dans une casserole à légumes.

Les nouilles se servent aussi au gratin comme le macaroni (voir *Macaroni au gratin*, page 288).

RIZ A LA MÉNAGÈRE.

Lavez et blanchissez 2 hectos de riz dans une casserole de la contenance de 2 litres pendant 5 minutes ;

Rafraîchissez et égouttez sur le tamis ;

Faites blanchir 1 hecto de petit lard de poitrine bien maigre, que vous coupez en morceaux de 3 centimètres ; faites-le revenir dans la casserole, que vous aurez nettoyée ;

Lorsque le lard a pris couleur, ajoutez 6 décilitres de bouillon et 5 prises de poivre ;

Faites cuire pendant 20 minutes, en ayant soin de remuer fréquemment le riz avec la cuiller, afin qu'il ne s'attache pas ; retirez-le du feu et ajoutez 2 décilitres de sauce tomate ;

Remuez avec la cuiller, puis mettez le riz sur le plat, en formant un rocher que vous garnissez de petites saucisses dites *chipolata*, rangées autour ;

Servez.

GNOCCI.

Mettez dans une casserole :
    5 décilitres d'eau,
  20 grammes de beurre,
   1 petite pincée de sel,
   2 prises de poivre ;

Faites bouillir et ajoutez 150 grammes de farine ;

Mêlez avec la cuiller de bois et ajoutez 50 grammes de fromage de Parmesan râpé ;

Tournez une minute sur le feu ;

Retirez du feu et ajoutez 3 œufs, l'un après l'autre, en mêlant bien ;

Divisez cette pâte en boules de la grosseur d'une olive ;

Faites pocher 5 minutes dans le lait bouillant ;

Égouttez sur un tamis, et mettez dans une casserole 20 grammes de beurre et 40 grammes de farine ;

Mouillez avec le lait qui a servi à pocher les gnocci ;

Faites cuire un quart d'heure sur le feu en tournant ;
Passez à l'étamine ;
Mettez dans le fond d'une casserole à légumes, en métal, un lit de gnocci, que vous saupoudrez de parmesan râpé ;
Versez une couche de sauce ;
Remplissez la casserole avec une couche de gnocci, une couche de fromage, une couche de sauce, jusqu'à ce qu'elle soit remplie ;
Finissez par une couche de fromage de Parmesan ;
Faites prendre couleur et servez.

Fig. 77. Macaroni au gratin.

Fig. 78. Œufs à la neige.

CHAPITRE XVII

ENTREMETS SUCRÉS.

ŒUFS AU LAIT A L'ORANGE.

Cassez, dans une terrine, 4 œufs auxquels vous ajouterez 150 grammes de sucre en poudre, 6 décilitres de lait, une demi-prise de sel et la râpure d'un zeste d'orange ;

Battez le tout ensemble avec une fourchette comme pour l'omelette ; lorsque le mélange est bien fait, passez à travers la passoire dite *chinois* ;

Versez-le dans un plat de terre de pipe de 15 centimètres sur 5 de profondeur ;

Faites bouillir 15 décilitres d'eau dans une casserole d'une contenance de 2 litres, et, lorsque l'eau bout, placez sur la casserole le plat dans lequel vous avez mis les œufs, puis couvrez du couvercle de tôle sur lequel vous aurez placé une couche de feu de 1 centimètre ;

Laissez prendre 20 minutes ; si, au bout de ce temps, les œufs n'étaient pas suffisamment pris, laissez-les quelques minutes de plus sur le feu jusqu'à ce qu'ils soient bien fermes;

Retirez-les du feu et laissez-les refroidir; lorsqu'ils sont froids, faites rougir une petite pelle;

Saupoudrez les œufs de sucre en poudre et glacez-les avec la pelle rouge en la promenant très légèrement sur la surface, de manière que le sucre soit fondu et forme caramel.

ŒUFS AU LAIT AU CITRON.

On les prépare comme il vient d'être dit, et on ajoute, au lieu d'un zeste d'orange, un zeste de citron.

ŒUFS AU LAIT AU CAFÉ NOIR.

Préparez-les comme les *Œufs au lait à l'orange* (page 273);
Mettez dans la cafetière 50 grammes de café en poudre;
Faites bouillir 2 décilitres d'eau que vous versez dans le café;
Passez deux fois.

Au lieu de 6 décilitres de lait indiqués aux œufs au lait à l'orange, mettez-en 4 décilitres et demi seulement; ajoutez le café et 30 grammes de sucre en plus;

Faites cuire et glacez comme il a été dit aux *Œufs au lait à l'orange*.

ŒUFS AU LAIT AU CHOCOLAT.

Même procédé que pour les œufs au café; mais remplacez le café par 200 grammes de chocolat que vous ferez dissoudre dans le lait.

CHARLOTTE DE POMMES DE MÉNAGE.

Ayez 1 kilo 500 de pommes de reinette;
Coupez chaque pomme en quatre parties, enlevez les peaux et les cœurs où se trouvent les pepins;
Coupez les pommes en lames de 1 demi-centimètre;

Mettez dans le plat à sauter, à feu vif, 2 hectos de beurre et 1 hecto de sucre en poudre ;

Ajoutez les pommes et faites-les cuire un quart d'heure en les sautant constamment jusqu'à cuisson ;

Préparez 24 croûtons de pain de mie que vous coupez en lames de 6 centimètres de longueur, 3 de largeur et 2 centimètres d'épaisseur ; faites passer ces croûtons dans le beurre pour qu'ils aient une couleur blonde des deux côtés ;

Couvrez chaque croûton de 2 millimètres de marmelade d'abricots et dressez-les en couronne l'un sur l'autre dans un plat d'entremets ;

Fig. 79. Charlotte de pommes.

Garnissez le milieu avec la marmelade de pommes, que vous couvrirez avec une couche de marmelade d'abricots ;

Couvrez avec le four de campagne 5 minutes et servez chaud.

Observation. — J'ai intitulé à dessein cette charlotte, *charlotte de pommes de ménage*, parce que, avec le procédé très simple que j'indique, on arrive au même résultat qu'en ayant recours au moule et avec bien moins de difficultés dans le travail.

BEIGNETS DE POMMES.

Soient 4 pommes de reinette de 6 centimètres qui doivent vous fournir 24 beignets.

Percez-les par le milieu avec un vide-pomme de 2 centimètres de large, pour enlever le cœur et les pepins;

Pelez-les et coupez-les par le travers d'une épaisseur de 8 millimètres;

Mettez-les dans un plat avec 1 demi-décilitre d'eau-de-vie et 30 grammes de sucre en poudre;

Mêlez les pommes à l'eau-de-vie et au sucre en évitant de les casser;

Une demi-heure avant de servir, égouttez-les sur un linge et épongez-les bien; sans cette précaution, la pâte ne tiendrait pas sur les pommes;

Ayez 8 décilitres de pâte à frire (voir *Pâte à frire*, page 112);

Mettez dans la petite poêle 1 kilo 500 de graisse et faites chauffer; lorsque la friture est chaude, retirez la poêle sur le coin du fourneau: trempez chaque morceau de pomme dans la pâte et mettez-le dans la friture;

Pour finir les beignets, remettez-les en plein feu; lorsqu'ils sont bien secs, égouttez-les sur un linge et saupoudrez-les de sucre des deux côtés;

Dressez-les en rocher sur plat garni d'une serviette.

Observation. — S'il reste des filets de pâte autour des beignets, il faut les couper avec des ciseaux pour que les beignets soient bien ronds.

BEIGNETS SOUFFLÉS.

Mettez, dans une casserole de la contenance de 2 litres, 2 décilitres d'eau, 50 grammes de beurre et 15 grammes de sucre;

Faites bouillir, et, au premier bouillon, retirez du feu;

Mettez 125 grammes de farine et mêlez bien avec la cuiller de bois;

Remettez sur le feu pendant 4 minutes en remuant avec la cuiller pour éviter que la pâte ne s'attache;

Retirez du feu;

Cassez un œuf dans la casserole et remuez avec la cuiller; lorsqu'il est bien mêlé, ajoutez 2 œufs l'un après l'autre;

Mêlez bien, et si la pâte se trouvait trop ferme, vous mettriez, suivant le besoin, la moitié d'un œuf ou un œuf entier;

Assurez-vous du degré de consistance de la pâte en en prenant gros comme un œuf dans la cuiller et en la laissant retomber. Il ne faut pas qu'elle s'étale ni qu'elle reste attachée à la cuiller, mais il faut qu'elle se trouve entraînée par son propre poids;

Lorsque la pâte est finie, saupoudrez la table de farine, puis mettez sur la farine le quart de la pâte;

Saupoudrez encore de farine pour que la pâte ne s'attache ni à la table ni aux mains; coupez-la en morceaux pour former des boules de 2 centimètres et demi;

Rangez ces boules sur des bandes de papier de 4 centimètres de large que vous aurez légèrement graissées avec la graisse de friture;

Ayez dans la poêle à frire 1 kilo 500 de friture; vous l'essayez avec de la mie de pain, comme il est dit à l'article *Friture* (voir page 110);

Cette mie de pain doit à peine frémir.

Mettez la poêle sur le coin du fourneau; trempez la bande dans la friture et retirez-la lorsque les beignets s'en sont détachés;

Agitez avec l'écumoire;

Augmentez la chaleur de la friture en poussant la poêle par degrés, jusqu'à ce qu'elle se trouve en plein feu.

Lorsque les beignets sont colorés et bien secs, on les égoutte sur un linge, on les saupoudre de sucre et on les dresse en rocher sur une serviette;

Servez comme les beignets de pommes.

OMELETTE SOUFFLÉE AU CITRON.

Cassez 6 œufs dont vous séparez les blancs des jaunes; mettez les blancs dans le bassin en cuivre et les jaunes dans la terrine;

Aux jaunes vous ajoutez 1 hecto de sucre en poudre et la râpure d'un demi-citron;

Remuez les jaunes et le sucre pendant 4 minutes avec la cuiller de bois;

Fouettez les blancs de manière à les avoir très fermes, puis mêlez les blancs aux jaunes en les tournant légèrement. Il faut que cette pâte se tienne; très ferme; si elle s'affaisse, l'omelette est manquée.

Beurrez un plat rond ou ovale avec une couche de beurre très mince; faites tomber la pâte dans le plat d'un seul bloc;

Égalisez-la avec le couteau et disposez-la en hauteur le plus possible;

Pratiquez une fente, au milieu, d'une profondeur de 3 centimètres, de toute la longueur du plat; vous vous servirez, pour faire cette fente, du manche d'une cuiller à bouche;

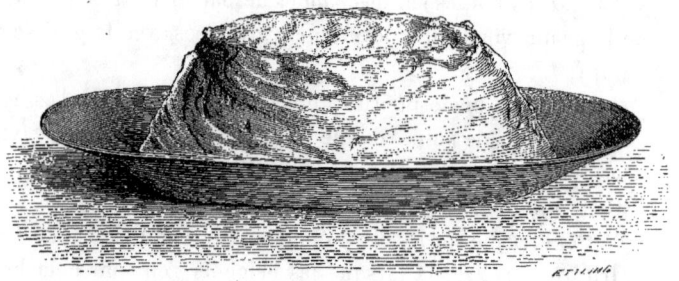

Fig. 80. Omelette soufflée, crue.

Saupoudrez l'omelette de sucre en poudre;

Mettez une couche de cendre rouge sur la plaque du fourneau; posez l'omelette dessus; couvrez-la avec le four de campagne, que vous aurez chauffé 1 demi-heure d'avance, et sur lequel vous placerez une couche de feu;

Ayez soin que la couche de cendre rouge soit assez chaude pour que le feu du dessous soit plus vif que celui du dessus.

L'omelette soufflée ne peut pas attendre; il faut la servir sur table aussitôt qu'elle est faite.

Les personnes qui auraient un four à leur disposition feraient cuire l'omelette soufflée dans le four plutôt que sous le four de campagne. Par ce procédé, l'opération est toujours plus facile et plus sûre.

SOUFFLÉ A LA VANILLE.

Mettez dans une casserole de 3 litres :
 1 litre de lait,
200 grammes de farine,
200 grammes de sucre en poudre,
 2 cuillerées à bouche de sucre à la vanille,
 1 prise de sel ;
Délayez la farine avec le lait ;
Faites cuire sur le feu et retirez au premier bouillon, en remuant avec la cuiller de bois pour rendre la pâte bien lisse ;

Fig. 81. Four de campagne.

Vous aurez cassé 6 œufs dont vous séparerez les jaunes et les blancs ; mettez les jaunes dans la casserole en remuant fortement, et fouettez les blancs d'œufs très ferme ;

Mélangez-les comme il est dit à l'*Omelette soufflée* (page 297).

Il faut que la pâte soit bien mélangée sans être trop liquide, ce qui arriverait si on la remuait avec trop de force.

Renversez la pâte d'un seul coup dans un plat de porcelaine creux et allant au feu, d'une grandeur de 22 centimètres sur 18 ;

Mettez à feu vif et faites cuire au four de campagne, que vous aurez fait chauffer une demi-heure à l'avance, ou au four ; vingt minutes de cuisson doivent suffire.

Avant de servir, saupoudrez de sucre en poudre.

Il ne faut pas que le soufflé attende, non plus que l'omelette soufflée, attendu qu'il est susceptible de s'affaisser très facilement.

GATEAU DE RIZ AU CITRON.

Lavez 300 grammes de riz que vous faites blanchir 5 minutes dans l'eau bouillante, comme il est dit aux *Potages au riz* (p. 64);

Égouttez et rafraîchissez ;

Faites bouillir 15 décilitres de lait dans une casserole d'une contenance de 3 litres: lorsque le lait bout, mettez le riz dans la casserole ; ajoutez 2 hectos de sucre, 40 grammes de beurre et une râpure de citron ;

Faites cuire pendant une heure à feu très doux, dessus et dessous, et évitez que le riz ne s'attache. Vous ne manquerez pas de changer de casserole dans le cas où il se serait attaché.

Cassez 3 œufs dans le riz et mêlez bien avec la cuiller de bois ;

Beurrez d'une couche de beurre de 3 millimètres un moule uni de 12 centimètres de large sur 7 de haut ;

Saupoudrez l'intérieur de mie de pain, puis mettez le riz dans le moule ;

Faites cuire au four de campagne, feu dessus et dessous, ou au four pendant 30 minutes ;

Assurez-vous si le gâteau est de belle couleur ; démoulez, et servez.

Observation. — On sert les gâteaux de riz seuls ou avec une sauce faite de la manière suivante :

Mettez 6 jaunes d'œufs dans une casserole d'une contenance de 2 litres ;

Ajoutez 80 grammes de sucre en poudre, une râpure de citron et 5 décilitres de lait ;

Tournez à feu doux jusqu'à ce que la liaison couvre bien le dos de la cuiller ;

Retirez du feu et agitez encore 5 minutes ;

Passez à travers la passoire dite *chinois* ;

Servez la sauce dans une saucière à part.

RIZ AU PLAT A LA VANILLE

Lorsque l'on veut procéder avec plus de promptitude et éviter l'opération du moulage qui entraîne toujours une certaine complication de travail, on prépare le riz comme il vient d'être dit à l'article précédent ;

On ajoute une cuillerée à bouche de sucre de vanille, et on met le riz dans le plat comme le soufflé ;

On saupoudre de sucre et on fait cuire un quart d'heure au four de campagne, feu dessous très doux, et feu dessus très vif ; on glace avec la pelle rouge.

GATEAU DE SEMOULE A LA FLEUR D'ORANGER PRALINÉE.

Faites bouillir 1 litre et demi de lait dans une casserole d'une contenance de 2 litres ; quand le lait a bouilli, ajoutez 4 hectos de semoule, 15 grammes de beurre, 30 grammes de sucre en poudre et une petite prise de sel ;

Vous versez la semoule d'une main en remuant de l'autre avec la cuiller de bois ; quand le tout est bien mêlé, faites cuire à feu très doux dessus et dessous pendant 20 minutes ;

Au bout de ce temps, cassez dans la casserole 4 œufs les uns après les autres, en ayant soin de n'en ajouter que lorsque le précédent est bien mêlé ;

Mettez 1 cuillerée à bouche de fleur d'oranger pralinée et écrasée, et 50 grammes de sucre en poudre, et mêlez parfaitement ;

Finissez comme il est dit au *Gâteau de riz* (page 300).

CROQUETTES DE RIZ.

Préparez 150 grammes de riz comme il est dit au *Gâteau de riz* (page 300) ;

Lorsque le riz est cuit, mettez-le dans un plat en formant une couche de l'épaisseur de 5 centimètres ; laissez refroidir et coupez le riz en morceaux de 5 centimètres sur 4 ;

Saupoudrez la table de mie de pain, et roulez les parties de riz en leur donnant la forme de bouchon ;

Battez 3 œufs comme pour une omelette, puis trempez chaque bouchon dans l'œuf battu ;

Panez (voir aux *Panures*, page 113) ;

Lissez bien avec le couteau ; faites frire à friture chaude ; égouttez, saupoudrez de sucre, et servez.

POMMES AU BEURRE.

Ayez 7 pommes de reinette parfaitement saines ;

Videz-les au vide-pomme et enlevez les cœurs et les pépins ; pelez-les en les laissant entières ;

Beurrez un plat rond en fer étamé d'une couche de beurre de 3 millimètres ;

Saupoudrez de 1 prise de cannelle en poudre, et emplissez le trou de chaque pomme de sucre pilé ;

Faites fondre 40 grammes de beurre et arrosez les pommes avec le beurre fondu ;

Faites cuire au four de campagne, feu dessus et dessous. Au bout de 20 minutes, assurez-vous de la cuisson, et servez.

POMMES MÉRINGUÉES A L'ABRICOT.

Préparez 1 kilo de pommes de reinette comme pour la *Charlotte de pommes de ménage* (voir page 294) ; ajoutez 2 cuillerées à bouche de marmelade d'abricots ;

Dressez dans un plat d'entremets en formant un dôme de 6 centimètres de hauteur ;

Fouettez 3 blancs d'œufs, et lorsqu'ils sont bien fermes, ajoutez 1 hecto de sucre en poudre ; couvrez les pommes avec les blancs d'œufs, et formez une couche bien égale ;

Saupoudrez de sucre et faites prendre couleur au four de campagne ;

Quand les pommes sont colorées d'une teinte blonde, servez.

POIRES AU RIZ A LA VANILLE.

Ayez 4 poires de bon-chrétien que vous pelez et dont vous retirez pepins et cœurs ;

Coupez-les en 2 morceaux et faites-les cuire dans une casserole d'une contenance de 2 litres où vous aurez mis 1 litre d'eau, 1 hecto de sucre et le quart d'une gousse de vanille ;

Préparez 200 grammes de riz comme il est dit au *Gâteau de riz* (voir page 300), en y mêlant une cuillerée à bouche de sucre de vanille ;

Lorsque le riz est cuit, formez une couche dans le fond du plat, à une hauteur de 4 centimètres ;

Rangez les poires sur le riz en les *chevalant* les unes sur les autres ;

Arrosez poires et riz avec le jus de poire que vous ferez réduire à 34 degrés au pèse-sirop ;

Servez.

OMELETTE A LA MARMELADE D'ABRICOTS.

Faites une omelette de 6 œufs, comme il est dit à l'*Omelette aux fines herbes* (voir page 281) ;

Vous éviterez, bien entendu, d'employer les fines herbes, et vous mettrez seulement une petite prise de sel ;

Avant de replier l'omelette, mettez dessus 1 décilitre de marmelade d'abricots que vous aurez fait chauffer et que vous étalerez bien ;

Repliez l'omelette et dressez sur le plat, saupoudrez-la de sucre et glacez-la à la pelle rouge ;

Même procédé pour toutes les omelettes aux confitures, groseilles, mirabelles, etc.

Observation. — On aura soin de ne point trop faire cuire ce genre d'omelettes, qui doivent toujours rester moelleuses.

OMELETTE AU RHUM.

Faites l'omelette comme il vient d'être dit à l'article précédent ;

Ajoutez 5 grammes de sucre en poudre ; lorsque l'omelette est achevée, mettez-la sur le plat ;

Ajoutez 1 décilitre de rhum de la Jamaïque ;

Allumez, et servez l'omelette flambante.

CRÊPES AU SUCRE.

Mettez dans une terrine 125 grammes de farine, un œuf et un quart de décilitre de lait ;

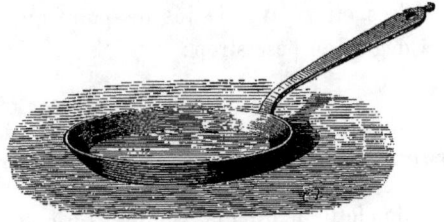

Fig. 82. Poêle à crêpes.

Mêlez pour faire une pâte bien lisse, puis ajoutez 1 décilitre 3/4 de lait, 60 grammes de beurre fondu et une petite prise de sel ;

Mêlez, en ayant soin d'éviter les grumeaux ;

Placez sur le feu une poêle à crêpes dans lesquelles vous mettrez gros comme un pois de beurre ;

Faites fondre le beurre, et lorsqu'il est fondu, versez 2 cuillerées de mélange pour couvrir le fond de la poêle ;

Faites prendre couleur à la crêpe d'un côté ; retournez-la et faites-lui prendre couleur de l'autre côté ;

Répétez la même opération jusqu'à la dernière ;

Saupoudrez de sucre.

Les crêpes demandent à être mangées bien chaudes.

ENTREMETS SUCRÉS.

ŒUFS A LA NEIGE.

Ayez 1 litre de lait que vous ferez bouillir dans une casserole de la contenance de 2 litres ;

Ajoutez 30 grammes de sucre et la râpure d'un demi-citron ;

Cassez dans une terrine 6 œufs, en séparant les jaunes et les blancs ;

Réservez les jaunes pour la sauce ; fouettez les blancs, et, lorsqu'ils sont bien fermes, ajoutez 1 hecto de sucre en poudre ;

Mêlez le sucre et les blancs d'œufs ; puis mettez dans le lait bouilli 6 parties des blancs d'œufs, chacune de la grosseur d'un œuf, en évitant qu'elles ne se touchent dans la casserole ;

Mettez sur le coin du fourneau et laissez mijoter pendant quatre minutes ;

Tournez les blancs d'œufs avec la cuiller pour qu'ils cuisent également ; quand ils sont fermes, égouttez-les sur un tamis ;

Continuez l'opération jusqu'à ce que tous les blancs soient employés ; lorsqu'ils sont refroidis, dressez-les en hauteur sur le plat ;

Faites une sauce avec le lait et les jaunes d'œufs, comme il est dit au gâteau de riz (voir *Gâteau de riz*, page 300). Vous ajouterez à cette sauce 30 grammes de sucre ;

Couvrez les œufs avec la sauce, que vous ferez également bien refroidir ;

Servez.

POTS DE CRÈME AU CAFÉ.

Pour 6 pots de crème, vous ferez bouillir dans une casserole, de la contenance de 1 litre, une quantité de lait égale à la contenance de trois des petits pots employés pour la crème ;

Mettez dans une terrine 1 pot de café noir très concentré (réglez-vous également pour la quantité de café sur la contenance des pots de crème) ;

Ajoutez 5 jaunes d'œufs et 30 grammes de sucre en poudre ;

Versez le lait dans la terrine, puis battez pour bien mêler ;

Passez à la passoire dite *chinois;*

Emplissez les petits pots en ayant soin d'enlever la mousse qui aurait pu se former à la surface ;

Faites bouillir de l'eau dans une casserole pouvant contenir les 6 pots ; ayez soin que l'eau n'arrive pas à plus de la moitié des pots ;

Couvrez le feu pour que l'eau ne fasse que frémir ;

Mettez sur la casserole le couvercle en tôle avec feu dessus ;

Faites cuire un quart d'heure ; assurez-vous de la cuisson ; laissez refroidir dans l'eau ; essuyez les pots, et servez.

Observation. — Il faut éviter que l'eau ne bouille : un frémissement continu suffit.

POTS DE CRÈME AU CARAMEL.

Opérer comme il est dit ci-dessus et ajoutez à la crème, à la place du café, un pot de caramel que vous préparerez ainsi :

Faites fondre dans le petit poêlon 10 grammes de sucre en poudre en remuant bien avec la cuiller ; quand le sucre sera devenu d'une teinte d'acajou foncé, ajoutez une quantité d'eau, la contenance d'un petit pot ;

Mettez ce caramel dans les œufs au moment de les mêler avec le lait et le sucre ;

Finissez comme pour les *Pots de crème au café* (voir page 305).

POTS DE CRÈME A LA VANILLE.

Procédez comme il vient d'être dit, en faisant infuser dans le lait une demi-gousse de vanille ;

Vous augmenterez la quantité de lait de la contenance d'un pot.

POTS DE CRÈME AU CITRON.

Même quantité de lait que pour les pots de crème à la vanille (voir l'article précédent) ;

Ajoutez au mélange d'œufs, de lait, etc., la râpure d'un citron.

BAVAROIS A LA VANILLE.

Pour les bavarois, vous aurez le soin de vous munir de 3 kilos de glace et 6 décilitres de crème fouettée dite *Chantilly*.

Ayez un moule d'entremets à cylindre d'une contenance de 1 litre et demi ;

Faites bouillir 8 décilitres de lait dans une casserole de la

Fig. 83. Démoulage de bavarois.

contenance de 2 litres ; dès que le lait bout, mettez une demi-gousse de vanille, couvrez la casserole et laissez infuser pendant une heure ;

Après ce temps, vous mettrez dans une autre casserole 8 jaunes d'œufs et 3 hectos de sucre ;

Dès que le lait est infusé avec la vanille, ajoutez le lait aux jaunes et au sucre, liez sur le feu en tournant toujours avec la cuiller de bois ;

Il ne faut pas que la crème brouille ; cependant la liaison doit couvrir le dos de la cuiller ; lorsque la liaison est finie, retirez du feu ;

Ajoutez 35 grammes de gélatine que vous aurez fait tremper un quart d'heure dans de l'eau froide ;

Égouttez la gélatine et mettez-la dans la liaison ; la chaleur de la crème doit suffire pour la faire fondre ;

La gélatine fondue, passez à la passoire dite *chinois* dans une casserole ;

Vous pilerez la glace et vous la mettrez dans une terrine sur laquelle vous placerez la casserole ;

Tournez toujours la crème dans la casserole avec la cuiller pour éviter les grumeaux.

Lorsque la crème a la consistance d'une bouillie épaisse, ajoutez 6 décilitres de Chantilly, mêlez bien et emplissez le moule entièrement, puis mettez-les dans une terrine avec de la glace pilée ;

Il faut que la glace monte jusqu'à 3 centimètres du bord ;

Couvrez le moule d'un couvercle de casserole sur lequel vous mettez une couche de glace pilée de 6 centimètres d'épaisseur ; il doit suffire de 1 heure et demie pour que le bavarois soit frappé.

Au moment de servir, lorsqu'il s'agit de démouler, vous aurez une terrine assez grande pour que le moule puisse tremper ; remplissez cette terrine d'eau très chaude ; mais que l'eau ne soit cependant pas chaude au point de brûler les mains de la personne qui opère ;

Plongez le moule en biais entièrement, de façon que l'eau le couvre ainsi que la main qui le tient ;

Épongez le dessus du bavarois avec un linge bien blanc, posez le plat sur le moule ; retournez, enlevez le moule et servez.

Si le bavarois ne se démoulait pas facilement, il faudrait recommencer l'opération en le plongeant de nouveau dans l'eau chaude.

BAVAROIS AUX FRAISES.

Passez, à travers un tamis de Venise, 1 kilo de petites fraises très fraîches et très parfumées ;

Mettez la fraise une fois passée dans une terrine, en ajoutant 3 hectos de sucre en poudre ;

Faites tremper, puis fondre, dans un poêlon d'office, 40 grammes de gélatine, auxquels vous ajouterez 2 décilitres d'eau en remuant avec une cuiller d'argent.

On évitera, pour les bavarois de couleur, de se servir d'aucun ustensile étamé, parce que l'étain détruit la couleur des fruits rouges.

La gélatine fondue, vous la passez sur la purée de fraises, à travers la passoire dite *chinois*, en remuant bien pour éviter les grumeaux.

Faites prendre sur la glace, comme il est dit à l'article précédent :

Ajoutez une cuillerée de jus de citron et 8 décilitres de Chantilly :

Moulez comme le bavarois à la vanille et finissez de même.

BAVAROIS AUX ABRICOTS.

Passez, au tamis de Venise, 1 kilo d'abricots bien mûrs et de plein vent, dans lesquels vous ajouterez 6 amandes d'abricot parfaitement pilées ;

Ajoutez à la purée d'abricots 3 hectos de sucre et 40 grammes de gélatine fondue, comme pour le bavarois aux fraises ;

Finissez de même (voir *Bavarois aux fraises*, page 308).

GELÉE ET CHARLOTTE RUSSES.

Je renvoie, pour les gelées et charlottes russes, à la deuxième partie, l'outillage exigé pour ces sortes d'opérations ne se trouvant pas toujours dans les ustensiles de ménage.

Fig. 84. Bavarois à la vanille.

Fig. 85. Nougat.

CHAPITRE XVIII

PATISSERIE DE MÉNAGE

GALETTE DE MÉNAGE.

Soit une galette pour 6 à 8 personnes ;

Ayez 500 grammes de farine, toujours de gruau, et 320 grammes de beurre ;

Passez la farine à travers le tamis sur la table ; faites au milieu un trou de 15 centimètres, et mettez dans ce trou 10 grammes de sel et 10 grammes de sucre ;

Ayez à votre disposition 3 décilitres d'eau ; mettez le beurre dans le trou avec 2 décilitres d'eau ;

Pétrissez, et, lorsque le beurre et la farine commencent à se mélanger, ajoutez le tiers de l'eau qui vous reste en aspergeant avec la main ;

Mêlez parfaitement et faites deux fois la même opération jusqu'à ce que l'eau soit employée entièrement ;

Trempez vos mains dans la farine et frottez-les pour qu'il n'y reste plus de pâte ;

Pressez la pâte en l'étendant fortement avec les deux mains contre la table ; lorsque toute la pâte est devenue bien lisse, formez-en une boule et laissez-la reposer pendant une demi-heure ;

Reprenez-la et faites la galette ;

Aplatissez à 4 centimètres d'épaisseur, et ciselez les bords avec le couteau en formant des fentes de 1 demi-centimètre de profondeur, à 1 centimètre de distance ;

Retournez la galette et posez-la sur un plafond :

Cassez un œuf dans une terrine ; battez-le et employez-le pour dorer la galette avec le doroir, en faisant en sorte que l'œuf soit bien égal et ne forme aucune épaisseur ; évitez de dorer le bord ;

Faites une rayure avec le couteau comme le dessin l'indique (page 321) ;

Faites chauffer le four de campagne pendant une bonne demi-heure ; mettez le plafond sur la cendre rouge et couvrez du four de campagne ;

Faites cuire une demi-heure, en ayant soin de bien entretenir le feu dessus et dessous ;

Assurez-vous de la cuisson de la galette, qui doit être élastique sous le doigt ;

Servez.

GATEAU FEUILLETÉ.

Ayez 500 grammes de farine, que vous passez au tamis sur la table ;

Faites au milieu du tas de farine un trou de 6 centimètres : mettez dans le trou 10 grammes de sel et 1 décilitre et demi d'eau ;

Mêlez la farine avec l'eau en ajoutant encore 1 décilitre en plusieurs fois, en en mêlant jusqu'à ce que la pâte soit bien lisse et ne tienne plus ni aux mains ni à la table ;

Ramassez la pâte en boule et aplatissez-la à une hauteur de 4 centimètres ;

Ayez 3 hectos 50 de beurre *en livre* ; j'indique spécialement le beurre en livre pour le feuilletage, parce qu'il a plus de corps.

En hiver, il faut manier le beurre afin de le rendre liant,

Mettez le beurre au milieu de la pâte, puis aplatissez beurre et pâte pour former un rond de 30 centimètres :

Fig. 86. Rouleau pour pâtisserie.

Reployez les quatre parties sur le milieu pour bien enfermer le beurre et former un carré :

Aplatissez d'une longueur de 1 mètre, puis repliez un tiers sur le milieu et l'autre tiers par dessus ; ceci s'appelle *donner un tour* ; laissez reposer 10 minutes.

Renouvelez l'opération, c'est-à-dire étendez et reployez, ce qui constitue un deuxième tour ;

Laissez reposer ;

Au bout de 10 minutes, donnez encore 2 tours ; laissez reposer 10 minutes, et donnez un dernier tour : en tout 6 *tours*.

Encore 10 minutes de repos et faites le gâteau.

Vous formez une boule avec la pâte et finissez comme la *Galette* (voir l'article précédent).

On ajoute une fève pour le jour des Rois.

GATEAU DE PLOMB.

Passez à travers le tamis 500 grammes de farine ;

Faites au milieu de la farine un trou dans lequel vous mettez

Fig. 87. Navette de plomb.

10 grammes de sucre, 10 grammes de sel, 1 décilitre de crème et 2 œufs.

Vous ajouterez en dernier lieu 3 hectos de beurre fin, que vous aurez soin de manier en hiver.

Pétrissez en ajoutant 2 décilitre de crème, et finissez comme la galette de ménage (voir *Galette de ménage*, page 311).

L'eau se trouve remplacée par la crème dans le gâteau de plomb.

Laissez reposer une demi-heure :

Aplatissez la pâte à 4 centimètres d'épaisseur ; faites des hachures sur le bord ; dorez et rayez comme pour la galette ;

Disposez deux bandes de papier de la hauteur du gâteau, que vous beurrerez et que vous collerez autour, en les fixant avec une ficelle, pour que la pâte ne s'étale pas en cuisant, une heure de cuisson doit suffire.

Assurez-vous de la cuisson en voyant si le gâteau est élastique sous le doigt ;

Mettez une assiette dessus avec un poids de 1 kilo ; laissez refroidir ;

Retirez l'assiette et les bandes de papier ; servez.

Le gâteau de plomb se fait cuire, comme toute la pâtisserie de ménage, au four, et, à défaut, au four de campagne.

PETITS GATEAUX DE PLOMB POUR LE CAFÉ ET LE THÉ.

Faites la pâte comme il est dit à l'article précédent ;

Divisez-la en parties de 40 grammes ; aplatissez-la en ovales de 8 centimètres de long sur 4 de large ; dorez et rayez comme la *Galette de ménage* (voir page 311) ; faites cuire 20 minutes, et servez.

BRIOCHE.

Tamisez sur la table 500 grammes de farine ; prenez-en le quart que vous ramassez ; faites un trou au milieu ;

Mettez dans le trou 10 grammes de levure ;

Détendez la levure avec 1 demi-décilitre d'eau chaude, mais non brûlante.

Quand la levure est fondue, faites le mélange en employant

une petite quantité d'eau de manière à obtenir une pâte mollette.

Mettez la pâte dans une casserole d'eau de la contenance de 2 litres que vous couvrirez et que vous tiendrez au chaud, pour que le levain fermente. Il faut qu'il fermente de manière à doubler le volume.

Faites dans la farine qui vous reste un trou dans lequel vous mettez 10 grammes de sel et 10 grammes de sucre;

Ajoutez deux cuillerées à bouche d'eau pour faire fondre le sucre et le sel; puis 3 hectos de beurre et 4 œufs;

Pétrissez et ajoutez un cinquième œuf;

Pétrissez et ajoutez un sixième œuf;

Pétrissez et mettez un septième œuf;

Il faut que la pâte soit molle sans s'étaler. Si elle se trouvait trop ferme, vous ajouteriez un huitième œuf.

Quand le mélange est bien fait et que le levain est double de son volume, mêlez parfaitement levain et pâte et mettez dans une terrine;

Couvrez et laissez monter la pâte dans un endroit tiède pendant 4 heures. Au bout de ce temps, vous mettez la pâte sur la table, vous l'étalez et la pliez en deux;

Faites quatre fois cette opération;

Remettez dans la terrine, et laissez monter la pâte encore pendant 2 heures;

Ployez et reployez comme vous avez déjà fait;

Mettez la pâte dans un endroit très froid pour qu'elle se raffermisse: au bout de deux heures, vous la moulez en rond et la formez en couronne de 3 centimètres de large;

Dorez; puis faites une fente de 3 centimètres dans la couronne au milieu;

Relevez bien la pâte pour que la fente ne se referme pas;

Faites cuire une demi-heure.

J'indique la forme de couronne, et non celle de la brioche avec tête; la forme de cette dernière empêcherait de la cuire au four de campagne.

BRIOCHE AU FROMAGE.

Ajoutez dans la quantité de pâte à brioche indiquée à l'article précédent, un hecto de parmesan râpé et un hecto de fromage de Gruyère en petits carrés de 1 centimètre ;

Mêlez bien la pâte ;

Formez la couronne et faites-la cuire comme il vient d'être dit.

PETITES FLUTES-BRIOCHES.

Séparez la quantité de pâte indiquée pour la brioche (voir *Brioche*, page 314) en morceaux de 60 grammes ; donnez-leur une forme ovale de 9 centimètres de long et 4 de large ;

Dorez et faites cuire pendant un quart d'heure.

GATEAU D'AMANDES.

Ayez 200 grammes d'amandes, dont 10 amères ; jetez-les dans l'eau bouillante, jusqu'à ce que la peau se détache ;

Dès qu'elle s'enlève, égouttez les amandes, rafraîchissez-les, mondez-les, lavez-les, et essuyez-les bien dans un linge blanc ;

Pilez-les dans un mortier, pour en faire une pâte que vous mouillerez avec un œuf, employé en trois fois pour éviter qu'elles ne tournent en huile ;

Lorsqu'elles sont bien pilées, ajoutez :

    200 grammes de sucre,

    200 grammes de beurre,

       1 cuillerée à bouche d'eau de fleur d'oranger,

       1 petite prise de sel,

       3 œufs que vous mettez un à un ;

Pilez bien, et lorsque la pâte est parfaitement liée, mettez-la dans une terrine ;

Faites 500 grammes de feuilletage, comme il est dit au *Gâteau feuilleté* (voir page 312) ;

Donnez *cinq tours* ;

Coupez la pâte en deux parties ; formez-en deux boules que vous aplatissez à 1 centimètre d'épaisseur ; mettez une des deux parties de pâte sur un plafond ;

Étalez la pâte d'amandes dessus à 4 centimètres du bord ; mouillez le bord avec le doroir et de l'eau et posez l'autre partie de pâte par-dessus ;

Fig. 88. Mortier et son pilon.

Appuyez avec le pouce tout autour pour souder les deux parties ensemble ;

Rognez le bord de 1 demi-centimètre pour qu'il ait une forme bien ronde ;

Dorez et rayez comme la galette de ménage (voir page 311) ;

Faites cuire 50 minutes ; laissez refroidir, puis saupoudrez le dessus d'une couche de sucre passé au tamis de soie ;

Servez.

FLAN DE POMMES.

Ayez 250 grammes de feuilletage à 6 tours (voir *Gâteau feuilleté*, page 312), que vous aplatissez à 1 demi-centimètre d'épaisseur ;

Garnissez un moule à flan de 26 centimètres avec le feuilletage, en ayant soin qu'il prenne bien le fond du moule ;

Coupez la pâte qui pourrait dépasser et garnissez avec 1 kilo de marmelade de pommes faite comme pour la *Charlotte de pommes* (voir page 294) ;

Faites cuire une demi-heure ; assurez-vous de la cuisson et laissez refroidir ;

Étalez sur le dessus une couche de marmelade d'abricots ou de gelée de pommes pour glacer.

FLAN DE CERISES.

Garnissez un moule de feuilletage comme il est dit au *Flan de pommes* (voir l'article précédent) ;

Fig. 89. Moule à flan.

Saupoudrez le fond du moule d'une couche de sucre en poudre de 3 millimètres ;

Rangez dessus 1 kilo de cerises mûres, mais non tournées, dont vous aurez retiré les noyaux ; ayez le soin de bien serrer les cerises les unes contre les autres ; faites cuire une demi-heure ; saupoudrez avec du sucre en poudre à une épaisseur de 3 millimètres.

FLAN D'ABRICOTS.

Faites le flan comme le *Flan de cerises* (voir l'article précédent) ;

Vous remplacez les cerises par des abricots dont vous aurez retiré les noyaux ;

Saupoudrez de sucre.

FLAN DE PRUNES.

Opérez comme pour le *Flan de cerises* (voir page 318), et garnissez avec 1 kilo de prunes de mirabelle ou de reine-Claude.

FLAN DE POIRES.

Ayez 10 poires de martin-sec ou de rousselet dont vous enlevez les pelures ;
Faites-les cuire dans une casserole de la contenance de 2 litres, avec 8 décilitres d'eau et 1 hecto de sucre ;
Laissez sur le feu pendant une heure à petit mijotement ;
Assurez-vous de la cuisson ;
Égouttez les poires et placez-les dans un flan de pommes, que vous ferez comme il est dit au *Flan de pommes* (voir page 317) ;
Passez le sirop à travers la passoire dite *chinois* ;
Faites réduire à 32 degrés ;
Laissez refroidir, et arrosez avec le sirop les poires et les pommes.

FLAN DE CRÈME MÉRINGUÉE.

Cassez, dans une casserole d'une contenance de 2 litres, 4 œufs dont vous réserverez 3 blancs ;
Ajoutez 40 grammes de farine et 1 décilitre de lait ;
Mêlez pour faire une pâte ;
Détendez avec 7 décilitres de lait mis en 4 fois pour éviter les grumeaux ;
Ajoutez 20 grammes de beurre, 1 hecto de sucre et la râpure du zeste d'une orange ;
Tournez sur le feu jusqu'au premier bouillon ;
Laissez refroidir.
Lorsque la crème est froide, vous la versez dans un flan préparé comme il est dit au *Flan de pommes* (voir page 317) ;
Faites cuire une demi-heure ;

Laissez encore refroidir.

Fouettez les 3 blancs d'œufs que vous avez réservés ; lorsqu'ils sont fermes, ajoutez 1 hecto de sucre en poudre, étalez les blancs d'œufs sur le flan à une égale épaisseur ;

Saupoudrez de sucre en poudre et faites colorer au four de campagne.

NOUGAT.

Échaudez 4 hectos d'amandes à l'eau bouillante ;

Dès que la peau des amandes se lève, égouttez-les, rafraîchissez-les, retirez la peau et essuyez-les bien dans un linge ;

Coupez chaque amande en 6 morceaux égaux par le travers ; faites-les sécher au four ou à l'étuve, et, à défaut, dans un plat à sauter que vous placez sur la cendre chaude, en les remuant pour qu'elles sèchent également ;

Faites fondre à feu doux, dans un poêlon d'office, 2 hectos de sucre en poudre auxquels vous ajouterez une cuillerée à café de vinaigre ;

Lorsque le sucre est entièrement fondu, mettez les amandes dans le poêlon et remuez avec la cuiller.

Il faut que les amandes soient bien chaudes, quand on les ajoute ; autrement elles feraient *praline* et ne pourraient plus être moulées.

Ayez un moule à entremets uni ;

Commencez par former le fond avec une couche de nougat à une épaisseur de 1 demi-centimètre ;

Aplatissez gros comme un œuf une partie de nougat à la hauteur de 4 centimètres ; soudez sur le fond en appuyant avec force pour qu'elle se soude bien ;

Recommencez un second tour au-dessus du premier et continuez jusqu'à ce que le moule soit entièrement plein.

Cette opération doit se faire avec promptitude ; si on laissait refroidir le nougat, il deviendrait impossible de coller les parties.

Laissez refroidir, faites sortir du moule et servez.

TOT-FAIT.

Mettez dans une terrine :
  250 grammes de farine,
  250 grammes de beurre,
  250 grammes de sucre,
    Une petite prise de sel,
    La râpure d'un zeste de citron,
    4 œufs ;

Mêlez parfaitement, avec la cuiller de bois, œufs, farine et sucre ;
Ajoutez le beurre, que vous ferez fondre dans une casserole ;
Mêlez bien le beurre avec la pâte ;
Beurrez un moule uni de l'épaisseur d'un demi-millimètre ;
Mettez toute la pâte dans le moule, et faites cuire trois quarts d'heure ;
Assurez-vous de la cuisson en enfonçant au milieu la lame d'un petit couteau ; tant que la lame est humide, la cuisson n'est pas encore faite.
Lorsque le gâteau est cuit, démoulez-le et laissez refroidir ;
Servez.

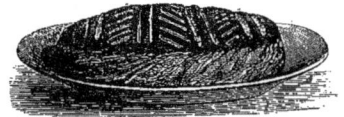

Fig. 90. Galette des Rois.

Fig. 91. Dessert.

CHAPITRE XIX

DESSERT

BISCUITS A LA CUILLER.

Cassez 6 œufs, dont vous séparerez les jaunes et les blancs, mettez les jaunes dans une terrine et les blancs dans le bassin ;

Ajoutez aux jaunes 250 grammes de sucre, puis tournez avec la cuiller de bois pendant 4 minutes ;

Fouettez les blancs bien ferme, et mêlez-les avec les jaunes en ajoutant 125 grammes de farine ;

Faites un cornet avec du papier fort et collez-le parfaitement avec la colle de pâte ; mettez dedans la pâte à biscuit ;

Fermez-le bien, puis coupez le bout de 2 centimètres ;

Faites pression sur le cornet pour coucher sur une feuille de papier des parties de pâte d'une largeur de 2 centimètres et demi sur 8 centimètres de long, destinées à former les biscuits ;

Ayez soin de laisser sur le papier un intervalle de 2 centimètres, pour que les biscuits ne se touchent pas à la cuisson ;

saupoudrez-les avec la boîte à glacer, dans laquelle vous aurez mis du sucre passé au tamis de soie ;

Faites cuire 10 minutes à four doux ;

Assurez-vous de la cuisson et retirez du four ;

Laissez refroidir les biscuits sur le papier ; levez-les et dressez-les en couronne, chevalés les uns sur les autres.

Les biscuits à la cuiller se parfument à la vanille, au citron ou à la fleur d'oranger.

MACARONS.

Mondez 200 grammes d'amandes, dont 6 amères, que vous pilez en les mouillant avec un blanc d'œuf ;

Lorsque les amandes sont bien pilées, ajoutez 150 grammes de sucre et mêlez ;

Ajoutez un demi-blanc d'œuf et mêlez encore ;

Ajoutez 150 grammes de sucre et continuez à mêler, puis mettez un autre demi-blanc d'œuf.

Il faut que cette pâte soit molle, sans cependant s'étaler.

Ajoutez un demi-blanc d'œuf en finissant ;

Prenez avec une cuiller à café une partie de cette pâte et faites-la tomber sur un papier avec le doigt, de manière à former des ronds de 3 centimètres de largeur sur 1 d'épaisseur ;

Couvrez-les très légèrement d'une couche de sucre avec la boîte à glacer ;

Faites cuire au four à feu vif ; quand les macarons sont d'une couleur blonde, ils sont cuits.

On remarquera que les macarons et les biscuits ne peuvent se faire au four de campagne.

COMPOTE DE POIRES DE MARTIN-SEC.

Ayez 7 belles poires de martin-sec, autant que possible d'égale grosseur ;

Pelez-les, qu'elles soient bien lisses, et évitez que le couteau ne laisse des marques ;

Placez-les dans une casserole d'une contenance de 2 litres, et couvrez-les de sirop à 16 degrés, dans lequel vous ajouterez une cuillerée à café de carmin végétal et le quart d'une gousse de vanille;

Faites mijoter jusqu'à entière cuisson; la poire est suffisamment cuite lorsqu'elle fléchit sous le doigt;

Laissez refroidir les poires dans le sirop; égouttez-les et faites réduire le sirop à grand feu jusqu'à 32 degrés;

Mettez une poire dans le milieu du compotier, 6 autour;

Arrosez avec le sirop, qui doit être froid.

On ne doit mettre le sirop sur toutes les compotes en général qu'au dernier moment.

COMPOTE DE POIRES DE CATILLAC.

Coupez 4 poires de catillac en 6 morceaux chacune; réservez la moitié d'une des poires pour former le rond du milieu;

Pelez tous les quartiers, que vous aurez coupés d'égale grosseur, en retirant le cœur et les pepins;

Faites-les cuire dans du sirop à 16 degrés avec une cuillerée de carmin et le zeste de la moitié d'un citron;

Assurez-vous de la cuisson avec le doigt comme pour les poires de martin-sec (voir l'article précédent);

Rangez les quartiers de poires dans le compotier en formant une rosace et en mettant la moitié réservée sur le milieu;

Arrosez avec le sirop réduit à 30 degrés;

Servez.

COMPOTE DE POIRES DE BON-CHRÉTIEN.

Ayez 5 poires de bon-chrétien que vous coupez en deux;

Retirez le cœur et les pepins, et pelez les poires à vif;

Réservez une moitié que vous taillez en rond pour mettre au milieu;

Faites cuire à grand mouillement dans du sirop à 16 degrés;

Il faut que les poires trempent entièrement;

Égouttez-les, passez le sirop ;

Dressez en rosace comme pour la *Compote de poires de catillac* (voir l'article précédent) ;

Arrosez avec le sirop réduit à 30 degrés.

La compote de bon-chrétien doit être blanche : on obtient la blancheur en la cuisant dans une grande quantité de sirop (12 décilitres pour une casserole de la contenance de 2 litres).

COMPOTE DE POMMES.

Ayez 4 pommes de calville que vous coupez en deux et dont vous retirez les cœurs et les pepins ;

Pelez-les et faites que les moitiés forment des dômes d'égale grosseur ;

Mettez 8 décilitres de sirop à 16 degrés dans une casserole d'une contenance de 2 litres, et le jus d'un demi-citron ;

Faites cuire à très petit bouillon ;

Lorsque les pommes sont cuites, égouttez-les sur un tamis ;

Passez le sirop, que vous faites réduire à 32 degrés.

Quand les pommes sont entièrement refroidies, rangez-les dans le compotier, une au milieu et 7 autour.

Arrosez avec le sirop réduit à 32 degrés.

MARMELADE DE POMMES GLACÉES.

Épluchez et faites cuire 1 kilo de pommes de reinette, comme il est dit à la *Charlotte de pommes de ménage* (voir page 294) ;

Dressez-les en dôme dans le compotier ;

Saupoudrez-les avec du sucre pilé et glacez-les à la pelle rouge.

COMPOTE DE PRUNEAUX.

Ayez 500 grammes de pruneaux ;

Lavez-les et mettez-les dans une casserole de la contenance de 1 litre ;

Emplissez la casserole d'eau ;

DESSERT.

Faites cuire à petit feu et ajoutez 5 grammes de cannelle.

Lorsque les pruneaux sont cuits, c'est-à-dire lorsqu'ils sont moelleux, sans pourtant se crever, égouttez-les sur le tamis;

Passez le jus à travers la passoire dite *chinois* et retirez la cannelle;

Ajoutez 60 grammes de sucre et faites réduire le jus à 32 de grés;

Mettez les pruneaux dans le compotier,

Versez le jus lorsqu'il est bien refroidi.

COMPOTE DE BRIGNOLES.

Ayez 500 grammes de brignoles;

Mettez-les dans un poêlon d'office avec 1 demi-décilitre de vin blanc, 1 décilitre d'eau et 25 grammes de sucre en poudre;

Faites cuire à petit bouillon pendant 10 minutes;

Égouttez sur le tamis;

Rangez les brignoles dans le compotier en en plaçant une au milieu et en rangeant les autres en couronnes chevalées les unes sur les autres;

Laissez refroidir le jus, arrosez et servez.

COMPOTE DE CERISES.

Ayez 500 grammes de cerises de Montmorency dont vous coupez les queues en les laissant à une hauteur de 2 centimètres;

Mettez dans un poêlon d'office 2 décilitres d'eau;

Ajoutez 250 grammes de sucre en morceaux;

Faites bouillir le sucre sur le fourneau; lorsqu'il est fondu et qu'il bout, ajoutez les cerises;

Couvrez le poêlon et faites mijoter 5 minutes;

Égouttez sur le tamis;

Passez le jus;

Rangez les cerises dans le compotier, la queue en l'air;

Réduisez le jus à 30 degrés ;
Laissez-le bien refroidir, arrosez les cerises et servez.

COMPOTE DE GROSEILLES A FROID.

Égrenez 500 grammes de groseilles rouges ;
Lavez-les et retirez-les aussitôt sans les tremper ;
Mettez-les dans un bol, puis ajoutez 2 hectos de sucre en poudre et 1 demi-décilitre d'eau ;
Sautez les groseilles pour faire fondre le sucre ;
Mettez-les dans le compotier quand le sucre est fondu ;
Au bout de deux heures, si les groseilles sont bien sautées, le jus doit être pris en gelée rouge, ce qui forme une compote d'été des plus agréables.

COMPOTE D'ABRICOTS.

Ayez 8 abricots mûrs, mais avec une certaine fermeté, fendez-les en deux, et retirez les noyaux, que vous réservez ;
Faites fondre 250 grammes de sucre en morceaux dans le poêlon d'office avec 2 décilitres d'eau ; au premier bouillon, mettez les abricots dans le sucre et faites mijoter 5 minutes très doucement ;
Égouttez sur le tamis, passez le jus, et faites réduire à 30 degrés.
Dressez dans le compotier les abricots, 5 au milieu, un par-dessus et les autres rangés autour ;
Cassez les noyaux que vous avez réservés, mondez les amandes et placez-les sur chaque quartier ;
Arrosez les abricots avec le jus, et servez.

COMPOTE DE REINES-CLAUDE.

Ayez 20 prunes de reine-Claude que vous faites cuire dans le poêlon d'office, avec 250 grammes de sucre en morceaux et 2 décilitres d'eau ;

DESSERT.

Faites mijoter 10 minutes, le poêlon couvert ;
Égouttez, passez le sirop et faites-le réduire à 30 degrés ;
Rangez les prunes dans le compotier et servez.

COMPOTE DE MIRABELLES.

Ayez 40 mirabelles que vous faites cuire dans le poêlon d'office, avec 200 grammes de sucre et 2 décilitres d'eau ;
Finissez et dressez comme la *Compote de reines-Claude* (voir l'article précédent).

COMPOTE D'ORANGES.

Épluchez 4 oranges ;
Coupez chaque orange en dix morceaux, retirez la peau blanche et les pepins des quartiers ;
Réservez la moitié d'une des oranges pour mettre au milieu ;
Faites cuire 3 hectos de sucre à 36 degrés ;
Versez le sucre tiède sur les oranges que vous aurez mises dans un bol ;
Couvrez-les et laissez-les deux heures dans le sirop ;
Égouttez sur le tamis ; passez le sirop et faites-le réduire à 32 degrés ;
Dressez en rosace, la moitié au milieu ;
Arrosez avec le sirop et servez.

SALADE D'ORANGES AUX LIQUEURS.

Coupez 4 oranges en tranches de 1 demi-centimètre d'épaisseur en laissant les écorces ;
Dressez en couronne dans le compotier et saupoudrez avec 80 grammes de sucre en poudre ;
Ajoutez 1 décilitre de rhum, d'eau-de-vie ou de kirsch.
Pour les liqueurs sucrées, telles que anisette, marasquin, curaçao, eau-de-vie de Dantzig, etc., on ne met que 50 grammes de sucre.

COMPOTE DE MARRONS A LA VANILLE, A L'ORANGE, AU CITRON.

Ayez 40 beaux marrons dont vous retirez la première peau et que vous mettez dans d'eau fraîche ;

Placez-les sur le feu dans une casserole de la contenance de 2 litres avec 1 litre et demi d'eau ;

Mondez-les, c'est-à-dire retirez la petite peau brune, et mettez-les dans le poêlon d'office; évitez qu'ils ne soient les uns sur les autres ;

Couvrez-les de sirop à 16 degrés, puis faites frémir sur le feu pendant 20 minutes.

Lorsque les marrons sont cuits, égouttez-les sur le tamis ;

Passez le sirop à travers la passoire dite *chinois* ; faites réduire à 30 degrés ;

Rangez les marrons dans le compotier et arrosez-les avec le sirop.

A la compote de marrons comme elle vient d'être décrite, on ajoute, soit un quart de gousse de vanille, soit le quart d'un zeste d'orange, soit le quart d'un zeste de citron.

MARRONS EN VERMICELLE.

Préparez les marrons comme pour la compote (voir l'article précédent) ;

Faites bouillir pour réduire le sirop.

Lorsque la réduction est faite, passez les marrons à travers le tamis de laiton ; pressez-les sur le tamis de manière qu'ils tombent en vermicelle dans le compotier.

Cette compote doit se dresser d'elle-même à une élévation de 4 centimètres. On évitera d'y toucher pour ne pas détruire la forme du vermicelle.

ORANGES GLACÉES AU CARAMEL.

Épluchez 3 oranges en ménageant bien la peau blanche, pour que le jus ne sorte pas ; séparez les quartiers ;

Ayez des brochettes de bois de 10 centimètres de longueur et de 4 millimètres de grosseur ;

Faites entrer une brochette dans chaque quartier d'orange jusqu'à la moitié du quartier ;

Rangez les oranges sur un tamis ; évitez qu'elles ne se touchent, et faites-les sécher pendant deux heures ;

Mettez 500 grammes de sucre cassé en morceaux dans le poêlon d'office et ajoutez 2 décilitres et demi d'eau ; dès que le sucre est fondu, mettez-le à feu vif ;

Au premier bouillon et pendant toute la cuisson, écumez avec soin.

Lorsque le sucre arrive à des bouillons très serrés, ayez une terrine d'eau froide à votre portée ; effleurez le sucre du doigt pour en retirer une parcelle que vous plongez dans l'eau très vivement ; le sucre est cuit s'il casse net sans se coller aux dents.

Il faut essayer le sucre très souvent ; un bouillon de trop suffirait pour le rendre jaune.

Laissez-le reposer une minute, puis trempez dedans chaque morceau d'orange ;

Ayez du sable dans une casserole, piquez les brochettes dans le sable pour que les quartiers d'oranges égouttent et refroidissent.

Quand l'orange est refroidie, enlevez-la d'une main sans toucher à la brochette que vous maintenez de l'autre ;

Dressez les quartiers d'orange en rocher dans le compotier.

MARRONS GLACÉS AU CARAMEL.

Faites une incision à 36 marrons que vous faites cuire à la poêle, en évitant qu'ils ne prennent couleur ;

Épluchez-les et laissez-les refroidir ; lorsqu'ils sont froids, piquez-les dans une brochette comme les quartiers d'orange (voir l'article précédent) ;

Trempez-les dans le sucre cuit (voir l'article précédent) et finissez de même.

RAISINS GLACÉS AU CARAMEL.

Coupez les grappes de raisins par bouquets de 4 ou 5 grains au plus.

Finissez comme les quartiers d'orange au caramel (voir page 331).

CERISES GLACÉES AU CARAMEL.

On emploie, pour mettre au caramel, la cerise fraîche et la cerise à l'eau-de-vie.

Toujours le même procédé que pour les oranges (voir *Oranges glacées au caramel*, page 331).

GROSEILLES AU CARAMEL.

Choisissez 20 grappes de groseilles blanches et 20 grappes de groseilles rouges ; qu'elles soient bien sèches ;

Glacez-les comme les oranges, et dressez-les dans le compotier, en ayant soin de mêler les nuances.

GROSEILLES AU SUCRE.

Battez un blanc d'œuf dans une assiette avec une cuillerée à café d'eau ; laissez reposer le blanc pour qu'il n'y ait plus de mousse ;

Ayez 500 grammes de sucre en poudre sur une feuille de papier ;

Trempez 40 grappes de groseilles, grappe à grappe, dans le blanc d'œuf, et passez-les dans le sucre en poudre ; que le sucre les couvre entièrement ; secouez légèrement chaque grappe et déposez-la sur une grille ;

Servez les groseilles lorsque le sucre est bien sec.

GELÉE DE GROSEILLES.

Ayez 4 kilos de groseilles, la moitié rouges et la moitié blanches, et 1 kilo de framboises ;

Mettez-les dans la bassine à confitures ; ajoutez 1 litre d'eau et mettez sur un feu vif ;

Tournez avec l'écumoire pour empêcher que les fruits ne s'attachent ; faites bouillir 8 minutes ;

Au bout de ce temps, mettez un tamis de crin sur la grande terrine et versez dessus les groseilles et les framboises ; lorsque les fruits sont bien passés, passez le jus et ajoutez 6 hectos de sucre par kilo de jus ;

Faites fondre sur le feu, passez au tamis de soie et faites cuire en deux parties à feu vif, à 28 degrés du pèse-sirop ;

Mettez dans les pots ; lorsque la gelée est bien refroidie, faites un rond de papier de la grandeur de l'intérieur du pot, que vous trempez dans l'eau-de-vie et que vous appliquez sur les confitures. Couvrez avec un second papier. Il faut les conserver dans un endroit sec, mais pas trop chaud.

Observation. — La gelée est d'autant plus belle qu'on la fait cuire par petites quantités.

CONFITURES DE CERISES.

Ayez la quantité de cerises voulue pour faire 2 kilos quand elles ont été épluchées ;

Retirez les queues et les noyaux, en ayant soin de ne pas déchirer les fruits ;

Cassez en morceaux 750 grammes de sucre que vous mettez dans la bassine avec 1 demi-litre d'eau et les cerises épluchées ;

Mettez à feu vif, et tournez doucement avec l'écumoire pour ne pas déchirer les cerises ;

Faites cuire à la nappe ; retirez du feu, et versez les cerises dans une terrine ;

Laissez-les jusqu'au lendemain ; remettez-les dans la bassine, en ajoutant 250 grammes de sucre en morceaux, et faites cuire de nouveau à la nappe;

Mettez-les dans les pots : lorsqu'elles seront refroidies, couvrez-les comme la *Gelée de groseilles* (voir l'article précédent).

Nota. — On appelle cuire à la nappe, une manière d'opérer

Fig. 92. Bassine à confitures.

qui consiste à tremper l'écumoire dans la bassine, à l'élever en vannant pour refroidir, et c'est quand le jus fait nappe en glissant sur l'écumoire que la cuisson est arrivée au point voulu.

MARMELADE D'ABRICOTS.

Ayez 4 kilos d'abricots tout épluchés et coupés en quartiers; mettez-les dans une terrine avec 2 kilos 400 de sucre pilé ;

Remuez avec la cuiller de bois pour faire fondre le sucre; lorsqu'il est fondu, mettez les abricots dans la bassine et remuez avec l'écumoire pendant 10 minutes de bouillon;

Retirez l'écumoire et agitez-la en l'air pour la rafraîchir ;

Frottez avec le doigt sur l'écumoire, et, si la marmelade est *greneuse*, elle est cuite. On peut aussi s'assurer de la cuisson en mettant gros comme une noisette de marmelade sur une assiette, et en voyant si elle ne s'étale pas ;

Mettez en pot, laissez refroidir et couvrez comme la gelée de groseilles.

GELÉE DE POMMES.

Ayez 3 kilos de pommes de reinette de Canada tout épluchées : on peut faire de la gelée avec toutes sortes de pommes, mais on doit prendre de préférence le calville ou le canada.

Mettez les pommes dans la bassine avec 4 litres d'eau, et faites-les bouillir jusqu'à entière cuisson.

Lorsqu'elles sont réduites en marmelade. égouttez sur le tamis de crin, pesez le jus, remettez-le dans la bassine avec 6 hectos de sucre en morceaux par kilo de jus.

La marmelade qui a servi pour la gelée peut s'employer dans le ménage pour flans, charlottes, compotes, etc. ;

Faites fondre sur le feu ; passez à la serviette ; faites cuire à 28 degrés et en deux parties ;

Mettez dans les pots et couvrez comme il est dit à l'article *Gelée de groseilles* (page 333).

GELÉE DE COINGS.

Ayez 2 kilos de coings tout épluchés ; coupez-les en quatre, puis retirez les peaux, les cœurs et les pepins ;

Mettez-les, à mesure que vous les épluchez, dans une terrine d'eau froide pour éviter qu'ils ne rougissent ;

Mettez-les ensuite dans la bassine, avec 4 litres d'eau, et faites cuire jusqu'à ce qu'ils soient en marmelade ;

Égouttez sur le tamis, pesez le jus ;

Mettez 6 hectos de sucre par kilo de jus ;

Finissez comme la *Gelée de pommes* (voir l'article précédent).

CERNEAUX AU VERJUS.

Ayez 50 cerneaux que vous égouttez bien : mettez-les dans le compotier ;

Arrosez-les d'un demi-décilitre de jus de verjus que vous ferez en pilant une grappe de verjus ; vous passerez ensuite celui-ci avec pression à travers un linge blanc ;

Ajoutez 30 grammes de gros sel et 2 prises de poivre.

On prépare les cerneaux 5 minutes avant de servir.

FROMAGES ET FRUITS DE SAISON.

On comprend qu'il n'y ait pas d'indications spéciales à donner pour les fromages et les fruits de saison, si ce n'est qu'on doit acheter les fruits dans les belles qualités et choisir les fromages, aux différentes époques, dans les meilleures conditions suivant les espèces.

Ce qui importe surtout, c'est de savoir comment on doit servir cette partie du dessert. Les fruits surtout gagnent beaucoup à être dressés dans certaines conditions de goût et d'élégance. Les dessins ci-joints donneront une idée de la manière dont on doit les arranger pour les présenter convenablement sur la table.

Fig. 93. Pommes de calville.

CONCLUSION

DE LA PREMIÈRE PARTIE

Me voici arrivé à la fin de ma première partie ; je ne pense pas avoir rien omis d'essentiel en ce qui constitue la cuisine de ménage proprement dite. Avec ce que j'ai donné, j'affirme que l'on a tout l'ordinaire au complet. Il m'eût été facile d'inscrire un bien plus grand nombre de recettes, mais c'eût été risquer de sortir de mon programme et de changer le genre de cuisine spéciale que j'ai tenu à bien expliquer et aussi à bien fixer, dans cette première partie.

Maintenant il est clair que la ligne de démarcation qui existe entre la première et la seconde partie de l'ouvrage n'est pas tellement marquée que l'on ne puisse la franchir quand on le voudra. Les personnes qui désireront sortir de la consommation ordinaire, et faire de l'*extra*, soit pour un dîner complet, soit même pour un seul plat, seront toujours à même de puiser dans ma seconde partie. Je puis leur assurer dès à présent qu'elles y trouveront amplement de quoi faire face à toutes leurs exigences. Mais j'ai voulu établir avant tout mon système de division : d'abord le simple et le positif, ensuite la recherche et le luxe.

J'ai déjà indiqué, en commençant, pourquoi je ne croyais pas devoir donner d'explication sur ce qu'on appelle le *service de table*. Est-ce que chacun ne connaît pas le service de tous les jours ? Est-ce qu'on n'a pas d'ailleurs imprimé, dans une foule de livres, assez de puérilités et de banalités à ce sujet ? Dans quelle partie du monde éclairé ignore-t-on aujourd'hui, je le demande, comment on pose sur une table à manger des verres, des assiettes, des couteaux, des fourchettes, les salières, le moutardier? Est-ce donc à un auteur qui écrit sérieusement sur la cuisine à rappeler qu'il faut que les verres soient toujours bien propres, le linge bien blanc, les mains de ceux qui servent parfaitement lavées, etc.? J'avoue que j'ai cru pouvoir me dispenser de pareils détails, qui touchent tout à fait à l'enfance du savoir-vivre et de la civilisation.

Quant à la façon de présenter un dîner, pris dans la donnée courante, il sera toujours, suivant moi, bien servi s'il est bon : c'est là un fait que la pratique se charge de démontrer journellement. Toute cuisinière qui est arrivée à savoir travailler comprend bien, sans qu'il soit nécessaire de lui tracer des règles à ce sujet, que les choses supérieures en qualité ou plus hautes en goût doivent être servies après les choses plus simples ou moins assaisonnées. Elle a d'ailleurs toujours les avis de la maîtresse de maison pour s'éclairer au besoin.

Les principes relatifs au service de la table bourgeoise se trouvent donc comme impliqués dans les recettes mêmes. Qu'on arrive à bien posséder ces recettes, à les exécuter comme je les donne, j'avoue que je ne suis pas fort inquiet sur le sort des personnes qui mangeront d'après les préceptes de ma première partie. S'il est vrai qu'elles aient toute la satisfaction possible dans les mets qu'on leur apprêtera, elles pardonneront bien quelques erreurs dans les détails de l'ordonnance pour le cas où on viendrait à en commettre. La vraie cuisinière bourgeoise, sûre d'elle-même et des choses qui sortiront de sa casserole, aura toujours entre les mains de quoi désarmer les critiques.

Fig. 94. Salade d'escarole.

DEUXIÈME PARTIE

LA

GRANDE CUISINE

Fig. 93. Réchaud, plat et cloche.

PRÉLIMINAIRES

Avant d'entamer ma seconde partie, je crois devoir faire une déclaration qui indiquera l'esprit dans lequel ont été rédigées toutes mes recettes : à mes yeux, la grande cuisine est, avant tout, la cuisine vraie. Elle opère par des moyens plus compliqués sans doute, plus raffinés, souvent aussi plus dispendieux, que la cuisine ordinaire ; mais au fond le principe est le même. Elle s'appuie comme elle sur la raison, l'hygiène, le bon sens, le bon goût ; ce sont là nos règles constantes à nous autres cuisiniers, qui ne saurions avoir de guides plus sûrs dans tout ce que nous préparons, dans quelque sphère que nous soyons appelés à opérer.

Ainsi, ceux qui chercheraient, dans ce que j'appelle la *grande cuisine*, le bizarre, le prétentieux, l'extravagant, seraient complètement déçus. Ce n'est pas à moi à frayer la route à l'erreur et à la charlatanerie ambitieuse, dont la pratique culinaire n'est que trop souvent infestée. Dans ma cuisine de ménage, j'ai voulu surtout obtenir l'approbation des véritables ménagères; dans ma grande cuisine, je dois viser à satisfaire les consommateurs d'élite, les amateurs compétents, au jugement desquels je me soumets en toute confiance.

Je ne nierai pas que je me suis placé, pour la grande cuisine, comme pour tout le reste, surtout au point de vue français. J'ai tenu à n'indiquer que des choses pouvant se pratiquer en France. A quoi bon, je le demande, encombrer un livre d'un vain étalage de mets qui ne peuvent se faire qu'à l'étranger, les matières premières n'arrivant pas chez nous?

Ceci ne m'a pas empêché d'admettre, dans une juste mesure, les mets d'origine étrangère, surtout lorsqu'ils m'ont paru représenter des nouveautés heureuses, pouvant s'adapter à notre goût et s'exécuter avec les produits de notre sol.

J'ai donc fait la part aussi large que possible à l'innovation, mais tout en ayant soin d'indiquer et d'appliquer constamment les principes invariables de la cuisine de mon pays, qui ne s'est pas imposée apparemment au monde entier sans des raisons puissantes.

C'est en m'appuyant à la fois sur les traditions du passé et sur les découvertes modernes que j'ai cherché à établir ce que doit être la grande cuisine de nos jours. Elle n'est pas morte, quoi qu'en disent certains pessimistes; mais il est évident qu'elle s'est transformée dans la pratique sur beaucoup de points. S'il est vrai que le nombre des grandes maisons ne soit pas aussi considérable qu'autrefois, en revanche, celui des gens qui *savent manger* s'est de beaucoup accru. Il y a là une compensation avantageuse peut-être comme résultat d'ensemble, et dont il est essentiel de tenir compte dans la manière d'appliquer la cuisine et aussi de la démontrer.

On comprend que je n'aie pas à entrer, pour ce qui va suivre, dans des détails aussi minutieux que pour ma première partie. Nous n'aurons plus affaire désormais aux éléments de la table. Cependant j'ai toujours tenu à bien préciser les choses, à donner autant que possible des indications positives pour les doses, la durée et les détails de chaque opération. Je reste plus que jamais fidèle à mon principe : « En cuisine, rien ne doit être livré à l'incertitude ni au hasard. »

PRÉLIMINAIRES.

On comprend aussi que je ne procède plus comme pour un nombre de personnes tout à fait restreint ainsi que j'ai dû le faire pour le ménage. La grande cuisine agit dans une sphère nécessairement beaucoup plus étendue. Sans vouloir tomber dans l'ostentation ni dans des prétentions pompeuses qui ne seraient plus de notre temps, j'ai tenu à donner les choses de la grande cuisine, les relevés, les entrées, les hors-d'œuvre chauds, avec tous leurs développements et les perfections de détail qu'elles comportent. Les amoindrir ou les mutiler, c'eût été leur ôter leur caractère, et c'est à quoi je ne me résoudrai jamais. Je crois avoir assez prouvé que je savais être simple en fait de pratique ordinaire, pour avoir le droit maintenant de montrer sous leur véritable aspect les grandes et belles parties du métier.

Toutefois, quand je parle de grande cuisine, je ne prétends pas qu'on doive l'exécuter seulement en vue d'un festin et d'un grand nombre de convives. Je maintiens qu'on doit aussi bien faire pour peu de personnes que pour beaucoup.

Les praticiens, auxquels je m'adresserai spécialement désormais, seront toujours à même de réduire les choses suivant les besoins, et d'autant mieux qu'ils auront pu d'abord les apprécier dans leur ensemble et leur développement complet.

Qui peut le plus peut le moins est un adage qui doit s'appliquer presque constamment en cuisine, surtout si l'on s'est conformé pour l'étude du travail à la marche progressive que j'ai suivie dans mon ouvrage, si l'on est parti de l'étude des éléments avant de passer aux préparations d'un ordre supérieur.

C'est ainsi seulement que l'on peut arriver à être ce que nous appelons un *cuisinier de fond*, c'est-à-dire un homme sachant faire bon toujours et quand même, ne déployant les qualités de goût et d'élégance, qui ajoutent tant de prix à ce que l'on sert, qu'autant que la parfaite exécution des choses aura précédé la science de l'arrangement et de l'ornementation.

I

DU SERVICE A LA FRANÇAISE ET A LA RUSSE.

S'il est vrai que le service de la table, ce domaine spécial du maître d'hôtel, ne représente qu'une question nulle pour ainsi dire, comme je l'ai dit, lorsqu'il s'agit de cuisine de ménage, il n'en est pas de même assurément lorsqu'on entre dans la grande cuisine : il devient très souvent nécessaire alors que le cuisinier ait voix au chapitre.

C'est bien quelque chose de savoir comment sera servi le grand dîner que vous aurez préparé : il est incontestable que la façon de le présenter double sa valeur le plus souvent et décide de son plus ou moins de succès.

Il s'est élevé, depuis plusieurs années, de nombreuses contestations sur les deux genres de service que l'on a appelés, beaucoup trop exclusivement selon moi, l'un *à la française* et l'autre *à la russe* : le premier, qui consiste à servir sur la table les pièces de tout un service, que l'on enlève ensuite pour les découper ; l'autre qui ne présente que des pièces découpées à l'avance et qu'il est bien difficile dès lors de faire figurer sur la table autrement que par fragments à l'état de parties rejointes entre elles par des procédés artificiels plus ou moins heureux.

On a beaucoup discuté pour savoir lequel des deux systèmes valait mieux. Il me semble que la question est aujourd'hui bien près d'être tranchée, et de se terminer, comme beaucoup de difficultés de ce monde, par une transaction.

Il y a évidemment du bien à prendre et du mal à éviter dans les deux méthodes. Le service à la russe est incontestablement plus expéditif et plus simple dans le détail que l'ancien service français, dont on a critiqué souvent avec raison les embarras et les lenteurs infinies ; mais on ne peut nier aussi que cette façon de tout découper à l'avance tend à détruire le bel art de décorer et de dresser dans lequel ont excellé tant de nos maîtres les plus célèbres. N'est-ce pas rayer d'un seul coup la physionomie extérieure de notre grande cuisine française, ce déploiement de goût et d'éclat qui n'a pas peu contribué à la mettre dans un rang à part au milieu de toutes les autres?

D'un autre côté, il est incontestable qu'il y a un très grave inconvénient à faire attendre indéfiniment sur la table certains mets qui ne peuvent que perdre de leurs qualités, pour peu qu'on les laisse languir. Il n'y a ni réchauds ni couvercles qui tiennent; il est prouvé que beaucoup de choses, et non pas les moins recherchées de la cuisine, demandent à être mangées tout à fait à point, au sortir du fourneau. Dans ce cas, il n'y a pas d'hésitation possible; il est bien clair qu'on ne saurait faire figurer sur la table, à titre de décor, ce qui ne peut attendre; la question du coup d'œil doit être entièrement sacrifiée à celle de la consommation.

Il me semble donc que, lorsqu'on a ainsi pesé le fort et le faible des deux systèmes, il n'y a guère à discuter longtemps pour l'un ou pour l'autre; la transaction se trouve indiquée tout naturellement par la pratique même.

Rien n'empêche assurément de servir sur la table, pour la garnir et l'orner comme elle doit l'être, d'abord toutes les grosses pièces froides, susceptibles, comme on sait, de tant de goût et de splendeur; aussi les grands relevés, les entrées chaudes, qui peuvent généralement attendre sur les réchauds sans dépérir. De cette façon, les convives, lorsqu'ils prennent place, ne seront pas exposés à trouver la table uniquement décorée de fruits, de compotes, de bronzes dorés, de vases de fleurs et autres objets peu nutritifs de leur nature, et qui ne sauraient produire ces impressions apéritives et stimulantes que réclame l'entrée en matière d'un grand et bon dîner.

Mais rien n'empêche non plus de servir en assiettes volantes les choses qui demandent à être consommées sur le moment et s'adressent spécialement à la consommation, sans viser à flatter la vue. On pourra ainsi arriver à satisfaire plus promptement l'appétit des personnes que l'on sert, et aussi donner le temps de découper les grosses pièces sans trop de hâte.

Je maintiens donc qu'un repas combiné ainsi, d'après la fusion des deux systèmes, ne pourra que donner pleine et entière satisfaction aux cuisiniers qui l'auront fait dans ces dispositions. Les convives ne s'informeront guère sans doute s'ils sont servis plus particulièrement *à la française* qu'*à la russe*. Ce qu'ils reconnaîtront, j'ose affirmer, c'est que le dîner qu'on leur présente réalise les points les plus essentiels de l'art culinaire. Les yeux, avec lesquels on mange aussi, comme on l'a dit avec raison, seront satisfaits par l'aspect des pièces dressées, et en même temps les gourmets seront à même de savourer dans leurs meilleures conditions les produits délicats et, si j'ose dire, les improvisations exquises de la véritable cuisine.

II

DES MENUS.

Je ne donne pas de listes de menus, et voici pourquoi : c'est qu'il me semble bien plus utile pour tout le monde, consommateurs et cuisiniers, de savoir comment les choses se préparent, plutôt que de voir dérouler ces listes de mets qu'il est toujours si facile de grouper et d'énumérer, du moment où l'exécution ne vient pas à l'appui et où l'on reste dans le domaine de la cuisine imaginaire.

Combien de dîners brillants, superbes sur le papier, et qui se sont trouvés, une fois réalisés, n'être qu'une série de déceptions ! Je soutiens, moi, que tous les menus sont bons, du moment où l'on a évité de ces erreurs par trop grossières, de ces âneries qui sautent aux yeux des moins experts, comme de répéter les mêmes mets, les mêmes sauces ou les mêmes garnitures.

Je suis loin de dire que les exhibitions de menus n'aient pas leur genre d'intérêt ; je connais des personnes qui en font collection et en ont des bibliothèques entières. Mais il me semble c'est là surtout une question de curiosité historique et qui n'a que peu de rapport avec la cuisine active et vivante.

Il faudrait plaindre le sort du cuisinier qui, le jour d'un extra, en serait réduit à fouiller dans les livres, au lieu de compter sur ses propres ressources, pour composer le repas qu'il est appelé à servir.

Toutefois, si j'attache assez peu d'importance aux programmes culinaires en général, j'approuve pleinement l'usage qui consiste à mettre à la disposition des convives le détail exact du dîner offert à leur dégustation. C'est un résultat du progrès moderne que l'on doit applaudir; l'adoption du service à la russe le rendait d'ailleurs à peu près indispensable. N'est-ce pas un avantage réel de pouvoir prendre ses dispositions à l'avance et faire ses réserves d'appétit en raison des diverses parties du repas dont on a le plan général sous les yeux?

A propos de ces cartes de dîner qui émanent directement du cuisinier et représentent non plus des menus en l'air, mais l'annonce sérieuse et positive de mets dont l'exécution doit suivre, je dirai aux jeunes praticiens, en leur parlant au nom de mon expérience personnelle : « Ne faites jamais vos menus trop longtemps à l'avance; c'est vous exposer à beaucoup de difficultés et de mécomptes. Vous pouvez souvent voir renverser d'un seul coup, par une volonté ou une fantaisie supérieure, tout un édifice sur lequel vous vous serez monté l'imagination. C'est vous mettre dans l'obligation de réédifier sur de nouveaux frais avec un sentiment presque inévitable de trouble et de découragement. »

J'ajouterai aussi : « Ne faites imprimer vos menus que lorsque vous aurez rassemblé tous vos approvisionnements, lorsque vous serez parfaitement sûr des choses que vous pourrez servir. C'est seulement au moment où vous êtes revenu de la halle et où vous aurez votre dîner complet dans la cuisine, que vous devez vous occuper d'en faire le programme officiel et définitif. Autrement, vous risquez de ne pas réaliser ce que vous avez annoncé, faute d'avoir pu vous procurer telle denrée que vous aviez en vue. Or quoi de plus souverainement déplaisant qu'un menu qui ne tient pas ses promesses, qui leurre les convives en leur mettant sous les yeux des titres de mets qu'ils attendront vainement et qu'on sera dans l'impossibilité de leur offrir! »

On évitera ce danger en prenant les sages précautions que je conseille : on sera sûr, en ne faisant pas son menu trop tôt, de ne jamais avoir à placer sur la table que des cartes parfaitement authentiques, et qui seront des vérités d'un bout à l'autre.

III

LA CUISINE. — LE PERSONNEL.

Je ne veux pas entamer la grande cuisine, cette partie qui entraîne avec elle tant de soins, de difficultés, de complications minutieuses, sans rappeler encore une fois aux personnes qui tiennent à se faire honneur de leur table, combien il est avantageux pour elles-mêmes de pouvoir mettre à la disposition des gens qu'elles emploient une cuisine établie et disposée tout à fait comme elle doit l'être. Est-ce donc une chose si difficile à réaliser qu'une belle cuisine, surtout dans un siècle où l'on construit de tous les côtés tant de magnifiques habitations ? Quand donc comprendra-t-on que c'est là un point tout à fait essentiel, et que le problème de la véritable gastronomie dépend en grande partie d'une cuisine plus ou moins bien installée, du plus ou moins de facilité que l'on y trouve pour exécuter le travail ?

Le mieux assurément, lorsqu'on fait bâtir et que l'on peut disposer les locaux comme on l'entend, est de mettre l'architecte en rapport avec le cuisinier, lequel donnera les indications pour tout ce qui tient à la construction des fourneaux, aux systèmes de ventilation, d'éclairage, aux conduites d'eau, à la position de l'office, du timbre, surtout au garde-manger, chose si capitale !

Un bon cuisinier donnera sur toutes ces choses les renseignements les plus précis et sera beaucoup mieux à même de dire ce qu'il faut faire que ceux qui construisent si souvent au hasard, avec l'ignorance la plus complète des premières exigences culinaires, et sans s'être entendus préalablement avec un homme du métier.

Quant à la question du personnel et des relations des maîtres et des cuisiniers, elle est à la fois beaucoup trop grave et beaucoup trop délicate pour que je puisse me permettre même de l'effleurer ici. Ces relations de maîtres à cuisiniers sont fort loin malheureusement d'être ce qu'elles devraient; il y a là, de l'avis de tous, des abus considérables à corriger, une grande et salutaire réforme à faire, et il faut espérer que l'esprit de progrès, qui fait aujourd'hui tant de miracles partout, ne tardera pas trop à la produire.

Mais ce qui nous intéresse ici et rentre tout à fait dans la donnée du *Livre de cuisine*, c'est la question du personnel culinaire, considéré sous le rapport de l'exécution même du repas. Or, si nous disons qu'une belle cuisine bien outillée et bien installée est une affaire de première nécessité pour le cuisinier, surtout pour les extras, disons qu'il lui est non moins nécessaire d'avoir autour de lui le personnel suffisant pour le seconder dans ses opérations et lui permettre de mener à bonne fin la besogne dont il se trouve chargé.

Toutefois, quand je parle d'un personnel culinaire suffisant, je n'entends pas retourner en arrière ni invoquer le retour des coutumes de l'ancien régime. Je ne prétends pas que l'on puisse exiger aujourd'hui, ni même rêver des chefs pour les diverses parties, réunis à la fois dans une même cuisine, comme cela existait dans l'ancien temps : des contrôleurs, des chefs de bouche, des potagers, des rôtisseurs, des sauciers, des entremetiers, des pâtissiers, des officiers, etc., tous ces hommes-là entourés d'aides et d'apprentis fonctionnant sous leurs ordres, et représentant autant de brigades particulières commandées par un homme spécial.

Je sais aussi bien que personne ce que comporte l'organisation sociale moderne et ce que l'on peut raisonnablement demander aux trains de maison d'aujourd'hui. Mais je dis que, sans retomber dans les données des anciennes bouches, où il y avait souvent, il faut bien le reconnaître, à la fois confusion et profusion, on peut et on doit permettre à un cuisinier de nos jours d'avoir au moins le nombre d'auxiliaires qu'il juge nécessaire pour le seconder.

Si c'est un homme d'ordre et d'intelligence, il saura distribuer les diverses parties entre ses divers auxiliaires, dont il connaîtra d'avance les aptitudes, et il arrivera ainsi à d'excellents résultats, seulement avec beaucoup moins de frais et d'attirail qu'à l'époque des grandes spécialités de l'ancien régime.

Que l'on accorde donc au cuisinier les aides qu'il peut avoir à réclamer suivant les circonstances, et on y trouvera un profit certain, non seulement sous le rapport de la table et du service, mais aussi de l'économie ; car il est incontestable que celui qui a tout ce qu'il lui faut travaille beaucoup mieux et, en outre, dépense bien moins que celui qui est forcé d'opérer dans des conditions défavorables de local et de personnel.

Ce ne sera jamais de l'argent mal employé que celui qui mettra un bon chef de cuisine à même de ne jamais se surcharger de besogne outre mesure, de planer à tous les moments sur tout le service, de rester dans les conditions de calme, de soin dans les détails, de commandement supérieur, de surveillance générale, qui comptent parmi les devoirs indispensables de sa situation.

IV

TERMES DE CUISINE.

Je répéterai ici ce que j'ai déjà dit dans la première partie : il n'y a pas ou plutôt il ne devrait pas y avoir de *termes de cuisine* ; la cuisine doit pouvoir s'expliquer avec le langage de tous. Il y a cependant des opérations spéciales qu'il serait presque impossible d'indiquer dans la langue usuelle, à moins de recourir à de longues circonlocutions. C'est pour ces opérations seulement que j'ai maintenu, pour plus de brièveté et aussi de clarté, un certain nombre de termes du métier, dont on trouvera l'explication ci-dessous. La liste n'en est pas longue, comme on le verra ; néanmoins je la voudrais encore plus courte ; je voudrais même qu'elle n'existât plus du tout et devînt complètement inutile. J'appelle de mes vœux les plus sincères le jour où les

PRÉLIMINAIRES.   351

termes de cuisine sans exception seront inscrits, non plus dans le dictionnaire de la cuisine, mais dans le dictionnaire de tout le monde.

Aspiquer. On entend par *aspiquer* mettre jus de citron ou vinaigre réduit dans la gelée, sauce et jus.

Chemiser. C'est enduire un moule d'entrée ou d'entremets pour former la couche de farce ou de gelée qui enveloppe le corps de certaines entrées et de certains entremets. On applique aussi l'opération du chemisage à des pièces glacées, telles que les bombes que l'on recouvre d'une écorce différente comme goût du corps principal de la glace.

Clouter. C'est placer sur poulardes, poulets, noix de veau, ris de veau, des clous que l'on forme avec des truffes et de la langue à l'écarlate. Cette opération se fait avec une brochette de bois pointue de 8 millimètres que l'on enfonce dans le morceau de viande pour faire le trou destiné à recevoir les clous de langue et de truffe.

Contiser. On entend par *contiser*, pratiquer des incisions en biais dans les filets et filets mignons, pour introduire des lames de truffes et de langue à l'écarlate.

Croûtonner. C'est disposer autour d'une entrée froide des bordures de morceaux de gelée taillés en losanges, en équerres, en carrés, etc., qui reçoivent pour ces sortes de garnitures le nom de *croûtons*.

Dresser en sens inverse. On désigne par cette expression certaines couronnes ou rosaces que l'on forme pour les chauds-froids, les entrées de filets, les aspics, etc., en les disposant en sens inverse.

Hâtelet. Brochette d'argent que l'on garnit de racines, truffes, crêtes de coq, écrevisses, crevettes, etc., pour orner les grosses pièces de cuisine.

On peut varier les hâtelets à l'infini.

Nous donnons trois espèces de hâtelets de racines (voir pl. X).

Sangler. Le mot *sangler* désigne une des principales opérations du glacier, qui consiste à mettre dans le seau à glacer un morceau de glace de 8 centimètres de hauteur. On couvre ce morceau de glace de deux fortes poignées de salpêtre. On pose dessus la sorbétière avec son couvercle; on garnit le tout avec de la glace bien pilée, mêlée de salpêtre. On tasse la glace de manière que la sorbétière se trouve bien serrée par le salpêtre et la glace qui l'entourent, et se trouve ainsi *sanglée*.

Travailler. On entend par *travailler*, remuer pendant un certain temps les sauces ou les pâtes avec la cuiller, pour les rendre lisses. On dit aussi *travailler des glaces*, c'est-à-dire détacher avec la houlette les parties qui se congèlent les premières le long de la sorbétière et que l'on ramène dans l'ensemble de la glace, pour la faire prendre *également*.

Fig. 96. Casserole à légumes.

Fig. 97. Tortue, queue de bœuf, nids d'hirondelles.

CHAPITRE I

LES POTAGES

Que n'a-t-on pas dit sur les potages, sur leur origine, leurs diversités de caractère, la place qu'ils doivent occuper dans la cuisine! On a même été jusqu'à les nier ; certains auteurs ont imprimé qu'il serait peut-être bon de les supprimer tout à fait.

Je n'ai pas besoin de déclarer que je n'ai nullement l'intention de rentrer dans ces sortes de discussions plus ou moins oiseuses ou paradoxales, qui n'auraient sans doute pas grand intérêt actuellement, en supposant qu'elles en aient jamais eu. Il me semble que ce que l'on peut dire de plus juste à propos du potage en général se résume en ceci : « Il est fait pour préparer le dîner et ne doit jamais, par conséquent, surcharger l'estomac des convives. » C'est pourquoi j'ai évité par-dessus tout ces potages encore beaucoup trop inspirés des pratiques de la vieille cuisine, qui représentent, par la quantité de choses dont ils se composent, des repas complets. J'ai voulu que ceux que j'indique, même quand ils ont des purées pour base, restassent toujours dans les vraies conditions du potage et n'empiétassent en rien sur le domaine du dîner.

Le potage est une des branches où l'imagination des fantaisistes culinaires s'est surtout donné carrière, celle où l'on a inventé le plus de dénominations ambitieuses et bizarres pour baptiser de prétendues nouveautés. Il est toujours si facile, avec une addition de cerfeuil, d'oseille, ou d'une purée quelconque, de créer un potage, soi-disant nouveau, auquel on s'empresse de donner un nom bien étrange! Je suis, certes, grand partisan des nouveautés; je suis très fort d'avis qu'on se préoccupe sans cesse de varier et de créer; je crois même avoir prêché d'exemple dans plus d'une partie de mon livre; mais j'entends par nouveautés des choses vraiment neuves, et non pas des vieilleries dont tout le mérite consiste dans les titres excentriques dont on les affuble.

J'ai désigné les potages, comme du reste toutes les choses dont j'explique les recettes, par les noms à la fois les plus simples et les plus clairs. Il me semble que la première qualité des noms que l'on donne aux mets est d'indiquer aux convives ce qu'ils sont au point de vue de la consommation. Tous les praticiens sérieux conviennent d'une chose aujourd'hui, c'est que la langue culinaire est mal faite; si on avait à la créer, on la ferait sans doute tout autrement qu'elle n'est. Je n'ai pas la prétention de la réformer tout d'un coup; mais, sans rompre brusquement avec les vieilles appellations, j'ai pensé qu'il était à propos de mettre à côté des noms de princes, de princesses, d'hommes d'État, de ministres, de maréchaux, d'ambassadeurs, qui servent, par suite d'une tradition assez singulière lorsqu'on y pense, à dénommer encore à présent un grand nombre de potages et de plats, des titres qui pussent enfin révéler ce qu'ils sont comme cuisine aux personnes appelées à les manger. Que mes confrères veuillent bien me suivre dans cette voie du progrès, et je crois qu'il sera facile d'arriver à se débarrasser progressivement de toutes ces appellations surannées et ridicules qui s'étalent sur tant de menus, au grand regret des hommes de bon sens!

Je n'ai pas jugé à propos de faire précéder les potages d'une liste de garnitures spéciales, ni former à ce sujet de chapitre distinct ; j'ai mieux aimé partir de ce principe, qui du reste se trouve confirmé dans la pratique, c'est que chaque potage porte avec lui sa signature. Il est inutile, ce me semble, de multiplier les classifications de garnitures et de sauces, quand il n'y a pas absolue nécessité : c'est faire croire qu'il existe en cuisine un grand nombre de banalités, pouvant s'appliquer à tout ; c'est lui imprimer un cachet de monotonie et d'uniformité, que son véritable caractère ne comporte nullement.

GRAND BOUILLON.

Le grand bouillon, qu'il eût été aussi raisonnable d'appeler le *petit bouillon*, si on eût voulu le classer relativement au bouillon à potage, et notamment au consommé, est employé pour les mouillements, et il est, dans tous les cas, bien préférable à l'eau.

Le grand bouillon se fait avec jambe de bœuf, jarret de veau, et toutes les parures et os de boucherie.

On désosse les jambes et les jarrets, on ficelle bien les chairs et on met dans la marmite.

On compte 3 litres d'eau pour un kilo d'os et de viande, et 3 grammes de sel par litre d'eau.

Faites bouillir, écumez ; garnissez de poireaux, carottes et oignons ;

Faites cuire cinq heures ;

Passez à la serviette dans une terrine et réservez pour mouiller.

BLOND DE VEAU.

Ayez 2 kilos de rouelle de veau, 1 kilo de tranche de bœuf, et deux poules dont vous levez les filets que vous réservez ;

Beurrez une casserole et ajoutez 3 oignons que vous coupez chacun en 3 tranches ; mettez dessus les viandes que vous aurez ficelées ;

Mouillez avec 1 demi-litre de grand bouillon et faites tomber sur glace ;

Mouillez avec 6 litres de grand bouillon ; faites bouillir et ajoutez 30 grammes de sel ;

Écumez et garnissez avec poireaux et carottes ;

Faites cuire 3 heures à petit bouillon sur le coin du fourneau ; les viandes cuites, passez le bouillon à la serviette ; clarifiez-le avec les filets de poule que vous avez mis de côté ;

Passez-le dans une serviette et réservez pour servir.

OBSERVATIONS SUR LE BLOND DE VEAU.

Le blond de veau s'emploie généralement pour les potages de pâte. Son goût prononcé sert à corriger ce que les pâtes peuvent avoir par elles-mêmes de trop fade. Il sert aussi à remonter en couleur les potages qui se trouveraient d'une teinte trop pâle.

Les personnes peu initiées à la cuisine pourraient éprouver un certain étonnement en remarquant que le veau, qui est une viande blanche, se trouve servir de base au consommé et aux grandes sauces.

Je rappellerai, pour ces personnes, que l'emploi que l'on fait du blond de veau comme élément particulièrement colorant et nutritif, tient au principe gélatineux qu'il contient, ce qui permet de le faire tomber facilement à glace, et d'en obtenir, pour les sauces et consommés, une belle couleur dans la nuance voulue.

CONSOMMÉ.

Préparer 3 kilos de bœuf, 2 kilos de veau, et 2 poules dont vous aurez soin de réserver les filets ;

Mettez les poules à la broche à feu très vif pour leur faire prendre couleur, sans cependant qu'elles cuisent tout à fait ;

Mettez toutes les viandes dans une marmite avec 7 litres de grand bouillon ;

Faites bouillir, écumez, et ajoutez sel, carottes et poireaux ;

Faites mijoter quatre heures sur le coin du fourneau ;

Passez le bouillon, dégraissez-le et clarifiez-le avec les filets de poule que vous avez mis de côté ;
Réservez pour servir.

CONSOMMÉ DE VOLAILLE.

Mettez dans une marmite 2 poules dont vous aurez levé les filets, et 3 kilos de rouelle de veau désossée et ficelée ;
Mouillez avec 5 litres de grand bouillon ; ajoutez 20 grammes de sel et faites bouillir ; écumez ;
Garnissez avec 2 oignons, dont un piqué de 2 clous de girofle, et un bouquet de poireaux avec une branche de céleri ;
Faites mijoter sur le coin du fourneau jusqu'à cuisson des viandes ; lorsque les viandes sont cuites, retirez-les sur un plat et saupoudrez-les de sel ;
Passez le consommé à la serviette, dégraissez-le parfaitement, clarifiez-le avec les filets de poules que vous avez mis de côté, passez-le dans une serviette et réservez pour servir.

Observation. — Le consommé de volaille ne doit jamais avoir une teinte ambrée. En suivant la formule que j'indique, on doit l'obtenir parfaitement blanc et limpide.

CONSOMMÉ DE GIBIER.

Mettez dans une marmite un lapereau de garenne dont vous retirerez les filets, deux perdrix dont vous lèverez les filets, et un kilo de jarret de veau ;
Mouillez avec 5 litres de consommé, faites bouillir, écumez et ajoutez :

15 grammes de sel,
2 oignons, dont un piqué de 2 clous de girofle,
2 carottes,
1 bouquet garni,
1 bouquet de poireaux,
1 branche de céleri ;

Faites mijoter sur le coin du fourneau jusqu'à entière cuisson des viandes ;

Dégraissez; passez à la serviette; clarifiez avec les filets de lapereau et de perdrix que vous avez mis de côté ;

Passez le consommé dans une terrine et réservez pour servir.

CONSOMMÉ DE POISSON.

Faites revenir dans 4 hectos de beurre :
- 5 grosses carottes émincées,
- 4 oignons coupés en lames,
- 3 branches de céleri,
- 4 échalotes,
- 1 gousse d'ail non épluchée,
- 3 clous de girofle,
- 2 feuilles de laurier,
- 1 petite branche de thym,
- 12 branches de persil ;

Faites revenir sur le feu d'une teinte rouge ;

Mouillez avec 2 litres de vin de Bordeaux blanc sec et 5 litres d'eau ;

Faites bouillir, écumez, ajoutez 40 grammes de sel et 2 pincées de mignonnette ;

Mettez dans la casserole 2 kilos de grondins coupés en 3 morceaux ; vous ajouterez les arêtes de 6 merlans, dont vous réserverez les filets pour clarifier ;

Faites cuire à petit bouillon 2 heures sur le coin du fourneau après cuisson, passez à la serviette ;

Pilez les filets de merlan avec 2 blancs d'œufs ;

Clarifiez le consommé de poisson avec les blancs d'œufs et les filets de merlan.

Les légumes doivent être assez passés pour que le consommé soit d'une teinte blonde.

CONSOMMÉ DE RACINES FRAICHES.

Coupez en lames 1 kilo de carottes et 1 kilo d'oignons ; mettez ces légumes dans une casserole avec persil, thym, échalote, céleri et 5 hectos de beurre ;

Faites revenir d'une couleur rouge ; mouillez avec 5 litres d'eau, faites bouillir et écumez ;

Mettez 2 laitues ;

Ajoutez :
    35 grammes de sel,
    12 grammes de gros poivre,
    1 prise de muscade,
    3 clous de girofle,
    1 litre de gros pois,
    1 litre de haricots blancs ;

Faites mijoter trois heures sur le coin du fourneau, et passez à la serviette ;

Réservez pour servir.

CONSOMMÉ DE RACINES SÈCHES.

Lorsqu'on n'a pas de haricots et de pois de saison, on peut faire le consommé de racines avec des légumes secs.

Faites cuire, dans 6 litres d'eau, 1 litre de haricots de Soissons et 1 litre de lentilles à la reine ;

Ajoutez 1 pincée de sel, 1 oignon et 1 bouquet assaisonné.

Lorsque les légumes sont cuits, vous tirez le bouillon à clair et vous mouillez le consommé comme vous avez fait pour les racines fraîches (voir l'article précédent), avec la cuisson des légumes.

CROUTE AU POT.

Blanchissez et dégorgez un petit chou que vous faites cuire avec un oignon piqué d'un clou de girofle et une carotte ;

Assaisonnez légèrement de sel et de poivre ; mouillez avec

grand bouillon, ajoutez 3 décilitres de graisse de volaille clarifiée ;

Laissez au feu jusqu'à entière cuisson du chou. Le chou doit être couvert avec le bouillon et la graisse d'au moins 6 centimètres.

Ayez deux pains dits à potage ; retirez toute la croûte du fond et la mie d'intérieur de manière à former une culotte ;

Trempez les croûtes dans du consommé pendant une minute ; placez-les sur un plat d'argent, le dôme en l'air, l'une à côté de l'autre ; faites-les gratiner au four en les arrosant avec de la graisse de volaille clarifiée ;

Au moment de servir, garnissez le tour des croûtes avec des bouquets de choux que vous aurez bien égouttés, poireaux, carottes et navets cuits dans la marmite ;

Servez à part 3 litres de consommé bien chaud.

Observation. — Le caractère de la croûte au pot est d'être parfaitement gratinée. Les personnes qui se contentent de faire surnager une croûte de pain à la surface d'un bouillon chargé de graisse avec des légumes cuits dans l'eau, sont fort loin de réaliser la croûte au pot véritable. Les légumes que l'on emploie doivent sortir de la marmite, mais on aura soin de faire cuire le chou à part, afin de ne pas dénaturer le goût du consommé.

CONSOMMÉ AUX ŒUFS POCHÉS.

Faites pocher 12 œufs, comme il est dit aux *Œufs pochés au jus* (voir page 280) ;

Dressez les œufs dans une casserole à légumes avec consommé.

Vous servirez à part le consommé dans la soupière.

RIZ AU CONSOMMÉ.

Lavez, blanchissez 250 grammes de riz que vous mouillez avec 1 litre et demi de consommé ;

Faites cuire une heure ; au moment de servir, égouttez le riz dans une passoire, mettez-le dans une soupière et versez dessus 2 litres de consommé bien chaud.

VERMICELLE AU CONSOMMÉ.

Faites blanchir 250 grammes de vermicelle.

Égouttez, rafraîchissez et égouttez de nouveau ;

Mettez le vermicelle dans une casserole avec 1 litre de consommé et faites mijoter 10 minutes sur le coin du fourneau ;

Égouttez, servez dans la soupière, et versez 2 litres de consommé sur le vermicelle.

TAPIOCA AU CONSOMMÉ.

Versez 3 litres de consommé dans la casserole ;

Faites bouillir et versez 120 grammes de tapioca en agitant avec la cuiller pour éviter les grumeaux ;

Couvrez la casserole et faites cuire 20 minutes sur le coin du fourneau ;

Écumez et versez dans la soupière.

MACARONI AU CONSOMMÉ.

Faites blanchir dans l'eau salée 250 grammes de macaroni d'Italie, que vous rafraîchissez au bout de dix minutes ;

Coupez-le en long de manière à former des morceaux de 2 centimètres que vous mettez dans une casserole avec 1 litre de consommé ;

Faites mijoter jusqu'à cuisson ;

Égouttez le macaroni, mettez-le dans la soupière, et versez dessus 2 litres de consommé ;

Servez fromage de Parmesan râpé à part.

Observation. — On a souvent remarqué, avec raison, que le macaroni, que l'on est dans la nécessité de faire blanchir, est susceptible d'affaiblir, par la quantité d'eau qu'il pompe, la qualité du consommé dans lequel on le mêle ; d'un autre côté, si on le faisait cuire dans le bouillon qui doit être employé pour le potage, il le troublerait et lui donnerait une teinte grisâtre désagréable. C'est pourquoi j'indique de faire cuire d'abord le macaroni dans du consommé à part, qui ne sert absolument que pour sa cuisson, et de le transporter ensuite, lorsqu'il est cuit et qu'il a rendu toute son eau, dans le consommé, que les convives ont ainsi dans les meilleures conditions de limpidité et de saveur.

L'observation que je fais à propos du macaroni s'applique également à toutes les pâtes employées pour les potages.

POTAGE AUX NOUILLES.

Préparez 250 grammes de pâte de nouilles, comme il est dit aux *Nouilles au jambon* (voir page 289).

Faites blanchir les nouilles, égouttez-les, et faites-les cuire avec un litre de consommé pendant un quart d'heure;

Égouttez-les de nouveau, mettez-les dans la soupière;

Ajoutez 3 litres de consommé et servez.

SEMOULE AU CONSOMMÉ.

Mettez dans une casserole 3 litres de consommé; au premier bouillon ajoutez 150 grammes de semoule, en agitant avec la cuiller de bois pour bien mêler;

Faites mijoter 25 minutes sur le coin du fourneau, à casserole couverte;

Écumez et servez.

SALEP.

Mettez dans une casserole 3 litres de consommé;

Ajoutez au premier bouillon 50 grammes de salep, en agitant bien avec la cuiller;

Faites mijoter 40 minutes, et finissez comme il est dit à la *Semoule* (voir l'article précédent).

SAGOU.

Même quantité de sagou que pour le *Salep* (voir l'article précédent);

Même cuisson et même quantité de consommé que pour le salep.

PATES D'ITALIE AU CONSOMMÉ.

Faites blanchir 250 grammes de pâtes d'Italie;

Égouttez les pâtes et mettez-les, aussitôt qu'elles sont égouttées, dans une casserole avec 1 litre de consommé;

Remuez, pour bien mêler, avec la cuiller de bois; puis faites cuire un quart d'heure sur le coin du fourneau;

Égouttez les pâtes de nouveau; mettez-les dans la soupière et versez dessus 3 litres de consommé.

Observation. — On n'oubliera pas de servir avec ce potage du fromage de Parmesan râpé dans une assiette à part.

JULIENNE AU CONSOMMÉ.

Préparez :

    Le rouge de 4 carottes,

    La même quantité de navets,

    3 branches d'un pied de céleri,

    3 oignons,

    6 poireaux;

Coupez tous ces légumes comme pour julienne :

Mettez-les dans une casserole, et ajoutez 3 hectos de beurre et 5 grammes de sucre, puis les légumes indiqués ci-dessus que vous faites revenir bien colorés;

Mouillez avec 3 litres de consommé et faites mijoter 3 heures sur le coin du fourneau; évitez une ébullition trop forte, qui pourrait troubler le potage;

Dix minutes avant de servir, ajoutez une quantité de laitue et d'oseille coupées comme la julienne et blanchie.

Au moment de servir, écumez, dégraissez; servez.

JULIENNE AUX ŒUFS POCHÉS.

Préparez la julienne comme il vient d'être dit à l'article précédent.

Servez à part 12 œufs pochés, préparés comme il est dit au *Consommé aux œufs pochés* (voir page 360).

JULIENNE GARNIE DE CRÈME AU CONSOMMÉ, DITE ROYALE.

Mettez dans une terrine :
    2 décilitres de consommé,
    10 jaunes d'œufs,
    1 petite pincée de sel,
    1 petite prise de muscade ;
Battez avec une cuiller et passez le tout à l'étamine ;

Beurrez un petit moule uni pour y mettre cette crème que vous venez de faire, à une hauteur de 4 centimètres et faites-la pocher au bain-marie feu dessus et dessous ;

Surveillez l'eau pour qu'elle ne fasse que frémir ; lorsque la crème est bien ferme, retirez-la du feu, laissez-la refroidir, démoulez et coupez-la en carrés de 1 centimètre que vous mettrez dans la soupière ;

Versez dessus 3 litres de julienne, comme il est dit à la *Julienne au consommé*, page 363).

JULIENNE MAIGRE AU CONSOMMÉ DE RACINES.

La julienne maigre se fait comme la julienne au consommé (voir *Julienne au consommé* (page 363).

On remplace le consommé gras par le consommé de racines (voir *Consommé de racines*, page 359).

PRINTANIER AU CONSOMMÉ.

Faites, avec la cuiller à légumes, 60 boules de carottes de 1 demi-centimètre et autant de boules de navets ;

Faites blanchir, égouttez et mettez, dans deux petites casseroles séparées, carottes et navets que vous couvrez de consommé, avec 3 grammes de sucre dans chaque casserole ;

Faites glacer, c'est-à-dire faites réduire entièrement le mouillement sans que les légumes s'attachent ;

Faites cuire à l'eau de sel une petite botte d'asperges coupées en morceaux de 1 centimètre de long, 1 hecto de haricots verts que vous couperez en losanges, et un quart de litre de petits pois ;

Quand tous ces légumes sont cuits, mettez-les dans une casserole ;

Faites blanchir 10 feuilles de laitue et 10 feuilles d'oseille coupées à la colonne de 1 centimètre et que vous ajoutez aux légumes ;

Donnez un seul bouillon, puis égouttez les légumes dans la passoire et mettez-les dans la soupière ;

Versez dessus 2 litres de consommé bouillant, et servez.

Observation. — Les légumes pour potage doivent conserver autant que possible leur forme et leur couleur : cela ne fait pas le moindre doute ; mais ce n'est pas une raison pour ne pas les faire cuire du tout, comme le font trop souvent certains cuisiniers qui ont l'habitude de mettre dans le potage printanier des légumes à peu près crus, se figurant bien à tort leur donner ainsi une meilleure apparence. Les légumes cuits comme ils doivent l'être peuvent toujours conserver leur nuance, sans qu'on soit dans la nécessité de les faire manger crus ; il s'agit seulement de les préparer suivant les règles.

PRINTANIER AUX CROUTONS.

Préparez un potage printanier comme il vient d'être dit (voir l'article précédent) ;

Garnissez-le avec de petits croûtons de pain de 2 centimètres de large, que vous ferez avec des croûtes de pain à potage.

OBSERVATIONS SUR LES QUENELLES POUR POTAGES.

Les quenelles pour potage se font avec farce de volaille, de gibier, de poissons, dont on donnera la composition au chapitre intitulé : *Garnitures et farces* (page 464). Elle doivent avoir un caractère spécial qui les distingue des quenelles pour entrées et garnitures de grosses pièces. Il faut les faire plus légères et plus

366 LE LIVRE DE CUISINE. — DEUXIÈME PARTIE.

fines, en raison de leur emploi dans les potages, lesquels doivent avoir pour objet d'ouvrir l'appétit, et non pas de remplir l'estomac, conformément aux principes énoncés plus haut.

Le volume des quenelles pour potage devra tout au plus atteindre la grosseur d'une petite olive, ce qui permettra de faire la farce d'autant plus délicate. Lorsqu'elles sont préparées dans ces conditions, je ne pense pas qu'elles méritent jamais le reproche qu'on leur a plus d'une fois adressé, de produire chez les convives cette impression de satiété qu'ils ne doivent jamais éprouver, surtout au début du repas.

PRINTANIER AUX QUENELLES DE VOLAILLE.

Couchez au cornet dans un plat à sauter 60 quenelles de la grosseur d'une petite olive, que vous ferez avec de la farce de volaille (voir *Farce de volaille*, page 466);

Fig. 98. Quenelles pour potages. — Quenelles pour ragoût. — Grosse quenelle.

Faites-les pocher dans le consommé de volaille; égouttez-les; mettez-les dans la soupière; versez le printanier dessus et servez.

PRINTANIER AU CONSOMMÉ MAIGRE.

Préparez le printanier comme il est dit au *Printanier au consommé* (voir page 364);

Remplacez le consommé gras par le consommé de racines (voir *Consommé de racines*, page 359).

PRINTANIER MAIGRE AUX ŒUFS POCHÉS.

Préparez le printanier comme il est dit à l'article précédent ; servez 12 œufs pochés à part.

PRINTANIER AUX QUENELLES DE POISSONS.

Préparez de la farce de poisson, comme il est dit au chapitre des *Farces* (voir page 464) ;

Formez 60 quenelles comme celles de volaille (voir *Printanier aux quenelles de volaille*, page 366) ;

Servez de même, avec 2 litres de printanier maigre que vous verserez sur les quenelles (voir *Printanier au consommé maigre*, page 366).

POTAGE CRÈME DE LÉGUMES, DITE A LA ROYALE.

Faites 1 décilitre de purée de rouge de carottes Crécy ;
Passez au tamis de Venise ;
Cassez dans une terrine 2 œufs que vous battez comme pour omelette ;
Ajoutez :
    La purée de carottes,
    1 décilitre de consommé,
    Une demi-prise de muscade,
    Une pointe de carmin pour que la crème soit d'une belle teinte rouge ;
Passez à travers l'étamine en pressant avec la cuiller ;
Beurrez un moule uni pour contenir la quantité de crème qui vient d'être préparée ;
Faites prendre au bain-marie ;
Laissez refroidir.
Démoulez ;

Parez le tour et le dessus de la crème que vous coupez en dés de 1 centimètre.

Réservez pour garnir le potage;

Préparez, comme il vient d'être dit, une autre crème avec un décilitre de purée d'asperges;

Ajoutez du vert d'épinard passé au tamis de soie, pour que la crème ait une teinte de pistache foncée;

Finissez comme pour la crème de carottes;

Préparez 300 grammes de blanc de céleri que vous couperez en carrés de 8 millimètres;

Faites blanchir;

Rafraîchissez;

Faites cuire avec consommé blanc;

Égouttez;

Mettez les carrés de céleri dans la soupière avec les dés de crème de carottes et d'asperges;

Versez dessus 3 litres de consommé de volaille blanc légèrement lié avec du tapioca.

POTAGE CRÈME DE TRUFFES ET DE VOLAILLE.

Brossez et épluchez une quantité de truffes suffisante pour obtenir 1 décilitre de purée (voir *Purée de truffes*, page 463);

Faites une crème de truffes comme la *Crème de carottes* (voir l'article précédent);

Préparez une même quantité de crème de volaille;

Coupez les deux crèmes en dés; mettez dans la soupière, et versez dessus 3 litres de consommé de volaille légèrement lié avec du salep de Perse.

POTAGE PURÉE DE VOLAILLES A LA PÉRIGORD.

Préparez 2 décilitres de purée de truffes, pour faire une crème de truffes, comme il est dit à l'article précédent;

Coupez en dés;

Mettez dans la soupière;

Versez dessus 3 litres de purée de volaille très légère, dans

POTAGES. 369

laquelle vous ajouterez 1 décilitre de lait d'amandes (voir *Lait d'amandes*, page 393);

Servez.

POTAGE CRÈME DE NAVETS A LA CONDÉ.

Préparez 2 décilitres de purée de navets que vous passez au tamis de Venise;

Mettez 5 blancs d'œufs dans une terrine :

Après les avoir battus, ajoutez :

    La purée de navets,

    Une demi-prise de muscade,

    2 décilitres de consommé blanc;

Passez à l'étamine avec pression;

Faites prendre au bain-marie;

Laissez refroidir;

Coupez en dés;

Mettez dans la soupière;

Versez dessus 3 litres de purée de haricots rouges mouillés avec consommé de gibier;

Servez.

BRUNOISE.

Coupez en petits carrés d'un demi-centimètre :

    1 hecto de rouge de carottes,

    1 hecto de navets,

    1 hecto de poireaux,

    1 hecto de blanc de céleri,

    1 hecto d'oignons;

Faites blanchir tous ces légumes séparément; égouttez-les; mettez-les dans une casserole avec 3 hectos de beurre, et faites revenir d'une couleur rouge;

Ajoutez 3 grammes de sucre, et mouillez avec 5 décilitres de consommé;

Faites glacer, et mouillez encore avec 3 litres de consommé;

Faites mijoter deux heures sur le coin du fourneau ; écumez et dégraissez.

Faites blanchir et cuire 2 hectos de pâtes d'Italie (voir *Pâtes d'Italie*, page 363), que vous égouttez ; mettez-les dans la soupière et versez la brunoise dessus.

POTAGE À LA PAYSANNE.

Émincez le rouge de 4 carottes ;

Émincez 4 navets ; coupez 500 grammes de chou en morceaux ; ajoutez 3 oignons, puis mettez le tout dans une casserole avec 3 hectos de beurre et 5 grammes de sucre ;

Faites revenir d'une couleur rouge ; mouillez avec 3 litres de consommé, et faites cuire trois heures à très petit bouillon ;

Au bout de deux heures de cuisson, ajoutez 100 grammes de laitue et 100 grammes d'oseille coupés en petits carrés ;

Mettez dans la soupière 1 hecto de croûtes de pain coupées en dés ;

Versez le potage, et servez.

POTAGE AUX LÉGUMES ET AUX ŒUFS POCHÉS, DIT COLBERT.

Faites 30 boules de carottes de 2 centimètres que vous enlevez avec la cuiller à légumes ;

Préparez même quantité de boules de navets et autant de petits bouquets de choux-fleurs de même grosseur ;

Faites blanchir carottes et navets séparément, puis mettez-les dans deux petites casseroles et couvrez-les de consommé de volaille ;

Ajoutez 3 grammes de sucre et faites glacer ;

Lorsque les légumes sont glacés, réunissez-les dans l'une des deux casseroles ;

Ajoutez 4 décilitres de consommé ; donnez un bouillon et égouttez ;

Mettez les carottes et les navets dans la soupière avec les bouquets de choux-fleurs que vous aurez fait bouillir à l'eau de sel; versez dessus 2 litres de consommé de légumes bouillant;
Servez 12 œufs pochés à part.

POTAGE AUX LAITUES FARCIES.

Lavez et épluchez 8 laitues que vous faites blanchir; rafraîchissez-les, égouttez-les, coupez-les en deux et enlevez les tiges;
Saupoudrez-les de sel et ficelez les deux morceaux ensemble;
Beurrez une casserole, puis couvrez le fond de lames de chair de veau de 2 centimètres d'épaisseur;
Rangez les laitues sur les lames de veau;
Couvrez de grand bouillon à 2 centimètres au-dessus, puis ajoutez 3 décilitres de graisse clarifiée, un bouquet garni et un oignon piqué de deux clous de girofle;
Faites bouillir, et, au premier bouillon, mettez à feu doux;
Couvrez la casserole et faites mijoter deux heures;
Égouttez les laitues sur une serviette; parez chaque moitié et aplatissez avec la lame du couteau;
Couvrez le milieu des laitues de farce de volaille à 1 centimètre d'épaisseur (voir *Farce de volaille*, page 466), puis reployez les côtés et le bout opposé à la tige sur la farce pour bien l'envelopper, de manière à former un carré long;
Mettez les laitues dans un plat à sauter beurré; ajoutez 5 décilitres de consommé et faites pocher à feu doux;
Égouttez; rangez les laitues dans la soupière, et couvrez-les de 2 litres de consommé.

Observation. — Ce potage est très nourrissant par lui-même et semble sortir de la règle des potages délicats et légers qui ne doivent pas trop remplir. Il y a cependant certaines personnes qui tiennent aux choses substantielles, même en fait de potages; c'est à leur intention que j'indique celui-ci, qui permettra de les satisfaire.

POTAGE AUX LAITUES AU CONSOMMÉ.

Faites cuire 6 laitues, comme il est dit au *Potage aux laitues farcies* (voir l'article précédent);

Quand elles sont cuites, égouttez-les et enlevez les tiges; pressez-les légèrement, et coupez-les en morceaux par le travers;

Mettez-les dans la soupière et couvrez-les de deux litres de consommé.

POTAGE AU CÉLERI ET AU BLOND DE VEAU.

Préparez 400 grammes de blanc de céleri que vous épluchez et lavez; coupez-le en morceaux de 1 centimètre carré; faites-le blanchir, égouttez-le et rafraîchissez-le;

Mettez-le dans une casserole avec un litre de consommé, et faites cuire une heure et demie à très petit bouillon;

Au bout d'une heure de cuisson, mettez à feu ordinaire, afin que le consommé réduise et glace le céleri; lorsqu'il est glacé, placez-le dans la soupière et ajoutez 3 litres de blond de veau.

POTAGE VERTPRÉ.

Faites cuire 1 hecto de tapioca dans 3 litres de consommé;

Préparez 2 hectos de pointes d'asperges, 2 hectos de petits pois, et 2 hectos de haricots verts coupés en losange;

Quand les légumes sont blanchis, faites-leur faire un seul bouillon dans un demi-litre de consommé;

Égouttez-les et mettez-les dans la soupière;

Écumez, versez le tapioca sur les légumes, et servez.

POTAGE AUX RAVIOLIS.

Faites 500 grammes de pâte à nouilles comme il est dit à la première partie (voir *Nouilles au jambon*, page 289);

Mettez dans 3 hectos de farce de volaille (voir *Farce de volaille*, page 466) une cuillerée à bouche de bourrache blanchie, pilée et passée au tamis de soie, ou même quantité de vert d'épinards ;

Ajoutez une cuillerée à bouche de parmesan râpé ;

Abaissez la pâte à nouilles très mince ; coupez-la avec un coupe-pâte cannelé de la grandeur de 5 centimètres, de manière à former des ronds ;

Mouillez légèrement les bords ; mettez gros comme une noisette de farce de volaille sur chaque rond ; reployez la pâte sur la farce, de manière à ne faire que des demi-ronds ;

Soudez-les bien ;

Faites bouillir du grand bouillon dans un plat à sauter, puis mettez ces demi-ronds, dit *raviolis*, dans le plat, et laissez cuire 5 minutes à très petit bouillon ;

Égouttez-les, rangez-les dans la soupière, et versez dessus 3 litres de blond de veau ;

Servez fromage de Parmesan à part.

POTAGE D'ORGE A LA HOLLANDAISE.

Faites blanchir, dans 2 litres d'eau, 200 grammes d'orge perlé que vous égouttez, rafraîchissez et mettez dans une casserole avec un litre et demi de grand bouillon ;

Faites cuire à très petit feu ; égouttez et mettez l'orge dans 2 litres de consommé de volaille ; faites mijoter un quart d'heure sur le coin du fourneau ;

Faites 50 petites quenelles de volaille que vous couchez au cornet de la grosseur d'un pois ;

Préparez 20 grammes d'oseille coupée en chiffonnade, c'est-à-dire en filets que vous blanchissez ;

Égouttez la chiffonnade, et mettez-la dans la soupière avec les quenelles ;

Écumez le potage et versez-le sur la chiffonnade et les quenelles.

POTAGE AUX QUENELLES DE CONSOMMÉ DE VOLAILLES.

Beurrez légèrement un plat à sauter, où vous couchez au cornet 50 quenelles de volaille de la grosseur d'une petite olive ; évitez qu'elles ne se touchent dans le plat ;

Versez un demi-litre de grand bouillon pour pocher ces quenelles ; égouttez-les et mettez-les dans la soupière avec 3 litres de consommé de volaille (voir *Consommé de volaille*, page 357) ;

Servez aussitôt que vous aurez dressé.

POTAGE AUX QUENELLES DE GIBIER.

Faites pocher 50 quenelles que vous ferez avec de la farce de gibier (voir *Farce de gibier*, page 466) ;

Formez ces quenelles comme les quenelles de volaille indiquées à l'article précédent ; mouillez-les avec 3 litres de consommé de gibier (voir *Consommé de gibier*, page 357).

POTAGE AU CONSOMMÉ DE POISSON.

Faites pocher 50 quenelles que vous formez avec de la farce de poisson (voir *Farce de poisson*, page 466) ; mouillez avec 3 litres de consommé de poisson (voir *Consommé de poisson*, page 358).

POTAGE AUX TROIS RACINES.

Faites une julienne avec 100 grammes de racines de persil, 100 grammes de blanc de céleri et 100 grammes de rouge de carotte ;

Faites blanchir ces légumes 5 minutes ; égouttez-les, faites-les revenir avec 1 hecto de beurre, d'une couleur rouge, et mouillez avec 3 décilitres de consommé ;

Faites-les glacer, puis mettez-les dans la soupière avec 1 hecto de nouilles coupées très fin ;

Versez dessus 2 litres de blond de veau, et servez.

POTAGE PROFITEROLLES AU CHASSEUR.

Ayez 50 profiterolles, c'est-à-dire 50 petits pains faits avec la pâte de pain au lait, de 2 centimètres et demi de large ; videz-les en dessous, enlevez la croûte du fond et la mie de l'intérieur ; puis remplissez-les de farce de gibier (voir *Farce de gibier*, page 466) ;

Beurrez un plat à sauter ;

Faites pocher au four les profiterolles, et, lorsqu'elles sont pochées, rangez-les dans la soupière ;

Versez dessus 3 litres de consommé de gibier (voir *Consommé de gibier*, page 357) ;

Servez.

Observation. — Ce potage ne doit jamais attendre ; sans quoi on serait exposé à voir les profiterolles se ramollir.

POTAGE DE SEMOULE A LA CHIFFONNADE D'OSEILLE, DIT LÉOPOLD.

Préparez de la semoule comme il est dit à la *Semoule au consommé* (page 362) ;

Ajoutez 1 hecto de chiffonnade d'oseille que vous faites blanchir dans du consommé ;

Égouttez, mettez dans la soupière et versez la semoule par-dessus ;

Remuez, et servez.

POTAGE D'ORGE AU BLOND DE VEAU.

Faites blanchir 250 grammes d'orge de Francfort ;

Égouttez, rafraîchissez, et, lorsque l'orge est blanchie, mettez-la dans une casserole avec 1 litre de grand bouillon ;

Faites cuire quatre heures à petit feu ;

Égouttez l'orge et mettez-la dans la soupière en versant dessus trois litres de blond de veau très chaud.

POTAGE VILLAGEOIS AU MACARONI.

Coupez en julienne 500 grammes de blanc de poireau; blanchissez, égouttez-le, et mettez-le dans une casserole avec 1 hecto de beurre ; faites-le revenir blond ;

Lorsque les poireaux sont colorés, mouillez-les avec 3 litres de consommé et faites mijoter 3 quarts d'heure sur le coin du fourneau ;

Faites blanchir 1 hecto de petit macaroni ;

Rafraîchissez, puis coupez le macaroni en morceaux de 1 centimètre ;

Mettez les morceaux dans une casserole avec 1 demi-litre de consommé ; faites-les bouillir 10 minutes, égouttez-les et mettez-les dans la soupière ;

Écumez le potage, et servez-le sur le macaroni ;

Remuez, et servez avec fromage de Parmesan râpé à part.

POTAGE AUX NIDS D'HIRONDELLES.

Ce potage, malgré son apparence ambitieuse et son caractère étranger, est en réalité beaucoup plus simple de préparation que son nom ne semblerait le faire supposer.

Je le donne ici surtout à titre de rareté, et je crois être fondé à dire que c'est surtout à l'excellence du vrai consommé français, employé dans sa préparation, qu'il doit son principal mérite.

Faites tremper, pour un nombre de 12 personnes, 9 nids d'hirondelles, que vous laissez dans l'eau pendant 24 heures.

Au bout de ce temps, vous lavez et épluchez parfaitement ces nids, qui ont formé des filets dont l'aspect offre une grande analogie avec les nouilles ; évitez surtout qu'il reste ces petites plumes imperceptibles qu'il est très nécessaire d'enlever.

Lavez à plusieurs eaux jusqu'à ce que les nids soient devenus blancs comme neige, puis mettez-les dans une casserole avec 1 litre de grand bouillon ; faites mijoter 2 heures à très petit feu ;

Égouttez les nids, mettez-les dans la soupière, et versez dessus 2 litres et demi de consommé que vous aurez préparé comme il est dit au *Consommé* (voir *Consommé*, page 356) ;

Servez.

POTAGES AUX TROIS FILETS.

Faites bouillir 3 litres de consommé : mettez dedans 1 hecto de tapioca, et faites cuire 20 minutes sur le coin du fourneau à casserole couverte ;

Préparez 100 grammes de truffes coupées en filets de 2 centimètres de long sur 3 millimètres de large ;

Préparez même quantité de blanc de volaille et de langue à l'écarlate, que vous couperez également en filets ;

Mettez le tout dans la soupière ; versez dessus le tapioca, après l'avoir bien écumé ;

Servez.

CRÉCY AU GRAS.

Émincez le rouge d'une quantité de carottes de manière à en avoir 500 grammes tout épluchées ;

Faites blanchir à grande eau et égouttez ;

Mettez dans une casserole 2 hectos de beurre, le blanc de 4 poireaux, un oignon coupé en lames, et les carottes que vous avez émincées ;

Faites revenir cinq minutes dans le beurre ;

Mouillez avec 1 litre de consommé de volaille et ajoutez 1 hecto de mie de pain à potage ; j'indique de lier à la mie de pain à potage ; je la préfère à la liaison au riz employée par plusieurs de mes confrères, parce que j'ai remarqué que la liaison au riz avait souvent l'inconvénient de former empois ;

Faites mijoter les légumes à feu doux, la casserole couverte, jusqu'à entière cuisson des carottes ;

Passez-les à l'étamine, puis mouillez-les avec 2 litres de consommé de volaille ;

Faites bouillir en tournant avec la cuiller de bois et laissez mijoter de nouveau pendant une heure sur le coin du fourneau ; ayez soin de couvrir la casserole ;

Au moment de servir, écumez et dégraissez ;

Mettez dans la soupière, et servez à part de petits croûtons de pain passés au beurre.

CRÉCY AU MAIGRE

Procédez entièrement de la même manière que pour la *Crécy au gras* (voir l'article précédent) ;

Mouillez avec consommé de légumes, au lieu de consommé de volaille.

PURÉE DE NAVETS A LA CRÈME.

Épluchez des navets pour en avoir 800 grammes tout épluchés ; faites-les blanchir à grande eau et laissez-les dégorger pendant une heure ;

Mettez dans une casserole : 40 grammes de beurre et 30 grammes de farine ;

Faites cuire pendant 5 minutes et mouillez avec 2 litres de consommé de volaille ;

Ajoutez les navets que vous avez épluchés, avec 3 grammes de sucre et 1 pincée de sel ;

Faites bouillir, en remuant avec la cuiller de bois ;

Mettez mijoter sur le coin du fourneau jusqu'à cuisson des navets ; quand ils sont cuits, passez à l'étamine, puis mouillez avec 1 litre de consommé de volaille ;

Faites mijoter sur le coin du fourneau ;

Dégraissez et écumez ;

Faites blanchir et cuire 1 hecto de riz dans du grand bouillon pendant 25 minutes ;

Égouttez bien le riz, mettez-le dans la soupière, et versez la purée dessus ; vous ajouterez 2 décilitres de crème double et 30 grammes de beurre ;

Remuez le potage jusqu'à ce que le beurre soit bien fondu ;
Goûtez pour l'assaisonnement, et servez.

PURÉE DE POMMES DE TERRE, DITE PARMENTIÈRE.

Épluchez et coupez des pommes de terre jaunes pour en avoir 6 hectos tout épluchées ; mettez-les dans une casserole avec 2 litres de consommé de volaille ;

Faites-les bien cuire ; passez deux fois à l'étamine et ajoutez un litre de consommé de volaille ;

Tournez sur le feu avec la cuiller de bois jusqu'au premier bouillon ; liez avec 2 décilitres de crème double et 30 grammes de beurre très fin, puis ajoutez 2 cuillerées à bouche de peluche de cerfeuil ;

Mettez dans la soupière, et servez croûtons à part.

Observation. — On peut remplacer les croûtons et la peluche de cerfeuil par une garniture de pointes d'asperges et de boules de carottes enlevées avec la cuiller.

POTAGE PURÉE DE HARICOTS ROUGES, DIT CONDÉ.

Ayez 1 litre de haricots rouges que vous lavez avec soin, et mettez dans une casserole avec :

 4 litres d'eau,
 1 oignon piqué de 2 clous de girofle,
 1 branche de céleri,
 1 carotte,
 3 pincées de sel ;

Mettez le tout sur le feu jusqu'à entière cuisson des haricots ; lorsqu'ils sont cuits, égouttez-les dans une passoire ;

Pilez-les, relevez-les dans une terrine, puis passez-les à l'étamine en les mouillant avec 1 litre et demi de consommé de gibier ;

Lorsque tous les haricots sont passés, mettez-les dans une casserole et ajoutez 1 litre de consommé, tournez-les sur le feu en agitant avec la cuiller ;

Lorsqu'ils bouillent, mettez-les pendant une heure sur la

cendre rouge, en ayant soin qu'ils ne fassent que frémir; couvrez la casserole et mettez du feu dessus.

En suivant les détails de l'opération comme elle est prescrite, vous devez obtenir un potage d'une belle couleur rouge.

Mettez-le sur le coin du fourneau et faites mijoter pendant une demi-heure;

Écumez et dégraissez, puis versez dans la soupière et servez avec croûtons à part.

Ce potage peut se garnir avec du riz remplaçant les croûtons.

Observation. — La méthode que j'indique ici peut heurter les anciens principes qui consistaient à faire cuire les haricots avec perdrix, jambon et consommé. J'ai remarqué qu'en procédant ainsi on donnait au potage un goût âcre, qu'il était ensuite bien difficile de lui retirer.

PURÉE D'ASPERGES.

Faites cuire 1 kilo d'asperges vertes dont vous retirerez les parties dures; réservez les têtes pour garnir.

Dès qu'elles sont blanchies, mettez dans une casserole 60 grammes de beurre et 40 grammes de farine; remuez pendant 5 minutes avec la cuiller de bois;

Mouillez avec 2 litres de consommé de volaille;

Ajoutez les asperges, faites bouillir, mettez mijoter sur le coin du fourneau jusqu'à entière cuisson des asperges, passez à l'étamine, et mettez sur le feu 20 minutes avant de servir;

Tournez avec la cuiller, et ajoutez 1 demi-litre de consommé de volaille;

Faites bouillir;

Mettez dans la soupière, puis liez avec 2 décilitres de crème et 80 grammes de beurre;

Ajoutez les têtes d'asperges que vous aurez fait cuire;
Servez.

Observation. — Si le potage se trouvait être d'une nuance trop pâle, vous le teindriez avec du vert d'épinards passé au tamis de soie.

POTAGES.

PURÉE DE CHICORÉE.

Préparez 18 chicorées dont vous prendrez tout le blanc ;

Faites-les blanchir et rafraîchir à grande eau ; égouttez-les et pressez-les bien pour retirer toute l'eau qu'elles contiennent ;

Mettez dans une casserole 40 grammes de beurre et 40 grammes de farine ;

Faites un roux que vous mouillez avec 3 litres de consommé de volaille ;

Lorsqu'il bout, faites cuire la chicorée dedans à très petit feu, évitez la réduction puis passez à l'étamine ;

Mettez la purée dans une casserole et faites-le bouillir sur le coin du fourneau pendant une demi-heure ;

Écumez et dégraissez ;

Ayez 1 hecto de riz préparé comme il est dit à la *Purée de navets* (voir page 378) ;

Mettez-le dans la soupière, ajoutez la purée avec 2 décilitres de crème double ; mêlez bien avec la cuiller de bois ; goûtez pour l'assaisonnement, et servez.

Observation. — On est souvent dans l'usage de travailler les purées de chicorée, comme celles d'asperges, de navets, etc., avec le velouté. J'ai eu mes raisons pour m'écarter de ce procédé : j'ai eu plus d'une fois l'occasion de constater, dans ma pratique, qu'en faisant cuire les légumes dans les liaisons, on arrivait à obtenir des purées plus lisses, et que l'on conservait en même temps bien mieux le goût de légumes.

PURÉE DE LENTILLES, DITE CONTI.

Lavez 1 litre et demi de lentilles dites *à la reine* ;

Faites-les cuire avec :
    3 litres d'eau,
    1 bouquet garni,
    1 oignon piqué de 2 clous de girofle,
    1 carotte,
    1 branche de céleri ;

Lorsque les lentilles sont cuites, retirez le bouquet; pilez-les, passez-les à l'étamine, puis mouillez-les avec 1 litre de consommé de gibier;

Lorsque la purée est faite, mettez-la dans une casserole avec 2 litres de consommé de gibier; tournez-la sur le feu avec la cuiller pour éviter qu'elle ne s'attache;

Faites mijoter une heure sur le coin du fourneau, la casserole couverte aux trois quarts;

Faites cuire dans du grand bouillon 1 hecto de têtes de céleri coupées par petits bouquets que vous égouttez et mettez dans la soupière;

Écumez la purée de lentilles et versez-la sur les têtes de céleri.

PURÉE DE POIS VERTS AU GRAS.

Faites cuire 2 litres de pois à grande eau;

Salez et ajoutez 1 oignon et 1 carotte;

Retirez la carotte et passez à l'étamine;

Mettez la purée dans une casserole avec 5 grammes de sucre, puis mouillez avec 2 litres de consommé de volaille.

Tournez sur le feu pour éviter que la purée ne s'attache, et, au premier bouillon, mettez-la sur le coin du fourneau;

Blanchissez 1 hecto de riz que vous rafraîchissez et faites cuire dans un demi-litre de consommé de volaille;

Égouttez-le, et mettez-le dans la soupière avec la purée;

Ajoutez 60 grammes de beurre;

Remuez bien pour lier avec le beurre, et quand il est parfaitement fondu, servez.

Observation. — Si la purée était d'une nuance trop pâle, ajoutez-y du vert d'épinards passé au tamis de soie.

POTAGE DE POIS A L'ALLEMANDE.

Mettez dans la casserole 90 grammes de farine que vous mouillez avec 4 litres de consommé de volaille pour faire une liaison;

Faites bouillir 2 litres de consommé de volaille; versez la

liaison à travers la passoire dite *chinois* dans le consommé bouillant, en ayant soin de tourner avec la cuiller de bois pour éviter les grumeaux ;

Ajoutez 5 grammes de sel, 5 grammes de sucre, et un litre de petits pois écossés bien frais, que vous aurez parfaitement lavés ;

Continuez à remuer avec la cuiller, faites mijoter sur le coin du fourneau jusqu'à entière cuisson des pois ;

Écumez ; mettez dans la soupière, et liez avec 40 grammes de beurre.

POTAGE DE POIS VERTS AU MAIGRE.

Préparez les pois comme il est dit à la purée de pois verts au gras (voir *Purée de pois verts au gras*, page 382) ;

Remplacez le consommé de volaille par la cuisson des pois, faites cuire le riz à l'eau et au beurre ; finissez comme le potage de pois verts au gras.

Observation. — On ne saurait avoir les pois trop nouvellement écossés pour les potages aux pois et les purées de garniture.

POTAGE A L'OSEILLE A LA CRÈME.

Épluchez et lavez 3 hectos d'oseille fraîche ; coupez l'oseille en filets comme pour chiffonnade, et mettez-la dans la casserole avec 1 hecto de beurre ;

Faites-la revenir cinq minutes sur le feu en remuant avec la cuiller ;

Ajoutez 20 grammes de farine et faites cuire pendant cinq minutes ;

Mouillez avec 2 litres et demi de consommé de volaille ; tournez, faites bouillir et laissez 25 minutes sur le coin du fourneau ;

Taillez de la croûte de pain en filets que vous mettez dans la soupière ;

Écumez, versez le potage sur le pain, liez avec 6 jaunes d'œufs et 2 décilitres de crème double, puis mettez dans la soupière 30 grammes de beurre, en ayant soin d'agiter pour bien mêler ;

Goûtez pour l'assaisonnement, et servez.

POTAGE A LA PURÉE DE MARRONS.

Préparez comme pour purée 60 marrons que vous faites cuire à très petit feu avec 1 litre de bouillon ;

Quand les marrons sont cuits, passez à l'étamine, mouillez-les avec 5 litres de consommé ; faites bouillir et laissez mijoter sur le coin du fourneau ; écumez et mettez dans la soupière ;

Servez à part croûtons de pain passés au beurre.

POTAGE A LA PURÉE DE HARICOTS BLANCS.

Faites cuire 1 litre et demi de haricots blancs avec :
  3 litres d'eau,
  1 oignon,
  1 bouquet garni,
  1 carotte,
  10 grammes de sel,
  5 grammes de sucre ;

Lorsque les haricots sont cuits, égouttez-les après avoir retiré carottes et bouquet ; pilez-les au mortier et passez-les à l'étamine ;

Mouillez avec 2 litres de consonmé de volaille, puis faites bouillir sur le coin du fourneau pendant 10 minutes ;

Versez dans la soupière, en ajoutant 1 hecto de riz cuit au grand bouillon et une cuillerée de peluche de cerfeuil ;

Liez avec 2 décilitres de crème double et 30 grammes de beurre ; mêlez bien, goûtez et servez.

POTAGE A LA PURÉE DE LÉGUMES, DIT FAUBONNE.

Préparez une purée de lentilles comme la *Purée de lentilles dite Conti* (voir page 381) ;

Ajoutez 1 demi-litre de julienne, que vous ferez cuire et glacer.

On fait ce même potage avec toutes les purées de légumes et julienne.

POTAGE A LA PURÉE DE VOLAILLE, DIT POTAGE A LA REINE.

Faites cuire dans une casserole deux poulets avec :
    5 litres de grand bouillon,
    1 bouquet garni,
    1 oignon,
    1 carotte,
    5 grammes de sel,
    4 grammes de sucre ;

Lorsque les poulets sont cuits, laissez-les refroidir pendant un quart d'heure, retirez-les de la cuisson, que vous passez à la serviette et que vous dégraissez parfaitement ;

Levez toutes les chairs des poulets, en ayant soin qu'il ne reste ni peau ni graisse ; hachez-les, pilez-les au mortier, puis ajoutez 2 hectos de mie de pain à potage que vous aurez fait tremper avec la cuisson bien dégraissée ;

Mouillez avec la cuisson et passez à l'étamine ;

Tournez sur le feu en remuant bien avec la cuiller et évitez que la purée ne bouille ; au moment de servir, vous ajouterez une liaison que vous ferez de la façon suivante :

Pilez 30 amandes douces et mouillez-les avec 2 décilitres de crème, puis passez-les avec forte pression à travers un linge ;

Mêlez cette liaison avec la purée, et servez.

Ce potage se garnit avec des quenelles de volaille couchées au cornet, que l'on forme grosses comme des pois.

Observation. — Dans beaucoup de cuisines, on est dans l'habitude de faire les potages de purée de volaille avec des viandes rôties ; je crois qu'il est mieux de faire cuire les poulets dans leur cuisson. On recueille ainsi toute l'essence de la volaille beaucoup mieux que si on commençait par faire rôtir la viande pour l'employer ensuite.

POTAGE PURÉE DE VOLAILLE AUX CONCOMBRES.

Préparez une purée de volaille comme pour le potage à la reine, que vous garnirez avec 4 décilitres de ronds de concombre poussés à la colonne d'un centimètre et demi sur un centimètre d'épaisseur ;

Faites-les cuire dans le consommé de volaille, égouttez, versez la purée dessus, et servez.

POTAGE A LA PURÉE DE GIBIER.

Ayez 3 perdreaux et 2 lapins de garenne ;
Préparez-les comme pour la broche ;
Mettez-les dans une casserole avec :
    3 litres de grand bouillon,
    1 oignon piqué de 2 clous de girofle,
    1 bouquet garni,
    2 carottes ;
Faites bouillir, écumez et laissez mijoter sur le coin du fourneau jusqu'à entière cuisson du gibier ;

Lorsque le gibier est cuit, laissez refroidir à moitié, levez les chairs des lapins et des perdrix, que vous hachez et pilez au mortier ;

Ajoutez 2 hectos de mie de pain à potage que vous aurez fait tremper dans un demi-litre de fond bien dégraissé ;

Passez à l'étamine ; mettez la purée dans une casserole avec le bouillon qui a servi à cuire le gibier ; tournez sur le feu sans laisser bouillir ; écumez et servez avec des quenelles couchées au cornet, grosses comme des pois.

POTAGE D'ORGE DE FRANCFORT.

Faites cuire 3 hectos d'orge de Francfort avec 3 litres d'eau, 30 grammes de beurre et 10 grammes de sel ;

Laissez au feu jusqu'à cuisson entière de l'orge ; assurez-vous de la cuisson en pressant l'orge avec le doigt ;

Égouttez et mettez l'orge dans une casserole avec 2 litres de consommé de volaille ;

Ajoutez 3 décilitres de purée d'oseille ; faites bouillir en tournant, et laissez mijoter sur le coin du fourneau pendant un quart d'heure ;

Écumez ; versez dans la soupière, puis liez avec 2 décilitres de crème double et 30 grammes de beurre fin ;

Goûtez, et servez.

CRÈME DE RIZ AU CONSOMMÉ DE VOLAILLE.

Faites blanchir 250 grammes de riz ;

Rafraîchissez, et faites cuire une heure à très petit feu ;

Mouillez avec 1 litre de consommé de volaille ; quand le riz est cuit, passez-le à l'étamine, puis mettez-le dans une casserole en le mouillant avec 2 litres de consommé de volaille ;

Tournez sur le feu ; au premier bouillon, laissez mijoter sur le coin du fourneau pendant un quart d'heure ; écumez et versez dans la soupière ;

Liez avec 30 grammes de beurre et 2 décilitres de crème double ;

Remuez bien ;

Goûtez pour l'assaisonnement, et servez.

Observation. — Ces potages se servent aussi garnis de pointes d'asperges et de petits pois.

POTAGE D'ORGE A LA CRÈME.

Préparez 500 grammes d'orge, comme pour le *Potage d'orge de Francfort* (voir page 386) ;

Passez à l'étamine, et mouillez avec 2 litres de consommé de volaille ;

Faites bouillir et mijoter un quart d'heure ; écumez, puis mettez dans la soupière ;

Liez avec 3 décilitres de crème double et 20 grammes de beurre.

BISQUE D'ÉCREVISSES LIÉE.

Ayez 40 écrevisses moyennes que vous faites cuire dans une bouteille de bon vin de Bordeaux blanc;

Ajoutez :

    200 grammes d'oignons émincés,

    50 grammes de carottes émincées,

    5 branches de persil,

    1 feuille de laurier,

    1 petite branche de thym,

    15 grammes de sel,

    5 grammes de poivre,

    Une petite pointe de poivre de Cayenne;

Laissez cuire pendant 10 minutes et sautez bien les écrevisses afin qu'elles cuisent également; lorsqu'elles sont cuites, ôtez les queues, que vous épluchez et que vous réservez pour garnir;

Prenez les coquilles et les pattes, dont vous vous servirez pour faire le beurre d'écrevisses;

Mettez l'intérieur des écrevisses dans la casserole avec la cuisson;

Ajoutez 2 hectos de pain à potage que vous aurez fait griller sans prendre couleur;

Mouillez avec 2 litres de consommé et faites cuire une heure à très petit feu sans réduction;

Passez à l'étamine et versez la purée dans une casserole;

Remuez jusqu'au premier bouillon, puis mettez 10 minutes sur le coin du fourneau;

Ajoutez les queues d'écrevisses dans la soupière après les avoir parées; écumez le potage et versez-le sur les queues d'écrevisses;

Vous lierez avec le beurre d'écrevisses que vous ferez de la manière suivante :

Pilez parfaitement les coquilles et les pattes, et ajoutez 125 grammes de beurre;

Mettez dans un bain-marie couvert et laissez une heure dans l'eau bouillante;

Passez à travers un linge le beurre d'écrevisses avec pression sur de l'eau froide dans une terrine, puis relevez-le, épongez-le et passez-le au tamis de soie ;

Prenez-en les trois quarts pour former la liaison et mettez l'autre quart dans 1 hecto de farce de poisson ;

Couchez au cornet des quenelles grosses comme un pois ; mettez-les dans le potage, et servez.

OBSERVATIONS SUR LA BISQUE D'ÉCREVISSES.

La bisque d'écrevisses doit être de haut goût, mais je ne saurais approuver la méthode qui consiste à la pimenter si fortement qu'elle brûle le palais du consommateur. Je n'approuve pas non plus ce procédé beaucoup trop répandu qui consiste à garnir les bisques avec des morceaux de farce que l'on enferme dans des coquilles. C'est entrer dans ce genre de potage substantiel contre lequel j'ai déjà eu l'occasion de protester. De plus, il me semble que des coquilles d'écrevisses que l'on sert aux convives ne sont ni d'une très grande utilité ni d'un très bon effet dans les assiettes de potage.

BISQUE D'ÉCREVISSES AU MAIGRE CLAIRE.

Préparez 40 écrevisses comme il est dit à l'article précédent ; retirez les queues que vous épluchez et que vous réservez pour garnir le potage ;

Pilez dans un mortier les intérieurs, les pattes et les coquilles, que vous mettez ensuite dans la casserole avec 3 litres de consommé de poisson ;

Faites cuire pendant une heure ;

Clarifiez avec 2 blancs d'œufs et 2 hectos de chair de merlan ;

Passez à la serviette ;

Mettez dans la soupière les queues d'écrevisses et les quenelles que vous ferez comme il a été dit à la *Bisque d'écrevisses liée* (voir page 388) ;

Versez le consommé dessus, et servez.

BISQUE D'ÉCREVISSES A LA CRÈME.

Préparez 40 écrevisses que vous faites cuire avec 2 oignons coupés en lames, 1 carotte moyenne, 10 branches de persil, un demi-litre de consommé ;

Mettez-les sur le feu 10 minutes, en ayant soin de bien les sauter afin que leur cuisson se fasse également ;

Lorsqu'elles sont cuites, retirez les queues, épluchez-les et réservez-les pour garnir ;

Pilez les intérieurs, les pattes et les coquilles ; mettez-les dans la casserole avec 2 litres et demi de consommé de volaille, et faites cuire une heure sur le coin du fourneau à très petit bouillon ; faites un roux avec 2 hectos de beurre et 120 grammes de farine ;

Faites cuire pendant 5 minutes en remuant avec la cuiller de bois ; passez la cuisson des écrevisses et servez-vous-en pour mouiller le roux ;

Faites réduire pendant 20 minutes, toujours en tournant avec la cuiller, puis ajoutez 4 décilitres de crème double en deux fois ;

Passez à l'étamine après réduction faite et mettez au bain-marie ;

Cinq minutes avant de servir, faites bouillir le potage, ajoutez deux autres décilitres de crème et remuez avec la cuiller ;

Mettez les queues d'écrevisses dans la soupière, versez le potage dessus, et servez.

POTAGE AUX HUITRES D'OSTENDE.

Faites blanchir 5 douzaines d'huîtres d'Ostende ;

Pour les blanchir, vous les jetez dans de l'eau bouillante, et les laissez une minute dans l'eau en remuant avec une cuiller ;

Égouttez-les, rafraîchissez-les, et égouttez-les une deuxième fois ;

Nettoyez-les avec grand soin, pour qu'il n'y reste aucune parcelle de coquilles ;

Faites un roux avec 50 grammes de beurre et 60 grammes de farine ;

Faites cuire pendant 3 minutes, puis mouillez avec 2 litres et demi de consommé de poisson blanc ; remuez sur le feu avec la cuiller jusqu'au premier bouillon ;

Laissez mijoter pendant une demi-heure, mettez les huîtres dans la soupière, et ajouter une peluche de persil ;

Écumez le potage, liez avec 6 jaunes d'œufs et un décilitre de crème, passez à l'étamine, versez sur les huîtres et servez.

Observation. — Ce potage est maigre.

POTAGE AUX MOULES.

Choisissez 60 petites moules ;

Faites-les cuire avec oignons en lames et persil en branche ; lorsqu'elles sont cuites, retirez-les de la coquille ;

Lavez-les avec grand soin à l'eau tiède, égouttez-les sur un linge et réservez-les pour garnir ;

Faites lier 2 litres de consommé de poisson, comme il est dit aux *Huîtres d'Ostende* (voir l'article précédent) ;

Ajoutez la cuisson des moules, et finissez comme il est dit au Potage aux huîtres.

POTAGE AUX QUENELLES DE GRENOUILLE.

Préparez 300 grammes de chair de grenouille, pilez-les au mortier et passez-les au tamis ;

Ajoutez 100 grammes de beurre et 100 grammes de panade ;

Après avoir passé les chairs de grenouille, mettez-les dans le mortier avec beurre et panade, assaisonnez-les de sel et de poivre avec une prise de muscade ;

Pilez bien, et quand le tout sera suffisamment mêlé, vous ajouterez un œuf.

Faites un essai d'une petite quenelle que vous pochez dans l'eau ; si la farce se trouve trop ferme, mettez-la à point avec de la crème double, puis couchez cette farce en quenelles de la grosseur d'un pois que vous faites pocher et réservez pour garnir;

Préparez un consommé de poisson (voir *Consommé de poisson*, page 358), dans lequel vous ajouterez les carcasses des grenouilles;

Clarifiez le consommé et passez-le à la serviette;

Mettez les quenelles dans la soupière;

Ajoutez le consommé avec une cuillerée à bouche de peluche de cerfeuil;

Servez.

BOUILLABAISSE.

Mettez dans une casserole :
- 400 grammes d'oignons,
- 2 clous de girofle,
- 35 grammes de persil,
- 2 feuilles de laurier,
- 1 petite branche de thym,
- 2 gousses d'ail non épluché,
- 25 grammes d'échalotes,
- 50 grammes de carottes;

Coupez en tronçons 2 kilos 500 de poissons, tels que grondin, sole, merlan, vive, rouget-barbet, que vous mettez dans la casserole;

Ajoutez :
- 125 grammes d'huile,
- 20 grammes de sel,
- 5 grammes de poivre,
- 25 grammes de piment doux,
- 2 litres d'eau;

Faites cuire pendant 25 minutes à casserole bien couverte; vous ne mettrez le merlan que 15 minutes après ébullition;

Le poisson cuit, égouttez-le soigneusement, nettoyez-le, afin qu'il ne reste dessus aucune parcelle d'aromates;

Dressez en rocher sur un plat pour servir avec le bouillon

que vous aurez fait passer à travers la passoire dite *chinois*, en ajoutant une cuillerée à café de safran en poudre ;

Mettez le bouillon dans une soupière, et servez à part des tranches de pain grillé d'un centimètre d'épaisseur.

Ce potage, d'origine méridionale, doit être de haut goût.

Observation. — La bouillabaisse peut se faire aussi avec le poisson d'eau douce ; on procède comme il vient d'être dit ; cependant le poisson de mer est toujours de beaucoup préférable.

LAIT D'AMANDES AU RIZ.

Lavez et faites blanchir 3 hectos de riz ; mettez le riz dans une casserole avec 1 litre et demi de lait, une petite pincée de sel et 25 grammes de sucre ;

Faites cuire à très petit feu pendant une heure ;

Mondez 2 hectos d'amandes douces et 10 amandes amères ; pilez parfaitement en ajoutant 5 décilitres de lait pour empêcher que les amandes ne tournent en huile ;

Mouillez-les avec 1 demi-litre de lait, et passez-les à travers un linge ;

Mettez le riz dans la soupière, puis ajoutez le lait d'amandes en remuant avec la cuiller.

Sucrez suivant le goût des personnes.

LAIT D'AMANDES AUX CROUTONS.

Mondez et pilez 500 grammes d'amandes, comme il est dit à l'article précédent ;

Vous ajouterez 10 amandes amères que vous mouillerez avec 1 litre de lait ;

Passez avec pression :

Faites bouillir 1 litre et demi de lait dans lequel vous ajouterez 40 grammes de sucre et une petite pincée de sel ; versez le lait dans la soupière, puis mêlez le lait d'amandes avec le lait :

Servez à part des croûtons que vous aurez préparés en procédant ainsi :

Faites 60 croûtons avec pain de mie, que vous coupez avec une colonne de 2 centimètres sur un demi d'épaisseur ;

Rangez-les sur une plaque, saupoudrez-les de sucre passé au tamis de soie, puis faites-les glacer des deux côtés au four ou à la salamandre ;

Mettez-les sur une assiette à part, et servez.

POTAGE AU RIZ A L'ITALIENNE.

Préparez 300 grammes de riz que vous essuyez parfaitement dans un linge ;

Mettez dans une casserole 2 oignons coupés en petits dés et 1 hecto de saindoux ;

Faites revenir sur le feu pendant 4 minutes ;

Ajoutez au riz, sel et poivre, une pointe de Cayenne et 2 piments doux en poudre ;

Passez encore 4 minutes sur le feu, puis mouillez avec 1 litre et demi d'eau ;

Faites cuire le riz pendant 20 minutes ; mettez-le dans la soupière et mouillez avec un litre de consommé bouillant ;

Servez à part fromage de Parmesan râpé.

RIZ A LA TURQUE.

Faites blanchir 3 hectos de riz ; mouillez avec 6 décilitres de consommé ; ajoutez sel, poivre et une cuillerée à café de safran ; faites crever pendant 20 minutes ;

Beurrez un moule uni dans lequel vous mettrez le riz ;

Faites un bouillon avec 2 kilos de poitrine de mouton et 3 litres d'eau ;

Faites bouillir, écumez, garnissez de 2 oignons et ajoutez sel, poivre et carottes. Lorsque la viande est cuite, passez à la serviette ;

Servez sans dégraisser, le pain de riz à part.

OBSERVATION SUR LES POTAGES ÉTRANGERS.

Malgré ma profession de foi au sujet des potages légers,

j'indique maintenant quelques potages étrangers qui sont encore bien moins que le potage aux laitues farcies dans des conditions de légèreté. Je les donne pour satisfaire, autant que possible, à toutes les fantaisies et répondre aux circonstances spéciales où les cuisiniers français pourraient être appelés à les préparer.

POTAGE TORTUE.

Suspendez la tortue par les deux nageoires de derrière; tranchez-lui la tête et laissez-la saigner pendant quinze heures.

Lorsque vous la reprendrez au bout de ce temps, mettez-la sur le dos; ouvrez-la par le milieu pour en retirer les intestins, en ayant soin de ne pas les crever ;

Coupez les quatre nageoires ;

Sciez la tortue en quatre parties ;

Retirez les chairs et la graisse, puis mettez à grande eau et faites bouillir les quatre morceaux de tortue, nageoires et tête.

Lorsque les écailles se lèvent, retirez la tortue de l'eau, levez toutes les parties mucilagineuses et mettez-les dans une casserole avec un bouquet garni, carottes, oignons, sel et poivre;

Mouillez à grande eau et faites cuire 4 heures en ayant soin de bien écumer;

Retirez les écailles et les os qui pourraient tenir aux parties gélatineuses, et après avoir bien nettoyé ces parties, mettez-les en presse sur un plafond;

Placez 5 kilos de chair de tortue dans une marmite avec 8 litres d'eau; faites bouillir, écumez, puis ajoutez sel, mignonnette, oignon, clou de girofle et bouquet garni ;

Faites mijoter 4 heures sur le coin du fourneau :

Mettez dans une casserole :

  4 kilos de bœuf coupé en gros dés,

  4 kilos de rouelle de veau ;

Ajoutez :

  15 grammes de basilic,

  8 grammes de citronnelle,

  8 grammes de marjolaine,

5 grammes de romarin,
5 grammes de thym,
5 grammes de laurier,
25 grammes de persil,
150 grammes d'oignons,
100 grammes de racines de persil,
200 grammes de champignons,
1 prise de poivre de Cayenne,
50 grammes de céleri en branches ;

Ajoutez 250 grammes de beurre et faites revenir blond ;

Saupoudrez de 250 grammes de farine ; faites prendre couleur pendant 5 minutes et mouillez avec 6 litres de bouillon de tortue ;

Ajoutez une poule, à laquelle vous aurez fait prendre à la broche une couleur foncée :

Laissez cuire pendant 4 heures ; passez à l'étamine et faites mijoter pendant 1 heure sur le coin du fourneau pour clarifier ;

Parez la tortue en filets de 3 centimètres sur 1 de large, pour retirer les parties charnues ;

Mettez les chairs dans une casserole, avec 2 bouteilles de vin de Madère, et faites bouillir pendant 20 minutes ;

Divisez le potage et la tortue de manière à pouvoir servir 12 personnes ;

Mettez dans la soupière avec une cuillerée à bouche de jus de citron.

POTAGE FAUSSE TORTUE.

Ayez 1 kilo de rouelle de veau et 1 kilo de tranche de bœuf que vous coupez en morceaux carrés de 6 centimètres ;

Mettez-les dans une casserole, ajoutez tous les aromates indiqués dans l'article précédent, depuis les 15 grammes de basilic jusqu'aux 50 grammes de céleri en branches ;

Mettez les aromates dans une casserole avec 250 grammes de beurre.

Faites revenir à couleur rouge et saupoudrez avec 300 grammes de farine ;

Laissez sur le feu encore pendant trois minutes en tournant toujours avec la cuiller ;

Mouillez avec 1 litre de consommé, 2 litres de grand bouillon et 4 décilitres de madère sec :

Ajoutez sel, mignonette et pointe de Cayenne ;

Tournez jusqu'à ébullition ;

Ajoutez une demi-tête de veau que vous aurez désossée et blanchie ; faites cuire pendant 3 heures sur le coin du fourneau ;

Retirez la tête de veau, nettoyez-la bien pour qu'il n'y reste point d'aromates ;

Enlevez l'oreille et mettez-la en presse sous un plafond que vous chargerez suffisamment ;

Passez le bouillon à travers la passoire dite *chinois* dans une casserole ; ajoutez un demi-litre de blond de veau, et faites mijoter sur le coin du fourneau pendant une heure ;

Écumez à mesure que le bouillon monte ;

Laissez refroidir la tête de veau ; coupez le cuir seul, sans graisse ni chair, en morceaux de 3 centimètres de long sur 1 de large ; faites mijoter pendant 20 minutes dans le grand bouillon ;

Égouttez dans la soupière ;

Passez le potage à l'étamine et versez-le sur la tête de veau ;

Ajoutez une demi-cuillerée à bouche de jus de citron et 1 demi-décilitre de vin de Madère ;

Servez.

POTAGE DOUGLAS.

On procède pour ce potage comme pour la fausse tortue, seulement on n'ajoute point de farine ;

On fait dépouiller le potage, et on clarifie ensuite avec 500 grammes de veau maigre pilé et 2 blancs d'œufs ; on finit comme pour la fausse tortue (voir *Fausse tortue*, p. 296).

POTAGE DE LIÈVRE A L'ANGLAISE.

Ayez un lièvre trois-quarts ; dépouillez-le, videz-le et réservez le sang, dont vous vous servirez pour lier le potage ;

Coupez le lièvre en petits morceaux égaux entre eux et faites-le passer au beurre avec persil en branches et oignons en rouelles ;

Ajoutez sel et poivre.

Lorsque le lièvre est bien passé, faites un roux avec 150 grammes de farine, 1 bouteille de vin de Bordeaux rouge et 2 litres de consommé ;

Faites cuire le lièvre ; une fois cuit, passez-le dans une grande passoire, nettoyez bien chaque morceau en évitant qu'il n'y reste des fragments d'os ;

Mettez toutes les parties de lièvre dans une casserole ;

Faites dépouiller la cuisson sur le coin du fourneau ;

Tenez les morceaux de lièvre chaudement ;

Une demi-heure après que la cuisson est entrée en ébullition, passez à l'étamine, liez-la avec le sang en ayant soin de la bien dégraisser (voir *Liaison au sang*, page 89) ;

Mettez les morceaux de lièvre dans la soupière, sauf la tête ; versez la cuisson dessus et servez en ajoutant une pointe de Cayenne.

POTAGE ANGLAIS D'ABATIS D'OIE OU GIBELETTES.

Échaudez et épluchez 2 abatis d'oie ; faites-les blanchir et coupez-les en morceaux égaux. Il faut avoir bien soin de nettoyer la tête et les pattes.

Passez au beurre et mouillez avec 1 décilitre de vin de Xérès et 1 décilitre de consommmé ;

Faites tomber sur glace et mouillez avec 3 litres de consommé ;

Ajoutez un bouquet d'aromates comme il est indiqué au potage tortue (voir *Potage tortue*, page 395) ;

Faites cuire les abatis, et, lorsqu'ils sont cuits, passez la cuisson à la grande passoire ;

Faites un roux avec 50 grammes de beurre et 60 grammes de farine ;

Mouillez avec la cuisson des abatis ; tournez sur le feu jusqu'à ébullition et mettez sur le coin du fourneau :

Faites cuire une heure et dégraissez parfaitement ;

Mettez les abatis dans une casserole, passez la sauce dessus, faites faire un bouillon, et versez dans la soupière en ajoutant une cuillerée à bouche de purée d'herbes à potage tortue, une cuillerée à bouche de jus de citron et une pointe de Cayenne ;

Remuez légèrement pour que le tout soit mélangé, et servez.

POTAGE HOCHEPOT A L'ANGLAISE.

Ayez 2 kilos de queue de bœuf que vous coupez en morceaux égaux de 4 centimètres d'épaisseur et que vous faites blanchir à grande eau ;

Égouttez, rafraîchissez-les et mettez-les dans une casserole avec 4 litres de grand bouillon, 1 oignon piqué de 2 clous de girofle, et 1 bouquet garni ;

Faites cuire à feu doux jusqu'à entière cuisson des queues de bœuf ;

Tournez 20 petites carottes que vous formez en poires ;

Faites cuire et glacez 20 petits oignons ;

Quand les queues de bœuf sont cuites, égouttez-les et essuyez bien chaque morceau ; placez-les dans la soupière avec les carottes et les oignons ;

Versez dessus 2 litres de blond de veau bouillant ;

Servez.

POTAGE ÉCOSSAIS.

Faites un consommé avec 5 colliers de mouton que vous aurez coupés en morceaux et que vous ferez blanchir et rafraîchir ;

Mouillez avec 4 litres de bouillon ;

Ajoutez 2 oignons, 2 clous de girofle, sel et poivre ;

Préparez un carré de mouton en enlevant tous les os de l'échine ; faites-le cuire et coupez-le en côtelettes, lorsqu'il est cuit ;

Passez le consommé à la serviette ;

Faites blanchir et rafraîchir deux fois 1 hecto d'orge de Francfort, que vous faites cuire avec eau, sel et beurre ;

Préparez 1 décilitre de brunoise (voir *Potage brunoise*, page 369) ;

Clarifiez le consommé de mouton avec de la chair de mouton et 2 blancs d'œufs ;

Mettez dans la soupière les côtelettes, l'orge, la brunoise, et versez le consommé dessus.

POTAGE DE CANARDS A LA LIVONIENNE.

Plumez, épochez, videz, flambez et épluchez deux canards que vous retroussez comme pour entrées ; faites-les cuire dans 4 litres de bouillon, avec bouquet garni, 2 oignons, carottes, sel et poivre ;

Préparez une julienne que vous ferez avec 1 hecto de racines de persil et 1 hecto de blanc de céleri que vous passerez au beurre ;

Faites tomber sur glace ;

Lorsque les canards sont cuits, égouttez-les, dégraissez parfaitement la cuisson et clarifiez-la avec 500 grammes de chair de bœuf sans graisse ni nerfs ;

Découpez les canards, les filets en aiguillettes et les cuisses en deux morceaux ; placez les morceaux dans la soupière sans les carcasses ;

Ajoutez à la julienne une cuillerée à bouche de fenouil haché ;

Versez le consommé et servez.

POTAGE ALLEMAND AU CUMIN.

Passez au beurre 25 grammes de cumin ;

Mouillez avec 3 litres de consommé de volaille et faites cuire trois quarts d'heure sur le coin du fourneau ;

Versez dans la soupière et servez à part des rôties de pain de seigle.

Beaucoup d'Allemands mangent ce potage comme je viens de

le décrire; d'autres veulent que l'on passe le consommé, afin qu'il ne reste pas de cumin dans le potage, et font tremper les rôties de pain de seigle dans la soupière.

POTAGE RUSSE AUX ROGNONS DE VEAU.

Préparez 3 litres de velouté peu lié;
Coupez en losanges 2 oignons roussis salés;
Ajoutez :
  20 olives tournées et blanchies,
  30 grammes de cornichons en lames,
  10 petits champignons tournées,
  2 rognons de veau que vous couperez en très petits dés,
  100 grammes d'oignons coupés en dés, que vous passez au beurre;
Lorsqu'ils sont blonds, ajoutez les rognons que vous avez coupés;
Sautez pendant quelques minutes et évitez que les rognons ne soient trop cuits;
Égouttez le beurre, puis mettez toutes les garnitures dans la soupière;
Liez le velouté avec 4 jaunes d'œufs et 2 décilitres de crème;
Versez dans la soupière, ajoutez une pointe de Cayenne, et servez.

POTAGE RUSSE A LA PURÉE D'OIGNONS.

Épluchez 600 grammes d'oignons;
Coupez-les en lames et faites-les blanchir;
Rafraîchissez-les, égouttez-les, et mettez-les dans une casserole avec 100 grammes de beurre;
Tournez 5 minutes et ajoutez 5 grammes de farine;
Mouillez avec 1 litre de consommé de volaille et 1 demi-litre de crème; tournez sur feu doux pendant 20 minutes, puis ajoutez une prise de sel et une prise de sucre;

Passez à l'étamine et mettez la purée d'oignons dans une casserole;

Délayez 5 cuillerées de fécule dans une casserole avec 1 demi-litre d'eau, puis ajoutez la fécule à la purée;

Faites bouillir 12 décilitres de lait, et versez-les sur la purée de la fécule en remuant avec la cuiller pour bien mêler;

Ajoutez 60 grammes de beurre que vous ferez fondre en tournant hors du feu;

Mettez le beurre dans la soupière, et servez à part des quenelles de brochet aux queues d'écrevisses.

Fig. 99. Pain pour potage.

Fig. 100. Caisse à bain-marie.

CHAPITRE II

SAUCES

OBSERVATIONS SUR LES VINS DE CUISINE ET LE BEURRE
POUR LES ROUX.

Avant d'expliquer la confection des grandes sauces, je crois nécessaire de faire quelques observations sur deux des ingrédients les plus essentiels, c'est-à-dire les vins et le beurre, dont l'emploi revient fréquemment dans la préparation des sauces et des entrées.

On se figure parfois que le vin que l'on destine à la cuisine peut être impunément de qualité médiocre et que les sauces et ragoûts n'en souffriront pas. C'est avec un regret profond que, dans de bonnes maisons qui avaient cependant l'amour-propre de leur table, j'ai entendu dire, en parlant des vins avariés qu'il était devenu impossible de boire : « Ce sera toujours assez bon pour la cuisine. »

On ne saurait combattre trop vivement cette opinion fausse et dangereuse. Ce que j'ai déjà dit au sujet de la qualité des denrées, je le répète ici plus hautement que jamais au sujet des vins : « Vous ne ferez jamais de bonne cuisine avec des vins usés et de qualité inférieure. »

Toutefois, lorsque je dis qu'il faut toujours employer de bons vins en cuisine, j'entends que l'on se tienne dans une moyenne de bons ordinaires rouges et blancs. Je n'imiterai pas certains auteurs qui n'ont pas craint d'indiquer à tout propos dans leurs recettes les Château-Laffite, les Château-Yquem, les Clos-Vougeot, les Johannisberg, les Tokay, les Constance, comme si ces vins ne coûtaient rien et pouvaient impunément couler à flots dans les casseroles.

Je déclare, moi, que ce serait une folie et un meurtre véritable que de vouloir consacrer de pareils vins à la confection habituelle des sauces. Nous savons ce qu'on peut faire avec un bourgogne ordinaire, capiteux et franc de goût, un bordeaux bien sec, également dans les bonnes qualités d'ordinaire, certains vins d'Espagne employés dans les proportions voulues et lorsqu'ils se trouvent tout à fait indiqués par la nature propre des mets. Mais à quoi bon, je le demande, faire appel pour le travail aux grands vins d'élite qui ne gâtent rien assurément, tant s'en faut, mais qui ne donneront jamais des résultats équivalents à leur prix, surtout dans les cas où il est prouvé que l'on peut opérer tout aussi bien avec des vins de qualité moyenne, à moins que l'on ne veuille pousser à des sacrifices inutiles et tomber par pur charlatanisme dans ces exagérations de dépenses qui ont fait tant de tort à la profession du cuisinier?

Je crois devoir combattre aussi cet autre préjugé qui consiste à établir que le beurre employé pour le roux n'a pas besoin d'être très frais ni très bon, sous prétexte qu'il est destiné à être cuit. Je conjure les gens qui ont cette idée en tête et qui tiennent à bien manger, d'y renoncer complètement. Le mauvais beurre ne vous donnera jamais que de mauvaises choses. Il existe certaines répugnances contre les roux ; on les trouve parfois lourds, indigestes ; cela tient surtout à ce que, dans plusieurs cuisines, on a la mauvaise habitude de les faire avec des beurres inférieurs et de les garder pendant plusieurs jours. Il faut abandonner absolument de pareilles méthodes. Le roux ne peut être fait comme il doit l'être que s'il a pour base un beurre frais et d'excellente qualité. Il n'y a d'ailleurs nulle nécessité de le préparer à l'avance ; on a toujours le loisir de le faire pendant la cuisson des sauces, ce qui permet de l'avoir dans ses conditions les meilleures et de l'employer au moment où il vient d'être fini.

DES SAUCES EN GÉNÉRAL

Nous entrons ici dans un des chapitres de la table les plus prisés des gourmets, mais aussi de ceux où l'on a accumulé le plus de grands mots, de dissertations amphigouriques, de prescriptions inintelligibles pour tout le monde, et même pour les gens du métier, qui arrivent si rarement à s'entendre entre eux, surtout lorsqu'il s'agit de la préparation des sauces. Il est cependant facile de se convaincre que cette opération se réduit, au fond, à des termes très nets et très clairs, si on veut la prendre pour ce qu'elle est, dans sa simple pratique, sans y mêler des complications inutiles et en la dégageant de tout le verbiage ambitieux dont on s'est plu trop souvent à l'embrouiller.

J'espère arriver à prouver, d'après le détail de mes recettes, que les mots de *grande espagnole*, d'*allemande*, de *velouté*, d'*essence*, de *fumet*, qui représentent aux yeux de bien des gens une sorte d'alchimie culinaire impénétrable, répondent à des opérations en définitive beaucoup plus simples et plus accessibles qu'on ne croit, et qui sont fondées, comme toutes les choses de la bonne cuisine, sur les règles du goût et du raisonnement.

On sera bien près de comprendre le sens et l'application de ces termes, quand on se sera rendu compte du principe suivant : on distingue en cuisine certaines viandes particulièrement savoureuses, succulentes, riches en principes nutritifs, donnant naissance à quelques sauces principales, lesquelles engendrent la plupart des autres sauces, dont les espèces sont infinies, mais dont les bases restent toujours les mêmes.

Quelques-unes de ces sauces principales ont reçu, comme

beaucoup de détails de la cuisine, des noms assez étranges et dont il est nécessaire d'avoir la clef pour arriver à les comprendre. Ainsi l'une des plus usitées a été appelée la *grande espagnole*, ce qui fait croire à beaucoup de personnes qu'elle se fait avec des substances tirées de l'Espagne. Or rien n'est moins exact; cette sauce, aussi bien que l'*allemande*, a pour fond le suc de nos meilleures viandes de boucherie française et des légumes de notre sol.

Au lieu de l'appeler la *grande espagnole*, il eût donc été plus juste d'appeler cette sauce, dès le principe, la *grande française*. Il n'y a pas à vouloir la débaptiser aujourd'hui : le nom d'*espagnole* est adopté trop généralement pour qu'on puisse le remplacer par un autre. Mais il est bon de savoir que, si le nom d'*espagnole* est étranger, les produits qui la constituent ne le sont nullement, et que sa composition est due aux principes essentiels de nos viandes.

J'ai cru qu'il était bon de désigner les sauces fondamentales sous le titre de *Sauces mères*, pour bien spécifier le rôle essentiel qu'elles jouent dans la confection d'autres sauces en très grand nombre, qui sont leurs dérivées et qu'on a parfois désignées, assez improprement aussi, sous le nom de *petites sauces*, comme s'il y avait en réalité dans la cuisine des sauces *grandes* ou *petites*. La dénomination a été d'autant plus mal choisie que les sauces que l'on a appelées *petites* ou *simples* se trouvent être dans plus d'un cas beaucoup plus compliquées que les *grandes*; or c'est principalement le contraire que leur dénomination semblerait annoncer.

J'ai entendu quelquefois certaines personnes, fort étrangères, bien entendu, aux premiers principes du métier, exprimer au sujet de ces *sauces mères*, et notamment de l'*espagnole*, une assez singulière critique : « Si vous mettez de l'*espagnole* dans toutes choses, ont-elles dit, vous arrivez à faire une cuisine absolument uniforme, ayant toujours le même goût. »

Cette erreur profonde, et que l'emploi si fréquent de l'*espagnole* explique à la rigueur chez les gens non initiés, peut se réfuter en peu de mots. « Un peintre, leur dirons-nous, qui n'a qu'un très petit nombre de couleurs sur sa palette fait-il donc toujours le même tableau? N'arrive-t-il pas à produire à l'aide de ces couleurs primitives dont il dispose un très grand nombre de nuances et de tons qui varient à l'infini? »

Je me permets d'emprunter cette comparaison à un art fort supérieur incontestablement à l'art culinaire, parce qu'elle me semble de nature à expliquer le rôle que les *sauces mères* jouent dans notre métier. Elles sont toujours les mêmes, et cependant elles ne laissent pas de produire une multitude de combinaisons qui réalisent les variétés infinies de mets, de sauces, d'assaisonnements dont se compose la cuisine.

Du reste, on se rendra d'autant mieux compte des résultats que ces sauces produisent, lorsqu'on entrera dans les détails de leur application. On reconnaîtra bientôt combien la cuisine moderne est, sous ce rapport, supérieure à l'ancienne, qui se croyait obligée de ne jamais commencer ses sauces que dans l'espace des quelques heures qui précédaient le moment de servir.

Dieu sait les agitations, les troubles et les émois dans les cuisines, et aussi les accidents si funestes aux convives que produisait cette manière de procéder!

Avec l'emploi des *sauces mères*, on est arrivé à faire tout aussi bien que dans l'ancien temps et avec beaucoup moins d'encombrement et de difficultés de travail. Les consommateurs, aussi bien que les cuisiniers, y ont gagné sous tous les rapports.

I

SAUCES MÈRES

ESPAGNOLE GRASSE.

J'indique les quantités pour 4 litres d'espagnole, ce qui n'a rien assurément de bien considérable eu égard aux opérations de la grande cuisine. On n'oubliera pas, du reste, qu'elle peut se conserver 3 et 4 jours sans se dénaturer. Ainsi pour l'usage d'une grande maison, on pourra sans aucun inconvénient faire le double de la dose que je donne.

Ayez 3 kilos de rouelle de veau désossée et 1 kilo de tranche de bœuf.

Beurrez une casserole et mettez dans le fond 3 oignons coupés en lames, puis posez les viandes dessus ;

Mouillez avec 1 demi-litre de grand bouillon et faites partir à feu vif ;

Lorsque le mouillement sera à moitié réduit, couvrez le feu pour qu'il se produise un mijotement continu qui fasse glacer les viandes d'une belle couleur rouge ; vous aurez soin de les retourner pour qu'elles prennent couleur sur tous les sens.

Cette opération demande à être faite avec une attention particulière ; si la glace était trop brune, la sauce aurait un goût âcre, que, malgré toutes les additions de sucre, on ne parviendrait jamais à corriger.

Lorsque les viandes sont bien tombées sur glace, retirez du feu et laissez la casserole couverte 5 minutes avant de mouiller ; en couvrant la casserole, vous donnez à la glace plus de facilité pour se dissoudre.

Ajoutez 6 litres de grand bouillon, faites bouillir, écumez, puis mettez :

     1 bouquet garni,
     2 carottes,
   10 grammes de sel,
     3 grammes de mignonnette,
     5 grammes de sucre.

Au premier bouillon, placez sur le coin du fourneau jusqu'à entière cuisson des viandes ; lorsqu'elles sont bien cuites, égouttez-les sur un plat et saupoudrez-les de sel ;

Passez la cuisson à la serviette, puis faites un roux avec 4 hectos de beurre clarifié et 4 hectos de farine ; lorsque le roux est cuit, mouillez-le avec la sauce ; tournez sur le feu avec la cuiller de bois, et, au premier bouillon, mettez sur le coin du fourneau ;

SAUCES.

Couvrez la casserole aux trois quarts, puis faites mijoter pendant deux heures ; écumez, dégraissez 2 fois pendant l'opération ;

Au bout des deux heures, écumez et dégraissez une dernière fois ;

Passez à l'étamine, et réservez pour l'emploi.

Observation. — Je ne crois pas devoir indiquer l'addition de poule ni de gibier, comme on l'a fait souvent avant moi. La viande de boucherie doit seule constituer, à mon avis, la base de l'*espagnole*. Son objet étant de se combiner avec d'autres essences de viandes, il me semble tout à fait essentiel de l'obtenir dans sa simplicité pure, sans confusion de goût de volaille et de gibier, ce qui ne pourrait qu'altérer son principe, et lui donner un caractère de mélange nuisible dans ses applications.

ESPAGNOLE MAIGRE.

Ayez 3 kilos de grondins, brochets et merlans que vous nettoyez et coupez en morceaux ;

Beurrez une casserole où vous mettez 3 oignons coupés en lames ; placez le poisson dessus ;

Ajoutez 5 décilitres de vin blanc et faites tomber sur glace, puis mouillez avec 5 litres de consommé de poisson ;

Ajoutez 2 grosses carottes, 1 bouquet garni, 5 grammes de sel et 2 grammes de mignonnette ;

Faites bouillir, et, au premier bouillon, mettez sur le coin du fourneau ;

Faites mijoter jusqu'à cuisson entière du poisson, puis retirez le poisson sur un plat ;

Faites un roux avec 350 grammes de beurre clarifié et 350 grammes de farine ;

Mouillez ce roux avec la cuisson du poisson ;

Tournez jusqu'à ébullition, et faites dépouiller pendant vingt-cinq minutes sur le coin du fourneau ;

Passez à l'étamine ;

Réservez.

VELOUTÉ GRAS.

Ayez 3 kilos de sous-noix de veau, et 2 poules dont vous aurez retiré les filets ;

Beurrez une casserole, dans laquelle vous mettez 2 oignons et les viandes dessus ;

Ajoutez 1 demi-litre de grand bouillon ;

Faites suer à feu doux, en évitant que les viandes ne se colorent; mouillez avec 7 litres de grand bouillon ; faites bouillir; écumez, puis ajoutez 5 grammes de sel, 3 grammes de mignonnette, 3 grammes de sucre, 1 bouquet garni et 2 carottes moyennes ;

Laissez sur le feu jusqu'à entière cuisson des viandes ; retirez les viandes sur un plat, et saupoudrez-les de sel ;

Passez la cuisson à la serviette et dégraissez entièrement ;

Faites un roux blanc avec 400 grammes de farine et 400 grammes de beurre clarifié ;

Mouillez avec la cuisson des viandes et tournez jusqu'à ébullition ; au premier bouillon, mettez sur le coin du fourneau ;

Laissez mijoter pendant deux heures ; dégraissez deux fois pendant l'opération, et une dernière fois avant de passer le velouté à l'étamine ;

Réservez pour servir.

VELOUTÉ MAIGRE.

Ayez 4 kilos de poisson, grondins, merlans, brochets ;
Mettez-les dans une casserole ;
Ajoutez :
    2 oignons ordinaires,
    2 clous de girofle,
    1 bouquet garni,
    2 carottes moyennes,
    1 demi-litre de vin blanc,
    20 grammes de sel,
    50 grammes de mignonnette ;

SAUCES. 411

Faites suer à feu doux pendant 15 minutes ;

Mouillez avec une bouteille de vin blanc et 4 litres d'eau ;

Faites bouillir : écumez et laissez mijoter sur le coin du fourneau jusqu'à entière cuisson du poisson ;

Passez à la serviette, puis faites un roux blanc avec 350 grammes de beurre et 350 grammes de farine ;

Mouillez le roux ;

Faites réduire en tournant sur le fourneau pendant un quart d'heure ; passez à l'étamine, et réservez.

ALLEMANDE.

Préparez :

2 décilitres d'essence de volaille (voir page 415),

1 décilitre d'essence de champignons (voir page 416),

1 litre de velouté gras (voir *Velouté gras*, page 410) ;

Faites réduire jusqu'à ce que la sauce masque la cuiller ;

Liez avec 4 jaunes d'œufs et 15 grammes de beurre ;

Passez à l'étamine dans le bain-marie ; couvrez d'une cuillerée à bouche de consommé de volaille, pour éviter qu'une peau ne se forme à la surface.

BÉCHAMEL A L'ANCIENNE.

Coupez une sous-noix ou une semelle de veau en carrés de 5 centimètres ; mettez ces morceaux dans une casserole, avec 3 hectos de beurre, 2 oignons moyens coupés en lames, et 2 carottes moyennes :

Faites revenir à blanc pendant 10 minutes ; puis ajoutez 150 grammes de farine et tournez 5 minutes sur le feu ;

Mouillez avec 3 litres de grand bouillon et 1 litre de crème double ;

Ajoutez 100 grammes de champignons émincés, 1 bouquet garni, 10 grammes de sel et 5 grammes de mignonnette ;

Tournez sur le feu jusqu'au premier bouillon et mettez sur le coin du fourneau : laissez mijoter une heure et demie en écumant et en dégraissant ;

Passez à l'étamine ;

Mettez dans une grande casserole à glacer la béchamel que vous faites réduire avec 2 décilitres de crème par litre de béchamel ; lorsque la sauce réduite masque la cuiller, passez de nouveau à l'étamine.

Agitez avec la cuiller jusqu'à ce qu'elle soit bien refroidie pour éviter qu'elle ne forme peau dessus, auquel cas on serait obligé de la repasser.

BÉCHAMEL DE VOLAILLE.

Coupez en gros morceaux carrés 1 kilo de sous-noix de veau ;

Ayez deux poules dont vous aurez retiré les filets ;

Mettez ces viandes dans la casserole, avec 300 grammes de beurre, 2 oignons moyens coupés en 8 morceaux, 10 grammes de sel et 5 grammes de mignonnette ;

Passez blanc pendant 5 minutes ; ajoutez 300 grammes de farine ; passez cinq minutes sur le feu ; mouillez avec 5 litres de grand bouillon et ajoutez un bouquet garni ;

Tournez sur le feu jusqu'à ébullition, puis mettez sur le coin du fourneau ;

Laissez cuire pendant deux heures, en ayant soin de bien dégraisser ; lorsque les viandes sont cuites, passez la cuisson à l'étamine ;

Mettez-la dans une grande casserole et faites-la réduire, en ajoutant 8 décilitres de crème double en trois fois ; lorsque la sauce masque la cuiller, passez à l'étamine ;

Agitez plusieurs fois jusqu'à ce qu'elle soit bien refroidie, toujours pour éviter la peau du dessus ;

Réservez pour servir.

BÉCHAMEL MAIGRE.

Coupez en très gros dés 3 oignons, 1 carotte et 2 échalotes entières ;

Mettez le tout dans la casserole avec 2 hectos de beurre ;

SAUCES.   413

Faites revenir pendant 5 minutes, et ajoutez 2 hectos de farine, puis mouillez avec 3 litres de lait;

Ajoutez un bouquet de persil et 15 grammes de sel;

Faites réduire pendant un quart d'heure en tournant toujours avec la cuiller; puis passez à l'étamine;

Couvrez la béchamel d'une couche de beurre fondu d'un millimètre d'épaisseur.

Lorsqu'on veut employer la béchamel maigre, on la fait bouillir et on lie avec 1 hecto de beurre par litre.

POIVRADE BRUNE.

Coupez en gros dés 1 kilo de noix de veau et 500 grammes de jambon de Bayonne cru, sans graisse;

Ajoutez :
    2 hectos de beurre,
    3 feuilles de laurier,
    4 échalotes,
    3 oignons émincés,
    2 carottes émincées,
    4 clous de girofle,
    10 grammes de mignonnette,
    2 prises de muscade;

Faites revenir blond;

Mouillez avec un demi-litre de vinaigre et faites réduire sans que la réduction attache;

Ajoutez 2 litres d'espagnole grasse et 1 demi-litre de blond de veau;

Faites bouillir en tournant avec la cuiller, et, au premier bouillon, mettez sur le coin du fourneau; laissez mijoter pendant une demi-heure, en ayant soin de bien écumer;

Passez à l'étamine;

Agitez avec la cuiller pour éviter la peau du dessus.

POIVRADE BLANCHE.

On opère comme il est dit dans l'article précédent ; seulement on remplace l'espagnole par du velouté, et le blond de veau par le consommé blanc : mêmes quantités.

POIVRADE MAIGRE.

Opérez comme il est dit à la *Poivrade brune* (voir ci-dessus), en supprimant le veau et le jambon, et en n'employant que les aromates indiqués pour la poivrade brune.

Ajoutez 3 litres de velouté maigre ; faites réduire 10 minutes à feu vif ; passez à l'étamine :

Agitez avec la cuiller pour éviter que la sauce ne fasse peau ;

Réservez pour servir.

MARINADE.

Mettez dans une casserole 500 grammes de jambon, gras et maigre, que vous couperez en morceaux ;

Ajoutez :

    4 feuilles de laurier,
    1 petite branche de thym,
    200 grammes d'oignons,
    200 grammes de carottes,
    50 grammes de persil,
    2 gousses d'ail non épluchées,
    6 échalotes,
    200 grammes de beurre ;

Faites revenir le tout, et mouillez avec 2 litres d'eau et 2 litres de vinaigre ;

Ajoutez 100 grammes de sel et 25 grammes de poivre.

II

ESSENCES

ESSENCE DE VOLAILLE.

Retirez les carcasses et parures de 6 poulets dont vous réserverez filets et cuisses pour entrées ;

Brisez les os et mettez-les dans une casserole avec 1 kilo de sous-noix de veau que vous couperez en 4 parties ;

Versez dans la casserole 3 litres de consommé de volaille ;

Ajoutez 2 oignons, dont un piqué de 2 clous de girofle, 1 carotte moyenne et 1 bouquet garni ;

Faites bouillir, écumez, et faites mijoter sur le coin du fourneau jusqu'à entière cuisson du veau ;

Passez à la serviette et dégraissez parfaitement ;

Réservez.

ESSENCE DE TRUFFES.

Ayez 1 kilo de truffes parfaitement nettoyées et épluchées ;
Mettez dans une petite marmite ;

    1 bouteille de vin de Madère,

    1 litre de consommé de volaille,

    1 bouquet garni,

    10 grammes de sel,

    3 grammes de mignonnette,

    1 prise de muscade ;

Couvrez la marmite et mettez à grand feu pendant 20 minutes ;

Laissez refroidir les truffes, et, lorsqu'elles sont bien froides, passez l'essence à la serviette ;

Réservez les truffes pour garnir.

Observation. — Il ne faut pas croire que les truffes aient perdu de leur saveur parce qu'elle ont fourni de l'essence. Il m'est prouvé que la cuisson, telle qu'elle vient d'être indiquée, ne leur ôte rien de leur qualité et permet de les employer pour d'autres usages, après que leur essence a été obtenue.

ESSENCE DE CHAMPIGNONS.

Ayez 1 kilo de champignons que vous épluchez et lavez ; mettez-les dans une casserole avec 2 cuillerées à bouche de jus de citron et 10 grammes de sel ;

Mettez sur le feu pendant 5 minutes à casserole couverte ;

Mouillez avec 1 litre de consommé de volaille ; faites bouillir pendant 10 minutes ;

Passez à la serviette ;

Réservez pour emploi.

ESSENCE DE POISSON.

Ayez 750 grammes de grondins et 750 grammes de vives ;

Coupez ces poissons en morceaux et mettez-les dans la casserole avec :

    2 oignons,
    2 clous de girofle,
    1 carotte,
    1 bouquet garni,
    4 échalotes,
    10 grammes de sel,
    3 grammes de poivre,
    4 décilitres de vin blanc ;

Faites bouillir pendant cinq minutes, puis ajoutez 2 litres de consommé de poisson ;

Faites bouillir de nouveau jusqu'à entière cuisson des poissons ; écumez et passez à la serviette ;

Réservez.

SAUCES.

ESSENCE DE VIANDES ET DE LÉGUMES, DITE MIREPOIX.

Observation. — La *mirepoix* est un terme adopté depuis trop longtemps pour que j'aie pu hésiter à en faire usage ; mais j'ai jugé à propos pour cet objet, comme pour plusieurs autres, d'indiquer dans le titre sa base, qui est, comme je la dis, un composé d'essences de viandes et de légumes. Les personnes peu initiées à la langue de la cuisine pourront ainsi se rendre compte de ce qui constitue le principe de cette essence, ce que le mot seul de *mirepoix*, pris isolément, n'est guère de nature à leur indiquer.

Ayez, pour préparer la mirepoix :

1 kilo de sous-noix de veau que vous couperez en morceaux de 4 centimètres ;

1 kilo de jambon de Bayonne, gras et maigre, dont vous aurez soin de retirer la couenne ;

500 grammes de lard gras que vous couperez comme le veau en retirant également la couenne.

Ajoutez :

    4 carottes coupées en lames,
    4 oignons moyens,
    4 feuilles de laurier,
    1 branche de thym,
    4 échalotes ;

Faites revenir bien blond, puis mouillez avec 2 bouteilles de vin de Madère et 5 litres de grand bouillon ;

Ajoutez 10 grammes de mignonnette ;

Faites bouillir, et laissez sur le coin du fourneau mijoter pendant deux heures à très petit bouillon ;

Passez à la serviette sans dégraisser.

ESSENCE DE JAMBON.

Ayez 500 grammes de maigre de jambon de Bayonne, que vous mettez dans une casserole avec persil, oignon, carotte, une petite feuille de laurier et une petite branche de thym ;

Mouillez avec 2 décilitres de vin de Chablis;

Faites réduire entièrement et mouillez avec 1 litre de blond de veau ;

Faites cuire à petit bouillon une demi-heure, passez à la serviette et réservez.

III

FUMETS

FUMET DE FAISAN.

Retirez les carcasses et les ailes de six faisans, dont vous réservez les filets et les cuisses pour entrée ;

Brisez les os et mettez-les dans une casserole avec :

    1 oignon moyen,

    1 carotte moyenne,

    2 clous de girofle,

    1 prise de muscade,

    1 bouquet garni,

    4 décilitres de vin de Madère ;

Faites tomber sur glace et mouillez avec 3 litres de consommé ;

Faites bouillir, écumez, et faites cuire une heure et demie sur le coin du fourneau;

Passez à la serviette et dégraissez.

FUMET DE BÉCASSE.

Ayez six bécasses dont vous réservez les filets pour entrée ;

Procédez comme pour le *Fumet de faisan* (voir l'article précédent).

SAUCES.

FUMET DE PERDREAU.

Préparez six perdreaux comme il est dit au *Fumet de faisan* (page 418) ;
Réservez les filets pour entrée et finissez de même.

FUMET DE MAUVIETTE.

Réservez, toujours pour entrée, les filets de 36 mauviettes ;
Faites le fumet comme il est dit au *Fumet de faisan* (p. 418).

FUMET DE GRIVE.

Ayez dix grives dont vous réservez les filets ;
Procédez comme il est dit au *Fumet de faisan* (page 418).

FUMET DE LEVRAUT.

Ayez cinq levrauts dont vous lèverez les filets et les cuisses que vous réserverez pour entrée ;
Brisez les os et mettez-les dans une casserole avec l'assaisonnement que vous ferez comme il est dit au *Fumet de faisan* (page 418) ;
Finissez de même.

FUMET DE LAPEREAU.

Même procédé que pour le *Fumet de levraut* (voir l'article précédent).

IV

BEURRE POUR SAUCES ET GARNITURES

BEURRE DE MONTPELLIER.

Ayez 1 kilo de cerfeuil, estragon, pimprenelle, civette, cresson alénois;

Épluchez, lavez, faites blanchir 2 minutes à grande eau bouillante, puis égouttez et rafraîchissez;

Pressez pour extraire l'eau entièrement;

Pilez dans le mortier, avec 6 jaunes d'œufs durs, 6 anchois bien lavés, 50 grammes de cornichons et 50 grammes de câpres dont vous extrairez tout le vinaigre par la pression;

Assaisonnez avec sel et poivre, ajoutez gros comme un pois d'ail, puis pilez et passez au tamis de soie;

Lorsque le tout est bien passé, mettez 1 kilo de beurre dans le mortier, que vous aurez nettoyé avec soin;

Ajoutez la ravigote passée au tamis, 2 cuillerées à bouche d'huile et 1 cuillerée de vinaigre à l'estragon;

Mêlez parfaitement.

Le beurre de Montpellier doit être d'un beau vert tendre; s'il n'avait pas cette teinte, vous ajouteriez une certaine quantité de vert d'épinards passé au tamis de soie ou de vert végétal.

BEURRE DE RAVIGOTE.

Préparez 1 kilo de ravigotte et procédez comme il est dit au *Beurre de Montpellier* (voir à l'article précédent); seulement vous remplacerez les jaunes d'œufs, les anchois, les câpres et les cornichons par 2 hectos de beurre frais; ajoutez 3 grammes de sel;

Pilez, passez au tamis, et réservez.

SAUCES.

BEURRE DE HOMARD.

Ayez des œufs de homard que vous pilerez et passerez au tamis de soie ;

Lorsque les œufs sont passés, mêlez-les avec 2 hectos de beurre ;

Travaillez avec la cuiller pour bien mêler, puis assaisonnez de sel et de poivre ;

A défaut d'œufs et de corail, vous pilerez parfaitement les coquilles, dans lesquelles vous ajouterez 1 hecto de beurre ;

Faites chauffer une heure au bain-marie ;

Passez avec pression à travers un linge au-dessus d'une terrine remplie d'eau ;

Enlevez le beurre qui est à la surface de l'eau, épongez-le dans un linge, passez au tamis de soie, puis mêlez avec la quantité de beurre que vous avez.

BEURRE D'ÉCREVISSES.

Ayez les coquilles de 40 écrevisses que vous ferez cuire comme il est dit à la *Bisque d'écrevisses* (voir page 388) ;

Pilez, ajoutez le beurre et finissez comme pour le *Beurre de homard* (voir l'article précédent).

BEURRE DE CREVETTES.

Retirez les coquilles de 300 grammes de crevettes ; pilez et finissez comme il est dit au *Beurre de homard* (voir ci-dessus).

Observation. — Si les beurres de homard, d'écrevisses et de crevettes n'étaient pas assez rouges, vous y ajouterez quelques gouttes de carmin végétal, afin de leur donner la teinte voulue.

On aura soin d'employer tous ces beurres le jour même, car ils ne peuvent attendre jusqu'au lendemain.

BEURRE D'ANCHOIS.

Lavez 8 anchois, épongez-les bien pour qu'ils ne contiennent plus aucune partie d'eau, puis pilez-les dans le mortier avec 30 grammes de beurre ;

Passez-les au tamis de soie et mêlez-les avec 1 hecto de beurre.

BEURRE A LA MAITRE-D'HOTEL.

Ayez 250 grammes de beurre dans lequel vous ajoutez une cuillerée à bouche de persil très frais et haché gros ;

Assaisonnez de sel et de poivre, ajoutez une cuillerée à bouche de jus de citron et mêlez parfaitement ;

Réservez pour emploi.

Observation. — Ce beurre ne doit être manié que pour faire le mélange ; on l'userait si on le travaillait trop longtemps.

V

GLACES DE VOLAILLE, GIBIER, POISSON, ETC.

OBSERVATIONS SUR LES GLACES.

Les glaces de viande, gibier, poisson, servent à finir certaines sauces pour leur donner ce dernier cachet d'onction qui est le caractère de la grande cuisine. Elles s'emploient aussi pour le glacé des grosses pièces et entrées ; elles constituent cet éclat extérieur, ce prestige du coup d'œil que les vrais connaisseurs en fait d'art culinaire aiment à trouver dans des pièces importantes qui sont sur la table devant leurs yeux.

Les glaces ont, de plus, l'avantage d'offrir dans les voyages une ressource précieuse, en ce sens qu'elles permettent d'improviser le travail au besoin, et de suppléer au manque de viande de boucherie, si utile pour la confection des jus et des sauces.

SAUCES.

GLACE DE VIANDE.

Désossez et ficelez 3 kilos de sous-noix de veau, 3 kilos de jarret de veau, 3 kilos de tranche de bœuf;

Mettez ces viandes dans la marmite avec 12 litres d'eau et 1 demi-hecto de sel;

Faites bouillir et écumez;

Garnissez avec :
- 500 grammes de poireaux,
- 500 grammes de carottes,
- 500 grammes d'oignons,
    - 1 bouquet garni de 100 grammes;

Faites mijoter sur le coin du fourneau jusqu'à entière cuisson des viandes; lorsqu'elles sont cuites, passez la cuisson à la serviette;

Mettez-la dans une grande casserole à glacer, faites réduire aux deux tiers et réservez dans une terrine.

Le lendemain, lorsque la glace est prise, enlevez le dépôt qui se trouve au fond et la peau de dessus à une épaisseur de 1 centimètre; remettez dans la casserole, et faites réduire à très grand feu en ayant soin de bien remuer avec la cuiller de bois.

Lorsque la glace est arrivée à la consistance de l'espagnole, mettez-la dans une terrine et réservez pour servir.

Les parures que l'on a retirées s'emploient pour le grand bouillon.

Observation. — On a souvent l'habitude de faire réduire la glace de viande en une seule fois; le procédé que je donne, et qui consiste à faire réduire en deux fois, me paraît préférable comme travail et aussi comme économie. Je le recommande avec d'autant plus de confiance que je le tiens directement d'un grand maître, M. Drouhat, à qui je l'ai vu souvent pratiquer dans les cuisines de la duchesse de Berry, au château de Rosny.

GLACE DE VOLAILLE.

Désossez et ficelez 3 kilos de sous-noix et de jarret de veau, comme il vient d'être dit à la *Glace de viande* (article précédent);

Remplacez la quantité de bœuf par six poules;

Fig. 101. Casserole à glacer.

Mettez dans la marmite, puis mouillez avec 8 litres de grand bouillon et finissez comme pour la *Glace de viande* (voir l'article précédent).

GLACE DE GIBIER.

Même quantité de veau et de bœuf que pour la glace de viande; ajoutez six perdrix et quatre lapins de garenne;

Mouillez avec 10 litres de grand bouillon;

Faites cuire, réduisez et finissez comme la *Glace de viande* (page 423).

GLACE DE POISSON.

Mettez dans une marmite :
- 4 kilos de tête de turbot,
- 2 kilos de grondins,
- 1 kilo de merlans,
- 3 gousses d'ail non épluchés,
- 10 litres d'eau,
- 2 bouteilles de vin de Chablis;

Faites bouillir, écumez et garnissez de légumes comme pour la *Glace de viande* (page 423), et assaisonnez de même;

Faites réduire comme la *Glace de viande*.

GLACE DE POIVRADE.

Mettez dans une grande casserole :
500 grammes d'oignons,
500 grammes de carottes,
100 grammes d'échalotes,
100 grammes de persil,
100 grammes de branches de céleri,
50 grammes de mignonnette,
10 grammes de laurier,
10 grammes de thym,
8 clous de girofle,
4 gousses d'ail non épluchées ;

Mouillez avec 2 litres de vinaigre, et faites réduire jusqu'à entière réduction du vinaigre ;

Mouillez avec 10 litres de grand bouillon, puis faites cuire une heure et demie sur le coin du fourneau ;

Passez à la serviette, et faites réduire comme la *Gelée de viande* (page 423).

JUS DE VIANDE.

Le jus de viande s'emploie généralement pour les grillades et les rôtis.

Pour faire un jus, ayez 3 kilos de sous-noix de veau, 3 kilos de tranche de bœuf et 500 grammes de jambon de Bayonne maigre dont vous aurez retiré la couenne ;

Beurrez une casserole, coupez 4 oignons, chacun en 3 parties, que vous mettez dans la casserole avec le veau et le bœuf que vous aurez ficelés, puis le jambon ;

Ajoutez 5 décilitres de grand bouillon, faites tomber les viandes à glace plus colorée que l'espagnole, sans cependant que la glace soit brûlée ;

Mouillez avec 8 litres de grand bouillon, puis ajoutez une poule, 1 bouquet garni et 10 grammes de sel ;

Faites bouillir, et, au premier bouillon, mettez sur le coin du fourneau et faites mijoter pendant 3 heures et demie;

Lorsque les viandes sont cuites, retirez-les et mettez-les sur un plat; saupoudrez de sel;

Dégraissez le jus; passez à la serviette.

Le jus de viande doit toujours être très limpide; s'il est trouble, vous le clarifiez avec 500 grammes de veau pilé et 2 blans d'œufs.

GELÉE DE VIANDE.

Mettez dans une marmite :
- 3 kilos de sous-noix de veau,
- 1 kilo de jarret de veau désossé,
- 8 pieds de veau désossés et blanchis,
- 3 poules dont vous aurez retiré les filets,
- 2 kilos de gîte de bœuf désossé;

Ficelez les viandes et mettez-les dans une marmite avec 10 litres d'eau et 1 hecto de sel;

Faites bouillir, écumez, rafraîchissez; puis garnissez avec :
- 1 fort bouquet,
- 4 oignons dont un piqué de 4 clous de girofle,
- 4 grosses carottes,
- 1 gros bouquet de poireaux;

Mettez mijoter sur le coin du fourneau jusqu'à entière cuisson des viandes;

Ayez soin de retirer veau, poules et bœuf, qui sont cuits plus tôt que les pieds; les pieds de veau cuits, passez la cuisson à la serviette;

Mettez-la dans une casserole; faites bouillir et laissez mijoter sur le coin du fourneau pour que la gelée soit parfaitement dégraissée et dépouillée;

Essayez la gelée sur de la glace pour voir si elle est assez ferme; si elle ne l'est pas assez, vous laisserez réduire jusqu'à ce qu'elle soit d'une complète fermeté;

Lorsqu'elle est bien refroidie, clarifiez-la en procédant ainsi :

Mettez dans une casserole les filets de poule que vous aurez bien pilés, et 8 blancs d'œufs ;

Ajoutez sel et poivre, si la gelée est trop douce, puis 4 décilitres de vin blanc ;

Mêlez la gelée avec les chairs des poules et les blancs d'œufs, puis agitez fortement avec le fouet et mettez sur le fourneau à feu vif en continuant à fouetter ;

Au premier bouillon, retirez du feu et laissez reposer deux minutes ; puis passez à la serviette attachée sur un filtre ;

Reversez les premières parties de gelée qui passent jusqu'à ce qu'elle soit tout à fait limpide ; tenez au chaud ce qui reste dans la casserole.

La gelée pourrait ne pas être suffisamment claire après une première clarification ; dans ce cas, on n'hésiterait pas à clarifier une seconde fois.

Lorsque la gelée est prise, on la frappe à la glace pour l'employer.

GELÉE MAIGRE.

Mettez dans une marmite :

2 kilos de grondins,
1 kilo de merlans,
3 kilos de turbots (prendre la tête de préférence),
1 kilo de vives ;

Assaisonnez avec :

3 oignons, dont un piqué de 4 clous de girofle,
2 carottes,
2 branches de céleri,
1 gros bouquet garni,
2 gousses d'ail,
Sel et mignonnette ;

Ajoutez 8 litres d'eau ; faites bouillir et écumez ;

Laissez mijoter deux heures sur le coin du fourneau ;

Essayez la gelée comme il a été dit à la *Gelée de viande* (voir l'article précédent).

Lorsque la gelée est assez ferme, passez à la serviette ; goûtez pour l'assaisonnement, et clarifiez avec 6 décilitres de vin de Madère, 8 blancs d'œufs et 1 kilo de chair de merlan que vous aurez bien pilée ;

Finissez comme il est dit à la *Gelée de viande* (page 426).

DEMI-GLACE.

La demi-glace n'est pas autre chose qu'une espagnole très peu liée.

Mettez dans une casserole 1 demi-litre d'espagnole, 1 demi-litre de blond de veau et 60 grammes de glace de viande ;

Faites réduire 5 minutes ;

Passez à l'étamine, et réservez pour servir.

VI

SAUCES

D'UXELLES ET SAUCE D'UXELLES.

Ayez les parures de 500 grammes de champignons lavés, hachés et pressés pour en extraire toute l'eau, même quantité de persil lavé et haché, et 200 grammes d'échalotes blanchies, hachées et bien pressées ;

Mettez le tout dans une casserole, avec 1 hecto de beurre, en ajoutant sel et poivre ; faites revenir à feu vif pendant 5 minutes en tournant avec la cuiller ; réservez dans une terrine pour le besoin.

La sauce d'Uxelles se fait avec 1 décilitre de d'Uxelles, comme il vient d'être dit, pour 1 litre d'espagnole.

SAUCE PIQUANTE.

Mettez dans une casserole 3 décilitres de poivrade brune, 1 décilitre de blond de veau et 6 décilitres d'espagnole ;

SAUCES. 429

Faites réduire de façon que la sauce masque la cuiller;
Ajoutez un décilitre de d'Uxelles (voir l'article précédent), 40 grammes de cornichons hachés et pressés et 20 grammes de câpres hachées et pressées;
Donnez un bouillon; écumez et mettez dans un bain-marie;
Couvrez la surface de la sauce avec une cuillerée à bouche de blond de veau, pour éviter qu'il ne se forme peau dessus.
Je recommande cette précaution comme très essentielle. Elle s'applique à toutes les sauces sans exception.

SAUCE POIVRADE.

Ayez 6 décilitres de poivrade brune;
Ajoutez 4 décilitres d'espagnole et 2 décilitres de blond de veau.
Faites réduire, passez à l'étamine, puis mettez au bain-marie et étendez sur la surface une cuillerée de blond de veau.

SAUCE ITALIENNE.

Faites réduire 4 décilitres de vin blanc de Chablis à 2 décilitres;
Ajoutez 8 décilitres d'espagnole, un décilitre de blond de veau, et un décilitre de d'Uxelles;
Faites réduire cinq minutes;
Écumez;
Mettez au bain-marie.

SAUCE MATELOTE.

Mettez dans une casserole :
    4 oignons coupés en lames,
    3 échalotes entières,
    1 petite feuille de laurier,
    1 petite branche de thym;
Mouillez avec 3 décilitres de vin de Bourgogne rouge, et faites

mijoter sur le coin du fourneau jusqu'à ce que l'oignon soit cuit;

Passez à travers la passoire dite *chinois* dans la casserole à glacer; ajoutez un litre d'espagnole, et faites réduire jusqu'à ce que la sauce masque la cuiller.

Passez à l'étamine;

Mettez au bain-marie;

SAUCE BORDELAISE.

Faites réduire 2 décilitres de vin blanc de Bordeaux à un décilitre, avec une pincée de mignonnette et une cuillerée à bouche d'échalotes hachées et blanchies;

Ajoutez 5 décilitres d'espagnole; faites réduire cinq minutes, puis ajoutez une cuillerée à bouche de persil haché;

Écumez et mettez au bain-marie.

SAUCE ROBERT.

Mettez dans une casserole 3 oignons coupés en morceaux carrés et dont vous aurez retiré les parties dures;

Ajoutez 30 grammes de beurre et faites revenir rouge;

Mouillez avec 3 décilitres de vin blanc de Bourgogne et faites tomber sur glace;

Mouillez avec un litre d'espagnole, faites mijoter 20 minutes sur le coin du fourneau, écumez et mettez au bain-marie;

Au moment de finir, faites bouillir la sauce et ajoutez 30 grammes de glace de viande et une cuillerée à bouche de moutarde;

Mêlez et servez.

SAUCE MADÈRE.

Mettez dans une casserole 4 décilitres de vin de Madère, 40 grammes de glace de viande et une prise de mignonnette;

Faites réduire de moitié; ajoutez un litre d'espagnole, et continuez la réduction jusqu'à ce que la sauce masque la cuiller;

Passez à l'étamine dans le bain-marie.

SAUCE A LA MAITRE-D'HOTEL LIÉE, DITE CHATEAUBRIAND.

Faites réduire 2 décilitres de vin blanc, avec 30 grammes de glace de viande ;

Ajoutez 8 décilitres d'espagnole, faites réduire de nouveau et passez à l'étamime dans le bain marie ;

Au moment de servir, faites bouillir et liez avec un hecto de beurre maître-d'hôtel (voir *Beurre à la maître-d'hôtel*, page 422).

SAUCE GENEVOISE.

Préparez :
- 3 oignons que vous couperez en lames,
- 3 échalotes,
- 1 pincée de mignonnette,
- 1 hecto de beurre ;

Faites revenir rouge ;

Mouillez avec une bouteille de vin rouge de Bourgogne, ajoutez un bouquet garni, et faites mijoter sur le coin du fourneau jusqu'à cuisson des oignons ;

Ajoutez 1 litre d'espagnole et 2 décilitres de blond de veau ;

Faites réduire en tournant avec la cuiller jusqu'à ce qu'elle soit masquée par la sauce ;

Écumez et passez à l'étamine dans le bain-marie ;

Au moment de servir, faites bouillir ;

Ajoutez 2 cuillerées à bouche de truffes hachées et cuites au vin de Madère et 1 hecto de beurre d'anchois.

SAUCE PÉRIGUEUX.

Mettez dans la casserole 3 hectos de jambon de Bayonne que vous couperez en gros dés ;

Ajoutez 30 grammes de beurre, une échalote, 1 oignon coupé en lames et une pincée de mignonnette ;

Faites revenir jusqu'à ce que l'oignon soit d'une teinte blonde, puis mouillez avec 2 décilitres de vin de Madère;

Faites réduire à moitié, et ajoutez 8 décilitres d'espagnole, 2 décilitres de blond de veau et 2 décilitres d'essence de truffe;

Faites mijoter pendant 20 minutes sur le coin du fourneau;

Écumez parfaitement la sauce et passez-la dans une casserole; faites-la réduire jusqu'à ce qu'elle masque la cuiller;

Mettez au bain-marie;

Au moment de servir ajoutez 2 cuillerées de truffes hachées, cuites au vin de Madère.

SAUCE PÉRIGUEUX MAIGRE.

Mettez, dans une casserole, espagnole maigre, essence de truffes et essence de champignons;

Faites réduire jusqu'à ce que la sauce masque la cuiller;

Passez à l'étamine, ajoutez des truffes hachées au vin de Madère et servez.

SAUCE BEURRE D'ANCHOIS.

Mettez dans une casserole 8 décilitres d'espagnole, 1 décilitre de poivrade brune et 2 décilitres de consommé;

Faites réduire jusqu'à ce que la sauce masque la cuiller; écumez et passez au bain-marie;

Au moment de servir, faites bouillir et liez avec 60 grammes de beurre d'anchois.

SAUCE TOMATE.

Retirez les parties vertes de 1 kilo 500 de tomates, cassez-les dans la casserole, et ajoutez 2 oignons dont un piqué de 2 clous de girofle, 1 bouquet garni, 2 décilitres de vin de Bourgogne blanc; salez et poivrez;

Faites fondre les tomates à feu doux pendant 40 minutes, et évitez qu'elles ne s'attachent au fond de la casserole;

Lorsqu'elles sont bien fondues, ajoutez 2 décilitres d'espagnole, 2 décilitres de velouté et 3 décilitres de consommé de volaille. Faites réduire un quart d'heure, passez à l'étamine et réservez pour l'emploi.

OBSERVATIONS SUR LA SAUCE TOMATE.

La sauce tomate doit avoir plus de consistance que toutes les autres; on pourrait la considérer volontiers plutôt comme une demi-purée que comme une sauce.

J'ai eu souvent occasion de remarquer que l'on dénaturait entièrement cette sauce par la quantité d'ingrédients que l'on se plaisait à y ajouter. J'ai tenu à l'indiquer ici de manière qu'elle pût conserver son véritable caractère, tout en étant soutenue comme elle doit l'être pour la grande cuisine, mais non pas au point de devenir une sorte de sauce-mélange où l'on peut découvrir toutes sortes d'aromes, excepté celui de la tomate, qui doit former son goût dominant.

SAUCE FINANCIÈRE POUR VOLAILLE.

Mettez dans une casserole 2 décilitres d'essence de truffes, 2 décilitres d'essence de champignons, 2 décilitres d'essence de volaille, et 1 litre d'espagnole;

Faites réduire jusqu'à ce que la sauce masque la cuiller;

Passez à l'étamine dans le bain-marie.

SAUCE FINANCIÈRE POUR GIBIER.

Mettez dans une casserole 3 décilitres d'essence de truffes, 2 décilitres d'essence de gibier, et 8 décilitres d'espagnole;

Réduisez, passez à l'étamine et réservez.

SAUCE FINANCIÈRE POUR POISSON.

Faites réduire essence de truffes et de champignons avec glace de poisson et vin de Madère;

Ajoutez de l'espagnole maigre; faites réduire, passe à l'étamine et réservez.

SAUCE A L'ESSENCE DE VOLAILLE, DITE RÉGENCE.

Mettez dans une casserole 200 grammes de jambon maigre coupé en morceaux, 2 oignons, 2 échalotes et 1 hecto de beurre;

Passez blanc;

Mouillez avec 4 décilitres d'essence de volaille et 2 décilitres de vin de Bordeaux blanc;

Faites cuire à petit feu;

Lorsque les oignons sont cuits, passez à la serviette dans une casserole;

Ajoutez 3 décilitres d'essence de volaille et 8 décilitres d'espagnole;

Faites réduire jusqu'à ce que la sauce masque la cuiller;

Passez au bain-marie.

SAUCE A LA DIABLE.

Coupez en morceaux trois échalotes, que vous mettez cuire avec :

    1 décilitre de vin rouge,
    12 branches de persil,
    1 feuille de laurier,
    1 petite branche de thym,
    1 gousse d'ail,
    1 pincée de mignonnette,
    1 petite pincée de poivre de Cayenne;

Mouillez avec :

    8 décilitres d'espagnole;
    2 décilitres de blond de veau;

Faites mijoter sur le coin du fourneau pendant 25 minutes, en ayant le soin de bien écumer;

Passez à l'étamine.

SAUCES.

SAUCE AU JUS D'ÉCHALOTES.

Ayez 8 échalotes que vous mettez au feu avec une petite feuille de laurier, un petit bouquet de thym et une branche de persil;

Mouillez avec 1 décilitre de blond de veau; faites tomber à glace, puis mouillez avec 8 décilitres de jus de viande;

Faites cuire 10 minutes sur le coin du fourneau; passez à la serviette; mettez au bain-marie, et réservez.

SAUCE A LA BIGARADE.

Faites réduire 8 décilitres d'espagnole avec 3 décilitres de blond de veau;

Faites blanchir le zeste de 2 bigarades que vous couperez en filets;

La sauce réduite, passez dans le bain-marie et ajoutez le zeste des bigarades;

Au moment de servir, vous mettez dans la sauce le jus de bigarades pour la finir.

SAUCE GODARD.

Coupez en morceaux 2 hectos de maigre de jambon;

Mettez cuire en ajoutant 1 hecto de beurre, 1 carotte moyenne et 1 oignon moyen;

Faites passer blond, mouillez avec 6 décilitres de vin de Champagne sec, et faites cuire à petit bouillon sur le coin du fourneau pendant 25 minutes;

Écumez parfaitement, puis passez à la serviette dans une casserole à glacer;

Ajoutez 2 décilitres d'essence de champignons et 1 litre d'espagnole;

Faites réduire la sauce jusqu'à ce qu'elle masque la cuiller;

Passez au bain-marie.

SAUCE AU BEURRE.

Mettez sur le feu 70 grammes de farine ;
Ajoutez 1 litre d'eau, 40 grammes de beurre, sel et poivre ;
Tournez sur le feu ; faites cuire la sauce pendant 20 minutes en la remuant pour éviter qu'elle ne s'attache ; puis passez à l'étamine dans le bain-marie ;
Masquez la surface du beurre pour éviter la peau du dessus ;
Au moment de servir, faites bouillir et ajoutez 350 grammes de beurre coupé en morceaux ; il faut que la chaleur de la sauce fasse fondre le beurre et qu'elle ne retourne plus sur le feu ;
Si la sauce se trouvait trop liée, vous ajouteriez 1 demi-décilitre d'eau ; mettez, avant de servir, une demi-cuillerée de jus de citron.

SAUCE AUX HUITRES.

Faites blanchir 36 huîtres d'Ostende comme il est dit au *Potage aux huîtres* (page 390) ;
Faites bouillir 1 litre d'allemande, puis ajoutez, au premier bouillon, 30 grammes de beurre, une demi-cuillerée à bouche de jus de citron, une peluche de persil et les huîtres ;
Servez.

SAUCE AU HOMARD.

Coupez les chairs d'un homard en gros dés, mettez-les dans la saucière ;
Faites bouillir 1 demi-litre de velouté avec 1 demi-litre de poivrade blanche ;
Liez avec 40 grammes de beurre de homard et 40 grammes de beurre frais ; ajoutez une demi-cuillerée à bouche de jus de citron ;
Versez la sauce sur le homard ; servez.
Observation. — La sauce au homard, comme toutes les sauces liées au beurre, ne doit jamais retourner au feu.

SAUCES.

SAUCE AUX CREVETTES.

Ayez 500 grammes de crevettes, dites *bouquet* ; épluchez les queues ;

Mettez dans la casserole un demi-litre de sauce au beurre et un demi-litre de poivrade blanche ;

Faites bouillir, et, au premier bouillon, liez avec 45 grammes de beurre de crevettes et une demi-cuillerée de jus de citron ;

Versez sur les queues de crevettes, et servez.

SAUCE AU VELOUTÉ DE POISSON, DITE WATERFISH.

Mettez dans une casserole un demi-litre de poivrade et un demi-litre de velouté maigre ;

Faites bouillir, puis liez avec 60 grammes de beurre ;

Ajoutez une cuillerée à bouche d'estragon haché ;

Servez.

SAUCE BÉARNAISE.

Mettez dans la casserole :
- 5 jaunes d'œufs,
- 30 grammes de beurre,
- 1 petite pincée de sel,
- 1 prise de poivre ;

Tournez sur le feu avec la cuiller ; aussitôt que les jaunes d'œufs commencent à prendre, retirez du feu et ajoutez 30 grammes de beurre ;

Remuez sur le feu avec la cuiller, et ajoutez de nouveau 30 grammes de beurre ; faites deux fois la même opération ;

Goûtez pour l'assaisonnement, puis ajoutez une cuillerée à bouche d'estragon haché et une cuillerée à café de vinaigre à l'estragon ;

Cette sauce doit être ferme et avoir la consistance de la mayonnaise.

SAUCE VALOIS.

Faites cuire, dans 2 cuillerées à bouche de vinaigre, 2 échalotes hachées et bien lavées;
Faites réduire le vinaigre;
Laissez refroidir, puis ajoutez 5 jaunes d'œufs et 30 grammes de beurre;
Mêlez sur le feu; retirez, et ajoutez 30 grammes de beurre;
Mêlez parfaitement;
Remettez sur le feu;
Ajoutez 30 grammes de glace de volaille coupée en petites parties et 30 grammes de beurre;
Remettez sur le feu;
Ajoutez encore 30 grammes de beurre et mêlez de nouveau;
Ajoutez une cuillerée à bouche de persil haché et lavé;
Servez.

SAUCE VÉNITIENNE.

Faites bouillir 1 litre d'allemande;
Au premier bouillon, liez avec 30 grammes de beurre, puis ajoutez une cuillerée à bouche de persil haché ou estragon, une échalote hachée et blanchie et une cuillerée à bouche de jus de citron;
Servez.

SAUCE TORTUE.

Mettez dans une casserole :
  4 décilitres d'essence de jambon,
  4 décilitres d'essence de truffes,
  4 décilitres d'essence de champignons,
  4 décilitres de vin de Madère,
100 grammes de glace de viande;
Faites réduire à moitié, et ajoutez 2 litres d'espagnole; faites réduire de nouveau jusqu'à ce que la sauce masque la cuiller;
Passez à l'étamine, et ajoutez une prise de poivre de Cayenne.

SAUCES.

SAUCE SUPRÊME.

Les cuisiniers sont loin d'être d'accord sur la préparation de la sauce dite *suprême* : les uns la veulent faite avec de la volaille exclusivement ; d'autres la lient à l'œuf et y ajoutent du persil. La sauce suprême liée à l'œuf n'est pas autre chose, pour moi, que de l'allemande ou de la poulette.

N'employer que de la volaille seule et ne pas y ajouter une certaine proportion de veau pour la soutenir, c'est faire de cette excellente sauce une chose fade et collante, dépourvue de corps et qui a beaucoup d'analogie avec l'empois.

Le procédé que je vais indiquer n'est pas de mon invention.

Dans cette préparation, comme dans plusieurs autres, je n'ai fait que suivre la pratique des grands maîtres que j'ai déjà eu occasion de citer, qui sont des guides que l'on peut suivre en toute confiance : les Dunant, les Drouhat, les Catu, les Montmirel et bien d'autres praticiens d'élite avec lesquels je me suis trouvé en rapport, et dont je pourrais rappeler les noms.

Ces hommes éminents ont tous compris, d'après le résultat de leur haute expérience, qu'il était indispensable d'ajouter à la volaille une quantité de veau qui, loin de dénaturer le goût de la sauce, ne ferait que le rehausser et le faire valoir en lui communiquant ce caractère d'onction et de velouté qui lui a valu son nom de *suprême*, et l'a placée, à juste titre, au premier rang parmi les produits de la cuisine française.

Au surplus, si l'on veut une preuve convaincante à l'appui du procédé que j'ai cru devoir adopter, on n'a qu'à comparer une essence de volaille combinée avec un fond de velouté, un fumet de gibier soutenu par de l'espagnole, et à voir si ces sauces ne sont pas infiniment supérieures, comme montant et comme goût, à celles que l'on ferait avec les essences et les fumets seulement, sans aucune addition de viande de boucherie.

MANIÈRE D'OPÉRER POUR LA SAUCE SUPRÊME.

Ayez 4 décilitres d'essence de volaille, 12 décilitres de velouté et 1 décilitre d'essence de champignons ;

Faites bouillir et mettez mijoter sur le coin du fourneau pendant une demi-heure à très petit bouillon ;

Écumez parfaitement ; mettez dans une casserole à glacer et tournez jusqu'à ce que la sauce masque la cuiller ;

Passez à l'étamine dans le bain-marie ;

Mettez sur la sauce une légère couche de consommé de volaille.

AUTRE MANIÈRE D'OPÉRER POUR LA SAUCE SUPRÊME.

Dans le cas où vous n'auriez pas de velouté préparé pour la sauce suprême, vous pourriez y suppléer en procédant ainsi :

Mettez dans une casserole un kilo de sous-noix de veau, toutes les carcasses des poulets dont vous avez levé les filets, puis mouillez avec 4 litres de grand bouillon ;

Faites bouillir et écumez ;

Garnissez avec 1 bouquet garni, 2 oignons dont un piqué de 2 clous de girofle, 5 grammes de sel et une prise de muscade ;

Faites mijoter sur le coin du fourneau jusqu'à entière cuisson du veau ; passez à la serviette, puis faites un roux avec 300 grammes de beurre clarifié et 200 grammes de farine ;

Mouillez avec la cuisson passée à la serviette ; tournez avec la cuiller jusqu'à l'ébullition et mettez sur le coin du fourneau ;

Écumez parfaitement, mettez dans une casserole à glacer et faites réduire jusqu'à ce que la sauce masque la cuiller ;

Passez à l'étamine dans le bain-marie, puis ajoutez dessus une cuillerée de consommé ;

Au moment de servir, faites bouillir, et liez avec 30 grammes de beurre et 3 cuillerées à bouche de lait d'amandes douces.

SAUCE FRANÇAISE.

Préparez une sauce béarnaise avec 6 jaunes d'œufs, 500 grammes de beurre, sel et poivre ;

Ajoutez, pendant le travail, 1 décilitre de purée de tomates que vous aurez passées au tamis de soie ;

Finissez avec 30 grammes de glace de volaille, une cuillerée à bouche de persil haché et lavé, et une cuillerée à café de vinaigre de piment réduit.

SAUCE RAVIGOTE.

Ayez :
- 5 décilitres de poivrade blanche,
- 5 décilitres de velouté gras,
- 2 décilitres de volaille ;

Faites réduire à point ; liez avec 45 grammes de beurre de ravigote ; passez à l'étamine, et servez.

SAUCE AU PAIN, DITE BREAD SAUCE.

Mettez 200 grammes de mie de pain dans la casserole, avec 8 décilitres de lait :

Ajoutez un oignon entier ; tournez avec la cuiller de bois ; faites bouillir 2 minutes ; retirez l'oignon, et servez.

MAYONNAISE A LA GELÉE.

Mettez, dans un plat à sauter, un litre de gelée blanche fondue, une cuillerée à bouche d'huile, une cuillerée à bouche de vinaigre et une pincée de mignonnette ;

Fouettez avec le fouet à blancs d'œufs, et au bout de 10 minutes mettez sur la glace ;

Fouettez jusqu'à ce que la mayonnaise soit bien prise, faites refondre et battez de nouveau pour la faire reprendre ;

Lorsqu'elle est prise, passez à l'étamine et employez.

J'indique de faire deux fois l'opération, afin d'obtenir la sauce plus blanche et plus onctueuse.

SAUCE RAIFORT.

Faites bouillir 1 demi-litre de crème double ; ajoutez 1 demi-hecto de raifort râpé et une pincée de sel ;
Remuez, et servez.

SAUCE MENTHE.

Faites réduire 2 décilitres de vinaigre avec 15 grammes de cassonade ; mouillez avec 5 décilitres d'eau ; faites bouillir une minute, et, au premier bouillon, ajoutez une cuillerée à bouche de menthe hachée ;
Remuez, et servez.

SAUCE CHAUDFROID DE VOLAILLE.

Vous ferez réduire 15 décilitres de velouté avec 3 décilitres d'essence de volaille ;
Il faut que la sauce soit très réduite ;
Liez à l'œuf ; passez à l'étamine, et détendez avec de la gelée blanche, en remuant légèrement pour ne pas la ternir.

SAUCE CHAUDFROID DE PERDREAU.

Faites réduire 15 décilitres d'espagnole avec 3 décilitres de fumet de perdreau ;
Réduisez très serré ; passez à l'étamine, et détendez avec de la gelée de viande brune ;
Réservez pour servir.

BÉCHAMEL CHAUDFROID.

Faites réduire 16 décilitres de béchamel ;
Passez à l'étamine ; détendez avec de la gelée de viande blanche, et servez.

SAUCES. 443

SAUCE POUR VENAISON.

Mettez dans une casserole 4 décilitres de poivrade brune, 4 décilitres d'espagnole, 60 grammes de glace de gibier, et 20 grammes de gelée de groseille ;

Faites réduire cinq minutes ;

Passez à l'étamine, et mettez au bain-marie.

Fig. 102. Bain-marie à glace.

103. Garnitures : truffes, crêtes et rognons de coq, olives.

CHAPITRE III

GARNITURES ET FARCES

I

GARNITURES

TRUFFES POUR GROSSES GARNITURES.

Les truffes pour grosses garnitures doivent être parfaitement rondes et grosses.

Après les avoir nettoyées, vous les mettez dans une petite marmite avec moitié consommé de volaille et moitié vin de Bordeaux blanc ; couvrez de graisse de volaille clarifiée ;

Ajoutez un oignon piqué de 2 clous de girofle, un bouquet garni et une petite gousse d'ail non épluchée ;

Faites bouillir pendant un quart d'heure, la marmite bien couverte ;

Retirez du feu, et laissez refroidir les truffes dans leur cuisson ;

TRUFFES EN OLIVES ET EN BOULES POUR PETITES GARNITURES.

Après avoir nettoyé les truffes, pelez-les et faites-les cuire avec consommé de volaille et vin de Madère seulement pendant dix minutes ;

Laissez-les refroidir dans leur fond ;

Parez-les en forme d'olives et en boules pour garnitures d'entrée ;

Réservez les parures pour la Périgueux ; les parures ne doivent point être confondues avec les pelures, que l'on emploie quelquefois bien à tort pour confectionner cette sauce.

Les cuissons de truffes se dégraissent et se passent à la serviette ; on les emploie comme essences dans les sauces.

CHAMPIGNONS TOURNÉS.

Les champignons tournés se préparent comme il est dit aux *Champignons tournés* (voir page 70).

On a remarqué que certaines personnes croyaient devoir pratiquer des cannelures prétentieuses sur les champignons, lorsqu'il était question des champignons tournés pour les grandes garnitures. Il me semble que cette méthode de cannelures n'a d'autre effet que d'amoindrir le champignon, en lui donnant un air de colifichet puéril et en lui retirant sa forme naturelle, qui sera toujours la plus réellement flatteuse pour l'œil du gourmet.

CHAMPIGNONS FARCIS POUR GARNITURES.

Choisissez 24 champignons bien blancs, bien fermes et de 2 centimètres de large ; qu'ils soient égaux autant que possible, afin de constituer une belle garniture ;

Après les avoir bien épluchés et lavés, retirez les queues et rangez-les dans un plat à sauter que vous aurez beurré ;

Faites réduire 3 décilitres d'espagnole ;

Ajoutez 20 grammes de glace de viande et 3 décilitres de d'Uxelles ;

La farce, après la réduction, doit se trouver bien ferme ;

Garnissez chaque champignon de farce, saupoudrez de chapelure, et faites cuire pendant 20 minutes à four chaud.

OLIVES FARCIES POUR GARNITURES.

Ayez 500 grammes d'olives grosses et rondes pour garnitures ;

Enlevez les noyaux à la colonne et blanchissez-les pendant trois minutes à l'eau bouillante ;

Remplacez les noyaux par une quantité de farce de volaille que vous mêlerez de d'Uxelles.

CRÊTES DE COQ.

Ayez 500 grammes de crêtes de poulets gras, mettez-les dans une casserole avec une quantité d'eau suffisante pour qu'elle baignent entièrement ;

Mettez à feu vif et tournez sur le feu avec une grande cuiller à ragoût ;

Surveillez les crêtes avec le plus grand soin, et, aussitôt que la petite peau de dessus commence à se lever, retirez-les du feu ;

Ajoutez de l'eau fraîche en les retirant ; si vous prolongiez la cuisson après que la peau de dessus se soulève, vous seriez exposé à perdre les crêtes ; le sang se coagulerait, il deviendrait impossible de les dégorger ;

Enlevez la petite peau ; quand les crêtes seront parfaitement nettes, parez-les à la partie coupée pour enlever entièrement toutes les plumes ; que la coupure soit bien nette ;

Mettez-les dans l'eau salée pendant 6 heures ; au bout de ce temps, lavez-les parfaitement et remettez-les dans l'eau froide, que vous changez plusieurs fois, jusqu'à ce que les crêtes soient devenues d'un blanc de porcelaine ; lorsqu'elles sont ainsi dégorgées, vous les faites cuire, toujours à grand mouillement, avec beurre, sel et jus de citron ;

Vous aurez soin de ne pas trop faire cuire les crêtes lorsqu'elles sont destinées à garnir les hâtelets.

ROGNONS DE COQ.

Choisissez des rognons de coq bien blancs, très fermes et non crevés ; lavez-les parfaitement et placez-les dans une casserole, avec eau, sel, beurre et jus de citron ;

Mettez-les sur le feu en les tournant avec la grande cuiller à ragoût ; lorsqu'ils sont bien fermes, retirez-les du feu ; vous éviterez l'ébullition.

ÉCREVISSES POUR GARNITURES.

Choisissez 20 écrevisses d'égale grosseur ; lavez-les et mettez-les dans une casserole avec ;

  2 décilitres de vinaigre,
  5 grammes de sel,
  1 prise de mignonnette,
  1 oignon ordinaire coupé en lames.
  2 branches de persil ;

Mettez les écrevisses sur le feu à casserole couverte ; sautez-les trois minutes pour qu'elles cuisent également ; au bout de dix minutes, vous les retirerez de la cuisson.

CREVETTES POUR GARNITURES.

Ayez 500 grammes de crevettes dites *bouquet* ;

Épluchez et parez les queues, qui vous serviront pour garnir ; vous aurez soin de réserver les coquilles que vous emploierez pour le beurre de crevettes.

LAITANCES DE CARPE.

Retirez les filets de sang qui se trouvent à la surface des laitances, faites dégorger celles-ci, et lorsqu'elles seront bien blanches, faites-les cuire avec eau, sel et vinaigre ;

GARNITURES ET FARCES. 449

Dès qu'elles sont cuites, vous les mettez dans le grand bouillon lorsqu'il s'agit du gras, et dans le consommé de poisson lorsqu'il s'agit du maigre.

HUITRES POUR GARNITURES.

Faites blanchir de grosses huîtres à l'eau bouillante, seulement pendant deux minutes ;

Égouttez-les et rafraîchissez-les ; examinez-les toujours avant de vous en servir, pour voir s'il n'y reste pas de coquilles.

MOULES POUR GARNITURES.

Nettoyez les moules comme il est dit aux *Moules à la poulette* (voir page 242) ;

Faites cuire les moules avec vin blanc, oignon et persil en branches; retirez-les des coquilles ; passez-les à l'eau tiède ; égouttez-les, et réservez-les pour garnir.

PURÉE DE VOLAILLE.

Faites braiser deux poulets que vous mouillerez avec consommé de volaille ; lorsqu'ils sont cuits, laissez-les refroidir ;

Passez la cuisson au tamis de soie et dégraissez parfaitement;

Faites réduire et ajoutez une quantité de velouté double de la réduction ;

Faites réduire l'essence et le velouté ensemble, ce qui doit vous donner une sauce suprême très consistante ;

Lorsque les poulets sont froids, levez les chairs et retirez peaux et graisse ; hachez et pilez les chairs que vous mouillez avec la sauce ; passez à l'étamine et au bain-marie.

PURÉE DE FAISAN.

Faites braiser deux faisans ; mouillez-les avec du consommé de gibier ;

Procédez, pour la purée et pour la sauce, comme il a été dit à la *Purée de volaille* (voir l'article précédent), en remplaçant le velouté par l'espagnole.

PURÉE DE PERDREAU.

Ayez trois perdreaux que vous faites braiser;

Mouillez avec consommé de gibier, et procédez entièrement comme il a été dit à la *Purée de volaille* (page 449).

PURÉE DE BÉCASSE.

Faites braiser trois bécasses, et procédez comme pour la *Purée de volaille* (page 449).

Vous emploierez pour le mouillement le consommé de gibier.

PURÉE DE LEVRAUT.

Ayez un trois-quarts que vous couperez en quatre morceaux;

Faites revenir dans le beurre, et mouillez avec 4 décilitres de vin de Bourgogne rouge et 1 litre de consommé de gibier;

Faites cuire à petit feu;

Lorsque le lièvre est cuit, passez le fond et dégraissez;

Faites réduire de moitié; ajoutez 1 litre d'espagnole et faites réduire de nouveau très serré;

Passez à l'étamine;

Levez les chairs du lièvre et retirez les peaux;

Hachez, pilez, mouillez avec espagnole, passez à l'étamine et réservez.

PURÉE DE LAPEREAU.

Ayez trois lapereaux que vous couperez chacun en deux morceaux et que vous ferez braiser dans du consommé de gibier;

Laissez refroidir;

Faites la sauce et la purée comme il est dit à la *Purée de levraut* (voir l'article précédent).

Observation. — On peut faire aussi les purées de volaille et de gibier avec les volailles et gibiers qui reviennent de la table.

SAUCISSES DITES CHIPOLATA.

Observation. — Je conseille de faire toujours autant que possible dans la cuisine les petites saucisses pour garnitures, dites *chipolata*, et d'éviter de les acheter au dehors ; on est bien plus sûr de ce qu'elles sont lorsqu'on a la bonne précaution de les apprêter soi-même.

Les saucisses chipolata se préparent ainsi :

Ayez 250 grammes de porc frais maigre et 250 grammes de lard sans nerfs ni couenne.

Hachez parfaitement pour faire une farce que vous assaisonnez de sel, poivre et épices ; la farce faite, préparez un boyau à saucisses de la longueur d'un mètre que vous faites bien dégorger ;

Remplissez ce boyau avec la farce et formez de petites saucisses de la longueur de 4 centimètres.

GARNITURE CHIPOLATA.

Tournez 20 morceaux de carottes, en forme de bouchons, une même quantité de navets ;

Faites blanchir et cuire carottes et navets dans le grand bouillon en ajoutant une petite pincée de sucre ;

Préparez 20 gros marrons que vous ferez rôtir à blanc, et 20 champignons tournés, plus 20 morceaux de petit lard taillés en forme de bouchons ; passez au beurre et lait à part ;

Faites cuire les petites saucisses chipolata préparées comme il est dit à l'article précédent ; retirez les boyaux quand elles sont cuites ;

Mettez dans une casserole ces garnitures ainsi préparées et couvrez-les d'espagnole réduite ;

Réservez pour garnir.

AILERONS DE POULET FARCIS.

Désossez et faites dégorger 12 ailerons de poulet que vous aurez coupés au ras du filet, et désossez-les jusqu'au deuxième joint ; mettez dans chaque aileron gros comme une noisette de farce de galantine ;

Rentrez en dedans la peau du haut pour fermer et empêcher que la farce ne s'échappe en cuisant; faites cuire dans du consommé de volaille.

Observation. — On aura soin de ne pas crever la peau des ailerons en les désossant.

RAGOUT A LA FINANCIÈRE.

Préparez parties égales de :
    Truffes émincées,
    Escalopes de foie gras,
    Crêtes,
    Rognons,
    Champignons,
    Quenelles de volaille ;

Mettez le tout dans la sauce financière pour volaille (voir page 433), et employez pour garniture.

CROQUETTES DE POMMES DE TERRE.

Épluchez, lavez 1 kilo de pommes de terre jaunes ; mettez-les dans une casserole ; couvrez-les d'eau et assaisonnez-les de sel ; faites bouillir ;

Lorsqu'elles sont cuites aux trois quarts, jetez toute l'eau ; mettez-les au four jusqu'à ce qu'elles soient entièrement cuites ;

Après cuisson, passez-les au tamis par petites parties, puis mettez la purée que vous avez recueillie dans une casserole ; ajoutez 20 grammes de beurre et 2 jaunes d'œufs par litre de purée :

GARNITURES ET FARCES.

Saupoudrez la table de farine;

Divisez la pâte en parties égales et formez des croquettes en poire, boule ou bouchon, suivant l'emploi;

Roulez-les dans l'œuf battu, et assaisonnez;

Passez à la mie de pain et faites frire un quart d'heure avant de servir.

POMMES DE TERRE, DITES DUCHESSES.

Préparez les pommes de terre comme pour croquettes (voir l'article précédent), en ayant soin de ne pas y mettre de beurre;

Saupoudrez la table de farine; puis formez la purée en tablettes ovales de l'épaisseur de 3 centimètres sur 6 de longueur et 4 de largeur;

Au moment de servir, faites-les frire au beurre clarifié; égouttez-les sur un linge, et servez.

CAROTTES POUR GARNITURES.

Tournez les carottes en forme de poires d'égales grosseur; faites-les blanchir; puis faites-les cuire avec consommé de volaille, sel, poivre et sucre;

Finissez-les en faisant glacer par réduction.

CAROTTES EN OLIVES, DITES NIVERNAISES.

Coupez le bout des carottes que vous tournez en olives de la longueur de 3 centimètres sur 1 centimètre et demi de largeur; faites-les cuire et glacer comme les *Carottes pour garnitures* (voir l'article précédent).

NAVETS POUR GARNITURES.

Tournez les navets en poire, comme il est dit aux *Carottes pour garnitures* (voir ci-dessus);

Blanchissez; faites dégorger et faites cuire avec consommé de volaille, sel et sucre; glacez par réduction.

OIGNONS POUR GARNITURES.

Faites glacer les oignons comme il est dit à la Première partie (voir *Oignons glacés*, page 78); pour les glacer, vous remplacerez le bouillon par du consommé bien corsé.

HARICOTS VERTS POUR GARNITURES.

Préparez 500 grammes de haricots verts, égaux de forme autant que possible ; coupez-les en losanges et faites-les cuire à l'eau de sel ;

Lorsqu'ils sont cuits, égouttez-les et mettez-les dans une casserole avec du beurre.

Observation. — J'indique, comme on le voit, de sauter les haricots en les recouvrant de beurre ; ce procédé me paraît préférable à celui qui consiste à rafraîchir les légumes, ce qui

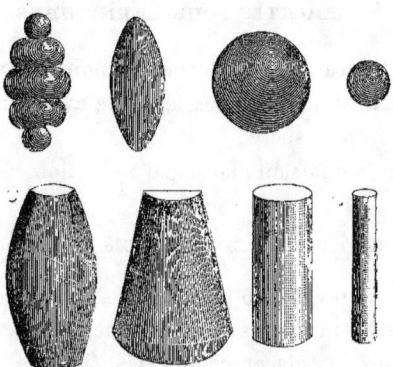

Fig. 104. Carottes et navets tournés pour potages et garnitures.

leur fait presque toujours pomper une certaine quantité d'eau susceptible de détendre la sauce lorsqu'on assaisonne.

CHOUX-FLEURS EN BOUQUETS POUR GARNITURES.

Coupez les choux-fleurs en bouquets égaux de 5 centimètres

de large ; faites-les blanchir, dégorger, et mettez-les cuire avec eau, sel et beurre ; puis faites-les cuire à très petit feu ;

Le chou-fleur pour garnitures doit toujours être cuit de manière à rester bien ferme et à ne pas s'écraser lorsqu'on le dresse.

CHOUX DE BRUXELLES POUR GARNITURES.

Préparez des choux de Bruxelles bien verts ; faites-les cuire à grande eau ; lorsqu'ils sont cuits, égouttez-les et sautez-les dans le beurre.

Observation. — Les choux de Bruxelles pour garnitures doivent toujours être moins cuits que ceux d'entremets.

CHOUX POUR GARNITURES.

Coupez les choux en quatre parties ; épluchez, blanchissez, lavez et faites-les dégorger pendant deux heures ;

Égouttez-les et pressez-les dans un linge pour en extraire l'eau entièrement ;

Retirez les cœurs ; assaisonnez, ficelez, et mettez les choux dans une casserole avec du petit lard que vous aurez fait blanchir ;

Mouillez-les avec du grand bouillon et couvrez-les de graisse clarifiée, puis faites mijoter pendant trois heures à feu très doux, à casserole couverte.

Lorsqu'ils sont cuits, égouttez-les parfaitement dans la passoire ; remettez-les dans la casserole, puis faites-les dessécher sur le feu en tournant avec la cuiller ;

Ajoutez du poivre, et goûtez pour l'assaisonnement. Si les choux n'étaient pas assez salés, vous ajouteriez du sel.

Lorsque les choux sont bien desséchés, mettez-les sur un linge blanc, et formez-les en rouleaux de 4 centimètres d'épaisseur ;

Beurrez un plat à sauter ; coupez le rouleau que vous avez formé avec les choux en morceaux de 5 centimètres de long ;

Rangez ces morceaux dans le plat à glacer et faites glacer avec glace de viande légère ;

Faites chauffer au four, et réservez.

POINTES D'ASPERGES POUR GARNITURES.

Effeuillez et coupez des asperges vertes dites *petits pois* ; faites-les cuire à l'eau de sel, égouttez-les et sautez-les dans le beurre pour les empêcher de jaunir ;

Surveillez bien la cuisson pour que les asperges ne s'écrasent pas.

POIS POUR GARNITURES.

Faites cuire les pois à l'eau de sel, égouttez-les et sautez-les dans le beurre, comme il vient d'être dit aux *Pointes d'asperges* (voir l'article précédent).

TOMATES FARCIES POUR GARNITURES.

Choisissez des tomates de la grosseur de 5 centimètres, et autant que possible égales de forme ;

Enlevez toute la partie verte de la queue à 2 centimètres de large ; faites blanchir pour retirer la petite peau et retirez les pepins ;

Faites réduire de l'espagnole bien serré, dans laquelle vous ajouterez de la d'Uxelles pour former une farce ; garnissez les tomates avec cette farce ;

Mettez de l'huile dans un plat à sauter à une épaisseur d'un demi-centimètre ;

Rangez les tomates dans le plat et saupoudrez-les légèrement de chapelure ;

Faites-les cuire au four à feu très vif.

FONDS D'ARTICHAUTS POUR GARNITURES.

Retirez les premières feuilles des artichauts, parez les fonds et coupez les feuilles à la hauteur du fond ;

GARNITURES ET FARCES.

Faites-les blanchir jusqu'à ce que le foin puisse s'enlever ; rafraîchissez, puis, lorsque le foin est retiré, tournez et parez les fonds ;

Faites-les cuire dans un blanc, que vous ferez avec eau, beurre, farine, sel et lames d'un citron que vous aurez pelé à vif et dont vous aurez retiré les pepins ;

Faites-les cuire dans la cuisson.

CARDONS POUR GARNITURES.

Coupez des cardons bien blancs, et non creux *surtout*, d'une longueur de 8 centimètres ; enlevez les piquants qui sont sur les côtés et faites blanchir à grande eau pendant 20 minutes ;

Lorsqu'ils sont blanchis, enlevez la petite peau qui les couvre entièrement ; coupez-les d'égale longueur ; rangez-les sur la grille d'une casserole ovale et mettez-les dans la casserole ;

Couvrez-les d'une barde de lard et mouillez-les avec un blanc que vous ferez avec farine, grand bouillon et graisse de volaille clarifiée ;

Ajoutez un bouquet garni, un oignon et 2 clous de girofle, sel et mignonnette, puis des lames de citron que vous aurez préparées comme il est dit à l'article précédent ;

Faites cuire à petit feu jusqu'à entière cuisson des cardons ; mettez-les dans une terrine, et réservez pour garnir.

CONCOMBRES BLANCS.

Après avoir préparé les concombres comme il est dit à la Première partie (voir *Concombres à la poulette*, page 263), coupez-les pour en faire des morceaux ovales de 5 centimètres de longueur sur 2 de largeur et 2 d'épaisseur ;

Faites blanchir et donnez un seul bouillon ; égouttez et faites cuire dans un blanc comme il est dit aux *Cardons pour garnitures* (voir l'article précédent) ;

Laissez-les refroidir dans la cuisson.

CONCOMBRES BRUNS.

Vous préparez des concombres comme il vient d'être dit à l'article précédent;

Faites-les cuire à la poêle avec beurre et sucre; lorsqu'ils sont colorés, achevez de les faire cuire avec du blond de veau.

CHICORÉE POUR GARNITURES.

Après avoir préparé la chicorée comme il est dit à la Première partie (voir *Chicorée*, page 267), mettez-la dans une casserole; couvrez-la de consommé de volaille et d'un rond de papier beurré;

Faites mijoter deux heures à très petit bouillon;

Mettez la chicorée sur le feu; desséchez-la et mouillez-la avec de la béchamel grasse bien réduite.

Au moment de vous en servir, vous ajouterez une pincée de muscade et du beurre.

ÉPINARDS POUR GARNITURES.

Préparez les épinards comme il est dit à la Première partie (voir *Épinards*, page 266); faites-les dessécher dans le beurre sur le feu, mouillez-les avec de la béchamel grasse réduite, et finissez avec beurre et prise de muscade.

OSEILLE POUR GARNITURES.

Préparez l'oseille comme il est dit à la première partie (voir *Oseille*, page 85); faites-la réduire avec de l'allemande, et ajoutez beurre et muscade.

LAITUES POUR GARNITURES.

Faites cuire les laitues comme il est dit aux Potages (voir *Potage aux laitues farcies*, page 371);

Égouttez-les sur un linge, pressez-les avec la lame du couteau et reployez les deux côtés, le bout sur le milieu, de manière à former un carré long;

Rangez les laitues dans un plat à sauter légèrement beurré;

Glacez à la glace de viande et faites chauffer au moment de servir.

CÉLERI POUR GARNITURES.

Préparez et faites cuire le céleri comme il est dit à la Première partie (*Céleri*, page 269);

Vous remplacerez le bouillon par du consommé de volaille, et le dégraissis de marmite par de la graisse de volaille clarifiée.

CÉLERI-RAVE POUR GARNITURES.

Préparez et faites cuire le céleri-rave comme le *Céleri-rave au jus* (voir page 271).

CÉLERI A LA FRANÇAISE.

Coupez et blanchissez les pieds de céleri que vous aurez coupés en carrés de 1 centimètre; rafraîchissez, égouttez et faites cuire comme le *Céleri* (voir ci-dessus).

MARRONS A LA GLACE DE VIANDE.

Retirez la première peau des marrons, échaudez-les à l'eau bouillante afin de retirer la deuxième peau, puis mettez-les dans un plat à sauter légèrement beurré;

Couvrez-les de moitié consommé et moitié blond de veau;

Faites-les cuire en ayant soin de les conserver dans leur entier;

Une fois cuits, glacez-les à la glace de viande.

PURÉE DE CARDONS.

Coupez par morceaux les cardons cuits avec partie égale de béchamel grasse; faites réduire et passez à l'étamine;

Au moment de servir, vous les finirez avec beurre et crème double.

PURÉE D'OIGNONS BLANCS, DITE SOUBISE.

Épluchez et blanchissez des oignons blancs ; faites-les dégorger, égouttez-les, et mettez-les dans une casserole ;

Couvrez-les de consommé de volaille ;

Faites-les cuire à très petit feu, en évitant qu'ils ne prennent couleur ;

Lorsque l'oignon est bien cuit, réduisez-le avec la même quantité de béchamel que vous avez d'oignon, passez à l'étamine et finissez avec beurre et glace de volaille.

PURÉE D'OIGNONS ROUGES, DITE BRETONNE.

Épluchez, blanchissez et dégorgez des oignons, comme il est dit à la *Soubise* (voir l'article précédent) ; égouttez-les et mettez-les dans un plat à glacer avec beurre, sel et sucre ;

Faites-les revenir jusqu'à ce qu'ils soient bien rouges, ajoutez autant d'espagnole que vous avez d'oignon ;

Réduisez, passez à l'étamine, et finissez avec beurre et glace de viande.

PURÉE D'ARTICHAUTS.

Préparez les fonds d'artichauts comme il est dit aux *Fonds d'artichauts pour garnitures* (voir page 456) ;

Faites-les cuire de manière qu'ils puissent s'écraser facilement sous le doigt, égouttez-les et coupez-les en morceaux ;

Mettez-les dans un plat à glacer, avec même quantité de béchamel grasse, réduisez, passez à l'étamine, et finissez avec beurre et crème double.

PURÉE D'ASPERGES.

Coupez toute la partie tendre d'une botte d'asperges vertes, lavez et faites blanchir ;

Lorsque les asperges sont blanchies, égouttez-les et mettez-les dans une casserole avec du beurre ;

Faites revenir pendant 4 minutes ; ajoutez de la béchamel en même quantité que vous avez d'asperges ; faites réduire, passez à l'étamine, et finissez avec beurre et glace de volaille.

Vous ajouterez un peu de vert d'épinards passé au tamis de soie, dans le cas où la purée ne serait pas d'un beau vert.

PURÉE DE CÉLERI EN BRANCHES.

Préparez le céleri comme il est dit au *Céleri pour garnitures* (page 459) ;

Ajoutez même quantité de céleri-rave ; égouttez, essuyez bien, puis coupez le céleri en petits morceaux que vous mettez dans une casserole à glacer avec même quantité de béchamel que de céleri ;

Faites réduire ; passez à l'étamine, et finissez avec beurre et crème double.

PURÉE DE HARICOTS POUR GARNITURES.

Faites cuire des haricots blancs avec eau, sel et beurre, un bouquet garni et un oignon ; lorsque les haricots sont cuits, retirez le bouquet et passez au tamis ;

Mettez dans une casserole avec une quantité de béchamel moitié de celle de la purée ;

Faites réduire ; passez à l'étamine, et finissez avec crème et beurre.

PURÉE DE LENTILLES POUR GARNITURES, DITE CONTI.

Faites cuire les lentilles avec eau, sel, beurre, bouquet garni et oignon ;

Égouttez-les ; passez-les au tamis et mêlez-les dans une casserole à glacer avec une quantité d'espagnole moitié de celle de la purée ;

Faites réduire; passez à l'étamine, et finissez avec beurre et glace de viande.

PURÉE DE POIS FRAIS POUR GARNITURES.

Faites cuire des pois verts avec eau, beurre, sel, oignon et sucre;

Égouttez; faites passer à l'étamine; mettez dans la casserole, et finissez avec un huitième de béchamel grasse.

PURÉE DE POMMES DE TERRE.

Faites cuire des pommes de terre, comme il est dit aux *Croquettes de pommes de terre* (page 452);

Passez-les au tamis, et finissez avec beurre et crème double.

PURÉE DE NAVETS.

Épluchez, faites blanchir et dégorger des navets; faites-les cuire avec consommé de volaille, beurre et mie de pain à potage;

Lorsqu'ils sont cuits, égouttez-les et faites réduire avec même quantité de béchamel grasse;

Passez-les à l'étamine, et finissez avec beurre et crème double.

PURÉE DE MARRONS.

Épluchez les marrons comme il est dit aux *Marrons à la glace de viande* (page 459);

Faites-les cuire avec consommé de volaille, et, lorsqu'ils sont bien cuits, ajoutez moitié d'espagnole;

Faites réduire, passez à l'étamine, et finissez avec beurre et glace de viande.

PURÉE DE CHAMPIGNONS.

Épluchez et lavez 600 grammes de champignons;

Coupez-les en morceaux, et mettez-les dans une casserole avec une cuillerée à bouche d'eau et même quantité de jus de citron ;

Ajoutez une pincée de sel, et faites bouillir 2 minutes ; laissez refroidir les champignons dans leur cuisson ; égouttez-les sur un linge et essuyez-les ;

Pilez-les avec 20 grammes de beurre et passez-les au tamis de Venise ;

Préparez 4 décilitres de béchamel grasse, que vous ferez réduire avec la cuisson des champignons ;

Lorsque la béchamel est réduite, mêlez la purée de champignons avec la sauce ;

Au moment de servir, donnez un seul bouillon, et liez avec 20 grammes de beurre.

PURÉE DE TRUFFES.

Ayez 250 grammes de truffes bien épluchées ;

Pilez-les avec 30 grammes de beurre et passez-les au tamis ;

Faites réduire 3 décilitres d'espagnole avec 1 décilitre d'essence de truffes ; lorsque la sauce est bien réduite, ajoutez la purée de truffes ; au moment de servir, donnez un bouillon et liez avec 30 grammes de beurre fin et 30 grammes de glace de volaille.

PURÉE DE TOMATES.

Préparez 500 grammes de tomates dont vous aurez retiré les parties vertes ; cassez-les et mettez-les dans la casserole avec sel, poivre, bouquet garni et oignon ;

Faites fondre sur le feu et tournez avec la cuiller ; lorsque les tomates sont fondues, passez-les à l'étamine ;

Faites un roux avec 30 grammes de beurre et 25 grammes de farine ;

Faites cuire pendant 5 minutes ; mettez la purée de tomates dans le roux, ajoutez 60 grammes de glace de viande et faites réduire 5 minutes ;

Passez encore une fois à l'étamine et mettez au bain-marie.

CROUTONS POUR GARNITURES DE POTAGE.

Coupez du pain de mie en carrés de 8 millimètres ;
Faites frire les croûtons dans le beurre clarifié, en sautant constamment pour qu'ils prennent couleur uniformément.

CROUTONS EN CŒUR POUR GARNITURES D'ENTRÉES.

Coupez du pain de mie en formant des cœurs de la longueur de 6 centimètres et demi sur 1 centimètre d'épaisseur ; ayez le soin d'arrondir les angles ;
Faites frire au beurre clarifié d'un jaune pâle.

CROUTONS POUR ENTREMETS DE LÉGUMES.

Formez avec du pain de mie des équerres de 2 centimètres et demi de longueur sur 1 centimètre d'épaisseur ;
Arrondissez les angles ;
Faites frire au beurre clarifié.

II

FARCES

OBSERVATIONS SUR LES FARCES.

Les farces sont assurément d'un très bon emploi en cuisine ; elles sont d'une utilité incontestable pour les hors-d'œuvre, grosses pièces, entrées, etc. ; mais leur préparation demande des soins tout à fait spéciaux. Elles doivent, avant tout, être faites avec des viandes ou des poissons de la plus grande fraîcheur et possédant entièrement leurs sucs nutritifs. Avec des viandes et des poissons usés, vous ne ferez jamais que des farces de qualité inférieure, ne pouvant que nuire aux mets auxquels vous les ajouterez.

Tout en admettant les farces comme étant un des fondements de la cuisine, je crois devoir m'élever contre l'abus qui pourrait en être fait. Je ne suis nullement d'avis qu'on les prodigue à tout propos; le grand art du cuisinier doit être de ne les faire apparaître qu'avec discrétion et dans les circonstances convenables. Leur multiplicité dans un dîner saturerait infailliblement les convives et exciterait à bon droit la censure des vrais amateurs de la table, qui tiennent à ce que la cuisine n'abuse pas des complications et conserve toujours, même dans ses produits les plus recherchés, un caractère simple et naturel.

GODIVEAU.

Ayez 500 grammes de noix de veau bien énervée et 750 grammes de graisse de rognon de bœuf parfaitement épluchée;

Hachez le veau et la graisse de rognon séparément; mêlez ensuite les deux viandes en les assaisonnant avec 30 grammes de sel épicé;

Pilez-les dans le mortier, et ajoutez, en pilant, deux œufs en deux fois, de manière à faire une pâte très lisse où il ne se trouve plus ni parcelle de veau ni grain de graisse;

Posez cette farce dans un endroit froid ou sur la glace;

Faites une crème dite *pâtissière* avec deux œufs, 30 grammes de farine, 3 décilitres de lait et une pincée de sel;

Tournez sur le fourneau et retirez au premier bouillon; mettez la crème que vous venez de faire dans une terrine d'eau, afin qu'elle refroidisse;

Remettez le godiveau dans le mortier; pilez de nouveau et ajoutez la crème en trois fois;

Mettez dans le godiveau deux œufs et 1 hecto de glace bien lavée que vous ajouterez en plusieurs fois;

Faites un essai d'une petite quenelle pochée dans l'eau; si le godiveau se trouvait trop ferme, vous ajouteriez encore une certaine quantité de glace.

La farce de godiveau demande à être faite très vivement et dans un endroit froid.

FARCE DE VOLAILLE.

Pilez des filets de poule pour en avoir 500 grammes tout passés ;

Ajoutez 30 grammes de tétine de veau cuite, pilée et passée au tamis, et 300 grammes de panade faite avec grand bouillon et mie de pain ;

Cette panade doit être desséchée de manière à être très consistante ;

Mettez la chair de poule dans le mortier avec la tétine, mêlez parfaitement en pilant :

Ajoutez la panade et assaisonnez de sel, poivre et pointe de muscade ;

Lorsque le tout est bien mêlé, ajoutez 1 décilitre d'allemande réduite, puis faites un essai d'une petite quenelle ;

Vous mettrez la farce à son point en ajoutant de l'allemande ou de la crème double.

FARCE DE FAISAN.

Ayez 300 grammes de chair de faisan et 200 grammes de chair de poule ;

Procédez comme pour la *Farce de volaille* (voir l'article précédent).

Vous remplacerez l'allemande par de l'espagnole réduite au fumet de faisan.

FARCE DE PERDREAU.

Même quantité de chair de perdreau et de chair de poule ;

Procédez comme il est dit à la *Farce de volaille* (voir ci-

GARNITURES ET FARCES. 467

dessus), en ajoutant de l'espagnole réduite au fumet de perdreau.

FARCE DE LAPEREAU.

Ayez 500 grammes de chair de lapereau;
Procédez comme il a été dit à la *Farce de volaille* (page 456); vous ajouterez espagnole réduite au fumet de lapereau.

FARCE DE BROCHET.

Passez au tamis 500 grammes de chair de brochet;
Ajoutez 300 grammes de beurre et 300 grammes de panade;
Assaisonnez, mouillez avec deux œufs et allemande de poisson réduite, et finissez comme la *Farce de volaille* (page 466).

FARCE DE CARPE.

Même procédé que pour la *Farce de brochet* (voir l'article précédent).

FARCE DE MERLAN.

La farce de merlan se fait comme la farce de brochet;
Même mouillement et même assaisonnement (voir ci-dessus).

FARCE DE CONGRE, DIT ANGUILLE DE MER.

Même mouillement, même assaisonnement et même procédé de travail que pour la *Farce de brochet* (voir ci-dessus).

FARCE DE FOIE GRAS.

Ayez 500 grammes de foie gras que vous aurez choisi bien frais et bien ferme, 100 grammes de tétine et 200 grammes de panade préparée comme il est dit à la farce de volaille (voir *Farce de volaille*, page 466);

Ajoutez poivre, sel et muscade ; pilez le tout et passez au tamis ;

Remettez dans le mortier et mêlez en pilant 5 jaunes d'œufs l'un après l'autre :

Réservez pour servir.

Observation. — En terminant les farces, je rappellerai, comme un point très essentiel, ce que j'ai déjà dit au sujet des quenelles pour potages (page 365). Les farces doivent être particulièrement délicates et légères ; on ne manquera pas d'y ajouter du blanc d'œuf fouetté pour les allégir.

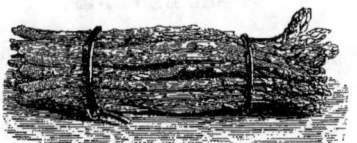

Fig. 105. Asperges pour garnitures.

Fig. 106. Timbales, bouchées, petits pâtés, moules, crêtes Villeroy.

CHAPITRE IV

HORS-D'ŒUVRE CHAUDS

PETITS PATÉS AU NATUREL.

Faites 1 litre de feuilletage à 12 livres, c'est-à-dire 500 grammes de beurre pour 500 grammes de farine; procédez pour le feuilletage comme il est dit à la Première partie (voir *Gâteau feuilleté*, page 312);

Donnez 6 tours au feuilletage; abaissez à une épaisseur de 1 demi-centimètre, et coupez en 24 morceaux de 4 centimètres et demi avec le coupe-pâte;

Mêlez toutes les rognures pour faire une seconde abaisse de la même épaisseur; coupez, comme dans la première, 24 morceaux;

Mouillez un plafond; posez dessus les 24 dernières abaisses et couchez sur chacune une petite quenelle de farce de volaille;

Posez les autres ronds sur la quenelle en les retournant;

Appuyez avec le dos d'un coupe-pâte de 3 centimètres et demi;

Dorez et faites cuire à feu vif.

PETITS PATÉS AU FOIE GRAS ET AUX TRUFFES, DITS MONGLAS.

Faites 1 litre de pâte avec 3 hectos de beurre, 500 grammes de farine, 2 jaunes d'œufs et 10 grammes de sel ;

Pétrissez avec 2 décilitres d'eau ; arrosez la pâte de temps à autre jusqu'à ce qu'elle soit d'un corps mollet ; lorsqu'elle est bien lisse, moulez et laissez reposer une heure ;

Abaissez la pâte et enfoncez 18 petits moules qui doivent avoir 4 centimètres de large sur 5 de haut ; garnissez-les de farine ; couvrez-les d'un couvercle en pâte, pincez le bord, dorez et faites cuire ;

Quand les petits pâtés sont cuits, enlevez le couvercle sans toucher au bord qui est pincé ;

Retirez la farine, brossez parfaitement l'intérieur, dorez les croûtes au dedans et au dehors ; séchez deux minutes au four et garnissez avec foie gras et truffes ;

Saucez avec espagnole réduite.

PETITS PATÉS AUX LÉGUMES.

Préparez 18 croûtes pour petits pâtés, comme il est dit à l'article précédent ;

Garnissez-les d'une macédoine de légumes que vous ferez avec carottes, asperges, petits pois, haricots verts, navets, tous ces légumes par parties égales ; saucez d'une béchamel grasse peu liée.

PETITS PATÉS AUX MAUVIETTES.

Foncez 18 moules comme il est dit aux *petits pâtés Monglas* (voir ci-dessus) ;

Désossez 18 mauviettes ;

Mettez dans le plat à sauter 2 hectos de lard râpé et 3 hectos de foie de volaille ;

Assaisonnez de sel, poivre et épices ; faites revenir 4 minutes à feu vif, laissez refroidir, puis pilez et passez au tamis ;

Placez les mauviettes sur la table, assaisonnez-les légèrement ;

Étalez sur chaque morceau une couche de farce ; mettez sur la farce une boule de truffe grosse comme une aveline ; enfermez la truffe dans chaque mauviette en lui donnant la forme d'une boule de farce ;

Mettez une petite couche dans le fond de chaque petit pâté, et placez la mauviette sur cette couche de farce, recouvrez-la de farce également ;

Couvrez les petits pâtés avec la pâte, comme il est dit aux *Monglas* (voir page 470) ; dorez le dessus et posez un couvercle de feuilletage coupé avec un coupe-pâte cannelé, en évitant que le couvercle ne touche au bord pincé ;

Dorez le couvercle et faites cuire à bon feu pendant 20 minutes. Lorsque les pâtés sont cuits, levez les couvercles ;

Saucez avec de l'espagnole réduite à l'essence de mauviette ; replacez les couvercles et servez.

CROUSTADE A LA FINANCIÈRE.

Foncez 18 moules de croustades avec la pâte de *Pâtés Monglas* (voir page 470) ;

Garnissez de farine, faites cuire ; lorsque les croustades sont cuites, retirez la farine, bossez l'intérieur des croustades et dorez comme les *Petits pâtés Monglas* ;

Faites des couvercles de la grandeur de la croustade avec du feuilletage fin à 6 tours ;

Posez dessus un deuxième rond, dorez et faites cuire ;

Préparez un ragoût financière avec quenelles de volaille, crêtes, truffes, champignons, que vous couperez en dés ;

Garnissez les croustades, saucez avec sauce financière, posez les couvercles et servez.

CROUSTADES GARNIES DE LANGUE, TRUFFES ET VOLAILLE, DITES BARAKINE.

Préparez les croustades comme il est dit à l'article précédent ;

Coupez blancs de volaille, langue à l'écarlate et truffes en filets de 2 centimètres de long et 3 millimètres de large ;

Mettez dans l'espagnole réduite ; garnissez les croustades, placez les couvercles et servez.

BOUCHÉES AU SALPICON.

Nous appelons *salpicon* en cuisine un composé de volaille, gibier ou poisson, avec truffes, foie gras, champignons, le tout coupé en petits carrés.

Faites 18 bouchées coupées dans du feuilletage fait à 6 tours, avec un coupe-pâte cannelé de 4 centimètres et demi ;

Dorez, puis prenez un autre coupe-pâte uni de 2 centimètres et demi que vous trempez dans l'eau chaude ; vous l'appuyez sur le petit vol-au-vent jusqu'à 1 millimètre de profondeur et vous formez ainsi le couvercle ;

Faites cuire à feu vif ; quand les bouchées sont cuites, retirez le couvercle, et, avec le manche du couteau, refoulez la mie sur les bords ;

Garnissez la bouchée avec un salpicon que vous faites avec filets de volaille, langue, truffes et champignons que vous coupez en petits carrés ;

Saucez avec de l'allemande, faites bouillir un seul bouillon, garnissez les bouchées, dressez-les sur une serviette et servez.

BOUCHÉES DE PURÉE DE VOLAILLE, DITES A LA REINE.

Faites les bouchées comme celles au *salpicon* (voir l'article précédent) ;

Garnissez-les d'une purée de volaille (voir *Purée de volaille*, page 449).

BOUCHÉES DE PURÉE DE GIBIER.

Faites les bouchées comme il est dit pour les *Bouchées au salpicon* (voir ci-dessus) ;

HORS-D'ŒUVRE CHAUDS. 473

Garnissez avec de la purée de gibier (voir *Purée de gibier*, page 449).

BOUCHÉES D'HUITRES.

Préparez 18 bouchées comme il a été dit aux *Bouchées au salpicon* (page 472);

Faites la garniture avec 24 huîtres blanchies et 10 champignons tournés;

Vous couperez champignons et huîtres en dés; faites chauffer dans de l'allemande maigre et garnissez les bouchées.

BOUCHÉES DE HOMARD.

Préparez les bouchées comme il est dit aux *Bouchées au salpicon* (page 472);

Coupez la chair de homard en morceaux de 1 centimètre carré;

Faites chauffer de la sauce au homard (voir *Sauce au homard*, page 436);

Liez-la au beurre de homard; mettez des morceaux de chair dans la sauce; garnissez et servez.

BOUCHÉES DE CREVETTES.

Ayez 18 bouchées préparées comme les *Bouchées au salpicon*;

Épluchez, parez et coupez en deux morceaux les queues de 500 grammes de crevettes;

Préparez une sauce crevettes que vous finirez avec beurre frais et beurre de crevettes;

Faites chauffer la sauce et mettez les queues dedans. Garnissez et servez.

BOUCHÉES DE FILETS DE SOLE.

Préparez 28 bouchées comme pour les *Bouchées au salpicon* (page 472);

Levez les filets d'une belle sole; faites-les cuire avec beurre, sel et jus de citron;

Mettez les filets en presse, et, lorsqu'ils sont froids, coupez-les en dés ;

Faites chauffer de l'allemande maigre ; mettez dedans les filets de sole, chauffez, garnissez et servez.

CROQUETTES DE VOLAILLE.

Levez les chairs de poulets que vous avez fait rôtir ; retirez peau, graisse et nerfs, puis coupez les chairs en petits carrés de 1 demi-centimètre de large ;

Coupez de même une égale quantité de truffes que vous saucez avec de l'allemande très réduite et que vous faites refroidir sur un plat ;

Saupoudrez la table de mie de pain ;

Divisez l'appareil en parties égales et donnez-leur la forme de boule ou de bouchons ; trempez chaque croquette dans l'œuf battu et assaisonné de sel, poivre et huile ;

Passez à la mie de pain ; reformez les croquettes avec le couteau après les avoir panées ; 20 minutes avant de servir, faites-les cuire à friture chaude ;

Lorsque les croquettes sont fermes et d'une belle couleur dorée, égouttez-les sur une serviette ; dressez-les en rocher et garnissez de persil frit ; saupoudrez de sel comme toutes les croquettes et fritures de hors-d'œuvre.

On sert avec les croquettes pour hors-d'œuvre, sauces tomate, Périgueux, poivrade.

CROQUETTES DE RIS DE VEAU.

Ayez des gorges de ris de veau dégorgées, braisées et refroidies sous presse ; parez-les parfaitement et coupez-les en dés de 1 demi-centimètre carré ;

Taillez une même quantité de champignons en dés de même grosseur, mêlez-les dans de l'allemande bien réduite ;

Finissez comme il est dit aux *Croquettes de volaille*, à l'article précédent.

CROQUETTES DE FAISAN.

Levez les chairs d'un faisan, retirez peaux, graisse et nerfs, puis coupez les chairs en dés ;

Préparez pareillement une même quantité de truffes ;

Saucez avec de l'espagnole réduite au fumet de faisan et à l'essence de truffes ;

Finissez comme il est dit aux *Croquettes de volaille* (page 474).

CROQUETTES DE LAPEREAU.

Levez les chairs d'un lapereau que vous aurez fait rôtir, retirez peaux et nerfs ; coupez les chairs en dés ; ajoutez même quantité de truffes et de champignons ;

Saucez avec une espagnole réduite au fumet de lapereau ;

Finissez comme il est dit aux *Croquettes de volaille* (page 474).

CROQUETTES MILANAISES.

Coupez par parties égales en forme de petits dés, volaille, langue écarlate, truffes et macaroni, que vous mêlez dans de l'allemande très réduite avec parmesan râpé ;

Finissez comme il est dit précédemment.

CROQUETTES DE FOIE GRAS.

Coupez par parties égales truffes et foies gras ; saucez avec espagnole réduite à l'essence de truffes. Finissez comme pour toutes les croquettes.

CROQUETTES DE HOMARD.

Coupez en dés des chairs de homard que vous aurez fait cuire, et préparez même quantité de champignons taillés de même ;

Faites réduire même quantité d'allemande de poisson;

Liez à l'œuf et au beurre de homard; mettez les chairs dans la sauce; faites refroidir et finissez comme il est dit aux *Croquettes de volaille* (page 474).

CROQUETTES DE TURBOT.

Préparez de la chair de turbot que vous aurez fait cuire et mettre en presse, coupez en dés; faites réduire du velouté maigre, et liez à l'œuf;

Ajoutez persil haché et blanchi;

Mêlez les chairs de poisson avec la sauce, et finissez comme il est dit précédemment.

CROQUETTES DE FILETS DE SOLE.

Faites cuire des filets de sole que vous couperez en dés;

Faites réduire du velouté maigre avec la cuisson des soles et de l'eau de moules;

Liez à l'œuf, mettez les filets dans la sauce et finissez comme il est dit aux *Croquettes de volaille* (page 474).

CROMESQUIS DE VOLAILLE.

On est convenu d'appeler *cromesquis* un mélange de volaille, gibier, truffes qu'on enveloppe de tétines de veau et qu'on couvre de pâte à frire.

Faites cuire une tétine de veau dans la marmite; rafraîchissez après cuisson;

Préparez un salpicon comme il est dit aux *Bouchées au salpicon* (page 472);

Égouttez la tétine; épluchez-la parfaitement, puis formez des lames aussi minces que possible, de toute la longueur de la tétine;

Placez sur les lames de tétine du salpicon d'une longueur de 5 centimètres sur une largeur de 2 centimètres;

Enveloppez le salpicon de tétine et formez-en un petit rouleau ;

Vingt-cinq minutes avant de servir, trempez chaque rouleau dans la pâte à frire, faites frire, égouttez ; dressez en rocher sur une serviette et servez avec persil frit.

CROMESQUIS DE GIBIER.

Préparez un salpicon comme il est dit aux *Croquettes de faisan* (page 475). Enveloppez ce salpicon dans la tétine de veau ; finissez le cromesquis comme il vient d'être dit (voir l'article précédent).

CROMESQUIS DE RIS DE VEAU.

Préparez un salpicon comme il est dit aux *Croquettes de ris de veau* (page 474) ;

Finissez comme les *Cromesquis de volaille* (page 476).

CROMESQUIS DE CREVETTES.

Épluchez des queues de crevettes et coupez-les en dés ;

Faites réduire du velouté maigre, liez à l'œuf et au beurre de crevettes, puis mettez le salpicon dans la sauce ;

Lorsque le salpicon est refroidi, formez le cromesquis avec des feuilles de pain à chanter légèrement humectées pour remplacer la tétine de veau.

CROMESQUIS DE SAUMON.

Coupez de la chair de saumon en lames de 1 demi-centimètre ; faites cuire avec sel, poivre, beurre et jus de citron ;

Mettez les chairs légèrement en presse ; puis, lorsqu'elles sont refroidies, coupez-les en petits dés, et ajoutez la moitié de leur volume de truffes que vous couperez également en dés ;

Faites réduire du velouté maigre que vous liez à l'œuf et au beurre ;

Ajoutez saumon et truffes dans la sauce et laissez refroidir;

Formez le cromesquis avec le pain à chanter humide comme il est dit au *Cromesquis de crevettes* (voir l'article précédent).

TIMBALES DE NOUILLES A LA PURÉE DE GIBIER.

Faites 1 litre de pâte à nouilles; blanchissez à l'eau de sel; égouttez les nouilles et sautez-les dans le beurre;

Mettez-les dans un plat à sauter beurré d'une épaisseur de 4 centimètres, que vous couvrez d'une feuille de papier beurré;

Ajoutez un plafond qui entre dans le plat et placez dessus un poids de 2 kilos.

Lorsque les nouilles sont refroidies, coupez-les avec un coupe-pâte uni de 3 centimètres de large; passez-les à l'œuf et à la mie de pain (voir *Panure*, à la Première partie, page 113); égalisez-les avec la lame du couteau; coupez le dessus à la profondeur de 1 demi-centimètre pour faire le couvercle;

Faites frire;

Lorsque les timbales sont bien fermes et d'une belle couleur blond doré, enlevez le couvercle et videz avec soin pour que la croûte n'ait que 1 demi-centimètre d'épaisseur; garnissez avec de la purée de gibier (voir *Purée de gibier*, page 449).

TIMBALES DE NOUILLES AU CHASSEUR.

Préparez les timbales comme il vient d'être dit à l'article précédent;

Faites sauter les filets de deux lapereaux, que vous émincez et coupez à la colonne de 1 centimètre de large;

Coupez de même une quantité de truffes, le quart de la quantité de chair de lapereau;

Mettez chair et truffes avec espagnole réduite au fumet de lapereau;

Garnissez les timbales; posez les couvercles dessus et dressez.

HUITRES D'UXELLES.

Faites blanchir des huîtres dites *pied de cheval*; lorsqu'elles sont blanchies, mettez-les légèrement en presse ;

Laissez-les bien refroidir, et fendez-les par le milieu sur le travers sans cependant les séparer ;

Mettez sur l'un des côtés une couche de sauce d'Uxelles de l'épaisseur de 1 demi-centimètre ; refermez l'huître et pressez un peu aux extrémités pour la bien faire coller ;

Vingt-cinq minutes avant de servir, trempez les huîtres dans la pâte à frire et faites-les frire dans la friture bien chaude; dressez en rocher sur une serviette avec persil frit ;

Servez sauce d'Uxelles à part dans une saucière.

HUITRES PANÉES ET FRITES VILLEROY.

Préparez les huîtres comme il a été dit à l'article précédent;

Faites réduire du velouté maigre ; liez à l'œuf et au beurre, et trempez chaque huître dans la sauce ;

Faites refroidir sur des plaques ;

Passez les huîtres à l'œuf ; panez-les ; faites-les frire ; dressez-les en rocher sur une serviette, et garnissez-les de persil ;

Servez de l'allemande de poisson dans la saucière ;

Il faut que la sauce de la saucière soit moins réduite que celle qui aura servi à masquer les huîtres.

ORLY D'HUITRES.

On appelle *orly* des filets de poisson, des escalopes de homard, que l'on fait frire et que l'on sert avec sauce à part ;

Préparez les huîtres comme il est dit aux *Huîtres d'Uxelles* (voir ci-dessus) ;

Faites-les frire en les trempant dans la pâte ; égouttez-les sur une serviette; dressez-les en rocher ;

Garnissez de persil frit, et servez avec sauce tomate à part.

ORLY DE SOLES.

Levez des filets de sole dont vous enlevez la peau; parez-les pour leur donner une forme régulière ;

Mettez-les dans un plat en terre avec jus de citron, sel, poivre, persil en branches et oignon coupé en lames ;

Laissez mariner pendant deux heures ;

Au moment de servir, égouttez sur une serviette, en ayant soin qu'il ne reste sur les filets ni persil ni oignon ;

Trempez dans la pâte à frire, dressez et servez avec persil frit et sauce tomate dans la saucière.

ORLY DE VIVES.

Préparez des filets de vives, comme il vient d'être dit pour les *Filets de soles* (voir l'article précédent).

Marinez et faites frire de même ; servez avec persil frit et sauce tomate.

ORLY D'ANCHOIS.

Vous emploierez de préférence l'anchois de Nice. On le reconnaît à sa petitesse, à sa rondeur et au rouge de sa salaison.

Faites tremper les anchois jusqu'à ce qu'ils se séparent parfaitement en deux ;

Coupez les têtes ; retirez l'arête du milieu ; grattez légèrement l'écaille et enlevez les petites arêtes qui se trouvent dans les filets ;

Parez-les et faites-les dessaler dans du lait ;

Vingt minutes avant de servir, égouttez-les, roulez-les bien dans la farine et faites-les frire à friture très chaude ;

Égouttez-les sur une serviette, dressez en rocher avec persil frit ; vous servirez à part une poivrade légère.

FILETS DE SAUMON A L'AMÉRICAINE.

Apprêtez des filets de saumon en leur donnant une forme de poire allongée ;

Panez à l'œuf, faites frire à friture chaude;
Servez une sauce claire très pimentée.

TARTELETTES AUX FOIES GRAS, DITES CHEVREUSES.

Faites crever de la semoule dans du consommé ; laissez-la refroidir, et étendez-la dans un moule à tartelettes de l'épaisseur de 1 demi-centimètre ;
Garnissez avec des foies que vous couperez en dés ; assaisonnez de sel et de poivre ;
Mêlez truffes hachées, même quantité de truffes que de foie gras ;
Recouvrez avec une petite couche de semoule ; soudez parfaitement, démoulez, panez à l'œuf battu, faites frire ;
Servez avec persil frit.

CANNELON A LA REINE.

Hachez filets de volaille, truffes et champignons ; mêlez le tout avec de l'allemande réduite ;
Faites une abaisse de feuilletage fin à 7 tours, d'une épaisseur de 3 millimètres ; mouillez légèrement l'abaisse ;
Couchez de la farce que vous venez de faire sur l'abaisse, d'une longueur de 5 centimètres sur 2 de largeur ; enveloppez parfaitement cette farce avec la pâte, de manière à former un petit rouleau ;
Ayez soin de bien souder ; faites frire à friture modérée ;
Servez avec persil frit.

CASSOLETTES DE RIS D'AGNEAU.

Faites crever du riz dans du consommé de volaille ; pour un décilitre de riz, 2 décilitres et demi de consommé ;
Lorsque le riz est bien crevé, retirez du feu, remuez avec la cuiller de bois pour lui donner un corps lisse ; moulez dans les moules à pâté Monglas (voir *Petits pâtés Monglas*, page 470) ;
Coupez le dessus avec le coupe-pâte pour former le couvercle ;

faites colorer au four, levez les couvercles et enlevez l'intérieur, en laissant une croûte de 1 demi-centimètre d'épaisseur ;

Garnissez d'un salpicon de ris d'agneau saucé à l'allemande.

OBSERVATION SUR LES COQUILLES QU'ON EMPLOIE POUR LES HORS-D'ŒUVRE.

On se sert encore dans certaines maisons de coquilles dites *Saint-Jacques* pour les coquilles de hors-d'œuvre.

Je conseille d'abandonner entièrement ce vieux système et d'adopter toujours les coquilles en argent, qui offrent tant d'avantages pour le travail et sont d'un effet toujours agréable lorsqu'elles paraissent sur la table.

COQUILLES DE VOLAILLE.

Préparez une escalope de 6 filets de volaille passés au beurre ;
Même quantité d'escalopes de truffes au vin de Madère ;
Mêlez dans de l'allemande bien réduite ;
Garnissez les coquilles ; saupoudrez-les de mie de pain frite ;
Passez quelques minutes au four.

Observation. — Procédez de même pour toutes les coquilles de gibier ; on remplace l'allemande par l'espagnole réduite.

COQUILLES D'HUITRES.

Blanchissez les huîtres comme il est dit aux *Huîtres d'Uxelles* (voir page 479) ; coupez-les en carrés d'un centimètre ;

Faites réduire du velouté maigre avec essence de champignons que vous liez à l'œuf ;

Mêlez les huîtres dans la sauce avec les champignons que vous aurez émincés ; garnissez les coquilles et saupoudrez-les de mie de pain frite ;

Passez quelques minutes au four, et servez.

COQUILLES DE HOMARD.

Coupez les chairs de homard en carrés, avec des champignons que vous aurez coupés de même ;

Faites réduire du velouté maigre avec essence de champignons ; liez au beurre frais et au beurre de homard ;

Mêlez dans la sauce chair et champignons ; garnissez les coquilles, et finissez comme il est dit aux *Coquilles d'huîtres* (page 482).

COQUILLES DE CREVETTES.

Préparez les coquilles de crevettes comme les *Coquilles de homard* (voir l'article précédent) ;

Liez le velouté avec beurre de crevettes et beurre frais ;

Finissez comme pour les *Coquilles d'huîtres* (page 482).

COQUILLES DE MOULES.

Après avoir bien nettoyé les moules, coupez chaque moule en deux ;

Faites réduire du velouté de poisson avec l'eau des moules ; liez à l'œuf et au beurre, puis ajoutez persil haché et les moules ;

Mêlez le tout parfaitement, garnissez les coquilles et saupoudrez de mie de pain frite ;

Passez au four et servez.

COQUILLES DE QUEUES D'ÉCREVISSES.

Après avoir épluché les queues d'écrevisses, coupez-les en trois parties ;

Coupez de même des champignons en égale quantité ;

Faites réduire du velouté de poisson avec essence de champignons ; liez avec beurre frais et beurre d'écrevisses, puis mettez champignons et queues dans la sauce ;

Ajoutez quelques gouttes de jus de citron et une cuillerée à bouche de persil haché;

Garnissez les coquilles; saupoudrez-les de mie de pain frite et mettez au four.

COQUILLES DE LAITANCES DE CARPE.

Préparez des laitances de carpe comme il est dit aux *Garnitures* (page 448);

Coupez-les en morceaux carrés;

Faites réduire du velouté maigre avec essence de champignons, liez au beurre, puis mettez les laitances dans la sauce;

Garnissez les coquilles et finissez comme il est dit aux *Coquilles d'huîtres* (page 482).

COQUILLES DE SOLE.

Levez des filets de sole; faites-les cuire et mettez-les en presse; puis coupez-les en escalopes de 1 centimètre et demi de large;

Faites réduire du velouté maigre avec essence de champignons et eau de moules; liez au beurre, puis mettez les filets de sole dans la sauce;

Garnissez les coquilles;

Saupoudrez de mie de pain frite et passez au four.

COQUILLES DE TURBOT.

Préparez de la chair de turbot que vous aurez fait cuire; retirez peau et arêtes;

Coupez-la en dés et finissez comme pour les *Coquilles de sole* (voir l'article précédent).

CAISSES DE MAUVIETTES.

Faites des caisses de 4 centimètres de large (voir la figure 107, page 491);

Huilez légèrement :

Préparez les mauviettes et la farce comme il a été dit aux *Petits-pâtés aux mauviettes* (page 470);

Mettez dans les caisses une couche de farce de 1 centimètre d'épaisseur;

Placez les mauviettes dessus, recouvrez-les de farce, et faites-les cuire pendant quinze minutes à four modéré;

Lorsque les mauviettes sont cuites, retirez-les et épongez la graisse qui pourrait se trouver dessus;

Saucez chaque caisse avec de la sauce Périgueux réduite au fumet de mauviettes.

CAISSES D'ESCALOPES DE PERDREAU.

Préparez et huilez les caisses comme il est dit à l'article précédent, puis passez-les pendant cinq minutes au four doux;

Préparez une escalope avec filets de perdreau et truffes que vous aurez fait sauter au beurre clarifié; garnissez les caisses;

Vous saucerez avec espagnole réduite au fumet de perdreau.

CAISSES D'ESCALOPES DE FAISAN.

Les caisses d'escalopes de faisan se font de la même manière que les caisses d'escalopes de perdreau; saucez avec espagnole réduite au fumet de faisan.

CAISSES DE RIS D'AGNEAU.

Faites dégorger, blanchir et cuire des ris d'agneau, égouttez-les, coupez-les en deux par le travers, puis saucez-les avec de l'allemande;

Garnissez les caisses, et servez.

CAISSES DE FOIES GRAS.

Coupez les foies gras, que vous aurez toujours bien frais et bien fermes, en lames de 1 centimètre d'épaisseur;

Assaisonnez de sel et de poivre; faites sauter au beurre et laissez refroidir;

Coupez en carrés de leur épaisseur la même quantité de truffes que vous aurez fait cuire au vin de Madère;

Faites réduire de l'espagnole avec essence de truffes;

Mettez foies gras et truffes dans la sauce, garnissez les caisses et servez.

CRÊTES DE COQ FARCIES FRITES.

Ayez des crêtes simples préparées comme il est dit aux *Garnitures* (page 447);

Ouvrez-les avec le couteau, sans les percer, pour pouvoir les farcir; introduisez dans l'intérieur gros comme une aveline de *Farce de volaille* (voir page 466);

Vingt-cinq minutes avant de servir, faites-les frire en les trempant dans la pâte; lorsqu'elles sont d'une belle couleur, égouttez-les; saupoudrez-les de sel, et servez-les avec persil frit.

CRÉPINETTES DE PIEDS DE PORC AUX TRUFFES.

Faites une farce avec chair de noix de veau et panne, égale quantité de veau et de porc, et assaisonnez de sel épicé;

Coupez en lames de 2 centimètres d'épaisseur des pieds de cochon que vous aurez fait cuire, puis égouttez;

Ayez de la crépine que vous ferez dégorger;

Égouttez-la, épongez-la bien et étendez dessus une couche de farce de 1 centimètre d'épaisseur, longue de 8 centimètres et large de 4;

Ayez des truffes cuites au vin de Madère que vous couperez en lames; rangez ces lames de truffes sur la farce et mettez dessus des morceaux de pied de porc;

Recouvrez-les de farce et enveloppez-les de crépinettes, de manière à avoir un ovale de 8 centimètres de long sur 5 centimètres de large;

Trempez les crépinettes dans le beurre; panez-les, faites-les griller à feu doux pendant un quart d'heure;

Lorsqu'elles sont d'une belle couleur, servez-les avec sauce Périgueux à part.

BOUDIN BLANC DE VOLAILLE.

Pilez et passez au tamis des filets de poulet ; ajoutez égale quantité de panne avec lard et mie de pain à potage ;

Ajoutez, par 500 grammes de farce, deux œufs et 2 décilitres de crème double ;

Fouettez deux blancs d'œufs ; goûtez pour l'assaisonnement ;

Préparez des boyaux que vous aurez fait parfaitement dégorger ; emplissez-les avec la farce pour former des boudins de la longueur de 12 centimètres.

Ficelez les bouts, faites pocher les boudins à l'eau chaude à frémissement imperceptible ;

Retirez-les, passez-les dans l'eau froide ; égouttez-les parfaitement, ciselez-les ;

Faites-les griller à feu doux, servez.

PETITS SOUFFLÉS DE VOLAILLE.

Pilez 500 grammes de blanc de volaille rôtie que vous passerez au tamis de Venise très fin ;

Faites réduire 4 décilitres de béchamel à 3 ; mêlez la chair des poulets dans la sauce que vous ferez bien refroidir ; puis ajoutez six jaunes d'œufs et une pointe de muscade ;

Fouettez les blancs d'œufs bien ferme ; mêlez-les à la purée et garnissez les caisses ;

Faites cuire au four de 12 à 15 minutes à feu soutenu.

PETITS SOUFFLÉS DE GIBIER.

Les soufflés de gibier se préparent tout à fait comme ceux de volaille : vous remplacerez la béchamel par l'espagnole réduite au fumet de gibier.

PETITS SOUFFLÉS AU FROMAGE.

Mettez dans une casserole 65 grammes de farine et 8 décilitres de lait avec sel et poivre ;

Tournez sur le feu et remuez avec la cuiller pour éviter les grumeaux : s'il s'en trouvait, vous passeriez à l'étamine.

Ajoutez 2 hectos de fromage de l'armesan râpé et 5 jaunes d'œufs ; vous réserverez les blancs pour les fouetter ; fouettez-les bien ferme ;

Ajoutez-les au mélange que vous venez de faire, en ayant soin de bien agiter avec la cuiller ;

Préparez des petites caisses, comme il est dit aux *Petits soufflés de volaille* (page 387) ; remplissez les caisses avec l'appareil et faites cuire au four.

Tous ces petits soufflés ne doivent jamais attendre.

FRITURE MÊLÉE A L'ITALIENNE.

Coupez un alimelle de bélier en lames de 1 centimètre d'épaisseur ;

Faites mariner dans l'huile, sel, poivre, jus de citron, branche de persil et oignons en lames ;

Ayez une cervelle de veau que vous ferez cuire comme il a été dit à la *Tête de veau au naturel* (voir page 156) ;

Coupez-la en tranches de 2 centimètres d'épaisseur ; panez à l'œuf ;

Ayez du foie de veau que vous couperez en lames de 2 centimètres d'épaisseur et que vous assaisonnerez de sel et poivre ;

Retirez les alimelles de la marinade et faites-les frire en les trempant dans une pâte légère ;

Faites frire les cervelles et le foie de veau dans du beurre clarifié ;

Égouttez sur une serviette :

Dressez en mêlant les morceaux, garnissez de persil frit et servez citron à part.

HATELETS DE RACINES.

FILET A LA JARDINIÈRE (RELEVÉ).

LAMES DE JAMBON A LA MAITRE-D'HOTEL.

Coupez des lames de jambon de Bayonne de l'épaisseur d'un centimètre ; passez-les sur le feu dans le beurre, trois minutes de chaque côté ;

Dressez-les sur le plat ;

Couvrez le jambon avec de la maître-d'hôtel peu salée et bien citronnée.

RISSOLES DE FARCE DE VOLAILLES.

Faites une abaisse de feuilletage fin à 6 tours, d'une épaisseur de 3 millimètres ; coupez des ronds avec un coupe-pâte cannelé de 7 centimètres ;

Mettez gros comme une grosse aveline de farce de volaille sur chaque rond ; mouillez légèrement pour souder ;

Repliez une moitié du rond sur l'autre moitié pour former un demi-rond ; appuyez afin de souder parfaitement ;

Faites frire à friture modérée ;

Servez avec persil frit.

RISSOLES DE GIBIER.

Procédez comme il vient d'être dit aux *Rissoles de farce de volaille* ; vous remplacerez la farce de volaille par de la farce de faisan, perdreau ou lapereau.

RISSOLES DE POISSON.

Procédez comme il est dit aux *Rissoles de farce de volaille* (voir ci-dessus) ;

Remplacez la farce de volaille par de la farce de merlan, carpe ou brochet ; faites frire dans le beurre clarifié.

BEIGNETS SOUFFLÉS AU FROMAGE, DITS PIGNATELLI.

Mettez dans une casserole 6 décilitres d'eau et 15 grammes de beurre avec poivre et sel ;

Faites bouillir, et, au premier bouillon, ajoutez 125 grammes de farine et 25 grammes de parmesan râpé ;

Desséchez sur le feu pendant 3 minutes ; mouillez avec des œufs entiers et faites une pâte comme pour les beignets soufflés (voir *Beignets soufflés*, page 286) ;

Ajoutez 30 grammes de maigre de jambon cuit, que vous couperez en petits carrés de 1 demi-centimètre ;

Faites frire comme les beignets soufflés ; égouttez, et servez avec persil à part.

PETITS PATÉS A L'ANGLAISE.

Faites une farce avec filets de mouton et lard, même quantité de lard que de mouton, hachez, pilez, mouillez cette farce avec 1 décilitre de consommé et assaisonnez avec sel épicé et pointe de Cayenne ;

Foncez des moules à tartelettes avec des abaisses de feuilletage à 4 kilos et à 6 tours ;

Divisez la farce pour former des boules de 3 centimètres que vous posez dans les moules foncés de feuilletage ;

Aplatissez la farce ;

Couvrez le petit pâté avec un couvercle de la même épaisseur que le fond en faisant à la colonne sur le milieu un trou de 1 centimètre.

Faites cuire à feu vif, et, au moment de servir, saucez par le trou avec une demi-glace dans laquelle vous mettrez une pointe de Cayenne.

RAMEQUINS.

Mettez dans une casserole 60 grammes de beurre, 2 décilitres d'eau, sel et poivre ;

HORS-D'ŒUVRE CHAUDS. 491

Faites bouillir, et, au premier bouillon, ajoutez 125 grammes de farine ; mêlez avec la cuiller de bois ;

Remettez sur le feu pendant quatre minutes et continuez à tourner ;

Ajoutez 1 hecto de fromage de Parmesan râpé ; mêlez bien et ajoutez trois œufs l'un après l'autre ;

Couchez l'appareil sur des plaques de la grosseur d'un œuf ; dorez et mettez une petite partie de fromage de Gruyère coupé en dés sur chaque ramequin ;

Faites cuire, et servez bien chaud.

Fig. 107. Caisses pour soufflés, cailles, mauviettes.

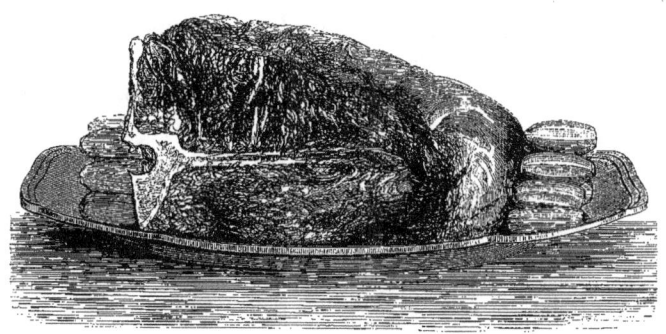

Fig. 108. Bœuf rôti garni de pommes de terre.

CHAPITRE V

BŒUF

RELEVÉS. — ENTRÉES. — ROTIS

RELEVÉS DE BŒUF

CULOTTE DE BŒUF BOUILLI A LA JARDINIÈRE.

Ayez une culotte de bœuf de 8 kilos, c'est le moins qu'on puisse prendre pour grosse pièce de relevé ;

Désossez, ficelez et faites cuire trois heures dans la marmite ;

Égouttez sur un plat ; parez parfaitement la pièce de bœuf et mettez-la dans une braisière avec une grille ;

Ajoutez une bouteille de vin de Marsala et 1 litre de mirepoix ;

Faites mijoter pendant deux heures en arrosant plusieurs fois avec le fond ;

Faites glacer, égouttez bien, et passez le fond au tamis de soie ;
Faites réduire ;

Ajoutez 1 demi-litre d'espagnole ; écumez et réservez la sauce pour mettre dans la saucière ;

Préparez une jardinière composée de 4 bouquets de choux-fleurs, 8 bouquets de carottes, 4 bouquets de choux de Bruxelles ;

Dressez les 4 bouquets de choux-fleurs, 2 au bout et 2 dans les flancs de la pièce de bœuf ;

Disposez les bouquets de carottes à droite et à gauche de chaque côté des choux-fleurs ;

Dans les quatre places vides, vous placerez un bouquet de choux de Bruxelles ;

Glacez la pièce de bœuf et les carottes ;

Servez avec la sauce dans une saucière.

CULOTTE DE BŒUF GARNIE DE CAROTTES ET OIGNONS GLACÉS.

Préparez une culotte de bœuf comme il est dit à l'article précédent ; faites cuire de même ;

Faites une garniture de 6 bouquets de carottes tournées en poires et de 6 bouquets d'oignons glacés ;

Dressez la pièce de bœuf et posez autour bouquets d'oignons et bouquets de carottes entremêlés ;

Glacez les carottes, les oignons et la pièce de bœuf ;

Servez avec la même sauce que pour la *Culotte de bœuf bouilli à la jardinière* (voir l'article précédent).

CULOTTE DE BŒUF AUX CHOUX-FLEURS ET LAITUES FARCIES.

Faites braiser une culotte de bœuf comme il est dit à la *Culotte de bœuf bouilli à la jardinière* (voir page 493) ;

Préparez une garniture de choux-fleurs et laitues farcies (voir aux *Garnitures*, pages 452 et 458) ;

Mettez la pièce de bœuf sur le plat, et dressez autour les choux-fleurs et les laitues en bouquet ;

Glacez le bœuf et les laitues, et servez la même sauce que pour la *Culotte de bœuf bouilli à la jardinière*.

CULOTTE DE BŒUF A LA FLAMANDE.

Préparez une culotte de bœuf comme il est dit à la *Culotte de bœuf bouilli à la jardinière* (page 493);

Faites cuire des choux comme il est dit aux *Garnitures* (p. 455);

Ajoutez lard et saucisson, que vous couperez, le saucisson en rouelles de 1 demi-centimètre d'épaisseur, et le lard en carrés de 2 centimètres;

Préparez 30 carottes, que vous aurez tournées en poire, et 30 oignons glacés;

Lorsque la pièce de bœuf est glacée, dressez autour une couronne de choux que vous ferez glacer également; mettez sur les choux les oignons et les carottes en bouquet;

Formez de petits rochers de lard et de saucisson que vous disposerez entre les racines;

Servez sauce demi-glace de viande.

CULOTTE DE BŒUF AU MACARONI.

Préparez la culotte de bœuf comme il est dit à la *Culotte de bœuf bouilli à la jardinière* (page 493).

Blanchissez du macaroni, et mettez-le dans une casserole avec blond de veau assaisonné de mignonnette;

Le macaroni cuit, égouttez-le; ajoutez espagnole réduite et fromage de Parmesan; mêlez parfaitement;

Dressez la pièce de bœuf sur le plat; disposez le macaroni autour, et servez sauce tomate à part.

CULOTTE DE BŒUF GARNIE DE NOUILLES A L'ESSENCE DE JAMBON.

Préparez la culotte de bœuf comme il est dit ci-dessus;

Faites blanchir les nouilles;

Égouttez-les et finissez de les cuire avec consommé de volaille et essence de jambon;

Égouttez-les de nouveau et assaisonnez-les avec glace de volaille, fromage de Parmesan et essence de jambon;

Mêlez dans les nouilles 250 grammes de maigre de jambon cuit et coupé en dés;

Dressez la pièce de bœuf, garnissez-la avec les nouilles, glacez-la, et servez à part une sauce espagnole réduite à l'essence de jambon.

ALOYAU ROTI A LA SAUCE ROBERT, DIT SAINT-FLORENTIN.

Ayez un aloyau dont vous retirez l'échine; dégraissez l'intérieur, battez la bavette avec la batte et roulez-la jusqu'au filet;

Parez le filet et recouvrez-le d'une couche de graisse de rognon d'une épaisseur de 5 centimètres;

Ficelez parfaitement et mettez en broche; recouvrez l'aloyau de trois feuilles de papier bien collé, que vous aurez enduites de graisse clarifiée;

Fixez le papier avec de la ficelle et faites rôtir à feu soutenu;

Dix minutes avant de débrocher, retirez le papier et glacez l'aloyau; débrochez-le, dressez et servez-le avec sauce Robert à part (voir *Sauce Robert*, page 430);

Vous ajouterez dans la sauce des escalopes de langue à l'écarlate.

ALOYAU ROTI GARNI DE POMMES DE TERRE, SAUCE CHATEAUBRIAND.

Préparez et faites rôtir l'aloyau comme il est dit à l'article précédent;

Garnissez les deux bouts de pommes de terre taillées en olive; cuites au beurre et saucées d'une sauce Chateaubriand; servez sauce Chateaubriand à part (voir *Sauce Chateaubriand*, p. 431).

ALOYAU ROTI GARNI DE CROMESQUIS DE VOLAILLE.

Préparez et faites cuire l'aloyau comme il est dit à l'*Aloyau rôti à la Saint-Florentin* (voir ci-dessus);

BOEUF.

Garnissez chaque bout d'un buisson de cromesquis de volaille (voir *Cromesquis de volaille*, page 476);
Servez à part de l'espagnole réduite avec essence de jambon.

ALOYAU ROTI GARNI DE RISSOLES DE VOLAILLE.

Faites cuire l'aloyau comme il est dit à l'*Aloyau rôti à la Saint-Florentin* (page 496);
Garnissez de rissoles de volaille (voir *Rissoles de volaille*, page 489);
Servez à part espagnole réduite à l'essence de champignons.

ALOYAU ROTI GARNI DE FRITURE MÊLÉE A L'ITALIENNE.

Faites cuire comme il est dit à l'*Aloyau à la Saint-Florentin* (page 496);
Dressez et garnissez chaque bout d'un buisson de friture mêlée à l'italienne (voir *Friture mêlée à l'italienne*, page 488);
Servez à part une sauce française (voir *Sauce française*, page 440).

ALOYAU ROTI GARNI DE CROQUETTES DE POMMES DE TERRE A LA SAUCE BORDELAISE.

Faites rôtir l'aloyau comme l'*Aloyau à la Saint-Florentin* (voir page 496);
Garnissez-le de croquettes de pommes de terre; servez sauce bordelaise à part (voir *Sauce bordelaise*, page 430).

OBSERVATIONS SUR LES BRAISÉS.

On remarquera que je n'emploie dans les braisés aucune espèce d'aromates ni de légumes. Je mouille uniquement avec la mirepoix, qui contient, comme on sait, le suc des aromates et des racines, ce qui dispense d'ajouter oignons, carottes, clous de girofle, etc. On obtient ainsi des jus beaucoup plus limpides.

et dont l'essence n'est pas pompée par les racines que l'on pourrait ajouter.

ALOYAU BRAISÉ AUX TOMATES ET CHAMPIGNONS FARCIS.

Retirez l'échine de l'aloyau; dégraissez l'intérieur et battez la bavette avec la batte; roulez-la jusqu'au filet;

Parez le filet et recouvrez-le d'une couche de graisse; l'aloyau ainsi préparé doit avoir une forme de carré long bien régulier; mettez dans une braisière; couvrez de mirepoix; faites cuire quatre heures;

Assurez-vous de la cuisson, égouttez, débridez, dressez et glacez;

Garnissez de tomates et de champignons farcis (voir *Champignons farcis*, page 446, et *Tomates farcies*, page 456);

Passez au tamis la cuisson que vous aurez parfaitement dégraissée; ajoutez 4 décilitres d'espagnole, faites réduire cinq minutes et servez.

ALOYAU BRAISÉ GARNI DE CHOUX A L'ALLEMANDE.

Faites braiser l'aloyau comme il est dit à l'article précédent;

Faites blanchir des choux blancs, égouttez-les, pressez-les parfaitement, mettez-les dans une casserole, assaisonnez avec sel, poivre, bouquet garni, oignons et beurre, et mouillez avec 1 litre de grand bouillon et graisse clarifiée;

Faites cuire pendant trois heures à casserole couverte.

Lorsque les choux sont cuits, retirez bouquet et oignon; égouttez les choux et ajoutez du beurre pour les finir; dressez l'aloyau et garnissez les deux bouts avec des bouquets de choux.

Servez demi-glace à part.

ALOYAU BRAISÉ GARNI DE CONCOMBRES FARCIS.

Faites braiser l'aloyau comme il est dit à l'*Aloyau aux tomates et champignons farcis* (voir ci-dessus).

Ayez 3 concombres moyens que vous couperez par le travers

d'une épaisseur de 4 centimètres; enlevez la pelure et les pepins, de manière que les morceaux de concombre forment un anneau;

Faites blanchir à eau de sel; rafraîchissez et mettez cuire avec grand bouillon, bouquet garni et oignon;

Égouttez les concombres sur une serviette;

Beurrez un plat à sauter dans lequel vous rangez les concombres; emplissez l'intérieur de farce de volaille;

Lissez le dessus avec le couteau légèrement humecté; couvrez d'un rond de papier beurré et faites pocher la farce au four;

Dressez l'aloyau et garnissez les bouts avec les concombres placés l'un sur l'autre;

Glacez l'aloyau et servez avec demi-glace pour sauce.

ALOYAU BRAISÉ GARNI D'OIGNONS ET DE LAITUES FARCIES

Faites braiser l'aloyau comme il est dit à l'*Aloyau aux tomates et champignons farcis* (page 498);

Dressez et glacez;

Garnissez d'oignons et de laitues farcies (voir aux *Garnitures*, pages 454 et 458);

Servez sauce espagnole réduite avec le fond de l'aloyau.

ALOYAU BRAISÉ GARNI DE CÉLERI.

Faites braiser l'aloyau comme il est dit à l'*Aloyau braisé aux tomates et champignons farcis* (page 498);

Préparez des pieds de céleri comme il est dit aux *Garnitures* (page 459);

Égouttez et dressez l'aloyau, que vous garnirez avec les pieds de céleri; servez espagnole réduite avec le fond de l'aloyau que vous aurez dégraissé et passé au tamis de soie.

ALOYAU BRAISÉ A LA CHIPOLATA.

Faites braiser l'aloyau comme il est dit à l'*Aloyau braisé aux tomates et aux champignons farcis* (page 498);

Dressez-le et glacez-le. Vous disposerez autour une garniture chipolata (voir aux *Garnitures*, page 451).

ALOYAU BRAISÉ A LA NIVERNAISE.

Faites braiser l'aloyau comme il est dit à l'*Aloyau braisé aux tomates et aux champignons farcis* (page 498) ;

Dressez, glacez et disposez une nivernaise aux deux bouts (voir aux *Garnitures*, page 453).

FILET DE BŒUF A LA GODARD.

OBSERVATIONS SUR LES GODARDS.

La Godard représente, sous son apparence brillante et pompeuse, une de ces compositions élastiques et vagues dont nous avons malheureusement trop d'exemples dans la pratique comme dans la langue de la cuisine. Chaque cuisinier traite la godard plus ou moins à la mode ; il en résulte qu'il devient de jour en jour plus difficile de désigner le genre de mets auquel le nom de *godard* doit être précisément appliqué.

Pour moi la Godard n'est pas autre chose qu'un composé de grosses garnitures, telles que truffes, crêtes, quenelles, champignons, avec sauce appropriée. Je crois que, si l'on veut s'en tenir à cette recette, qui me semble résumer le fond et le vrai caractère du mets, on évitera désormais les malentendus qui jettent si souvent tant de confusion regrettable dans les opérations culinaires.

On pourra aussi arriver par cette fixation à établir, une fois pour toutes, ce qui distingue les Godards des Montmorencys, des Régences, préparations de même famille, mais qui cependant diffèrent par des nuances réelles qu'il est nécessaire de bien indiquer, afin de ne pas avoir l'air de présenter plusieurs fois les mêmes plats sous des titres différents : sorte de manœuvre assez peu sincère que l'on a reprochée plus d'une fois à certains praticiens en renom, qui auraient bien dû, à cause de la position même qu'ils occupaient, se dispenser de supercheries semblables.

BŒUF.

PRÉPARATION DU FILET A LA GODARD.

Parez et piquez de lard fin un filet de bœuf de 4 à 5 kilos ;

Mettez-le dans une poissonnière, avec un litre de mirepoix et une demi-bouteille de vin de Marsala ;

Faites braiser deux heures et arrosez souvent avec le fond ; lorsque le filet est cuit, laissez-le au four et masquez-le d'une couche de glace de viande légère ;

Préparez une garniture composée de 8 quenelles de farce de volaille que vous ferez de 7 centimètres de long sur 4 de large ; donnez-leur une forme ovale et contisez-les (voir *contiser* aux termes de cuisine de la Deuxième Partie, p. 351) avec des lames de langue à l'écarlate ;

Ayez 12 grosses truffes non épluchées et cuites au vin de Marsala ;

Préparez 12 crêtes frisées, et faites un ragoût avec petites quenelles de volaille que vous moulez à la cuiller, champignons et truffes que vous émincez ;

Formez sur le plat un socle en riz de la largeur et de la longueur du filet, et haut de 7 centimètres ; dorez ce socle et faites prendre couleur au four ;

J'indique, une fois pour toutes, et cela pour les personnes qui n'auraient pas la connaissance des procédés de la cuisine, que ce socle en riz n'a rien de commun avec le mets lui-même ; il ne se mange pas et ne représente qu'un accessoire qui sert seulement à exhausser le filet et faire valoir la garniture qui l'entoure.

Vous égoutterez le filet et vous le poserez sur le socle ; mettez dans le fond du plat le ragoût que vous aurez saucé d'une sauce Godard (voir *Sauce Godard*, page 435) ;

Dressez autour les quenelles et les truffes en les alternant ; posez une crête sur chaque truffe ;

Garnissez quatre hâtelets de crêtes et de truffes, en mettant les crêtes en premier ;

Servez sauce Godard à part dans une casserole d'entremets.

FILET A LA JARDINIÈRE.

Préparez le filet comme il vient d'être dit au *Filet Godard*;

Mettez sur le plat un socle de riz; disposez autour du plat une bordure de nouilles; faites une garniture avec choux-fleurs, carottes tournées, laitues, navets, fonds d'artichauts, haricots verts ou pointes d'asperges;

Dressez le filet sur le socle et posez votre garniture comme la planche l'indique (voir planche XI);

Surmontez de trois bâtelets de légumes (voir la planche);

Servez demi-glace à part.

FILET A LA MILANAISE.

Préparez le filet comme il est dit au *Filet Godard* (voir page 500); dressez-le sur le socle de riz;

Faites blanchir du macaroni que vous égouttez et que vous faites cuire avec du consommé de volaille; égouttez, assaisonnez-le avec de l'espagnole et du parmesan;

Faites une escalope de filets de volaille, de langue écarlate, de truffes et de champignons émincés, que vous mêlerez dans le macaroni;

Garnissez avec le macaroni le tour du filet; glacez-le, et servez à part espagnole réduite.

FILET GARNI DE FONDS D'ARTICHAUTS AVEC MACÉDOINE.

Préparez le filet comme il est dit au *Filet Godard* (voir page 500); dressez-le sur le socle de riz;

Préparez 16 fonds d'artichauts de 5 centimètres de large;

Formez des anneaux en carotte de 3 centimètres de largeur et de 2 d'épaisseur; videz-les de 1 centimètre; faites une macédoine de légumes avec carottes enlevées à la cuiller, navets, petits pois, haricots verts;

Saucez avec béchamel;

Placez les anneaux de carotte dans le fond du plat que vous aurez rempli de laitues farcies (voir aux *Laitues pour garnitures*, page 458);

Mettez les fonds d'artichauts dessus et garnissez chaque fond d'artichaut avec la macédoine que vous formez en petit rocher;

Faites quatre hâtelets de légumes, que vous dresserez comme le dessin l'indique (voir planche X);

Glacez le filet;

Servez à part une sauce à la française (voir *Sauce française*, page 440).

FILET GARNI DE CROUSTADES A LA FINANCIÈRE.

Préparez le filet et dressez-le sur le socle de riz;

Disposez autour des croustades que vous garnissez d'un ragoût financière; glacez le filet, et servez sauce financière à part.

FILET A LA CHOUCROUTE.

Préparez et dressez le filet comme le *Filet Godard* (page 500); garnissez le tour de choucroute, de petit lard et de saucisson;

Servez demi-glace à part.

FILET GARNI DE MACARONI A LA FRANÇAISE.

Préparez le filet comme il est dit au *Filet Godard* (voir page 500); dressez-le sur le socle de riz;

Faites blanchir du macaroni que vous rafraîchissez et que vous coupez en morceaux de 2 centimètres de long;

Mettez-le dans une casserole avec consommé de volaille; lorsqu'il est cuit, égouttez-le, remettez-le dans une casserole avec béchamel et fromage de Parmesan;

Préparez 750 grammes de truffes que vous taillerez en olives; sautez-les avec glace de volaille étendue de consommé;

Garnissez le fond du plat de macaroni et formez autour des petits rochers de truffes et de macaroni;

Garnissez quatre hâtelets de crêtes et de truffes ; glacez le filet ; piquez les hâtelets, et servez avec demi-glace.

FILET A LA NAPOLITAINE.

Parez et piquez le filet comme il est dit au *Filet Godard* (voir page 500) ;

Mettez-le dans une poissonnière, et mouillez-le avec 1 litre de mirepoix et 1 litre de vin de Malaga ;

Faites mijoter pendant deux heures ; une demi-heure avant de servir, ajoutez dans la cuisson 250 grammes de raisin de Corinthe que vous aurez lavé et épluché ;

Glacez le filet, dressez-le sur le plat, dégraissez parfaitement la cuisson, et servez.

ENTRÉES DE BŒUF

COTE DE BŒUF BRAISÉE GARNIE DE NAVETS GLACÉS.

Désossez une côte de bœuf de 3 côtes pour enlever l'échine, et les 2 côtes ; laissez la côte du milieu et piquez la noix de maigre de jambon de Bayonne ;

Ficelez, puis mettez la pièce de bœuf dans une braisière, avec 1 litre de mirepoix et une demi-bouteille de vin de Marsala ;

Faites bouillir à petit mijotement jusqu'à entière cuisson de la viande ; lorsqu'elle est cuite, égouttez, parez et glacez.

Dressez sur le plat et garnissez de navets glacés ; mettez une papillote à l'os de la côte ;

Servez le fond, que vous aurez passé au tamis de soie et dégraissez avec soin.

COTE DE BŒUF BRAISÉE GARNIE DE CROQUETTES.

Désossez et ficelez une côte de bœuf comme il est dit à l'article précédent ; faites-la braiser avec la mirepoix ; parez-la, glacez-la, puis dressez-la avec garniture de croquettes de pommes de terre (voir *Croquettes de pommes de terre*, page 452);

Passez le fond au tamis et dégraissez; faites réduire avec 2 décilitres d'espagnole; passez le fond et servez-le dans une saucière à part.

GRENADINS DE FILET DE BŒUF A LA FINANCIÈRE.

Taillez un morceau de bœuf en lames de 2 centimètres d'épaisseur; taillez ces lames en forme de poires de 8 centimètres de long sur 8 centimètres de large dits *grenadins* (voir le dessin, page 510);

Piquez-les de lard fin et rangez-les dans un plat à sauter, puis mouillez-les avec un demi-litre de mirepoix et un décilitre de vin de Madère;

Mettez les grenadins sur le feu, et, lorsqu'ils sont cuits, glacez-les à la glace de viande, dressez-les en couronne et glacez;

Garnissez le milieu avec un ragoût à la financière.

GRENADINS DE FILET DE BŒUF A LA SAUCE POIVRADE ET AUX CHAMPIGNONS.

Préparez et dressez les grenadins comme il est dit à l'article précédent; garnissez le milieu d'un émincé de champignons et saucez avec sauce poivrade (voir *Sauce poivrade*, page 429) :

Servez la même sauce dans une saucière à part.

GRENADINS DE FILET DE BŒUF GARNIS DE POMMES DE TERRE, SAUCE VALOIS.

Préparez les grenadins comme les *Grenadins à la financière* (voir ci-dessus); dressez-les en couronne; garnissez le milieu de pommes de terre sautées que vous formerez en boules; saucez avec sauce Valois (voir *Sauce Valois*, page 438);

Servez la même sauce dans une saucière.

GRENADINS DE FILET DE BŒUF AUX OLIVES.

Préparez les grenadins comme il est dit aux *Grenadins à la financière* (voir page 505);

Dressez-les et glacez-les, puis garnissez le milieu d'olives dont vous aurez retiré les noyaux et que vous aurez fait blanchir;

Saucez avec demi-glace, et servez de la demi-glace à part.

ESCALOPES DE FILET DE BŒUF A LA NIVERNAISE.

Coupez des filets de bœuf de 5 centimètres de largeur sur 1 centimètre et demi d'épaisseur, puis aplatissez-les légèrement à la batte;

Donnez-leur une forme ronde, et faites qu'ils soient d'égale grandeur;

Assaisonnez de sel et poivre; faites-les sauter dans le beurre clarifié et dressez-les en couronne;

Garnissez d'une nivernaise (voir *Nivernaise*, page 453), et saucez d'une demi-glace.

ESCALOPES DE FILET DE BŒUF A LA PURÉE DE MARRONS.

Faites les escalopes comme il vient d'être dit aux *Escalopes à la nivernaise* (voir l'article précédent);

Dressez-les en couronne, garnissez le milieu d'une purée de marrons et glacez-les;

Servez espagnole réduite dans la saucière.

ESCALOPES DE FILET DE BŒUF AUX TRUFFES.

Préparez les escalopes comme il est dit aux *Escalopes à la nivernaise* (voir ci-dessus);

Dressez-les en couronne, et garnissez le milieu d'un émincé de truffes; saucez-les d'une sauce madère (voir *Sauce madère*, page 430), et servez sauce madère à part.

TOURNE-DOS.

Parez des lames de filet de bœuf comme pour grenadins (voir les articles précédents);

Faites-les mariner pendant 24 heures dans une marinade cuite;

Égouttez-les, faites-les sauter dans le beurre clarifié, puis dressez-les en couronne en plaçant une croûte de pain taillée en cœur entre chaque filet;

Saucez-les avec une sauce que vous ferez de la manière suivante :

Coupez deux oignons en petits carrés, faites-les blanchir et passez-les au beurre pour leur donner une couleur blonde;

Égouttez le beurre, ajoutez 3 décilitres de sauce poivrade et 2 décilitres d'espagnole.

Faites réduire pendant cinq minutes, ajoutez une pointe de poivre de Cayenne;

Servez la sauce à part;

ENTRE-COTE A LA BORDELAISE.

Coupez des entre-côtes de 3 centimètres d'épaisseur, que vous battez légèrement avec la batte; parez-les et saupoudrez-les de sel et de poivre;

Couvrez-les d'une légère couche d'huile et faites-les griller cinq minutes de chaque côté;

Faites blanchir de la moelle de bœuf, que vous couperez en lames de 1 centimètre d'épaisseur; glacez à la glace de viande et passez-la au four;

Dressez-la sur l'entre-côte, que vous saucez avec sauce bordelaise (voir *Sauce bordelaise*, page 430);

Servez très chaud.

ENTRE-COTE A LA MAITRE-D'HOTEL.

Préparez l'entre-côte comme il est dit à l'article précédent;

mettez une maître-d'hôtel dans le fond du plat et placez l'entrecôte dessus ;

Glacez à la glace de viande, et servez.

FILET CHATEAUBRIAND.

Coupez par le travers des tranches de filet de bœuf de 4 centimètres d'épaisseur, parez-les, saupoudrez-les de sel et de poivre et couvrez-les d'une couche légère d'huile ;

Faites-les griller, puis garnissez-les de pommes de terre en olives et sautées au beurre ;

Saucez le filet avec sauce Chateaubriand (voir *Sauce Chateaubriand*, page 431).

OBSERVATION SUR LES FILETS CHATEAUBRIAND.

J'ai souvent remarqué que l'on formait les filets Chateaubriand d'une épaisseur excessive. On ne saurait obtenir ainsi une cuisson convenable : on se trouve presque toujours exposé à servir une viande saignante, à peu près crue, qui fait éprouver à beaucoup de personnes un sentiment de répugnance fort légitime.

Mon sentiment est que le filet Chateaubriand n'est pas autre chose qu'un très beau beefteak, pris, comme tous les beefteaks, dans la meilleure partie du filet. C'est pourquoi il me paraît tout à fait inutile d'en exagérer l'épaisseur ; on n'ajoute ainsi rien à sa qualité, et on tombe dans l'inconvénient de la viande non cuite, ce qui sera toujours contraire aux saines et vraies règles de notre cuisine française.

FILET VALOIS.

Préparez le filet comme le *Filet Chateaubriand* (voir l'article précédent) ; couvrez-le d'une couche de sauce Valois (voir *Sauce Valois*, page 438), de 3 centimètres d'épaisseur.

FILET BÉARNAISE.

Même préparation que pour le *Filet Chateaubriand* (voir ci-dessus) ;

BŒUF. 509

Remplacez la sauce Chateaubriand par la sauce béarnaise (voir *Sauce béarnaise*, page 437).

FILETS SAUTÉS AUX TRUFFES.

Préparez les filets comme il est dit au *Filet Chateaubriand* (voir page 508); faites-les sauter dans le beurre clarifié;

Mettez-les dans le plat et couvrez-les d'un émincé de truffes, saucez-les d'une sauce madère (voir *Sauce madère*, page 430), et servez.

FILETS SAUTÉS A LA PURÉE DE CHAMPIGNONS.

Même procédé pour le *Filet aux truffes* (voir l'article précédent); mettez de la purée de champignons dans le plat et filet dessus;

Glacez et servez.

FILETS A LA PURÉE DE TOMATES.

Faites griller les filets comme il est dit au *Filet Chateaubriand* (voir page 508); mettez dans le plat une purée de tomates et placez les filets dessus ;

Glacez les filets et servez.

ROTIS DE VEAU

ALOYAU.

Ayez un aloyau qui contienne tout le filet; enlevez les os de l'échine, aplatissez la bavette et repliez-la jusqu'au filet;

Parez l'aloyau pour lui donner la forme d'un carré long;

Ficelez, et couvrez la partie du filet qui est à découvert d'une couche de graisse de rognon de bœuf, puis enveloppez l'aloyau de trois feuilles de papier bien collé que vous aurez graissé; ficelez-le et mettez-le en broche ;

Dix minutes avant de débrocher, saupoudrez-le de sel, débrochez-le et dégraissez-le sur le plat;
Glacez et servez jus de viande dessous.

FILET DE BŒUF ROTI.

Parez et piquez un filet de bœuf que vous faites mariner avec sel, poivre, huile, 2 décilitres de vin de Bourgogne blanc, oignons coupés en lames et persil en branches;
On fait généralement mariner le filet de bœuf dès la veille;
Au moment de le mettre en broche, retirez le persil et l'oignon, embrochez-le et enveloppez-le de papier graissé; faites rôtir et, cinq minutes avant de débrocher, enlevez le papier;
Glacez à la glace de viande;
Débrochez, et servez avec jus de viande dans le plat et sauce piquante à part dans la saucière.
Observation. — Le filet de bœuf rôti se sert aussi sans qu'on l'ait fait mariner; dans ce cas on ne sert pas de sauce piquante, on sert seulement le jus de la viande.

COTE DE BŒUF ROTIE.

Enlevez l'échine de la côte de bœuf;
Enveloppez-la de papier graissé;
Finissez comme l'aloyau rôti.

Fig. 109. Grenadins de bœuf.

Fig. 110. Oreilles de veau à la financière.

CHAPITRE VI

VEAU

RELEVÉS. — ENTRÉES — ROTIS

RELEVÉS DE VEAU

TÊTE DE VEAU EN TORTUE.

Désossez et blanchissez une tête de veau ; mettez la cervelle à part dans une terrine d'eau ;

La tête blanchie et rafraîchie, levez les 2 oreilles et la langue, et ajoutez 2 autres oreilles également blanchies et rafraîchies ;

Coupez le reste de la tête en morceaux de 5 centimètres, et parez tous les morceaux en leur donnant une forme bien ronde ;

Épluchez la cervelle, et faites cuire la tête, cervelle et langue comme il est dit à la Première Partie (voir *Tête de veau au naturel*, page 156) ;

Préparez pour garnitures :

4 ris de veau piqués,

8 écrevisses,
24 grosses olives,
12 cornichons taillés en boule que vous aurez fait dégorger,
8 boules de jaunes d'œufs,
10 grosses truffes,
24 gros champignons,
5 belles crêtes ;

Égouttez la tête ; essuyez tous les morceaux et mettez-les dans une casserole à glacer ;

Ciselez et frisez les quatre oreilles ;

Épluchez la langue et coupez-la en escalopes de 3 centimètres, puis mettez-la dans la casserole avec les olives, les champignons et 1 litre de sauce tortue (voir *Sauce tortue*, page 438) ;

Formez une bordure de mie autour du plat ;

Dressez la tête de veau autour d'une croustade ; quand elle est dressée, couvrez les morceaux de tête avec le ragoût, égouttez la cervelle et posez-la sur la croustade ;

Faites 5 hâtelets avec écrevisses, crêtes et truffes ; posez la garniture et les hâtelets comme le dessin l'indique (voir planche XII) ;

Glacez les écrevisses et les truffes ;

Servez à part une saucière de sauce tortue.

TÊTE DE VEAU A LA FINANCIÈRE.

Préparez la tête de veau comme il vient d'être dit à la *Tête de veau en tortue* (voir l'article précédent) ;

Faites une garniture avec :

La langue escalopée comme il est dit à la *Tête de veau en tortue*,
Quenelles de volaille avec truffes hachées,
Champignons,
Rognons de coq,
Escalopes de foie gras,
Crêtes,
Truffes cuites ;

Couvrez cette garniture de 1 litre de sauce financière ;
Garnissez six hâtelets de crêtes et de truffes ;
Préparez :
> 6 grosses quenelles de farce de volaille,
> 6 grosses truffes,
> 6 grosses crêtes ;

Dressez comme la *Tête de veau en tortue* :
Versez le ragoût :
Mettez :
> 3 quenelles de chaque côté,
> Entre chaque quenelle une truffe et une crête,
> Une truffe dans chaque oreille,
> La cervelle sur la croustade,
> Les hâtelets piqués sur la croustade de riz ;

Glacez les truffes ;
Servez sauce financière à part (voir *Sauce financière*, page 433).

LONGE DE VEAU A LA JARDINIÈRE.

Ayez une longe de veau sur laquelle vous laisserez deux côtes, désossez-la entièrement et battez la bavette ;

Levez le rognon et dégraissez-le ; mettez-le dans l'intérieur de la longe, puis assaisonnez de sel et poivre ;

Repliez la bavette, pour qu'elle couvre le rognon et le filet mignon ;

Ficelez, et conservez à la longe sa forme de carré long, puis mettez-la dans une braisière, avec 1 litre de mirepoix et 1 litre de consommé ; couvrez-la d'une double feuille de papier beurré ;

Faites cuire à petit feu pendant deux heures, vous arrosez la viande six fois pendant la durée de la cuisson ;

Assurez-vous de la cuisson, et préparez une jardinière avec choux-fleurs, carottes, navets, oignons glacés, laitues, bouquets de pointes d'asperges ;

Lorsque la longe est cuite, posez-la sur un socle de riz, comme il est dit au *Filet Godard* (voir page 500) ;

Dressez les légumes autour, en ayant soin de varier les couleurs ;

Garnissez la pièce de viande de six hâtelets de légumes ;

Servez demi-glace à part.

LONGE DE VEAU GARNIE DE CHAMPIGNONS ET DE TOMATES FARCIS.

Préparez la longe de veau comme il est dit à l'article précédent ;

Faites cuire de même et dressez sur un plat ;

Garnissez un des bouts avec tomates et l'autre avec des champignons farcis (voir aux *Garnitures*, pages 446 et 456) ;

Glacez la longe de veau ;

Servez sauce italienne à part.

LONGE DE VEAU A LA BÉCHAMEL, DITE EN SURPRISE.

Désossez et ficelez une longe de veau comme il est dit à la *Longe de veau à la jardinière* (voir page 513) ; embrochez-la ; enveloppez-la de papier beurré ;

Faites rôtir, et, dix minutes avant de servir, retirez le papier, débrochez la pièce de viande et saupoudrez-la de sel ;

Levez la peau qui recouvre la noix et enlevez la noix ; émincez-la, puis remettez-la dans l'ouverture que vous avez formée ;

Saucez avec béchamel ;

Couvrez avec la peau de manière que la longe de veau soit présentée sous sa forme première ;

Servez sauce béchamel à part.

Observation. — L'opération de lever la peau et de la replacer demande à être faite avec beaucoup de soin, afin qu'on ne s'aperçoive pas que la peau a été dérangée.

LONGE DE VEAU GARNIE D'ESCALOPES DE CARDONS.

Faites rôtir une longe de veau préparée et désossée comme la

VEAU.   515

Longe de veau à la jardinière (voir page 513); débridez-la et dressez-la;

Garnissez les deux bouts de cardons taillés en escalopes;
Saucez avec espagnole réduite;
Servez la même sauce à part.

LONGE DE VEAU A LA FINANCIÈRE.

Faites braiser une longe de veau comme il est dit à la *Longe de veau à la jardinière* (voir page 513);

Préparez un ragoût avec :
  Truffes,
  Quenelles de volaille,
  Foie gras en escalopes,
  Champignons,
  Crêtes,
  Oignons;

Préparez à part pour garnir :
  4 noix de ris de veau piqué;
  6 grosses écrevisses;
  6 grosses quenelles de farce de volaille;

Mouillez le ragoût avec un litre de sauce financière (voir *Sauce financière*, page 433);

Préparez 20 noix de ris d'agneau que vous piquerez et glacerez;

Dressez la longe de veau sur un socle de riz, puis mettez le ragoût sur le fond du plat;

Garnissez le tour de la longe avec les ris de veau, les quenelles et les écrevisses, les hâtelets avec crêtes et truffes; posez les ris d'agneau sur le dessus, de manière à former deux cordons au milieu desquels vous planterez les quatre hâtelets;

Servez sauce financière à part.

LONGE DE VEAU A LA MACÉDOINE.

Faites rôtir une longe de veau que vous préparez comme il est dit à la *Longe de veau à la jardinière* (voir page 513);

Faites une macédoine de légumes avec carottes, navets, asperges, haricots verts, petits pois, *sans choux-fleurs*;

Saucez avec béchamel grasse;

Mettez la macédoine dans les deux bouts;

Glacez la longe de veau, et servez béchamel à part.

LONGE DE VEAU GARNIE DE ROGNONS.

Faites rôtir une longe de veau;

Retirez la peau et la graisse de deux rognons de veau que vous couperez en lames de 2 centimètres d'épaisseur;

Aplatissez avec la batte et saupoudrez de sel et poivre;

Passez les morceaux de rognon à l'œuf et à la mie de pain; dix minutes avant de servir, faites frire les rognons dans le beurre clarifié;

Dressez la longe sur le plat et garnissez les deux bouts avec les rognons;

Glacez la longe de veau;

Servez sauce tomate à part.

LONGE DE VEAU GARNIE DE CROQUETTES MILANAISES.

Faites rôtir une longe de veau; dressez-la sur le plat et garnissez-la de croquettes milanaises (voir *Croquettes milanaises*, page 475);

Servez à part une sauce au velouté réduite avec essence de champignons.

ENTRÉES DE VEAU

NOIX DE VEAU A LA CHICORÉE.

Parez et piquez une noix de veau;

Préparez la chicorée comme pour *Garnitures* (voir page 458);

Mettez la noix de veau dans une casserole à glacer avec 2 décilitres de mirepoix; faites réduire entièrement, mouillez de nouveau avec 1 demi-litre de mirepoix et 3 décilitres de blond de veau;

Faites cuire pendant deux heures, et arrosez souvent pendant la cuisson;

Un quart d'heure avant de servir, glacez;

Mettez la chicorée dans le plat, la noix de veau dessus;

Passez au tamis le fond que vous dégraissez parfaitement;

Servez-le à part dans la saucière.

NOIX DE VEAU A L'OSEILLE.

Préparez la noix de veau comme il vient d'être dit dans l'article précédent;

Préparez une purée d'oseille, et servez le jus dans la saucière.

NOIX DE VEAU A LA PURÉE DE CHAMPIGNONS.

Préparez la noix de veau de la même manière que la *Noix de veau à la chicorée* (voir page 516);

Servez avec une purée de champignons (voir *Purée de champignons*, page 462).

NOIX DE VEAU A LA JARDINIÈRE.

Ayez une noix de veau couverte de sa tétine; parez à vif la partie sans graisse et piquez de lard fin;

Piquez l'intérieur de lardons de lard et jambon de Bayonne;

Mettez la noix dans une casserole, sans grille, avec 2 décilitres de blond de veau; faites tomber à glace et mouillez avec un litre de mirepoix;

Couvrez d'une feuille de papier double que vous aurez beurré; faites cuire pendant quatre heures à très petit bouillon; glacez un quart d'heure avant de servir;

Passez le fond et faites réduire;

Mettez la noix de veau sur le plat ; dressez la jardinière autour et saucez avec le fond ;

Servez demi-glace dans une saucière.

NOIX DE VEAU AUX CONCOMBRES.

Préparez la noix de veau comme il vient d'être dit à la *Noix de veau à la jardinière* (voir page 517) ;

Garnissez d'une escalope de concombres saucée de béchamel ;
Servez béchamel à part dans la saucière.

NOIX DE VEAU AU CÉLERI A LA FRANÇAISE.

Préparez une noix de veau comme il est dit à la *Noix de veau à la jardinière* (voir page 517) ;

Garnissez de céleri à la française (voir *Céleri à la française*, page 459).

QUASI DE VEAU A LA NIVERNAISE.

Désossez un quasi de veau ; ficelez-le en lui laissant sa première forme ; mettez-le dans une casserole ; mouillez-le avec 2 décilitres de blond de veau, et faites tomber à glace ;

Mouillez de nouveau avec 1 litre de mirepoix et faites cuire ; glacez un quart d'heure avant de servir ;

Passez le fond au tamis de soie ; dégraissez-le ;

Ajoutez de l'espagnole, faites réduire jusqu'à ce qu'elle masque la cuiller ;

Dressez le quasi et garnissez de nivernaise (voir *Nivernaises*, page 453) ;

Servez la sauce à part.

QUASI DE VEAU GARNI DE CHOUX-FLEURS.

Préparez le quasi de veau comme il vient d'être dit ci-dessus, au *Quasi de veau à la nivernaise* ;

VEAU.

Garnissez-le de choux-fleurs ;
Servez pour sauce le fond dégraissé et réduit.

QUASI DE VEAU AUX NOUILLES A L'ALLEMANDE.

Préparez le quasi de veau comme il est dit au *Quasi de veau à la nivernaise* (page 518); entourez-le de papier beurré; faites rôtir;

Dix minutes avant de servir, ôtez le papier, glacez, débrochez et garnissez de nouilles à l'allemande ;

Servez sauce allemande à part.

QUASI DE VEAU GARNI DE CAROTTES FLAMANDES.

Faites braiser un quasi de veau comme il est dit au *Quasi de veau à la nivernaise* (page 518);

Garnissez-le de carottes flamandes (voir *Carottes flamandes*, (page 271) ;

Faites réduire le jus, et servez à part dans la saucière.

CARRÉ DE VEAU PIQUÉ GARNI DE PURÉE DE CHICORÉE.

Prenez toutes les côtes couvertes d'un carré de veau ; enlevez entièrement l'échine ; désossez le haut du carré et sciez les os des côtes à moitié de leur longueur ;

Parez le dessus du carré à vif et piquez-le de lard fin ;

Roulez la bavette; fixez-la avec trois hâtelets et mettez en broche ;

Enveloppez de papier beurré et faites rôtir; dix minutes avant de servir, ôtez le papier et glacez;

Mettez le carré de veau sur le plat ;

Préparez une purée de chicorée que vous faites en passant au tamis la chicorée cuite et assaisonnée comme il est dit aux *Garnitures* (page 458);

Assaisonnez de crème double et de glace de viande ;

Servez chicorée à part, et ajoutez une demi-glace sous le carré de veau.

CARRÉ DE VEAU PIQUÉ GARNI D'OIGNONS GLAGÉS.

Préparez le carré de veau comme il est dit à l'article précédent ; garnissez d'oignons glacés, et servez demi-glace à part.

CARRÉ DE VEAU PIQUÉ GARNI DE MACÉDOINE DE LÉGUMES.

Préparez le carré de veau comme il est dit au *Carré de veau garni de purée de chicorée* (page 519) ;

Garnissez d'une macédoine de légumes saucée d'allemande ; servez sauce allemande à part.

CARRÉ DE VEAU PIQUÉ GARNI D'ÉPINARDS AU VELOUTÉ.

Préparez le carré de veau comme le *Carré de veau garni de purée de chicorée* (voir page 529) ; garnissez d'épinards au velouté, et servez demi-glace à part.

ESCALOPES DE VEAU A LA PURÉE DE CÉLERI.

Taillez de la noix de veau en escalopes de 5 centimètres de largeur et 2 centimètres d'épaisseur ;

Aplatissez avec la batte ; parez les escalopes en leur donnant une forme bien ronde ;

Saupoudrez-les de sel, et faites-les sauter dans le beurre clarifié à feu vif, en évitant qu'elles ne prennent couleur ;

Égouttez-les sur une serviette ; dressez-les en couronne et saucez-les avec béchamel ;

Garnissez le milieu d'une purée de céleri (voir *Purée de céleri*, page 461).

ESCALOPES DE VEAU AUX NAVETS GLACÉS.

Préparez les escalopes de veau comme il a été dit aux articles précédents, garnissez-les de navets glacés, et servez avec espagnole réduite à part.

ESCALOPES DE VEAU A L'ANGLAISE, PURÉE D'ARTICHAUTS.

Faites les escalopes comme il est dit aux *Escalopes de veau à la purée de céleri* (voir page 520);

Passez-les à l'œuf et faites-les frire au beurre clarifié;

Dressez-les en couronne et mettez-les au milieu de la purée d'artichauts (voir *Purée d'artichauts*, page 460);

Servez demi-glace à part.

ESCALOPES DE VEAU A LA PURÉE DE CARDONS.

Préparez les escalopes comme il est dit aux *Escalopes de veau à la purée de céleri* (page 520);

Rangez-les en couronne et mettez au milieu une purée de cardons (voir *Purée de cardons*, page 459);

Saucez le tout avec béchamel.

ESCALOPES DE VEAU A LA SAUCE VÉNITIENNE.

Faites les escalopes comme il est dit aux *Escalopes de veau à la purée de céleri* (voir page 520);

Rangez en couronne et saucez avec sauce vénitienne (voir *Sauce vénitienne*, page 438);

Garnissez le milieu de petites pommes de terre taillées en boule que vous aurez sautées dans le beurre.

BLANQUETTE DE VEAU AUX CHAMPIGNONS EN CROUSTADE.

Faites rôtir une sous-noix de veau, laissez-la refroidir, et taillez-la en escalopes de 3 centimètres sur 1 demi-centimètre d'épaisseur;

Émincez les champignons, le quart de la quantité d'escalopes de veau, et mêlez le tout dans l'allemande;

Dressez dans une croustade en pâte de la largeur du fond du

plat d'entrée et haute de 4 centimètres; le milieu de la garniture de la blanquette doit être dressé en pyramide.

FILETS MIGNONS DE VEAU AVEC BLANQUETTE D'ARTICHAUTS.

Coupez 6 filets mignons de veau en deux sur le travers, aplatissez-les avec la batte et formez-les en poire;

Piquez-les de lard fin et rangez-les dans un plat à glacer;

Faites-les cuire et glacer, et, lorsqu'ils sont cuits, fixez une croustade dans le milieu du plat;

Dressez les filets mignons en couronne autour de la croustade, que vous garnirez d'une blanquette d'artichauts faite avec des fonds d'artichauts préparés comme il est dit aux *Fonds d'artichauts* (voir page 456);

Taillez les fonds d'artichauts en escalopes et saucez-les avec de l'allemande;

Glacez les filets, servez l'allemande à part.

Observation. — J'indique la croustade en pâte et non en riz et en pain. Les croustades en pâte peuvent contenir les garnitures pour entrées, et c'est pour cette raison que je les ai adoptées de préférence aux autres.

FILETS MIGNONS DE VEAU PANÉS ET GRILLÉS, AVEC PURÉE DE CHICORÉE.

Préparez les filets mignons comme il a été dit à l'article précédent;

Passez-les au beurre et à la mie de pain et faites-les griller;

Dressez-les en couronne autour d'une croustade que vous garnirez d'une purée de chicorée (voir, pour la purée de chicorée, le *Carré de veau garni de purée de chicorée*, page 519).

FILETS DE VEAU EN GRENADINS A LA NIVERNAISE.

Parez des filets de veau, auxquels vous donnerez la forme de poire allongée; piquez-les, faites-les cuire et glacer;

Dressez-les en couronne autour d'une croustade que vous garnissez avec une nivernaise (voir *Nivernaise*, page 453);

Servez à part espagnole réduite.

COTELETTES DE VEAU AUX LAMES DE JAMBON, DITES SINGARA.

Ayez un carré de veau; sciez le haut du carré de manière à former des côtelettes de 9 centimètres de longueur; coupez-les bien égales d'épaisseur et parez-les sans faire de manche;

Faites-les revenir dans le beurre clarifié, qu'elles soient d'une couleur blonde :

Égouttez le beurre, et mouillez avec 4 décilitres de blond de veau et 3 décilitres d'espagnole; faites cuire à petit mouillement;

Apprêter 8 lames de jambon, que vous taillerez de la forme des côtelettes de 1 demi-centimètre d'épaisseur;

Faites revenir le jambon au beurre clarifié pendant 5 minutes;

Égouttez, puis dressez les côtelettes en couronne, la noix en haut, en mettant entre chacune une lame de jambon;

Dégraissez parfaitement la cuisson des côtelettes que vous aurez passée au tamis et que vous servez avec les côtelettes.

COTELETTES DE VEAU A LA PURÉE D'OSEILLE.

Parez et préparez les côtelettes comme il est dit aux *Côtelettes Singara* (voir l'article précédent);

Piquez les noix de lard, mettez-les dans un plat à glacer que vous avez beurré et faites-les revenir 4 minutes d'un seul côté;

Mouillez avec 4 décilitres de mirepoix et 5 décilitres de blond de veau; faites cuire et glacer; dressez les côtelettes en couronne autour d'une croustade, la noix en haut;

Mettez la purée d'oseille dans la croustade; dégraissez le fond et passez-le au tamis;

Arrosez les côtelettes avec le fond, et servez.

COTELETTES DE VEAU PIQUÉES DE LANGUES, LARD ET TRUFFES, DITES A LA DREUX.

Parez 12 côtelettes de veau et formez un manche de 2 centimètres à chacune ;

Piquez sur le travers les noix avec des morceaux de langue, lard et truffes de 8 millimètres carrés, en ayant soin de mêler les couleurs ;

Rangez les côtelettes dans un plat à sauter, et mouillez-les avec 1 demi-litre de mirepoix et 3 décilitres de blond de veau ;

Couvrez-les d'un papier, et mettez-les sur le feu dans le plat à sauter que vous aurez entièrement couvert ;

Faites mijoter jusqu'à entière cuisson des côtelettes ; lorsqu'elles sont cuites, égouttez-les et mettez-les en presse ; une fois refroidies, parez-les : mettez-les dans un plat à sauter, couvrez-les de consommé, faites chauffer ;

Passez la cuisson au tamis ; dégraissez parfaitement et faites réduire à demi-glace ;

Dressez-les en couronne autour d'une croustade ; glacez à la glace de viande ;

Garnissez avec des haricots verts préparés comme il a été dit aux *Garnitures* (voir page 454) ;

Saucez avec le fond.

COTELETTES DE VEAU A LA DREUX, GARNIES DE CHAMPIGNONS.

Préparez les côtelettes comme il a été dit à l'article précédent ; garnissez-les de purée de champignons.

COTELETTES DE VEAU A LA DREUX, GARNIES DE PURÉE DE NAVETS.

Préparez les côtelettes comme il est dit aux *Côtelettes piquées de langue, lard et truffes* (voir ci-dessus) ;

Garnissez-les de purée de navets.

VEAU. 525

RIS DE VEAU A LA FINANCIÈRE.

Piquez quatre noix de ris de veau comme il est dit au *Ris de veau au jus* (voir page 155) ; choisissez-les d'égale grosseur ; faites-les cuire et glacer ;

Fixez une croustade dans le fond du plat et dressez les ris de veau droits le long de la croustade ;

Mettez une grosse crête entre chaque ris et une truffe au bas dans les vides ;

Garnissez la croustade d'un ragoût financière (voir aux *Garnitures*, page 452), puis disposez sur le bord un cordon formé de rognons de coq et de truffes tournées en olive, en ayant soin d'alterner ;

Couronnez le milieu avec une grosse crête ;

Glacez les ris de veau en dernier lieu en les passant légèrement à la glace avec le pinceau.

RIS DE VEAU AUX PETITS POIS.

Dressez les ris de veau autour d'une croustade comme il est dit à l'article précédent ; garnissez de petits pois que vous mettez à la fois dans le fond du plat et dans la croustade et un bouquet de pois entre chaque ris.

RIS DE VEAU A LA MACÉDOINE.

Préparez et dressez les ris de veau comme les *Ris de veau à la financière* (voir ci-dessus) ;

Garnissez d'une macédoine de légumes, que vous servirez dans le fond du plat et dans la croustade en la formant en pointe ;

Servez velouté réduit à part.

RIS DE VEAU AUX POINTES D'ASPERGES.

Préparez et dressez comme les *Ris de veau à la financière* (voir ci-dessus) ;

526 LE LIVRE DE CUISINE. — DEUXIÈME PARTIE.

Garnissez le plat et la croustade de pointes d'asperges que vous disposerez comme la *Macédoine de légumes* à l'article précédent, et mettez un bouquet d'asperges entre chaque ris ;

Servez à part béchamel légère.

RIS DE VEAU A LA NIVERNAISE.

Préparez et dressez les ris de veau comme les *Ris de veau à la financière* (voir page 525) ;

Garnissez la croustade d'une nivernaise, dont vous servez aussi une partie au fond du plat ;

Servez une demi-glace à part.

RIS DE VEAU EN BLANQUETTE AUX TRUFFES.

Préparez cinq gorges de ris de veau que vous faites dégorger

Fig. 111. Forme que les clous doivent avoir.

et blanchir ; faites-les cuire avec consommé de volaille, oignons et bouquet garni ;

Lorsqu'ils sont cuits, laissez-les refroidir dans la cuisson :

Fig. 112. Ris de veau clouté pour garnitures.

Égouttez-les sur une serviette et épongez-les ; taillez-les en escalopes de 3 centimètres ;

Préparez une allemande et un émincé de truffes ;
Mêlez ris de veau et truffes dans l'allemande ;
Dressez dans une croustade de pâte que vous ferez de la grandeur du fond du plat et haute de 2 centimètres.

RIS DE VEAU PANÉS, DITS A LA MARÉCHALE.

Préparez et faites cuire six gorges de ris de veau comme il a été dit à l'article précédent ; lorsqu'elles sont cuites, mettez-les sous presse ; laissez-les refroidir et coupez-les en deux sur l'épaisseur de manière à avoir deux surfaces plates ;

Parez chaque morceau en ovales d'égale grandeur ; assaisonnez légèrement ;

Passez au beurre et panez à la mie de pain ;

Faites griller ; dressez en couronne, et servez à part du jus de viande dans lequel vous ajouterez du jus de citron.

TENDONS DE VEAU AUX PETITS POIS.

Levez sur 2 poitrines de veau des tendons de toute leur épaisseur ; faites-les blanchir et coupez-les en travers de manière à former des morceaux ovales d'une longueur de 6 centimètres sur 4 d'épaisseur ;

Mettez-les dans une casserole à glacer avec consommé et mirepoix ; faites-les cuire jusqu'à ce que l'aiguille à brider puisse traverser sans résistance ;

Égouttez-les et mettez-les en presse ;

Passez au tamis le fond que vous aurez dégraissé et fait réduire ;

Laissez refroidir les tendons, et parez-les de manière qu'il ne reste plus aucune parcelle de chair ; mettez-les chauffer dans la cuisson réduite et dressez-les en couronne autour d'une croustade ;

Garnissez la croustade de petits pois et couvrez les tendons avec la cuisson ;

Servez le reste de la cuisson dans la saucière.

TENDONS DE VEAU A LA PURÉE D'ARTICHAUTS.

Préparez et dressez les tendons de veau comme il est dit à l'article précédent ;

Garnissez la croustade de purée d'artichauts et servez demi-glace à part.

TENDONS DE VEAU A LA MACÉDOINE.

Préparez les tendons de veau comme il est dit aux *Tendons de veau aux petits pois* (voir page 527) ;

Garnissez la croustade de macédoine de légumes et servez sauce béchamel à part.

NOISETTES DE VEAU AUX CHAMPIGNONS ÉMINCÉS.

Faites dégorger et blanchir douze noisettes de veau ;

Préparez-les comme les tendons (voir *Tendons de veau aux petits pois*, page 527).

Lorsqu'elles sont cuites, dressez-les en couronne ;

Garnissez le milieu d'un émincé de champignons saucé d'allemande ;

Glacez les noisettes de veau ;

Servez sauce allemande dans la saucière.

NOISETTES DE VEAU AVEC BLANQUETTE D'ARTICHAUTS EN ESCALOPES.

Préparez et dressez les noisettes de veau comme il est dit à l'article précédent ;

Garnissez le milieu de la couronne, que vous ferez comme il est dit aux *Filets mignons de veau avec blanquette d'artichauts* (voir page 522).

NOISETTES DE VEAU AUX TRUFFES.

Préparez et dressez les noisettes de veau comme il est dit ci-dessus;

Garnissez le milieu d'un émincé de truffes;

Servez sauce madère à part.

OREILLES DE VEAU FARCIES.

Préparez quatre oreilles de veau que vous ferez cuire comme la *Tête de veau au naturel* (voir page 156);

Parez et ciselez les oreilles;

Étalez dans le fond du plat une couche de farce de volaille de 3 centimètres d'épaisseur; puis remplissez le trou de chaque oreille avec une partie de farce;

Placez les quatre oreilles sur la face dans le plat; entourez-les de papier beurré, et mettez dessus un rond de papier que vous beurrerez également;

Mettez au four jusqu'à ce que la farce soit pochée;

Saucez avec sauce italienne;

Servez.

OREILLES DE VEAU EN TORTUE.

Préparez les oreilles de veau comme il vient d'être dit à l'article précédent;

Collez au milieu du plat un morceau de pain frit, taillé en carré de 5 centimètres de large sur 8 de haut; dressez chaque oreille sur le plat autour du morceau de pain;

Préparez un ragoût avec quenelles, olives, champignons, truffes, cornichons que vous aurez taillés en boule et fait dégorger;

Mêlez ce ragoût dans une sauce tortue (voir *Sauce tortue*, page 438);

Mettez une boule de jaunes d'œufs dans les trous des oreilles;

Distribuez le ragoût en quatre parties, que vous formez en

rocher entre chaque oreille et surmontez de grosses écrevisses que vous dresserez les pattes en l'air;

Couronnez d'un ris de veau piqué;

Servez sauce tortue à part.

OREILLES DE VEAU A LA FINANCIÈRE.

Préparez les oreilles comme il est dit à l'article précédent;

Dressez-les autour d'un morceau de pain taillé en carré;

Placez entre chacune une partie de ragoût à la financière, en mettant au-dessus de chaque rocher de ragoût une truffe et une crête frisée;

Couronnez avec quatre crêtes simples et une grosse truffe au milieu.

LANGUE DE VEAU A LA SOUBISE.

Dégorgez, rafraîchissez, blanchissez trois langues de veau : faites cuire comme il est dit à la *Tête de veau au naturel* (voir page 156).

Lorsque les langues sont cuites, égouttez-les, coupez-les en deux sur la longueur par le travers;

Parez les morceaux et faites-les bien égaux; dressez-les en couronne;

Glacez et mettez une soubise dans le milieu (voir *Soubise*, page 460).

LANGUE DE VEAU PARÉE, GRILLÉE A LA MAITRE-D'HOTEL.

Préparez les langues comme il vient d'être dit à l'article précédent;

Panez-les au beurre; faites-les griller, et servez avec sauce maître-d'hôtel à part.

CERVELLE DE VEAU SAUCE RAVIGOTE.

Faites cuire trois cervelles de veau comme il est dit à la *Tête de veau au naturel* (voir page 156);

VEAU. 531

Coupez les cervelles en deux; dressez-les en rosace et mettez les cervelles sur le milieu;

Saucez de sauce ravigote, que vous faites avec poivrade blanche et que vous liez avec beurre de ravigote (voir *Sauce ravigote*, page 441).

TÊTE DE VEAU A LA VÉNITIENNE.

Préparez une demi-tête de veau comme pour la *Tête de veau tortue* (voir page 511);

Nettoyez et ciselez l'oreille;

Placez l'oreille au milieu et rangez les morceaux de tête de veau autour en couronne;

Saucez d'une sauce vénitienne.

ROTIS DE VEAU

LONGE DE VEAU ROTIE.

Enlevez entièrement l'échine d'une longe de veau; aplatissez bien la bavette;

Mettez le rognon à l'extrémité du filet mignon; saupoudrez de sel et de poivre, puis recouvrez les rognons et le filet mignon avec la bavette;

Ficelez et donnez à la longe de veau une forme de carré long;

Embrochez-la et enveloppez-la de papier beurré; faites-la rôtir; puis débrochez, ôtez le papier, dressez et glacez;

Mettez à chaque extrémité un bouquet de cresson;

Servez jus de viande à part.

CARRÉ DE VEAU ROTI.

Enlevez l'échine d'un carré de veau;

Désossez le haut du carré et sciez les os de 5 centimètres de longueur;

Roulez la bavette pour que le carré soit d'épaisseur égale ; fixez-la avec des hâtelets ;

Mettez en broche et couvrez de papier beurré ;

Faites rôtir, débrochez, enlevez le papier, dressez et glacez ;

Mettez à chaque bout un bouquet de cresson ;

Servez jus de viande à part.

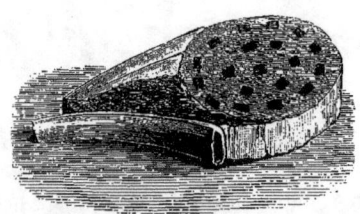

Fig. 113. Côtelette de veau à la Dreux.

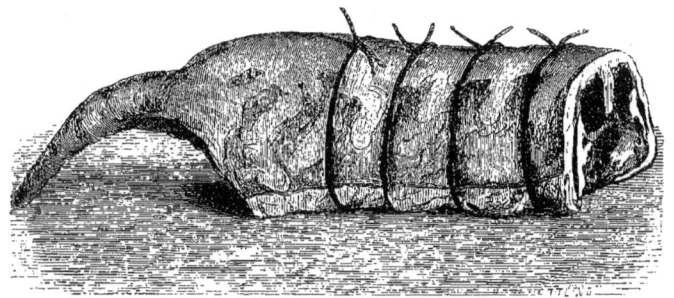

Fig. 114. Selle de mouton.

CHAPITRE VII

MOUTON

RELEVÉS. — ENTRÉES. — ROTIS

RELEVÉS DE MOUTON

GIGOT DE MOUTON GARNI DE MACÉDOINE DE LÉGUMES.

Choisissez deux gigots de mouton, l'un du côté droit, l'autre du côté gauche; désossez-les, sciez les manches à 4 centimètres de l'osselet, parez-les, saupoudrez-les de sel et de poivre à l'intérieur; bridez-les de manière à leur donner une forme ronde;

Mettez-les dans une braisière, puis ajoutez 1 litre de mirepoix et 1 décilitre d'eau-de-vie;

Faites mijoter jusqu'à entière cuisson des gigots; lorsqu'ils sont cuits, dressez-les sur un plat ovale, les deux noix se touchant et les deux manches placés en dehors;

Garnissez les côtés de macédoine de légumes;

Formez sur le milieu des deux noix une rosace en carottes tournées qui masquera la soudure;

Disposez le bouquet de macédoine au centre de la rosace;

Mettez une papillote à chaque manche; passez le fond au tamis de soie; dégraissez et servez le fond de la saucière.

Pour les grands dîners, on dresse les gigots sur un socle en riz comme le filet de bœuf jardinière et en ajoute 4 hâtelets de légumes.

GIGOT DE MOUTON GARNI DE CAROTTES A LA FLAMANDE.

Ayez un gigot de mouton avec le filet, parez-le, embrochez-le et faites-le rôtir.

Débrochez-le et servez-le sur le plat; glacez et garnissez le tour avec carottes flamandes (voir page 271);

Servez jus de viande à part.

GIGOT DE MOUTON AUX HARICOTS, DIT A LA BRETONNE.

Préparez le gigot comme il est dit à l'article précédent; servez pour garnitures 6 décilitres de purée d'oignons rouges, dite Bretonne (voir page 460);

Mêlez dans la purée même quantité de haricots blancs; glacez le gigot, puis mettez une papillote au manche;

Servez la bretonne dans une casserole à légumes.

NOIX DE PRÉSALÉ A LA JARDINIÈRE.

Ayez quatre noix de présalé d'égale grosseur que vous désosserez entièrement; piquez-les à l'intérieur de gros lard et de jambon de Bayonne; assaisonnez de sel et de poivre;

Ficelez pour leur donner une forme de ballon; mettez-les dans une braisière et mouillez-les avec mirepoix, en ayant soin qu'elles soient entièrement couvertes;

Ajoutez 1 décilitre d'eau-de-vie et faites mijoter jusqu'à cuisson de la viande; lorsque les noix sont cuites, égouttez-les;

Formez dans le fond du plat un socle de riz qui puisse contenir les quatre noix que vous glacerez;

Dans les intervalles des 4 noix mettez 4 bouquets de jardinière;

Dressez autour du socle en riz des bouquets de choux-fleurs, de carottes et de pointes d'asperges, de façon que le socle de riz soit entièrement caché ;

Dressez sur le milieu des 4 noix un gros bouquet de jardinière :
Garnissez de six hâtelets de racines ;

Passez et dégraissez le fond ; réduisez-le avec l'espagnole et servez la sauce à part.

NOIX DE PRÉSALÉ A LA MILANAISE.

Préparez quatre noix de présalé comme il est dit à l'article précédent ; lorsqu'elles sont cuites, dressez-les sur un socle de riz comme les noix de présalé à la jardinière ;

Glacez-les et garnissez-les d'une milanaise, comme il est dit au *Filet de bœuf à la milanaise* (page 502) ;

Garnissez le tour du socle avec le macaroni, puis disposez des rochers de macaroni dans les intervalles et au milieu ;

Servez demi-glace à part.

GIGOT DE MOUTON BOUILLI A L'ANGLAISE.

Préparez un gigot de mouton comme il est dit au *Gigot garni de carottes à la flamande* (page 334) ;

Faites bouillir, dans une grande braisière, de l'eau que vous aurez salée ; mettez le gigot dans l'eau bouillante, et ajoutez 12 navets entiers d'égale grosseur que vous aurez épluchés ;

Faites cuire le gigot le temps voulu ; on compte généralement une demi-heure par kilo du poids de la viande ;

Égouttez-le, puis dressez-le sur le plat ;

Rangez les navets autour ; mettez une papillote au manche du gigot ;

Servez à part une sauce blanche avec des câpres.

Observation. — J'indique ce mets, tout à fait anglais d'origine et aussi de caractère, comme on peut le voir, parce qu'il a été adopté depuis quelque temps dans un certain nombre de maisons françaises.

SELLE DE MOUTON GARNIE DE CROQUETTES DE POMMES DE TERRE.

Ayez une selle de mouton que vous parez et faites rôtir ; dressez-la sur le plat et garnissez-la de *Croquettes de pommes de terre* (voir page 452) ;

Servez avec jus de viande à part.

SELLE DE MOUTON GARNIE DE CAROTTES ET DE LAITUES.

Préparez et faites cuire une selle de mouton comme il a été dit à l'article précédent ; garnissez-la de carottes et de laitues (voir aux *Garnitures*, pages 453 et 458).

SELLE DE MOUTON A LA PURÉE DE CÉLERI.

Préparez et faites cuire une selle de mouton comme il est dit à la *Selle de mouton garnie de croquettes de pommes de terre* (voir ci-dessus) ;

Garnissez-la de purée de céleri (voir *Purée ae céleri*, page 461).

ENTRÉE DE MOUTON

CARBONADE DE MOUTON A LA PURÉE D'OSEILLE.

Ayez deux filets de mouton de 18 centimètres de long, que vous désossez entièrement, sans détacher le filet mignon ;

Parez le dessus des noix à vif ; piquez de lard fin ; coupez la bavette de 2 centimètres et roulez-la jusqu'au filet mignon ;

Fixez-la avec deux petits hâtelets ; saupoudrez de sel, et mettez les filets de mouton dans une casserole avec 1 litre de mirepoix et 1 demi-litre de blond de veau ;

Faites mijoter jusqu'à entière cuisson, puis glacez les parties piquées ;

MOUTON.

Égouttez et retirez les hâtelets ;
Dressez sur une purée d'oseille que vous aurez mise dans le plat ;
Glacez la carbonade à la glace de viande, et servez.

CARBONADE DE MOUTON A LA NIVERNAISE.

Préparez et faites cuire la carbonade comme il est dit à l'article précédent ;
Garnissez d'une nivernaise et saucez d'une demi-glace.

CARBONADE DE MOUTON A LA PURÉE D'ARTICHAUTS.

Préparez et faites cuire la carbonade comme il est dit à la *Carbonade de mouton à la purée d'oseille* (page 536) ;
Garnissez de purée d'artichauts et saucez d'une demi-glace.

CARBONADE DE MOUTON A LA CHICORÉE.

Procédez comme pour la *Carbonade de mouton à la purée d'oseille* (page 536), et remplacez l'oseille par la chicorée.

CARBONADE DE MOUTON GARNIE DE CHAMPIGNONS, SAUCE POIVRADE.

Préparez et faites cuire la carbonade comme il est dit à la *Carbonade de mouton à la purée d'oseille* (page 536) ; garnissez de champignons farcis (voir page 446) ;
Servez sauce poivrade à part.

COTELETTES DE MOUTON A LA SOUBISE.

Taillez des côtes de mouton de 9 centimètres de long, en laissant deux côtes à chaque ; retirez entièrement l'os de l'échine et un os de côté ;
Piquez les noix par le travers de lardons assaisonnés et de

langue à l'écarlate. Les lardons doivent avoir 3 centimètres de longueur sur 1 demi-centimètre de largeur;

Rangez les côtelettes dans une casserole à glacer; couvrez-les de blond de veau et de mirepoix, même quantité; faites en sorte que le mouillement s'élève au-dessus des côtelettes;

Faites mijoter jusqu'à entière cuisson, puis égouttez les côtelettes sur un plafond et mettez-les en presse; lorsqu'elles sont complètement refroidies, parez-les;

Faites réduire la cuisson que vous aurez passée au tamis et dégraissée;

Faites chauffer les côtelettes dans la cuisson et dressez-les autour d'une croustade que vous garnirez d'une soubise (voir *Soubise*, page 460);

Saucez les côtelettes avec la cuisson, et servez.

Observation. — Je ne conseille pas de garnir les manches de côtelettes de papillotes; j'ai reconnu que cet enjolivement offrait un inconvénient réel. Il arrive souvent que les papillotes tombent dans les sauces et garnitures, ce qui est fort loin de produire une impression agréable pour les convives.

COTELETTES DE MOUTON BRAISÉES, GARNIES DE CÉLERI A LA FRANÇAISE.

Préparez les côtelettes comme il est dit à l'article précédent; garnissez la croustade de céleri à la française (voir *Garnitures*, page 459).

COTELETTES DE MOUTON BRAISÉES, GARNIES D'ESCALOPES DE CARDONS.

Préparez des côtelettes comme les *Côtelettes de mouton à la Soubise* (voir page 537).

Faites une garniture avec des cardons que vous escaloperez et que vous ferez mijoter pendant 5 minutes dans l'espagnole;

Servez espagnole réduite à part.

MOUTON.

COTELETTES DE MOUTON BRAISÉES A LA PURÉE DE MARRONS.

Préparez-les comme les *Côtelettes de mouton à la Soubise* (page 537);

Dressez-les autour d'une croustade que vous garnirez d'une purée de marrons (page 462);

Servez le fond à part dans une saucière.

COTELETTES DE MOUTON BRAISÉES A LA JARDINIÈRE.

Coupez les côtelettes de 8 centimètres de long et préparez-les comme les *Côtelettes de mouton à la Soubise* (page 537);

Lorsqu'elles sont cuites, parez-les sans faire de manches;

Préparez autant de laitues que vous aurez de côtelettes, puis faites une jardinière avec navets et carottes en boule que vous taillerez de 1 centimètre de grosseur, petits bouquets de choux-fleurs d'un même volume et choux de Bruxelles;

Dressez les côtelettes autour d'une croustade, la noix en haut, et une laitue entre chacune;

Saucez la jardinière avec béchamel;

Garnissez la croustade avec la jardinière, et servez demi-glace à part.

COTELETTES DE MOUTON BRAISÉES A LA PURÉE D'ARTICHAUTS.

Procédez comme il est dit aux *Côtelettes de mouton à la Soubise* (page 537), en remplaçant la soubise par la purée d'artichauts (page 460).

COTELETTES DE MOUTON BRAISÉES, GARNIES DE POMMES DE TERRE.

Parez douze côtelettes bien égales d'épaisseur; saupoudrez-les de sel;

Mettez du beurre clarifié dans un plat à sauter;

Rangez les côtelettes dans le plat; couvrez-les de beurre et d'un rond de papier beurré; faites-les sauter; égouttez-les, glacez-les et dressez-les en couronne;

Mettez dans le milieu des pommes de terre taillées en boule de 1 centimètre et demi de grosseur;

Saucez avec sauce Chateaubriand, et servez.

COTELETTES DE MOUTON SAUTÉES A LA FINANCIÈRE.

Faites cuire les côtelettes comme il est dit à l'article précédent; dressez-les autour d'une croustade que vous aurez garnie d'un ragoût financière.

COTELETTES DE MOUTON SAUTÉES A LA MACÉDOINE DE LÉGUMES.

Préparez les côtelettes comme il est dit aux *Côtelettes de mouton garnies de pommes de terre* (page 539);

Rangez-les autour d'une croustade que vous aurez garnie d'une macédoine de légumes.

COTELETTES DE MOUTON GRILLÉES AUX POMMES DE TERRE SAUTÉES.

Parez et faites griller des côtelettes;

Dressez-les en couronne et garnissez le milieu de pommes de terre taillées en olive et sautées au beurre;

Saucez d'une sauce maître-d'hôtel, et servez.

COTELETTES DE MOUTON GRILLÉES AUX PETITS POIS.

Préparez les côtelettes comme il est dit à l'article précédent;

Dressez-les en couronne et mettez au milieu une garniture de petits pois;

Servez avec demi-glace à part.

MOUTON. 541

COTELETTES DE MOUTON PANÉES, GRILLÉES, A LA SAUCE TOMATE.

Parez et panez des côtelettes ;
Faites-les griller ; dressez-les en couronne ;
Servez sauce tomate à part.

COTELETTES DE MOUTON PANÉES ET GRILLÉES. GARNIES DE CHICORÉE.

Parez et panez des côtelettes comme il est dit à l'article précédent ; faites-les griller et dressez-les en couronne ;
Garnissez le milieu de chicorée, et servez demi-glace à part.

COTELETTES DE MOUTON GRILLÉES, AVEC D'UXELLES, DITES A LA MAINTENON.

OBSERVATIONS SUR LES CÔTELETTES A LA MAINTENON.

J'ai eu l'occasion d'observer, dans le cours de mes relations avec mes confrères, qu'ils étaient généralement assez peu d'accord sur la façon de préparer les côtelettes dites *à la Maintenon*. C'est encore là un des exemples si nombreux malheureusement du manque d'entente qui existe dans certaines parties de notre métier et que j'ai déjà eu à signaler plusieurs fois.

J'ai vu certains cuisiniers préparer ces côtelettes en les enveloppant de crépine ; d'autres, les garnir de crêtes et de truffes ; d'autres, les servir avec une soubise ; d'autres enfin, les servir avec une financière : autant de cuisines, on peut le dire, autant de méthodes différentes.

J'indique le procédé qui me paraît le plus simple, et par cela même le plus réellement neuf. Sans l'imposer, non plus qu'aucune autre de mes recettes, je ne puis m'empêcher de désirer qu'on l'adopte désormais ; non pas, qu'on le croie bien, par un sentiment de vanité ridicule qui est bien loin de ma pensée, mais pour que nous puissions enfin sortir du chaos des contradictions et des divergences dans l'exécution de certains mets dont les praticiens qui ont à cœur le bon sens et la vérité de la profession ont si souvent à souffrir.

PRÉPARATION DES CÔTELETTES A LA MAINTENON.

Coupez les côtelettes par deux côtes ; retirez une côte ; aplatissez les côtelettes et parez-les ;

Fendez les noix par le travers ; puis brisez-les avec le talon du couteau sans les séparer de l'os ;

Garnissez le milieu d'une sauce d'Uxelles réduite ;

Reployez les côtelettes et faites-les griller quatre minutes de chaque côté ;

Couvrez le fond d'un plat de d'Uxelles ;

Rangez les côtelettes dessus, saucez-les de sauce d'Uxelles ; mettez-les quatre minutes à four chaud, et servez.

POITRINE DE MOUTON GRILLÉE A LA PURÉE DE CÉLERI.

Faites braiser dans le grand bouillon les hauts de carré de mouton ;

Lorsqu'ils sont cuits, retirez les os et saupoudrez-les de sel ; mettez-les en presse, laissez-les entièrement refroidir, puis coupez-les en morceaux de 7 centimètres de long que vous taillez en forme de poire ;

Parez les deux surfaces et passez-les au beurre ;

Faites griller ; dressez en couronne et mettez au milieu de la purée de céleri (voir *Purée de céleri*, page 461).

POITRINE DE MOUTON PANÉE ET GRILLÉE, SAUCE BÉARNAISE.

Parez et grillez les poitrines de mouton comme il est dit à l'article précédent ;

Dressez-les en couronne, et servez sauce béarnaise à part.

MOUTON. 543

POITRINE DE MOUTON PANÉE ET GRILLÉE, SAUCE CHATEAUBRIAND.

Parez et grillez les poitrines de mouton comme il est dit à la *Poitrine de mouton grillée à la purée de céleri* (voir page 542) ;

Dressez-les en couronne, et servez sauce Chateaubriand à part.

POITRINE DE MOUTON GLACÉE A LA CHICORÉE.

Braisez et parez les poitrines comme il est dit à la *Poitrine à la purée de céleri* (voir page 542) ;

Rangez-les dans un plat à sauter et mouillez-les avec du blond de veau ;

Faites-les chauffer et glacer, puis dressez-les en couronne ;

Mettez la chicorée dans le milieu et saucez avec demi-glace.

POITRINE DE MOUTON GLACÉE AU CÉLERI A LA FRANÇAISE.

Préparez les poitrines comme il est dit à l'article précédent ;

Dressez-les en couronne, mettez dans le milieu une garniture de céleri à la française (voir page 459) ;

Saucez avec demi-glace et servez.

FILETS MIGNONS MARINÉS AUX CHAMPIGNONS.

Ayez 12 filets mignons ; aplatissez-les avec la batte et retirez peaux et nerfs ; parez-les en leur donnant une forme de poire allongée ;

Piquez-les de lard fin, puis mettez-les pendant 24 heures dans une marinade ;

Au moment de vous en servir, égouttez-les sur une serviette ;

Mettez-les dans un plat à sauter que vous aurez beurré ; mouillez-les avec mirepoix et blond de veau, sans les couvrir entièrement ; faites-les cuire et glacer ;

Dressez-les en couronne, et garnissez le milieu d'un émincé de champignons;

Saucez les champignons avec sauce poivrade; servez sauce poivrade à part.

FILETS MIGNONS MARINÉS A LA SAUCE PIQUANTE.

Marinez et faites cuire les filets mignons comme il a été dit à l'article précédent;

Dressez et servez sauce piquante à part.

FILETS MIGNONS PANÉS GRILLÉS, DITS A LA MARÉCHALE.

Préparez 12 filets comme il est dit aux *Filets marinés aux champignons* (voir page 543);

Passez-les au beurre; panez-les; faites griller et servez jus de viande dans une saucière.

FILETS MIGNONS PANÉS, GRILLÉS, A LA PURÉE DE NAVETS.

Préparez et dressez les filets comme il est dit aux *Filets à la maréchale* (voir l'article précédent);

Garnissez-les d'une purée de navets et servez.

FILETS MIGNONS PANÉS, GRILLÉS, AUX TRUFFES.

Dressez les filets préparés comme il est dit aux *Filets à la maréchale* (voir ci-dessus);

Rangez-les autour d'une croustade que vous garnirez d'un émincé de truffes;

Servez sauce madère à part.

QUEUES DE MOUTON A LA PURÉE DE LENTILLES, DITE CONTI.

Blanchissez les queues de mouton, faites-les braiser dans parties égales de mirepoix et de blond de veau;

Lorsqu'elles sont cuites, égouttez-les sur un plafond, saupoudrez-les de sel et mettez-les en presse ;

Passez le jus que vous aurez dégraissé et faites-le réduire de moitié ;

Laissez refroidir les queues, dont vous coupez les bouts en leur laissant seulement une longueur de 10 centimètres ;

Faites-les chauffer dans le jus réduit, dressez-les en couronne, glacez-les, et garnissez le milieu avec une purée de lentilles dite *Conti* (voir page 461) ;

Servez demi-glace à part.

QUEUES DE MOUTON A LA SOUBISE.

Préparez et faites cuire les queues de mouton comme il est dit à l'article précédent ;

Garnissez le milieu de la couronne d'une Soubise, et servez demi-glace à part.

QUEUES DE MOUTON A LA PURÉE D'OSEILLE.

Même procédé que pour les *Queues de mouton à la Conti* (page 544) ;

Purée d'oseille au milieu et demi-glace à part.

QUEUES DE MOUTON GARNIES DE CONCOMBRES.

Préparez les queues comme il est dit aux *Queues de mouton à la Conti* (page 544) ;

Mettez au milieu une garniture de concombres bruns (voir page 458), que vous aurez escalopés ; servez demi-glace à part.

QUEUES DE MOUTON A LA SAUCE VALOIS.

Procédez comme il est dit aux *Queues de mouton à la Conti* (page 544) ;

Lorsque les queues de mouton sont parées, passez-les à l'œuf et à la mie de pain et faites griller ;

Dressez en couronne, et servez sauce Valois à part.

ROTIS DE MOUTON

QUARTIER DE PRÉSALÉ ROTI.

Ayez un quartier de présalé, parez-le, sciez le manche à deux doigts de l'osselet, embrochez-le et faites-le rôtir ;

Dressez sur le plat, en garnissant le manche d'une papillote ;

Entourez-le de cresson, et servez jus de viande à part.

SELLE DE MOUTON ROTIE.

Parez une selle de mouton ;
Embrochez-la ;
Faites-la rôtir ;
Dressez avec garniture de cresson ;
Servez jus à part.

Fig. 115. Carbonade de mouton.

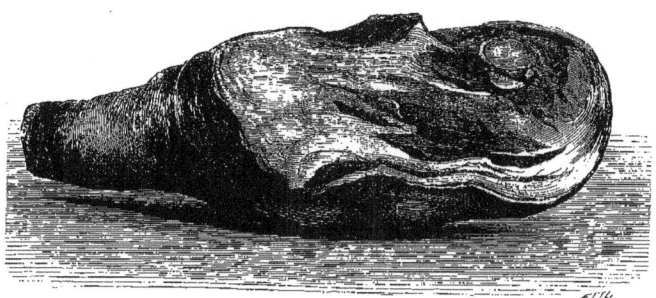

Fig. 116. Jambon d'York.

CHAPITRE VIII

PORC

RELEVÉS. — ENTRÉES

RELEVÉS DE PORC.

JAMBON MARINÉ A LA SAUCE ROBERT.

Ayez un jambon frais, sciez le manche, ôtez l'os du quasi et celui du milieu; vous laisserez l'os du manche;

Mettez le jambon dans la marinade tiède (voir *Marinade*, page 414);

Laissez mariner le jambon pendant dix jours au moins; quelques jours de plus ne nuiraient nullement à la qualité;

Le jour où vous devez faire cuire le jambon, retirez-le de la marinade, égouttez-le bien, puis enveloppez-le de quatre feuilles de papier beurré que vous mettrez les unes sur les autres;

Ayez soin qu'il soit entièrement emballé, puis mettez-le à la broche;

Pour un jambon de 3 kilos, il faut trois heures et demie de cuisson à feu doux, mais soutenu;

Vingt minutes avant de le servir, retirez-le du feu, enlevez les feuilles de papier, mettez-le sur une plaque, parez-le et glacez-le au four ;

Dressez-le sur le plat, et garnissez le manche d'une papillote ;

Servez avec une sauce Robert à part (voir *Sauce Robert*, page 430).

JAMBON GARNI DE LÉGUMES, DIT A LA MAILLOT.

Parez et faites dessaler le jambon pendant deux jours ; enveloppez-le dans un linge blanc et mettez-le dans une braisière ; mouillez à grande eau ;

Faites mijoter à petit bouillon jusqu'à cuisson ; lorsque le jambon est cuit ; égouttez-le et parez-le ;

Remettez-le dans une autre braisière avec une bouteille de vin de Madère ;

Faites mijoter pendant une demi-heure, la braisière bien couverte ;

Retirez le jambon et glacez-le ;

Formez dans le fond du plat un socle de riz moins grand que le jambon de 3 centimètres ; posez le jambon sur le socle et dressez autour des bouquets de grosses carottes, de laitues, d'oignons et de haricots verts ;

Mettez dessus quatre hâtelets de légumes (voir planche X) ; une papillote au manche ;

Servez sauce madère à part.

JAMBON AUX NOUILLES, SAUCE TOMATE.

Préparez le jambon comme il a été dit à l'article précédent ;
Dressez-le sur un socle de riz ;
Garnissez le tour de nouilles que vous aurez fait cuire et sauter dans de l'allemande ;
Servez de l'allemande à part.

JAMBON AUX ÉPINARDS.

Préparez le jambon comme il est dit au *Jambon à la Maillot* (voir page 548); garnissez le plat d'épinards;

Mettez une papillote au manche;

Servez demi-glace et épinards à part.

JAMBON A LA MILANAISE.

Préparez le jambon comme il est dit au *Jambon à la Maillot* (voir page 548);

Disposez autour de petites croustades que vous garnirez d'un salpicon de truffes, de macaroni, de champignons et parmesan râpé; saucez d'espagnole réduite;

Posez sur le jambon 5 hatelets composés de crêtes et de truffes;

Servez sauce madère à part.

JAMBON A LA JARDINIÈRE.

Préparez le jambon comme le *Jambon à la Maillot* (voir page 548);

Dressez-le sur un socle de riz un peu moins grand que le jambon;

Garnissez avec choux-fleurs, carottes tournées et pointes d'asperges, que vous formez en bouquet assez élevé pour cacher le socle de riz;

Mettez dessus quatre côtelettes et une papillote au manche;

Servez demi-glace à part.

ENTRÉES DE PORC

CARRÉ DE PORC ROTI GARNI DE TOMATES FARCIES.

Préparez un carré de porc frais de la grandeur du plat d'entrée;

Faites rôtir et dressez;

Garnissez les deux côtés du carré de tomates farcies ;
Servez sauce d'Uxelles à part.

CARRÉ DE PORC FRAIS ROTI A LA SAUCE POIVRADE.

Préparez un carré de porc frais comme il a été dit à l'article précédent ; faites rôtir et dressez de même ;
Servez sauce poivrade à part.

CARRÉ DE PORC FRAIS ROTI A LA SOUBISE.

Préparez le carré de porc frais comme il est dit au *Carré garni de tomates farcies* (voir page 349) ;
Garnissez de soubise et servez demi-glace à part.

CARRÉ DE PORC FRAIS ROTI A LA PURÉE DE MARRONS.

Procédez comme il vient d'être dit au *Carré de porcs frais à la Soubise* ;
Vous remplacerez la soubise par la purée de marrons ;
Servez demi-glace à part.

FILETS MIGNONS DE PORC A LA CHICORÉE.

Parez et piquez 12 filets mignons de porc comme il est dit aux *Filets de mouton marinés* (voir page 344) ;
Mettez-les dans un plat à sauter, mouillez-les avec de la mirepoix sans qu'ils soient couverts, et faites-les mijoter jusqu'à entière cuisson ;
Glacez-les et dressez-les en couronne ; garnissez le milieu d'une purée de chicorée.

FILETS MIGNONS DE PORC AU CÉLERI A LA FRANÇAISE.

Préparez les filets de porc comme il est dit à l'article précédent ;
Garnissez de céleri à la française (voir page 459) ;
Servez demi-glace à part.

PORC.

FILETS MIGNONS DE PORC A LA PURÉE DE CHAMPIGNONS.

Préparez les filets mignons comme il est dit aux *Filets mignons de porc à la chicorée* (page 550);

Garnissez de purée de champignons, et servez demi-glace à part.

FILETS MIGNONS DE PORC A LA PURÉE DE CARDONS.

Préparez les filets comme il est dit aux *Filets mignons de porc à la chicorée* (page 550);

Garnissez-les de purée de cardons, et servez demi-glace à part.

FILETS MIGNONS DE PORC A LA PURÉE DE TOMATES.

Préparez les filets comme il est dit à l'article précédent;

Remplacez la purée de cardons par une purée de tomates, et servez demi-glace à part.

FILETS MIGNONS DE PORC A LA MARÉCHALE.

Parez les filets mignons; passez-les au beurre; panez-les et faites-les griller;

Servez-les en couronne, avec sauce poivrade à part.

COCHON DE LAIT ROTI.

Saignez un cochon de lait;

Mettez sur le feu une bassine d'eau et faites chauffer l'eau sans qu'elle bouille;

Plongez le cochon de lait dans l'eau pour l'échauder; enlevez les soies en les frottant avec un linge blanc. Dans le cas où certaines parties des soies résisteraient au frottement, vous replongeriez le cochon de lait dans l'eau;

Videz-le, flambez-le, faites dégorger pendant 24 heures ;

Au moment de le préparer, égouttez-le et essuyez-le parfaitement ;

Accrochez-le pour le faire sécher ; retroussez-le, embrochez-le, faites-le rôtir en l'arrosant avec de l'huile d'olive ;

Lorsqu'il est cuit, débrochez-le et dressez-le sur un plat ;

Servez sauce poivrade à part.

OBSERVATIONS SUR LE COCHON DE LAIT.

J'ai indiqué le cochon de lait seulement pour satisfaire les personnes qui pourraient avoir encore aujourd'hui le goût de ce mets tout spécial : j'ai tenu à le laisser dans son entière simplicité. Il me paraîtrait aujourd'hui complètement déplacé de se mettre en frais de décoration et de garniture, comme on l'a fait autrefois, pour vouloir élever à l'état de grosse pièce le cochon de lait, qui a réellement si peu de valeur en lui-même au point de vue de la consommation, et qui d'ailleurs, il faut bien le reconnaître, est absolument passé de mode.

Fig. 117. Pieds de cochon truffés.

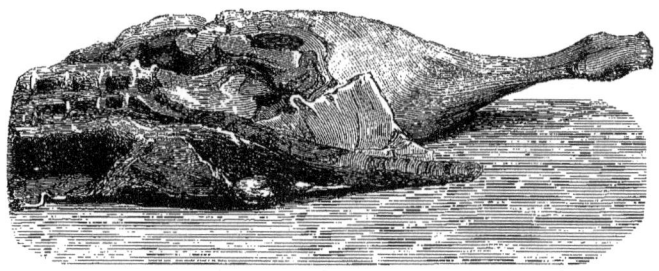

Fig. 118. Quartier d'agneau.

CHAPITRE IX

AGNEAU

RELEVÉS. — ENTRÉES. — ROTIS

RELEVÉS D'AGNEAU

AGNEAU ENTIER SAUCE POIVRADE.

Retroussez un agneau entier; embrochez-le et couvrez-le de feuilles de papier beurré très fort;

Cinq minutes avant de servir, retirez le papier; débrochez-le et dressez; mettez deux papillotes aux manches des gigots;

Servez sauce poivrade à part.

GROSSE PIÈCE D'AGNEAU AUX CROQUETTES DE POMMES DE TERRE.

Préparez la moitié d'un agneau, la partie de derrière; retroussez-la et couvrez-la de papier beurré;

Faites rôtir; débrochez; dressez et glacez;

Mettez des papillotes aux manches des gigots;

Dressez autour des croquettes de pommes de terre, et servez demi-glace à part.

GROSSE PIÈCE D'AGNEAU GARNIE DE CÉLERI-RAVE.

Préparez et faites rôtir une moitié d'agneau comme il a été dit à l'article précédent; garnissez-la de céleri-rave, et servez demi-glace à part.

GROSSE PIÈCE D'AGNEAU AUX TOMATES FARCIES.

Préparez une moitié d'agneau comme il a été dit à la *Grosse pièce d'agneau aux croquettes de pommes de terre* (page 553);

Garnissez-la de tomates farcies, et servez sauce d'Uxelles à part.

GROSSE PIÈCE D'AGNEAU GARNIE DE CROQUETTES MILANAISES.

Procédez comme il a été dit à la *Grosse pièce d'agneau aux croquettes de pommes de terre* (page 553);

Garnissez de croquettes milanaises (voir page 475);

Servez demi-glace à part.

RELEVÉS D'AGNEAU

ÉPIGRAMMES D'AGNEAU AUX POINTES D'ASPERGES.

Ayez deux carrés d'agneau dont vous levez les poitrines; parez les côtelettes, et enlevez les tendons qui se trouvent sur le haut des poitrines, puis ficelez les poitrines ensemble;

Faites-les braiser dans du grand bouillon, avec bouquet garni et oignons piqués de deux clous de girofle;

Lorsque les poitrines sont cuites, égouttez-les sur un plafond;

Retirez tous les os, en en réservant une quantité suffisante pour faire des manches pour les poitrines;

Saupoudrez les poitrines de sel et mettez-les en presse; laissez-les refroidir, et parez-les en presse de la grosseur des côtelettes.

Saucez-les légèrement avec de l'allemande réduite;

AGNEAU.

Panez-les à la mie de pain et finissez de les parer à l'œuf comme il est dit au chapitre des *Panures* (voir page 113);

Passez les côtelettes dans le beurre clarifié et rangez-les dans le plat à sauter; faites-les sauter; faites frire les poitrines et égouttez-les;

Mettez dans chaque bout de poitrine la moitié d'un os que vous avez taillé en pointe de manière à former un manche d'un centimètre;

Dressez autour d'une croustade poitrine et côtelettes en alternant.

On peut aussi, pour varier l'aspect du plat, ranger les côtelettes d'un côté et les poitrines de l'autre.

Garnissez la croustade de pointes d'asperges (voir page 456); servez béchamel légère à part.

ÉPIGRAMMES D'AGNEAU AUX PETITS POIS.

Préparez les épigrammes comme il est dit à l'article précédent;

Garnissez la croustade de petits pois, et servez à part la béchamel légère.

ÉPIGRAMMES D'AGNEAU A LA MACÉDOINE.

Procédez comme il est dit aux *Épigrammes d'agneau aux pointes d'asperges* (page 554);

Garnissez la croustade d'une macédoine de légumes;

Servez avec demi-glace.

ÉPIGRAMMES D'AGNEAU AUX CONCOMBRES.

Même procédé que pour les *Épigrammes d'agneau aux pointes d'asperges* (page 554);

Mettez une garniture de concombres dans la croustade et servez allemande à part.

COTELETTES D'AGNEAU SAUTÉES AUX HARICOTS VERTS.

Parez des côtelettes d'agneau ; assaisonnez-les et passez-les au beurre clarifié ; faites-les sauter, puis dressez-les en couronne autour d'une croustade que vous garnissez de haricots verts ;

Servez béchamel légère à part (voir planche XIII, n° 2).

COTELETTES D'AGNEAU PANÉES ET GRILLÉES A LA PURÉE DE CARDONS.

Préparez et parez les côtelettes d'agneau ; faites griller ; dressez en couronne (voir l'article précédent) ;

Garnissez la croustade d'une purée de cardons ;

Servez à part velouté réduit avec essence de champignons.

COTELETTES D'AGNEAU PANÉES ET GRILLÉES AU SALPICON.

Préparez les côtelettes comme il est dit aux *Côtelettes à la purée de cardons* (voir ci-dessus) ;

Faites un salpicon avec foie gras, truffes et champignons que vous couperez en morceaux carrés de 1 centimètre et demi ;

Saucez ce salpicon avec espagnole réduite à l'essence de truffes ;

Dressez les côtelettes autour de la croustade que vous garnissez avec le salpicon ;

Servez à part de la sauce dont vous avez saucé les côtelettes.

COTELETTES D'AGNEAU AVEC ROGNONS ET TRUFFES, DITES DEMI-DEUIL.

Parez douze côtelettes sans faire de manche ;

Assaisonnez-les et rangez-les dans le plat à sauter avec beurre clarifié ; faites-les sauter ; égouttez-les et dressez-les en couronne autour d'une croustade, les noix en l'air ;

Saucez-les avec du velouté réduit à l'essence de champignons ;

AGNEAU.

Placez entre chaque côtelette une tranche de truffe de la largeur de chaque noix ;

Garnissez la croustade de rognons saucés au velouté ;

Formez sur le bord un cordon de truffes en boules de 2 centimètres ;

Servez même sauce à part.

COTELETTES D'AGNEAU PANÉES ET GRILLÉES A LA PURÉE DE CÉLERI.

Préparez les côtelettes comme il est dit aux *Côtelettes d'agneau à la purée de cardons* (page 556) ;

Garnissez la croustade de purée de céleri, et servez demi-glace à part.

COTELETTES D'AGNEAU PANÉES ET GRILLÉES A LA SOUBISE.

Procédez comme il est dit aux *Côtelettes d'agneau à la purée de cardons* (page 556) ;

Garnissez la croustade d'une soubise, et servez à part béchamel légère.

COTELETTES D'AGNEAU PANÉES ET GRILLÉES A LA PURÉE D'ARTICHAUTS.

Préparez les côtelettes d'agneau comme il est dit aux *Côtelettes d'agneau à la purée de cardons* (page 556) ;

Garnissez la croustade de purée d'artichauts et servez avec velouté réduit dans la saucière.

COTELETTES D'AGNEAU PANÉES ET GRILLÉES A LA PURÉE DE CHAMPIGNONS.

Même procédé que pour les *Côtelettes d'agneau à la purée de cardons* (page 556) ;

Garnissez la croustade d'une purée de champignons, et servez à part béchamel peu réduite.

COTELETTES D'AGNEAU PANÉES ET GRILLÉES A LA PURÉE DE TRUFFES.

Parez et panez les côtelettes d'agneau comme ci-dessus;
Garnissez la croustade d'une purée de truffes, et servez une demi-glace à part.

COTELETTES D'AGNEAU SAUTÉS A LA FINANCIÈRE.

Parez les côtelettes; assaisonnez-les; mettez-les dans le plat à sauter avec beurre clarifié; faites-les sauter, égouttez-les, et glacez-les, dressez-les en couronne autour d'une croustade que vous garnissez d'un ragoût financière;
Mettez sur la croustade une grosse crête frisée;
Disposez autour de la crête un cordon de champignons et de truffes que vous taillerez en forme de champignons;
Servez sauce financière à part.

COTELETTES D'AGNEAU A LA PURÉE DE MARRONS.

Préparez les côtelettes comme il vient d'être dit;
Garnissez la croustade de purée de marrons à la glace de viande (voir aux *Garnitures*, page 462).

COTELETTES D'AGNEAU GARNIES DE BLANQUETTE DE RIS D'AGNEAU.

Préparez les côtelettes comme les *Côtelettes à la financière* (voir ci-dessus);
Choisissez des ris d'agneau bien égaux; faites-les dégorger, blanchissez-les et parez-les.
Faites-les cuire dans un blanc; égouttez-les et mettez-les dans la sauce allemande;
Dressez les côtelettes en couronne autour d'une croustade que vous garnirez avec les ris;
Servez sauce allemande à part.

COTELETTES D'AGNEAU GARNIES D'ÉMINCÉS DE CHAMPIGNONS ET DE TRUFFES.

Préparez les côtelettes comme il est dit aux *Côtelettes sautées à la financière* (page 558);

Faites un émincé de champignons et de truffes que vous saucez à l'espagnole réduite à l'essence de truffes;

Dressez les côtelettes autour de la croustade que vous garnissez avec l'émincé;

Servez même sauce à part.

PIEDS D'AGNEAU FARCIS A LA PÉRIGUEUX.

Faites cuire les pieds d'agneau comme les pieds de mouton à la poulette (voir page 179);

Faites une farce avec noix de veau bien énervée et lard sans nerfs ni couenne;

Pilez, et ajoutez, en pilant, un décilitre d'allemande par 500 grammes de farce;

Égouttez les pieds, dont vous retirerez les os, et coupez-les en deux sur la longueur;

Ayez de la crépine de porc bien dégorgée que vous étendez sur une serviette; mettez une couche de farce sur la crépine de la longueur du pied;

Ajoutez deux lames de truffes sur la farce;

Posez un demi-pied sur les truffes et deux autres lames de truffes sur le demi-pied;

Recouvrez d'une dernière couche de farce;

Donnez au demi-pied une forme ovale; passez-le au beurre, panez-le et faites griller un quart d'heure à feu doux;

Servez sauce Périgueux (voir *Sauce Périgueux*, page 431).

MARINADE DE PIEDS D'AGNEAU A LA SAUCE TOMATE.

Préparez des pieds d'agneau comme il est dit à l'article précédent; coupez-les en deux, et faites-les mariner avec sel, poivre et jus de citron;

Passez-les dans la pâte et faites-les frire;

Lorsqu'ils sont frits, dressez-les en rocher sur une serviette;

Garnissez de persil frit, et servez sauce tomate à part (voir *Sauce tomate*, page 432).

PIEDS D'AGNEAU A LA POULETTE.

Préparez les pieds comme il est dit aux *Pieds d'agneau farcis à la Périgueux* (page 559);

Coupez-les en deux et faites-les chauffer dans leur cuisson; égouttez-les et mettez-les dans l'allemande bouillante avec émincé de champignons;

Ajoutez persil haché, et servez.

BLANQUETTE DE RIS D'AGNEAU AUX TRUFFES.

Faites dégorger, blanchir et cuire des ris d'agneau;
Égouttez-les et parez-les;
Mettez-les dans de l'allemande avec un émincé de truffes;
Dressez-les dans une bordure de pommes de terre.

POITRINE D'AGNEAU A LA SAUCE POIVRADE.

Préparez les poitrines comme il est dit aux *Épigrammes d'agneau aux pointes d'asperges* (page 554);

Faites griller et dressez en couronne;

Servez sauce poivrade à part.

POITRINE D'AGNEAU SAUCE VALOIS.

Préparez les poitrines d'agneau comme il est dit à l'article précédent;

Faites griller, dressez en couronne, et servez sauce Valois à part.

ÉPAULE D'AGNEAU A LA MACÉDOINE DE LÉGUMES.

Sciez l'osselet d'une épaule d'agneau ; désossez-la sans retirer l'os du manche ;

Saupoudrez-la de sel et bridez-la de manière à lui donner une forme de ballon ;

Faites cuire avec mirepoix ; glacez et mettez une macédoine de légumes dans le fond du plat ;

Placez l'épaule d'agneau dessus ;

Garnissez le manche d'une papillote ;

Servez à part la cuisson dégraissée et réduite.

ÉPAULE D'AGNEAU A LA PURÉE D'ARTICHAUTS.

Préparez l'épaule d'agneau comme il a été dit à l'article précédent ;

Mettez dans le plat une purée d'artichauts et placez l'épaule dessus.

ÉPAULE D'AGNEAU A LA PURÉE DE TOMATES.

Préparez l'épaule d'agneau comme il a été dit à l'*Épaule d'agneau à la macédoine de légumes* (voir ci-dessus) ;

Mettez une purée de tomates dans le plat, et servez avec l'épaule.

ROTIS D'AGNEAU

QUARTIER D'AGNEAU.

Ayez un quartier d'agneau, c'est-à-dire le gigot et la selle ensemble ;

Sciez le manche du gigot ; embrochez le tout ; faites rôtir ; dressez et garnissez de cresson ;

Servez sauce raifort à part (voir *Sauce raifort*, page 442).

SELLE D'AGNEAU.

Parez une selle d'agneau et mettez-la en broche ;
Faites-la rôtir et servez avec cresson et sauce piquante ou sauce menthe à part.

Fig. 119. Carré d'agneau.

TÊTE DE VEAU EN TORTUE.

1. FILETS DE POULETS AUX TRUFFES, SAUCE SUPRÊME.
2. COTELETTES D'AGNEAU AUX HARICOTS VERTS.

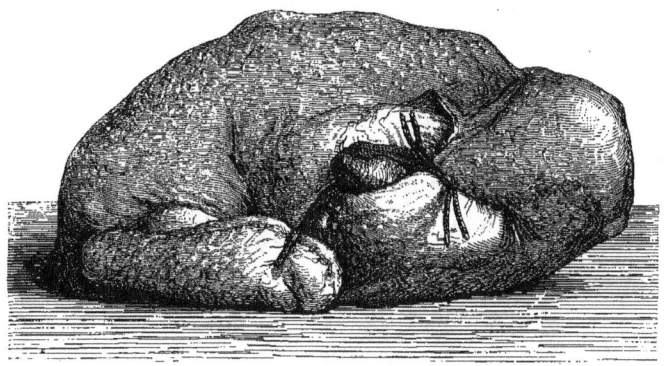

Fig. 120. Dindon bridé pour relevé.

CHAPITRE X

VOLAILLE

RELEVÉS. — ENTRÉES. — ROTIS

RELEVÉS DE VOLAILLE

OBSERVATION SUR LES RELEVÉS DE VOLAILLE.

J'indique deux poulardes pour toutes les grosses pièces de volaille, ce qui donne la mesure des relevés pour les grands services. Il est bien entendu qu'on pourra exécuter ces mêmes relevés d'une façon aussi avantageuse pour le coup d'œil et aussi satisfaisante sous le rapport du goût, en les faisant avec une seule poularde, ou mieux encore avec deux poulets, qui donneraient, sous un volume moindre, le même résultat que les poulardes, et conserveraient également leur caractère de grosses pièces.

POULARDES AUX RIS DE VEAU ET AUX TRUFFES, DITES RÉGENCE.

Préparez deux poulardes que vous plumez, épochez, videz et dont vous enlevez les brechets;

Garnissez les estomacs de beurre assaisonné ;
Bridez les poulardes comme pour entrées ;
Piquez les estomacs de lard fin et couvrez les parties non piquées de bardes de lard ;
Mettez les poulardes dans une braisière couverte et mouillez-les avec de la mirepoix un peu au-dessus des ailerons ;
Couvrez-les de papier beurré et faites mijoter une heure à petit bouillon ;
Découvrez la braisière et retirez le papier ;
Glacez toutes les parties piquées ;
Ayez quatre noix de ris de veau piquées, douze grosses truffes, douze belles crêtes et huit grosses écrevisses ;
Faites un ragoût avec quenelles de volailles et champignons que vous saucez avec la sauce Régence (voir *Sauce Régence*, page 434) ;
Taillez un morceau de pain de mie de 14 centimètres de long sur 8 de large et haut de 14 centimètres ; ce morceau de pain de mie doit avoir une forme conique (voir le dessin, page 565) ;
Faites-le frire et fixez-le sur le milieu du plat avec repère, pour soutenir les deux poulardes ;
Égouttez les poulardes, puis dressez-les appuyées sur le pain, les croupions en l'air ;
Versez le ragoût dans le fond du plat ;
Posez deux ris de veau en bas des deux estomacs, et deux autres dans les intervalles du milieu ;
Placez deux écrevisses de chaque côté des ris de veau ;
Mettez une truffe sur chaque ris de veau ;
Faites cinq hâtelets avec crêtes et truffes, et placez-les comme le dessin l'indique ;
Glacez les ris de veau et la partie piquée des poulardes ;
Servez sauce Régence à part.

POULARDES A LA GODARD.

Préparez deux poulardes sans les piquer, comme il est dit aux *Poulardes Régence* (voir l'article précédent) ;

VOLAILLE.   563

Faites un ragoût avec crêtes, truffes et champignons;
Garnissez le bord du plat d'une bordure de pain;
Dressez les poulardes sur pain frit, comme les poulardes Régence, et le ragoût dans le fond du plat;
Formez une garniture avec:
    9 crêtes,
    9 truffes,
    3 ris de veau piqués,
    2 grosses quenelles décorées;

Fig. 121. Billot de pain frit.

Piquez cinq hâtelets comme la planche l'indique (voir la planche XIV);
Servez sauce Godard à part.

POULARDES GARNIES DE LÉGUMES, DITES A L'ANGLAISE.

Préparez deux poulardes comme il est aux *Poulardes Régence* (voir page 563); vous ne les piquerez pas;
Dressez-les sur pain frit, et garnissez les flancs d'une grosse jardinière composée de choux-fleurs, carottes, pointes d'asperges et haricots verts;
Mettez à cheval entre les deux poulardes une langue de veau à l'écarlate pour cacher les deux croupions;

Garnissez-les de cinq hâtelets de racines ;

Saucez-les d'une béchamel, et servez béchamel à part.

POULARDES AUX QUENELLES ET AUX TRUFFES, DITES MONTMORENCY.

Préparez les poulardes comme il est dit aux *Poulardes Régence* (voir page 363), mais sans les piquer ;

Faites un ragoût avec rognons de coq, truffes, champignons et quenelles de volaille ;

Saucez ce ragoût avec une sauce suprême (voir *Sauce suprême*, page 439) ;

Faites deux grosses quenelles de volaille décorées ;

Mettez le ragoût dans le fond du plat, les poulardes dessus, dressées l'estomac en l'air ;

Posez les grosses quenelles dans les intervalles, appuyées sur le pain ;

Mettez une truffe à droite et à gauche des quenelles et une dessus ;

Placez une quenelle décorée en bas de chaque poularde, et une grosse crête de chaque côté ;

Garnissez quatre hâtelets que vous ferez avec crêtes et truffes ;

Servez sauce suprême à part.

POULARDES A LA FINANCIÈRE.

Préparez, sans les piquer, deux poulardes comme il est dit aux *Poulardes Régence* (voir page 363) ;

Faites un ragoût avec foie gras escalopé, champignons et petites quenelles de volaille :

Saucez avec financière ; mettez le ragoût dans le fond du plat ;

Dressez les poulardes l'estomac en bas ;

Placez dans chaque intervalle :

Un foie de gras clouté de truffes,

Une écrevisse de chaque côté des foies,

Une grosse crête frisée au-dessus des foies ;

VOLAILLE.   367

Mettez un ris de veau piqué pour masquer les deux croupions ;
Garnissez de cinq hâtelets faits avec crêtes, écrevisses et champignons ;
Servez sauce financière à part.

POULARDES AUX NOUILLES.

Préparez, sans les piquer, deux poulardes comme il est dit aux *Poulardes Régence* (page 563) ; lorsqu'elles sont retroussées, couvrez-les de bardes de lard ; embrochez-les et enveloppez les de papier beurré ;

Assurez-vous de la cuisson, déballez-les, débrochez-les et débridez-les ;

Assaisonnez, pour former la garniture, une quantité de nouilles avec allemande, fromage de Parmesan râpé et glace de volaille ; vous ferez, dans le fond du plat un lit de nouilles d'une épaisseur de 5 centimètres ;

Posez les poulardes sur les nouilles, et servez allemande à part.

POULARDES AU RIZ.

Lavez et blanchissez 300 grammes de riz ; mouillez-le avec consommé de volaille et faites crever ;

Préparez les poulardes comme il est dit aux *Poulardes Régence* (voir page 563), mais sans les piquer ; lorsqu'elles sont cuites, égouttez-les.

Assurez-vous de la cuisson du riz, et voyez s'il est d'un bon sel ;

Remuez avec la cuiller et ajoutez un peu de fond des poulardes que vous aurez passé à travers la passoire dite *chinois* ;

Mettez le ris dans le fond du plat et les poulardes dessus ;

Passez et dégraissez le fond, que vous servirez dans une saucière.

POULARDES AU GROS SEL.

Préparez les poulardes comme il est dit aux *Poulardes Régence* (page 563) ; vous ne les piquerez point ;

Mouillez avec du consommé de volaille, et lorsqu'elles sont cuites, passez le fond ; dégraissez-le bien, et ajoutez du blond de veau la moitié de son volume ;

Faites réduire et versez sur la poularde une partie de la cuisson ;

Saupoudrez la surface des volailles de gros sel ;

Servez le reste de la cuisson dans la saucière.

POULARDES SAUCE SUPRÊME, AVEC CRÊTES FARCIES FRITES.

Préparez et retroussez les poulardes pour entrée ;

Emballez-les hermétiquement dans du papier beurré et faites-les rôtir ;

Lorsqu'elles sont cuites, débrochez-les, débridez-les et mettez-les sur le plat ; couvrez-les de sauce suprême et garnissez-les de crêtes farcies frites (voir aux *Hors-d'œuvre chauds*, page 469) ;

Servez sauce suprême à part.

DINDE TRUFFÉE SAUCE PÉRIGUEUX.

Ayez une dinde grasse que vous aurez épochée, plumée et vidée ; flambez-la, puis échaudez les pattes pour retirer la première peau ; vous couperez le cou et laisserez la peau ;

Nettoyez 3 livres de truffes ; épluchez-les et coupez-les toutes d'une grosseur d'environ 3 centimètres ;

Parez-les pour les arrondir, et réservez les parures ;

Faites fondre, dans un plat à sauter, 750 grammes de panne que vous aurez coupée en petites parties ;

Ajoutez dans la panne :
    3 feuilles de laurier,
    Une branche de thym,

Sel et poivre,
Une gousse d'ail non épluchée,
2 échalotes entières ;

Faites fondre la panne à feu doux et laissez refroidir ;

Mettez les truffes dans une terrine avec la moitié des parures hachées ;

Réservez l'autre moitié des parures pour la sauce ;

Passez la panne à travers la passoire dite *chinois*, sur les truffes que vous laisserez refroidir ;

Remplissez la dinde avec les truffes et retroussez-la comme pour entrée ;

Mettez-la dans une braisière, couvrez-la de bardes de lard et d'un papier beurré ;

Mouillez avec 1 litre et demi de mirepoix et 1 demi-bouteille de vin de madère ;

Lorsque la dinde est cuite, égouttez, débridez et dressez ; saucez avec sauce Périgueux, et servez sauce Périgneux à part (voir *Sauce Périgueux*, page 432).

Observation. Cette grosse pièce peut se servir aussi comme relevé de broche ; dans ce cas, on la fait rôtir enveloppée de lard et de papier beurré.

DINDE CHIPOLATA.

Préparez une dinde comme il est dit à l'article précédent, sans la truffer ; faites braiser, égouttez et dressez ;

Garnissez d'une garniture chipolata (voir aux *Garnitures*, page 451) ;

Servez espagnole à part.

DINDE A LA JARDINIÈRE.

Préparez une dinde, sans la truffer, comme il est dit à la dinde truffée sauce Périgueux (page 568) ; faites cuire et dressez sur socle de riz.

Préparez une jardinière avec carottes en poire, laitues braisées, choux-fleurs, navets, haricots verts ;

Dressez la jardinière autour du socle de riz de manière à bien le masquer ;

Garnissez de quatre hâtelets de racines ;

Servez sauce béchamel à part.

Observation. — Ne pas oublier de faire le socle de riz toujours moins grand que la pièce.

ENTRÉES DE VOLAILLE

FRICASSÉE DE POULETS A L'ESSENCE DE RACINES, DITE DE SAINT-LAMBERT.

Préparez les poulets, découpez-les comme pour la fricassée de poulets de ménage (voir Première Partie, page 181) ; mettez-les dans une casserole et faites-les dégorger pendant une demi-heure ;

Mouillez avec essence de racines blanches ;

Faites cuire et égouttez-les dans une passoire ;

Passez la cuisson à travers une serviette ; faites réduire de moitié et ajoutez 8 décilitres de velouté ; faites réduire de nouveau jusqu'à ce que la sauce masque la cuiller ;

Liez à l'œuf et passez à l'étamine dans un bain-marie ;

Nettoyez et parez les morceaux de poulets, mettez-les dans une casserole, couvrez-les de sauce, faites-les chauffer et dressez.

Saucez avec la sauce du bain-marie.

Garnissez le tour de la fricassée avec bouquets de carottes tournées en grosses olives, petits oignons cuits à blanc et bouquets de pointes d'asperges ;

Servez la sauce à part.

FRICASSÉE DE POULETS PANÉS ET FRITS, DITE VILLEROY.

Découpez les poulets comme pour fricassée ordinaire ; blanchissez-les, faites-les cuire dans du velouté et égouttez-les ;

Passez le velouté que vous aurez fait réduire ; liez à l'œuf, passez à l'étamine, puis trempez les morceaux de poulet dans la sauce et faites-les refroidir sur un plafond ;

Passez-les à la mie de pain ; trempez-les dans l'œuf battu et panez-les de nouveau ;

Faites-les frire, puis dressez-les en rocher avec persil frit ;
Servez la sauce à part.

FRICASSÉE DE POULETS A LA CHEVALIÈRE.

Lorsque les poulets sont vidés, flambés, épochés, levez les filets entiers et laissez-y le moignon de l'aileron ; découpez le reste du poulet et faites cuire comme pour fricassée ;

Réservez les filets mignons ;

Battez-les légèrement avec le manche du couteau ;

Passez la lame sous les gros filets pour enlever la petite peau ; piquez-les de lard fin, et mettez-les dans un plat à sauter légèrement beurré ;

Parez les quatre filets mignons et formez-en une couronne de 5 centimètres de large ; mettez cette couronne dans un petit plat beurré ; collez avec du blanc d'œufs, sur la couronne, un cordon de langue à l'écarlate d'un centimètre de large ;

Couvrez les filets d'une barde de lard bien mince, puis panez les quatre cuisses comme il est dit à la fricassée de poulets à la Villeroy (voir l'article précédent) ;

Préparez une croustade de la largeur du plat d'entrée et haute de 6 centimètres ;

Faites cuire et glacer les filets piqués ; faites cuire les filets mignons et frire les cuisses que vous avez panées ;

Dressez, dans le milieu de la croustade, les reins et les ailerons que vous formerez en carré ;

Saucez légèrement avec de l'allemande ;

Dressez les quatre cuisses en les appuyant sur les reins des poulets, puis placez les filets piqués entre les cuisses ;

Posez la couronne de filets mignons au sommet, et mettez une truffe au centre de la couronne ;

Glacez les filets, et servez une allemande à part avec champignons.

FRICASSÉE DE POULETS LIÉE AU LAIT D'AMANDES.

Découpez les poulets comme pour fricassée ordinaire ;

Faites-les blanchir ; égouttez-les, nettoyez et parez les morceaux que vous mettez dans une casserole ;

Mouillez avec 1 litre de velouté et 1 demi-litre de consommé de volaille ;

Faites cuire, égouttez la sauce et dégraissez-la parfaitement ;

Faites-la réduire, et, lorsqu'elle masque la cuiller, passez-la à l'étamine sur les poulets ;

Faites bouillir ;

Liez avec un lait d'amandes que vous ferez de la manière suivante :

Ayez 50 grammes d'amandes douces que vous mondez, lavez, et pilez parfaitement ; mouillez-les avec 2 décilitres de lait ; passez-les à travers un linge avec pression pour bien extraire le lait ;

Retirez la fricassée ;

Laissez tomber le bouillon une minute : versez le lait d'une main et remuez la casserole de l'autre pour bien lier.

Dressez, et servez.

POULETS AU KARI.

Découpez deux poulets comme pour fricassée ;

Mettez dans une casserole 50 grammes de beurre, 2 oignons coupés en dés dont vous aurez coupé les queues et les têtes, et 25 grammes de poudre de kari ;

Mettez le tout sur le feu et remuez cinq minutes avec la cuiller de bois ; ajoutez les poulets et faites revenir ;

Saupoudrez de 45 grammes de farine ;

Ajoutez sel et poivre, et tournez deux minutes sur le feu ;

Mouillez avec 1 litre et demi de grand bouillon ;

VOLAILLE.

Faites cuire les poulets à petit bouillon, et, lorsqu'ils sont cuits, mettez la passoire sur une terrine;

Versez dans la passoire les morceaux de poulet que vous nettoierez et que vous placerez ensuite dans une casserole;

Passez la sauce à l'étamine avec pression, puis dressez les morceaux de poulet en rocher, et saucez-les légèrement;

Servez le reste de la sauce dans une saucière, et, dans une casserole à légumes, du riz que vous aurez fait crever pendant vingt minutes dans deux fois son volume d'eau.

POULETS SAUCE RAVIGOTE, DITE CHIVRY.

Préparez deux poulets comme pour entrée;

Mettez-les dans une casserole, et couvrez-les de bardes de lard; mouillez-les avec 1 demi-litre de mirepoix;

Couvrez-les d'un papier beurré et faites-les cuire à petit feu;

Égouttez-les, retirez le papier beurré et débridez-les;

Dressez-les et saucez-les d'une sauce ravigote que vous faites avec une poivrade blanche liée au beurre de ravigote.

POULETS AUX HUITRES.

Préparez deux poulets comme il est dit à l'article précédent;

Ayez une garniture d'huîtres que vous mettez dans la sauce allemande : garnissez les poulets avec les huîtres, et servez sauce allemande à part.

POULETS A LA MACÉDOINE.

Préparez deux poulets comme pour entrée;

Faites-les cuire, et préparez une macédoine avec carottes en boules, haricots, petits pois, asperges;

Saucez cette macédoine de béchamel et garnissez-en le fond du plat;

Dressez les poulets dessus; saucez-les légèrement de béchamel, et servez béchamel à part.

POULETS AU BEURRE D'ÉCREVISSES.

Préparez trois poulets comme pour entrée;
Faites une sauce avec sauce poivrade blanche liée au beurre d'écrevisses;
Égouttez les poulets; débridez-les et dressez-les sur le plat;
Saucez-les, et servez de la sauce à part.

FILETS DE POULETS AUX TRUFFES, SAUCE SUPRÊME.

Levez les filets de six poulets; retirez les filets mignons, puis parez les filets en forme de poire allongée, bien égaux;

Rangez-les dans un plat à sauter que vous aurez beurré avec beurre clarifié, en les courbant d'un quart de rond pour pouvoir les dresser en couronne;

Recouvrez les filets de beurre et mettez dessus un rond de papier beurré;

Parez et contisez les filets mignons avec langue à l'écarlate; rangez-les dans un plat à sauter beurré en les courbant comme les gros filets;

Couvrez les filets mignons d'une barde de lard très mince;

Préparez douze croûtons de langue à l'écarlate, de la même grandeur que les filets;

Faites cuire les gros et les petits filets, égouttez le beurre, puis mettez sur les filets 2 décilitres de sauce suprême et 25 grammes de glace de volaille;

Remuez les filets dans la sauce jusqu'à ce que la glace soit fondue; dressez-les en couronne autour d'une croustade et saucez avec sauce suprême; mettez un rond de langue à l'écarlate entre chaque filet;

Garnissez la croustade de truffes taillées en disques; rangez les filets mignons sur le bord de la croustade (voir planche XIII, figure 1).

Saucez les truffes d'une demi-glace;
Servez sauce suprême à part.

FILETS DE POULETS A LA TOULOUSE.

Procédez entièrement comme pour les filets de poulets sauce suprême (voir l'article précédent);

Remplacez par des rognons de coq les truffes qui remplissent la croustade;

Servez sauce suprême.

FILETS DE POULETS AUX POINTES D'ASPERGES.

Même procédé que pour les *Filets de poulets sauce suprême* (page 574);

Garnissez la croustade de pointes d'asperges, et servez sauce suprême à part.

FILETS DE POULETS AUX PETITS POIS.

Procédez comme il vient d'être dit;

Garnissez la croustade de petits pois, et servez sauce allemande à part.

FILETS DE POULETS AUX HARICOTS VERTS.

Procédez comme il vient d'être dit aux *Filets de poulets sauce suprême* (voir page 574);

Garnissez la croustade de haricots verts, et servez sauce allemande à part.

FILETS DE POULETS AUX CONCOMBRES.

Préparez comme il a été dit aux *Filets de poulets sauce suprême* (voir page 574);

Garnissez la croustade de blanquette de concombres, et servez l'allemande à part.

FILETS DE POULETS A LA MACÉDOINE.

Préparez comme il a été dit aux *Filets de poulets sauce suprême* (voir page 574);

Garnissez la croustade d'une macédoine de légumes, servez béchamel à part.

ÉPIGRAMMES DE FILETS DE POULETS A LA PURÉE DE CHAMPIGNONS.

Levez les filets de trois poulets;

Préparez-les comme il est dit aux *Filets de poulets sauce suprême* (voir page 574);

Désossez les cuisses et faites-les braiser dans de la mirepoix; lorsqu'elles sont cuites, mettez-les en presse;

Parez-les, panez-les, et finissez comme pour les *Épigrammes d'agneau aux pointes d'asperges* (page 554); formez les manches avec les os des cuisses;

Sautez les filets et dressez-les avec les cuisses autour d'une croustade en alternant;

Garnissez la croustade de purée de champignons, et servez allemande à part.

FRITOT DE POULETS.

Découpez deux poulets comme pour fricassée (voir pl. VII);

Marinez-les avec huile, jus de citron, sel et poivre, persil en branches et oignon en lames;

Une demi-heure avant de servir, retirez oignon et persil;

Épongez les morceaux de poulet sur un linge, trempez-les dans le lait, puis roulez-les dans la farine;

Faites-les frire à feu modéré et activez la chaleur à mesure que la cuisson s'opère;

Lorsque les poulets sont cuits et colorés, égouttez-les;

Dressez-les en rocher sur une serviette; garnissez de persil frit;

Servez à part sauce poivrade ou sauce tomate.

CUISSES DE POULETS A LA SAUCE RAVIGOTE.

Retirez le gros os des cuisses de poulets; faites braiser les cuisses et mettez-les en presse, puis parez-les en forme de poire;

Coupez l'os du haut de manière à former un petit manche;

Faites-les chauffer dans du consommé de volaille; égouttez-les et dressez-les en couronne;

Saucez d'une sauce ravigote que vous ferez avec 1 demi-litre de sauce poivrade blanche liée au beurre de ravigote.

CUISSES DE POULETS A LA DIABLE.

Braisez les cuisses de poulets comme il est dit à l'article précédent;

Mettez-les en presse, laissez-les refroidir et parez-les; panez-les au beurre; faites griller et dressez en couronne;

Servez sauce à la diable à part (voir *Sauce à la diable*, page 434).

CUISSES DE POULETS A LA SAUCE TOMATE.

Parez les cuisses de poulets;

Mettez-les dans un plat à sauter avec beurre clarifié, sel et poivre;

Mouillez-les avec la mirepoix et faites-les cuire à feu doux sans qu'elles prennent couleur;

Dressez-les en couronne, et servez sauce tomate à part.

CUISSES DE POULETS EN PAPILLOTES.

Braisez les cuisses de poulets comme il est dit aux *Cuisses de poulets à la diable* (voir ci-dessus).

Taillez des morceaux de papier en poire et huilez-les; placez sur ces morceaux de papier des bardes de lard très minces que vous couvrirez d'une couche de d'Uxelles réduite;

Mettez les cuisses de poulets sur la d'Uxelles;

Recouvrez-les de sauce et d'une autre barde de lard également très mince, enfermez les cuisses comme pour les côtelettes papillote;

Mettez-les sur le gril à cendres rouges pendant cinq minutes, en les retournant une fois;

Servez.

CUISSES DE POULETS A LA PURÉE D'ARTICHAUTS.

Braisez les cuisses comme il est dit aux *Cuisses de poulets à la diable* (page 577);

Égouttez-les, dressez-les en couronne et glacez;

Mettez une purée d'artichauts dans le milieu, et servez demi-glace à part.

CUISSES DE POULETS A LA PURÉE DE CÉLERI.

Procédez comme il est dit aux *Cuisses de poulets à la sauce ravigote* (page 577);

Garnissez le milieu de la couronne d'une purée de céleri, et servez demi-glace à part.

CUISSES DE POULETS A LA PURÉE DE CARDONS.

Procédez comme il est dit à l'article précédent;

Garnissez la croustade d'une purée de cardons, et servez demi-glace à part.

BLANQUETTE DE POULARDES A LA CHICORÉE, DITE A LA TALLEYRAND.

Préparez et bridez deux poulardes;

Embrochez-les, couvrez-les de bardes de lard et de papier beurré, en les enveloppant bien sur la broche;

Faites-les rôtir sans prendre couleur; débrochez-les, puis levez les filets dont vous retirerez les peaux;

Taillez les filets en escalopes et mêlez-les à de la chicorée (voir aux *Garnitures*, page 458).

Observation. — J'ai vu exécuter cette blanquette exactement telle que je la décris, dans les cuisines mêmes du prince de Talleyrand, par M. Louis Esbrat, qui a été pendant plusieurs années chef de la bouche du prince.

BLANQUETTE DE POULARDES AUX TRUFFES.

Faites rôtir et escalopez deux poulardes comme il a été dit à l'article précédent;

Émincez 500 grammes de truffes que vous ferez cuire au vin de Madère; puis mettez dans les truffes 1 demi-litre de sauce madère que vous ferez réduire;

Faites chauffer;

Mêlez les escalopes de poularde dans la sauce et les truffes;

Servez dans une casserole.

AILERONS DE DINDONS A LA PURÉE DE MARRONS.

Ayez des ailerons de dindons tous du même côté; désossez-les pour retirer le grand os de l'aile;

Rentrez en dedans de 1 demi-centimètre la peau du gros de l'aile; faites-les blanchir, égouttez-les, puis mettez-les dans une casserole avec de la mirepoix;

Faites cuire et mettez-les en presse;

Passez et dégraissez la cuisson que vous ferez réduire;

Remettez les ailerons dans la cuisson pour les glacer;

Dressez-les en couronne et glacez-les au pinceau;

Mettez de la purée de marrons au milieu de la couronne;

Servez demi-glace à part.

AILERONS DE DINDE AU CONSOMMÉ.

Faites cuire, dans du consommé de volaille, des ailerons de dinde que vous aurez préparés comme il est dit à l'article précédent;

Dressez-les dans une casserole à légumes;
Saucez avec blond de veau, et servez.

BOUDINS DE VOLAILLE AU SALPICON, DITS A LA RICHELIEU.

Préparez de la farce de volaille que vous ferez plus consistante que la farce pour petites quenelles;

Coupez un oignon en petits dés en retirant toutes les parties dures, faites-le blanchir, rafraîchissez-le, égouttez-le et faites-le revenir à beurre blanc en tournant avec la cuiller;

Au bout de dix minutes, égouttez de nouveau l'oignon et mêlez-le dans la farce;

Ayez des bandes de papier beurré de 10 centimètres de long sur 6 de large;

Mettez sur chaque bande de papier une partie de farce que vous formerez en carrés de 8 centimètres de long sur 4 de large et d'une épaisseur de 4 centimètres;

Enlevez, avec le manche d'une cuiller, une portion de farce, de manière à former un vide de 2 centimètres de profondeur et de 2 centimètres de largeur;

Emplissez ce vide avec un salpicon que vous composerez de truffes, blanc de volaille, langue à l'écarlate, le tout saucé avec de l'allemande très réduite;

Lorsque les boudins sont garnis, recouvrez-les d'une couche de farce de manière que le salpicon soit bien enveloppé;

Un quart d'heure avant de servir, faites pocher les boudins dans du grand bouillon, en évitant qu'il ne bouille; égouttez-les sur une serviette; dressez-les en couronne et saucez avec de l'espagnole réduite.

BOUDINS DE VOLAILLE A LA PURÉE DE TRUFFES.

Préparez les boudins de volaille comme il est dit à l'article précédent;

Remplacez le salpicon par de la purée de truffes, et servez sauce madère à part.

VOLAILLE.

BOUDINS DE VOLAILLE A LA PURÉE DE CHAMPIGNONS.

Procédez comme il est dit aux *Boudins à la Richelieu* (page 580);

Garnissez avec la purée de champignons; saucez avec l'allemande, et servez l'allemande à part.

BOUDINS DE VOLAILLE A LA PURÉE D'ARTICHAUTS.

Même préparation que pour les *Boudins à la Richelieu* (page 580);

Garnissez le milieu de la couronne d'une purée d'artichauts, saucez avec béchamel, et servez même sauce à part.

BOUDINS DE VOLAILLE AUX CREVETTES.

Ajoutez du beurre de crevettes dans la farce que vous ferez comme il est dit aux *Boudins à la Richelieu* (page 580);

Garnissez le milieu de queues de crevettes que vous couperez en dés;

Saucez avec de l'allemande réduite.

ESCALOPES DE FOIE GRAS AUX TRUFFES.

Escalopez des foies gras qui vous sauterez dans le beurre clarifié;

Assaisonnez-les de sel et de poivre et égouttez-les;

Mêlez-les dans de la sauce madère et des truffes en escalopes;

Servez dans une croustade.

FOIES GRAS CLOUTÉS AU VIN DE MADÉRE.

Cloutez des foies gras entiers avec des truffes;

Couvrez-les de papier beurré et faites-les cuire dans une mirepoix à casserole couverte;

Égouttez-les, dressez-les dans une croustade ;
Saucez-les avec sauce madère, et servez.

FOIE GRAS EN CAISSE A LA PURÉE DE TRUFFES.

Faites cuire les foies gras comme il vient d'être dit ;
Huilez une caisse de papier d'entrée ;
Faites cuire les foies gras et égouttez-les, puis mettez de la purée de truffes dans la caisse au tiers ;
Dressez les foies gras dessus et servez.

FILETS DE CANETONS A LA BIGARADE.

Faites rôtir les canetons dont vous lèverez les filets ; ciselez-les légèrement sur la peau ;
Dressez-les en couronne et saucez-les avec la sauce bigarade (voir *Sauce bigarade*, page 435).
Servez sauce bigarade à part.

FILETS DE CANETONS AUX PETITS POIS.

Préparez les filets de canetons comme il vient d'être dit ; garnissez-les de petits pois cuits à l'anglaise ;
Servez demi-glace à part.

FILETS DE CANETONS AUX OLIVES.

Même procédé que pour les *Filets de canetons à la sauce bigarade* (voir ci-dessus) ;
Garnissez le milieu avec des olives tournées que vous aurez blanchies et égouttées ; saucez avec espagnole réduite.

SALMIS DE CUISSES DE CANETONS.

Levez et parez des cuisses de canetons ; rangez-les dans un plat à sauter que vous aurez beurré : puis brisez les carcasses avec le couteau ;

VOLAILLE.   583

Mettez-les dans une casserole avec un verre de vin de Bourgogne rouge et deux échalotes entières, sel, poivre et muscade ;
Faites réduire le vin et ajoutez un demi-litre d'espagnole ;
Faites cuire pendant vingt minutes et passez à travers la passoire dite *chinois* ;
Mettez mijoter pendant cinq minutes sur le coin du fourneau ;
Faites chauffer les cuisses à feu très doux, puis dressez en rocher ;
Écumez la sauce, saucez et placez autour six croûtons de pain frit.

PIGEONS A L'ANGLAISE.

Retroussez quatre pigeons comme pour entrée ; mettez-les dans une casserole ; couvrez-les de bardes de lard et mouillez avec consommé de volaille ;

Fig. 122. Pigeons à l'anglaise.

Couvrez-les de papier beurré ;
Mettez le couvercle sur la casserole et faites mijoter jusqu'à entière cuisson des pigeons ;

Faites frire un morceau de pain que vous avez taillé de 8 centimètres de hauteur et qui doit en avoir 6 de largeur à la base et 3 de largeur au sommet;

Préparez une jardinière composée de choux-fleurs, navets, carottes, haricots verts;

Égouttez les pigeons;

Fixez le morceau de pain frit avec repère sur le milieu du plat;

Dressez les pigeons, un sur chaque face, les croupions en l'air;

Dressez les légumes entre chaque pigeon jusqu'à la hauteur du pain;

Posez un fond d'artichaut sur le dessus du pain en forme de coupe et remplissez-le de haricots verts;

Saucez les pigeons avec béchamel, en ayant soin de ne pas saucer les légumes;

Servez béchamel à part.

PIGEONS A LA FINANCIÈRE.

Préparez les pigeons comme il a été dit à l'article précédent;

Préparez un ragoût avec truffes, quenelles de volaille, champignons, rognons et crêtes;

Mettez une partie du ragoût dans le fond du plat, et employez l'autre partie pour former des rochers de ragoût entre chaque pigeon;

Vous poserez sur ces rochers une grosse écrevisse, les pattes en l'air;

Couronnez avec un ris de veau piqué;

Glacez le ris de veau, saucez les pigeons avec la sauce financière, et servez sauce financière à part.

COTELETTES DE PIGEONS PANÉES AUX HARICOTS VERTS.

Préparez les pigeons et coupez-les en deux; enlevez l'aileron, percez le pigeon au joint de la patte et passez la patte par ce trou de façon qu'elle se trouve en dedans;

VOLAILLE.

Faites cuire les pigeons dans le beurre avec sel et poivre; lorsqu'ils sont cuits, mettez-les en presse; laissez-les refroidir et passez-les au beurre et à la mie de pain;

Faites-leur prendre couleur sur le gril, dressez-les en couronne, et mettez dans le milieu une garniture de haricots verts (voir aux *Garnitures*, page 454);

Servez demi-glace à part.

COTELETTES DE PIGEONS AUX POINTES D'ASPERGES.

Faites les côtelettes de pigeons comme il a été dit à l'article précédent;

Garnissez-les de pointes d'asperges, et servez demi-glace à part.

COTELETTES DE PIGEONS A LA MACÉDOINE DE LÉGUMES.

Procédez comme il est dit aux *Côtelettes de pigeons aux haricots verts* (page 384);

Garnissez d'une macédoine de légumes, et servez béchamel à part.

COTELETTES DE PIGEONS A L'ÉMINCÉ DE CHAMPIGNONS.

Même procédé que pour le précédent.

Garnissez d'un émincé de champignons, et servez demi-glace à part.

PAIN DE VOLAILLE AUX TRUFFES.

Levez les filets de trois poulets, coupez quatre filets en deux sur la longueur;

Parez-les et piquez-les de lard fin;

Rangez-les dans un plat à sauter, en les courbant légèrement comme il est dit aux *Filets de poulets aux truffes sauce suprême* (page 374);

Pilez les chairs des cuisses, ce qui vous reste des filets et des filets mignons ; puis passez au tamis ;

Mêlez avec les chairs de volaille même quantité de tétine cuite pilée et passée également au tamis ;

Pilez bien ce mélange et ajoutez une pincée de sel et de muscade et deux œufs entiers ;

Mouillez avec de la sauce suprême très réduite ;

Essayez la farce : il faut qu'elle soit assez consistante pour pouvoir se tenir ;

Beurrez un moule à cylindre uni, mettez de la farce dans ce moule à une hauteur de 8 centimètres ; faites cuire au bain-marie ;

Faites cuire et glacez les filets piqués ;

Le pain cuit, démoulez-le sur un plat ;

Saucez-le à l'extérieur avec sauce suprême ;

Garnissez le milieu avec truffes en olives, sautées dans la demi-glace ;

Rangez les filets en couronne sur le dessus du pain, et servez sauce suprême à part.

Observation. — La qualité de cette entrée tient surtout à la délicatesse et à la qualité de la farce : on ne saurait donc la préparer avec trop de soin.

ROTIS DE VOLAILLE

POULARDE ROTIE.

Préparez une poularde et bridez-la pour rôtir ;
Mettez-la en broche, dressez-la et garnissez-la de cresson ;
Vous servirez jus de viande à part.

DINDE GRASSE.

Préparez une dinde et bridez-la, pour rôtir ;

VOLAILLE. 587

Faites-la cuire, dressez-la, garnissez-la de cresson, et servez jus de viande à part.

DINDE TRUFFÉE ROTIE.

Truffez la dinde comme il est dit à la *Dinde truffée sauce Périgueux* (page 568);

Bridez-la pour rôtir, embrochez-la, emballez-la de quatre feuilles de papier épais, bien beurrées, et fermez parfaitement les bouts;

Faites rôtir, débrochez, débridez, dressez et servez jus de viande à part.

Fig. 123. Pigeon de volière.

POULARDES A LA GODARD.

1. CASSEROLE DE PURÉE DE GIBIER. 2. CHARTREUSE DE PERDREAUX.

Fig. 124. Gibier.

CHAPITRE XI

GIBIER

RELEVÉS — ENTRÉES — ROTIS

RELEVÉ DE GIBIER

QUARTIER DE CHEVREUIL.

Parez et piquez un quartier de chevreuil que vous ferez mariner pendant deux jours;

Égouttez-le, embrochez-le et enveloppez-le de papier beurré;

Faites rôtir, et dressez-le en mettant une papillote au manche;

Glacez-le à la glace de viande;

Servez sauce poivrade et gelée de groseille à part.

Observation. — Le chevreuil se sert aussi sans être mariné; on remplace alors la sauce poivrade par une sauce à la menthe (voir aux *Sauces*, pages 429 et 442).

SELLE DE CHEVREUIL.

Parez et piquez une selle de chevreuil que vous ferez mariner pendant deux jours;

Embrochez, enveloppez de papier beurré, dressez et glacez;
Servez sauce poivrade avec gelée de groseille à part.

FAISAN AUX FOIES GRAS AUX TRUFFES, DIT A LA BOHÉMIENNE.

Faites un salpicon avec 500 grammes de truffes que vous couperez en gros dés et 500 grammes de foie gras;

Assaisonnez de sel et poivre;

Garnissez deux faisans avec la moitié du salpicon dans chacun;

Bridez les faisans avec les pattes en dedans et couvrez-les de lard; mettez-les dans une casserole ovale, en ayant soin de laisser la grille, puis mouillez avec 2 décilitres de madère et 3 décilitres de mirepoix;

Faites cuire à feu doux 3/4 d'heure, feu dessus et dessous;

Préparez une garniture composée de 2 foies gras cloutés et braisés, 18 grosses truffes, 12 crêtes doubles et bien blanches, 12 beaux rognons;

Au moment de servir, égouttez les faisans et débridez-les;

Préparez un morceau de pain de mie en cône de 9 millimètres de long sur 4 de large et 8 de haut, destiné à soutenir les faisans;

Formez une échancrure dans le haut pour que les faisans puissent y entrer;

Faites frire le pain et collez-le sur le plat avec du repère; posez les faisans inclinés dans les deux échancrures, l'estomac en l'air;

Garnissez les côtés avec truffes, foies, rognons, de manière que le pain soit bien masqué;

Faites cinq hâtelets avec crêtes doubles et grosses truffes, et disposez-les sur les faisans;

Saucez d'une espagnole réduite avec essence de truffes;
Servez même sauce à part.

GIBIER.

FAISAN A LA FINANCIÈRE.

Préparez deux faisans comme il est dit aux *Faisans à la bohémienne* (page 590);

Faites un ragoût financière avec foie gras, crêtes, truffes et quenelles de faisan;

Ayez trois noix de ris de veau piquées, deux grosses quenelles, deux crêtes et neuf grosses écrevisses;

Mettez les faisans dans une casserole et couvrez-les de bardes de lard;

Mouillez avec mirepoix et vin de Madère;

Faites-les cuire à casserole couverte, égouttez, débridez;

Dressez sur le pain frit, comme il est dit au *Faisan à la bohémienne*;

Garnissez le fond du plat avec le ragoût;

Posez les grosses quenelles au bout des faisans sur le ragoût, le ris de veau dans les côtés et une truffe sur chaque ris de veau;

Posez un ris de veau sur le haut des faisans;

Faites cinq hâtelets avec crêtes, truffes et écrevisses; placez-les à volonté;

Mettez les crêtes qui restent à côté des quenelles pour remplir les intervalles;

Servez à part sauce financière réduite au fumet de faisan.

JAMBON DE SANGLIER A LA SAUCE VENAISON.

Grillez et nettoyez un jambon de sanglier; grillez-le de façon qu'il ne reste plus de soies; passez-le à l'eau chaude, puis sciez le manche à 3 centimètres au-dessous de l'osselet;

Vous ferez mariner le jambon pendant huit jours;

Le jour où vous aurez à le servir, égouttez-le, épongez bien la marinade et mettez en broche;

Couvrez le jambon de papier beurré, arrosez-le tous les quarts d'heure avec la marinade;

Dix minutes avant de servir, débrochez-le, enlevez la couenne après avoir ôté le papier beurré;

Glacez le jambon au four, mettez une papillote au manche et servez.

Sauce pour venaison à part (voir *Sauce pour venaison*, page 443).

PERDREAUX A LA SIERRA-MORENA.

Après avoir préparé et bridé pour entrée 4 perdreaux gris, masquez-les dans une casserole avec 1 décilitre de mirepoix et 3 décilitres de vin de Madère; couvrez-les de bardes de lard;

Ajoutez un bouquet de persil garni, un oignon piqué de deux clous de girofle et une gousse d'ail non épluchée; faites cuire dessus et dessous;

Préparez une garniture ainsi composée :

   300 grammes de petit lard de poitrine très maigre;

   30 petits oignons;

   30 champignons;

   3 saucissons ou saucisses espagnoles;

Levez la couenne du lard coupé en morceaux longs de 3 centimètres, larges et épais de 2 centimètres;

Faites blanchir et égoutter; faites-le revenir d'une couleur blonde, puis faites-le cuire dans du grand bouillon;

Blanchissez les oignons; épluchez-les et faites-leur prendre couleur à la poêle avec du beurre et une pointe de sucre;

Lorsqu'ils seront rouge brun, mettez-les dans une casserole avec grand bouillon; faites cuire et glacer;

Épluchez, lavez, tournez et faites cuire les champignons, ainsi que les saucisses;

Lorsque les perdreaux et la garniture seront cuits, égouttez le tout, passez la cuisson des perdreaux au tamis de soie, dégraissez entièrement;

Ajoutez 5 décilitres d'espagnole;

Faites réduire cinq minutes;

Mettez toute la garniture dans une partie de la sauce;

Débridez les perdreaux, dressez-les en carré, mettez la garniture dans le milieu, saucez légèrement et servez le reste de la sauce dans une saucière.

PERDREAUX EN CROUSTADE.

Apprêtez 8 perdreaux et retroussez-les comme pour entrée; couvrez-les de bardes de lard et faites-les cuire, puis mouillez-les avec mirepoix et mettez-les sur le feu à casserole couverte;

Préparez 8 grosses écrevisses, 14 grosses truffes et 3 crêtes;

Faites-en un ragoût financière que vous saucerez à l'espagnole réduite au fumet de perdreau;

Faites une croustade en pain de forme ovale;

Lorsque les perdreaux seront cuits, égouttez-les, dressez les croupions en l'air dans la croustade, au milieu de laquelle vous placerez un cône de pain frit;

Mettez une écrevisse entre chaque perdreau;

Faites huit hâtelets de crêtes et de truffes que vous placerez de manière qu'ils cachent les croupions des perdreaux;

Mettez six truffes en rocher au milieu des hâtelets;

Servez le ragoût financière à part dans une casserole à légumes.

PERDREAUX ROUGES A LA RÉGENCE.

Préparez six perdreaux rouges;

Couvrez-les de lard, et faites-les cuire dans la mirepoix;

Faites un socle de riz au milieu du plat;

Mettez un cône de riz au milieu du socle pour soutenir les perdreaux;

Placez dans le bas de chaque perdreau une truffe moyenne, et dans le haut un gros champignon tourné;

Ayez six petites noix de ris de veau piquées et six quenelles de volaille de même grosseur; disposez ces garnitures autour du socle et remplissez les vides avec des rognons de coq et des champignons;

Posez six hâtelets de crêtes et écrevisses sur le haut du cône;

Servez sauce Régence à part (voir *Sauce Régence*, page 434);

BUISSONS D'ORTOLANS A LA PROVENÇALE.

Ayez 24 ortolans et 24 grosses truffes d'égale grosseur ;
Faites dans chaque truffe un trou pouvant contenir un ortolan, et enduisez le trou de farce de volaille ;
Coupez les cous et les pattes des ortolans et retirez les gésiers ; puis assaisonnez-les légèrement de sel, poivre et muscade ;
Placez chaque ortolan dans une truffe, l'estomac en haut ;
Rangez les truffes que vous avez garnies d'ortolans dans une casserole à glacer et couvrez-les de bardes de lard ;
Mouillez avec une bouteille de vin de Madère et même quantité de mirepoix ;
Faites cuire pendant vingt-cinq minutes à casserole couverte ; égouttez les truffes ; passez le fond à travers le tamis de soie, dégraissez-le et faites-le réduire de moitié ;
Ajoutez 10 décilitres d'espagnole et faites réduire jusqu'à ce que la sauce masque la cuiller ;
Passez-la à l'étamine ;
Dressez les truffes en buisson dans une croustade de pain ;
Servez de la sauce à part.

PAIN DE FAISAN GARNI DE GRENADINS DE FAISAN.

Levez les filets de six faisans ;
Parez-les et piquez-les de lard fin ;
Placez-les dans un plat à sauter légèrement beurré ;
Saupoudrez-les de sel et couvrez-les d'un papier beurré ;
Levez les chairs des faisans, auxquelles vous ajouterez les filets mignons et six filets de poule ;
Pilez le tout dans le mortier et passez au tamis ;
Pilez et passez au tamis même quantité de tétine que vous aurez blanchie ;
Faites une panade avec mie de pain et fumet de faisan, la moitié comme quantité de ce que vous avez comme chair de

faisan, mêlez la panade avec tétine et chair; et assaisonnez de sel, poivre et muscade;

Étendez la farce pour la rendre bien lisse en ajoutant trois œufs en trois fois;

Mettez-la à son point de consistance avec espagnole très réduite au fumet de faisan.

Ayez un moule à cylindre ovale de 25 centimètres de long sur 6 de large : beurrez-le et emplissez-le de farce;

Faites cuire au bain-marie sans ébullition ;

Lorsque la farce sera cuite, démoulez sur une croustade;

Glacez et dressez sur les dessus des filets de faisans que vous aurez fait cuire et glacer;

Mettez sur le pain six hâtelets de crêtes et de truffes;

Servez à part une sauce espagnole réduite au fumet de faisan.

Observation. — Je répéterai pour le pain de faisan ce que j'ai dit à propos du pain de volaille : la réussite du plat dépend en grande partie de la délicatesse et de la légèreté de la farce, qui réclame tout particulièrement l'attention du cuisinier.

ENTRÉES DE GIBIER

RABLE DE CHEVREUIL A LA SAUCE POIVRADE.

Parez et piquez un râble de chevreuil; embrochez-le et faites-le rôtir; débrochez, dressez.

Mettez une sauce poivrade dans le fond du plat; glacez le chevreuil; servez sauce poivrade à part (voir *Sauce poivrade*, page 429).

FILETS DE CHEVREUIL A LA PURÉE DE TRUFFES.

Parez les filets de chevreuil en forme de poire allongée comme il est dit aux *Filets de poulets aux truffes sauce suprême* (page 574);

Piquez-les et placez-les dans un plat à sauter que vous aurez légèrement beurré ;

Faites-les cuire et glacer ;

Dressez-les en couronne autour d'une croustade que vous garnissez d'une purée de truffes ;

Glacez les filets ;

Mettez demi-glace dans le fond du plat, et servez.

FILETS DE CHEVREUIL SAUCE MADÈRE.

Préparez les filets de chevreuil comme il est dit à l'article précédent ;

Garnissez la croustade d'escalopes de chevreuil ;

Saucez avec sauce madère, et servez même sauce à part.

COTELETTES DE CHEVREUIL A LA PURÉE DE GIBIER.

Parez les côtelettes de chevreuil ; placez-les dans le plat à sauter et couvrez-les de papier beurré ;

Faites une purée de lapereau (voir aux *Garnitures*, page 430) ;

Faites sauter les côtelettes et dressez-les autour de la croustade ; garnissez la croustade de purée ;

Saucez les côtelettes avec espagnole réduite au fumet de lapereau, et servez.

COTELETTES DE CHEVREUIL A LA SAUCE POIVRADE.

Préparez les côtelettes de chevreuil comme il est dit à l'article précédent.

Dressez-les en couronne, et saucez avec sauce poivrade.

Servez même sauce à part.

FILETS DE CHEVREUIL A LA PURÉE DE TRUFFES.

Préparez les côtelettes comme il est dit aux *Côtelettes de chevreuil à la purée de gibier* (voir ci-dessus) ;

Dressez-les autour d'une croustade que vous garnirez d'un émincé de truffes :

Servez à part espagnole réduite à l'essence de truffes.

COTELETTES DE CHEVREUIL A LA MARÉCHALE.

Passez les côtelettes au beurre ;

Panez-les, faites-les griller et dressez-les en couronne ;

Servez à part jus de viande, dans lequel vous aurez mêlé jus de citron et poivre de Cayenne.

COTELETTES DE CHEVREUIL A LA CHASSEUR.

Parez les côtelettes et rangez-les dans le plat à sauter ; faites-les sauter et dressez-les en couronne ;

Saucez-les d'une sauce que vous ferez avec échalotes passées au beurre, jus d'échalotes, sauce poivrade et glace de gibier ;

Faites réduire pendant cinq minutes ;

Ajoutez persil haché ;

Saucez les côtelettes et servez.

FILETS DE FAISANS A LA FINANCIÈRE.

Parez les filets de six faisans ; mettez-les dans un plat à sauter beurré et couvrez-les de papier beurré ;

Parez les filets mignons et placez sur chaque bout un point de truffe ;

Placez les filets dans un plat à sauter, en forme de croissant, pour former la couronne sur la croustade ;

Préparez un ragoût financière avec truffes, foies gras, crêtes, quenelles, champignons ;

Faites sauter les filets de faisans ; dressez-les en couronne autour d'une croustade, puis mettez le ragoût financière dans la croustade ;

Dressez sur le bord les filets mignons que vous aurez fait cuire ;

placez une crête double au milieu, puis saucez les filets de faisans d'une sauce financière réduite au fumet de faisan ;

Servez sauce financière à part.

FILETS DE FAISANS AU FUMET GARNI DE QUENELLES.

Préparez les filets de faisans comme il a été dit à l'article précédent ;

Faites des quenelles avec farce de faisans de la grosseur d'une olive ;

Sautez les filets de faisans et dressez-les autour d'une croustade ;

Garnissez la croustade de quenelles de faisans ;

Saucez les filets et les quenelles avec espagnole réduite au fumet de faisan ;

Servez même sauce à part.

FILETS DE FAISANS AU FOIE GRAS A LA PÉRIGUEUX.

Préparez les filets de faisans comme il est dit aux *Filets de faisans à la financière* (page 597) ;

Dressez-les autour d'une croustade ;

Garnissez la croustade d'escalopes de foie gras ;

Saucez avec sauce Périgueux.

SALMIS DE FAISANS.

Faites rôtir deux faisans ; lorsqu'ils sont froids, découpez-les et rangez-les dans une casserole ; pilez les carcasses et les parures ; puis ajoutez 2 décilitres de vin de Madère et 2 décilitres de mirepoix ;

Faites réduire de moitié et ajoutez 8 décilitres d'espagnole ;

Faites réduire pendant un quart d'heure sur le coin du fourneau ;

Écumez et dégraissez ;

Passez la sauce à l'étamine et passez-en la moitié sur les faisans ; réservez l'autre moitié.

GIBIER. 599

Faites chauffer les faisans sans ébullition ; dressez en rocher ; garnissez de croûtons de pains frits et glacés pour entrées (voir aux *Garnitures*, page 464) ;

Saucez avec la sauce que vous avez mise en réserve, et servez.

PURÉE DE FAISANS EN CROUSTADE, GARNIE DE FILETS PIQUÉS.

Levez les filets de trois faisans ; coupez-les en deux sur leur longueur ; puis parez-les en poires allongées comme il est dit aux *Filets de poulets sauce suprême* (page 574) ;

Placez-les dans un plat à sauter beurré, en les courbant pour former la couronne ; couvrez d'un papier beurré ;

Enveloppez de papier beurré les faisans dont vous aurez retiré les filets ;

Faites-les rôtir ;

Lorsqu'ils sont bien refroidis, levez les chairs, hachez-les et pilez-les en ajoutant 25 grammes de beurre ;

Fig. 125. Billots pour dresser la volaille et le gibier.

Mouillez cette purée que vous venez de faire avec de l'espagnole réduite au fumet de faisan ;

Garnissez la croustade de purée ; posez au bord les filets que vous aurez fait cuire et glacer ;

Faites, dans le milieu de la couronne, un rocher de purée qui doit s'élever de 4 centimètres au-dessus de la couronne ;

Glacez les filets, et servez.

BOUDINS DE FAISANS AU FUMET.

Préparez une farce de faisan (voir *Garnitures*, page 466) ;

Couchez douze boudins que vous aurez formés avec la farce, comme il est dit aux *Boudins à la Richelieu* (page 580) ;

Faites-les pocher ; égouttez-les ; dressez-les en couronne et saucez avec espagnole réduite au fumet de faisan.

BOUDINS DE PERDREAUX A LA SAUCE PÉRIGUEUX.

Préparez une farce de perdreaux comme il est dit à la *Farce de perdreaux* (page 466) ;

Faites douze boudins comme il est dit aux *Boudins de faisans* (voir ci-dessus) ;

Finissez de même et saucez avec périgueux au fumet de perdreaux.

PERDREAUX A LA FINANCIÈRE.

Préparez quatre perdreaux comme pour entrée ;

Dressez-les autour d'un morceau de pain frit ;

Mettez, dans les intervalles, des rochers de ragoût financière (voir aux *Garnitures*, page 452) ;

Posez une écrevisse les pattes en l'air dans chaque intervalle ;

Couronnez d'un ris de veau piqué et glacé ;

Servez sauce financière à part.

PERDREAUX A LA PÉRIGUEUX.

Apprêtez et truffez quatre perdreaux ;

Masquez-les dans une casserole ;

Couvrez-les de bardes de lard ;

Mouillez-les avec 8 décilitres de mirepoix ; faites cuire.

Lorsqu'ils sont cuits, égouttez, débridez, dressez et saucez avec sauce Périgueux (voir page 431).

SALMIS DE PERDREAUX.

Faites rôtir trois perdreaux ; découpez-les lorsqu'ils sont refroidis ; finissez et saucez comme il est dit au *Salmis de faisans* (page 598).

CHARTREUSE DE PERDREAUX.

Faites rôtir trois perdreaux ; préparez les choux comme pour garniture ;

Desséchez-les avec fumet de perdreaux ;

Coupez à la colonne 80 bâtonnets de carottes et de navets de 1 centimètre et demi de large sur 7 de long ;

Faites cuire carottes et navets séparément (voir aux *Garnitures*, page 453) ;

Beurrez un moule d'entrée uni : placez un rond de papier au fond du moule, et sur les bords une bande de papier de la hauteur du moule ;

Garnissez le moule avec carottes et navets (voir la planche XV, figure 2) ;

Mettez dans le fond une couche de choux ; découpez les perdreaux et placez quatre filets sur les choux :

Formez une autre couche de choux sur laquelle vous placerez trois filets et un morceau d'estomac ;

Continuez la même opération jusqu'à ce que le moule soit rempli ;

Mettez au bain-marie ;

Démoulez sur un plat d'entrée ;

Garnissez le bas de la chartreuse avec des ronds de carottes et de navets et une pointe de haricots verts entre chaque rond ;

Formez sur le sommet de la chartreuse un cordon d'anneaux de navets, dans chacun desquels vous placerez un chou de Bruxelles ;

Placez au milieu une coupe en carottes garnie de haricots verts ;

Servez à part espagnole réduite au fumet de perdreaux.

SAUTÉ DE FILETS DE PERDREAUX A LA PURÉE DE PERDREAUX.

Levez les filets de six perdreaux ;
Parez-les et placez-les dans un plat à sauter beurré ;
Parez les filets mignons et mettez-les dans un plat à sauter beurré en les courbant ; fixez un point de truffe sur la tête ;
Faites une purée de perdreaux, comme il est dit aux *Garnitures* (page 430) ;
Sautez les filets, puis dressez-les en couronne autour d'une croustade ;
Formez une seconde couronne avec des filets mignons sur le bord de la croustade lorsqu'elle sera garnie ;
Saucez les filets avec une espagnole réduite au fumet de perdreaux ;
Servez la même sauce à part.

BOUDINS DE PERDREAUX ROUGES.

Les boudins de perdreaux se font avec farce de perdreaux que vous saucez avec demi-glace à l'essence de perdreaux ;
Procédez, quant au reste, comme il est dit aux *Boudins à la Richelieu* (page 580).

PERDREAUX ROUGES GARNIS DE FOIE GRAS.

Préparez et piquez trois perdreaux rouges ;
Faites-les cuire et glacer ;
Égouttez-les, débridez-les et dressez-les en triangle dans le fond du plat ;
Disposez dans le milieu une escalope de foie gras ; saucez avec sauce réduite à l'essence de truffes ;
Glacez les perdreaux, servez même sauce à part.

PERDREAUX ROUGES AUX TRUFFES.

Préparez trois perdreaux rouges comme il est dit à l'article précédent, sans les piquer; faites-les cuire, égouttez-les et dressez-les;

Garnissez le milieu d'un émincé de truffes saucé à la sauce suprême;

Servez sauce suprême à part.

PURÉE DE PERDREAUX ROUGES GARNIS D'ŒUFS DE VANNEAU.

Ayez quatre perdreaux rouges et levez les filets de trois; réservez le quatrième pour le faire rôtir avec les cuisses, comme il sera dit plus bas;

Parez quatorze morceaux de filet de 7 centimètres de longueur, 1 centimètre de largeur et 1 demi-centimètre d'épaisseur;

Fig. 126. Filets pour casseroles au riz à la polonaise.

Taillez dix autres morceaux en forme de poire allongée de 5 centimètres de long;

Découpez un morceau de pain de mie en demi-rond de 3 centimètres de large, 4 de haut et 10 de long;

Contisez les filets mignons de ronds de truffes incrustés; posez-les sur le demi-rond de pain que vous couvrirez de bardes de lard;

Couvrez-les de bardes de lard :

Faites rôtir les trois perdreaux dont vous avez levé les filets et celui que vous avez mis en réserve ;

Retirez peau et graisse ; hachez et pilez les chairs pour faire une purée comme il est dit à la *Purée de perdreaux* (voir aux *Garnitures*, page 430) ;

Faites cuire quatorze œufs de vanneau mollets ;

Faites une croustade de riz ;

Mettez une partie de la purée dans la croustade et dressez les œufs autour avec les filets mignons que vous aurez fait cuire, un filet entre chaque œuf ;

Disposez le reste de la purée en cône au milieu des œufs ;

Placez les filets mignons en rosace sur la purée ;

Mettez une petite truffe au milieu, et servez.

FILETS DE PERDREAUX ROUGES A LA TOULOUSE.

Levez et parez les filets et filets mignons de six perdreaux ; rangez-les dans un plat à sauter beurré et courbez-les légèrement ;

Rangez les filets mignons dans un autre plat à sauter beurré que vous courberez de même ;

Fixez avec blancs d'œufs un point de truffe sur la tête ;

Faites sauter les filets ; égouttez-les, dressez-les en couronne autour d'une croustade que vous garnissez de rognons de coq sautés au suprême ;

Saucez les filets et posez dessus les filets mignons en couronne ;

Servez sauce suprême à part.

FILETS DE PERDREAUX A LA FINANCIÈRE.

Levez et parez les filets de six perdreaux ; piquez-les de lard fin ; faites-les cuire et glacer ;

Ayez une croustade en pâte de la largeur du fond du plat et haute de 5 centimètres.

Faites cuire et glacer les filets ;

GIBIER. 605

Escalopez les filets mignons et mettez-les dans un ragoût financière que vous ferez avec foie gras, truffes, crêtes, rognons, champignons et quenelles de perdreaux ;

Garnissez la croustade de la moitié du ragoût ;

Dressez les filets en couronne et mettez le reste du ragoût au milieu ;

Servez sauce financière à part.

SUPRÊME DE FILETS DE PERDREAUX ROUGES AUX TRUFFES.

Parez les filets de six perdreaux et les filets mignons :

Mettez les filets dans un plat à sauter beurré, et les filets mignons dans un autre plat également beurré ;

Fixez un point de langue écarlate sur chaque filet mignon ;

Faites sauter les filets, puis dressez-les autour d'une croustade ;

Saucez-les avec une sauce suprême :

Placez entre chaque filet un rond de truffe de la largeur des filets ;

Posez les filets mignons en couronne sur les filets ;

Garnissez la croustade de truffes en olive ;

Saucez les truffes avec demi-glace et servez sauce suprême à part.

Observation. — On s'étonnera peut-être de me voir appliquer pour cette entrée de gibier la sauce suprême, que l'on est dans l'habitude de n'employer que pour les viandes blanches. Je rappellerai qu'il s'agit ici du perdreau rouge, que l'on considère habituellement comme viande blanche, ce qui justifie l'emploi de la sauce suprême.

BÉCASSES A LA PÉRIGUEUX.

Bridez trois bécasses pour entrée ;

Mettez-les dans une casserole, couvrez-les d'une barde de lard, puis mouillez-les avec 2 décilitres de vin de Madère et 4 décilitres de mirepoix ;

Faites cuire les bécasses : égouttez-les et débridez-les;

Dressez-les en triangle sur le plat et saucez-les d'une sauce Périgueux à l'essence de bécasse.

FILETS DE BÉCASSES AU FOIE GRAS DIT MENCELLE.

Levez les filets de cinq bécasses; parez-les; fendez-les en deux par le travers;

Étalez sur une moitié une couche de farce de foie gras mêlée de d'Uxelles;

Recouvrez avec l'autre partie du filet et frappez légèrement avec le manche du couteau pour souder les filets;

Rangez-les dans un plat à sauter beurré;

Couvrez-les d'un papier beurré et faites-les sauter sur le feu;

Dressez-les autour d'une croustade que vous garnissez d'escalopes de foie gras.

Saucez d'une espagnole réduite au fumet de bécasse, et ajoutez-y une cuillerée à bouche de truffes hachées cuites au vin de Madère et une cuillerée à bouche de d'Uxelles;

Saucez les foies gras et les filets;

Servez même sauce à part.

FILETS DE BÉCASSES A LA PURÉE DE TRUFFES.

Levez les filets de six bécasses; parez-les et rangez-les dans un plat à sauter beurré avec du beurre clarifié;

Saupoudrez-les de sel et de poivre; couvrez-les de beurre et mettez dessus un rond de papier beurré;

Parez les filets mignons que vous rangez dans un plat et sur lesquels vous mettez un point de truffes;

Faites sauter les filets de bécasses;

Dressez-les en couronne autour d'une croustade; faites cuire les petits filets; puis garnissez la croustade d'une purée de truffes;

Saucez les filets avec demi-glace au fumet de bécasse;

GIBIER. 607

Rangez les filets mignons en couronne sur les gros filets, et servez.

SALMIS DE BÉCASSES.

Faites rôtir trois bécasses en retirant les intestins : lorsqu'elles sont froides, découpez-les ; enlevez les peaux et rangez dans un plat à sauter ;

Pilez parures et carcasses, puis mettez-les dans une casserole avec deux échalotes, deux clous de girofle et un bouquet garni ;

Mouillez avec une demi-bouteille de vin de Bordeaux rouge ;

Faites réduire à moitié et ajoutez 1 litre d'espagnole ;

Faites mijoter une demi-heure sur le coin du fourneau en ayant soin d'écumer et de dégraisser ;

Passez à l'étamine et faites réduire la sauce jusqu'à ce qu'elle masque la cuiller ;

Saucez les bécasses qui sont dans le plat à sauter ;

Dressez en rocher, saucez et garnissez de croûtons de pain masqués d'une farce faite avec les intestins.

PETIT PAIN DE BÉCASSINES AU SALPICON.

Faites une farce de bécassines ;

Beurrez des moules à darioles ; mettez autour une couche de farce de 1 centimètre d'épaisseur, et remplissez le milieu d'un salpicon fait avec filets de bécassines et truffes ;

Saucez d'espagnole très réduite ;

Recouvrez le dessus d'une couche de farce pour bien envelopper le salpicon ;

Faites pocher au bain-marie ; démoulez et dressez sur un gradin ;

Servez à part espagnole avec essence de bécassine.

SALMIS DE BÉCASSINES.

Faites rôtir huit bécassines ; quand elles sont refroidies, coupez-les en deux parties ;

Retirez les peaux, les cous et les pattes ;

Rangez-les dans un plat à sauter ; finissez comme il est dit au *Salmis de bécasses* (Voir page 607).

CAILLES A LA FINANCIÈRE.

Retroussez huit cailles comme pour entrée ;

Faites dans un moule uni une bordure de farce de cailles ; cette bordure doit être haute de 3 centimètres ;

Mettez les cailles dans une casserole couverte de lard, puis ajoutez 1 décilitre de vin de Madère et 2 décilitres de mirepoix ;

Faites cuire à feu doux ;

Faites pocher la bordure ; démoulez-la et garnissez le milieu d'un ragoût financière fait avec foie gras, truffes, crêtes, rognons et quenelles de cailles ;

Égouttez les cailles ; débridez-les, puis dressez-les, les estomacs sur le bord de la bordure et les cuisses au centre ;

Ajoutez une crête double entre chaque caille ; une grosse truffe au milieu ; glacez la bordure, les cailles et la truffe ;

Servez sauce financière à part.

CAILLES A LA JARDINIÈRE.

Préparez huit cailles comme pour entrée ; faites-les cuire comme il est dit à l'article précédent ;

Faites une bordure dans un moule uni avec carottes et navets ; garnissez de laitues braisées et dressez sur le plat ;

Remplissez le milieu avec une jardinière composée de carottes, navets et haricots verts ;

Dressez les cailles sur la bordure et mettez un petit bouquet de choux-fleurs entre chaque caille ;

Disposez une couronne de choux-fleurs sur les croupions des cailles ; puis remplissez le milieu de la couronne d'un bouquet de haricots verts ;

Glacez cailles et bordure ;

Servez demi-glace à part.

CAILLES EN CERISES AUX TRUFFES.

Désossez douze cailles ; saupoudrez-les de sel et étalez dessus une couche de farce de volaille ;

Mettez une boule de truffe sur chaque caille ;

Enveloppez la caille et la truffe de manière qu'elles aient la forme de boule ; enveloppez-les de linge en ayant soin de les attacher, afin qu'elles conservent toujours leur forme de boule ;

Faites cuire avec vin de Madère et mirepoix ;

Faites une bordure de farce de volaille ; démoulez sur le plat et garnissez le fond d'un émincé de truffes ;

Égouttez les cailles ; débridez-les ; essuyez-les et dressez-les en les mettant à cheval sur les truffes et la bordure ;

Garnissez le milieu d'un émincé de truffes ;

Glacez cailles et bordure ;

Servez à part espagnole réduite avec essence de truffes.

CAILLES AU GRATIN.

Préparez douze cailles comme il est dit à l'article précédent ;

Faites une farce de foie gras (voir aux *Garnitures*, page 477) ;

Foncez un moule à croustade pour entrée de la hauteur de 4 centimètres ; puis formez dans le fond une couche de farce de 2 centimètres de hauteur sur laquelle vous rangerez les cailles ;

Taillez un morceau de mie de pain en rond que vous couvrirez d'une barde de lard et que vous placerez au milieu des cailles ;

Mettez sur la croustade un couvercle de pâte ;

Pincez le bord de la croustade ; dorez ; faites cuire les cailles ; lorsqu'elles sont cuites, ôtez le couvercle ;

Retirez le pain ; épongez bien, pour ôter la graisse qui pourrait se trouver dans le trou ;

Garnissez le milieu d'un ragoût de crêtes et truffes ;

Saucez avec demi-glace ;

Glacez la croustade et servez.

ESCALOPES DE CAILLES AVEC BORDURE DE RIZ.

Levez les filets de douze cailles ; coupez chaque filet en deux et escalopez-le ;

Préparez 300 grammes de truffes que vous faites cuire au vin de Madère et que vous émincez ;

Sautez les filets de cailles, et mêlez-les avec les truffes ;

Faites une bordure de riz ; garnissez la bordure avec escalopes de cailles et truffes ;

Saucez d'espagnole au vin de Madère, et servez.

BALLOTTINES DE CAILLES SAUCE PÉRIGUEUX.

Désossez douze cailles et garnissez-les avec farce de volaille ;

Formez-les en ballottines ;

Enveloppez-les en leur conservant leur forme ballonnée ; faites-les cuire ;

Formez une bordure de pommes de terre ;

Dressez les ballottines dans la croustade ;

Saucez d'une sauce Périgueux.

ORTOLANS EN CAISSE.

Préparez et flambez dix-huit ortolans ;

Ayez 18 petites caisses que vous huilerez et passerez au four ;

Mettez dans le fond de chaque caisse une cuillerée de sauce Périgueux très réduite ;

Posez les ortolans dans les caisses ; faites-les cuire et saucez d'une sauce Périgueux ;

Dressez sur gradins ; servez.

BALLOTTINES DE MAUVIETTES EN CROUSTADES.

Procédez comme il est dit aux *Ballottines de cailles* (voir ci-dessus) ;

Saucez avec une espagnole réduite au fumet de mauviettes.

MAUVIETTES AU GRATIN.

Procédez comme il est dit aux *Cailles au gratin* (page 609);
Saucez avec espagnole réduite au fumet de mauviettes.

FILETS DE CANARDS SAUVAGES A LA BIGARADE.

Faites rôtir quatre canards sauvages dont vous lèverez les filets;
Ciselez-les sur la peau; dressez-les en couronne et saucez-les d'une sauce bigarade (voir *Sauce bigarade*, page 435).

FILETS DE CANARDS SAUVAGES SAUCE POIVRADE.

Préparez les filets de canards comme il est dit à l'article précédent;
Saucez avec sauce poivrade.

FILETS DE CANARDS SAUVAGES AUX OLIVES.

Préparez les filets de canards comme il est dit aux *Filets de canards à la bigarade* (voir ci-dessus):
Garnissez d'olives et servez demi-glace à part.

FILETS DE CANARDS SAUVAGES GARNIS DE CÉLERI A LA FRANÇAISE.

Même procédé que pour les *Filets de canards à la bigarade* (voir ci-dessus);
Garnissez de céleri à la française (voir *Garnitures*, page 459);
Servez demi-glace à part.

SALMIS DE CANARDS SAUVAGES.

Faites rôtir deux canards sauvages; lorsqu'ils sont cuits, découpez-les, enlevez les peaux, puis placez-les dans une casserole à glacer;

Mettez dans une autre casserole oignons et clous de girofle, bouquet garni, 4 échalotes, 1 demi-bouteille de vin de Bordeaux rouge, avec les carcasses et toutes les parures ;

Faites réduire et ajoutez 8 décilitres d'espagnole ; faites mijoter vingt minutes sur le coin du fourneau ; écumez et passez à travers la passoire dite *chinois* ;

Faites réduire jusqu'à ce que la sauce masque la cuiller :

Mettez le quart de la sauce dans les canards ;

Faites chauffer sans ébullition, dressez, saucez avec le reste de la sauce, et garnissez de croûtons de pain frit glacé.

FILETS MIGNONS DE SANGLIER A LA SAUCE ROBERT.

Parez des filets de sanglier et piquez-les de lard fin, faites-les mariner pendant vingt-quatre heures ;

Lorsque vous aurez à vous en servir, égouttez-les de la marinade, et mettez-les dans un plat à sauter ;

Mouillez-les avec mirepoix sans les couvrir ;

Faites-les cuire et glacer, puis dressez-les en couronne ;

Servez une sauce Robert dans le fond du plat.

Glacez les filets, et servez.

RABLES DE LIÈVRE PIQUÉS, GLACÉS, SAUCE POIVRADE.

Ayez deux râbles de lièvre, piquez-les, mettez-les en broche et couvrez-les de papier beurré ;

Cinq minutes avant de servir, retirez le papier et glacez les râbles ;

Dressez-les sur le plat, et servez sauce poivrade à part.

FILETS DE LIÈVRE CONTISÉS.

Levez les filets de lièvre que vous parez et *contisez* ;

Roulez les bouts minces des filets pour leur donner une forme de colimaçon (voir le dessin, page 613) ;

Couvrez-les de bardes de lard ; et faites-les sauter ;

GIBIER. 613

Dressez-les en couronne autour d'une croustade, et garnissez le milieu de quenelles faites avec farces de levraut ;

Saucez avec espagnole réduite au vin de Bordeaux rouge.

FILETS DE LIÈVRE PIQUÉS ET GLACÉS SAUTÉS A LA FRANÇAISE.

Préparez les filets de lièvre comme il est dit à l'article précédent :
Piquez-les de lard fin ; faites-les cuire et glacer ;
Dressez, et servez sauce française à part (voir *Sauce Française*, page 440).

ESCALOPES DE FILETS DE LIÈVRE LIÉES AU SANG.

Escalopez les filets de lièvre ; rangez-les dans un plat à sauter et saupoudrez-les de sel et de poivre ;

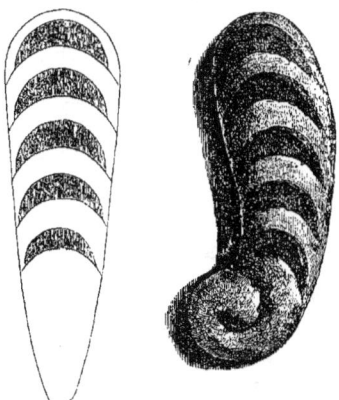

Fig. 127. Filet de lapereau contisé.

Recouvrez-les de beurre et faites-les sauter ;
Égouttez le beurre ;
Saucez avec espagnole réduite au vin de Bourgogne rouge ;
Liez au sang (voir *Liaison au sang*, page 86) ;
Dressez les escalopes dans une croustade ;
Saucez et servez.

PAIN DE LIÈVRE, SAUCE VENAISON.

Levez les filets de deux lièvres; coupez chaque filet en deux et parez-les en forme de poire allongée;

Piquez-les et rangez-les dans le plat à sauter;

Faites une farce avec les chairs, comme il est dit au pain de faisan (voir *Pain de faisan garni de grenadins de faisan*, page 594);

Beurrez un moule à cylindre uni; emplissez-le de farce et pochez au bain-marie;

Faites cuire et glacez les filets; démoulez le pain, rangez dessus les filets en couronne; glacez pain et filets;

Servez à part sauce venaison.

PAIN DE LIÈVRE AUX TRUFFES.

Préparez le pain de lièvre comme il est dit à l'article précédent, en mêlant dans la farce un salpicon de lard cuit et de truffes;

Moulez, faites pocher; démoulez et glacez;

Servez avec sauce espagnole réduite au fumet de lièvre.

BOUDINS DE LIÈVRE AU SALPICON.

Faites des boudins en procédant comme il est dit aux *Boudins à la Richelieu* (page 580);

Saucez d'une espagnole réduite au fumet de lièvre.

RABLES DE LAPEREAUX EN PAPILLOTTES.

Préparez trois râbles de lapereaux, assaisonnez-les de sel et de poivre et faites-les revenir dans le beurre;

Ajoutez espagnole très réduite avec d'Uxelles;

Huilez une feuille de papier bien collé; mettez une barde de lard sur le papier et couvrez-la de sauce;

Placez dessus un des râbles de lapereau et couvrez d'une autre couche de sauce;

Ajoutez une autre barde de lard, puis enveloppez le râble en formant une papillote;

Mettez les râbles sur le feu un quart d'heure à feu doux, en ayant soin de les retourner;

Rangez-les sur le plat et servez.

FILETS DE LAPEREAUX A LA PURÉE DE TRUFFES.

Levez les filets de six lapereaux, parez-les et piquez-les;

Mettez-les dans le plat à sauter en roulant les bouts, comme il est dit aux *Filets de lièvre contisés* (page 612);

Dressez-les autour d'une croustade que vous garnissez de purée de truffes;

Glacez-les et mettez une demi-glace dans le fond du plat;

Servez.

FILETS DE LAPEREAUX GARNIS DE QUENELLES.

Parez et contisez douze filets de lapereaux;

Rangez-les dans le plat à sauter, en leur donnant la même forme que les *Filets de lapereaux à la purée de truffes* (voir l'article précédent);

Faites-les cuire et dressez-les autour d'une croustade que vous garnissez de quenelles de lapereaux;

Saucez les quenelles avec de l'espagnole réduite au fumet de lapereau;

Saucez les filets très légèrement;

Servez même sauce à part.

ESCALOPES DE LAPEREAUX AVEC BORDURE DE FARCE.

Escalopez les filets de six lapereaux; rangez-les dans un plat avec beurre clarifié; assaisonnez-les de sel et de poivre, et recouvrez-les de beurre;

Parez les douze filets mignons ;

Rangez-les dans un plat à sauter beurré, en leur donnant la forme d'un quart de cercle ;

Fixez au blanc d'œufs sur le gros bout un point de truffe ;

Faites une bordure avec farce de lapereau dans un moule uni à bordure d'entrée ;

Faites pocher, démoulez, puis faites sauter les escalopes et cuire les filets ;

Glacez la bordure, et posez dessus les filets mignons en couronne ; égouttez les escalopes, et saucez-les avec espagnole réduite au fumet de lapereau ;

Garnissez la bordure, et servez sauce à part.

BOUDINS DE LAPEREAU.

Faites les boudins avec farce de lapereau, comme il est dit aux *Boudins à la Richelieu* (page 580) ;

Saucez avec demi-glace au fumet de lapereau.

GRENADINS DE LAPEREAUX A LA FINANCIÈRE.

Parez et piquez douze filets de lapereaux ;

Faites une bordure comme il est dit aux *Escalopes de lapereaux avec bordure de farce* (page 615) :

Faites un ragoût financière avec foie gras, truffes, rognons, crêtes et quenelles de lapereaux ;

Faites cuire et glacez les filets ;

Démoulez la bordure, et dressez les filets en couronne sur la bordure ;

Remplissez le milieu avec le ragoût, que vous saucerez avec sauce financière au fumet de lapereau.

Servez.

ROTIS DE GIBIER

FAISAN ROTI.

Préparez et bardez deux coqs-faisans que vous mettez en broche ;

Faites rôtir, débrochez, débridez, dressez et glacez.

Ajoutez quatre bouquets de cresson dans les deux bouts et dans les deux flancs ;

Servez du jus de faisan à part dans une saucière.

Observation. — On a souvent l'habitude de servir les faisans pour rôti avec la tête et le plumage que l'on fixe à l'aide de broches de fil de fer avant de les apporter sur la table.

COQ DE BRUYÈRE.

Préparez un coq de bruyère ;
Bridez, bardez, embrochez ;
Faites rôtir, débrochez ;
Servez avec cresson et jus.

GELINOTTES.

Préparez et bardez des gelinottes ;
Mettez-les en broche ; faites-les rôtir et disposez-les sur morceaux de pain rôti, dits *canapés*.

PERDREAUX GRIS ET ROUGES ROTIS.

Faites rôtir et servez avec fumet de perdreau dans la saucière.

BÉCASSES ET BÉCASSINES ROTIES.

Faites rôtir ces gibiers comme il est dit à l'article précédent, mais sans les vider ;
Servez sur canapés.

BECFIGUES ET ORTOLANS ROTIS.

Ces deux gibiers se font rôtir à feu très vif;
Servez-les avec bouquets de cresson.

CAILLES ROTIES.

Faites rôtir les cailles à feu vif en les bardant de lard et de feuilles de vigne ;
Servez avec bouquet de cresson et jus à part.

MAUVIETTES ROTIES.

Embrochez les mauviettes sur un hâtelet mince en les bardant de lard ;
Fixez le hâtelet sur la broche ;
Faites rôtir à feu vif et servez sur canapés, avec jus à part.

PINTADES ROTIES.

Bridez, bardez et embrochez ;
Servez avec cresson et jus à part.

CANARDS SAUVAGES, FILETS, SARCELLES ET ROUGES DE RIVIÈRE.

Ces quatre gibiers se font rôtir à feu vif, et se servent avec jus et citron à part.

ROTIS DE GIBIER COMPOSÉ.

On sert aussi des rôtis composés de plusieurs espèces de gibier ; ainsi, un faisan garni de becfigues et de mauviettes ;
On met le faisan au milieu, les becfigues de chaque côté, et les mauviettes en cordon ;

SAUMON A LA CHAMBORD.

GRANDE MATELOTE POUR RELEVÉ.

Ou bien : un faisan garni de cailles ;

Ou bien : trois perdreaux rouges garnis d'ortolans ; les perdreaux à côté les uns des autres, et les ortolans en quatre bouquets ;

Ou bien : perdreaux gris garnis de becfigues ; on dresse, comme pour les perdreaux rouges, les perdreaux gris côte à côte et les becfigues autour.

Fig. 128. Hure de marcassin.

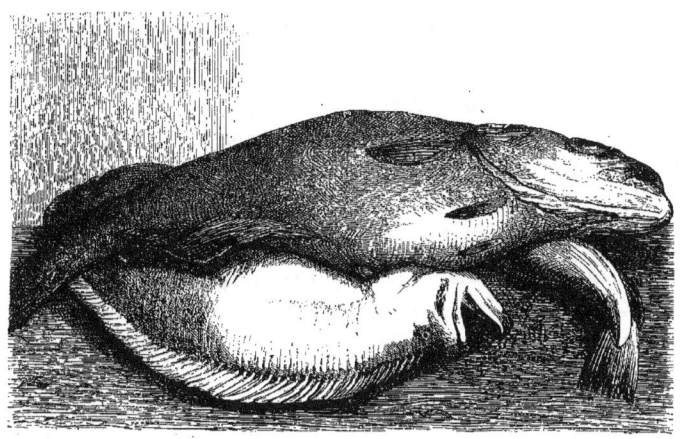

Fig. 129. Aigle, barbue, merlan.

CHAPITRE XII

POISSONS ET COQUILLAGES

RELEVÉS. — ENTRÉES

RELEVÉS DE POISSON

SAUMON A LA CHAMBORD.

Ayez un saumon pour grosse pièce, que vous videz, lavez, essuyez, et dont vous ficelez la tête ;

Mettez-le dans la poissonnière munie de sa grille ; mouillez avec la mirepoix, et couvrez-le avec feuilles de papier beurré ;

Faites-le bouillir, et au premier bouillon mettez-le mijoter à feu doux pendant une heure ;

Faites un ragoût avec quenelles de brochet, laitances de carpes, champignons et truffes ;

Préparez pour garniture 24 laitances de carpe, 13 grosses truffes et 8 grosses quenelles de farce de brochet ;

Saucez le ragoût avec espagnole maigre réduite aux essences de truffes et de champignons;

Faites un socle de riz dans le fond du plat de 5 centimètres de haut et plus petit que le poisson de 4 centimètres;

Égouttez le saumon; enlevez la peau du dessus; épongez-le et glacez-le à la glace de poisson;

Préparez quatre filets de sole contisés, fixez-les avec un peu de farce de brochet sur le saumon, depuis les ouïes jusqu'à la queue, en les disposant à égale distance les uns des autres;

Couvrez les filets de sole avec du papier beurré;

Mettez au four le saumon pour faire cuire les filets;

Lorsqu'ils sont cuits, retirez le papier beurré et placez le saumon sur le socle de riz;

Versez le ragoût dans le fond du plat;

Posez autour du socle, de manière à le masquer, 4 bouquets de laitance, les 8 grosses quenelles, 8 écrevisses et 8 truffes;

Faites cinq hâtelets avec écrevisses et truffes, et paupiettes de sole décorées; piquez-les sur le saumon (voir planche XVI);

Servez avec une sauce espagnole maigre à part.

SAUMON GARNI DE COQUILLES DE HOMARD.

Préparez un saumon comme il est dit à l'article précédent; égouttez-le; puis dressez-le sur un plat à grille recouvert d'une serviette;

Garnissez-le d'un cordon de coquilles de homard (voir *Coquilles de homard*, page 483) et de bouquets de persil en alternant;

Faites une sauce au homard avec 1 litre de poivrade que vous faites bouillir avec 2 décilitres d'allemande;

Liez au beurre de homard, et servez.

SAUMON GARNI D'ORLYS DE FILETS DE TRUITE.

Préparez le saumon comme il est dit au *Saumon à la Chambord* (page 621);

Dressez-le sur le plat à grille;

Garnissez-le avec des bouquets de persil frit et des orlys de filets de truite, que vous ferez comme des orlys de sole (voir aux *Hors-d'œuvre chauds*, page 480) ;

Servez sauce genevoise à part.

SAUMON GARNI DE CROQUETTES DE CREVETTES.

Préparez le saumon comme il est dit au *Saumon à la Chambord* (page 621) ;

Garnissez-le avec bouquets de persil frit et croquettes de crevettes, que vous ferez comme les croquettes de homard (voir aux *Hors-d'œuvre chauds*, page 480).

TURBOT GARNI D'ÉPERLANS FRITS ET DE POMMES DE TERRE.

Videz et ébarbez un turbot que vous ferez dégorger pendant deux heures ; retirez-le de l'eau et lavez-le parfaitement, puis couvrez-le de sel blanc de l'épaisseur de 1 centimètre ;

Placez-le dans la turbotière, mettez-le sur le feu ; couvrez-le d'une serviette ; versez dessus de l'eau bouillante, et lorsqu'il bout, faites mijoter pendant une demi-heure ;

Assurez-vous de la cuisson du poisson et égouttez-le, puis dressez-le sur un plat à grille couvert d'une serviette ;

Préparez des pommes de terre cuites à l'eau que vous aurez taillées en forme de grosses olives de la longueur de 5 centimètres ;

Garnissez le turbot de bouquets de pommes de terre, d'éperlans frits et de petits bouquets de persil.

On a eu souvent recours au vin ou au lait pour la cuisson du turbot ; je ne suis nullement partisan de cette méthode. L'eau salée est ce qu'il y a de plus convenable pour faire cuire ce poisson, si excellent par lui-même. Ce qu'on doit rechercher avant tout, c'est de lui laisser sa finesse de goût si hautement appréciée des consommateurs, et que les cuissons au vin et au lait ne pourraient que lui faire perdre.

Je ne crois pas non plus qu'il y ait lieu de garnir de hâtelets le turbot que l'on sert comme relevé. Un turbot bien gros et bien blanc se décore de lui-même, et le mieux est de le laisser avec sa physionomie naturelle. La garniture me paraît amplement suffire pour l'accompagnement de cette grosse pièce.

TURBOT GARNI D'HUITRES FRITES ET D'ÉCREVISSES.

Préparez un turbot comme il est dit à l'article précédent; garnissez-le avec huîtres frites, persil frit et écrevisses, en alternant;

Servez à part sauce hollandaise finie au beurre d'écrevisses.

TURBOT GARNI DE COQUILLES DE LAITANCES.

Préparez le turbot comme il vient d'être dit;

Garnissez-le de coquilles de laitances de carpe (voir aux *Hors-d'œuvre chauds*, page 484) et de bouquets de persil;

Servez à part sauce hollandaise finie au beurre de ravigote.

TURBOT GARNI DE CROQUETTES DE SOLE ET TRUFFES.

Préparez le turbot comme le *Turbot garni d'huîtres frites et d'écrevisses* (voir ci-dessus);

Garnissez-le de croquettes de sole faites avec salpicon de sole et truffes, et de persil frit, en alternant;

Servez sauce hollandaise à part.

BARBUE GARNIE D'ORLYS DE MERLAN.

Ayez une barbue que vous videz, ébarbez et faites dégorger;

Couvrez-la de sel et faites-la cuire comme le turbot (voir *Turbot garni d'éperlans frits et de pommes de terre*, page 623);

Dressez-la sur le plat à grille couvert d'une serviette, puis garnissez-la de persil frit et de filets de merlan en orlys;

Servez à part sauce hollandaise finie au beurre de ravigote et au jus de citron.

BARBUE GARNIE DE COQUILLES D'HUITRES.

Préparez la barbue comme il est dit à l'article précédent;
Garnissez-la de coquilles d'huîtres (voir aux *Hors-d'œuvre chauds*, page 482) et de bouquets de persil;
Servez sauce hollandaise à part.

BARBUE GARNIE DE POMMES DE TERRE ET D'ÉCREVISSES.

Préparez comme il est dit au *Turbot garni d'éperlans frits et de pommes de terre* (page 623);
Garnissez de pommes de terre et d'écrevisses;
Servez sauce homard à part.

DARNE D'ESTURGEON GARNIE DE PAUPIETTES DE FILETS DE SOLE.

Nettoyez une darne d'esturgeon; enlevez l'écaille et faites-la dégorger;
Enveloppez-la de bardes de lard et ficelez-la;
Mettez-la dans une casserole à grille, et mouillez-la avec moitié mirepoix et moitié vin blanc;
Faites cuire;
Ayez 24 paupiettes de filets de sole que vous préparez ainsi :
Levez les filets de six soles, enlevez les peaux et parez-les; puis étendez une couche de farce de merlan sur le côté dont vous avez enlevé la peau;
Roulez les paupiettes et enveloppez-les d'une feuille de papier beurré; vous collerez sur le dessus un champignon tourné;
Rangez-les dans un plat à sauter beurré, puis mouillez-les avec mirepoix; qu'elles soient couvertes à la moitié;
Faites-les pocher au four;

Égouttez la darne d'esturgeon, enlevez la peau et glacez-la ;

Passez et dégraissez le fond et faites réduire à glace ;

Ajoutez 6 décilitres d'espagnole et faites réduire jusqu'à ce que la sauce masque la cuiller ;

Passez à l'étamine ; puis mettez sur le plat la darne d'esturgeon ;

Rangez les paupiettes autour ;

Saucez sur les paupiettes et servez le reste de la sauce à part.

Observation. — J'indique la darne d'esturgeon, et non pas l'esturgeon entier. Ce poisson, d'un si gros volume, ne peut guère se servir que par fragments. Je puis en citer une preuve prise dans ma pratique actuelle.

J'étais chargé, il y a quelques années, à l'occasion d'une de nos grandes victoires hippiques remportées sur l'Angleterre, de faire cuire dans les cuisines du Jockey-Club un esturgeon qui ne pesait pas moins de 70 kilos. J'ai fait vainement chercher dans Paris un vase assez grand pour le contenir : j'ai été obligé, de guerre lasse, de le faire couper en trois morceaux pour le faire cuire et de le rajuster ensuite pour que ce poisson gigantesque pût paraître en son entier sur la table.

On n'oubliera pas, dans tous les cas, que les gros esturgeons sont naturellement supérieurs aux petits comme goût, ce qui fait qu'il y a presque toujours avantage à servir les darnes d'esturgeon plutôt que des esturgeons entiers d'un petit volume.

DARNE D'ESTURGEON A LA BROCHE SAUCE MATELOTE.

Enlevez à vif la peau d'une darne d'esturgeon que vous saupoudrez de sel et poivre ;

Couvrez-la de bardes de lard, puis beurrez une feuille de papier bien collé, assez grande pour contenir la darne d'esturgeon ;

Couvrez-la d'une couche d'oignons, carottes émincées, thym, laurier et persil ; posez-la sur des légumes et enveloppez-la parfaitement ;

POISSONS ET COQUILLAGES.

Embrochez-la, puis, une fois en broche, recouvrez-la de deux autres feuilles de papier beurré ;

Faites-la cuire et débrochez-la ;

Dressez-la sur le plat, glacez-la et saucez avec une sauce matelote ;

Servez même sauce à part.

DARNE D'ESTURGEON BOUILLIE A LA SAUCE AUX CAPRES.

Préparez la darne d'esturgeon comme il est dit à la *Darne d'esturgeon garnie de paupiettes de filets de sole* (voir page 625) ;

Dressez-la sur une serviette, garnissez-la de pommes de terre cuites à l'eau et de bouquets de persil ;

Servez sauce aux câpres à part.

TRUITE A LA CHAMBORD.

Ayez une truite que vous videz par les ouïes ; ébarbez-la, lavez-la et faites-la cuire avec moitié mirepoix et moitié vin de Bordeaux rouge ;

Préparez un ragoût avec quenelles de saumon, champignons et queues d'écrevisses ;

Préparez pour garniture 6 tronçons d'anguille de même grandeur et grosseur, que vous ferez cuire et glacer, 6 grosses quenelles de farce de saumon, 24 gros champignons et 8 grosses écrevisses :

La truite cuite, égouttez-la et enlevez les peaux ;

Poussez au cornet 4 filets de farce de saumon de 2 centimètres que vous disposerez à égale distance depuis les ouïes du poisson jusqu'à 5 centimètres de la queue ;

Placez les lames de truffes dans les filets de farce pour les contiser, puis faites pocher au four ;

Passez la cuisson, dégraissez-la et faites-la réduire à demi-glace ;

Ajoutez 1 demi-litre d'espagnole ; faites réduire de nouveau jusqu'à ce que la sauce masque la cuiller, puis passez à l'étamine ;

Faites, dans le plat, un socle de riz de 2 centimètres moins long que le poisson; saucez le ragoût que vous rangez autour du socle;

Dressez, en alternant, les quenelles, les tronçons d'anguille, les écrevisses et les champignons, en bouquet, de manière à masquer le socle;

Posez cinq hâtelets que vous ferez avec paupiettes de sole (voir à la *Darne d'esturgeon garnie de paupiettes de filets de sole*, page 625), éperlans frits et champignons;

Servez avec sauce à part.

TRUITE GARNIE DE POMMES DE TERRE ET DE CREVETTES.

Préparez la truite comme il est dit à l'article précédent;

Faites-la cuire, égouttez-la et dressez-la sur un plat à grille couvert d'une serviette;

Garnissez de pommes de terre et de bouquets de crevettes;

Servez sauce genevoise à part (*Sauce genevoise*, page 432).

TRUITE GARNIE DE COQUILLES DE QUEUES D'ÉCREVISSE.

Préparez la truite comme la *Truite à la Chambord* (voir page 627);

Garnissez-la de coquilles de queues d'écrevisse (voir aux *Hors-d'œuvre chauds*, page 483) et de bouquets de persil;

Servez à part une sauce hollandaise que vous finirez avec beurre d'écrevisses, jus de citron et persil haché.

TRUITE GARNIE DE LAITANCES FRITES.

Procédez comme il est dit à la *Truite à la Chambord* (voir page 627);

Garnissez de laitances frites et de persil frit, et servez sauce genevoise à part.

CABILLAUD GARNI D'ANCHOIS FRITS.

Videz et nettoyez un cabilaud, que vous ciselez de 6 centimètres de chaque côté et que vous mettez dans une terrine avec sel blanc;

Placez-le sur la grille et plongez-le dans l'eau bouillante en ayant soin qu'il baigne complètement;

Laissez bouillir pendant cinq minutes, puis retirez le poisson sur le coin du fourneau pendant dix minutes et égouttez-le;

Dressez-le sur un plat à grille; garnissez de bouquets d'anchois frits et de persil frit;

Servez beurre fondu et citron à part.

CABILLAUD GARNI DE POMMES DE TERRE ET DE PERSIL.

Préparez le cabillaud comme il est dit à l'article précédent;

Garnissez avec pommes de terre bouillies, que vous formerez en grosses olives de 5 centimètres, et avec persil frit;

Servez maître-d'hôtel liée à part.

BROCHET A LA CHAMBORD.

Videz un brochet par les ouïes; échaudez-le pour en retirer la peau;

Ficelez la tête; mettez-le dans une poissonnière et couvrez-le entièrement de mirepoix et de vin blanc;

Enveloppez-le de papier beurré; faites-le cuire, égouttez-le, puis cloutez-le de quatre rangées doubles de clous de truffes;

Posez entre chaque rangée un filet de sole que vous fixerez avec farce de brochet;

Faites un ragoût avec quenelles de brochet, truffes et champignons;

Préparez pour garniture 20 laitances de carpe, 16 grosses écrevisses, 8 grosses quenelles de brochet et 10 champignons;

Passez la cuisson, dégraissez et faites réduire;

Ajoutez un litre d'espagnole ;

Faites un socle de riz dans le fond du plat et dressez le brochet dessus ;

Saucez le ragoût avec la sauce et rangez-le autour du socle ;

Garnissez avec les quenelles, les laitances et les champignons ;

Faites cinq hâtelets avec écrevisses, truffes et champignons, piquez les hâtelets sur le brochet (voir *Saumon à la Chambord*, planche XVI) ;

Servez la sauce à part.

BROCHET A LA FINANCIÈRE MAIGRE.

Préparez un brochet comme il est dit à l'article précédent ;

Faites un ragoût avec quenelles de brochet, champignons, queues d'écrevisses et truffes ;

Saucez ce ragoût avec financière maigre ;

Préparez une garniture avec truffes, laitances frites, paupiettes de filets de sole, écrevisses et champignons ;

Égouttez le brochet et glacez-le ;

Placez-le sur un socle de riz que vous ferez sur le fond du plat ;

Mettez le ragoût autour du socle pour le masquer entièrement ;

Garnissez avec paupiettes de sole, laitances frites, champignons, truffes, écrevisses ;

Faites cinq hâtelets avec écrevisses, champignons, éperlans frits en couronne ; piquez-les ;

Servez à part sauce financière maigre.

BROCHET GARNI DE QUENELLES AU BEURRE D'ÉCREVISSES.

Préparez le brochet comme il vient d'être dit, puis dressez-le sur un plat ;

Faites des quenelles avec farce de brochet et beurre d'écrevisses ;

Glacez le poisson, puis rangez les quenelles autour ;

POISSONS ET COQUILLAGES. 631

Servez de la sauce hollandaise liée au beurre d'écrevisses dans la saucière.

BROCHET A LA NORMANDE.

Préparez un brochet comme il est dit au *Brochet à la Chambord* (voir page 629); faites-le cuire, égouttez-le et dressez-le sur plat;

Faites un ragoût avec champignons, huîtres et moules, que vous saucerez d'allemande maigre;

Garnissez le brochet avec ragoût, puis glacez-le à la glace de poisson;

Servez sauce allemande à part.

CARPE A LA CHAMBORD.

Écaillez une grosse carpe et videz-la par les ouïes;

Ficelez-la par la tête, puis faites-la cuire avec mirepoix et vin de Bordeaux rouge;

Préparez un ragoût avec escalopes d'anguilles, champignons, queues d'écrevisses et truffes;

Préparez une garniture avec quenelles de carpe, écrevisses, truffes et gros champignons;

Égouttez la carpe que vous avez fait cuire et glacez-la au four;

Passez, dégraissez et faites réduire la cuisson; ajoutez 1 litre d'espagnole; faites réduire de nouveau et passez à l'étamine;

Faites, dans le milieu du plat, un socle de riz sur lequel vous posez la carpe;

Saucez le ragoût avec la sauce et rangez-le autour du socle;

Rangez la garniture autour de la carpe;

Faites 5 hâtelets avec écrevisses, truffes et gros champignons; piquez-les sur la carpe (voir *Saumon à la Chambord*, pl. XVI);

Servez à part le reste du ragoût.

OBSERVATION SUR LES CHAMBORDS.

On voudra bien me permettre de faire une observation à propos de mes recettes des Chambords. Quoique j'aie employé quatre fois le mot *Chambord*, afin de me conformer à la dénomination adoptée pour désigner certaines grosses pièces de poisson avec hâtelets, j'ai eu soin de varier sauces et garnitures de manière à constituer, avec mes quatre relevés, quatre mets absolument différents les uns des autres, bien que leur désignation se trouve être la même.

CARPE FARCIE A L'ANCIENNE.

Je préviens les personnes qui ne sauraient point ce que c'est que la *carpe farcie à l'ancienne*, ce qui n'a rien d'étonnant, ce mets étant aujourd'hui beaucoup moins usité qu'autrefois, qu'il se fait en composant une carpe artificielle que l'on forme avec de la farce, on emploie, comme on le verra, la tête et la queue du poisson de manière à reproduire, autant que possible, l'apparence de la carpe naturelle.

MANIÈRE D'OPÉRER POUR LA CARPE FARCIE A L'ANCIENNE.

Écaillez une carpe et levez-en les chairs, puis faites une quantité de farce proportionnée à la carpe que vous aurez à former, d'après les détails qui seront donnés ci-dessous ;

Coupez la tête et la queue du poisson, en y laissant 3 centimètres d'arêtes qui vous serviront à fixer tête et queue dans la farce ;

Taillez une lame de pain de 10 centimètres de largeur sur 1 centimètre d'épaisseur, et de la longueur que la carpe en farce doit avoir ;

Faites un ragoût avec laitances de carpe, champignons, truffes et queues d'écrevisses ; mêlez la moitié de ce ragoût avec espagnole très réduite au vin de Madère ;

POISSONS ET COQUILLAGES.

Posez la lame de pain sur le plat, et placez aux deux extrémités la tête et la queue de la carpe que vous avez coupées;

Formez la carpe, et, lorsqu'elle est formée, pratiquez dans le milieu, avec la cuiller à ragoût, une cavité assez grande pour contenir la moitié du ragoût que vous venez de saucer;

Recouvrez la cavité de farce à une épaisseur de 2 centimètres;

Finissez la carpe en lissant avec la lame du couteau humectée;

Dorez légèrement le dessus, marquez les écailles avec le manche d'une cuiller; puis faites pocher au four;

Saucez l'autre partie du ragoût avec une espagnole réduite au vin de Madère;

Disposez cette autre partie du ragoût de chaque côté de la carpe sans en verser dessus, et servez.

CARPE FARCIE A LA MODERNE.

Préparez une carpe avec de la farce comme il vient d'être dit à l'article précédent;

Garnissez-la de coquilles de laitances, et servez.

GRANDE MATELOTE POUR RELEVÉ.

Préparez 6 carpes comme pour matelote, 4 brochets moyens et 2 grosses anguilles;

Coupez le tout en morceaux d'égale grosseur;

Faites revenir 8 gros oignons que vous couperez en lames; mouillez-les avec 8 bouteilles de vin de Bourgogne et 2 litres de mirepoix;

Ajoutez un bouquet très assaisonné, 4 gousses d'ail non épluchées et 6 échalotes;

Faites cuire pendant une heure à très petit bouillon;

Salez et poivrez légèrement, puis rangez les carpes dans une casserole à glacer, les brochets et l'anguille dans une autre casserole;

Passez la cuisson, une moitié sur les brochets, l'autre moitié sur les anguilles et les carpes;

Faites cuire le poisson, puis faites une garniture avec 100 petits oignons d'égale grosseur que vous passerez au beurre et que vous glacerez, 100 champignons moyens, 24 grosses écrevisses;

Ayez des œufs pour 4 bouquets de la grosseur d'une très grosse truffe, 12 laitances de carpe pour couronner la matelote et faire 4 bouquets et 12 croûtons de pain passés au beurre;

Retirez les carpes de leur casserole et égouttez-les dans une autre;

Égouttez les brochets et les anguilles dans deux casseroles séparées;

Passez la cuisson au tamis de soie, faites réduire à demi-glace, ajoutez 3 litres d'espagnole et faites réduire jusqu'à ce que la sauce masque la cuiller;

Passez à l'étamine et mettez au bain-marie;

Couvrez chaque poisson de sauce pour le chauffer;

Dressez toutes les têtes des carpes et des brochets droites de manière à former un socle;

Rangez autour d'elles les tronçons de carpe pour former un premier gradin;

Sur les carpes disposez les brochets pour former un deuxième gradin;

Mettez au milieu les petits morceaux qui seraient susceptibles de déranger la symétrie de la couronne;

Posez les anguilles pour former un troisième gradin;

Saucez le tout, puis disposez autour du premier gradin douze écrevisses, à égale distance les unes des autres;

Entre chaque écrevisse, placez un croûton de pain frit;

Sur le bord du premier gradin, posez des bouquets d'oignons et de champignons;

Sur le bord du deuxième gradin, posez bouquets d'œufs et de laitances;

Dressez sur le bord du troisième gradin six écrevisses accrochées par les queues et un cordon d'oignons glacés;

Couronnez avec le bouquet de laitances de carpe (voir la planche XVII);

Servez la sauce à part.

Observation. — Cette belle matelote a le grand mérite d'être dressée, comme on le voit, sans le secours de hâtelets ou de croustades, et de ne devoir son ornement qu'aux poissons mêmes dont elle se compose. Je me souviens de l'avoir vu, dans ma première jeunesse, exécuter par M. Loyer père, aux fêtes données à Rosny par Madame la duchesse de Berry. Je n'oublierai jamais l'aspect que présentait cette pièce, si réellement imposante, lorsqu'elle sortit des cuisines pour être transportée sur la table. Je ne crois pas qu'on soit jamais arrivé, pour aucune pièce de relevé, à produire, à l'aide de moyens moins compliqués, un plus grand effet.

C'est d'ailleurs pour moi un devoir d'ajouter que l'éminent cuisinier qui a servi cette matelote et tant d'autres choses remarquables à tous les points de vue, joignait à la supériorité du talent la plus aimable modestie, une politesse, une aménité de caractère qui l'ont fait honorer et aimer de tous ceux qui ont eu le bonheur de travailler avec lui.

ENTRÉES DE POISSON

DARNE DE SAUMON A LA SAUCE AUX HUITRES.

Préparez une darne de saumon comme pour entrée ;
Faites-la cuire dans la mirepoix ; égouttez-la, levez les peaux, glacez-la et dressez-la sur un plat ;
Garnissez les deux côtés d'huîtres saucées à l'allemande maigre ;
Servez sauce aux huîtres à part.

DARNE DE SAUMON A LA FINANCIÈRE MAIGRE.

Faites cuire une darne de saumon dans la mirepoix maigre ;
Enlevez la peau, puis glacez la darne à la glace de poisson ;
Garnissez-la d'une financière maigre, comme il est dit au *Brochet à la financière maigre* (page 630) ;

DARNE DE SAUMON A LA SAUCE GENEVOISE.

Faites cuire une darne de saumon à la mirepoix ; égouttez-la et dressez-la sur un plat garni d'une serviette ;

Mettez autour des bouquets de persil et des pommes de terre coupées en grosses olives ;

Servez sauce genevoise à part.

DARNES DE SAUMON GRILLÉES A LA MAITRE-D'HOTEL.

Ayez quatre morceaux de saumon de 4 centimètres d'épaisseur ; nettoyez-les et essuyez-les parfaitement, puis mettez-les mariner dans un plat avec sel, huile, oignons en lames et branches de persil ;

Une demi-heure avant de servir, retirez les darnes de la marinade ;

Faites-les griller ;

Dressez-les sur un plat, garni d'une serviette ;

Garnissez-les de pommes de terre et de persil ;

Servez maître-d'hôtel à part.

FILETS DE SAUMON GARNIS DE POMMES DE TERRE, DITS A LA MONTREUIL.

Préparez les filets de saumon de la grandeur d'un filet de poulet ; rangez-les dans un plat à sauter que vous aurez beurré avec du beurre clarifié ;

Saupoudrez-les de sel et couvrez-les de beurre, puis posez dessus un rond de papier beurré ;

Faites une garniture de pommes de terre formées à la cuiller à légumes d'une grosseur de 2 centimètres ; faites-les blanchir, égouttez-les, puis faites-les cuire dans le beurre sans laisser prendre couleur ;

Préparez une allemande maigre ; séparez-la en deux parties, et liez-en une partie au beurre de homard ;

POISSONS ET COQUILLAGES.

Faites sauter les filets de saumon et dressez-les en couronne autour d'une croustade ;

Masquez les pommes de terre avec la sauce au beurre de homard, puis garnissez-en la croustade ;

Saucez les filets avec l'autre partie de l'allemande maigre que vous avez réservée ;

Servez allemande maigre à part.

FILETS DE SAUMON A LA VÉNITIENNE.

Préparez les filets de saumon comme il est dit à l'article précédent ; dressez-les sur le plat et saucez-les d'une sauce vénitienne ;

Servez sauce vénitienne à part.

FILETS DE SAUMON A LA RAVIGOTE MAIGRE.

Préparez les filets de saumon comme il est dit aux *Filets de saumon à la Montreuil* (voir page 636) ;

Saucez-les avec ravigote maigre, et servez la même sauce à part.

FILETS DE SAUMON AUX HUITRES ET AUX CREVETTES, DITS A LA PARISIENNE.

Préparez les filets de saumon comme il est dit aux *Filets de saumon à la Montreuil* (page 636) ;

Faites une garniture d'huîtres d'Ostende et de crevettes ;

Sautez les filets de saumon, puis dressez-les en couronne autour d'une croustade ;

Saucez garniture et filets de poisson d'une hollandaise dans laquelle vous aurez mêlé du persil haché.

FILETS DE SAUMON A LA PÉRIGUEUX MAIGRE.

Préparez les filets de saumon comme il est dit aux *Filets de saumon à la Montreuil* (page 636) ;

Dressez-les et saucez-les d'une sauce Périgueux maigre (voir *Sauce Périgueux maigre*, page 432).

Servez périgueux maigre à part.

BOUDINS DE SAUMON AU BEURRE D'ÉCREVISSES.

Préparez une farce de saumon à laquelle vous mêlerez du beurre d'écrevisses ;

Couchez et pochez la farce pour former les boudins comme il est dit aux *Boudins de volaille à la Richelieu* (page 580) ;

Saucez-les d'allemande maigre finie au beurre d'écrevisses.

SOLE A LA NORMANDE.

Nettoyez et préparez une grosse sole, puis détachez les chairs de l'arête de 1 centimètre de chaque côté, sur la partie où vous avez enlevé la peau ;

Beurrez un plat et saupoudrez-le d'oignons hachés très fin que vous aurez blanchis ;

Assaisonnez la sole de sel et poivre ; mouillez-la avec du vin blanc, puis faites-la cuire ;

Vous aurez préparé dans une casserole du velouté maigre, auquel vous ajouterez de l'eau de moules et la cuisson de la sole ; faites réduire et liez à l'œuf ;

Ayez une garniture composée d'huîtres, moules, champignons, croûtons de pain et éperlans ;

Rangez les huîtres, les moules et les champignons sur la sole ;

Saucez avec de l'allemande ;

Mettez cinq minutes au four, en évitant que la sauce ne prenne couleur ;

Garnissez le dessus d'éperlans frits et de croûtons qui ne doivent pas être saucés ;

Les croûtons pour la sauce à la normande se font avec croûtes de pain à potage, beurrés des deux côtés et passés au four.

POISSONS ET COQUILLAGES. 639

OBSERVATION SUR LA SOLE A LA NORMANDE.

Il arrive souvent que l'on sert, sous le titre de *Matelotes normandes*, des soles avec une sauce faite d'allemande grasse qui n'est autre chose que la sauce poulette vulgaire pour fricassée de poulet, pieds de mouton, etc. La recette que j'indique n'a pour base, comme on a pu le constater, que l'essence de poisson. Je la donne pour véritable et telle, du reste, qu'elle a été faite lors de sa création. Je la tiens directement de l'inventeur, M. Langlais, chef de cuisine au Rocher de Cancale, à l'époque de sa grande vogue. Il a bien voulu me communiquer son procédé, d'après les principes adoptés par lui-même et qui sont exactement ceux que je viens de transcrire.

SOLE A LA COLBERT.

Préparez une sole et faites une incision depuis les ouïes jusqu'à 4 centimètres de la queue pour retirer l'arête;

Vous briserez avec le talon du couteau l'arête du haut en bas pour qu'elle puisse s'enlever facilement;

Panez la sole à l'œuf et faites-la frire; lorsqu'elle est frite, enlevez l'arête, puis mettez dans l'ouverture 1 hecto de maître-d'hôtel;

Servez avec persil et un citron.

FILETS DE SOLE AU GRATIN.

Ayez 24 filets de sole parés d'égale longueur;

Faites une farce de merlan où vous mêlerez de la sauce d'Uxelles; puis étendez une couche de farce de 1 demi-centimètre sur le côté de la sole où la peau a été enlevée;

Ployez les filets en deux;

Disposez sur le fond du plat une couche de farce assez étendue pour pouvoir contenir les filets;

Chevalez les filets de sole les uns sous les autres, en les séparant par une couche de farce pour les assujettir;

Formez deux couronnes bien égales en sens inverse; mettez dans le milieu un morceau de mie de pain couvert des deux côtés de papier beurré, afin de maintenir la couronne en cuisant.

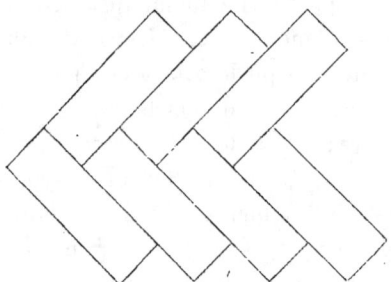

Fig. 130. Dressage en sens inverse.

Enveloppez les couronnes avec deux bandes de papier beurré et ficelé; faites pocher au four, et quand les filets sont cuits, retirez ficelles et morceaux de pain;

Épongez pour enlever le beurre qui pourrait se trouver dans le fond du plat;

Saucez avec sauce italienne, et servez.

FILET DE SOLE A LA VÉNITIENNE.

Préparez 16 filets de sole de la forme et de la grandeur des *Filets de poulet sauce suprême* (page 574);

Rangez-les dans le plat à sauter; saupoudrez-les de sel et couvrez-les d'un rond de papier beurré;

Faites-les sauter et dressez-les en couronne;

Saucez-les d'une sauce vénitienne (voir *Sauce vénitienne*, page 438).

FILETS DE SOLE AUX ÉCREVISSES ET AUX TRUFFES, DITS A LA JOINVILLE.

Préparez 16 filets de sole que vous ployez en deux; fixez

dans les bouts des filets des pattes d'écrevisses dont vous aurez retiré le moignon;

Faites une garniture avec queues de crevettes et émincés de truffes;

Faites sauter les filets, dressez-les en couronne, puis mettez dans le milieu de la couronne la garniture, que vous saucerez avec sauce allemande maigre finie au beurre de crevettes;

Ayez soin de ne pas saucez les filets;

Servez même sauce à part.

FILETS DE SOLE AUX HUITRES.

Préparez les filets de sole comme il est dit aux *Filets de sole à la vénitienne* (page 640), faites-les sauter;

Préparez une garniture d'huîtres et de l'allemande de poisson;

Dressez les filets autour d'une croustade;

Saucez les huîtres avec l'allemande de poisson et garnissez la croustade;

Saucez également les filets, et servez même sauce à part.

FILETS DE SOLE AUX CREVETTES.

Préparez les filets comme il est dit à l'article précédent; rangez-les autour de la croustade, que vous garnissez de queues de crevettes; saucez avec allemande finie au beurre de crevettes;

Servez même sauce à part.

PAUPIETTES DE FILETS DE SOLE.

Préparez 24 filets de sole comme il est dit aux *Filets de sole à la Joinville* (page 640);

Assaisonnez les filets, étendez dessus une couche de farce, puis roulez-les en forme de paupiettes;

Enveloppez-les de papier beurré, que vous ficelez afin que la paupiette conserve sa forme;

Faites pocher au four, puis dressez les paupiettes en gradins les unes sur les autres ;

Mettez sur chaque paupiette un champignon tourné ;

Saucez d'une sauce allemande finie au beurre d'écrevisses ;

Servez.

PILAU DE HOMARD A LA TURQUE.

Émincez des queues de homard en escalopes ;

Rangez-les dans un plat à sauter beurré ;

Faites-les chauffer, puis dressez-les en couronne, deux rangées l'une sur l'autre ;

Garnissez le milieu de riz à la turque préparé comme il est dit au *Riz à la turque* (voir page 394) ;

Saucez le homard seul d'espagnole très légère avec piment ;

Servez à part sauce kari, que vous ferez avec du velouté maigre, dans lequel vous mêlerez de la poudre de kari ;

Faites réduire ; passez à l'étamine, servez.

BOUDINS DE CARPE GARNIS DE LAITANCES AU SUPRÊME.

Faites une farce de carpe, et formez-en des boudins, comme il est dit aux *Boudins de volaille à la Richelieu* (voir page 580) ;

Préparez une garniture de laitances,

Faites pocher les boudins, égouttez-les, et dressez-les en couronne ;

Mettez les laitances dans le milieu, saucez avec sauce suprême maigre et servez.

FILETS DE MAQUEREAU A LA HOLLANDAISE.

Levez des filets de maquereau, que vous coupez en deux ; taillez-les en forme de poire allongée, puis rangez-les dans un plat à sauter que vous aurez beurré ;

Assaisonnez-les de sel et de poivre, masquez-les de beurre et couvrez-les d'un rond de papier beurré ;

POISSONS ET COQUILLAGES. 643

Faites-les sauter, dressez en couronne;
Saucez-les d'une sauce hollandaise.

FILETS DE MAQUEREAU A LA VÉNITIENNE.

Préparez les filets de maquereau comme il est dit à l'article précédent;

Servez-les de même, et remplacez la sauce hollandaise par une sauce vénitienne (voir *Sauce vénitienne*, page 438).

FILETS DE MAQUEREAU AU SALPICON DE HOMARD.

Préparez et dressez les filets de maquereau comme il est dit aux *Filets de maquereau à la hollandaise* (voir page 642);

Garnissez le milieu de la couronne avec des morceaux de homard que vous aurez coupés en gros dés et que vous saucerez avec une sauce homard.

FILETS DE MAQUEREAU AUX LAITANCES DE CARPE.

Préparez et faites cuire les filets de maquereau comme il est dit aux *Filets de maquereau à la hollandaise* (page 642);

Dressez-les en couronne autour d'une croustade que vous garnissez de laitances de carpe;

Saucez les filets d'une sauce ravigote;

Servez sauce ravigote à part.

FILETS DE MAQUEREAU EN ORLYS.

Levez les filets de maquereau; coupez-les de 2 centimètres de large sur la longueur, puis marinez-les avec sel, poivre, huile, oignons en lames et persil en branches;

Une demi-heure avant de servir, égouttez-les sur une serviette;

Trempez-les dans la pâte à frire et faites-les frire;

Dressez-les en rocher;

Garnissez de persil frit, et servez sauce tomate à part.

FILETS DE MAQUEREAU AUX CREVETTES.

Préparez les filets de maquereau comme il est dit aux *Filets de maquereau à la hollandaise* (page 642);

Dressez-les en couronne autour d'une croustade que vous garnissez de queues de crevettes;

Saucez les queues de crevettes et les filets de maquereau avec la sauce crevettes.

BOUDINS DE BROCHET AU SALPICON.

Faites une farce de brochet et formez des boudins comme il est dit aux *Boudins de volaille à la Richelieu* (page 580).

Garnissez-les d'un salpicon composé de truffes, laitances de carpe et champignons, que vous saucez d'allemande maigre très réduite.

Faites pocher les boudins, dressez-les et saucez-les avec de l'allemande maigre.

ROUGETS EN PAPILLOTES.

Préparez les rougets et nettoyez-les;

Huilez une feuille de papier bien collé; couvrez-la de sauce d'Uxelles de la longueur des rougets, posez les rougets dessus et couvrez-les de sauce;

Enveloppez-les avec une feuille de papier huilé et formez la papillote;

Faites cuire sur le gril et servez.

ROUGETS A LA PROVENÇALE.

Préparez les rougets;

Nettoyez-les;

Faites une farce avec jaunes d'œufs durs, persil haché, beurre, pointe d'ail et les intestins du rouget;

Mouillez cette farce à l'œuf;

Farcissez les rougets;

Enveloppez-les de papier beurré et faites-les cuire sur le gril;

Retirez le papier et dressez les poissons sur le plat;

Arrosez-les d'une maître-d'hôtel dans laquelle vous ajouterez du beurre d'ail.

BRANDADE DE MORUE.

Faites dessaler la morue jusqu'à ce qu'elle soit devenue très douce;

Mettez-la dans une casserole à grande eau, placez-la sur le feu et faites bouillir; au premier bouillon, couvrez la casserole et retirez du feu;

Enlevez avec le plus grand soin les arêtes et les peaux de la morue; mettez-la dans une casserole avec de l'huile d'olives, que vous ajouterez par plusieurs parties, en travaillant la morue que vous aurez remise sur le feu;

Retirez-la du feu au bout de cinq minutes, et travaillez-la toujours avec la cuiller de manière à former une pâte bien lisse;

Lorsque la pâte est arrivée à ce point, ajoutez crème double et ail pilé; continuez à remuer avec la cuiller;

Goûtez pour l'assaisonnement, puis dressez la morue en rocher sur le plat et garnissez-la de croûtons de pain frit.

Observation. — Le meilleur procédé pour faire la brandade consiste à bien broyer la morue en la travaillant constamment avec l'huile qu'on ajoute successivement. On doit surtout éviter d'employer des morues vieilles en salaison, avec lesquelles on n'obtiendrait jamais cette pâte lisse que l'on considère avec raison comme l'une des qualités essentielles de la brandade.

FILETS DE MERLAN AU GRATIN.

Levez les filets de dix merlans et procédez comme il est dit aux *Filets de sole au gratin* (page 639): même farce et même manière de dresser;

Vous saucerez avec de l'allemande finie au beurre de homard.

FILETS DE MERLAN EN PAUPIETTES.

Faites les paupiettes de merlan comme il est dit aux *Paupiettes de filets de sole* (page 641);

Faites une croustade en pâte de 4 centimètres de haut et de la largeur du plat;

Rangez les paupiettes dans la croustade, en laissant au milieu un vide que vous garnirez avec huîtres et champignons;

Saucez d'une allemande réduite à l'essence de champignons.

FILETS DE MERLAN A L'ANGLAISE.

Parez les filets de merlan; panez-les à l'œuf et faites-les frire;

Servez à part une espagnole maigre réduite, finie avec beurre, jus de citron et persil haché.

BOUDINS DE MERLAN A LA SAUCE RAVIGOTE.

Préparez de la farce de merlan et formez les boudins comme il est dit aux *Boudins de volaille à la Richelieu* (page 580);

Garnissez les boudins avec un salpicon de crevettes que vous saucerez d'allemande réduite;

Faites-les pocher, dressez-les et saucez-les d'une sauce ravigote.

BOUDINS DE MERLAN A LA MARINIÈRE.

Préparez les boudins de merlan comme il vient d'être dit à l'article précédent;

Garnissez le milieu de moules;

Saucez avec allemande réduite avec la cuisson des moules, dans laquelle vous ajouterez du persil haché.

BOUDINS DE MERLAN A LA MARÉCHALE.

Faites les boudins comme il est dit aux *Boudins de merlan à la sauce ravigote* (voir page 646); panez-les à l'œuf et faites-les griller;

Servez à part une demi-glace dans laquelle vous aurez mis du jus de citron.

GRENOUILLES A LA POULETTE.

Ayez des culottes de grenouilles que vous ferez dégorger avec soin; égouttez-les et mettez-les dans une casserole, avec vin blanc, sel, persil en branches et oignons en lames;

Faites-les cuire à casserole couverte; égouttez-les, parez-les, puis mettez-les dans la casserole;

Passez la cuisson au tamis de soie et faites réduire;

Ajoutez du velouté de poisson et faites réduire de nouveau;

Liez à l'œuf, passez à l'étamine et ajoutez persil haché;

Saucez les grenouilles que vous dresserez dans une casserole à légumes.

GRENOUILLES FRITES.

Préparez les grenouilles comme il est dit à l'article précédent;

Égouttez-les lorsqu'elles sont cuites, et épongez-les;

Trempez-les dans la pâte et faites-les frire;

Dressez-les en rocher, et servez avec persil frit et citron.

FILETS D'ANGUILLE A LA BORDELAISE.

Préparez une anguille que vous fendez en deux sur la longueur; retirez l'arête du milieu et faites cuire l'anguille avec vin blanc, sel, poivre, oignon en lames et persil en branches;

Lorsqu'elle est cuite, mettez-la en presse; passez la cuisson; faites réduire et ajoutez de la glace de poisson;

Passez à travers la passoire dite *chinois*, dans un bain-marie ;

Parez l'anguille en filets comme les filets de poulet pour suprême ; rangez les filets dans le plat à sauter et couvrez-les avec le fond que vous aurez fait réduire ;

Dressez-les en couronne et garnissez le milieu de petits oignons cuits et glacés et de petits champignons tournés ;

Saucez avec sauce matelote, à laquelle vous ajouterez beurre d'anchois et poivre de Cayenne.

FILETS D'ANGUILLE SAUCE PIMENT, DITS A L'AMÉRICAINE.

Préparez les filets d'anguille comme il a été dit à l'article précédent ;

Lorsqu'ils sont parés, panez-les au beurre et faites-les griller ;

Servez à part une espagnole réduite dans laquelle vous ajouterez du piment haché.

FILETS D'ANGUILLE GARNIS DE QUENELLES DE BROCHET.

Préparez les filets d'anguille comme il est dit aux *Filets d'anguille à la bordelaise* (page 647) ;

Garnissez de quenelles de brochet que vous ferez avec farce de brochet saucée d'espagnole maigre ;

Servez.

FILETS D'ANGUILLE A LA TARTARE.

Préparez, panez et grillez les filets d'anguille comme il est dit aux *Filets d'anguille à l'américaine*, voir ci-dessus) ;

Dressez-les en couronne, et servez une sauce tartare dans le milieu (voir *Sauce tartare*, page 102).

COQUILLAGES

ÉCREVISSES A LA BORDELAISE.

Préparez et lavez les écrevisses, que vous faites cuire avec vin blanc, oignons, persil, sel et poivre, muscade;

Coupez en très petits morceaux des carottes et oignons que vous faites revenir au beurre; mouillez-les avec vin blanc et faites-les glacer;

Ajoutez de l'espagnole avec la cuisson des écrevisses que vous passerez au tamis de soie;

Faites réduire;

Dressez les écrevisses, que vous aurez eu le soin de tenir au chaud; retirez les aromates et ajoutez à la sauce persil haché et Cayenne;

Saucez les écrevisses; servez dans une casserole à légumes.

Observation. — Les écrevisses à la bordelaise doivent être de haut goût; je recommande cependant que l'on ne prodigue pas le piment avec excès, comme on le fait trop souvent, de manière à emporter la bouche des convives.

HOMARD A LA BORDELAISE.

Ayez un homard vivant dont vous détacherez les pattes; coupez les corps et la queue en 3 ou 4 morceaux, suivant la grosseur;

Sciez les pattes en deux endroits, afin que les convives puissent enlever aisément l'intérieur, en ayant soin toutefois de ne pas séparer les coquilles;

Faites cuire, et finissez comme il est dit aux *Écrevisses à la bordelaise* (voir ci-dessus).

HOMARD A L'AMÉRICAINE.

Coupez des queues de homard en lames de 1 centimètre d'épaisseur; rangez-les en couronne dans une casserole à légumes;

Coupez la chair des pattes, avec laquelle vous formerez un salpicon pour garnir le milieu de la couronne ;

Saucez avec une sauce que vous ferez ainsi :

Mettez dans une casserole des échalotes hachées et lavées ; faites-les revenir dans le beurre pendant 2 minutes et mouillez-les avec vin blanc ;

Faites-les cuire, puis ajoutez espagnole et purée de tomates par parties égales, avec une pointe de poivre de Cayenne ;

Faites réduire pendant cinq minutes ;

Passez à l'étamine et saucez le homard ;

Faites mijoter à feu doux pendant dix minutes, et servez.

HOMARD A LA PROVENÇALE.

Préparez un homard cru comme il est dit au *Homard à la bordelaise* (page 649) ; mettez-le dans une casserole, avec huile, sel, poivre, thym, laurier, oignon et pointe d'ail ;

Faites sauter le homard jusqu'à cuisson ; lorsqu'il est cuit, retirez tous les morceaux et enlevez les parties d'aromates qui pourraient se trouver dessus ;

Mettez dans la casserole où se trouvent les aromates, vin blanc, espagnole et eau-de-vie ;

Faites réduire et passez à l'étamine sur le homard ;

Faites chauffer les morceaux de homard et dressez-les en rocher ;

Saucez sans dégraisser.

Fig. 131. Coquille pour hors-d'œuvre.

Fig. 132. Casserole de pommes de terre garnie d'escalopes de lapereau.

CHAPITRE XIII

ENTRÉES DE FOUR

PATÉ CHAUD A LA FINANCIÈRE.

Foncez un moule d'entrée avec pâte à foncer; garnissez-le de farine; couvrez-le et pincez le bord;

Dorez et faites cuire;

Lorsque la croûte est cuite, enlevez le couvercle et laissez un rebord de 2 centimètres;

Retirez la farine de l'intérieur, brossez au pinceau, dorez à l'extérieur et à l'intérieur, puis faites sécher au four quatre minutes;

Préparez un ragoût financière (voir aux *Garnitures*, page 452);

Préparez une garniture composée de 5 crêtes de coq, 5 écrevisses, 5 champignons et une belle truffe;

Garnissez le pâté avec le ragoût; disposez la garniture comme la planche l'indique (voir la planche XVIII, fig. 1);

Glacez la croûte avec glace légère et servez.

PATÉ CHAUD DE CAILLES.

Foncez un moule comme il a été dit à l'article précédent ;

Préparez huit cailles, que vous coupez en deux et rangez sur un plat à sauter avec du beurre clarifié ;

Assaisonnez-les de sel et de poivre, et faites-les revenir sur le feu pendant dix minutes ;

Égouttez-les et laissez-les refroidir ;

Faites une farce avec 250 grammes de foie de veau et 250 grammes de lard ;

Mettez dans un plat à sauter le lard que vous couperez en petits dés ;

Ajoutez sel et poivre ;

Passez sur le feu pendant quatre minutes ; ajoutez le foie que vous aurez coupé en dés ; passez encore quatre minutes ; laissez refroidir, puis pilez et passez au tamis ;

Mettez dans le fond de la croûte une couronne de farce d'une épaisseur de 2 centimètres, de façon que le reste de la croûte reste à découvert ;

Dressez huit morceaux de caille choisis du même côté dans la croûte, et placez entre les morceaux un lit de farce pour les soutenir ;

Formez de même une seconde rangée de farce et de caille ;

Placez, dans le vide que vous avez laissé dans le milieu des couronnes, un bouchon de pain couvert d'une barde de lard ;

Mettez une couche de farce sur les cailles et couvrez avec le couvercle de pâte pincé et doré ;

Faites cuire au four, et lorsque le pâté est cuit, enlevez le couvercle ainsi que le bouchon de pain du milieu ;

Dressez le pâté sur le plat et versez dans l'intérieur un émincé de truffes saucé à l'espagnole réduite à l'essence de truffes ;

Rangez sur le dessus une garniture de rognons de coq et replacez au milieu un émincé de truffes qui dépasse les rognons.

PATÉ CHAUD DE BÉCASSES.

Faites la croûte du pâté comme il est dit à l'article précédent ;

Coupez quatre bécasses en quatre : réservez les intestins, que vous pilerez et que vous mêlerez à la farce ;

Procédez comme pour le *Pâté de cailles* (voir l'article précédent), en mettant les cuisses dans le fond du pâté et les filets dessus ;

Garnissez d'une même farce et saucez avec espagnole réduite au fumet de bécasses ;

Garnissez le milieu avec escalopes de foie gras, passez au beurre les têtes des bécasses et piquez-les sur le pâté, le bec enfoncé dans la farce.

PATÉ CHAUD DE BÉCASSINES.

Faites une croûte de pâté comme il est dit au *Pâté chaud de cailles* (page 652) ;

Ayez huit bécassines que vous couperez en deux ;

Procédez comme il est dit au *Pâté de cailles* ;

Saucez une espagnole réduite au fumet de bécassines, et garnissez le milieu d'un émincé de truffes ;

Faites revenir les têtes des bécassines dans le beurre et piquez-les sur le dessus du pâté comme pour les bécasses.

PATÉ CHAUD DE PERDREAUX.

Faites une croûte de pâté chaud comme pour entrée ;

Découpez trois perdreaux et passez-les au beurre comme il est dit au *Pâté chaud de cailles* (page 652) ;

Faites une même farce dans laquelle vous mêlerez des truffes hachées ;

Garnissez et finissez comme il est dit au *Pâté de bécasses* (voir ci-dessus).

PATÉ CHAUD DE MAUVIETTES.

Préparez trente-six mauviettes dont vous retirerez les cous, les pattes et les gésiers ;

Faites une croûte de pâté chaud comme il est dit au *Pâté chaud à la financière* (page 651) ;

Faites cuire les mauviettes avec beurre, sel et poivre ;

Mettez les mauviettes dans le pâté, en ayant soin de terminer par une rosace que vous formerez en plaçant les estomacs sur le bord du pâté, afin que les croupions se trouvent sur le milieu, ce qui doit former un vide au centre de la rosace ;

Remplissez ce vide avec champignons tournés que vous saucerez avec espagnole réduite au fumet de mauviettes ;

Servez.

PATÉ CHAUD D'ANGUILLE.

Faites une croûte de pâté chaud comme pour entrée ;

Préparez une grosse anguille que vous couperez en tronçons de 3 centimètres ;

Mettez les tronçons d'anguille dans une casserole, avec vin blanc, sel et poivre, oignons en lames, persil en branches, thym et laurier et une petite pointe d'ail ;

Faire cuire ;

Retirez l'anguille de la casserole et remettez-la dans un plat à sauter ;

Passez la cuisson au tamis de soie, ajoutez de l'espagnole et faites réduire jusqu'à ce que la sauce masque la cuiller ;

Passez à l'étamine ; couvrez l'anguille de sauce et faites bouillir pendant deux minutes ;

Dressez l'anguille dans le pâté ;

Formez un cordon de champignons tournés sur le bord de la croûte ; mettez un bouquet de laitances de carpe au milieu ;

Saucez avec la partie de la sauce que vous avez réservée.

CASSEROLE AU RIZ GARNIE DE RIS D'AGNEAUX.

Lavez 1 kilo de riz à plusieurs eaux ; mouillez-le ensuite avec une quantité d'eau double de son volume ;

Couvrez-le entièrement dans la casserole d'une barde de lard et ajoutez sel et poivre ;

Faites crever le riz, puis mettez-le dans le mortier pour le piler ;

Faites ensuite une casserole (voir *Casserole de purée de gibier*, planche XV, fig. 1) ;

Beurrez la casserole au beurre clarifié et faites prendre couleur au four à feu vif ;

Videz-la d'un tiers à l'intérieur ;

Garnissez-la d'une blanquette de ris d'agneau que vous préparerez comme il est dit à la *Caisse de ris d'agneau* (voir aux *Hors-d'œuvre chauds*, page 485) ;

Posez sur le bord un cordon de ris d'agneau piqué et glacé ;

Placez un bouquet de crêtes au milieu.

CASSEROLE DE PURÉE DE GIBIER, DITE A LA POLONAISE.

Préparez une casserole comme il a été dit à l'article précédent ;

Préparez une purée de lapereau (voir aux *Garnitures*, page 450) ;

Préparez dix œufs mollets et des filets de lapereau contisés, comme il est dit à la *Purée de perdreaux rouges aux œufs de vanneau* (page 603) ;

Rangez les œufs et les filets mignons sur les bords intérieurs de la casserole, que vous aurez remplie avec une partie de la purée, en procédant pour l'arrangement comme il a été dit à la *Purée de perdreaux rouges aux œufs de vanneau* (page 603) ;

Garnissez le milieu avec le reste de la purée, que vous disposerez en rocher.

CASSEROLE D'AILERONS DE POULET, DITE A LA TOULOUSE.

Faites une casserole de riz comme il est dit à la *Casserole au riz garnie de ris d'agneau* (page 655);

Préparez 12 ailerons farcis comme il est dit aux *Garnitures* (page 452);

Mettez-les dans une casserole avec de l'allemande;

Faites chauffer et garnissez la casserole avec les ailerons;

Saucez et garnissez le dessus avec rognons de coq et champignons.

CASSEROLE DE POMMES DE TERRE AVEC BLANQUETTE DE VOLAILLE.

Préparez des pommes de terre comme pour croquettes et mouillez avec jaunes d'œufs;

Moulez avec la purée une casserole sur le plat, comme il est dit à la *Casserole au riz garnie de ris d'agneau* (page 655);

Dorez et faites prendre couleur au four;

Préparez une blanquette de volaille comme il est dit à la *Blanquette de poulardes aux truffes* (page 578), mais sans mettre de truffes;

Garnissez la casserole (voir le dessin, page 651);

Saucez et versez.

CASSEROLE DE POMMES DE TERRE GARNIE DE FILETS PIQUÉS.

Préparez une casserole comme il est dit à la *Casserole au riz garnie de ris d'agneau* (page 655);

Levez les filets de deux poulets; coupez-les en deux sur leur longueur; parez chaque morceau en forme de poire allongée et piquez de lard fin;

Faites une purée de volaille avec les restes des deux poulets;

Faites cuire et glacer les filets piqués;

PL. XVIII.

1. PATÉ CHAUD A LA FINANCIÈRE.
2. TIMBALE MILANAISE.

PL. XIX.

LE LIVRE DE CUISINE.

GALANTINE DE DINDE SUR SOCLE.

Mettez une partie de la purée dans la casserole et rangez les filets piqués sur le bord ;

Mettez le reste de la purée au milieu en rocher ;

Saucez légèrement avec de l'allemande réduite à l'essence de volaille ;

Servez.

CASSEROLE DE POMMES DE TERRE AUX ESCALOPES DE LAPEREAU.

Faites une casserole comme il est dit à la *Casserole de pommes de terre avec blanquette de volaille* (page 656) ;

Levez les filets de deux lapereaux ; séparez-les en trois parties d'égale grosseur, puis parez-les en leur donnant une forme de poire allongée ;

Contisez-les avec truffes ;

Mettez-les dans un plat à sauter légèrement beurré ;

Faites une escalope avec deux autres lapereaux et les cuisses de ceux dont vous aurez levé les filets ; rangez ces escalopes dans un plat à sauter légèrement beurré ;

Émincez 300 grammes de truffes que vous aurez fait cuire au vin de Madère ;

Faites sauter les escalopes et les filets ;

Mêlez escalopes et truffes, et saucez d'une sauce espagnole réduite au fumet de lapereau ;

Dressez dans la casserole ;

Rangez les filets mignons en couronne sur le bord à l'intérieur ;

Saucez, et servez.

CASSEROLE DE POMMES DE TERRE AVEC QUENELLES DE FAISAN.

Faites la casserole comme il est dit à la *Casserole de pommes de terre avec blanquette de volaille* (page 656) ;

Levez les filets de deux faisans, puis faites, avec ces filets et les filets mignons, 12 filets égaux parés en poire allongée comme pour suprême ;

Piquez-en 6 et contisez-en 6 autres ;

Mettez les 6 contisés dans un plat à sauter beurré, et les 6 autres dans un autre plat ;

Faites, avec les chairs des faisans, une farce que vous coucherez en petites quenelles à la cuiller ;

Faites cuire et glacer les filets mignons ;

Faites cuire également les filets contisés ;

Mettez les quenelles dans une casserole avec espagnole réduite au fumet de faisan ;

Garnissez la casserole avec les quenelles que vous dresserez en rocher ;

Posez sur le bord les filets piqués et contisés en alternant ;

Saucez et dressez.

CASSEROLE DE POMMES DE TERRE AVEC ESCALOPES DE FILETS DE SOLE.

Faites la casserole comme il est dit à la *Casserole de pommes de terre avec blanquette de volaille* (page 656) ;

Escalopez des filets de sole et mettez-les dans la casserole avec émincés de champignons ;

Saucez-les avec de l'allemande maigre et garnissez la casserole.

CROUSTADE GARNIE DE MAUVIETTES FARCIES.

Faites une croustade de pain ;

Désossez 30 mauviettes et farcissez-les d'une farce de galantine ;

Faites-les cuire dans des moules à darioles ; lorsqu'elles sont cuites, démoulez-les et dressez-les en pyramide dans la croustade ;

Saucez légèrement avec espagnole réduite au fumet de mauviettes ;

Servez même sauce à part.

CROUSTADE GARNIE D'ESCALOPES DE FOIE GRAS.

Faites une croustade de pain comme il est dit à l'article précédent;

Préparez une escalope de foie gras et 20 truffes tournées en boules de 2 centimètres et demi;

Faites sauter les foies gras et égouttez-les bien;

Saucez-les avec espagnole réduite au vin de Madère;

Dressez les escalopes dans la croustade en rocher;

Posez les truffes sur le bord en formant un cordon tout autour;

Saucez légèrement, et servez de la sauce à part.

CROUSTADE GARNIE D'ESCALOPES DE LEVRAUT.

Faites la croustade comme il est dit à la *Croustade garnie de mauviettes farcies* (page 658);

Faites une escalope de filets de levraut; sautez-les et égouttez-les bien;

Saucez avec espagnole réduite à l'essence de levraut et liez au sang;

Dressez en rocher;

Rangez au bord un cordon de champignons;

Saucez légèrement, et servez sauce à part.

TIMBALE MILANAISE.

Faites une timbale dans un moule d'entrée uni que vous aurez légèrement beurré et décoré avec de la pâte d'office abaissée très mince;

Foncez avec feuilletage à gâteau de roi à 7 tours;

Faites pocher du macaroni dans du grand bouillon; égouttez-le et assaisonnez-le de sel, poivre, parmesan râpé et pointe de muscade;

Garnissez le moule, faites cuire et démoulez; faites une ouverture sur le dessus et laissez un bord de 3 centimètres;

Enlevez à l'intérieur la moitié du macaroni, que vous remplacerez par un ragoût milanaise composé de : escalopes de blanc de volaille, truffes, langue à l'écarlate, champignons émincés et crêtes de coq;

Garnissez, de manière que la garniture excède la croûte de 4 centimètres;

Rangez sur le bord de la timbale 12 filets mignons de poule piqués et glacés;

Disposez autour du plat une bordure en pâte à l'anglaise en alternant;

Placez une grosse crête sur le milieu et servez (voir pl. XVIII, fig. 2).

TIMBALE A LA CHASSEUR.

Faites une timbale comme il est dit à l'article précédent;

Préparez une escalope de lapereau et un émincé de truffes cuites au vin de Madère;

Faites sauter les escalopes; égouttez le beurre et ajoutez les truffes;

Saucez avec espagnole réduite au fumet de lapereau;

Démoulez la timbale; levez le couvercle; enlevez le macaroni et remplissez avec la garniture d'escalopes et l'émincé de truffes;

Rangez sur le bord des champignons tournés d'égale grosseur;

Servez.

TIMBALE D'ESCALOPES D'ESTURGEON.

Faites la timbale comme il est dit à la *Timbale milanaise* (page 659);

Préparez une escalope d'esturgeon que vous saucerez à l'allemande maigre;

Démoulez la timbale; enlevez la moitié du macaroni que vous remplacerez par l'escalope d'esturgeon;

Servez.

ENTRÉES DE FOUR.

TIMBALE DE SAUMON AUX TRUFFES.

Même préparation que pour la *Timbale milanaise* (page 659) ;

Préparez une escalope de saumon que vous ferez sauter avec beurre clarifié ;

Égouttez-la et ajoutez un émincé de truffes cuites au vin de Madère ;

Saucez avec espagnole maigre réduite à l'essence de truffes ;

Démoulez la timbale ; enlevez le macaroni ; garnissez avec l'escalope de saumon ;

Servez.

TIMBALE DE NOUILLES AU JAMBON.

Préparez 2 litres de pâte à nouilles ; abaissez-les, coupez-les, faites-les blanchir, égouttez-les et assaisonnez-les de sel et de poivre ;

Ajoutez 6 jaunes d'œufs et mêlez bien ;

Beurrez un moule uni d'entrée que vous remplirez entièrement de nouilles ;

Pressez bien les nouilles dans le moule ; laissez refroidir, et, lorsque la timbale est froide, démoulez-la ;

Passez deux fois à l'œuf et à la mie de pain ;

Mettez la timbale sur une grille et faites-la frire ;

Lorsqu'elle est d'égale couleur, retirez-la, ouvrez le dessus et laissez un rebord de 2 centimètres et demi ;

Enlevez les nouilles en laissant une épaisseur de 2 centimètres à la timbale ;

Vous aurez préparé à part des nouilles sautées avec allemande, beurre et fromage de Parmesan ;

Mêlez à ces nouilles du maigre de jambon de Bayonne cuit et coupé en dés ;

Garnissez la timbale en dépassant les bords ;

Servez.

TIMBALE DE NOUILLES AU SALPICON.

Faites la timbale comme la *Timbale de nouilles au jambon* (voir l'article précédent) ;

Faites un salpicon avec blanc de volaille, truffes et langue à l'écarlate ;

Mouillez ce salpicon avec espagnole réduite au vin de Madère ;

Mêlez-le avec des nouilles que vous aurez préparées à part comme il a été dit à la *Timbale de nouilles au jambon* (page 661) ;

Garnissez la timbale, et servez.

TIMBALE DE NOUILLES AUX ESCALOPES DE PERDREAU.

Même timbale que pour la *Timbale de nouilles au jambon* (page 661) ;

Préparez une escalope de filets de perdreau que vous ferez sauter ;

Égouttez-la et saucez-la avec espagnole réduite au fumet de perdreau ;

Mêlez les escalopes de perdreau dans une partie de nouilles que vous aurez préparées au beurre, parmesan et espagnole réduite au fumet de perdreau ;

Garnissez la timbale, et servez.

VOL-AU-VENT A LA FINANCIÈRE.

Faites 1 litre de feuilletage, avec 500 grammes de beurre, 500 grammes de farine et 100 grammes de sel (voir, pour le feuilletage, le *Gâteau feuilleté*, page 312) ;

Donnez 6 tours et abaissez d'une épaisseur de 1 centimètre et demi ;

Ayez un couvercle de casserole de la grandeur du fond du plat sur lequel vous mettrez le vol-au-vent ;

Posez le couvercle sur le feuilletage, et coupez tout autour avec le petit couteau pour former le vol-au-vent ;

Retournez-le et posez-le sur un plafond ;

Dorez le dessus sans dorer le bord ;

Faites une incision de 1 demi-centimètre de profondeur, à 2 centimètres et demi du bord, pour former le couvercle ;

Faites cuire, puis levez le couvercle ;

Mettez la mie que vous retirez sur la table ;

Levez-la en feuilles d'une épaisseur de 1 demi-centimètre ;

Dorez et posez les feuilles dans l'intérieur du vol-au-vent pour garnir le tour ;

Passez cinq minutes à la bouche du four ;

Mettez le vol-au-vent sur le plat et garnissez-le d'un ragoût à la financière (voir aux *Garnitures*, page 452) ;

Ayez quatre grosses écrevisses que vous posez en croix sur le dessus ; placez une crête entre chaque écrevisse et un gros champignon pour couronner ;

Servez.

VOL-AU-VENT AUX QUENELLES DE VOLAILLE.

Faites le vol-au-vent comme il vient d'être dit à l'article précédent ;

Couchez des quenelles de volaille de la grosseur d'un œuf, que vous saucez avec de l'allemande ;

Garnissez le vol-au-vent ; formez dessus un cordon de truffes en lames et de champignons tournés, et mettez au milieu un bouquet d'émincé de truffes ;

Servez.

VOL-AU-VENT AUX QUENELLES DE LAPEREAU.

Faites le vol-au-vent comme il a été dit au *Vol-au-vent à la financière* (page 662) ;

Garnissez-le de quenelles de lapereau que vous saucerez avec espagnole réduite au fumet de lapereau.

VOL-AU-VENT AUX ESCALOPES DE SAUMON.

Faites une croûte de vol-au-vent comme il est dit au *Vol-au-vent à la financière* (page 662);

Préparez une escalope de saumon que vous saucerez avec de l'allemande maigre;

Garnissez le vol-au-vent avec l'escalope;

Mettez cinq écrevisses rangées en couronne sur le bord de la garniture;

Posez au milieu un émincé de champignons.

VOL-AU-VENT A LA BÉCHAMEL DE TURBOT.

Préparez une croûte de vol-au-vent comme il est dit au *Vol-au-vent à la financière* (page 662);

Faites une escalope de filets de turbot que vous saucerez avec béchamel maigre;

Garnissez le vol-au-vent avec l'escalope et mettez cinq écrevisses en couronne sur le bord de la garniture;

Servez.

VOL-AU-VENT A LA BÉCHAMEL DE MORUE.

Même croûte que pour le *Vol-au-vent à la financière*, mais vous aurez soin de réserver le couvercle;

Préparez une béchamel de morue en maigre pour garnir le vol-au-vent;

Mettez le couvercle et servez.

VOL-AU-VENT A LA BÉCHAMEL D'ŒUFS.

Faites la croûte comme il est dit au *Vol-au-vent à la financière* (page 662);

Réservez le couvercle;

Faites durcir des œufs; coupez-les en lames de 1 demi-centimètre d'épaisseur, et mettez-les dans une casserole avec sauce béchamel maigre;

Mêlez légèrement afin de ne pas briser les œufs ;
Garnissez le vol-au-vent ;
Posez le couvercle dessus et servez.

VOL-AU-VENT A LA NORMANDE.

Faites la croûte comme pour *Vol-au-vent d'entrée*, en réservant le couvercle ;
Préparez un ragoût à la normande, avec escalope de filets de sole, huîtres, moules et champignons ;
Saucez avec un velouté de poisson réduit à l'essence de moules ;
Liez à l'œuf ;
Passez la sauce à l'étamine et mêlez-la au ragoût ;
Garnissez le vol-au-vent ;
Mettez le couvercle, et servez.

VOL-AU-VENT AUX QUENELLES ET LAITANCES.

Faites une croûte de vol-au-vent comme il est dit au *Vol-au-vent à la financière* (page 662) ;
Préparez des quenelles de brochet que vous coucherez de la grosseur d'un petit œuf de pigeon ;
Saucez avec périgueux maigre ;
Garnissez le vol-au-vent et mettez dessus un bouquet de laitances de carpe ;
Servez sauce Périgueux maigre à part.

Fig. 133. Vol-au-vent.

Fig. 134. Œufs farcis.

CHAPITRE XIV

ENTREMETS D'ŒUFS ET DE LÉGUMES

OMELETTE AUX TRUFFES.

Battez 8 œufs comme pour omelette, que vous salez légèrement et auxquels vous ajoutez une pointe de muscade ;

Émincez 120 grammes de truffes cuites au vin de Madère ; faites-les chauffer avec 1 demi-litre d'espagnole réduite au vin de Madère ;

Faites l'omelette, et, au moment de la fermer, mettez l'émincé de truffes au milieu ;

Reployez les deux bords pour donner à l'omelette sa forme ovale ; versez-la sur le plat, et saucez autour avec espagnole réduite à l'essence de truffes.

OMELETTE AUX POINTES D'ASPERGES.

Faites une omelette de 8 œufs dans laquelle vous aurez soin de ménager le sel ;

Au moment de la fermer, garnissez-la de pointes d'asperges saucées à l'allemande ;

Versez sauce allemande autour, et servez.

OMELETTE AUX QUEUES D'ÉCREVISSES.

Quand l'omelette est faite, garnissez de queues d'écrevisses que vous aurez coupées en dés;

Reployez, dressez, et saucez d'une allemande liée au beurre d'écrevisses.

OMELETTE AUX MORILLES.

Épluchez, lavez les morilles que vous couperez en morceaux; faites-les cuire avec beurre, jus de citron et une pointe de sel;

Faites réduire du velouté avec la cuisson des morilles et saucez-les légèrement;

Faites l'omelette et mettez les morilles au milieu; dressez et saucez avec le velouté réduit à l'essence de morilles.

OMELETTE AUX CREVETTES.

Coupez les crevettes en deux et mettez-les dans du velouté réduit au beurre de crevettes;

Faites l'omelette, et garnissez-la avec les crevettes;

Saucez avec le velouté.

OMELETTE A LA PURÉE DE CARDONS.

Préparez une purée de cardons comme il est dit aux *Garnitures* (page 459);

Faites l'omelette et garnissez-la avec la purée de cardons.

OMELETTE A LA PURÉE D'ARTICHAUTS.

Procédez comme il a été dit à l'article précédent, en remplaçant la purée de cardons par de la purée d'artichauts.

LES TROIS OMELETTES.

Servez, sur un même grand plat, trois omelettes que vous ferez :

ENTREMETS D'ŒUFS ET DE LÉGUMES.

L'une, aux queues d'écrevisses ;
L'autre, aux pointes d'asperges ;
La troisième, aux truffes.

Servez à part une sauce au velouté réduit à l'essence de champignons.

Observation. — Ce plat peut être servi comme grosse pièce pour déjeuner.

ŒUFS BROUILLÉS AUX TRUFFES.

Cassez 8 œufs dans une casserole ;
Ajoutez 1 demi-décilitre de crème double, sel, muscade et 100 grammes de beurre ;
Faites prendre les œufs sur le feu en remuant avec la cuiller, et mêlez-y trois cuillerées à bouche de truffes hachées ;
Servez avec garnitures de croûtons du pain de mie passés au beurre.

ŒUFS BROUILLÉS AUX POINTES D'ASPERGES.

Préparez les œufs comme il vient d'être dit ;
Remplacez les truffes hachées par des pointes d'asperges.

ŒUFS FARCIS.

Faites durcir 12 œufs très frais, et coupez-les en deux parties ; enlevez les jaunes que vous passez au tamis, mettez-les dans le mortier avec même quantité de beurre et pilez parfaitement ;
Mouillez-les avec 2 œufs entiers, puis assaisonnez de sel, poivre et muscade, et ajoutez une cuillerée de persil haché ;
Relevez la farce dans une terrine ; étalez une couche de farce dans le fond du plat, puis garnissez les œufs de farce et lissez-les avec une lame de couteau humectée ;
Rangez-les sur la couche de farce et arrosez-les de beurre fondu ;
Mettez-les à four chaud pour qu'ils prennent une légère couleur ;
Servez sauce tomate maigre à part.

CARDONS A LA MOELLE.

Préparez les cardons comme il est dit aux *Garnitures* (page 459) ;

Dressez-les dans une casserole à légumes et saucez-les avec espagnole ;

Taillez des lames de pain de mie de 6 centimètres de longueur, 3 de largeur et 1 d'épaisseur ;

Faites-les griller ;

Fig. 185. Bassine à blanchir les légumes.

Étendez de la moelle de bœuf que vous aurez fait blanchir sur les lames de pain à une épaisseur de 1 centimètre ;

Glacez-les à la glace de viande, et mettez-les quatre minutes à four très chaud ;

Rangez-les sur les cardons, et servez.

BLANQUETTE DE CARDONS.

Faites cuire les cardons comme il vient d'être dit ;

Taillez-les en escalopes ; dressez-les dans la casserole à légumes et saucez-les avec de l'allemande ;

Garnissez-les de croûtons de pain de mie frits au beurre.

ENTREMETS D'OEUFS ET DE LÉGUMES.

ARTICHAUTS A LA LYONNAISE.

Coupez les artichauts en quatre; retirez le foin, les premières feuilles et toute la partie dure du fond; faites-les blanchir et égouttez-les;

Faites fondre du beurre avec jus de citron et sel dans lequel vous tremperez les fonds d'artichauts;

Rangez-les dans le plat à sauter; faites-leur prendre couleur et faites-les cuire à feu doux;

Lorsqu'ils sont cuits, dressez-les dans la casserole;

Faites une sauce avec un oignon coupé en petits dés et passé au beurre;

Détachez, avec 1 décilitre de blond de veau, la glace qui se trouve dans le plat à sauter; passez-les au tamis de soie sur l'oignon et ajoutez de l'espagnole;

Faites réduire pendant cinq minutes;

Ajoutez une cuillerée de persil haché;

Saucez et servez.

FONDS D'ARTICHAUTS A L'ITALIENNE.

Préparez des fonds d'artichauts comme il est dit aux *Garnitures* (page 456);

Dressez-les en couronne dans la casserole;

Saucez d'une sauce italienne et servez.

FONDS D'ARTICHAUTS FARCIS.

Préparez des fonds d'artichauts comme il est dit aux *Garnitures* (page 456);

Emplissez les fonds d'une farce de volaille mêlée de sauce d'Uxelles; rangez-les dans un plat légèrement beurré; faites-les pocher au four et couvrez le plat;

Dressez-les dans la casserole à légumes;

Saucez avec demi-glace.

FONDS D'ARTICHAUTS A LA MACÉDOINE DE LÉGUMES.

Préparez 15 fonds d'artichauts, de 5 centimètres de large, comme il est dit à la page 456 ;

Préparez une macédoine de légumes composée de pointes d'asperges et de haricots verts ;

Coupez en losanges des petits pois, des carottes, enlevés à la cuiller, et des navets enlevés de même ;

Saucez à la sauce allemande et garnissez chaque fond avec la macédoine ;

Pour dresser ces fonds, on fait un gradin en pain frit, on coupe pour le premier un rond de pain de 9 centimètres de large sur 6 de haut, puis un de 4 centimètres de large sur 5 de haut ; on colle le second morceau sur le premier, le premier sur le plat, et l'on dresse les fonds autour du premier fond ; on garnit le deuxième fond pareillement, et sur le fond de dessous on sert une béchamel légère.

On fait également ces fonds d'artichauts pour entremets froids.

Pour cela, lorsque le socle de pain est collé sur le plat (voir aux *Œufs farcis*), on remplit le fond du plat de gelée hachée ;

Puis on garnit chaque fond d'une macédoine de légumes assaisonnée d'une mayonnaise à la gelée, dans laquelle on ajoute de la ravigote hachée gros.

LAITUES FARCIES AUX CROUTONS.

Préparez les laitues comme il est dit au *Potage aux laitues farcies* (page 371) ;

Faites des croûtons de pain de mie frits au beurre ;

Dressez, dans la casserole à légumes, les laitues et les croûtons en alternant ;

Saucez d'une demi-glace.

ENTREMETS D'OEUFS ET DE LÉGUMES.

TRUFFES A LA SERVIETTE.

Nettoyez parfaitement des truffes; faites-les cuire avec mirepoix et vin de Madère, puis dressez-les sur une serviette;
Servez beurre à part.

TRUFFES A L'ÉTOUFFÉE AU VIN DE CHAMPAGNE.

Préparez les truffes comme il est dit à l'article précédent;
Mouillez-les avec vin de Champagne sec et blond de veau; ajoutez sel et muscade; égouttez-les et dressez-les dans une casserole à légumes;
Passez la cuisson au tamis, et faites réduire de moitié;
Saucez les truffes avec la cuisson, et servez.

TIMBALE DE TRUFFES A LA TALLEYRAND.

Cette timbale a été désignée sous le nom du prince de Talleyrand, parce qu'elle a été exécutée pour la première fois dans les cuisines du prince par son célèbre chef de bouche, M. Louis Esbrat, que j'ai déjà eu occasion de citer. Je n'ai pas cru devoir modifier en rien l'ancien nom de cet entremets, qui s'est trouvé si légitimement consacré dans le monde de la cuisine par le succès de vogue qu'il a obtenu dès sa création.

PRÉPARATION DE LA TIMBALE DE TRUFFES A LA TALLEYRAND.

Coupez des truffes parfaitement égales en lames de l'épaisseur de 1 demi-centimètre, après les avoir bien lavées et épluchées;
Faites fondre du beurre et mettez-y les truffes en assaisonnant de sel avec pointe de muscade;
Sautez-les bien pour qu'elles s'imprègnent toutes de beurre, et évitez surtout de les briser en les sautant;
Foncez un moule à timbale comme il est dit à la *Timbale milanaise* (voir page 659); garnissez la timbale avec les truffes;
Couvrez-la d'un couvercle de pâte, et faites un petit trou sur le milieu pour faciliter la cuisson;

Mettez au four la pâte cuite retirée du four, et bouchez le trou avec un peu de pâte; démoulez;

Faites un trou sur le dessus, et coulez avec un entonnoir une demi-glace pour remplir la timbale :

Couvrez le trou avec un rond de truffe, et servez.

CROUTE AUX CHAMPIGNONS.

Préparez des champignons comme il est dit aux *Garnitures* (page 446);

Égouttez-les et mettez-les dans de l'allemande réduite à l'essence de champignons; mettez-les dans la casserole à légumes;

Rangez sur les champignons une couronne de croûtons de 4 centimètres de large, que vous ferez avec croûtes de pain à potage beurrées, et passez au four; servez.

MACÉDOINE DE LÉGUMES AU GRAS.

Faites une macédoine avec carottes, navets, bouquets de choux-fleurs, pointes d'asperges, haricots verts et petits pois;

Préparez ces légumes comme il est dit aux *Garnitures* (pages 453 et suiv.); mettez-les dans une casserole avec velouté réduit, à l'essence de racines et un morceau de beurre;

Mêlez et servez.

MACÉDOINE DE LÉGUMES MAIGRE.

Préparez la macédoine comme il est dit à l'article précédent; servez avec béchamel maigre.

Fig. 136. Céleri en branches.

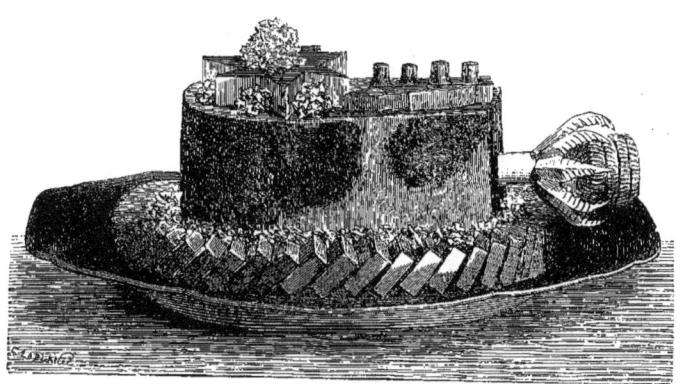

Fig. 137. Côte de bœuf à la gelée.

CHAPITRE XV

LE FROID

OBSERVATIONS PRÉLIMINAIRES

DU DÉCOR EN CUISINE.

Je place ici ce que j'ai à dire sur ce qu'on appelle le *décor* en cuisine; j'ai pensé que ce que j'avais à indiquer à ce sujet viendrait tout naturellement à sa place lorsqu'il s'agirait de traiter le *froid*, qui est la partie où, comme on sait, le décor joue le plus grand rôle et se produit dans tous ses développements.

Les divisions entre les gens de métier, que j'ai déjà eu l'occasion de signaler plusieurs fois, existent encore malheureusement à propos du décor, et elles sont même plus profondes que jamais. Les uns, surtout ceux qui se posent en partisans exclusifs du service à la russe, voudraient que l'on abandonnât le décor. Il est bien certain que, du moment où les mets ne paraissent plus sur la table que découpés à l'avance, il devient à peu près superflu de se préoccuper d'aucunes questions d'ornementation ou d'arrangement. Que l'abandon du décor soit le fait des individus ou celui des circonstances, il n'en est pas moins très regrettable ; j'ai déjà eu à exprimer mon opinion là-dessus. Je maintiens que la vraie cuisine ne se passera jamais d'une certaine mise en scène élégante et distinguée qui est à la fois son cachet et sa garantie. Ceux qui se négligeront entièrement sous ce rapport seront bien près de se négliger aussi sous le rapport de la qualité des choses, et de tomber dans l'insouciance complète de leur profession, dont ils ne s'acquitteront plus que mécaniquement, sans aucun sentiment de goût ni de point d'honneur.

Maintenant, il faut bien reconnaître aussi que la manie du décor, la fureur de tout orner et enjoliver a été souvent poussée bien au delà des limites du raisonnable et du vrai. Il y a eu beaucoup d'abus commis dans ce sens : j'ai vu, pour ma part, certains cuisiniers surcharger tout ce qu'ils servaient d'une profusion d'accessoires puérils et vétilleux ; de plus, appliquer, dans leurs procédés d'ornementation, des objets que l'on ne saurait trop réprouver au point de vue de la table. J'ai vu employer le lard pour remplacer les filets mignons de volaille dans les aspics en Bellevue ; j'en ai vu d'autres adopter pour leur travail un soi-disant carton-pâte qui n'était autre chose que de la mie de pain que l'on avait le désagrément de retrouver parmi les *Garnitures*. On conçoit que des faits pareils aient contribué beaucoup à nuire au décor et à le faire prendre en grippe par bien des personnes ; comme aussi lorsqu'on a vu des cuisiniers vouloir avec leurs pièces froides et leurs entremets de sucre, se poser en concurrence directe avec l'architecture et la statuaire, confectionner des Panthéons, des Dômes des Invalides, des Colonnades du Louvre en saindoux ou en biscuit, dont on s'est moqué si justement. Il est bien clair que la nature seule des matières que nous employons dans nos pièces, le caractère essentiellement éphémère de nos produits, devraient nous ôter toute idée de rivalité avec les œuvres d'art proprement dites, que nous ne pouvons imiter que pour arriver à des contrefaçons forcément gauches et ridicules.

Il me semble que la règle à suivre pour le décor culinaire, qui n'est pas autre chose qu'une spécialité, comme la décoration de théâtre, est bien simple; il est fait, avant tout, pour être mangé ou pour exciter à manger. Le praticien qui s'appuie sur ce principe est sûr de ne jamais s'écarter par trop de la vérité. Il réalise, avec son adresse et son intelligence, tout ce que comportent l'exécution extérieure et les ressources de l'art culinaire, sans tomber dans le colifichet prétentieux, ni dans la construction emphatique et monumentale.

J'ai cherché, pour ma part, à spécifier, à propos du froid, la mesure exacte du décor dans la cuisine. *Ni trop ni trop peu :* cette donnée, qui m'a constamment guidé dans ma pratique, j'ai essayé de la reproduire dans mes recettes. Personne ne niera que de grandes belles pièces froides, dressées dans les conditions voulues de luxe et d'éclat, ne produisent le meilleur effet sur la table et les buffets ; je doute même que l'on arrive jamais à remplacer réellement cette ornementation. Mais, je le répète, il ne suffit pas que la vue soit satisfaite ; il faut que le palais le soit aussi. Il faut, pour que le but soit atteint, que les convives, après avoir admiré un de ces mets faits pour flatter leurs yeux, éprouvent ensuite un plaisir égal et même plus de plaisir encore, s'il est possible, à le déguster.

OBSERVATIONS

SUR LES SOCLES ET LE MOULAGE DES ASPICS.

LES SOCLES.

Les socles ont pour but d'exhausser les relevés et les pièces d'entrée pour leur donner plus d'aspect.

On a confectionné des socles de toute espèce, et surtout dans ce système de grande ornementation ambitieuse qui est entièrement passé de mode, et avec raison, à mon avis.

Je pense que le mieux est de se borner aujourd'hui à faire les socles très simples et tout à fait conformes à leur destination, qui est de supporter les mets, et non pas d'étaler ces prétentions architecturales et sculpturales, toujours si déplacées chez le cuisinier, comme je l'ai dit dans l'article précédent, lorsqu'il veut les introduire quand même dans les détails de sa profession.

On sépare les socles en deux classes principales :

Les grands socles, pour grosses pièces de relevé et d'entrée ;

Les petits socles, destinés aux entrées froides ordinaires, et que j'appellerai *fonds de plat*.

SOCLES POUR GROSSES PIÈCES.

Les socles pour grosses pièces se font d'après les modèles donnés dans la planche ci-jointe (planche XIX) ;

On les confectionne avec graisse de rognons de mouton, que l'on prépare de la manière suivante :

Épluchez, hachez et faites dégorger la graisse de rognons de mouton ; faites fondre cette graisse à feu doux pour éviter qu'elle ne prenne couleur ;

Mêlez-la avec partie égale de saindoux très blanc ; passez-la à la serviette avec pression, puis faites-la refroidir et fouettez-la au fouet de buis ;

Lorsque le mélange est parfaitement refroidi et d'un corps bien lisse, vous fixez un mandrin très droit sur une plaque d'office ; vous commencez par faire le pied du socle avec le profil, en donnant la forme ronde ou ovale, suivant les pièces ;

Lorsque le pied est froid et bien ferme, vous continuez l'opération en enduisant le mandrin de graisse et en profilant jusqu'au bout ;

Dès que le socle est terminé et refroidi, mettez la plaque pendant quelques secondes sur un feu très vif pour la détacher ;

Reposez le socle sur une autre plaque couverte de papier blanc ;

Décorez avec fleurs de saindoux, ou mieux avec fleurs naturelles comme le dessin l'indique.

SOCLES POUR FONDS DE PLAT.

Ces socles ont été souvent exécutés en saindoux, ce qui a eu quelquefois l'inconvénient de répandre un certain goût de graisse. On n'a pas ce risque à courir en employant le riz recouvert d'un beurre de ravigote ou de Montpellier. J'ai adopté cette méthode pour tous mes socles de fonds de plat, et je crois qu'il y a un avantage réel à lui donner la préférence.

Procédez ainsi pour ce genre de socles :

Préparez 800 grammes de riz, que vous lavez et faites cuire avec eau et sel ; pour 500 grammes de riz, vous ajoutez 22 décilitres d'eau :

Couvrez la casserole pour faire crever le riz, et faites aller à feu très doux ;

Pilez le riz et mettez-le dans les moules suivant la destination ;

Pour les pièces chaudes, on le dore et on le fait colorer au four ;

Pour les pièces froides, on le couvre de beurre de Montpellier ou de ravigote.

MOULAGE DES ASPICS.

La gelée pour aspic se fait comme la gelée de viande (voir *Gelée de viande*, page 426).

On l'aspique avec jus de citron ; elle ne doit pas, par conséquent, être confondue avec celle que l'on emploie pour garnir et croûtonner les grosses pièces et entrées froides.

La gelée que l'on mêle avec les purées de volaille, ou de gibier ou de truffes, doit être tenue très ferme, le mélange de purée ayant pour effet de la détendre.

La gelée qui sert pour le moulage ne doit être employée que lorsqu'elle est entièrement refroidie. Si elle avait conservé la moindre chaleur lorsqu'on en fait usage, on serait exposé à voir se déranger les décors des moules et des filets mignons. Toutefois on ne doit point la faire refroidir au point de la laisser prendre et de *faire huile*, comme nous disons en termes du métier, ce qui produirait dans l'aspic des globules d'un très mauvais effet.

Quant aux moules pour les aspics, on ne manquera pas de bien les enterrer dans la glace pilée.

On ne manquera pas non plus, lorsqu'on aura formé dans le moule une première couche de gelée, d'en poser une seconde aussitôt que la première sera prise. Si on attendait trop longtemps, on serait exposé à voir se former sur la gelée une surface humide qui empêcherait les couches de se lier entre elles.

Les moules ne doivent être garnis que jusqu'à 2 centimètres du bord; toute garniture qui dépasserait le moule pourrait avoir pour résultat de faire casser l'aspic.

Ces observations pour le moulage s'appliquent également aux gelées de douceur garnies de fruits

---

GROSSES PIÈCES. — ENTRÉES. — ENTREMETS FROIDS, HORS-D'ŒUVRE FROIDS.

GROSSES PIÈCES

GALANTINE DE DINDE SUR SOCLE.

Épochez, flambez et épluchez une dinde grasse; coupez les pattes, les ailerons et le cou sans la peau;

Désossez la dinde entièrement; levez les chairs sans crever la peau, puis ôtez les nerfs des cuisses et des filets;

Faites une farce avec 2 kilos de noix de veau bien épluchée et 2 kilos de lard sans couenne ni nerfs;

Hachez et pilez parfaitement;

Mouillez avec 4 décilitres de grand bouillon;

Assaisonnez de 60 grammes de sel épicé;

Faites un salpicon avec 750 grammes de truffes bien épluchées,

750 grammes de langue à l'écarlate et 750 grammes de lard blanchi;

Coupez le tout en carrés de 3 centimètres;

Étalez la peau de dinde sur la table; couvrez-la entièrement d'une couche de farce de 3 centimètres d'épaisseur;

Replacez la moitié des chairs dont vous aurez retiré les nerfs;

Assaisonnez de sel épicé;

Couvrez les chairs avec le salpicon; étendez une couche de farce de 3 centimètres sur le salpicon; replacez l'autre partie des chairs du salpicon, puis assaisonnez de sel épicé;

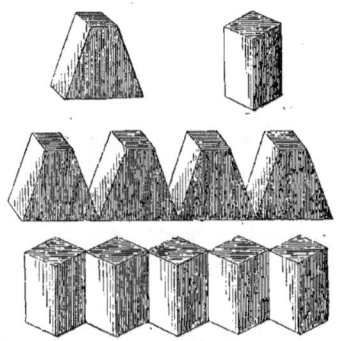

Fig. 138. Croûtons de gelée.

Recouvrez le tout avec le reste de la farce; reployez les peaux sur le milieu pour bien enfermer farce et salpicon; puis ficelez la galantine pour lui donner une forme ovale-ronde;

Enveloppez-la dans une serviette que vous attachez fortement aux deux bouts;

Adaptez deux ficelles sur la longueur pour maintenir la serviette;

Mettez la dinde dans une braisière couverte; qu'elle baigne dans la mirepoix à 4 centimètres au-dessus;

Faites cuire quatre heures à petit bouillon;

Retirez du feu et laissez une heure dans la cuisson;

Égouttez et ôtez la serviette;

Mettez la galantine sur la table;

Lavez la serviette à l'eau chaude;

Emballez la galantine dans la serviette que vous venez de laver, en lui conservant sa forme et en serrant bien aux deux bouts ;

Mettez-la en presse et laissez-la refroidir entièrement ;

Retirez-la de la serviette et posez-la sur un plafond ;

Placez-la quatre minutes à la bouche du four, puis épongez-la pour retirer la graisse et glacez-la à la glace de volaille ;

Faites un socle de riz de la forme de la galantine et haut de 6 centimètres ;

Masquez ce socle de beurre de Montpellier ; mettez-le sur un grand socle en saindoux ;

Posez dessus la galantine, surmontée d'un sujet en tétine avec deux hâtelets (voir planche XIX) ;

Croûtonnez, et servez.

JAMBON A LA GELÉE.

Parez un jambon de 8 kilos ; faites-le dessaler ; enveloppez-le d'une serviette, puis faites-le cuire à grande eau ;

Assurez-vous de la cuisson ; laissez refroidir dans l'eau et égouttez-le ;

Mettez-le en presse, la couenne sur le plat ;

Lorsqu'il est froid, parez-le de nouveau ;

Dressez-le sur un socle de riz ; masquez de beurre de Montpellier ; croûtonnez et posez les hâtelets.

NOIX DE BŒUF A LA GELÉE.

Piquez une noix de bœuf de lard et de jambon de Bayonne à l'intérieur en laissant la graisse ;

Emballez-la avec barde de lard, moins la partie où se trouve la graisse ;

Couvrez-la de mirepoix ; faites bouillir et mettez mijoter à feu doux pendant six heures ;

Laissez refroidir dans la cuisson et égouttez ;

Parez toutes les parties charnues à vif et découpez une rosace dans la graisse ;

1. CHAUDFROID DE POULET A LA GELÉE.   2. ASPIC A LA BELLEVUE.

SAUMON EN MAYONNAISE.

Glacez à la glace de viande;

Posez sur un socle de riz couvert de beurre de Montpellier; croûtonnez et servez.

LONGE DE VEAU FARCIE.

Préparez une longe de veau sur laquelle vous aurez laissé trois côtes, désossez-la entièrement;

Ayez un deuxième rognon;

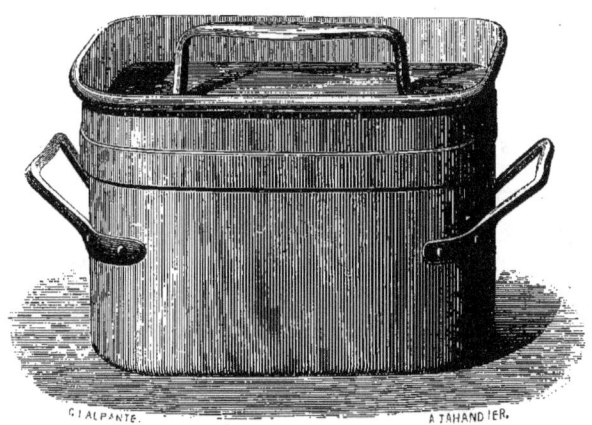

Fig. 139. Braisière.

Faites une farce comme il est dit à la *Galantine de dinde* (page 680);

Faites un salpicon avec langue et truffes, auquel vous ajouterez les rognons coupés en morceaux de 3 centimètres;

Farcissez en ajoutant le salpicon dans la farce;

Bridez la longe de veau sur sa longueur en lui faisant sa forme de carré long;

Enveloppez-la d'une serviette comme la galantine;

Mettez-la dans la braisière et couvrez-la de mirepoix;

Faites-la bouillir et mijoter pendant 4 heures à petit bouillon; laissez-la refroidir, égouttez-la, retirez-la de la serviette;

Otez les ficelles et lavez la serviette;

Emballez la viande de nouveau; mettez-la en presse, et, lorsqu'elle est refroidie, déballez-la;

Parez et glacez.

Placez-la sur un socle masqué de beurre de Montpellier;
Finissez en la garnissant de croûtons de gelée.

FILET DE BŒUF A LA GELÉE.

Ayez 2 filets de bœuf pour relevé; dressez-les en couronne et piquez-les à l'intérieur de gros lard de jambon;

Ficelez-les pour les maintenir dans leur forme;

Couvrez-les de bardes de lard et enveloppez-les dans des serviettes;

Mettez-les dans une braisière et mouillez-les avec la mirepoix;

Faites cuire pendant 3 heures; laissez refroidir et égouttez;

Lorsque les filets sont froids, parez-les; glacez-les à la glace de viande, puis posez-les sur un même socle que celui de la *Galantine de dinde* (page 680);

Placez sur chaque filet trois hâtelets composés de crêtes et de truffes.

ASPIC AVEC FILETS DÉCORÉS, DITS A LA BELLEVUE.

Préparez 24 filets de volailles et 24 croûtons de truffes;

Ayez un moule ovale à cylindre pour grosses pièces;

Parez les filets mignons pour garnir chaque côté du moule;

Faites cuire et décorez les filets comme l'indique la planche XX, figure 2;

Mettez dans le fond du moule une couche de gelée de 1 centimètre d'épaisseur;

Posez un petit champignon dans le fond, de chaque côté du moule;

Faites sauter les filets et laissez-les refroidir;

Saucez-les d'une sauce chaudfroid (voir *Sauce chaudfroid de volaille*, page 442);

Couvrez les champignons d'une couche de gelée;

Placez chaque filet mignon décoré dans les côtes en les fixant en haut du moule avec un petit morceau de beurre ;

Lorsque le moule sera garni d'une couche de gelée de 3 centimètres, posez une couronne de filets et croûtons de truffes, le gros des filets sur la gelée et la pointe en l'air ; mettez de la gelée jusqu'à ce que le rond de filet soit couvert à 2 centimètres de hauteur au-dessus ;

Refaites une seconde couronne en sens inverse ;

Retirez les morceaux de beurre destinés à fixer les filets et finissez de remplir le moule de gelée ;

Mettez-le dans la glace pilée avec un plafond dessus que vous couvrirez de glace ;

Au bout d'une heure et demie, démoulez sur un socle comme celui de la *Galantine de dinde* (page 680) ;

Posez une garniture de croûtons sur le bord du plat ;

Servez.

PAIN DE FOIE GRAS A LA GELÉE.

Préparez :

2 kilos de foie de veau bien blanc,
2 kilos de foie gras,
1 kilo 500 grammes de panne,
500 grammes de panade,
500 grammes de truffes bien épluchées,
500 grammes de lard cuit sans nerfs ni couenne ;

Parez 20 escalopes de foie gras de 6 centimètres de long sur 4 de large et 3 d'épaisseur ;

Coupez la panne en dés et mettez-la dans une grande casserole à glacer ;

Faites fondre à feu doux et ajoutez 2 échalotes, 4 branches de persil et sel épicé ;

Faites chauffer à grand feu, puis ajoutez le foie de veau et les parures de foie gras que vous couperez en petites parties ;

Remuez avec la cuiller de bois quatre minutes ;

Laissez refroidir, puis pilez et ajoutez la panade et 4 œufs ;

Passez au tamis ;

Goûtez pour l'assaisonnement, puis relevez la farce dans une terrine ;

Ayez un moule ovale à cylindre uni pour grosses pièces et un plus petit destiné à être posé sur le grand ;

Beurrez et garnissez le moule avec la farce à une épaisseur de 2 centimètres ;

Mettez une rangée d'escalopes de foie gras, de truffes et de lard coupées en dés ;

Finissez d'emplir le moule avec la farce en mettant alternativement couche de foie gras, truffes et lard ;

Moulez très serré pour éviter les vides ;

Faites cuire le grand pain de foie au bain-marie pendant une heure et demie, et le petit pendant trois quarts d'heure.

Laissez refroidir les deux pains, et, lorsqu'ils sont refroidis, chauffez à grand feu trois à quatre minutes pour que les pains puissent se détacher des moules ;

Parez-les, puis glacez-les à la glace de viande ;

Posez le grand pain sur un socle de riz garni de beurre de Montpellier, et placez le petit sur le grand avec un sujet de tétine au-dessus ;

Garnissez de gelée, et servez.

POULARDES FARCIES AUX LÉGUMES.

Préparez deux poulardes ;

Enlevez les os des reins et des croupions, ne laissez que ceux des cuisses et des ailerons ;

Farcissez les poulardes avec farce de galantine ;

Bridez-les à l'anglaise en leur redonnant leur première forme ;

Enveloppez-les chacune dans une serviette et faites-les cuire deux heures dans la mirepoix ;

Égouttez-les et déballez-les ;

Lavez la serviette et remballez les poulardes ;

Laissez-les refroidir ;

Faites un billot de pain frit comme il est dit aux *Poulardes Régence* (page 563);

Posez le billot de pain sur un socle de riz, que vous aurez masqué de beurre de Montpellier;

Déballez les poulardes, essuyez-les et saucez-les d'une sauce béchamel chaudfroid;

Vous aurez le soin de les saucer d'un seul coup, afin qu'elles soient couvertes de sauce bien également;

Posez-les sur le socle de riz en les appuyant sur le billot de pain;

Garnissez les flancs de choux-fleurs, carottes, choux de Bruxelles, navets;

Placez des hâtelets de racines et des croûtons de gelée (voir *Hâtelets de racines*, planche X).

HURE DE SANGLIER.

Brûlez et nettoyez parfaitement une hure de sanglier; levez les oreilles que vous ferez cuire à moitié;

Désossez la tête, saupoudrez-la de sel et mettez-la dans une terrine pendant quatre heures;

Préparez les filets de 4 lapereaux de garenne, 1 kilo de truffes, 2 langues à l'écarlate et 1 kilo de lard cuit et blanchi;

Coupez le tout en carrés de 4 centimètres pour faire un salpicon;

Levez les chairs des restes de lapereaux dont vous ôterez soigneusement tous les nerfs;

Préparez 2 kilos de veau bien énervé, et 2 kilos de lard sans couenne ni nerfs;

Hachez gros chairs de lapereau, veau et lard, pour faire une farce dans laquelle vous ajouterez 70 grammes de sel épicé;

Égouttez la tête; épongez-la et saupoudrez-la d'une cuillerée à bouche des quatre épices;

Étalez sur la tête une couche de farce de 5 centimètres; étendez sur la couche de farce le salpicon que vous aurez bien mélangé;

Continuez couche de farce et salpicon jusqu'à ce que le tout soit employé ;

Enveloppez la hure dans une serviette pour lui redonner sa forme ; faites-la cuire dans une mirepoix au vin de Madère, et assurez-vous de la cuisson ;

Laissez-la refroidir, égouttez-la et déballez-la ;

Lavez la serviette dans laquelle vous remettrez la tête :

Fixez la serviette avec du ruban de fil de 3 à 4 centimètres de large ; vous commencez par le mufle et terminerez en attachant fortement aux deux bouts ;

Laissez de nouveau bien refroidir la hure, déballez-la, passez-la quatre minutes à la bouche du four, puis épongez-la ;

Parez le derrière et placez les oreilles, que vous fixerez avec un mélange de saindoux et de graisse de mouton, à l'aide de brochettes en bois que vous dissimulerez pour qu'elles ne soient pas apparentes ;

Mélangez une quantité de suie dans 1 hecto de saindoux pour enduire la hure et lui donner un beau noir luisant ; certains cuisiniers emploient le chocolat pour cette coloration, ce qui est bien loin de valoir à mes yeux la teinte de la suie, bien plus franche et bien plus naturelle.

J'ai d'ailleurs toujours vu Carême employer la suie pour colorer les hures, et on ne saurait mieux faire que de se rallier, dans ce cas comme dans bien d'autres, aux principes de ce grand praticien.

On n'oublie pas que la peau est destinée à être enlevée par le maître d'hôtel, qui dépouille la hure entièrement avant de la servir.

Lorsque la hure est colorée, on retire la couenne sur le front jusqu'à 7 centimètres du mufle ; on forme un écusson que l'on remplit avec du saindoux blanc et que l'on décore avec des fleurs de saindoux en couleur, ou mieux encore avec des applications de fleurs naturelles.

J'ai vu faire et fait moi-même dans ces écussons les armoiries de plusieurs amphitryons titrés, pour lesquels j'avais l'honneur de travailler. J'ai fait aussi, à l'occasion de fêtes et mariages, des chiffres avec couronnes de fleurs, en entourant l'écusson de branchages, de feuilles et de fleurs. On ne saurait croire combien de tels ornements, assez simples par eux-mêmes et qui demandent à être exécutés avec beaucoup de délicatesse et de légèreté, contribuent à embellir et égayer cette grosse pièce qui n'est pas par elle-même d'un aspect précisément attrayant.

On achève de reformer la hure en modelant ses défenses avec du saindoux blanc, puis les yeux aussi au saindoux, bordés de rouge et marqués d'un point de truffe au milieu. On pose la hure sur le socle de riz masqué de beurre de Montpellier, et on dispose des croûtons de gelée autour.

PATÉ DE POULARDE TRUFFÉE.

Parez et désossez une poularde ;

Faites une farce avec 750 grammes de veau et 750 grammes de lard sans couenne ni nerfs ;

Assaisonnez ;

Préparez 500 grammes de truffes bien épluchées ;

Foncez un moule à pâté pouvant contenir volaille et farce ; mettez une couche de farce dans le fond et placez dessus des lames de truffes ;

Étalez une couche de farce sur la poularde, puis ajoutez les truffes dessus ;

Formez la poularde suivant le moule et mettez-la dans le pâté ;

Ajoutez encore quelques lames de truffes et couvrez de farce ;

Faites un couvercle de pâte ; couvrez le pâté ; pincez et mettez dessus un faux couvert en feuilletage ;

Dorez le couvercle et rayez-le ;

Faites au milieu du couvercle un trou de la grosseur d'un doigt ;

Faites cuire et assurez-vous de la cuisson ;

Retirez du four, et, au bout d'une demi-heure, coulez dans l'intérieur de la gelée à l'essence de volaille ;

Bouchez le trou avec de la pâte ;

Lorsque le pâté est bien refroidi, servez-le sur un plat garni d'une serviette.

PATÉ DE FOIE GRAS.

Foncez un moule à pâté ;
Faites une farce comme il a été dit au *Pain de foie gras* (voir page 685) ;
Garnissez le pâté avec la farce ;
Couvrez de lames de truffes, puis ajoutez une couche de foie gras ;
Autre couche de farce ;
Autre couche de truffes ;
Finissez par une couche de farce ;
Couvrez comme il est dit au *Pâté de poularde truffée* (voir l'article précédent).

Observation. — On aura bien soin d'examiner les foies que l'on emploiera, pour enlever entièrement les parties verdâtres qui entourent l'amer.

Lorsque les pâtés de foie gras sont faits pour être conservés, on coule du beurre clarifié par le trou du couvercle. Cette opération devient inutile lorsque les pâtés doivent être mangés au bout de peu de jours.

PATÉ DE PERDREAUX ROUGES.

Préparez et désossez quatre perdreaux ;
Faites une farce comme il est dit au *Pâté de poularde truffée* (page 689) ;
Étalez les perdreaux sur la table ; saupoudrez-les de sel et étalez sur une couche de farce ;
Mettez sur la couche de farce trois morceaux de truffes ; donnez aux perdreaux une forme ronde ou ovale suivant le moule ;
Mettez une couche de farce dans le fond du pâté ;
Placez deux perdreaux et couvrez-les de truffes ;
Formez une autre couche de farce et placez les deux autres perdreaux ; assaisonnez de sel épicé, puis couvrez de couches de truffes et de farce ;

Finissez comme il est dit au *Pâté de poularde truffée* (page 680);

Faites cuire, et, une demi-heure après que le pâté est retiré du four, coulez par le trou du couvercle de la gelée de viande au fumet de perdreau ;

Bouchez le trou et servez froid.

PATÉ DE BÉCASSES.

Préparez et désossez quatre bécasses ;

Pilez les intestins pour les mêler à la farce que vous faites comme celle du *Pâté de poularde truffée* (page 680) ;

Finissez entièrement comme du *Pâté de perdreaux* (voir l'article précédent) ; lorsque le pâté est cuit, coulez par le trou du couvercle de la gelée de viande au fumet de bécasse.

PATÉ DE SAUMON.

Ayez 2 kilos de saumon; enlevez peau et arêtes ;

Préparez 1 kilo 500 de farce de merlan (voir *Farce de merlan*, page 467) ;

Foncez un moule pouvant contenir le saumon et la farce, étendez une couche de farce au fond, et mettez des lames de saumon de 4 centimètres d'épaisseur ;

Saupoudrez de sel épicé ;

Étendez couche de farce et couche de saumon, en alternant, jusqu'à ce que le pâté soit rempli :

Couvrez avec couvercle de pâte, puis ajoutez un faux couvercle de feuilletage, comme il est dit au *Pâté de poularde truffée* (page 689).

PATÉ DE THON.

Préparez 2 kilos de thon ; retirez peau et arêtes ;

Faites 1 kilo 500 de farce de merlan (voir *Farce de merlan*, page 467) ;

Finissez avec couches de farce et de truffes, en alternant, comme il est dit au *Pâté de saumon* (voir l'article précédent).

TERRINE DE FOIE GRAS.

Faites une farce de foie gras comme il est dit au *Pain de foie gras à la gelée* (page 685);

Étendez une couche de farce dans le fond de la terrine; ajoutez la farce, et mettez lames de truffes et de foie gras assaisonné de sel épicé;

Couvrez d'une couche de farce; remettez foie et truffes en assaisonnant avec sel épicé; finissez jusqu'à ce que la terrine soit pleine;

Couvrez de bardes de lard;

Mettez dessus une feuille de laurier;

Couvrez la terrine de son couvercle et mettez-la au bain-marie;

Laissez refroidir et servez.

Observation. — Lorsque la terrine est destinée à être gardée, on coule beurre clarifié dessus.

TERRINE D'ORTOLANS.

Faites une farce avec chair de perdreaux et panne de porc par parties égales;

Assaisonnez et pilez pour faire une pâte bien lisse;

Retirez les cous et les pattes des ortolans;

Mettez une couche de farce dans le fond de la terrine et semez dessus de la truffe coupée en dés;

Rangez un lit d'ortolans que vous assaisonnez de sel épicé;

Mettez une couche de farce sur laquelle vous semez des truffes;

Faites une autre rangée d'ortolans que vous assaisonnez;

Finissez par une couche de farce et de truffes;

Couvrez de bardes de lard;

Mettez une feuille de laurier dessus; couvrez la terrine de son couvercle et faites cuire.

SAUMON EN MAYONNAISE.

Préparez un gros saumon que vous faites cuire dans une mirepoix et vin blanc;

Lorsqu'il est cuit, laissez-le refroidir dans sa cuisson;

Égouttez-le et dressez-le sur un socle décoré;

Couvrez ce socle d'une serviette et garnissez d'un cordon de persil;

Garnissez de persil et d'écrevisses, et décorez de hâtelets faits avec crevettes et pommes de terre cuites à blanc (voir planche XXI);

Servez sauce mayonnaise à part.

BUISSON DE COQUILLAGES.

Ce buisson se fait avec homards, écrevisses et crevettes.

Ployez une serviette sur un plat ovale;

Taillez un billot de pain de mie pour servir de support à deux homards que vous disposerez les queues accrochées au sommet du billot de pain et les têtes appuyées sur la serviette;

Masquez le pain avec bouquet de persil;

Rangez des écrevisses droites entre les deux homards sur le bouquet de persil;

Mettez deux autres homards les pattes sur la serviette, et les queues accrochées au sommet du billot de pain;

Piquez des hâtelets, comme la planche XXII l'indique.

BUISSON DE TRUFFES.

Faites cuire 3 kilos de grosses truffes, comme il est dit aux *Garnitures* (page 445);

Taillez un morceau de pain ovale et posez-le sur le plat garni d'une serviette;

Faites six hâtelets garnis chacun d'une grosse truffe;

Piquez-les sur le pain;

694 LE LIVRE DE CUISINE. — DEUXIÈME PARTIE.

Rangez les truffes autour du pain, que vous masquez de bouquets de persil;

Dressez le reste des truffes en buisson dans le milieu des hâtelets.

PETITS ASPICS POUR GARNITURES.

Contisez des filets mignons de poulet et placez-les sur des ronds de carottes de 1 centimètre et demi de largeur et de 2 centimètres d'épaisseur;

Mettez une barde de lard sur chaque rond de carotte; posez sur chaque rond un filet mignon contisé que vous souderez en appuyant les deux bouts l'un sur l'autre;

Fig. 140. Filet contisé et aspic.

Enveloppez d'une bande de papier beurré;

Faites cuire et laissez refroidir;

Mettez dans un moule à darioles de la gelée à une hauteur de 1 demi-centimètre;

Posez un filet sur la gelée;

Recouvrez le filet d'une couche de gelée de 1 demi-centimètre au-dessus du filet; remettez un deuxième filet;

Remplissez le moule de gelée et faites prendre à la glace (voir le dessin).

BUISSON DE COQUILLAGES.

1. SALADE DE HOMARD.   2. MAYONNAISE DE FILETS DE SOLE.

ENTRÉES DE FROID.

NOIX DE VEAU A LA GELÉE.

Ayez une grosse noix de veau couverte de sa tétine ;
Piquez-la à l'intérieur de truffes et jambon, couvrez-la de bardes de lard, puis enveloppez-la dans une serviette et faites-la cuire dans une mirepoix ;
Égouttez-la et laissez-la refroidir ;
Découpez une palmette dans la tétine ;
Parez la chair à vif ;
Glacez à la glace de viande, seulement la chair et non la tétine ;
Posez-la sur un socle de riz masqué de beurre de ravigote ;
Croûtonnez le bas et le tour du socle.

COTE DE BŒUF A LA GELÉE.

Ayez une côte de bœuf de trois côtes ;
Désossez l'échine entièrement et ne laissez qu'une côte ;
Sciez la côte pour former un petit manche ;
Piquez-la de gros lard et de jambon ;
Ficelez-la et faites-la cuire dans une braisière couverte de mirepoix ;
Lorsqu'elle est cuite, laissez-la une demi-heure dans la cuisson, égouttez-la et mettez-la légèrement en presse ;
Lorsqu'elle est refroidie, parez-la et glacez-la avec glace de viande ;
Dressez-la sur un socle de riz masqué de beurre de Montpellier ;
Faites une rosace avec de la gelée sur la surface plate (voir le dessin, page 675) ;
Posez une garniture de croûtons de gelée sur le bord du plat ;
Mettez une papillote au manche, et servez.

CÔTELETTES DE VEAU A LA GELÉE.

Parez huit côtelettes de veau bien épaisses; coupez les côtes court, de façon que la côtelette n'ait pas plus de 12 centimètres de long;

Piquez les noix par le travers, de lard, truffes et jambon;

Faites braiser avec mirepoix;

Lorsque les côtelettes sont cuites, mettez-les en presse, faites-les refroidir et parez-les;

Faites frire un morceau de pain taillé en rond de 4 centimètres de large sur 11 de long;

Lorsqu'il est frit et refroidi, couvrez-le de beurre de Montpellier et placez-le au milieu du socle de riz;

Glacez les côtelettes à la glace de viande; puis dressez-les autour du morceau de pain, les côtes en dedans.

Faites un rond en beurre de Montpellier, que vous posez sur le haut;

Garnissez l'entre-deux de chaque côtelette d'une perle de gelée hachée;

Démoulez un petit aspic pour garniture (voir page 694) et placez-le sur le rond de beurre de Montpellier du haut;

Posez de petites croûtes de gelée autour et une perle de gelée hachée sur l'aspic;

Formez une bordure de croûtons sur le bord du plat;

Servez.

CERVELLES DE VEAU AU BEURRE DE MONTPELLIER.

Épluchez et faites blanchir trois cervelles de veau dans l'eau, le sel et le vinaigre;

Lorsqu'elles sont bien fermes, égouttez-les, et mettez-les dans une casserole couverte de grand bouillon;

Faites mijoter pendant un quart d'heure;

Vingt minutes après avoir retiré les cervelles du feu, égouttez-les;

Faites six croûtons en beurre de Montpellier de la grandeur des cervelles, et épais de 1 centimètre et demi ;

Dressez-les en couronne sur un socle de riz fait comme celui de la *Côte de bœuf à la gelée* (voir page 695) ;

Mettez entre chaque cervelle un croûton de beurre de Montpellier ;

Remplissez le milieu d'une mayonnaise verte ;

Posez une garniture de croûtons autour du socle.

CHAUDFROID DE POULETS A LA GELÉE.

Faites rôtir trois poulets à blanc enveloppés de papier beurré ;

Lorsqu'ils sont froids, découpez-les et enlevez les peaux ;

Faites une bordure de gelée dans un moule d'entrée et garnissez chaque côte d'un filet mignon décoré ;

Faites frire un morceau de pain taillé en rond de 4 centimètres de largeur sur 8 de hauteur ;

Saucez les membres des poulets dans de la sauce chaudfroid de poulet (voir *Sauce chaudfroid de volaille*, page 442) ;

Rangez chaque morceau sur une plaque et laissez refroidir ;

Démoulez sur le plat la bordure qui vous avez faite dans un moule d'entrée, garni de filets mignons décorés ;

Fixez le morceau de pain frit dans le milieu, et dressez autour les morceaux de poulet en les sauçant de nouveau ;

Placez d'abord les cuisses dans le fond autour du pain ;

ettez ensuite les trois ailes de droite ;

Laissez refroidir la sauce pour lui donner le temps de prendre ;

Lorsqu'elle est prise, placez les trois ailes de gauche en les resserrant pour former la pyramide ;

Placez dessus les trois estomacs ;

Garnissez un hâtelet d'une grosse crête et d'une grosse truffe ; piquez ce hâtelet au milieu du morceau de pain, et servez (voir planche XX, fig. 1).

Observation. — Un chaudfroid, bien dressé, ne doit pas être saucé en plusieurs fois ; il ne doit jamais avoir d'épaisseur de sauce; afin qu'on puisse toujours apercevoir les membres des poulets à travers la sauce.

BALLOTTINES DE POULETS A LA GELÉE.

Désossez deux poulets, puis farcissez-les avec de la farce à galantine garnie d'un salpicon de langue et de truffes ;

Roulez chaque poulet en long d'une grosseur de 7 centimètres ;

Enveloppez-le dans une serviette et ficelez de manière à le séparer en trois parties égales, comme pour former trois gros saucissons ;

Faites-les cuire dans une mirepoix ;

Retirez-les du feu ; égouttez-les au bout d'une demi-heure et retirez-les de la serviette ;

Séparez-les aux endroits marqués de ficelles ;

Lavez les serviettes et remballez les poulets ;

Reficelez les ballottines séparément ; faites-les refroidir ; parez-les et glacez-les ;

Dressez-les sur un socle de riz couvert de beurre de ravigote ; placez-en cinq en rond et la sixième dessus ;

Placez une rosace de gelée sur les premières ballottines ;

Posez un petit aspic (voir *Petits aspics pour garnitures*, page 694) sur la ballottine de dessus ;

Garnissez les intervalles de gelée ;

Posez des croûtons de gelée autour du socle.

SUPRÊME DE POULETS A LA GELÉE.

Levez et parez les filets de six poulets, que vous faites cuire comme il est dit aux *Filets de poulet sauce suprême* (page 574) ;

Faites un socle de riz que vous masquez de beurre de ravigote ; mettez dans le milieu un bouchon de riz de 5 centimètres de large sur 8 de haut, que vous couvrez de beurre de Montpellier ;

Saucez les filets de volaille comme il est au *Chaudfroid de poulets à la gelée* (voir page 697) ;

Faites 12 croûtons de truffes de la largeur des filets et épais de 1 demi-centimètre;

Dressez les filets et les truffes en couronne autour d'un bouchon de riz;

Posez sur le milieu une coupe en tétine :

Rangez des croûtons de gelée autour du socle.

CHAUDFROID DE PERDREAUX.

Préparez quatre perdreaux; enveloppez-les de papier beurré et faites-les rôtir;

Découpez-les lorsqu'ils sont froids, et saucez-les à la sauce de chaudfroid de perdreaux;

Rangez-les sur une plaque;

Faites une bordure de gelée garnie de filets mignons de perdreau décorés;

Finissez comme il est dit au *Chaudfroid de poulets à la gelée* (page 697).

GALANTINE DE PERDREAUX A LA BELLEVUE.

Faites trois ballottines de perdreaux comme il est dit aux *Balottines de poulets à la gelée* (page 698);

Ayez trois moules à galantine de perdreaux (voir le dessin, page 704); chemisez-les avec de la gelée et décorez-les de truffes et de blancs d'œufs, puis placez-les dans la glace;

Mettez de la gelée à une hauteur de 4 centimètres dans les moules;

Glacez les ballottines à la glace de gibier;

Lorsque la gelée commence à prendre, placez-les sur la gelée;

Remplissez le moule, et couvrez-le d'un plafond; mettez de la glace dessus;

Lorsque les galantines sont fermes, démoulez sur un socle de riz couvert de beurre ravigote;

Posez les croûtons autour du socle, et servez.

FILETS DE PERDREAU ROUGE AU SUPRÊME FROID.

Préparez les filets de six perdreaux rouges et faites-les sauter ;

Saucez-les avec une sauce suprême (voir page 439) réduite au fumet de perdreau ;

Dressez-les en couronne sur un socle de riz que vous masquerez de beurre de Montpellier ;

Placez un croûton de langue à l'écarlate entre les filets ;

Mettez au milieu un petit socle de riz couvert de beurre de Montpellier, et placez dessus une petite coupe en tétine garnie de gelée ;

Croûtonnez le tour du socle.

CHAUDFROID DE BÉCASSES.

Préparez quatre bécasses ; enveloppez-les de papier beurré et faites-les rôtir ;

Lorsqu'elles sont froides, découpez-les et saucez-les avec une sauce chaudfroid au fumet de bécasse ;

Faites une bordure de gelée garnie de filets mignons décorés ;

Finissez comme il est dit au *Chaudfroid de perdreaux* (voir page 699).

BALLOTTINES DE PERDREAUX ROUGES.

Désossez cinq perdreaux rouges ; garnissez-les de farce à galantine et d'un salpicon de langue et truffes ;

Emballez-les séparément dans des serviettes et faites-les cuire dans de la mirepoix ; lorsqu'ils sont cuits, déballez-les, lavez les serviettes, et remballez-les ;

Laissez-les refroidir et parez les extrémités ;

Glacez-les à la glace de gibier ;

Dressez-les sur un socle de riz garni de beurre de Montpellier ; mettez sur le milieu un socle rond de beurre de Montpellier de 6 centimètres de largeur sur 1 centimètre d'épaisseur ;

Placez dessus un sujet en tétine ;
Garnissez de gelée hachée et de croûtons ;
Servez.

PAIN DE FOIE GRAS A LA GELÉE, POUR ENTRÉE.

Faites une farce de foie comme il est dit au *Pain de foie gras pour grosses pièces* (page 685) ;
Beurrez un moule d'entrée à cylindre uni et un autre plus petit sans cylindre, destiné à former gradin ;
Faites cuire au bain-marie ;
Laissez refroidir, démoulez et parez ;
Glacez à la glace de volaille ;
Placez le plus grand pain sur un socle de riz garni de beurre de ravigote, et le plus petit dessus ;
Ayez un petit aspic que vous posez sur le milieu du pain de foie ;
Croûtonnez, et servez.

PAIN DE VOLAILLE FROID.

Levez les filets de six jeunes poules et coupez-les en petits morceaux ;
Faites fondre de la panne en même quantité que les filets ;
Assaisonnez de thym, laurier, persil, sel et poivre ;
Lorsque la panne est fondue sans prendre couleur, ajoutez les chairs des filets ;
Passez sur feu vif en remuant avec la cuiller de bois ;
Ajoutez une partie de panade, pilez et passez au tamis, puis mouillez avec 2 décilitres de béchamel réduite ; ajoutez 3 œufs entiers ;
Mêlez un salpicon de truffes hachées avec la farce ;
Beurrez un moule uni à cylindre pour entrée et remplissez-le de farce ;
Mettez le reste de la farce dans un petit moule uni ;
Faites cuire au bain-marie, laissez refroidir, démoulez et parez ;
Glacez à la glace de volaille ;

Placez le petit pain sur le gros ;

Posez les deux pains sur un socle de riz garni de beurre de ravigote ;

Mettez un petit aspic sur le sommet ;

Disposez des croûtons de gelée autour, et servez.

PAIN DE LEVRAUT FROID.

Levez toutes les chairs d'un levraut, ajoutez de la panne en même quantité que vous faites fondre ;

Finissez entièrement comme il est dit au *Pain de volaille froid* (voir page 701) ;

Vous remplacerez la béchamel par de l'espagnole réduite au fumet de levraut.

PAIN DE LAPEREAUX FROID.

Levez les chairs de 3 lapereaux, et procédez comme il a été dit au *Pain de levraut* (voir l'article précédent) ;

Saucez avec espagnole réduite au fumet de lapereau.

PAIN DE PERDREAUX FROID.

Levez les chairs de 6 perdreaux et procédez comme il est dit au *Pain de volaille froid* (page 701) ;

Remplacez la béchamel par de l'espagnole réduite au fumet de perdreau.

ESCALOPES DE MAUVIETTES FROIDES EN CROUSTADE.

Levez les filets de 36 mauviettes ; rangez-les dans un plat à sauter beurré et assaisonnez-les de sel et poivre ;

Faites sauter, égouttez et mêlez aux filets de mauviettes même quantité de truffes émincées ;

Saucez avec une sauce chaudfroid faite comme il est dit à la *Sauce chaudfroid de perdreau* (page 442) ;

Vous remplacerez le fumet de perdreau par le fumet de mauviettes ;

Dressez en rocher dans une croustade de pain ;

Dressez autour des croûtons de gelée, et servez.

CHAUDFROID DE GALANTINE DE MAUVIETTES.

Désossez 30 mauviettes, mettez dans chacune gros comme une petite noix de farce de mauviette dans laquelle vous mêlerez des truffes hachées ;

Bourrez très légèrement 30 moules à darioles ;

Formez les mauviettes en boule et mettez-les dans les moules, l'estomac sur le fond ; faites cuire ;

Laissez-les refroidir et démoulez-les ;

Passez-les au four et épongez-les bien ;

Faites 30 petits filets mignons de poulet contisés ;

Saucez chaque mauviette d'une sauce chaudfroid faite avec espagnole et fumet de mauviette ;

Mettez toutes les mauviettes sur un plafond à refroidir, puis dressez-les en pyramide sur un socle en saindoux, en ayant soin de les saucer de nouveau ;

Placez entre chaque mauviette un filet mignon contisé ;

Garnissez les bords du socle de croûtons de gelée.

CHAUDFROID DE GALANTINE DE CAILLES.

Désossez 10 cailles ; farcissez avec farce de galantine et truffes, puis emballez-les dans un linge en forme de ballottines ;

Faites-les cuire dans la mirepoix et déballez-les ;

Lavez la serviette, puis reformez les ballottines ; laissez refroidir ;

Déballez les cailles de nouveau et glacez-les à la glace de gibier ;

Placez-les sur un socle de riz que vous aurez couvert de beurre de ravigote où vous aurez mis un bouchon de pain frit de 5 centimètres ;

Dressez ces ballottines inclinées légèrement sur le bouchon de pain et une au sommet ;

Garnissez de gelée hachée et de croûtons ;

Servez.

ASPIC DE FILETS DE PERDREAU A LA BELLEVUE.

Levez les filets de six perdreaux et parez-les ;

Ayez un moule d'entrée à colonnes à cylindre ;

Parez et décorez les filets mignons pour garnir les cannelures du moule ;

Faites sauter les filets, puis parez-les, de façon qu'ils puissent entrer aisément dans le moule ;

Faites une couche de gelée de 1 demi-centimètre d'épaisseur ;

Décorez avec truffes et blancs d'œufs cuits ;

Saucez les filets avec une sauce chaudfroid de perdreaux, finissez comme l'*Aspic avec filets décorés* (page 684) ;

Démoulez sur un socle de riz, et garnissez de croûtons à la gelée hachée ;

Masquez de beurre de Montpellier.

ASPIC A LA FINANCIÈRE.

Préparez : escalopes de foie gras, crêtes moyennes, champignons, rognons et truffes ;

Couvrez d'une couche de gelée de 1 demi-centimètre un moule d'entrée à cylindre uni ;

Faites un décor de truffes et blancs d'œufs ;

Saucez les escalopes de foie gras d'espagnole réduite, et rangez-les sur une plaque ;

Saucez les crêtes et les rognons avec de la sauce chaudfroid de poulet ;

Garnissez le moule avec le ragoût et mêlez le tout parfaitement ;

Vous aurez soin de placer les crêtes les pointes en bas, pour qu'elles se retrouvent dans le bon sens quand vous démoulerez ;

Lorsque le moule est rempli, mettez-le dans la glace et couvrez-le d'un plafond avec glace dessus;

Au bout de deux heures, démoulez sur un socle de riz masqué de beurre de ravigote;

Garnissez de croûtons et de gelée hachée.

ASPIC DE PURÉE DE VOLAILLE, DIT A LA REINE.

Foncez un moule à cylindre uni d'une couche de gelée de 1 demi-centimètre d'épaisseur;

Décorez le fond du moule avec truffes;

Mettez dans le moule une couche de purée (2 centimètres);

Lorsqu'elle est prise, ajoutez une couche de gelée également de 2 centimètres d'épaisseur; continuez ainsi jusqu'à ce que le moule soit rempli;

Mettez à la glace pendant deux heures, puis démoulez sur un socle de riz masqué de beurre de ravigote, et garnissez de croûtons et de gelée hachée.

ASPIC DE PURÉE DE VOLAILLE ET DE TRUFFES, DIT DEMI-DEUIL.

Foncez un moule à cylindre uni de 2 millimètres de gelée décorez avec langue à l'écarlate et truffes;

Préparez une purée de volaille comme il est dit à l'article précédent, et une *Purée de truffes* (voir page 463) que vous mêlerez avec la gelée blanche par parties égales;

Finissez en formant des couches alternées de 1 centimètre et demi d'épaisseur;

Mettez à la glace; dressez sur le socle de riz, et garnissez de gelée hachée et croûtons.

ASPIC DE HOMARD.

Foncez de gelée un moule à cylindre uni;

Décorez-le de truffes et de blancs d'œufs;

Faites des escalopes de queues de homard que vous marinerez avec sel, poivre et jus de citron;

Étalez sur un plafond une couche de beurre de Montpellier et une de beurre de homard;

Faites prendre sur la glace;

Lorsque les beurres sont très fermes, taillez-les au coupe-pâte en morceaux de la grosseur des escalopes de homard;

Mettez une couche de gelée de 1 centimètre sur le décor:

Dressez en couronne un rang d'escalopes de homard et de beurre de Montpellier;

Versez de la gelée à 1 centimètre au-dessus du homard et laissez prendre;

Dressez une autre couronne de homard et de beurre de homard en sens inverse;

Finissez en formant un rang de beurre de homard et d'escalopes, un rang de beurre de Montpellier et d'escalopes;

Démoulez sur un socle de riz, et garnissez de gelée hachée et croûtons.

ASPIC DE FILETS DE SOLE A LA SAUCE RAVIGOTE.

Levez les filets de quatre belles soles; parez-les en rond d'égale grandeur, puis mettez-les dans un plat avec sel, poivre et jus de citron;

Faites cuire et mettez en presse;

Mouillez une sauce ravigote avec gelée blanche;

Saucez les filets avec cette sauce et étendez-les sur une plaque;

Foncez de gelée un moule à cylindre uni; décorez le fond du moule;

Mettez une couche de gelée sur le décor;

Formez une couronne de filets de sole;

Recouvrez-la de gelée;

Continuez ainsi jusqu'à ce que le moule soit plein.

Lorsque le moule est rempli, mettez à la glace, démoulez sur un socle de riz; servez sauce ravigote à part.

DARNE DE SAUMON AU BEURRE DE MONTPELLIER.

Ayez une grosse darne de saumon dont vous retirerez deux nœuds de l'arête de chaque côté ;

Lavez-la et mettez une grosse carotte dans l'intérieur ;

Couvrez-la de bardes de lard et ficelez-le ;

Mettez-la dans une casserole ovale munie d'une grille ; couvrez-la de mirepoix et faites-la bouillir ;

Laissez-la mijoter à petit bouillon jusqu'à cuisson ;

Égouttez-la, laissez-la refroidir, puis enlevez la peau ;

Parez et glacez la darne avec glace de poisson ;

Dressez-la sur un socle de riz ; faites prendre à la glace une couche de beurre de Montpellier de 1 demi-centimètre d'épaisseur ;

Coupez une bande de beurre de 2 centimètres de hauteur et posez-la sur le poisson en la faisant porter sur le socle ;

Posez une même bande en haut de la darne ;

Ayez 4 filets de sole décorés de truffes pour aller de la bande de beurre en bas à celle du haut ;

Placez-les, un à chaque bout et un au milieu ;

Fixez-les avec de la glace de poisson ;

Faites un socle de beurre de Montpellier de la même forme que la darne, plus petit de 2 centimètres, et de 3 centimètres d'épaisseur ; posez sur la darne ; faites une rosace en gelée sur le beurre ;

Garnissez de croûtes et de gelée hachée.

BASTION D'ANGUILLES.

Préparez 2 anguilles ;

Ouvrez-les du côté du ventre pour enlever l'arête sans les séparer ;

Préparez une farce à galantine avec salpicon de truffes, lard et langues ;

Étendez un cordon de cette farce que vous ferez de 6 centimètres de largeur sur la longueur de l'anguille ; reformez l'anguille et enveloppez-la dans une serviette ;

Ficelez les deux bouts en adaptant des ficelles de distance en distance pour maintenir la serviette ;

Faites cuire avec mirepoix, et, lorsque les anguilles sont cuites, laissez-les dans la cuisson pendant 20 minutes ;

Retirez les serviettes et lavez-les ;

Reformez les bastions d'anguilles et laissez les refroidir ;

Coupez 5 morceaux d'anguilles de 9 centimètres de longueur et un de 4 centimètres, dont vous formerez les parties que l'on appelle *bastions* ;

Glacez seulement 4 de ces morceaux, puis formez-en 1 à part de 7 centimètres que vous glacez ;

Placez sur un socle de riz, garni de beurre de Montpellier, 4 des morceaux d'anguille de 9 centimètres que vous avez glacés, et, au milieu, le cinquième non glacé que vous avez mis en réserve ;

Fixez-les avec beurre de Montpellier ; remplissez le dessus avec le même beurre, lissez bien, et posez le sixième tronçon dessus ;

Formez une couche de beurre de Montpellier de 1 demi-centimètre ; lorsqu'elle est bien refroidie, coupez-la en 4 bandes que vous formerez de la largeur de 3 centimètres ;

Posez chaque bande entre les bastions ; coupez-en une de 3 centimètres de large pour entourer le bas de chaque bastion, et une de 1 centimètre et demi que vous posez en haut ;

Vous procéderez de même pour celui du milieu ;

Ayez des filets de sole que vous ferez sauter, que vous parerez et découperez en créneaux ;

Posez ces créneaux à fleur du bord de beurre qui se trouve en haut des bastions ;

Formez des fenêtres avec blanc d'œufs ;

Garnissez de croûtons et de gelée hachée.

SALADE DE SAUMON.

Escalopez de la chair de saumon en faisant des ronds de 4 centimètres de diamètre et de 2 centimètres d'épaisseur ;

Faites une bordure de gelée blanche dans un moule uni, puis garnissez cette bordure de queues de crevettes, cœurs de laitues, œufs durs coupés en morceaux et olives tournées ;

Faites sauter les escalopes en les saupoudrant de sel et de poivre, mettez-les dans un plat pour les laisser refroidir, et assaisonnez de sel, poivre, huile et vinaigre ;

Démoulez la bordure dans le plat ;

Rangez le saumon en couronne, en l'arrosant de gelée assaisonnée avec sel, poivre, vinaigre et ravigote hachée ;

Laissez prendre le premier rang et remplissez le milieu ; lorsque le premier rang est pris, faites-en un second, et ainsi de suite, en diminuant de 2 escalopes par rang, jusqu'à ce que le dernier n'ait que 3 centimètres de large ;

Arrosez de gelée assaisonnée, comme il est dit à l'article précédent ;

Ne versez la gelée que lorsqu'elle commence à prendre ;

Posez, pour couronner, un œuf et une laitue.

SALADE DE TURBOT.

Faites cuire le turbot, puis coupez-le en morceaux carrés de 4 centimètres sur 3 de large ; faites une bordure de gelée ;

Dressez les morceaux de turbot en pyramide dans la bordure et procédez comme il est dit à la *Salade de saumon* (voir l'article précédent).

MAYONNAISE DE FILETS DE SOLE.

Préparez des filets de sole comme il est dit à l'*Aspic de filets de sole à la sauce ravigote* (page 706) ; coupez-les de 5 centimètres de long ;

Faites une bordure de gelée garnie de queues d'écrevisses, d'œufs, de cœurs de laitues et de bettraves ;

Dressez en pyramide (voir planche XXIII, fig. 2).

SALADE DE HOMARD.

Escalopez les chairs de 3 gros homards ;

Marinez avec sel, poivre et vinaigre ;

Faites une bordure de gelée blanche garnie de beurre de homard et de beurre de Montpellier ;

Démoulez la bordure sur le plat, puis posez dans le fond un cordon de beurre de homard ;

Rangez dessus les morceaux inférieurs ;

Remettez un deuxième cordon de beurre de homard en rétrécissant pour faire la pyramide ;

Disposez les escalopes en couronne, et continuez à remplir le milieu d'un salpicon fait avec les parures ;

Procédez par cordon de beurre et d'escalopes jusqu'à ce que l'entrée soit dressée ;

Saucez de gelée assaisonnée peu prise, puis couronnez avec un rond de beurre de homard de l'épaisseur de 1 centimètre ;

Posez sur ce dernier rond une couronne de câpres ; mettez au sommet un cœur de laitue ;

La bordure se compose de moitié d'œufs durs avec ceinture d'anchois. On dispose une couronne de câpres sur le rebord de blancs d'œufs du dessus que l'on remplit d'œufs de homard en pyramide. On place une olive évidée entre chaque œuf de la rangée du bas. Le creux de l'olive est garni d'un bouquet d'estragon (voir planche XXIII, fig. 1).

Observation. — On sert mayonnaise à part avec toutes les salades de poisson.

SALADE RUSSE.

Coupez en dés : filets de perdreau, filets de saumon et filets de poulet que vous aurez sautés au beurre ;

Ajoutez 8 anchois ;

Faites cuire navets et carottes que vous enlèverez à la cuiller à légumes ;

Faites blanchir jusqu'à cuisson asperges en petits pois et haricots verts taillés au losange ;

Formez une bordure de gelée blanche garnie de blé de Turquie, de piment Chili, d'olives tournées, de queues de crevettes ;

Faites prendre la bordure à la glace ;

Mettez gibier, poisson, volaille et légumes dans une terrine ;

Ajoutez du caviar, puis assaisonnez de sel, poivre, huile, pointe de Cayenne et ravigote hachée ;

Mêlez de la gelée blanche dans la salade ;

Démoulez la bordure ;

Dressez en rocher la salade en plusieurs couches ; vous arroserez chaque couche de gelée, que vous aurez soin de laisser prendre successivement ;

Finissez en pyramide.

ENTREMETS FROIDS

MACÉDOINE DE LÉGUMES A LA GELÉE.

Préparez une macédoine de légumes comme il est dit aux *Entremets de légumes* (page 674) ;

Assaisonnez de sel, poivre, huile, vinaigre et ravigote hachée ; mêlez de la gelée blanche à l'assaisonnement ;

Dressez en pyramide dans une croustade de pâte de la grandeur du fond du plat d'entremets et haute de 4 centimètres.

CHOUX-FLEURS EN MAYONNAISE.

Préparez les choux-fleurs comme il est dit aux *Garnitures* (page 454) ;

Dressez-les en cône sur le plat et saucez entièrement avec une mayonnaise ;

Posez une garniture de racines autour.

SALADE DE SALSIFIS.

Faites cuire les salsifis et coupez-les tous de 4 centimètres de long ;

Assaisonnez-les de sel, poivre, huile et ravigote hachée ;

Dressez dans une croustade, comme pour la *Macédoine de légumes à la gelée* (voir page 711).

SALADE ITALIENNE.

Poussez à la colonne carottes et navets de 1 centimètre de largeur ; faites cuire comme il est dit aux *Garnitures* (page 453) ;

Laissez refroidir les légumes, et coupez-les en lames de 5 centimètres d'épaisseur ;

Coupez également en lames pommes de terre et betteraves ;

Assaisonnez de sel, poivre, huile, vinaigre, ravigote ;

Dressez dans une croustade.

SALADE ALLEMANDE.

Blanchissez à l'eau bouillante 500 grammes de choucroute pendant 5 minutes ;

Rafraîchissez et ajoutez 500 grammes de choux rouges confits au vinaigre ;

Ciselez la choucroute et mettez-la dans une terrine avec 100 grammes d'oignons hachés très fin, blanchis et rafraîchis ;

Ajoutez 25 grammes de raifort râpé et haché et une cuillerée de cerfeuil haché ;

Assaisonnez avec sel, poivre, 6 cuillerées à bouche d'huile d'olive et une de vinaigre ;

Goûtez pour l'assaisonnement, et servez dans une croustade de pâte.

SALADE SUÉDOISE.

Coupez un hareng mariné en petits dés ;

Ajoutez même quantité de bœuf rôti, même quantité de pommes de terre, betteraves, pommes de reinette, 4 anchois que vous aurez fait dessaler ;

Coupez le tout en dés, et ajoutez une cuillerée à bouche de câpres bien épongées, même quantité de cornichons hachés, œufs durs hachés, 20 olives tournées, 2 cuillerées de cerfeuil hachées, tragon haché ;

Assaisonnez de haut goût ;

Dressez dans le saladier et rangez sur le dessus 24 huîtres sans les coquilles.

SALADE D'ÉTÉ.

Coupez 300 grammes de concombres en ronds de 1 centimètre et demi et de 1 millimètre d'épaisseur :

Ajoutez 100 grammes de blanc de céleri coupé en carrés de même grosseur, et 300 grammes de fonds d'artichauts crus émincés comme les concombres ;

Faites mariner le tout dans le sel pendant 2 heures ;

Mettez, avec ces légumes, 200 grammes de radis roses que vous couperez en dés ;

Mettez dans le saladier une cuillerée à bouche de moutarde anglaise que vous délayerez avec 2 cuillerées de vinaigre d'Orléans, en remuant pour éviter les grumeaux ;

Ajoutez 8 cuillerées à bouche d'huile, 3 pincées de poivre et 28 grammes de peluche de cerfeuil ;

Égouttez les légumes et mêlez-les avec l'assaisonnement ;

Servez dans un saladier.

Observation. — On peut remplacer dans cette salade les radis par du chou rouge mariné.

SALADE D'HIVER.

Émincez 500 grammes de chou rouge ; blanchissez-les 15 minutes et rafraîchissez-les ;

Égouttez-les et mettez-les dans une terrine avec 30 grammes de sel pilé ;

Remuez bien et laissez mariner pendant 4 heures ;

Égouttez l'eau et mettez 1 demi-décilitre de vinaigre ; laissez mariner encore pendant 2 heures ;

Épluchez et coupez en dés de 1 demi-centimètre 500 grammes de racines de céleri et autant de pommes de terre ; puis faites blanchir pendant 10 minutes ;

Un quart d'heure avant de servir, égouttez le vinaigre des choux et mêlez le céleri et les pommes de terre ;

Ajoutez 3 cuillerées à bouche d'huile, 3 cuillerées à bouche d'estragon haché et 2 prises de poivre ;

Goûtez pour l'assaisonnement et servez.

SALADE DE POMMES DE TERRE ET TRUFFES, DITE DEMIDOFF.

Émincez 600 grammes de truffes cuites au vin de Madère, et même quantité de pommes de terre dites *vitelottes*, cuites à l'eau de sel ;

Mêlez-les dans une terrine et assaisonnez-les de sel, huile, poivre, vinaigre et une cuillerée de ravigote peu hachée ;

Faites une bordure de racines de 2 centimètres de large sur 1 centimètre de haut ;

Poussez à la colonne navets et carottes de 2 centimètres de haut sur 1 de large, puis faites cuire à l'eau de sel ;

Videz le milieu de chaque navet et de chaque carotte pour y introduire une tête d'asperge ;

Rangez sur la bordure une carotte, un navet, et ainsi de suite en alternant ;

La bordure finie, dressez la salade en pyramide et servez.

SALADE MACÉDOINE.

Coupez en dés :
  Deux fonds d'artichauts,
  Même quantité de carottes,

Même quantité de céleri-rave,
Même quantité de betteraves,
Même quantité de haricots verts,
Même quantité de pointes d'asperges,
Même quantité de navets,
Même quantité de petits pois ;

Tous ces légumes doivent être blanchis à l'eau de sel, rafraîchis et égouttés ;

Mettez-les dans un saladier ;

Assaisonnez-les d'une mayonnaise verte à la ravigote, et servez.

SALADE DE HARICOTS VERTS.

Coupez les haricots verts en losange ; faites-les blanchir, rafraîchissez-les et égouttez-les ;

Assaisonnez-les de sel, poivre, huile, vinaigre et ravigote hachée ;

Dressez dans une croustade.

PETITS PAINS A LA FRANÇAISE AU FOIE GRAS.

Préparez des petits pains de pâte dite pour *pain au lait*, d'une longueur de 7 centimètres sur 3 de largeur ;

Fendez-les sur la longueur sans les séparer, et garnissez-les d'une farce de foie gras (voir *Garnitures*, page 467) ;

Dressez-les sur des assiettes, et servez.

PETITS PAINS A LA FRANÇAISE AU SALPICON.

Préparez les petits pains comme ceux de foie gras (voir l'article précédent) que vous ferez avec de la pâte de pain à potage ;

Chapelez-les, ouvrez-les sur le dessus ; enlevez la mie et garnissez l'intérieur d'un salpicon que vous ferez avec blanc de volaille, truffes, langue à l'écarlate que vous saucez dans une mayonnaise blanche avec ravigote hachée.

PETITS PAINS A LA FRANÇAISE AU HOMARD.

Préparez les petits pains comme les *Petits pains au salpicon* (voir page 715) ;

Coupez des chairs de homard en dés ; saucez-les avec une mayonnaise à la ravigote et garnissez-en l'intérieur des petits pains.

PETITS PAINS GARNIS DE FILETS DE SOLE.

Préparez les petits pains comme il est dit aux *Petits pains au salpicon* (voir page 715) ;

Parez les filets de sole et sautez-les au beurre et au citron ; mettez-les en presse ; laissez-les refroidir, puis coupez-les en dés ; assaisonnez-les avec sel, poivre, huile, vinaigre et ravigote ;

Garnissez l'intérieur des petits pains.

TRANCHES DE PAIN DE SEIGLE AU FROMAGE.

Coupez des tranches de pain de seigle de 8 centimètres de longueur sur 4 de largeur et 8 millimètres d'épaisseur ;

Mêlez, dans une terrine, du beurre avec fromage de Parmesan râpé en quantités égales ;

Passez les tranches de pain de seigle dans le beurre ; égouttez-les, étendez dessus une couche du mélange de beurre et de parmesan que vous venez de faire, à 1 demi-centimètre d'épaisseur ;

Passez les tranches de pain à four très chaud pendant 6 minutes ;

Servez sur une assiette.

SANDWICHS AU JAMBON.

Enlevez toute la croûte d'un pain de mie ;

Étalez sur le haut une couche de beurre assaisonné de sel et de moutarde ;

Divisez le pain en tranches de 1 demi-centimètre d'épaisseur, puis couvrez une des tranches de lames de jambon très minces et recouvrez avec une autre tranche de pain ; continuez ainsi jusqu'à ce que tout le pain soit employé ;

Mettez les tranches de pain en presse ;

Divisez-les en morceaux de 7 centimètres de long sur 4 de large ;

Dressez-les en couronne sur une assiette garnie d'une serviette.

SANDWICHS AU FOIE GRAS.

Préparez les sandwichs comme il est dit à l'article précédent ; vous remplacerez le beurre par la farce de foie gras.

SANDWICHS A LA VOLAILLE.

Préparez comme il est dit aux *Sandwichs au jambon* (page 716) ;

Garnissez de beurre assaisonné plus fortement qu'il n'est dit précédemment ;

Mettez dans l'intérieur des filets de volaille.

CANAPÉS D'ANCHOIS.

Taillez des lames de pain de mie de 5 centimètres de longueur sur 3 et demi de largeur, et de 8 millimètres d'épaisseur ;

Faites-les griller ;

Étalez sur chaque lame de pain une couche de beurre d'anchois ;

Rangez ensuite en long sur le pain 4 filets d'anchois que vous aurez dessalés et parés ;

Garnissez un des intervalles de blanc d'œuf haché, l'autre de persil haché et le troisième de jaune d'œuf haché ;

Rangez les canapés dans le bateau, chevalés les uns sur les autres.

CANAPÉS DE CREVETTES.

Taillez des ronds de pain de mie de 4 centimètres et épais de 1 demi-centimètre ;

Faites-les griller, laissez-les refroidir ; puis étendez sur chaque rond de pain une couche de beurre de crevettes ;

Rangez sur chaque rond des queues de crevettes en rosace, et mettez sur le milieu un bouquet de persil haché ;

Placez les canapés dans le bateau, chevalés les uns sur les autres.

CANAPÉS DE CAVIAR.

Préparez les canapés comme il vient d'être dit ;
Garnissez-les de caviar et rangez-les dans le bateau.

CANAPÉS DE QUEUES D'ÉCREVISSES.

Faites les canapés comme les *Canapés d'anchois* (page 717) ;

Faites-les griller et mettez sur chacun d'eux une couche de beurre d'écrevisses ;

Coupez des queues d'écrevisses en deux sur la longueur ; formez-en une rangée sur le milieu du canapé et garnissez les deux bords d'un filet de persil haché.

CANAPÉS DE HOMARD.

Faites griller un rond de pain de mie de 4 centimètres ;

Étalez sur le dessus une couche de beurre, puis posez un rond de chair de homard, que vous aurez fait mariner dans sel, poivre, huile et vinaigre ;

Rangez autour du rond de homard un cordon de câpres ;

Rangez les canapés dans le bateau, en chevalant comme il est dit aux *Canapés de crevettes* (voir ci-dessus).

CANAPÉS DE SAUMON FUMÉ.

Faites les canapés comme il vient d'être dit;

Garnissez-les de beurre d'anchois, puis couvrez-les de lames de saumon que vous aurez faites très minces.

BATEAU DE HARENG FUMÉ.

Retirez la tête et la queue d'un hareng fumé;

Enlevez peau et arêtes; puis formez des filets sur la longueur de 1 demi-centimètre de large;

Mettez-les avec de l'huile dans une terrine pendant six heures pour les faire dessaler;

Égouttez-les;

Rangez-les dans le bateau et couvrez-les d'huile.

BATEAU DE FILETS DE SOLE AUX ANCHOIS.

Levez les filets d'une petite sole;

Retirez les peaux et assaisonnez les filets de sel et de poivre;

Faites-les sauter avec une cuillerée à bouche d'huile d'olive, puis mettez-les en presse;

Dessalez et nettoyez quatre anchois;

Coupez chaque filet en quatre sur la longueur;

Parez les filets de sole et coupez-les en filets de la même longueur que les filets d'anchois;

Rangez-les dans le bateau en les mêlant avec les filets d'anchois;

Mettez dans une petite terrine 4 cuillerées à bouche d'huile et une cuillerée à bouche de vinaigre à l'estragon, avec un piment Chili haché très fin;

Mêlez et saucez anchois et sole.

BATEAU DE THON.

Coupez le thon en lames que vous rangerez dans le bateau en les chevalant les unes sur les autres ;

Mettez deux petits bouquets de câpres aux extrémités et deux au milieu ; arrosez d'huile, et servez.

BATEAU DE SAUMON FUMÉ.

Coupez des lames de saumon fumé de 4 millimètres d'épaisseur ;

Passez-les sur le gril une minute de chaque côté ;

Lorsqu'elles sont froides, rangez-les dans le bateau ; arrosez-les d'huile, et servez.

BATEAU DE CREVETTES.

Garnissez le fond du bateau d'un lit de persil en branches ;

Rangez les crevettes sur le persil, la queue en haut et la tête en bas ; couronnez d'un bouquet de persil et servez (voir planche IV).

BATEAU DE MORTADELLE.

Coupez de la mortadelle en lames très minces que vous rangerez dans le bateau en les chevalant les unes sur les autres.

BATEAU DE BŒUF FUMÉ.

Procédez comme pour le *Bateau de mortadelle* (voir l'article précédent).

BATEAU DE LANGUE A L'ÉCARLATE.

Coupez la langue en lames ; parez les bords ;

Rangez-les au milieu du bateau les unes sur les autres ;

LE FROID.

Garnissez les deux vides des côtés de persil haché, en ayant soin de n'en pas mettre sur les tranches de langue.

BATEAU DE JAMBON ET SAUCISSON.

Coupez le jambon et le saucisson en tranches très minces;
Déposez dans le bateau un rang de jambon et un rang de saucisson en alternant.

SALADE D'ANCHOIS.

Dessallez sept anchois et séparez-les en deux :
Grattez les morceaux;
Retirez les arêtes et coupez les morceaux d'anchois en filets de 1 demi-centimètre;
Formez dans le fond du bateau un grillage de filets d'anchois;
Hachez blancs d'œufs, jaunes d'œufs et persil, pour former autour du bateau de petits bouquets de 1 centimètre et demi de large en mêlant les couleurs;
Assaisonnez d'huile et de vinaigre au moment de servir.

Fig. 141. Moule pour galantine.

Fig. 142. Charlotte russe.

CHAPITRE XVI

ENTREMETS SUCRÉS CHAUDS ET FROIDS

I

ENTREMETS SUCRÉS CHAUDS

SAVARIN.

Mettez dans une terrine 500 grammes de farine tamisée ;
Faites un trou dans le milieu pour y placer 12 grammes de levure ;
Faites un levain avec le quart de la farine que vous mouillerez avec du lait chaud ;
Lorsque le levain a doublé de volume ajoutez 1 décilitre de lait chaud et 2 œufs entiers ;
Mêlez le tout avec la cueiller ;
Ajoutez encore un œuf et mêlez de nouveau ;
Remettez un œuf et 325 grammes de beurre manié ;

Ajoutez 10 grammes de sel, 15 grammes de sucre et 1 demi-décilitre de lait chaud ;

Mêlez toujours avec la cuiller, ajoutez encore un œuf et mêlez toujours ;

Vous ajouterez ainsi jusqu'à cinq œufs les uns après les autres, en n'oubliant pas de mêler après l'addition de chaque œuf ;

Coupez en petits dés 60 grammes d'orange confite ;

Beurrez un moule à savarin ;

Semez sur le beurre une cuillerée à bouche d'amandes hachées ;

Mettez la pâte dans le moule ; lorsque le moule se trouve rempli par le ferment de la pâte, faites cuire au four ;

Assurez-vous de la cuisson du savarin ; démoulez-le et laissez-le refroidir pendant 20 minutes ;

Arrosez-le de sirop de sucre que vous additionnerez d'anisette ;

Servez.

BISCUITS A LA CRÈME AU CITRON.

Cassez 6 œufs, les jaunes dans une terrine et les blancs dans un bassin ;

Mettez 2 hectos de sucre dans les jaunes et la râpure d'un citron ;

Travaillez quelques minutes avec la cuiller de bois ; fouettez les blancs, puis mêlez les blancs et les jaunes ;

Ajoutez 100 grammes de farine et 1 décilitre de crème fouettée ;

Couchez les biscuits dans les caisses ; saupoudrez-les de sucre, faites-les cuire, et servez chaud.

BISCUITS A LA CRÈME A L'ORANGE.

Faites les biscuits comme il a été dit à l'article précédent ;
Vous remplacerez le citron par l'orange.

BISCUITS A LA CRÈME A LA VANILLE.

Préparez les biscuits comme il a été dit aux *Biscuits à la crème au citron* (page 724);

Remplacez le citron par du sucre de vanille.

PAIN DE RIZ A L'ABRICOT.

Lavez et blanchissez 6 hectos de riz; mouillez-le avec 1 litre et demi de lait bouilli;

Ajoutez 125 grammes de sucre pilé et 60 grammes de beurre;

Faites cuire pendant une heure à feu très doux; lorsque le riz est crevé, ajoutez 3 œufs entiers;

Ayez 18 abricots confits que vous séparerez en deux; faites-les mijoter pendant 5 minutes dans du sirop à 20 degrés; égouttez-les sur un tamis;

Beurrez un moule d'entremets uni, puis saupoudrez l'intérieur de mie de pain;

Mettez :

    1 couche de riz de 2 centimètres,

    1 rangée de moitié d'abricots,

    1 couche de riz,

    1 couche d'abricots;

Continuez ainsi jusqu'à ce que le moule soit plein;

Faites cuire, et servez à part une sauce faite avec 8 jaunes d'œufs, 1 hecto de sucre et 4 décilitres de lait;

Faites lier cet appareil sur le feu sans ébullition jusqu'à ce qu'il masque la cuiller;

Lorsque la sauce est liée, ajoutez un quart de décilitre de liqueur de noyaux;

Passez à l'étamine;

Démoulez le gâteau sur un plat, et servez sauce à part.

PAIN DE RIZ A L'ANANAS.

Préparez un pain de riz comme il vient d'être dit à l'article précédent ;

Coupez en gros dés 2 hectos d'ananas que vous ferez confire dans du sirop de sucre ; mêlez les morceaux d'ananas au riz ;

Moulez et faites cuire :

Servez à part une sauce que vous ferez de la façon suivante ;

Épluchez 3 grosses pommes de reinette que vous faites cuire dans 1 demi-litre de sirop à 16 degrés :

Passez au tamis de soie ;

Mêlez avec les pommes le sirop dans lequel vous aurez fait cuire les ananas ;

Faites réduire jusqu'à ce que la sauce masque la cuiller ;

Servez.

CROUTES AU MADÈRE.

Faites un savarin de 13 centimètres de diamètre (voir au *Savarin*, page 723) ;

Faites-le cuire et laissez-le refroidir ;

Coupez-le en tranches :

Rangez les tranches sur une plaque ; saupoudrez-les de sucre passé au tamis de soie ; puis faites glacer au four ;

Mettez sur chaque tranche une couche de marmelade d'abricots ;

Dressez en couronne ;

Faites un salpicon de poires confites, de cerises et d'angélique, que vous mouillez avec 1 demi-décilitre de sirop à 30 degrés et 1 demi-décilitre de madère ;

Faites chauffer et garnissez le milieu de la couronne avec le salpicon ;

Arrosez les croûtes d'une sauce que vous ferez avec 1 décilitre de madère et 1 décilitre de sirop à 36 degrés ;

Faites bouillir la sauce, et servez.

ENTREMETS SUCRÉS CHAUDS ET FROIDS.

CROUTES A L'ANANAS.

Faites des beignets d'ananas de 5 centimètres de largeur et de 1 centimètre d'épaisseur ; faites-les cuire à petit bouillon dans du sirop à 24 degrés ;

Pilez toutes les parures d'ananas et passez-les au tamis de soie ;

Préparez des croûtes comme il est dit aux *Croûtes au madère* (voir l'article précédent) ;

Égouttez l'ananas, puis dressez en couronne un beignet et une croûte en alternant ;

Passez la cuisson des ananas au tamis de soie ;

Faites réduire à 32 degrés ; mêlez ensuite la purée d'ananas avec le sirop ;

Saucez les croûtes et servez.

GATEAU AU RHUM, DIT MAZARIN.

Mettez sur la table 500 grammes de farine ; prenez-en le quart pour faire un levain avec 12 grammes de levure ;

Mettez le levain à revenir ;

Faites une couronne avec le reste de la farine et mettez dans le milieu 2 hectos de beurre, 1 décilitre de lait chaud, 15 grammes de sucre et 10 grammes de sel ;

Pétrissez, puis ajoutez un œuf et mêlez en battant bien la pâte ;

Continuez la même opération jusqu'à 7 œufs, que vous ajoutez les uns après les autres ;

Mêlez le levain à la pâte ;

Beurrez un moule d'entrée uni ;

Semez sur le beurre des amandes coupées en filets très minces ;

Mettez la pâte dans le moule, et laissez-la revenir le double de son volume ;

Faites cuire, et préparez une sauce avec 2 décilitres de sirop à 30 degrés et 1 décilitre de rhum ;

Ajoutez 60 grammes de cédrat haché très fin ;

Faites bouillir ; liez avec un hecto de beurre ; puis démoulez le gâteau ;

Coupez-le en deux par le travers et introduisez la moitié de la sauce dans chaque morceau ;

Remettez les deux parties du gâteau l'une sur l'autre ;

Dressez sur une serviette et servez.

BRIOCHE A L'ALLEMANDE AU VIN DE MADÈRE.

Faites de la pâte à brioche comme il est dit à la première partie (voir *Brioche*, page 314) ;

Beurrez un moule uni d'entrée ; mettez de la pâte à la moitié, puis laissez revenir la pâte le double de son volume primitif ;

Faites cuire ;

Faites une sauce avec 2 hectos de marmelade d'abricots passée au tamis et 2 décilitres de vin de Madère ;

Faites bouillir pendant 3 minutes sur le feu, en tournant avec la cuiller de bois ;

Démoulez la brioche et coupez-la sur le travers en 4 parties égales ;

Masquez chaque partie d'abricot et remettez les morceaux les uns sur les autres ;

Glacez entièrement la brioche, et servez.

GATEAU AU KIRSCH, DIT MONTMORENCY.

Mettez sur la table 500 grammes de farine ;

Faites un levain avec le quart de la farine et 10 grammes de levure mouillée à l'eau ;

Faites un trou dans la farine qui se trouve sur la table et mettez au milieu 15 grammes de sucre, 10 grammes de sel, 1 demi-décilitre d'eau, 4 œufs et 3 hectos de beurre ;

Pétrissez, battez la pâte et ajoutez les trois derniers œufs les uns après les autres, en mêlant bien avant d'en ajouter un nouveau ;

Lorsque le levain est revenu, mêlez-le à la pâte ; puis ajoutez

ENTREMETS SUCRÉS CHAUDS ET FROIDS.   729

1 hecto de cerises confites, coupées en quatre, que vous mêlez dans la pâte ;

Beurrez un moule uni d'entrée ; mettez la pâte dans le moule et laissez-la revenir ;

Lorsque le moule est rempli, faites cuire ;

Servez une sauce faite avec 2 décilitres de sirop à 36 degrés et 4 décilitres de kirsch ;

Faites bouillir une minute, et servez la sauce à part.

PLUM-PUDDING AU RHUM.

Préparez :
- 3 hectos de graisse de rognon de bœuf que vous éplucherez et hacherez très fin,
- 3 hectos de raisins de Malaga dont vous enlèverez les pépins,
- 3 hectos de raisins de Corinthe épluchés et lavés,
- 1 hecto d'écorce d'oranges et de cédrats confits coupés en petits dés,
- 3 hectos de sucre pilé,
- 3 hectos de mie de pain passée au tamis,
- 2 pommes de reinette épluchées et coupées en petits dés,
- Le zeste d'un citron haché très fin ;

Mêlez le tout dans une terrine avec 3 clous de girofle écrasés et une petite prise de sel ; mélangez bien et ajoutez 6 œufs les uns après les autres ;

Mettez 1 demi-décilitre de rhum et continuez à remuer avec la cuiller pour faire le mélange complet ;

Beurrez un moule à pudding, remplissez-le avec l'appareil et attachez fortement le couvercle ;

Mettez un petit plat de terre dans le fond d'une marmite que vous remplirez d'eau aux deux tiers ; faites bouillir, et, lorsque l'eau bout, mettez le pudding dedans ; faites bouillir pendant 4 heures ;

Ajoutez de l'eau bouillante pendant la cuisson, de façon que le pudding reste toujours à grande eau ; lorsqu'il est cuit, démoulez-le sur un plat bien chaud ;

Saupoudrez le fond du plat de sucre, puis ajoutez 2 décilitres de rhum chaud autour du pudding ;

Vous allumerez le rhum dans la salle à manger au moment de servir sur la table.

PLUM-PUDDING AU MADÈRE.

Préparez le plum-pudding comme il est dit à l'article précédent ;

Mettez dans une casserole 8 jaunes d'œufs, 1 hecto de sucre, 3 décilitres de madère et le zeste de la moitié d'un citron ;

Tournez sur le feu jusqu'à ce que la sauce masque la cuiller et évitez qu'elle ne bouille ;

Passez à l'étamine ;

Dressez le pudding, et servez la sauce à part,

PUDDING-CABINET.

Faites bouillir 6 décilitres de lait ;

Mettez dans une casserole 10 jaunes d'œufs et 150 grammes de sucre en poudre ;

Mêlez le lait, les jaunes d'œufs et le sucre, en ajoutant 1 demi-décilitre de kirsch ; passez à l'étamine dans une terrine ;

Beurrez un moule d'entremets à cylindre ;

Préparez 100 grammes de raisins de Malaga dont vous enlevez les pepins ; 50 grammes de raisins de Corinthe, épluchés, lavés et séchés ; 3 abricots confits coupés en dés, et 60 grammes de cerises confites coupées également en dés ;

Formez dans le fond du moule une couche de fruits de 1 centimètre d'épaisseur ;

Placez dessus :

    Une couche de biscuits à la cuiller,

    Autre couche de fruits,

    Autre couche de biscuits ;

Continuez ainsi jusqu'aux deux tiers du moule ;

Versez l'appareil qui se trouve dans la terrine, en opérant lentement, pour éviter que les biscuits ne surnagent ;

Faites pocher au bain-marie sans bouillir ; démoulez et servez à part une sauce faite comme celle du plum-pudding au madère, en remplaçant le madère par le kirsch ;

Servez.

CHARLOTTE DE POMMES.

Épluchez 20 grosses pommes de reinette ; émincez-les et mettez-les dans un plat à sauter avec beurre et sucre en poudre ;

Faites-les cuire en les sautant sur le feu ;

Foncez un moule d'entremets uni avec du pain de mie ;

Coupez pour le fond des croûtons de pain de mie en forme de cœur et un rond que vous trempez dans le beurre fondu, et que vous posez au milieu ;

Fig. 143. Moule pour charlottes.

Trempez également dans le beurre les croûtons en cœur que vous poserez la pointe sur le rond, et l'autre partie aux parois du moule, en les chevalant les uns sur les autres ;

Taillez des lames de pain de mie de la hauteur du moule et larges de 4 centimètres ;

Trempez aussi ces lames de pain dans le beurre, et dressez-le le long du moule en les chevalant les uns sur les autres ;

emplissez avec les pommes et faites cuire ;

La charlotte cuite, démoulez-la et glacez-la avec de la marmelade d'abricots.

CHARLOTTE DE POIRES.

Préparez un moule que vous foncerez de pain, comme il

vient d'être dit à la *Charlotte de pommes* (voir l'article précédent, page 731);

Épluchez 15 poires de bon-chrétien et faites-les cuire dans du beurre et du sucre de vanille;

Garnissez la charlotte avec les poires;

Faites-la cuire, glacez et servez.

PANNEQUETS AUX ABRICOTS.

Il est nécessaire d'avoir à sa disposition plusieurs poêles pour faire des pannequets;

Mettez au feu trois poêles;

Ayez 3 hectos de farine, 5 œufs, 35 grammes de sucre, 5 décilitres de lait et 1 hecto de beurre;

Mettez dans une terrine le sucre, la farine et les œufs avec une très petite prise de sel;

Fig. 144. Boîte à glacer.

Mêlez parfaitement; puis ajoutez le beurre fondu, le sel et le lait;

Taillez en dôme un morceau de pain de mie de 11 centimètres que vous saupoudrez de sucre;

Faites-le glacer au four et posez-le sur le plat;

Faites chauffer les poêles;

Beurrez très légèrement avec du beurre clarifié;

Étalez une couche de l'appareil pour couvrir le fond d'une des poêles et couvrez les deux autres successivement;

Sitôt que la couche de l'appareil est prise d'un côté, enlevez-la et mettez-la sur le dôme de pain, en ayant soin de placer sur le dôme la partie cuite;

Couvrez le dessus du pannequet d'une couche de marmelade d'abricots ;

Continuez ainsi en superposant les couches de pannequets et en évitant de mettre de la marmelade sur le dernier ;

Saupoudrez de sucre et glacez à la pelle rouge.

POMMES AU BEURRE ET AU SALPICON DE FRUITS, DITES A LA PARISIENNE.

Faites un savarin de 13 centimètres de large (voir au *Savarin*, page 723) ; parez-le des deux côtés pour faire un socle de 3 centimètres ;

Préparez 2 pommes de calville coupées en deux, parées et cuites comme pour compote ;

Faites 14 beignets d'ananas confits de la même grandeur que les moitiés de pommes ;

Parez 7 pommes de calville ; coupez-les en deux et faites-les cuire dans le sirop ;

Dressez en couronne sur le savarin un quartier de pomme et un beignet jusqu'à ce que la couronne soit formée ;

Faites un salpicon avec pommes coupées en dés et cuites, poires de bon-chrétien cuites et rougies, prunes de reine-Claude, abricots confits et cerises confites ;

Faites bouillir tous ces fruits une minute ; égouttez-les et mettez-les dans un poêlon d'office avec 1 décilitre de sirop à 32 degrés et 1 demi-décilitre de kirsch ;

Mêlez et garnissez le milieu de la couronne ;

Saucez avec sirop mêlé de kirsch (voir pour le décor, qui se fait avec angélique, groseilles de Bar, cerises, la planche XXIV, fig. 1).

POMMES AU RIZ.

Ayez 12 petites pommes de calville ; enlevez le milieu avec un moule à colonne ; tournez-les et faites-les cuire dans du sirop à 18 degrés ;

Formez une bordure de riz ;

Faites crever du riz dans du lait pour garnir la croustade de riz ;

Dressez les pommes en pyramide ; mettez une cerise bien égouttée dans chaque trou de pomme et des feuilles d'angélique entre chaque pomme ;

Saucez avec la cuisson des pommes que vous aurez passées au tamis et réduites ;

Servez chaud.

POIRES AU RIZ.

Tournez 15 poires de rousselet, et faites-les cuire au sirop avec une addition de carmin liquide ;

Faites une croustade de riz, et finissez comme pour les *Pommes au riz* (voir l'article précédent, page 735).

ABRICOTS AU RIZ.

Faites cuire dans le sirop 18 abricots que vous aurez coupés en deux, et dont vous aurez retiré les noyaux ;

Formez une croustade de riz.

Préparez du riz que vous aurez fait crever avec du lait, du sucre et de la vanille ;

Mettez ce riz que vous venez de faire crever dans la croustade en formant pyramide ;

Dressez les abricots autour en les chevalant ;

Passez au tamis le sirop dans lequel vous avez fait cuire les abricots ; réduisez le jus, saucez les abricots, et servez,

PÊCHES AU RIZ.

Faites blanchir 12 pêches que vous couperez en deux dans du sirop à 20 degrés ;

Égouttez-les sur un tamis et retirez les peaux ;

Faites une bordure de riz ; dressez et finissez comme il est dit aux *Abricots aux riz* (voir l'article précédent).

ABRICOTS A LA CONDÉ.

Faites cuire dans le sirop dix-huit abricots que vous couperez en deux;

Faites pocher dans du lait sucré et vanillé de la farine de maïs pour en faire une pâte consistante;

Séparez la tête en deux parties, et formez avec une des deux parties de petites croquettes de la grosseur d'un bouchon;

Préparez un savarin comme il est dit à la page 723;

Égouttez les abricots;

Passez au tamis et faites réduire le jus;

Faites frire les croquettes;

Dressez 18 moitiés d'abricots sur le savarin et 18 autres en sens inverse;

Rangez les croquettes autour;

Détendez avec de la crème la partie du maïs qui vous reste jusqu'à consistance d'une bouillie;

Garnissez le milieu;

Glacez les abricots avec le sirop réduit, et servez.

PÊCHES A LA CONDÉ.

Séparez douze pêches en deux parties, et enlevez les noyaux;

Faites-les blanchir dans du sirop jusqu'à cuisson;

Égouttez-les sur un tamis, enlevez les peaux et finissez entièrement comme il est dit aux *Abricots à la Condé* (voir l'article précédent).

SUPRÊME DE FRUITS.

Coupez cinq poires de bon-chrétien en quatre; parez-les comme pour compote; puis faites-les cuire dans du sirop à 18 degrés avec une cuillerée à café de marasquin;

Coupez cinq pommes de calville en quatre; faites-les cuire dans du sirop à 16 degrés;

Coupez en deux 8 abricots confits et 8 prunes de reine-Claude

Faites revenir le tout dans du sirop;

Ajoutez 6 beignets d'ananas que vous coupez en deux et que vous faites cuire dans le sirop;

Égouttez les fruits et rangez-les dans une casserole à légumes en mêlant les couleurs;

Faites un sirop avec 3 décilitres de sirop de sucre à 30 degrés et 2 décilitres de marasquin;

Saucez avec cette sauce, et servez chaud.

TIMBALE DE FRUITS.

Foncez un moule d'entrée uni avec pâte et brioche de l'épaisseur de 1 demi-centimètre;

Coupez en quartiers cinq poires de bon-chrétien; rangez-les dans un plat à sauter beurré de beurre clarifié, puis saupoudrez-les de sucre en poudre; faites cuire à feu doux dessus et dessous;

Préparez 5 pommes de calville que vous faites cuire feu dessus et dessous, et 24 mirabelles confites;

Coupez-les en deux, retirez les noyaux; faites-les bouillir deux minutes dans le sirop;

Égouttez pommes, poires et prunes, puis garnissez le moule de ces fruits en les mêlant;

Couvrez la timbale d'un couvercle de pâte à brioche;

Faites sur le milieu un trou de 1 centimètre de large;

Faites cuire la timbale, et, lorsqu'elle est cuite, bouchez le trou;

Démoulez;

Faites un trou de 1 centimètre sur le dessus et introduisez par ce trou une sauce que vous ferez avec 4 décilitres de sirop de sucre et 2 décilitres de liqueur de noyaux;

Bouchez le trou avec une cerise confite, et servez.

TIMBALE DE MACÉDOINE.

Faites la timbale comme la *Timbale de fruits* (voir l'article précédent);

ENTREMETS SUCRÉS CHAUDS ET FROIDS

Garnissez-la d'une macédoine que vous ferez avec poires de bon-chrétien, pommes de calville que vous ferez cuire au beurre, cerises confites, abricots que vous couperez en deux, prunes de reine-Claude coupées en deux et ananas;

Remplissez la timbale;

Terminez comme la *Timbale de fruits*, en introduisant par le trou du couvercle une sauce faite avec 4 décilitres de sirop de sucre à 30 degrés et 2 décilitres de marasquin.

CRÈME FRITE AUX AMANDES AMÈRES.

Mettez dans la casserole 5 œufs, 5 hectos de farine et 1 litre de lait;

Mêlez bien les œufs et la farine, mouillez avec le lait et faites cuire sur le feu en tournant avec la cuiller de bois; il faut que la crème soit bien lisse;

Au bout de 20 minutes de cuisson, retirez du feu, puis ajoutez 125 grammes de sucre en poudre, 30 grammes d'amandes amères mondées et pilées, 6 jaunes d'œufs et une très petite prise de sel;

Étalez cette crème d'une épaisseur de 3 centimètres sur une plaque d'office légèrement beurrée;

Laissez refroidir; puis coupez la crème en morceaux de 5 centimètres de long sur 3 de large;

Panez chaque morceau de crème à l'œuf et à la mie de pain; faites frire à feu vif, égouttez et saupoudrez de sucre;

Dressez en rocher sur une serviette.

CRÈME FRITE AUX ZESTES DE BIGARADE.

Préparez la crème frite comme il est dit à l'article précédent;

Remplacez les amandes amères par les zestes de bigarade et finissez de même.

Observation. — Les crèmes frites se font aussi à d'autres goûts, tels que chocolat, café, vanille, etc.

CRÈMES FRITES AU CARAMEL ET A LA FLEUR D'ORANGE.

Mettez dans un petit poêlon d'office 30 grammes de sucre en poudre et une cuillerée à bouche d'eau de fleur d'orange pralinée ;

Tournez jusqu'à ce que le sucre soit d'une teinte brune ; mettez 1 demi-décilitre d'eau pour dissoudre le caramel ;

Beurrez 8 moules à darioles ;

Mettez dans une terrine 10 jaunes d'œufs, 125 grammes de sucre en poudre et le caramel ;

Ajoutez une quantité de lait que vous mesurerez en remplissant six fois l'un des moules à darioles ;

Mêlez parfaitement et passez à l'étamine ;

Remplissez les moules à darioles avec l'appareil ; faites pocher au bain-marie à feu doux dessus et dessous ;

Retirez les crèmes du feu ; laissez-les refroidir et démoulez-les ;

Coupez chaque crème par le travers en trois parties égales ;

Trempez chaque morceau dans la pâte à frire ; faites frire égouttez et saupoudrez de sucre ;

Glacez au four et dressez en rocher.

BEIGNETS AUX ABRICOTS, DITS A LA DAUPHINE.

Faites 500 grammes de pâte à brioche, en n'y mettant que 125 grammes du beurre indiqué ;

Fig. 143. Boîte à coupe-pâte.

Mouillez avec œufs et lait par parties égales ;

Laissez revenir la pâte pendant 3 heures ; rompez-la ; repliez-la sur elle-même en plusieurs fois ;

Mettez sur plaque dans un endroit froid ; puis, lorsque la pâte est raffermie, faites une abaisse de 1 demi-centimètre d'épaisseur ;

Coupez les abaisses avec un coupe-pâte rond de 6 centimètres ; mouillez les bords et mettez au milieu gros comme une noix de marmelade d'abricots ;

Couvrez avec une autre abaisse, comme pour les petits pâtés ;

Faites frire à friture modérée ; égouttez et saupoudrez de sucre en poudre ;

Dressez les beignets en rocher sur une serviette, et servez.

CANNELONS A LA CRÈME D'AMANDES.

Pilez 2 hectos d'amandes douces mondées que vous mouillerez à l'œuf ;

Ajoutez 2 hectos de sucre et 2 hectos de beurre ;

Mêlez 2 œufs l'un après l'autre ;

Mettez la crème dans une terrine ;

Faites du feuilletage fin et donnez-lui 6 tours ;

Formez les cannelons, comme il est dit aux *Cannelons à la Reine* (page 481) ;

Faites frire et égouttez ;

Saupoudrez de sucre, dressez et servez.

CANNELONS A LA MARMELADE D'ABRICOTS.

Procédez comme il vient d'être dit, en remplaçant la crème d'amandes par de la marmelade d'abricots.

OMELETTE A LA CÉLESTINE.

Battez 2 œufs avec 1 pincée de sucre et 1 demi-prise de sel ;

Faites une omelette, et, avant de la reployer, garnissez-la d'une marmelade d'abricots ;

Faites ainsi 6 petites omelettes que vous servirez à la fois ;

Saupoudrez-les de sucre en poudre et glacez-les à la pelle rouge.

Observation. — L'omelette dite *à la Célestine* n'étant pas autre chose qu'une crêpe d'œufs, doit toujours être faite très mince et très légère.

PETITS SOUFFLÉS EN CAISSE A LA VANILLE.

Faites un appareil de soufflés comme il est dit aux *Soufflés à la vanille* (voir page 299);

Garnissez les caisses; faites cuire; saupoudrez de sucre, et servez.

PETITS SOUFFLÉS EN CAISSE A LA FLEUR D'ORANGE PRALINÉS.

Procédez comme il vient d'être dit; remplacez la vanille par le sucre de fleur d'orange praliné.

PETITS SOUFFLÉS EN CAISSE AU CAFÉ BLANCS.

Faites bouillir 1 litre de lait;

Faites torréfier 2 hectos de café moka;

Faites bouillir le lait, mettez le café dans le lait et faites infuser pendant une heure;

Égouttez;

Faites les soufflés en mouillant avec l'infusion de café;

Terminez comme pour les *Petits soufflés en caisse à la vanille* (voir ci-dessus).

II

ENTREMETS SUCRÉS FROIDS.

BUISSON DE MERINGUES.

Préparez 12 blancs d'œufs que vous battez jusqu'à ce qu'ils soient bien fermes; mêlez dans les blancs 500 grammes de sucre en poudre;

Couchez sur des feuilles de papier des parties de blanc de la grosseur d'un œuf saupoudrées de sucre ;

Mettez les meringues sur des planches et faites-les cuire au four ; lorsqu'elles sont cuites, ôtez-les du papier ;

Enlevez avec une cuiller une partie du blanc de l'intérieur de 1 centimètre d'épaisseur, en ayant bien soin de ne pas déformer les meringues ;

Rangez-les sur des plaques et faites-les sécher à feu très doux ;

Faites réduire 2 décilitres de café à l'eau très fort, avec 3 hectos de sucre, pour en faire un sirop à 38 degrés ;

Laissez refroidir ;

Fig. 146. Bassin à blancs d'œufs et son fouet.

Mêlez ce sirop avec de la crème fouettée bien ferme ;
Garnissez les meringues et dressez-les en buisson.

BLANC-MANGER AUX AMANDES.

Mondez 400 grammes d'amandes douces et 15 grammes d'amandes amères ;

Pilez-les parfaitement et mouillez-les avec 1 litre de lait ;

Passez-les à travers une serviette pour bien extraire le lait, puis ajoutez 50 grammes de grenetine, 2 hectos de sucre et 7 décilitres d'eau ;

Faites fondre en remuant sur le feu ; le mélange étant fondu, passez au tamis de soie ;

Ajoutez le lait d'amandes, lorsque le mélange sera refroidi ;

Mettez une cuillerée à café d'eau de fleur d'orange et mêlez parfaitement ;

Placez un moule d'entremets dans la glace ; remplissez-le avec le blanc-manger ; frappez pendant 2 heures ; démoulez, et servez.

PAIN D'ANANAS.

Préparez 6 décilitres de purée d'ananas que vous faites en pilant l'ananas et en le passant au tamis de soie ;

Mettez dans une casserole 4 hectos de sucre et 6 décilitres d'eau ;

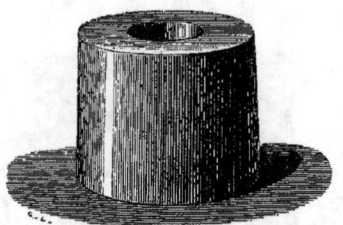

Fig. 147. Moule à cylindre uni.

Faites tremper 60 grammes de grenetine dans l'eau pendant un quart d'heure ; égouttez-la ; mettez-la dans le sirop bien chaud ; vous remuerez avec la cuiller pour faire bien fondre la grenetine ;

Passez au tamis de soie ;

Laissez refroidir sucre et grenetine et mêlez-les avec la purée d'ananas ;

Décorez un moule à cylindre uni avec amandes, angélique, cerises confites ;

Fixez le décor avec un peu de grenetine fondue et sucrée ;

Mettez le moule dans la glace pilée ; emplissez-le avec la purée d'ananas ; puis couvrez-le d'un plafond sur lequel vous mettrez de la glace ;

Au bout de 2 heures, démoulez et servez.

PAIN DE FRAISES.

Faites 10 décilitres de purée de fraises ;

Ajoutez 2 hectos de sucre en poudre que vous mêlez à la purée ;

Faites fondre 40 grammes de grenetine dans 2 décilitres d'eau ; passez la grenetine froide dans la purée de fraises en mélangeant avec soin ;

Décorez un moule à cylindre d'entremets avec des amandes blanches ; placez-le dans la glace et mettez la purée dans le moule ;

Posez sur le moule un plafond que vous couvrirez de glace ;

Démoulez au bout de 2 heures et servez.

GELÉE DE MACÉDOINE AU VIN DE CHAMPAGNE.

Mettez dans une casserole 55 grammes de grenetine, 4 hectos de sucre en morceaux, 3 blancs d'œufs que vous battez et que vous mouillez avec 1 litre d'eau, et le jus d'un citron ;

Versez l'eau et les blancs d'œufs sur la grenetine et le sucre ;

Mettez sur le feu en fouettant jusqu'au premier bouillon ;

Lorsque l'appareil bout, retirez une minute hors du fourneau ; versez dans une chausse, puis reversez dans la chausse jusqu'à ce que l'appareil coule clair ;

Laissez parfaitement refroidir ; ajoutez ensuite 4 décilitres de vin de Champagne ;

Préparez une macédoine de fruits, avec poires taillées en grosses olives, pommes taillées de même, cerises confites, prunes et abricots confits ;

Mettez dans la glace un moule d'entremets ;

Versez de la gelée à une hauteur de 1 demi-centimètre.

Disposez dans le fond sur la gelée un rang de fruits que vous mêlerez ;

Couvrez de gelée au-dessus des fruits ;

Continuez en mettant couche de gelée et couche de fruits

jusqu'à 1 centimètre du bord; laissez prendre et finissez de remplir rien qu'avec la gelée;

Couvrez d'un plafond sur lequel vous aurez mis de la glace;

Démoulez au bout de 2 heures; croûtonnez avec de la gelée d'oranges rouge; fixez une coupe en cédrat, que vous aurez soutenue avec un bâton de sucre cuit au cassé, et une abaisse de sucre cuit de même pour la soutenir sur la macédoine (voir planche XXIV, fig. 2).

OBSERVATION SUR LES GELÉES DE COULEUR.

Je recommande de n'employer jamais, pour toutes les gelées de couleur, que des poêlons d'office et des cuillers d'argent. En faisant usage de vases étamés, on serait exposé à voir les gelées devenir troubles et violacées, ce qui nuirait infiniment à l'effet de ce genre d'entremets, toujours si agréable à la vue lorsqu'il est servi avec sa véritable nuance.

GELÉE D'ÉPINE-VINETTE GARNIE DE POMMES.

Clarifiez 55 grammes de grenetine avec 3 blancs d'œufs et 6 décilitres d'eau;

Faites bouillir 1 litre de sirop dans un poêlon d'office et jetez dedans 125 grammes d'épine-vinette épluchée;

Mettez dans une terrine; couvrez et laissez infuser pendant 2 heures;

Passez le sirop sur une serviette; laissez-le refroidir et mêlez-le avec la grenetine.

Si la gelée était trop pâle, vous ajouteriez quelques gouttes de carmin liquide.

Coupez 5 pommes de calville en 8 morceaux chacune; faites-les cuire dans du sirop et égouttez-les sur un tamis;

Mettez dans la glace un moule d'entremets à cylindre;

Étendez dans le fond une couche de gelée d'épine-vinette de 1 centimètre d'épaisseur;

Placez dessus un rang de quartiers de pommes rangés l'un à côté de l'autre;

ENTREMETS SUCRÉS CHAUDS ET FROIDS. 745

Continuez ainsi couche de gelée et couche de pommes, jusqu'à 1 centimètre du bord ;

Glacez et finissez comme la *Gelée de macédoine au vin de Champagne* (page 743).

GELÉE DE NOYAUX GARNIE D'ABRICOTS.

Préparez grenetine et sucre, comme il est dit à la *Gelée de macédoine au vin de Champagne* (page 743) ;

Faites blanchir dans le sirop 20 abricots coupés en deux et dont vous retirerez les noyaux ; égouttez-les sur un tamis ;

Mêlez 3 décilitres de crème de noyaux ;

Cassez les noyaux des abricots ; mondez les amandes, lavez-les, essuyez-les et séparez-les en deux ;

Mettez dans la glace un moule d'entremets ; finissez comme la *Gelée d'épine-vinette* (voir page 744), en alternant couche de gelée et couche de fruits ;

Vous sèmerez les amandes des abricots sur les bords du moule, de manière qu'on puisse les apercevoir à travers la gelée ;

Mettez dans la glace et démoulez au bout de 2 heures.

GELÉE DE FRAISES.

Faites bouillir 12 décilitres de sirop à 30 degrés ;

Mettez dans une terrine 750 grammes de fraises des quatre saisons que vous avez épluchées ;

Verrez sur les fraises le sirop chaud seulement et non bouillant ; laissez infuser pendant une heure ;

Clarifiez 55 grammes de grenetine avec 6 décilitres d'eau, 3 blancs d'œufs et le jus d'un citron, comme il est dit à la *Gelée d'épine-vinette* (page 744) ;

Passez les fraises à la chausse ;

Mêlez le sirop de fraises avec la grenetine ;

Moulez et mettez à la glace.

GELÉE AU PUNCH.

Clarifiez 55 grammes de grenetine avec 4 hectos de sucre, le jus de 4 citrons et le zeste de la moitié d'un citron; ajoutez 11 décilitres d'eau;

Clarifiez le tout comme il est dit à la *Gelée de macédoine au vin de Champagne* (page 743);

Laissez refroidir et ajoutez 1 décilitre de rhum;

Moulez, mettez à la glace, et faites prendre comme il est dit à la *Gelée de macédoine au vin de Champagne.*

GELÉE AU KIRSCH GARNIE DE CERISES.

Épluchez 1 kilo de belles cerises;

Retirez queues et noyaux;

Faites bouillir 1 litre de sirop à 30 degrés; mettez les cerises dans le sirop et faites-les cuire pendant 5 minutes; réservez-les dans une terrine;

Préparez 55 grammes de grenetine, 4 hectos de sucre, le jus d'un citron, 11 décilitres d'eau et 3 blancs d'œufs:

Faites clarifier comme il est dit à la *Gelée de macédoine au vin de Champagne* (page 743);

Cassez 50 noyaux de cerises; mondez les amandes et épongez-les bien.

Ajoutez 1 décilitre et demi de kirsch dans l'appareil; placez un moule dans la glace;

Égouttez les cerises sur un tamis, puis mettez-les sur une serviette pour les éponger;

Garnissez le fond du moule de gelée;

Mettez un rang de cerises dessus;

Finissez de remplir le moule avec couches de cerises et de gelée en alternant;

Vous sèmerez les amandes dans la gelée en garnissant;

Mettez à la glace et finissez comme il est dit à la *Gelée de macédoine au vin de Champagne* (page 743).

ENTREMETS SUCRÉS CHAUDS ET FROIDS. 747

GELÉE DE MARASQUIN GARNIE DE PÊCHES.

Coupez 12 pêches en 4 morceaux ;

Faites-les blanchir dans le sirop jusqu'à cuisson ; égouttez-les sur un tamis et retirez-les ;

Préparez 55 grammes de grenetine, 4 hectos de sucre, le jus d'un citron et 3 blancs d'œufs ;

Faites clarifier comme il est dit à la *Gelée de macédoine au vin de Champagne* (page 743) ;

Ajoutez dans l'appareil 2 décilitres de marasquin ;

Mettez un moule dans la glace ;

Garnissez-le de couches de gelée et de pêches, en alternant, jusqu'à un centimètre du bord ;

Mettez une dernière couche de gelée pour finir ;

Laissez deux heures dans la glace ;

Démoulez, et servez.

GELÉE D'ORANGES GARNIE D'ORANGES.

Pelez à vif 8 oranges, coupez-les en quartiers, retirez les pepins, puis mettez-les dans une terrine avec 1 demi-litre de sirop de sucre à 20 degrés ;

Pressez le jus de 6 autres oranges dans une terrine ;

Filtrez-les au papier ou à la chausse. On fait ce filtrage en lavant à plusieurs eaux une feuille de papier dont on fait une pâte que l'on mêle au jus de 6 oranges et que l'on jette dans la chausse pour filtrer ; on obtient ainsi un jus d'une limpidité parfaite ;

Clarifiez 50 grammes de grenetine, 2 hectos de sucre et 3 blancs d'œufs ;

Procédez comme pour la *Gelée de macédoine au vin de Champagne* (page 743) ;

Égouttez les oranges ;

Mettez le sirop des oranges dans la chausse où filtre le jus d'oranges. Lorsque le jus et le sirop sont filtrés et la garniture refroidie, mêlez bien en ajoutant quelques gouttes de carmin liquide ;

Moulez et frappez comme il est dit à la *Gelée de macédoine au vin de Champagne* (page 743).

GELÉE DE GROSEILLES BLANCHES GARNIE DE FRAMBOISES.

Épluchez 750 grammes de groseilles blanches ; faites bouillir 1 litre de sirop à 30 degrés, puis mettez les groseilles dans le sirop ;

Laissez deux minutes sur le feu et agitez le poêlon pour que les groseilles cuisent uniformément ;

Mettez-les dans une terrine ; puis, lorsqu'elles sont froides, passez-les à la chausse ;

Faites clarifier 50 grammes de grenetine avec 4 hectos de sucre, 3 blancs d'œufs et 12 décilitres d'eau ; finissez comme il est dit à la *Gelée de macédoine au vin de Champagne* (page 743) ;

Mêlez le sirop de groseilles que vous venez de faire avec la grenetine ; moulez et garnissez avec 750 grammes de framboise que vous aurez épluchées ;

Moulez et frappez comme il est dit à l'article précédent.

GELÉE D'ANISETTE GARNIE DE POIRES.

Coupez 6 poires de bon-chrétien en 7 morceaux ; parez-les et faites-les cuire dans le sirop que vous teinterez de rouge avec du carmin liquide ;

Préparez 55 grammes de grenetine, 4 hectos de sucre, 3 blancs d'œufs, 12 décilitres d'eau et le jus d'un citron ;

Faites clarifier comme il est dit à la *Gelée de macédoine de vin de Champagne* (page 743) ;

Égouttez les poires ; ajoutez 2 décilitres d'anisette et mêlez ;

Mettez un moule d'entremets dans la glace ;

Finissez comme il est dit à la *Gelée de macédoine au vin de Champagne*.

GELÉE DE CRÈME DE MOKA.

Préparez 55 grammes de grenetine, 4 hectos de sucre, le jus d'un citron et 3 blancs d'œufs ;

Vous ajouterez 14 décilitres d'eau ;

Faites clarifier, et, lorsque le mélange est refroidi, ajoutez 2 décilitres de crème de moka des Iles ;

Mettez un moule dans la glace ; remplissez-le de gelée et laissez-le dans la glace pendant deux heures ;

Démoulez, et servez.

Observation. — Si la recette donnée ne fournissait pas le litre et demi de gelée, ce qu'il faut pour emplir le moule, on ajouterait de l'eau filtrée pour parfaire la quantité. Cette observation s'applique à toutes les gelées.

GELÉE DE CRÈME DE THÉ.

Procédez comme il est dit à l'article précédent ;

Vous remplacez la crème de moka par la crème de thé.

GELÉE DE MADÈRE FOUETTÉE, DITE A LA RUSSE.

Mettez 40 grammes de grenetine dans une casserole ; ajoutez 3 hectos de sucre ; faites fondre avec 10 décilitres d'eau et passez au tamis de soie, puis ajoutez 3 décilitres de vin de Madère ;

Placez sur la glace un bassin à blancs d'œufs ;

Mettez la gelée dans le bassin et fouettez, retirez-la de la glace et fouettez-la encore pendant 10 minutes. Si la gelée prenait trop vite, vous tremperiez le bassin une seconde dans l'eau chaude ;

Continuez de fouetter ;

Moulez lorsque la gelée est bien mousseuse ;

Mettez le moule dans la glace pendant trois quarts d'heure ;

Démoulez, et servez.

CHAUDFROID DE FRUITS.

Préparez une gelée d'oranges comme il est dit à la *Gelée d'oranges garnie d'oranges* (page 747);

Mettez une couche de gelée dans un moule à bordure d'entremets uni ;

Garnissez la bordure avec poires de bon-chrétien cuites au sirop et additionnées de carmin liquide ; des moitiés de prunes de reine-Claude, des quarts d'abricots confits, et des tranches d'ananas cuites au sirop.

Coupez 8 pommes de calville en quatre ;

Épluchez-les et faites-les cuire également au sirop ;

Lorsqu'elles sont cuites, égouttez-les et laissez-les refroidir ;

Démoulez la bordure ;

Dressez les quartiers de pomme dans la bordure en pyramide et arrosez chaque rang de blanc-manger (voir *Blanc-manger aux amandes*, page 741) et en laissant prendre ;

Lorsque la pyramide est faite, ayez 4 grosses prunes d'Agen dont vous retirerez les noyaux et que vous réunissez de manière à imiter une truffe ;

Découpez une moitié de pomme en forme de crête ;

Faites un hâtelet de sucres d'orge pointus pour fixer la pomme et les prunes de la pyramide ;

Saucez la pomme avec du blanc-manger ;

Fixez la pomme et les prunes sur le sommet ;

Servez.

Observation. — On voit que le but de cet entremets, que je donne surtout à titre de fantaisie culinaire, est d'imiter le chaudfroid de volaille et de produire un effet de surprise.

BAVAROIS MODERNE AU MOKA.

Faites fondre 20 grammes de grenetine avec 3 hectos de sucre et 4 décilitres d'eau ;

Faites refroidir et ajoutez 1 décilitre de crème de moka des Iles ;

ENTREMETS SUCRÉS CHAUDS ET FROIDS.

Cheminez un moule d'entremets à cylindre avec la gelée de crème de moka ;

Préparez un bavarois comme il est dit au *Bavarois à la vanille* (voir page 307), en remplaçant l'infusion de vanille par une infusion de café ;

Finissez le bavarois en faisant prendre la crème, à laquelle vous avez mêlé de la crème fouettée ;

Emplissez le moule et mettez-le à la glace pour frapper ;

Laissez une heure et demie dans la glace ;

Démoulez, et servez.

BAVAROIS MODERNE AU CACAO GRILLÉ.

Faites fondre 20 grammes de grenetine avec 3 hectos de sucre, 4 décilitres d'eau et une gousse de vanille ;

Faites refroidir ;

Ayez 2 hectos de cacao épluché ; torréfiez-le dans un poêlon d'office, puis mettez-le dans 8 décilitres de lait bouillant ;

Faites infuser pendant une heure ;

Mettez 8 jaunes d'œufs dans une casserole ;

Ajoutez 3 hectos de sucre, puis mêlez les jaunes, le sucre, le lait et le cacao ;

Faites prendre sur le feu sans bouillir ;

Passez à l'étamine avec pression ;

Faites prendre le bavarois sur la glace ;

Mettez 8 décilitres de crème fouetté dite *Chantilly* bien ferme ;

Chemisez le moule avec la gelée de vanille ;

Mettez le bavarois dans le moule et frappez pendant 2 heures ;

Démoulez, et servez.

BAVAROIS MODERNE AU CITRON.

Chemisez un moule d'entremets à cylindre avec de la gelée de citron ;

Faites un bavarois avec 8 décilitres de lait, dans lequel vous ferez infuser 2 zestes de citron ;

Mettez 8 jaunes d'œufs dans une casserole et 3 hectos de sucre en poudre ;

Ajoutez le lait ;

Faites tremper 20 grammes de grenetine que vous mettez dans la liaison et que vous passez au tamis ;

Faites prendre et mêlez la crème fouettée ;

Emplissez le moule que vous avez chemisé ;

Frappez pendant 2 heures ; démoulez et servez.

BAVAROIS MODERNE A L'ORANGE.

Chemisez un moule avec de la gelée d'oranges ;

Faites un bavarois comme il est dit au *Bavarois moderne au citron* (voir l'article précédent) ;

Remplacez le zeste de citron par le zeste d'orange ;

Finissez comme pour le bavarois au citron.

MOSCOVITE A L'ABRICOT.

Cet entremets ne peut se faire que dans des moules hermétiquement fermés, comme ceux que l'on emploie pour fromages glacés.

Faites 1 litre de purée d'abricots que vous mettrez dans une terrine ;

Ajoutez 3 hectos de sucre en poudre et 20 grammes de grenetine que vous ferez dissoudre dans 2 décilitres d'eau ;

Faites prendre comme pour le bavarois ;

Ajoutez 1 demi-litre de crème Chantilly ;

Moulez, puis enduisez les bords de beurre pour éviter que l'eau salée ne pénètre dans le moule ;

Sanglez fortement avec glace pilée et sel ;

(Le moule doit être enterré dans 8 centimètres de glace tout autour.)

Démoulez au bout de 2 heures et demie, et servez.

Le moscovite doit être servi entièrement gelé.

ENTREMETS SUCRÉS CHAUDS ET FROIDS.

MOSCOVITE AUX FRAISES.

Préparez le moscovite comme il est dit à l'article précédent ;
Vous remplacerez la purée d'abricots par la purée de fraises;
Finissez de même.

MOSCOVITE A LA PÊCHE.

Préparez et finissez comme il est dit au *Moscovite à l'abricot* (voir page 752) ;
Vous remplacerez la purée d'abricots par la purée de pêches.

MOSCOVITE A L'ANANAS.

Faites le moscovite comme il est dit au *Moscovite à l'abricot* (voir page 752) ;
Remplacez la purée d'abricots par la purée d'ananas, et finissez de même.

MOSCOVITE A LA FRAMBOISE.

Préparez et finissez le moscovite comme le *Moscovite à l'abricot* (page 752) ;
Remplacez la purée d'abricots par la purée de framboises.

TIMBALE DE FRUITS, ORANGES ET ANANAS.

Mettez dans une terrine, pour faire une pâte dite *Génoise*, 250 grammes de farine et 250 grammes de sucre ;
Ajoutez 4 œufs, puis travailler fortement pendant 5 minutes avec la cuiller de bois ;
Ajoutez 1 hecto de beurre fondu ;
Beurrez un petit plafond et une moyenne plaque à génoise ; étalez de la génoise sur le petit plafond à une épaisseur de 1 centimètre, puis étalez dans la plaque le reste de la génoise ;
Faites cuire à teinte blond pâle ;

Ayez un moule d'entremets uni plein ;

Taillez avec la génoise un rond qui puisse entrer dans le fond du moule ; ne laissez pas trop cuire la génoise qui est dans la plaque, pour pouvoir tourner la bande destinée à former la timbale ;

Coupez la génoise de la hauteur du moule ;

Tournez-la dans le moule et soudez-la avec de la glace dite *royale*, que vous faites avec blancs d'œufs et sucre passé au tamis de soie ;

Préparez une gelée d'oranges comme il est dit à la *Gelée d'oranges garnie d'oranges* (page 749) ; ajoutez à la gelée 1 hecto d'ananas coupés en dés et cuits dans le sirop ;

Mettez la timbale dans la glace ;

Faites prendre la gelée dans un plat à sauter ; lorsqu'elle est à moitié prise, remplissez la timbale et faites frapper pendant 2 heures ;

Démoulez et glacez la timbale avec la marmelade d'abricots étendue au sirop ;

Servez.

TIMBALE DE FRUITS A LA MACÉDOINE.

Préparez une timbale comme il est dit à l'article précédent ;

Faites une macédoine de fruits comme il est dit à la *Gelée de macédoine au vin de Champagne* (page 743) ;

Finissez comme la timbale d'oranges ;

Faites prendre, démoulez et glacez à la marmelade d'abricots.

TIMBALE DE CERISES ET POMMES.

Faites une timbale comme il est dit à la *Timbale d'oranges et d'ananas* (page 753) ;

Coupez 4 pommes de calville en 8 morceaux ; faites-les cuire dans du sirop et égouttez-les ;

Faites-les refroidir et mêlez-les dans une gelée de kirsch garnie de cerises ;

ENTREMETS SUCRÉS CHAUDS ET FROIDS.

Mettez la timbale dans la glace pilée;

Finissez comme il est dit à la *Timbale d'oranges et ananas* (page 753);

Faites frapper pendant 2 heures; démoulez et glacez au sirop de cerises réduit.

MOUSSE AU CAFÉ.

Fouettez 6 blancs d'œufs dans lesquels vous mêlez 250 grammes de sucre en poudre;

Taillez 5 ronds de papier de 16 centimètres;

Couchez au cornet sur ces ronds des couronnes de meringue de 13 centimètres;

Faites cuire;

Retournez les couronnes sur des plaques et faites-les sécher au four; lorsqu'elles sont sèches, collez-les l'une sur l'autre avec du blanc d'œuf fouetté;

Faites un fond de génoise comme il est dit à la *Timbale de fruits, oranges et ananas* (page 753);

Collez les couronnes de meringue les unes sur les autres sur le fond de génoise;

Faites sécher à l'étuve;

Faites réduire, avec 125 grammes de sucre à 36 degrés, 1 décilitre de café noir;

Laissez refroidir, puis mêlez le sirop dans 2 litres de crème fouettée très ferme;

Retirez la meringue de l'étuve et laissez refroidir;

Garnissez-la en rocher; il faut que la crème fouettée dépasse de 5 centimètres.

MOUSSE AU CHOCOLAT.

Préparez une meringue comme il a été dit à l'article précédent;

Faites fondre 250 grammes de chocolat avec 1 décilitre et demi de sirop à 20 degrés;

Dressez et finissez comme il est dit à la *Mousse au café* (voir l'article précédent).

MOUSSE AUX FRAISES.

Faites une meringue comme il a été dit à la *Mousse au café* (page 755);

Faites 5 décilitres de purée de fraises dans laquelle vous mettrez 2 hectos de sucre en poudre ;

Additionnez de quelques gouttes de carmin liquide ;

Mêlez la purée de fraises à la Chantilly ; garnissez et servez.

MOUSSE A LA VANILLE.

Préparez une meringue comme il a été dit à la *Mousse au café* (page 755) ;

Sucrez la crème fouettée avec du sucre de vanille et sucre passé au tamis de soie ;

Finissez entièrement comme pour la *Mousse au café*.

VACHERIN A LA VANILLE.

Mondez 200 grammes d'amandes ; lavez-les et essuyez-les dans une serviette, puis pilez-les en ajoutant du blanc d'œuf ;

Lorsque les amandes sont bien pilées, mêlez-les avec 200 grammes de sucre en poudre, de manière à former une pâte consistante :

Faites, avec une partie de la pâte, une abaisse ronde de 16 centimètres de large que vous mettrez sur le plafond saupoudré de sucre ;

Faites une bande de 5 centimètres de hauteur, de 1 demi-centimètre d'épaisseur, et assez longue pour pouvoir former un cercle de 12 centimètres de diamètre ;

Formez ce cercle dans un moule uni, et soudez-le avec la même pâte ramollie au blanc d'œuf ;

ENTREMETS SUCRÉS CHAUDS ET FROIDS.

Lorsque la pâte est sèche, collez ce cercle sur l'abaisse en pâte d'amandes ;

Faites prendre légèrement couleur à la bouche du four ;

Laissez refroidir ;

Garnissez-le entièrement de crème fouettée à la vanille, en formant le dôme à 1 centimètre du bord du fond.

Ces vacherins peuvent aussi se décorer avec de la crème fouettée au café ou au chocolat.

TIMBALE DE GAUFRES AUX AVELINES.

Mondez, lavez et épongez 200 grammes d'amandes, pilez-les parfaitement et mouillez-les de blancs d'œufs ; vous ajouterez 125 grammes de sucre ;

Cette pâte ne doit pas être trop consistante, afin qu'on puisse l'étaler sur des plaques d'office ;

Cirez légèrement des plaques à la cire vierge ;

Étalez dessus des bandes de pâte de 9 centimètres de large, destinées à former des gaufres ;

Faites cuire ;

Parez les bords des bandes et coupez-les de 3 centimètres de large ;

Formez les gaufres sur de petits bâtons tournés de la grosseur de 1 centimètre ;

Collez-les avec de la glace royale dans un moule uni ;

Faites un fond avec l'appareil à gaufres de la grandeur du moule ; fixez la timbale sur le fond et mettez-la à l'étuve pour la faire bien sécher ;

Vous la garnirez avec une glace d'avelines que vous ferez de la manière suivante :

Torréfiez 300 grammes d'avelines que vous laisserez refroidir ;

Pilez-les en ajoutant 1 litre de crème bouillante ;

Pressez les avelines à travers une serviette pour en extraire tout le lait ;

Mettez dans une casserole 10 jaunes d'œufs et 3 hectos de sucre en poudre ;

Ajoutez le lait d'amandes et faites lier sans bouillir; lorsque la crème est liée, passez-la au tamis de soie;

Sanglez une sorbetière;

Faites prendre la crème d'avelines en travaillant à la spatule;

Lorsqu'elle est à moitié congelée, mêlez 8 décilitres de crème fouettée bien ferme, achevez de frapper, puis garnissez la timbale avec la glace, qui doit dépasser le bord de 4 centimètres;

Ayez de grosses cerises confites que vous égouttez bien, placez-en une sur chaque gaufre;

Dressez la timbale sur un plat garni d'une serviette, et servez.

TIMBALE DE GAUFRES AU MARASQUIN.

Préparez la timbale comme il vient d'être dit à la *Timbale de gaufres aux avelines* (voir l'article précédent, p. 757);

Faites une glace semblable, en remplaçant les avelines par 2 décilitres de marasquin;

Finissez de même, et posez une grosse fraise sur chaque gaufre.

CHARTREUSE DE FRUITS.

Pelez 16 pommes de calville; poussez à la colonne des bâtonnets de 1 centimètre de large; faites cuire à très petit feu dans du sirop à 16 degrés;

Pelez 16 poires de bon-chrétien; faites des bâtonnets de 1 centimètre de large, puis faites-les cuire dans du sirop avec une cuillerée de carmin liquide;

Égouttez-les sur le tamis, retirez les cœurs et les pepins;

Faites-les fondre sur le feu avec 2 décilitres d'eau;

Lorsque les fruits sont parfaitement cuits, passez-les au tamis;

Faites cuire au cassé 4 hectos de sucre; mettez la purée de fruits dans le sucre et ajoutez 1 décilitre de marasquin;

Faites réduire jusqu'à ce que la pomme soit devenue assez consistante pour pouvoir se dresser sans s'affaisser;

Préparez 50 grammes de cerises confites, 10 abricots confits, 10 prunes de reine-Claude confites et 10 mirabelles confites;

ENTREMETS SUCRÉS CHAUDS ET FROIDS.

Otez les noyaux et mettez les fruits dans une casserole avec 3 décilitres de sirop à 16 degrés ;

Faites bouillir une minute ; laissez refroidir dans le sirop, puis égouttez sur un tamis ;

Mettez un rond de papier blanc dans le fond d'un moule uni d'entremets et une bande sur le tour ;

Vous collerez le papier en le trempant dans l'eau ;

Rangez les fruits comme le dessin l'indique à la *Chartreuse de perdreaux* (planche XV, n° 2) ;

Lorsque le moule est garni, remplissez avec les fruits et la marmelade de pommes ;

Démoulez la chartreuse sur un plat ;

Coulez de la gelée d'oranges blanches dans le fond du plat ;

Posez sur le fond de gelée, lorsqu'il sera pris, des croûtons d'oranges rouges ;

Faites une rosace sur la chartreuse avec des croûtes de gelée ;

Garnissez le bord de perles de gelée hachée ;

Placez une perle de gelée blanche au milieu de la rosace, et servez.

GATEAU NAPOLITAIN.

Mondez, lavez, épongez 500 grammes d'amandes ;

Pilez-les en mouillant à l'œuf pour éviter qu'elles ne tournent en huile ;

Lorsqu'elles sont bien pilées, ajoutez 500 grammes de sucre en poudre, 250 grammes de beurre, 6 hectos de farine, la râpure d'une orange et une petite prise de sel ;

Mouillez avec œufs entiers pour faire une pâte consistante ;

Laissez reposer la pâte pendant une heure ;

Préparez une quantité de pâte d'office que vous ferez avec 250 grammes de farine, 125 grammes de sucre, 75 grammes d'eau pour former le fond du napolitain ;

Faites cuire sur plafond beurré ;

Taillez des abaisses rondes de 11 centimètres de large et de

1 demi-centimètre d'épaisseur avec la pâte que vous avez laissée reposer ;

Videz avec un coupe-pâte de 5 centimètres ;

Réservez 4 fonds sans les vider ;

Faites cuire au feu d'une teinte blond clair ;

Masquez 2 abaisses pleines avec de la marmelade d'abricots ; posez dessus une abaisse vide, puis masquez le dessus de gelée de groseilles ;

Continuez en montant les abaisses l'une sur l'autre, et en mettant alternativement couche de marmelade d'abricots et couche de confiture de groseilles ;

Mettez les deux abaisses pleines dessous ;

Parez le tour pour que le gâteau soit bien rond ; masquez-le de marmelade d'abricots ; puis décorez-le avec du feuilletage à blanc, auquel vous donnerez 12 tours ;

Posez le gâteau sur le fond de pâte d'office que vous avez préparé ;

Servez.

BABA AU RHUM.

Préparez 500 grammes de farine ; prenez-en le quart et faites un levain avec 12 grammes de levure et d'eau chaude ; ce levain doit être d'une pâte mollette ;

Faites revenir, puis formez le reste de la farine en couronne ;

Ajoutez 300 grammes de beurre, 3 œufs, 15 grammes de sucre et 10 grammes de sel ;

Pétrissez le tout ensemble ;

Mêlez 5 œufs les uns après les autres en battant constamment la pâte ; lorsque la pâte quitte la table, mêlez le levain ; ajoutez 30 grammes de cédrat haché très fin, 30 grammes de raisin de Corinthe lavé et séché et 60 grammes de raisins de Malaga dont vous aurez enlevé les pepins ;

Beurrez un moule à baba de 14 centimètres ;

Mettez la pâte dans le moule et laissez-la revenir le double de son volume ;

Faites cuire et dressez ;

1. POMMES A LA PARISIENNE.   2. GELÉE DE MACÉDOINE DE FRUITS.

DESSERT VARIÉ.

Servez sur le plat garni d'une serviette ;

Préparez, pour servir à part, une sauce que vous ferez avec 60 grammes d'abricots, 3 décilitres de sirop de sucre à 32 degrés et un décilitre de rhum ;

Faites bouillir, et placez sur la table en même temps que le baba.

GATEAU GLACÉ A LA VANILLE, DIT CUSSY.

Mettez 500 grammes de sucre dans un bassin ;

Ajoutez 14 œufs entiers, battez sur cendre rouge ; lorsque la pâte commence à être consistante, ajoutez 200 grammes de farine de riz, 125 grammes de beurre fondu et une cuillerée de sucre de vanille ;

Mettez cet appareil dans un moule plat et uni que vous aurez beurré et enfariné ;

Démoulez, laissez refroidir, et glacez à la glace de vanille.

GATEAU GLACÉ A LA MARMELADE D'ABRICOTS.

Mettez dans un bassin 500 grammes de sucre en poudre et 16 œufs entiers ;

Fouettez sur cendre rouge ;

Lorsque la pâte est ferme, ajoutez 250 grammes de farine de riz, 400 grammes de beurre fondu et 1 demi-décilitre de marasquin ;

Mêlez le tout très légèrement ;

Remplissez avec l'appareil un moule beurré et fariné à cylindre plat et cannelé ;

Faites cuire ;

Démoulez le gâteau et placez-le sur un fond de pâte à napolitain (voir *Gâteau napolitain*, page 759) ;

Masquez-le de marmelade d'abricots, et saupoudrez le dessus de pistaches et d'amandes hachées.

NOUGAT A LA PARISIENNE.

Mondez 500 grammes d'amandes ; lavez-les, essuyez-les avec soin et fendez-les en deux ;

Faites-les sécher sans prendre couleur ;

Mondez 500 grammes de pistaches ; égouttez-les parfaitement dans une serviette et coupez-les en dés ;

Faites 1 hecto de sucre en grains de la grosseur des pistaches ;

Lorsque les amandes sont sèches, mettez 180 grammes de sucre en poudre dans un poêlon d'office ;

Ajoutez une cuillerée de vinaigre de bois ;

Faites fondre le sucre à feu doux et remuez constamment avec la cuiller ;

Faites chauffer les amandes ;

Mettez-les ensuite dans le sucre fondu pour les glacer entièrement ;

Faites une abaisse avec du nougat en semant dessus pistaches et gros sucre ; mettez cette abaisse dans le fond du moule en appuyant légèrement avec un citron ;

Continuez à former le nougat avec de petites abaisses contenant sucre et pistaches, jusqu'à ce que le moule soit entièrement rempli ;

Laissez refroidir ;

Démoulez et servez.

SULTANE A LA CHANTILLY.

Faites une croûte de meringues comme il est dit à la *Mousse au café* (page 755) ;

Faites cuire, dans un petit poêlon, 250 grammes de sucre au cassé (voir *Oranges glacées au caramel*, page 331) ; lorsque le sucre est cuit, ayez un moule à biscuits dont vous huilerez le dessus ;

ENTREMETS SUCRÉS CHAUDS ET FROIDS.

Laissez refroidir le sucre en remuant le poêlon pour qu'il refroidisse également ;

Placez le moule sur le poing gauche et tenez-le à la hauteur de l'estomac ;

Coulez sur le bord du moule un cordon de sucre de 1 centimètre ;

Inclinez le poêlon afin que le sucre tombe en filets ;

Imprimez-lui un mouvement de va-et-vient, 15 centimètres en avant et 15 centimètres en arrière, pour couvrir le moule de filets de sucre ;

Pendant que vous filez un premier poêlon, ayez-en un autre au feu pour finir l'opération ;

Lorsque le moule est couvert d'une couche de fils de 1 demi-centimètre d'épaisseur, chauffez très légèrement pour que les fils se tiennent bien ensemble ;

Laissez refroidir, puis mettez la timbale sur un plat garni d'une serviette ;

Garnissez-la d'une Chantilly au café ;

Couvrez avec la sultane, et servez.

CROQUENBOUCHE DE FRUITS.

Préparez et glacez oranges, prunes et abricots, comme il est dit aux *Oranges glacées au caramel* (voir page 331) ; rangez-les dans un moule uni que vous huilerez ; collez les fruits avec du sucre au cassé en les mêlant ;

Faites un pompon en sucre filé ;

Démoulez et dressez sur un plat garni d'une serviette ;

Posez le pompon et servez.

CROQUENBOUCHE DE GÉNOISE.

Faites une plaque de pâte de génoise, comme il est dit à la *Timbale de fruits* (page 736) ;

Faites cuire, puis détaillez toute la pâte au coupe-pâte uni de 3 centimètres ;

Faites cuire du sucre au cassé ;

Glacez la moitié des génoises au sucre blanc et l'autre moitié au sucre rose ;

Huilez un moule uni d'entrée, puis collez les génoises dans l'intérieur du moule ;

Démoulez ;

Couronnez d'un pompon de sucre filé, et servez.

CROQUENBOUCHE DE CHOUX GARNIS.

Préparez de la pâte comme il est dit aux *Beignets soufflés* (voir page 296) ;

Saupoudrez la table de farine, puis formez des cordons de pâte de 2 centimètres de large, que vous coupez de 2 centimètres et rangez sur une plaque ;

Lorsqu'ils sont cuits, ayez un bâton pointu de 8 millimètres, percez chaque boule de pâte avec ce bâton, puis emplissez l'intérieur de marmelade d'abricots que vous mettez dans un cornet et que vous poussez dedans ;

Huilez très légèrement un moule d'entremets uni ;

Faites cuire du sucre au cassé ;

Trempez les boules dans le sucre, et rangez-les dans le moule jusqu'à ce qu'il soit rempli ;

Laissez refroidir, démoulez, et servez.

BISCUIT A LA VÉNITIENNE.

Cassez six œufs ; mettez les blancs dans un bassin et les jaunes dans une terrine ;

Ajoutez aux jaunes 250 grammes de sucre en poudre et agitez pendant 20 minutes ;

Beurrez un moule d'entrée uni que vous glacez au sucre passé au tamis de soie ;

Fouettez les six blancs d'œufs, et lorsqu'ils sont bien fermes; mêlez-les avec les jaunes en y ajoutant 75 grammes de farine ;

Mettez la pâte dans le moule et faites cuire :
Démoulez sur un tamis ;
Lorsque le biscuit est bien froid, glacez-le avec de la glace au chocolat vanillé ;
Servez.

BISCUITS GARNIS DE CRÈME GLACÉE, DITE EN SURPRISE.

Préparez un biscuit comme il vient d'être dit à l'article précédent ;
Lorsqu'il est bien froid, enlevez la mie par dessous et laissez la croûte de 1 centimètre et demi d'épaisseur ;
Au moment de servir, dressez sur une serviette une glace à la vanille de manière que le biscuit puisse la couvrir entièrement ;
Mettez le biscuit sur la glace, et servez.

CHATEAUBRIAND.

Préparez une croustade avec de la pâte à napolitain ;
Vous abaissez la pâte de 1 demi-centimètre d'épaisseur et de la hauteur d'un moule uni d'entrée ;
Faites cuire d'une couleur blond pâle ;
Coupez sur le travers des bandes de 2 centimètres ; puis faites une abaisse très mince que vous couchez sur un plafond ;
Coupez-la au coupe-pâte de 2 centimètres ;
Placez un papier blanc dans le fond du moule ; collez autour, avec de la glace royale, les ronds de pâte que vous chevalez les uns sur les autres ;
Formez des rangées circulaires allant des extrémités au centre pour former le fond ;
Ayez soin que la glace royale qui vous sert à coller les ronds ne paraisse pas ;
Collez sur le fond et fixez sur le tour des bandes que vous avez coupées, en les chevalant les unes sur les autres ;
Consolidez l'intérieur des colonnes et les ronds avec de petits filets de glace royale ;

Mettez la croustade à sécher à chaleur très douce ;

Ayez un moule uni fermant hermétiquement et pouvant entrer sous la croustade ;

Mettez 10 jaunes d'œufs dans une casserole ; ajoutez 2 hectos de sucre en poudre ; puis mouillez avec un litre de crème dans laquelle vous ferez infuser une gousse de vanille ;

Tournez sur le feu pour lier ;

Lorsque la crème est liée, retirez-la du feu, et remuez 3 minutes avec la cuiller de bois, puis passez-la au tamis de soie ;

Ayez 6 poires d'Angleterre confites, 5 abricots, 5 prunes de reine-Claude et 1 hecto de cerises confites ;

Faites revenir ces fruits séparément avec sirop de sucre et marasquin ; donnez un bouillon et laissez refroidir dans le sirop ; lorsque les fruits sont froids, égouttez-les ;

Sanglez une sorbetière ;

Faites prendre la crème vanille que vous avez faite en ajoutant 1 demi-décilitre de marasquin ;

Fig. 148. Rondelle de bois pour mettre sous les entremets de pâtisserie.

Lorsque la crème est à moitié prise, additionnez-la de 1 demi-litre de crème fouettée bien ferme ;

Faites-la congeler entièrement, puis garnissez le moule avec la glace et les fruits en les mêlant dans la glace ;

Lorsque le moule est rempli, couvrez-le de son couvercle ;

Mettez du beurre à l'ouverture du couvercle pour empêcher que l'eau glacée ne pénètre dans l'intérieur ;

Sanglez pendant 2 heures, puis démoulez la glace sur une serviette ;

Couvrez-la avec la croustade que vous aurez masquée d'une marmelade d'abricots très légère.

SICILIENNE.

Préparez une croustade comme il vient d'être dit ; lorsqu'elle est bien sèche, démoulez ;

Masquez-la d'une glace royale légère, et semez dessus un granit formé de grains de sucre et de pistaches hachées ;

Mettez dans une casserole 500 grammes de chocolat à la vanille ;

Faites dissoudre le chocolat avec 8 décilitres de crème ;

Mettez dans une casserole 8 jaunes d'œufs et 2 hectos de sucre en poudre ;

Ajoutez le chocolat aux œufs et au sucre ; faites lier sans bouillir ; puis tournez hors du feu pendant 3 minutes ;

Passez au tamis de soie, puis faites prendre à la sorbetière ;

Mêlez à la glace 4 décilitres de crème Chantilly ;

Emplissez un moule comme celui de Chateaubriand ; sanglez pendant 2 heures ; démoulez sur une serviette, couvrez la glace de la croustade, et servez.

OBSERVATION SUR LE CHATEAUBRIAND ET SUR LA SILICIENNE.

Le créateur de ces deux entremets, le *Chateaubriand* et la *Sicienne*, est M. Montmirel, assez connu de quiconque s'occupe de cuisine pour qu'il soit superflu de rappeler ses titres.

Je donne les deux recettes exactement telles qu'il me les a communiquées lui-même. On fait des Chateaubriands et des Siliciennes de toutes les manières ; mais je puis garantir que les recettes que j'indique sont les seules véritablement conformes aux procédés de l'inventeur.

PUDDING MARQUISE.

Ayez un moule formé en dôme de 14 centimètres de largeur et 13 de hauteur, muni de son couvercle ;

Faites cuire 10 poires de bon-chrétien bien épluchées dans 12 décilitres de sirop à 12 degrés ;

Faites cuire à feu doux, afin qu'il y ait peu de réduction ;

Lorsque les poires sont cuites, passez-les au tamis de soie, puis ajoutez à la purée de poires 2 décilitres de sirop à 30 degrés ;

Coupez en dés 2 hectos d'ananas que vous faites cuire dans du sirop à 18 degrés ;

Coupez en deux 2 hectos de cerises confites ;

Faites revenir le tout dans du sirop à 16 degrés ;

Quand l'ananas sera refroidi, égouttez le sirop et passez-le au tamis dans la purée de poires ;

Sanglez une sorbetière ; faites congeler la glace, et, lorsqu'elle est à moité prise, ajoutez 3 œufs de meringues dits *à l'italienne*, que vous ferez avec 1 hecto de sucre cuit au gros boulet et mêlé dans 3 blancs d'œufs fouettés ;

Mélangez avec la houlette ;

Faites congeler ;

Égouttez les cerises et ajoutez-les dans la glace avec l'ananas ;

Mettez la glace dans le moule que vous couvrirez de son couvercle ;

Enduisez les bords de beurre afin d'empêcher que l'eau n'entre dans le moule ;

Sanglez 2 heures ; démoulez, et servez sur une assiette ;

Servez à part une sauce que vous ferez de la façon suivante :

Mettez dans la sorbetière 1 demi-bouteille de vin de Champagne et 1 décilitre de sucre à 30 degrés ;

Faites frapper ; ajoutez 1 œuf de meringue à l'italienne et mêlez parfaitement ;

Servez cette sauce à part dans une saucière.

PUDDING GLACÉ, DIT NESSELRODE.

Épluchez 40 marrons, faites-les blanchir, pour en retirer la petite peau; lorsqu'ils seront épluchés, mettez-les dans la casserole avec 1 litre de sirop à 18 degrés et 1 gousse de vanille :

Faites cuire à très petit feu;

Lorsque les marrons seront cuits, passez-les au tamis de Venise;

Mettez dans une casserole 8 jaunes d'œufs, 2 hectos de sucre en poudre et 8 décilitres de crème bouillie;

Faites lier cette crème et mêlez-la avec la purée de marrons;

Passez cette crème à l'étamine, puis ajoutez 1 décilitre de marasquin;

Épluchez et lavez 1 hecto de raisins de Corinthe et 1 hecto de raisins de Malaga dont les pepins auront été enlevés;

Faites cuire ces raisins à feu très doux, avec 1 demi-décilitre de sirop à 30 degrés et 1 décilitre d'eau; faites refroidir;

Sanglez une sorbetière;

Versez la crème et faites-la prendre en la remuant avec la houlette;

Lorsque la glace sera prise à demi, ajoutez 3 décilitres de crème fouettée;

Achevez de glacer, ajoutez les raisins, moulez, puis garnissez le moule de beurre à l'ouverture;

Sanglez et faites prendre 2 heures;

Faites une sauce de la manière suivante :

Préparez 8 jaunes d'œufs, 1 hecto de sucre et 3 décilitres de crème bouillie;

Faites lier sur le feu;

Retirez la sauce du feu et tournez pendant 3 minutes;

Passez à l'étamine et ajoutez 1 demi-décilitre de marasquin;

Mettez cette sauce dans la glace avec du sel pour qu'elle soit très froide sans être congelée;

Démoulez le pudding sur une serviette;

Servez la sauce à part.

OBSERVATION SUR LES PUDDINGS MARQUISE ET NESSELRODE.

Je dois les recettes du pudding Marquise et du pudding Nesselrode à l'un de mes bons vieux amis, à mon honorable confrère M. Mony, ancien chef de bouche du comte de Nesselrode, que l'on cite parmi nos praticiens les plus distingués. Je puis donc, comme pour le Chateaubriand et la Sicilienne, garantir la complète authenticité de ces deux recettes, puisque je les tiens directement des auteurs, à qui je suis heureux d'offrir ici mon témoignage de reconnaissance et de bonne confraternité.

PLOMBIÈRES.

Mondez 3 hectos d'amandes douces et 20 grammes d'amandes amères ;

Lavez-les bien et pilez-les de manière à former une pâte que vous mêlerez avec du lait ; ajoutez 1 litre et demi de crème bouillie ;

Passez avec pression pour extraire tout le lait ;

Mettez dans une casserole 10 jaunes d'œufs et 3 hectos de sucre en poudre ;

Faites lier sans bouillir, et tournez hors du fourneau pendant 3 minutes ;

Passez à l'étamine, sanglez une sorbetière, et faites prendre en travaillant avec la houlette ;

Quand la crème est prise à demi, ajoutez 6 décilitres de crème fouettée ;

Continuez de faire prendre ;

Égouttez l'eau de la sorbetière et sanglez de nouveau ;

Couvrez la sorbetière entièrement de glace et de sel et laissez-la 2 heures dans la glace ;

Découvrez la sorbetière ;

Dressez sur une serviette, en tournant, 3 couronnes de glace l'une sur l'autre, que vous couvrez chacune de marmelade d'abricots ;

Les 3 couronnes superposées doivent former rocher.

RIZ A L'IMPÉRATRICE.

Faites blanchir 250 grammes de riz que vous mettez dans

ENTREMETS SUCRÉS CHAUDS ET FROIDS.

une casserole, avec 1 litre et demi de crème bouillie et 3 hectos de sucre;

Faites crever le riz pendant une heure à feu très doux;

Préparez un salpicon avec fruits confits, poires, ananas, abricots, prunes de reine-Claude, cerises;

Sanglez une sorbetière et mettez-y le riz;

Faites prendre le riz en le travaillant avec la houlette; quand il est à demi pris, ajoutez 2 œufs de meringues à l'italienne;

Continuez de faire prendre en travaillant avec la houlette;

Mettez le salpicon que vous avez fait, avec les fruits;

Moulez et finissez comme il est dit au *Pudding marquise* (page 767).

CHARLOTTE RUSSE AUX ABRICOTS.

Foncez un moule d'entremets uni avec des biscuits à la cuiller;

Garnissez d'un bavarois que vous ferez avec 5 décilitres de purée d'abricots, 3 hectos de sucre en poudre, et 25 grammes de grenetine que vous ferez fondre dans 1 décilitre d'eau;

Mettez la grenetine dans la purée;

Faites prendre sur la glace;

Ajoutez 15 décilitres de crème fouettée très ferme, emplissez le moule, puis couvrez la charlotte d'un plafond sur lequel vous aurez mis de la glace;

Laissez une heure dans la glace;

Démoulez et servez (voir le dessin, page 723).

CHARLOTTE RUSSE AU CAFÉ.

Garnissez le moule comme il vient d'être dit à la *Charlotte russe aux abricots* (voir l'article précédent);

Torréfiez 1 hecto de café vert, faites bouillir 1 litre de crème pour faire infuser le café, puis laissez l'infusion une heure dans un endroit chaud;

Mettez dans une casserole 8 jaunes d'œufs et 3 hectos de sucre en poudre;

Faites tremper 25 grammes de grenetine dans de l'eau froide, passez la crème sur les œufs et le sucre, mêlez parfaitement et faites lier sur le feu;

Lorsque la crème est liée, égouttez la grenetine, puis mettez-la dans l'appareil et tournez jusqu'à ce qu'elle soit dissoute;

Passez au tamis et faites prendre sur la glace;

Ajoutez 15 décilitres de crème fouettée bien ferme, mêlez et finissez comme il est dit à la *Charlotte russe aux abricots* (voir l'article précédent).

CHARLOTTE RUSSE AUX AMANDES GRILLÉES.

Hachez 2 hectos d'amandes, faites fondre 1 hecto de sucre en poudre jusqu'à ce qu'il soit rouge, ajoutez les amandes au sucre et pralinez-les sur le feu;

Étalez sur un plafond et laissez-les refroidir;

Pilez-les en les mouillant avec 1 litre de crème bouillante, puis passez-les à travers une serviette pour en extraire toute la crème;

Mettez dans une casserole 8 jaunes d'œufs et 3 hectos de sucre;

Faites tremper 25 grammes de grenetine, et finissez comme il est dit à l'article précédent.

PUDDING PROFITEROLES.

Faites et garnissez 50 petits choux, dits *Profiteroles*, comme pour le *Croquenbouche de choux garnis* (page 764);

Épluchez 1 hecto de raisins de Malaga et faites-les cuire dans du sirop à 20 degrés;

Mettez dans une casserole 10 jaunes d'œufs, 3 hectos de sucre et 1 litre de crème bouillie;

Mettez tremper 30 grammes de grenetine;

Faites lier la crème sur le feu;

Lorsqu'elle est prise, tournez-la pendant 3 minutes, ajoutez grenetine, puis passez au tamis;

Mettez un moule d'entremets à cylindre dans la glace pilée;

Ajoutez à la crème 1 décilitre de kirsch; lorsqu'elle est refroidie, mettez-en une partie dans le fond du moule pour former une couche de 1 centimètres;

Rangez dessus une couronne de profiteroles;

Semez des raisins de Malaga entre les choux et les parois du moule;

Ajoutez des couches successives de crème, profiteroles et raisins jusqu'à ce que le moule soit rempli;

Égouttez l'eau qui pourra se trouver dans la glace, puis couvrez d'un plafond avec glace dessus;

Démoulez le pudding au bout d'une heure, et servez.

PUDDING D'ORLÉANS.

Mettez dans une casserole 10 jaunes d'œufs et 3 hectos de sucre;

Mouillez avec 1 litre de crème bouillie;

Mettez tremper 30 grammes de grenetine;

Faites prendre la crème sur le feu;

Égoutter la grenetine et mettez-la dans la crème, tournez jusqu'à ce que la grenetine soit fondue;

Passez au tamis;

Mettez dans une casserole 20 grammes d'orange confite, 20 grammes de cédrat, 25 grammes de raisin de Malaga et 25 grammes de raisin de Corinthe;

Vous couperez orange et cédrat en petits dés;

Faites cuire le tout à feu doux et mouillez avec 1 décilitre de rhum;

Faites réduire le rhum et retirez du feu;

Mettez un moule d'entremets à cylindre dans la glace, formez une couche de crème dans le fond du moule et semez les fruits dessus;

Faites une couche de biscuits que vous sèmerez de macarons écrasés;

Recouvrez de crème et formez des couches successives de

fruits, de biscuits et de macarons, jusqu'à ce que le moule soit entièrement rempli ;

Couvrez le moule d'un plafond sur lequel vous aurez mis de la glace ;

Démoulez au bout d'une heure, et servez.

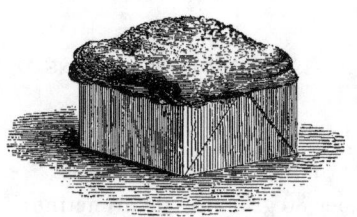

Fig. 149. Biscuit à la crème.

Fig. 150. Dessert.

CHAPITRE XVII

DESSERT

OBSERVATION SUR LE DESSERT.

Je donne, sous le titre *Dessert*, un certain nombre de recettes de petits-fours, de bonbons et de glaces pour la table. Je n'ai pas besoin de dire que je n'ai nullement l'intention de donner ici un *Traité d'office* ; ce ne serait guère le moment, dans tous les cas, puisque nous voyons l'une de ces spécialités de l'office tendre à disparaître de jour en jour et à se confondre dans la généralité de la cuisine. C'est précisément parce que beaucoup de cuisiniers d'aujourd'hui sont appelés à s'occuper plus ou moins d'office, que j'ai voulu indiquer ce qui constitue le principal du dessert actuel, toujours pour me conformer au principe d'utilité pratique que j'ai constamment suivi en écrivant le *Livre de cuisine*. Ici, surtout, j'aurais pu m'étendre beaucoup plus, mais je prétends aussi rester fidèle jusqu'au bout à mon autre principe, qui est d'éviter les remplissages. Le dessert est une des parties qu'il est le plus facile de diversifier et d'amplifier, et j'ai la prétention de croire qu'avec le fond que j'indique, les hommes d'intelligence et de goût seront à même de faire face à toutes les exigences non seulement de la table, mais même des bals et soirées.

I

DESSERT

MACARONS AUX AVELINES.

Torréfiez 250 grammes d'avelines et enlevez les peaux; lorsqu'elles sont refroidies, pilez-les et ajoutez 1 blanc d'œuf en plusieurs fois;

Mettez 4 hectos de sucre en poudre dans le mélange et continuez à piler;

Mouillez avec blancs d'œufs pour faire une pâte mollette mais sans qu'elle s'étale;

Formez, dans une cuiller à bouche, des boules de 2 centimètres, que vous posez sur des feuilles de papier, à 4 centimètres de distance l'une de l'autre;

Saupoudrez légèrement de sucre passé au tamis de soie;

Faites cuire à feu doux; retournez les feuilles de papier pour que les macarons posent sur la table;

Mouillez légèrement avec le pinceau derrière chaque macaron pour le détacher du papier;

Réservez les macarons sur un tamis.

MACARONS AUX PISTACHES.

Mondez 200 grammes de pistaches et 200 grammes d'amandes, pilez-les ensemble et mouillez-les au blanc d'œuf;

Ajoutez 4 hectos de sucre, une cuillerée à bouche de kirsch et une petite cuillerée à bouche de vert végétal;

DESSERT.

Finissez comme il a été dit aux *Macarons aux avelines* (voir l'article précédent, p. 776).

MACARONS AU CHOCOLAT.

Mondez et pilez 250 grammes d'amandes, auxquelles vous ajouterez 4 hectos de sucre en poudre, et 4 tablettes de chocolat que vous aurez fait ramollir à la bouche du four ;

Mouillez avec blancs d'œufs pour que la pâte soit mollette, mais pourtant sans s'étaler ;

Couchez sur des feuilles de papier, faites cuire et finissez comme il est dit aux *Macarons aux avelines* (page 776).

MACARONS SOUFFLÉS.

Mondez 250 grammes d'amandes ;

Coupez chaque amande en filets, puis mettez dans une terrine 500 grammes de sucre passé au tamis de soie ;

Mouillez au blanc d'œuf pour faire une pâte mollette ;

Lorsque le sucre est bien mêlé, ajoutez les amandes, que vous aurez fait sécher ;

Mêlez parfaitement, puis couchez sur les feuilles de papier des boules de la grosseur d'une petite noix ;

Faites cuire à feu très doux ;

Levez les macarons du papier en humectant par derrière, comme il est dit aux *Macarons aux avelines* (page 776).

MASSEPAINS AU CITRON.

Mondez et pilez 300 grammes d'amandes ;

Ajoutez 300 grammes de sucre, et mouillez avec blancs d'œufs pour faire une pâte ferme, à laquelle vous ajouterez de la râpure de citron ;

Poussez à la seringue avec des étoiles de 1 centimètre, formez des couronnes du poussage de 3 centimètres, puis rangez-les sur des feuilles de papier saupoudrées de sucre passé au tamis de soie ;

Faites cuire à feu très vif pour que les massepains prennent couleur en 3 minutes;

Retirez-les du four, puis enlevez-les du papier et rangez-les sur un tamis.

PAINS D'AMANDES A L'ORANGE.

Mondez et pilez 3 hectos d'amandes;

Ajoutez 3 hectos de sucre et la râpure d'une orange;

Mouillez avec blanc d'œuf;

Faites une pâte ferme que vous diviserez en parties de la grosseur d'une noix :

Formez, avec ces boules, de petits pains ovales que vous dorerez avec du jaune d'œuf et que vous poserez sur une plaque légèrement beurrée;

Fendez sur toute la longueur à 1 demi-centimètre de profondeur; faites-les cuire à feu doux.

CROISSANTS AU KIRSCH.

Préparez la même pâte que pour les *Massepains au citron* (page 777), mais sans citron; vous l'abaissez sur la table, que vous avez saupoudrée d'une couche de sucre en poudre d'une épaisseur de 8 millimètres;

Divisez la pâte en croissants que vous formerez avec un coupe-pâte rond de 4 centimètres et demi;

Donnez aux croissants une largeur de 3 centimètres; faites-les cuire, et, lorsqu'ils sont refroidis, masquez-les d'une glace royale au kirsch que vous sèmerez de sucre en petits grains;

Faites sécher 2 minutes au four.

ÉCORCES DE CITRON.

Faites une pâte avec 2 hectos de farine, 2 hectos de sucre et 2 hectos d'amandes bien pilées;

Ajoutez la râpure d'un citron, puis mettez 1 œuf pour former une pâte ferme;

Coupez cette pâte en olives de 6 centimètres de long sur 3 de large ;

Dorez-les au jaune d'œuf sucré, mettez-les sur une plaque légèrement beurrée, et faites-les cuire à feu doux ;

Lorsque les morceaux de pâte sont cuits, ployez-les sur un rouleau pour leur donner la forme d'un quartier de citron.

PAINS D'AMANDES A L'ABRICOT.

Faites une pâte avec 2 hectos de farine, 1 hecto d'amandes et 1 hecto de sucre ;

Mouillez avec 4 jaunes d'œufs ;

Formez de petits pains comme il est dit aux *Pains d'amandes à l'orange* (page 778) ;

Mettez-les sur la plaque légèrement beurrée et faites-les cuire ;

Lorsqu'ils sont refroidis, garnissez la fente avec de la marmelade d'abricots très réduite.

GIMBLETTES GRILLÉES A LA CERISE.

Faites une pâte comme il est dit aux *Pains d'amandes à l'orange* (page 778) ; roulez en bandes de 1 demi-centimètre, que vous formez en couronnes de 4 centimètres et demi ;

Masquez chaque couronne avec des amandes hachées très fin et pralinées avec sucre et blanc d'œuf, mettez-les sur plaque et faites-les cuire à moitié ;

Posez dans le milieu de la couronne une grosse cerise de confitures bien égouttée ;

Finissez de cuire et rangez sur une grille pour faire refroidir.

TARTELETTES D'AMANDES A L'ANANAS.

Faites une pâte avec 2 hectos de farine, 2 hectos de sucre et 2 hectos d'amandes pilées ;

Mouillez à l'œuf pour faire une pâte ferme ;

Faites des abaisses de 3 millimètres d'épaisseur ;

Coupez des ronds avec le coupe-pâte cannelé de 5 centimètres, puis posez ces ronds dans des moules à tartelettes ;

Garnissez avec de l'ananas confit coupé en très petits dés et une quantité de marmelade d'abricots pour lier l'ananas ;

Faites cuire, et mettez sur la grille pour faire refroidir.

GAUFRES D'OFFICE.

Mettez dans une terrine 2 hectos de farine, 2 hectos de sucre en poudre, 15 grammes de beurre fondu et 3 œufs entiers ;

Mêlez parfaitement pour faire une pâte bien lisse ;

Ajoutez 1 litre de lait et une cuillerée à café de sucre de vanille ;

Mêlez de nouveau ;

Faites chauffer un gaufrier, couvrez un des côtés de pâte, pressez légèrement et mettez sur le feu ;

Parez le tour du gaufrier avec un couteau ;

Retournez quand un des côtés est cuit et faites cuire de l'autre côté ;

Posez un bâton sur le gaufrier et roulez la gaufre autour ;

Servez.

GAUFRES HOLLANDAISES.

Mettez sur la table 200 grammes de farine passée au tamis, 160 grammes de sucre pilé, 80 grammes de beurre, la râpure d'une orange et 1 œuf entier ;

Pétrissez le tout pour former une pâte bien lisse que vous divisez en morceaux égaux de la grosseur d'une noix ;

Donnez à chaque morceau de pâte la forme d'une olive allongée.

Faites chauffer le gaufrier ;

Posez un des morceaux de pâte sur le gaufrier et pressez fortement ; faites cuire, et, lorsque les gaufres sont cuites, posez-les sur un tamis.

DESSERT.   781

GAUFRES A L'ALLEMANDE.

Pilez 2 hectos d'amandes, ajoutez 1 hecto de sucre et mouillez avec 2 blancs d'œufs;

Cirez des plaques d'office à la cire vierge;

Étalez de la pâte en rond de la grandeur de 5 centimètres, et semez dessus des amandes hachées très fin, que vous aurez pralinées légèrement;

Faites cuire, et lorsque les amandes sont cuites, mettez-les en presse sur un rouleau à pâtisserie, pour leur donner la forme d'une poignée de fer à repasser.

BOUCHÉES DE DAMES A LA FRAMBOISE.

Cassez 6 œufs et séparez les blancs des jaunes, mettez les blancs dans un bassin et les jaunes dans une terrine;

Ajoutez 2 hectos de sucre en poudre avec jaunes d'œufs, puis travaillez avec la cuiller de bois pendant 5 minutes;

Fouettez les blancs d'œufs, et lorsqu'ils sont bien fermes, mêlez-les aux jaunes avec 1 hecto de farine pour faire de la pâte à biscuit;

Couchez cette pâte sur des feuilles de papier en morceaux ronds de 4 centimètres;

Faites cuire, et, lorsque la pâte est cuite, parez tous les morceaux avec un coupe-pâte uni de 4 centimètres;

Masquez un des morceaux de gelée de framboise et couvrez-le d'un autre morceau pour former la bouchée de dames;

Procédez de même pour toutes les bouchées, et glacez-les à la glace de framboise, que vous ferez de la manière suivante :

Faites cuire au petit cassé 1 demi-litre de sirop à 36 degrés, ajoutez du jus de framboise, mêlez et retirez du feu pour ramener le sirop à 38 degrés;

Laissez refroidir, puis travaillez le sucre à la spatule; lorsqu'il est bien lisse, mettez-le dans une terrine;

Faites fondre une partie de cette glace et, si elle n'était pas assez rose, ajoutez quelques gouttes de carmin liquide ;

Piquez chaque bouchée sur une brochette et trempez-la entièrement dans la glace ; mettez-la sur une grille et passez-la 2 minutes au four ;

Parez les bouchées et déposez-les sur un tamis.

BOUCHÉES DE DAMES AU CHOCOLAT.

Préparez les bouchées comme il vient d'être dit, remplacez la framboise par de la gelée de pommes ;

Glacez avec la glace de chocolat que vous ferez ainsi :

Faites cuire du sirop de sucre à 36 degrés, puis mettez dans une terrine 90 grammes de chocolat sans sucre ;

Faites ramollir à la bouche du four ;

Lorsque le chocolat est fondu, remuez le sucre en travaillant avec la spatule ;

Quand le mélange est bien fait, remettez sur le feu en continuant à tourner ;

Glacez les bouchées en finissant comme il est dit aux *Bouchées de dames à la framboise* (voir l'article précédent, page 781).

Observation. — Si la glace était trop épaisse, vous la détendriez avec du sirop à 32 degrés.

GLACÉS AU CAFÉ.

Faites, avec la pâte à biscuit, des ronds de 4 centimètres, et de 2 centimètres d'épaisseur ; faites cuire au four, et, lorsque les ronds sont refroidis, levez-les du papier ;

Glacez-les avec de la glace au café, que vous ferez comme il est dit aux *Bouchées de dames à la framboise* (page 781), en remplaçant le jus de framboises par l'essence de café.

GLACÉS AU KIRSCH.

Faites des ronds de biscuit comme il est dit à l'article précédent, et glacez-les à la glace de kirsch, que vous ferez avec 1 demi-litre de sirop cuit au petit boulet et ramené à 38 degrés avec du kirsch ;

Finissez comme il est dit à l'article précédent.

GLACÉS A LA FRAISE.

Faites des ronds de pâte à biscuit comme il vient d'être dit ;

Glacez avec une glace à la fraise, que vous ferez comme la glace de framboises aux *Bouchées de dames à la framboise* (page 781) ;

Remplacez le jus de framboises par une purée de fraises passée au tamis de soie.

GLACÉS AU MARASQUIN.

Procédez comme il est dit aux *Glacés au kirsch* (page 782) ;

Remplacez le kirsch par une même quantité de marasquin, et finissez de même.

SOUFFLÉS A LA FLEUR D'ORANGE PRALINÉE.

Mettez dans une terrine 2 hectos de sucre passé au tamis de soie ;

Faites une pâte ferme avec blancs d'œufs, dans laquelle vous ajouterez 50 grammes de fleur d'orange pralinée ;

Couchez, dans de petites caisses, des morceaux de pâte gros comme des avelines et faites cuire à feu très doux.

SOUFFLÉS AUX AVELINES.

Procédez comme il vient d'être dit, en remplaçant la fleur d'orange pralinée par des avelines hachées, et finissez de même.

PETITES MERINGUES AUX CERISES.

Faites cuire 3 hectos de sucre au gros boulet;
Fouettez 4 blancs d'œufs;
Laissez refroidir le sucre à moitié, et mêlez-le dans les blancs d'œufs en travaillant avec le fouet;
Couchez à la cuiller sur des feuilles de papier des morceaux de pâte de 3 centimètres de long sur 2 centimètres de large, auxquels vous donnerez une forme ovale;
Saupoudrez de sucre pilé, puis faites-leur prendre au four une couleur blonde;
Lorsque les meringues sont cuites, levez-les des feuilles de papier; retirez avec une cuiller à café une partie de l'intérieur des meringues que vous remplacerez par des cerises confites;
Recouvrez avec un autre morceau de meringue;
Mettez sécher à l'étuve sur un tamis.

PETITES MERINGUES A L'ANANAS.

Préparez de petites meringues comme il est dit à l'article précédent;
Procédez entièrement de même, et remplacez la cerise de l'intérieur par une petite cuillerée à café de marmelade d'ananas.

BISCUITS GRILLÉS AUX AMANDES.

Préparez de la pâte de biscuit;
Couchez des biscuits au cornet sur des feuilles de papier d'une longueur de 4 centimètres sur 2 de largeur.
Donnez-leur une forme ovale et saupoudrez-les d'amandes hachées très fin que vous mêlerez avec sucre et kirsch;
Faites cuire au four; lorsque les biscuits sont cuits, enlevez-les du papier; masquez-en un de marmelade d'abricots, et recouvrez-le d'un autre comme pour les *Meringues*.
Procédez de même pour tous.

DESSERT.

BISCUITS AUX PISTACHES.

Préparez les biscuits comme il est dit à l'article précédent ;

Garnissez-les avec de la meringue à l'italienne sur laquelle vous sèmerez de la pistache hachée ;

Faites sécher à l'étuve et réservez sur un tamis.

II

BONBONS DE TABLE

PISTACHES AUX OLIVES.

Pilez 1 hecto d'amandes et 1 hecto de pistaches ; mouillez-les avec blancs d'œufs, et mêlez-les avec 2 hectos de sucre cuit au petit boulet ;

Laissez refroidir ;

Pilez et ajoutez une cuillerée à bouche de kirsch et du vert végétal ;

Relevez cette pâte du mortier et coupez-la en morceaux de la grosseur d'une olive ;

Roulez les morceaux pour former les olives, et mettez-les sécher sur le tamis pendant 4 heures ;

Au bout de ce temps, rangez les olives dans la plaque de fer-blanc qu'on emploie pour les candis ;

Mettez sur les olives du sirop à 36 degrés que vous laisserez refroidir ; il faut qu'elles soient couvertes à 3 centimètres d'épaisseur ;

Mettez dessus une feuille de papier ;

Laissez les olives pendant 15 heures dans un endroit où la chaleur soit de 15 à 20 degrés ;

Cassez la croûte de candi qui les recouvre et faites-la bien égoutter;

Retirez-les de la plaque et rangez-les sur une grille; puis faites sécher à une chaleur de 20 degrés.

AVELINES EN OLIVES.

Faites une pâte d'avelines comme il a été dit à l'article précédent ;
Moulez, mettez au candi, et finissez de même.

OLIVES AU KIRSCH.

Faites une pâte d'amandes en procédant comme il est dit aux *Pistaches aux olives* (page 785) ;
Donnez à cette pâte une teinte rosée avec carmin liquide ;
Ajoutez 2 cuillerées à bouche de kirsch ;
Finissez entièrement comme les pistaches aux olives ;

ROSACES AUX FONDANTS A L'ANISETTE.

Ayez une caisse de bois pour bonbons de 5 centimètres de profondeur ;
Passez dans cette boîte de l'amidon bien sec au tamis de soie ;
Ayez un moule en plâtre en forme de rosace ;
Imprimez ce moule dans l'amidon en espaçant chaque rosace de 1 centimètre ; faites cuire 4 hectos de sucre à la glu ;
Mettez de l'anisette pour ramener le sucre à 38 degrés ;
Laissez-le refroidir et travaillez avec la cuiller jusqu'à ce qu'il forme une pâte que vous mettrez dans une terrine ;
Faites fondre une partie de cette pâte dans un poêlon d'office dit *à pastilles* ;
Vous frotterez de blanc d'Espagne le dessous du bec du poêlon ;
Remplissez chaque rosace d'amidon avec le sucre et laissez prendre ;

Au bout de 2 heures retirez les rosaces de l'amidon et brossez-les au pinceau très doux ;

Rangez-les dans la plaque, chevalées les unes dans les autres ;

Couvrez-les de sucre à 36 degrés, et finissez comme il est dit aux *Pistaches aux olives* (page 785).

LOSANGES CANNELÉS AU MARASQUIN.

Ayez un moule en plâtre représentant un losange cannelé ;

Imprimez-le dans l'amidon, et finissez comme il est dit aux *Rosaces à l'anisette* (voir l'article précédent, p. 786) ;

Remplacez l'anisette par le marasquin en même quantité ;

Ayez un moule en plâtre en forme de couronne de 3 centimètres de large ; imprimez cette couronne dans l'amidon ;

Faites des fondants au kirsch que vous coulerez dans chaque couronne ;

Égouttez le même nombre de cerises à confitures que vous voulez faire de couronnes ;

Retirez les couronnes de l'amidon et brossez-les avec soin ;

Ajoutez une cerise dans chaque couronne ; rangez dans la plaque et mettez au candi.

FONDANTS PANACHÉS.

Faites du fondant blanc au kirsch, comme le fondant à l'anisette (voir *Rosaces aux fondants à l'anisette*, page 786), en remplaçant l'anisette par le kirsch ;

Faites du fondant au marasquin que vous colorerez en rose, et du fondant au chocolat ;

Abaissez au rouleau ces fondants de 3 millimètres d'épaisseur ;

Mettez les 8 abaisses les unes sur les autres, la rose au milieu ;

Coupez les fondants en carrés longs, de 3 centimètres de long sur 2 de large ;

Laissez-les 2 heures sur une plaque, rangez-les ensuite dans la plaque au candi ;

Finissez comme les *Rosaces aux fondants à l'anisette* (page 786).

MANDARINES GLACÉES.

Épluchez des mandarines, séparez-les par quartiers en laissant les peaux ;

Piquez-les dans des brochettes de bois ;

Glacez-les avec fondant d'orange que vous faites en procédant comme il est dit aux *Bouchées de dames à la framboise* (page 701).

Vous remplacerez la framboise par le jus et le zeste de l'orange, en teignant de carmin liquide, pour donner aux quartiers de mandarines une nuance rosée.

VERJUS GLACÉ.

Ayez de gros grains de verjus confits à l'eau-de-vie que vous égoutterez et passerez ensuite à l'étuve ;

Glacez-les aux fondants à l'anisette verte.

CERISES GLACÉES.

Ayez des cerises à l'eau-de-vie que vous égoutterez et passerez à l'étuve ;

Glacez-les à la glace au kirsch.

FRAMBOISES GLACÉES.

Égouttez des framboises de conserve ;

Faites-les passer à l'étuve, et glacez-les à la glace de framboises.

PURÉE DE MARRONS GLACÉS.

Préparez des marrons comme il est dit aux *Marrons en vermicelle* (voir page 330)

Pressez dans un coin de la serviette une partie de la purée pour former des boules grosses comme une petite noix ;

Piquez ces noix d'une brochette ;
Laissez-les sécher une heure et glacez-les au chocolat.

TABLETTES DE THÉ A LA CRÈME.

Faites cuire 250 grammes de sucre au cassé dans lequel vous ajouterez une cuillerée à bouche de crème de thé et 4 cuillerées de crème double ; faites recuire au cassé et laissez refroidir à moitié dans le poêlon ;

Coulez-les sur un marbre légèrement huilé et coupez-les, avant que le sucre soit entièrement refroidi, en carrés de 2 centimètres ;

Mettez sur un tamis et dans un endroit sec.

TABLETTES DE CHOCOLAT BLANC.

Faites cuire 250 grammes de sucre au cassé ;
Ajoutez 25 grammes de beurre de cacao ;
Finissez-comme les *Tablettes de thé à la crème* (voir l'article précédent).

TABLETTES DE CERISES.

Faites cuire 250 grammes de sucre au cassé ;
Lorsque le sucre est au cassé, ajoutez une cuillerée à bouche de jus de cerises et 8 gouttes de vinaigre de bois ;
Finissez comme les *Tablettes de thé à la crème* (voir ci-dessus).

TABLETTES DE CAFÉ BLANC.

Faites cuire 250 grammes de sucre au cassé ;
Ajoutez une cuillerée à bouche de crème de moka ;
Finissez comme les *Tablettes de thé à la crème* (voir ci-dessus).

CHOCOLAT A LA CRÈME.

Faites cuire 1 hecto de sucre à la glu, en ajoutant le quart d'une gousse de vanille et 3 cuillerées à bouche de crème double ;

Laissez refroidir, retirez la vanille, et travaillez fortement jusqu'à ce que le sucre soit en pâte ;

Divisez la pâte de la grosseur d'une petite aveline ;

Faites fondre dans un poêlon d'office le chocolat à la vanille en ajoutant du sirop de sucre à 20 degrés, pour que le chocolat ait le corps d'une bouillie très épaisse ;

Passez les boules dans le chocolat une à une ;

Enlevez-les avec une fourchette et rangez-les sur une plaque pour les laisser refroidir ;

Détachez-les de la plaque et mettez-les sur un tamis.

Observation. — Ces fondants se font aussi à la crème au café, au caramel, au kirsch, aux pistaches, etc.

CHOCOLAT GRILLÉ.

Hachez 30 grammes d'amandes ;

Faites fondre dans un poêlon 2 cuillerées à bouche de sucre pilé ;

Mêlez les amandes avec le sucre, et remuez sur le feu jusqu'à ce que les amandes aient une couleur brune ;

Étalez-les sur une plaque, et, lorsqu'elles sont froides, hachez-les fin ;

Mêlez-les avec la même quantité de fondants à la vanille ;

Faites de petites boules de pâte d'amandes, et finissez comme il est dit au *Chocolat à la crème* (voir l'article précédent, p. 789).

PASTILLES A LA FRAISE.

Mettez dans une terrine 3 hectos de sucre pilé et passez à travers un gros tamis ;

Faites une pâte très ferme avec purée de fraises ;

Mettez le sucre dans un poêlon et remuez sur le feu avec la spatule ;

Au premier bouillon, retirez-le du feu, couchez les pastilles sur plaque et laissez-les refroidir ;

Levez-les sur un tamis et mettez-les à l'étuve.

PASTILLES A L'ANANAS.

Hachez 20 grammes d'ananas confit;
Faites les pastilles comme celles à la fraise (voir l'article précédent);
Vous remplacerez la pâte de fraises par du jus d'ananas et des ananas hachés que vous mêlerez dans le sucre;
Faites bouillir, couchez les pastilles sur plaque, laissez-les refroidir et mettez-les à l'étuve.

PASTILLES AU PUNCH.

Mettez dans une terrine 3 hectos de sucre pilé;
Faites une pâte au rhum et au jus de citron;
Finissez comme les *Pastilles à la fraise* (voir page 790).

PASTILLES A LA GROSEILLE.

Procédez comme il vient d'être dit;
Faites la pâte avec le jus de groseilles, en ajoutant une même quantité d'eau.

PAINS DE FLEUR D'ORANGE PRALINÉE.

Faites cuire 3 hectos de sucre à la glu;
Laissez refroidir et remuez le sucre à la spatule jusqu'à ce qu'il soit blanc;
Ajoutez 20 grammes de fleur d'orange pralinée;
Remplissez de petites caisses et mettez à l'étuve.

PETITS PAINS D'ANANAS.

Procédez comme il vient d'être dit à l'article précédent;
Remplacez la fleur d'orange par de l'ananas confit que vous aurez haché en petits morceaux.

III

COMPOTES DE FRUITS

COMPOTE DE MARRONS.

Préparez les marrons comme il est dit aux *Marrons en vermicelle* (voir page 330).

Formez la pâte en boules que vous rangez sur des plaques légèrement beurrées;

Saupoudrez-les de sucre, en passant au tamis de soie, à une épaisseur de 1 millimètre;

Glacez à la pelle rouge;

Rangez les boules dans le compotier et, au moment de servir, faites une sauce avec 1 décilitre de sucre à 29 degrés, et 1 décilitre de crème de noyaux;

Versez cette sauce dans le compotier, sans arroser les marrons, pour ne pas ternir la glace.

COMPOTE DE VERJUS.

Ayez 1 kilo de gros verjus; mettez les grains dans l'eau bouillante pendant 3 minutes; égouttez et réservez l'eau;

Rafraîchissez les grains de verjus; fendez-les sur le côté en enlevant les pepins;

Mettez la première eau dans une bassine;

Ajoutez les verjus, faites-les mijoter jusqu'à cuisson;

Égouttez-les et mettez-les dans du sirop à 32 degrés pendant 24 heures;

Le lendemain, égouttez les verjus et dressez-les dans le compotier;

Passez le sirop au tamis de soie et faites-le réduire à 32 degrés;

Couvrez le verjus avec le sirop, et servez.

COMPOTE D'ANANAS.

Pelez à vif un gros ananas; réservez un rond du milieu de 1 demi-centimètre d'épaisseur; coupez le reste de l'ananas en demi-ronds que vous mettez dans un poêlon d'office avec 1 litre de sirop;

Faites cuire à très petit bouillon pendant une heure sur le coin du fourneau;

Mettez les tranches d'ananas dans une terrine pendant 24 heures.

Le lendemain, égouttez-les sur une grille;

Passez le sirop au tamis de soie et faites-le réduire à 32 degrés;

Dressez la compote dans le compotier, les demi-ronds en rosace et le grand sur le milieu;

Saucez avec le sirop.

COMPOTE DE FRUITS MÉLÉS AU VIN DE CHAMPAGNE.

Coupez 2 poires de bon-chrétien en quatre; parez-les et faites-les cuire dans un poêlon avec carmin liquide, pour les obtenir d'un beau rose;

Coupez en quatre 2 pommes de calville; faites cuire dans du sirop;

Ayez 2 beignets d'ananas que vous coupez en deux, et 4 prunes de reine-Claude que vous faites bouillir dans du sirop;

Égouttez ces fruits et rangez-les dans une coupe de cristal en mariant les couleurs;

Mettez-les dans un endroit très froid;

Sanglez une petite sorbetière dans laquelle vous versez 1 demi-bouteille de vin de Champagne avec 1 demi-décilitre de sirop à 32 degrés;

Frappez le vin de Champagne en glaçons;

Au moment de servir, versez le vin de Champagne sur la compote et servez.

COMPOTE DE CERISES GLACÉES.

Retirez queues et noyaux à 1 kilo de belles cerises ;
Faites-les cuire dans 3 décilitres de sirop de sucre à 32 degrés ;
Égouttez-les, puis passez le sirop au tamis de soie, mettez-le dans une sorbetière bien sanglée, avec 3 cuillerées à bouche de kirsch ;
Lorsque les glaçons commencent à se former, ajoutez les cerises, laissez un quart d'heure dans la sorbetière, et servez.

COMPOTE DE FRAISES GLACÉES.

Dressez des fraises dans un compotier de cristal ;
Mettez 4 décilitres de vin de Marsala dans une sorbetière bien sanglée ;
Ajoutez 1 décilitre de sirop de sucre à 32 degrés ;
Lorsque les glaçons se seront formés, arrosez la compote et servez.

CORBEILLES DE FRUITS D'HIVER.

Les corbeilles de fruits d'hiver se dressent avec poires, pommes de calville, oranges, pommes d'api, mandarines, raisins, le tout couronné d'un bel ananas ou d'une grosse poire ;
Dressez comme l'indique la planche XXV.

CORBEILLES DE FRUITS D'ÉTÉ.

Dressez comme corbeilles de fruits d'hiver.

IV

GLACES ET SORBETS

Ces glaces, ainsi que beaucoup d'autres que je pourrais citer, si je craignais de trop m'étendre sur un sujet qui n'est qu'un accessoire dans mon ouvrage, ont été exécutées dans toute leur perfection par mon ami Étienne, ancien officier chez la princesse Bagration, et si connu par son excellent *Traité de l'office*, que l'on consultera toujours avec fruit.

Si l'on voulait rappeler tous les travaux où Étienne a mis le cachet de sa haute distinction et de son mérite vraiment supérieur, il faudrait citer tous les articles de son ouvrage, depuis les hors-d'œuvre jusqu'aux desserts les plus complets, et, en le plaçant parmi les plus grandes sommités de l'office, je suis sûr d'être ici l'organe de tous ceux qui l'ont vu à l'œuvre.

FROMAGE GLACÉ A LA VANILLE ET A LA FRAISE.

Faites bouillir 6 décilitres de crème double dans laquelle vous infuserez une demi-gousse de vanille;

Mettez dans une casserole 6 jaunes d'œufs, 1 hecto de sucre en poudre;

Fig. 151. Poêlon d'office.

Mêlez la crème avec les jaunes d'œufs et le sucre; passez-la au tamis de soie et réservez-la dans une terrine;

Ayez 1 demi-litre de purée de fraises, dans laquelle vous ajouterez 1 demi-litre de sirop de sucre à 35 degrés :

Mêlez parfaitement ;

Sanglez 2 sorbetières et 1 moule à fromage ;

Faites prendre les deux glaces séparément, et garnissez le moule à fromage par moitié sur la hauteur des glaces à la vanille et à la fraise ;

Couvrez le moule et sanglez-le pendant 2 heures ;

Au moment de servir, démoulez à l'eau chaude et servez.

FROMAGE GLACÉ A L'ABRICOT ET A LA PISTACHE.

Pilez 1 hecto de pistaches ;

Faites bouillir 6 décilitres de lait ;

Mettez dans une casserole 6 jaunes d'œufs et 1 hecto de sucre ;

Faites lier sur le feu et ajoutez 1 hecto de pistaches bien pilées ;

Mêlez une quantité suffisante de vert végétal pour leur donner couleur ;

Passez à l'étamine et laissez refroidir ;

Préparez une purée d'abricots ;

Faites glacer et finissez comme le *Fromage glacé à la vanille et à la fraise* (voir l'article précédent).

FROMAGE GLACÉ A LA CRÈME GRILLÉE ET A L'ORANGE.

Hachez 60 grammes d'amandes ;

Faites fondre 2 cuillerées à bouche de sucre dans un poêlon, ajoutez les amandes et faites-leur prendre une couleur rouge ;

Étalez-les sur une plaque ;

Faites bouillir 6 décilitres de crème double ;

Mettez dans une casserole 6 jaunes d'œufs et 1 hecto de sucre ;

Faites lier ;

Pilez les amandes et mêlez-les à la crème, passez à l'étamine et réservez ;

Ayez un demi-litre de jus d'orange dans lequel vous ajouterez 1 litre de sirop de sucre à 35 degrés ;

Passez au tamis ;

Faites glacer et moulez comme il est dit au *Fromage glacé à la vanille et à la fraise* (page 795).

ROCHER DE GLACE.

Mondez et pilez 200 grammes d'amandes douces et 10 grammes d'amandes entières ;

Faites bouillir 12 décilitres de crème double, puis ajoutez 2 hectos de sucre et 12 jaunes d'œufs ;

Faites lier sur le feu ;

Lorsque la crème est liée, mêlez les amandes et ajoutez une cuillerée à bouche de kirsch ;

Passez à l'étamine, et réservez ;

Préparez 1 litre de jus de framboise et 1 litre de sirop à 35 degrés ;

Mêlez et passez au tamis de soie ;

Faites prendre à la sorbetière ;

Lorsque les glaces sont bien fermes, égouttez l'eau ; sanglez de nouveau, couvrez d'un torchon et de glace dessus ;

Au moment de servir, dressez les glaces en rocher sur une serviette en mélangeant les couleurs.

PARFAIT AU CAFÉ.

Faites torréfier 2 hectos de café ;

Faites bouillir 12 décilitres de crème dans laquelle vous ferez infuser le café pendant une heure ;

Mettez dans une casserole 12 jaunes d'œufs et 2 hectos de sucre ;

Faites lier sur le feu et passez à l'étamine ;

Sanglez une sorbetière, puis un moule à parfait ;

Mettez la crème dans la sorbetière et faites-la prendre en la travaillant avec la spatule ; lorsqu'elle commence à prendre, ajoutez 1 demi-décilitre de sirop à 32 degrés ;

Continuez à travailler l'appareil ; lorsque le sirop est bien mêlé, ajoutez encore 1 demi-décilitre de sirop, plus 8 décilitres de crème fouettée bien ferme ;

Moulez dans le moule à parfait, couvrez et sanglez ;

Au bout de 2 heures, démoulez sur une serviette.

BOMBE A LA GROSEILLE ET A LA VANILLE.

Préparez une glace à la groseille avec 7 décilitres de jus de groseilles et 7 décilitres de sirop de sucre à 30 degrés ;

Passez au tamis et réservez ;

Mettez dans une terrine :

    18 jaunes d'œufs,

    1 demi-litre de sirop clarifié à 32 degrés,

    1 litre de crème double,

    1 gousse de vanille ;

Passez le tout au tamis ;

Faites lier sur le feu, passez au tamis de soie et réservez ;

Ayez 2 sorbetières bien sanglées et un moule à bombe ;

Frappez la glace à la groseille et celle à la vanille ;

Lorsque la glace à la groseille est bien ferme, étendez-la autour des parois du moule d'une épaisseur de 2 centimètres ;

Remplissez l'intérieur avec la glace à la vanille que vous aurez glacée bien ferme ;

Couvrez le moule à bombe et faites égoutter l'eau ;

Sanglez de nouveau ;

Au bout de 2 heures, démoulez et servez.

BOMBE A L'ABRICOT ET AU MARASQUIN.

Mettez dans une terrine 1 litre de purée d'abricots et 1 litre de sirop de sucre à 30 degrés ;

Passez au tamis de soie et réservez :

Mettez dans une casserole 3 décilitres de sirop de sucre à 32 degrés, 2 décilitres de crème et 14 jaunes d'œufs;

Mêlez le tout et passez au tamis de soie;

Sanglez une sorbetière et un moule à bombe;

Faites prendre la glace d'abricots en la travaillant avec la cuiller;

Mettez l'appareil que vous avez préparé sur le feu en ajoutant 3 cuillerées à bouche de marasquin;

Faites lier;

Versez dans une terrine et fouettez jusqu'à ce que la crème soit comme une pâte à biscuit;

Faites frapper dans une sorbetière, puis ajoutez 2 décilitres de crème Chantilly;

Mettez une écorce d'abricot autour du moule à bombe;

Remplissez l'intérieur avec l'appareil que vous venez de fouetter et glacez;

Sanglez de nouveau le moule à bombe;

Laissez prendre pendant 2 heures;

Démoulez sur une serviette.

PUNCH A LA ROMAINE.

Faites une glace avec 1 litre de vin de Chablis, 1 litre de sirop à 35 degrés et 2 décilitres de jus de citron;

Mêlez le tout, passez au tamis, puis faites prendre à la sorbetière;

Lorsque la glace est bien ferme, ajoutez 2 blancs d'œufs de meringues à l'italienne;

Mêlez parfaitement et couvrez la sorbetière avec un torchon mouillé;

Au moment de servir, mêlez 1 demi-décilitre de rhum, et servez.

SORBETS AU RHUM.

Faites une glace avec 8 décilitres de sucre à 35 degrés 8 décilitres de vin de Chablis, et le jus des citrons que vous passerez au tamis ;

Faites prendre à la sorbetière ;

Au moment de servir, vous ajouterez 1 demi-décilitre de rhum.

Observation. — Ces sorbets se servent au milieu des dîners avec les rôtis.

SORBETS AU KIRSCH.

Préparez la glace comme il vient d'être dit aux *Sorbets au rhum*, mais sans mettre de citron ;

Procédez de même et remplacez le rhum par une même quantité de kirsch.

GRANIT AU VIN DE CHAMPAGNE ET AUX FRUITS.

Mettez dans une sorbetière bien sanglée 1 litre de sirop de sucre à 25 degrés et 2 bouteilles de vin de Champagne ;

Faites congeler ;

Au moment de servir, ajoutez au sorbet 500 grammes de fraises.

Observation. — J'indique cette quantité pour un nombre de 20 ou 24 personnes.

GRANIT AU CITRON.

Mettez dans une sorbetière 1 litre et demi de sirop de sucre à 28 degrés et 1 décilitre de jus de citron ;

Faites congeler de manière à avoir des glaçons, et servez.

GRANIT A L'ORANGE.

Parez 6 oranges à vif.

Coupez-les par quartiers en ôtant les petites peaux intérieures et les pepins ;

Mettez les quartiers d'oranges dans une terrine avec 1 litre et demi de sirop à 20 degrés ;

Au bout de 2 heures, égouttez sur un tamis ;

Passez le sirop au tamis de soie et mettez-le dans une sorbetière bien sanglée ;

Lorsque les glaçons se forment dans le sirop, ajoutez les oranges ;

Couvrez la sorbetière, et servez au bout de 20 minutes.

CAFÉ GLACÉ.

Faites 2 décilitres d'essence de café moka que vous mêlerez avec 1 litre et demi de crème double et 1 demi-litre de sirop de sucre à 35 degrés ;

Passez le tout au tamis de soie et mettez pendant une heure dans une sorbetière bien sanglée ;

Au moment de servir, détachez la partie de crème qui se trouve prise aux parois de la sorbetière ;

Servez.

CHOCOLAT GLACÉ.

Faites fondre 500 grammes de chocolat à la vanille avec 3 décilitres d'eau ;

Mouillez avec 12 décilitres de crème double et 1 demi-décilitre de sirop de sucre à 35 degrés ;

Passez au tamis et finissez comme pour le *Café glacé* (voir l'article précédent).

V

LIQUEURS FRAICHES

OBSERVATION SUR LES LIQUEURS FRAICHES.

Je donne avec intention l'ancienne méthode des liqueurs fraîches que l'on a eu le grand tort, à mon avis, de négliger beaucoup trop depuis un certain nombre d'années. Il serait bien à désirer que l'on se décidât enfin à revenir à la véritable préparation de ces sortes de rafraîchissements, si agréables à la fois au goût et à l'œil, lorsqu'ils sont faits comme ils doivent l'être, et toujours bien supérieurs aux sirops, qui conservent si rarement la saveur des fruits, pour peu qu'ils ne soient pas de fabrication absolument récente.

ORANGEADE.

Levez les zestes de 6 oranges et faites-les infuser dans 1 litre de sirop à 35 degrés;

Pressez le jus des oranges et ajoutez le jus de 3 citrons; faites filtrer à la chausse et au papier;

Passez le sirop au tamis de soie, puis mettez-le dans une cruche à rafraîchissements;

Ajoutez le jus des oranges et 2 litres d'eau;

Mêlez et servez.

GROSEILLE.

Écrasez et pressez 1 litre de groseilles avec 1 hecto de framboises;

Ajoutez 2 litres d'eau;

Faites filtrer;

Ajoutez ensuite 1 litre de sirop de sucre à 35 degrés;

Mêlez et servez.

Observation. — Pendant l'hiver, vous remplacerez le jus de groseilles fraîches par le jus de groseilles de conserve, qui est, dans tous les cas bien préférable au sirop de groseilles, qu'il est si difficile, je le répète, d'avoir avec le véritable goût du fruit.

EAU DE CERISES.

Épluchez 1 kilo de cerises que vous mettrez dans une terrine;

Versez sur les cerises 3 litres d'eau bouillante;

Laissez infuser pendant 2 heures :

Passez à la chausse;

Mettez 1 litre de sirop de sucre à 38 degrés dans le jus de cerises que vous aurez filtré;

Réservez pour servir.

LIMONADE.

Levez les zestes de 6 citrons;

Faites-les infuser à froid dans 1 litre de sirop à 35 degrés;

Pressez le jus des citrons dans une terrine où vous ajouterez 2 litres d'eau;

Filtrez; passez le tout à la chausse et réservez pour servir.

ORGEAT.

Mondez et pilez 250 grammes d'amandes que vous mouillez avec un litre et demi d'eau;

Passez à travers un linge pour extraire le jus des amandes;

Ajoutez 8 décilitres de sirop à 30 degrés et une cuillerée à café d'eau de fleur d'oranger;

Mêlez, puis versez dans la cruche à rafraîchissements.

Observation. — Les cruches qui contiennent les liqueurs fraîches doivent être mises 2 heures avant le service dans des baquets avec de la glace.

Fig. 152. Compote de poires.

APPENDICES

I

MENUS.

Il n'entrait pas dans le plan de mon ouvrage de donner une série de menus ; j'en ai exposé les motifs à la page 346. En règle générale, on doit composer son menu suivant les provisions que l'on a sous la main ou que l'on peut se procurer facilement ; de cette manière, le repas sera meilleur et reviendra moins cher. Cependant, un grand nombre de personnes ayant témoigné le désir de voir figurer quelques menus de choix à la suite de ce livre, je me suis décidé à en donner deux séries, qui correspondent aux grandes divisions de l'ouvrage.

DINER DE 8 COUVERTS.

2 hors-d'œuvre.

Potage purée de pois.
Gigot braisé purée de champignons.
Poulet rôti au cresson.
Salade.
Asperges en branches.
Bavarois de fraises.
3 desserts.

DINER DE 8 COUVERTS.

2 hors-d'œuvre.

Potage consommé aux pâtes d'Italie.
Bar sauce hollandaise.
Longe de veau garnie de champignons farcis.
Lièvre rôti, sauce poivrade et gelée de groseilles.
Salade.
Artichauts lyonnaise.
Flan Saint-Honoré.
3 desserts.

DINER DE 8 COUVERTS.

2 hors-d'œuvre.

Potage au pain.
Bœuf bouilli garni de choux de Bruxelles.
Vol-au-vent financière.
Poulet rôti au cresson.
Salade.
Crème frite à l'orange.
3 desserts.

DINER DE 8 COUVERTS.

2 hors-d'œuvre.

Potage pâte d'Italie.
Merlans vin blanc.
Gigot rôti.
Salade.
Charlotte russe.
3 desserts.

DINER DE 12 COUVERTS.

4 hors-d'œuvre.

Potage purée de lentilles.
Matelote d'anguilles et carpe.
Bœuf à la mode aux carottes.
Fricassée de poulet aux champignons.
Noix de veau au jus.
Perdreaux rôtis.
Salade.
Épinards nouveaux.
Gelée d'oranges garnie.
5 desserts.
1 compote.
2 petits-fours.
2 fruits.

DINER DE 12 COUVERTS

4 hors-d'œuvre.

Potage julienne.
Barbue sauce au beurre.
Filet de bœuf sauce madère.
Perdrix aux choux.
Dinde rôtie.
Salade.
Cardons au jus.
Beignets de pommes.
1 corbeille de fruits.
2 compotes.
2 petits-fours.
1 bonbon.
macaron.

DINER DE 12 COUVERTS.

4 hors-d'œuvre.

Potage paysanne.
Maquereaux grillés sauce vénitienne.
Filets de mouton braisés à la chicorée.
Poulet à l'estragon.
Filet de bœuf rôti sauce poivrade.
Salade.
Haricots verts sautés.
Flan d'abricots.
8 desserts.

DINER DE 12 COUVERTS.

2 potages.

Douglas.
Purée de pois aux croûtons.

2 relevés.

Truite garnie de croquettes nantaises (sauce genevoise).
Selle de mouton garnie de pommes de terre.

4 entrées.

Pigeons à la monarque.
Suprême de volaille aux petits pois.
Timbale au chasseur.
Aspic à la reine.

2 rôts.

Canetons de Rouen.
Jambon à la gelée.

4 entremets.

Asperges en branches.
Ceps à la bordelaise.

APPENDICES. 809

Gâteau napolitain (garni d'une glace).
Gelée au champagne (garnie de fraises).
Dessert.

DINER DE 12 COUVERTS.

2 hors-d'œuvre.

Potage croûte au pot.
Cabillaud sauce hollandaise.
Carré de veau piqué braisé à la purée de chicorée.
Gigot de chevreuil, sauce menthe et poivrade.
Salade.
Céleri-rave à l'espagnole.
Plum-pudding.
5 desserts.

DINER DE 24 COUVERTS (A LA FRANÇAISE).

2 potages.

Printanier à la royale.
Tortue.

1 hors-d'œuvre double.

Petites timbales de nouilles au chasseur.

2 relevés.

Saumon Chambord.
Filet de bœuf jardinière.

2 flancs.

Poularde truffée, garnie de grosses truffes, sauce Périgueux.
Casserole au riz garnie de filets d'anguille à la bordelaise.

4 entrées.

Côtelette d'agneau aux pointes d'asperges.
Crépinettes de volaille à la purée de champignons.
Pain de faisan à la gelée.
Salade de homard.

2 bouts.

Poulets nouveaux à la peau de goret au cresson.
Jambon frais mariné, rôti sauce madère.

2 flancs.

Sultane garnie de Chantilly.
Compiègne garnie de cerises sauce au kirsch.

4 entremets.

Haricots verts sautés.
Pommes de terre nouvelles à la Chateaubriand.
Gelée de noyaux garnie d'abricots.
Pommes au riz.

2 assiettes volantes.

Fondu de fromage.
Dessert.

DINER DE 24 COUVERTS (A LA FRANÇAISE).

2 potages.

Potage bisque d'écrevisses.
Consommé de volaille à la royale.

4 hors-d'œuvre extra.

Bouchées à la Monglas.

2 relevés.

Turbot garni de filets de merlans à l'anglaise (sauce hollandaise).
Rosbif à la Saint-Florentin.

2 flancs.

Timbale à la milanaise garnie de filets de volailles piqués.
Noix de veau en bedeau à la jardinière.

4 entrées.

Bécasse à la Daumont.
Matelote de foie gras en croustade.
Chaudfroid de poulet avec bordure de gelée.
Salade russe.

APPENDICES.

2 bouts.

Dinde truffée sauce Périgueux.
Selle de chevreuil sauce poivrade et groseille.

2 flancs.

Croquenbouche d'Auvergne.
Biscuits à l'italienne.

4 entremets.

Cardons à la moelle.
Asperges en branches sauce au beurre.
Plombières dans une croustade de gaufres.
Gelée d'eau d'or garnie de verjus confit.
Dessert.

MENU DE 60 COUVERTS.

2 potages.

Riz à la purée de haricots rouges, dit à la Condé.
Consommé de volaille garni de pâtes d'Italie.

2 hors-d'œuvre doubles.

Timbale de macaroni à la parisienne.
Petits pâtés Monglas.

2 relevés.

Ombre-chevalier garni de coquilles d'huîtres, sauce d'anchois.
Filets de bœuf à la flamande.

2 flancs.

Poularde à la Godard garnie de hâtelets.
Chartreuse de cailles garnie de hâtelets.

4 contre-flans sur socle en saindoux.

Pain de foie gras à la gelée.
Galantine truffée.
Cervelles au beurre de Montpellier.
Galantine d'anguille en couronne de fer.

16 entrées par 4.

4 crépinettes de lapereaux purée de truffes.
4 suprêmes de volaille aux truffes.
4 noix de veau à la nivernaise.
4 côtelettes de mouton braisées à la purée de marrons.

2 bouts.

Temple sur rocher.
Pavillon chinois.

2 flancs sur socle.

1 baba polonais.
1 nougat à la reine.

4 rôts.

2 faisans rôtis garnis de cailles.
2 poulardes rôties au cresson.

2 relevés de rôtis doubles sur socle.

2 mappemondes.
2 trophées de musique.

16 entremets.

4 petits pois à la française.
4 bavarois d'amandes glacées.
4 fonds d'artichauts à l'italienne.
4 gelées d'ananas garnies d'une macédoine de fruits.

Extra du premier service.

Soufflé de gibier.

Extra du deuxième service.

Gaufres à la flamande.

MENU DE 60 COUVERTS.

Ce menu n'est ni à la russe ni à la française. C'est un système mixte que je propose aux cuisiniers qui voudraient pré-

APPENDICES.

parer un dîner qui flatterait les yeux et qui permettrait de servir au dernier moment les hors-d'œuvre chauds et les entrées qui ne peuvent attendre.

2 potages.

Aux huîtres.
Consommé garni de quenelles et de pointes d'asperges.

2 hors-d'œuvre (assiettes volantes).

Filets de merlans à l'anglaise.
Bouchées à la reine.

2 relevés.

Turbot sauce crevettes garni d'anchois frits.
Rosbif de mouton garni de pommes de terre sautées.

2 flancs.

Poulardes à la régence.
Filet de bœuf à la mayot, sauce française.

4 contre-flancs.

Chartreuse de cailles.
Timbale chasseur.
Casserole au riz à la royale.
Pâté chaud de riz d'agneau.

4 entrées doubles volantes.

2 de suprême de volaille aux truffes.
2 de côtelettes d'agneau aux petits pois.

4 rôts.

2 dindes truffées.
2 de faisan et bécasses.

2 pièces montées.

Pavillon chinois sur rocher.
Maison rustique sur rocher.

2 flancs froids.

Pain de foie à la gelée sur socle.
Galantine de poulet en bastion sur socle.

2 extra.

Soufflé vanille.
Gaufres flamandes.

2 contre-flancs, relevés de rôts.

2 croquenbouches de génoise sur socle garni de sucre filé.
gâteaux de Compiègne sur socle orné de sucre filé.

8 entremets de légumes.

4 d'asperges.
4 fonds d'artichauts à l'italienne.

8 entremets de douceur.

3 timbales de gaufres garnies de Plombières.
2 gelées d'eau d'or garnies de fraises.
2 timbales pastefrole garnies d'une sicilienne.
2 gelées de noyaux garnies de cerises et d'abricots confits.

On servira ces gelées dans des casseroles d'argent; ces gelées devront être peu collées et très frappées.
On posera sur la table quatre petites sultanes à la place des gelées.

DÉJEUNER DE 36 COUVERTS, FROID.

36 assiettes d'huîtres et citron.
Canapé aux anchois.
Beurre.
Caviar.
Saumon fumé.

2 grosses pièces.

Galantine à la gelée.
Truite au bleu sauce ravigote.

4 entrées.

Pâté de foie gras.
Chaudfroid de perdreaux.
Salade de homard.
Pain de gibier à la gelée.

Rôts.

Poularde froide à la gelée.
2 salades.

2 entremets doubles.

Suprême de fruits froids.
Timbale marasquin à la Chateaubriand.
Une grosse brioche.
Un gros nougat.
Punch glacé.
Dessert.

SOUPER DE 8 COUVERTS.

8 assiettes d'huîtres et citron.
Potage Douglas.
Beurre, choux rouges confits, olives, etc.
Filets de sole à l'anglaise, sauce piment
Côtelettes d'agneau à la Toulouse.
Poularde truffée sauce Périgeux.
Truffes au champagne à la serviette.
Salade suédoise.
Glace au café.
Petites gaufres.
Compote de mandarines.
Petits-fours.
Corbeille de fruits.

SOUPER DE 12 COUVERTS.

12 assiettes d'huîtres de Cancale et citron.

Hors-d'œuvre.

Canapé de homard.
Mortadelle.
Beurre.
Piment du Chili.

Entrées.

Darne de saumon sauce genevoise.
Filet de gelinotte à la bancelle.

Pièce froide.

Jambon à la gelée.

Entremets.

Timbale de truffes à la Talleyrand.
Salade chasseur.
Gâteau à la Mazarin au rhum.
Dessert à volonté.

SOUPER DE 12 COUVERTS.

12 assiettes d'huîtres de Marennes et citron.

Hors-d'œuvre.

Beurre, salade d'anchois, thon, etc.

Entrées.

Grenadins de filet de bœuf au madère.
Filets de poulardes aux truffes.

Pièce froide.

Galantine de perdreaux à la gelée.
Salade de légumes.

Entremets.

Asperges en branches sauce hollandaise.
Pommes au marasquin.
Dessert à volonté.

APPENDICES.

MENU D'UN DÉJEUNER DE CHASSEURS.

Bœuf à la mode à la gelée.
Fricassée de poulet froid.
Jambon à la gelée.
Salade de chasse.
Fromage de Brie.
Brioches pour manger le fromage.
Un panier de fruits.

Vins.

Chablis.
Bordeaux.
Champagne.
Eau de Seltz, etc.

De toutes les circonstances de la vie où le manger est compté pour quelque chose, une des plus agréables est sans doute la halte de chasse ; et de tous les entr'actes connus, c'est encore la halte de chasse qui peut le plus se prolonger sans ennui.

Manière de préparer la cuisine pour l'emporter au rendez-vous de chasse sans danger.

Ayez 3 pains ronds de 3 kilos parfaitement refroidis ;
Faites une incision de 12 centimètres sur le dessus de chacun ;
Retirez la mie de l'intérieur des pains et celle des ronds que vous avez levés ;
Remplissez l'intérieur de chaque pain, l'un d'une fricassée faite de trois poulets, que vous aurez laissée bien refroidir, l'autre pain avec le bœuf à la mode coupé en lames et couvert de gelée.
Le jambon se prépare de même, ainsi que la salade.
Lorsque les pains seront remplis, posez les couvercles dessus ; enveloppez-les de papier et ficelez-les. Les mets ainsi préparés peuvent aller loin sans souffrir.
Pour le fromage de Brie, il faut parfaitement le nettoyer et le broyer avec un quart de son poids d'un beurre extrêmement fin, ensuite le mettre et le presser dans un pot, le couvrir de papier et le ficeler. Cette manière de préparer le fromage me semble supérieure à celle qui consiste à l'emporter dans une boîte de fer-blanc.
Pour ce qui est de mettre le couvert et de choisir l'ombrage et le gazon

qui doit le recevoir, de servir les vins frais et de verser le café bien fait, cela rentre dans le service des gardes-chasses, qui ne tardent pas à en recueillir les épaves.

MENU DE BAL POUR 600 PERSONNES.

4 potages.

Crème de riz consommé de volaille.
Lait d'amandes garni de croûtons glacés.
Nouilles au blanc de veau.
Brunoise à la royale.

4 poissons froids.

2 saumons sauce ravigote.
2 turbots sauce mayonnaise.

12 grosses pièces.

2 gros pâtés de foie gras.
2 galantines sur socle.
2 buissons de truffes sur socle.
2 jambons à la gelée.
2 pains de gibier sur socle.
2 buissons d'écrevisses sur socle.

24 entrées par 4.

4 chaudfroids de bécassines dans des bordures de gelée.
4 aspics à la financière.
4 noix de veau à la gelée.
4 galantines de cailles chaudfroid, dans des bordures de gelée.

12 rôts.

De 2 poulardes chaque, à la gelée.

12 salades italiennes.

Services dans les saladiers.

24 entremets de douceur.

4 gelées de kirsch garnies de cerises.
4 poires au riz.
4 bavarois, avelines et pistaches.

APPENDICES.

4 gelées de citron garnies de fraises.
4 mirotons de pommes.
4 bavarois au marasquin rubané.

16 grosses pièces de pâtisserie.

4 pièces montées.
4 biscuits aux amandes.
4 babas.
4 croquenbouches de choux historiés et garnis de crême.

10 entremets de pâtisserie sur gradins.

2 condés fourrés.
2 manqués grillés.
2 mirlitons à la vanille.
2 tartelettes pommes mosaïque.
2 génoises Dauphine.
2 biscottes à la fleur d'oranger pralinée.
2 fanchonnettes au chocolat.
2 marguerites aux pistaches.
24 assiettes de sandwichs.
24 assiettes de pains à la française.

Réserve.

2 filets de bœuf braisé à la gelée.
2 longes de veau farcies à la gelée.

MENU DE BAL POUR 7000 PERSONNES

Ce menu a été donné à la préfecture de la Seine, en décembre 1823, sous la direction de M. Loyer père, avec lequel j'ai eu l'honneur de travailler.

7000 potages.

Pâtes d'Italie au blond de veau.
Purée de pois aux croûtons.
Tapioca à la vertpré.
Riz au lait d'amandes.

100 grosses pièces chaudes.

25 turbots sauce hollandaise.
25 rosbifs sauce madère.
25 saumons sauce genevoise.
25 dindes truffées sauce Périgueux.

200 entrées chaudes.

50 côtelettes de mouton sautées.
50 suprêmes de volailles aux truffes.
50 grenadins de filet de bœuf sauce madère.
50 ballottines de volaille au riz.

100 rôtis.

50 faisans rôtis.
50 poulardes.

200 entremets de légumes.

50 asperges en branches sauce au beurre.
50 haricots verts.
50 petits pois à la française.
50 artichauts lyonnaise.

200 entremets de douceur chauds.

50 poires au riz.
50 gâteaux de semoule au malaga.
50 puddings diplomates.
50 pommes parisiennes.

FROID.

120 grosses pièces.

20 galantines sur socle.
20 buissons de truffes sur socle.
20 jambons à la gelée.
20 buissons d'écrevisses sur socle.
20 noix de bœuf à la gelée sur socle.
20 longes de veau garnies à la gelée.

200 entrées froides.

25 pains de foie gras à la gelée.

APPENDICES.

25 chaudfroids de perdreaux bordures de gelée.
25 salades de homard sauce mayonnaise.
25 salades russes bordure d'œufs et laitues.
25 aspics garnis de filets de lapereau.
25 chaudfroids de poulet.
25 salades de filets de sole mayonnaise.
25 salades de volaille bordure d'œufs et laitues.

200 entremets de douceur.

25 gelées d'oranges garnies d'oranges.
25 gelées de cerises garnies de cerises.
25 macédoines de fruits au champagne.
25 gelées d'eau d'or garnies de fraises et d'abricots verts confits
25 bavarois chocolat et vanille en rubans.
25 pains d'abricots décorés d'amandes et fruits confits.
25 blanc-manger pistaches et amandes.
25 pains d'ananas décorés d'amandes et fruits confits.

12 gros pâtés truffés.

4 de foies gras.
4 de gibier.
4 de volaille.

Pâtisserie.

16 pièces montées.

60 pièces de fond.

10 grosses brioches.
10 biscuits de Savoie.
20 nougats parisienne sur socle.
10 babas.
10 gâteaux napolitains.
10 croquenbouches génoise sur socle.

120 entremets de pâtisserie.

20 génoises pistaches.
20 manqués au petit sucre.
30 tartelettes pommes
20 condés fourrés.
20 manons à la crème.
20 mirlitons.

100 assiettes de sandwichs.
100 assiettes de pain à la française.

Extra.

60 salades de légumes servies dans des saladiers.

II

SERVIETTE POUR FRITURE, COUVERT, ETC.

Pour plier et disposer d'une manière convenable la serviette pour le couvert et pour garnir le plat dans lequel on sert la friture, il faut suivre, de point en point, les indications ci-après[1] :

Prenez une serviette ABCD (fig. 1), pliée en trois, dans le sens de sa longueur, et divisez-la en quatre dans le sens de sa largeur par les plis

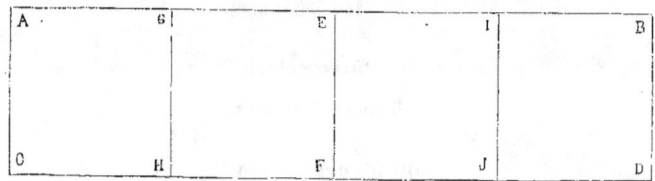

Fig. 1.

GH, EF, IJ, de manière à avoir quatre carrés égaux, AH, GF, EJ et ID.

Par les diagonales ch et ej (fig. 2) faites les plis eh et ej de manière que ac tombe en AC, et bd en BD.

Par le milieu de Eh (fig. 3) faites le pli FK, pour que h tombe en E, c en C et a en A.

Par les points L, M, N, faites plis Ll, Mm, Nn.

Suivant Ll rabattez CA sur Mm; suivant Mm rabattez Ll sur Nn, et enfin suivant Nn rabattez Mm sur EF.

---

[1]. Il y a d'autres manières de plier une serviette : nous nous bornons à indiquer celle-ci comme étant une des plus élégantes et des plus usuelles.

APPENDICES.   823

Il résultera de cette série d'opérations que C tombera en E et A en F,

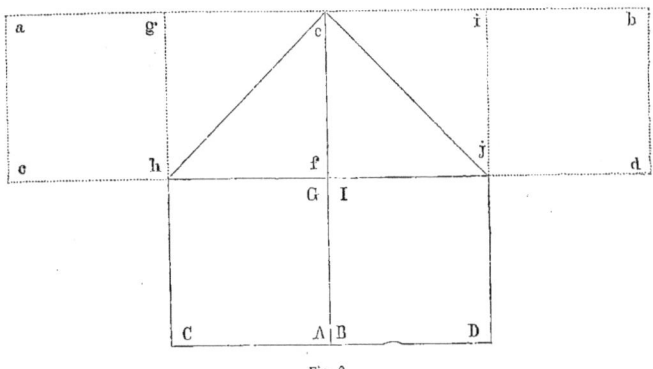
Fig. 2.

tout en étant enveloppés dans les plis, et alors on aura la disposition indi-

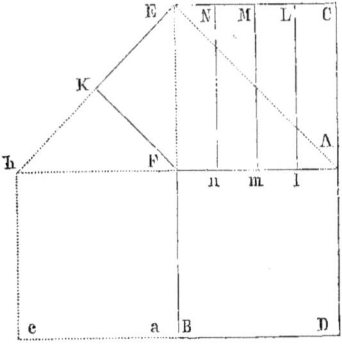
Fig. 3.

quée par la figure 4. — En répétant pour la partie IBDj (fig. 2) ce que

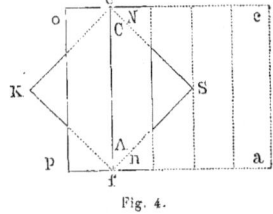
Fig. 4.

nous venons de faire pour la partie GACh, on aura un résultat semblable et symétrique, et la serviette aura la forme indiquée à la figure 4 par SN*eo* K*p* F*n*.

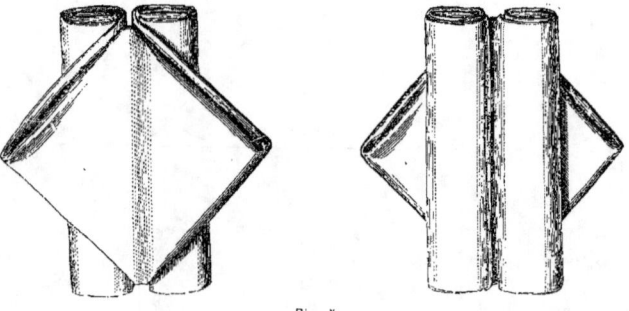

Fig. 5.

Afin que chacun puisse se rendre compte du résultat des nombreuses opérations dont nous venons de donner le détail, nous offrons le dessin pittoresque de la serviette pliée, vue sur ses deux faces (fig. 5).

III

LA PAPILLOTE AVEC SA BOBÈCHE ET LA TULIPE.

DÉMONSTRATION.

Prenez une feuille de papier blanc fin ABCD (fig. 1, pl. Ire), d'environ 45 centimètres de longueur sur 12 centimètres de largeur.

Pliez-la en deux dans le sens de sa longueur et suivant la ligne EF (fig. 2).

Faites un second pli qui double le premier suivant la ligne IK (fig. 3), à une distance d'environ 16 millimètres de EF et parallèle à cette dernière ligne.

Développez ce dernier pli (fig. 4) et pliez le papier en quatre suivant la ligne GO de façon que F tombe en E et B en A ; puis, avec des ciseaux ou avec un couteau bien aiguisé, faites perpendiculairement à OE et dans toute la longueur du papier des incisions régulières, bien parallèles entre elles et espacées d'environ 3 millimètres : ces incisions doivent aller de la ligne LK à la ligne OE.

APPENDICES.   825

Développez le pli GO de manière à ramener à leur place F et B.
La figure 5 représente le papier ciselé, entièrement développé.
Disposez le papier comme l'indique la figure 6, c'est-à-dire reformez

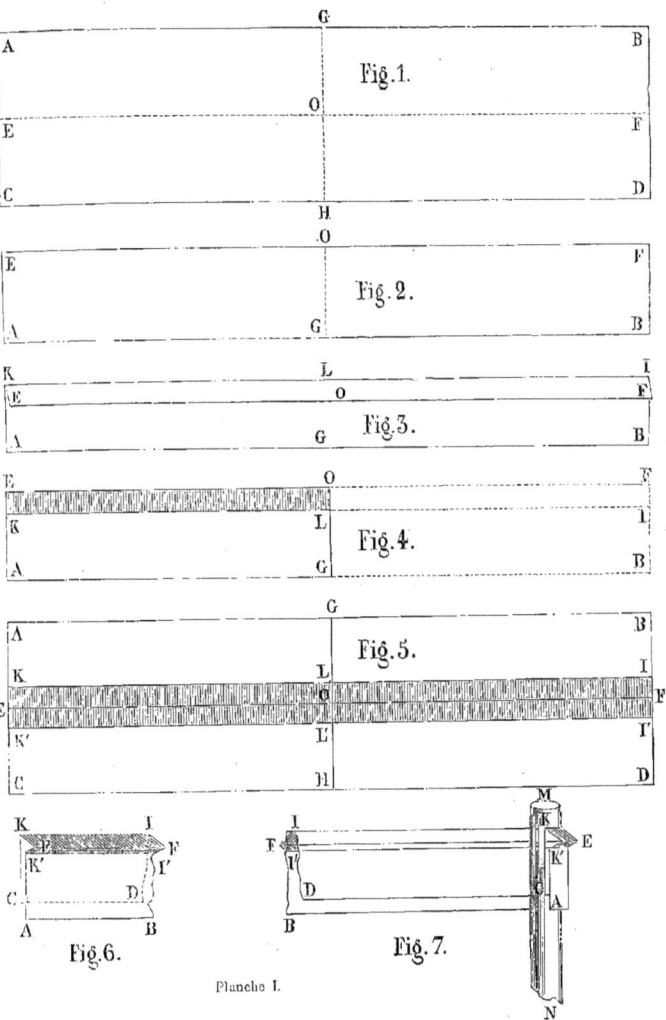

Planche I.

les plis comme dans la figure 3, et faites glisser la partie I'K'BA' (fig. 6)
sur la partie IKCD de manière à former les petits triangles KEK', IFI', et
l'écartement CA, BD.

Prenez (fig. 7) le manche d'une cuiller en bois MN; appliquez sur ce

826 LE LIVRE DE CUISINE.

manche et dans le sens de sa longueur la partie KC, et, en maintenant le petit triangle KEK' dans sa forme, et l'écartement CA, enroulez le papier en spirale autour du manche (pl. III, fig. 1), en ayant soin que le deuxième tour de cette spirale vienne se placer immédiatement sous le premier, le troisième sous le deuxième, et ainsi de suite jusqu'à ce que la papillote soit entièrement formée.

Pour faire la bobèche, on découpe une feuille de papier et un cercle d'environ 18 centimètres de diamètre, et on le plie (fig. 1, pl. II) suivant

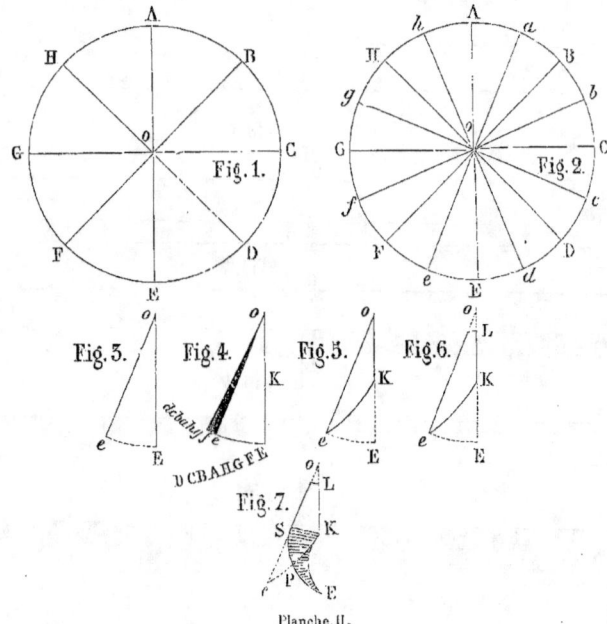

Planche II.

ce diamètre, quatre fois sur une face, savoir : suivant AE, CG, BF et DH ; et (fig. 2) quatre fois sur l'autre face, suivant ae, cg, bf, dh, en alternant les plis de façon à former 16 plis figurant 16 rayons également espacés les uns des autres.

Puis on ramène tous ces plis les uns sur les autres, en un seul faisceau triangulaire dont le sommet est au centre o du cercle et la petite base Ee à la circonférence (fig. 3).

Ce faisceau (fig. 4) présente sur le côté Oe, Of, Og, Oh, Oa, Ob, Oc, Od, les huit arêtes des huit plis indiqués par les mêmes lettres dans la figure 2 ; et, sur le côté OE, l'arête extérieure OE, et les plis intérieurs OF, OG, OH, OA, OB, OC, OD, aussi indiqués dans la figure 2.

APPENDICES.

En maintenant ces arêtes et ces plis solidement avec le pouce et l'index de la main gauche, on tranche obliquement, avec des ciseaux, les seize épaisseurs du papier (fig. 5) suivant la ligne K*e*, en donnant à cette ligne une légère courbure ; le point K est situé au milieu de la ligne OE.

Dans cet état, et en maintenant toujours le faisceau bien régulièrement ormé, on étend le bout d'une serviette sur le bord d'une table, on y dépose ledit faisceau, on le recouvre avec la serviette en formant le pli suivant le côté *oe* ; on appuie fortement la paume de la main gauche sur le tout, comme pour le mettre en presse, et en même temps on saisit la ser-

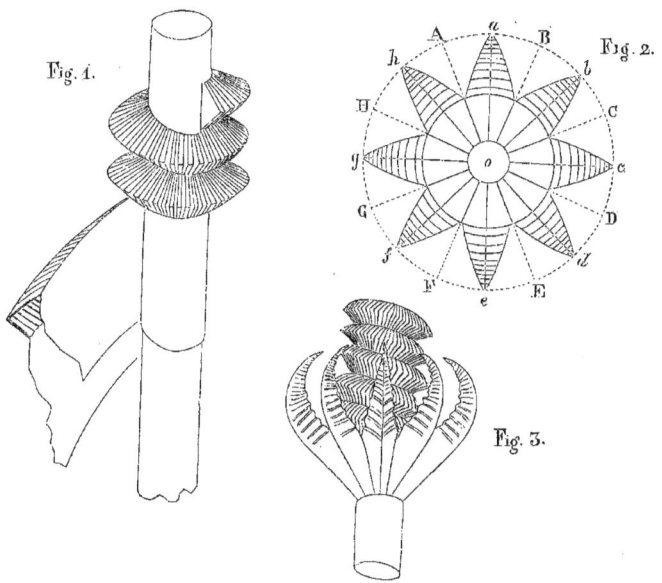

Planche III.

viette avec la main droite, par le pli qui suit les huit arêtes du papier et les enferme étroitement, on saisit, disons-nous, la serviette à environ 15 centimètres de la main gauche, et par une série de mouvements vifs, secs, saccadés, on tire la serviette à soi, de telle sorte que la direction du mouvement soit à angle droit avec la direction du pli de la serviette, et par conséquent avec celle des arêtes du papier.

Ces mouvements doivent être combinés avec la pression exercée par la main gauche, et être assez violents pour arracher peu à peu la serviette.

Par cette opération, qu'un peu de pratique rend plus facile, la ligne S*e* (fig. 7) se trouve brisée en un nombre de parties égales à celui des mouvements brusques que l'on a imprimés à la serviette, et décrit une courée SPE : et les parties du papier comprises entre KEPS se trouvent gaufrées.

Il ne reste plus qu'à couper le papier au point L (fig. 6 et 7) à environ 2 centimètres du point *o* et à le développer.

Il forme alors une bobèche élégante à huit pointes, que l'on enfile à la base de la papillote, à laquelle il sert d'anneau et de lien.

La figure 3 de la planche III représente la papillote complète et armée de sa bobèche.

La figure 2 de la même planche donne la projection ou le plan de la bobèche développée, avec l'indication des plis, des échancrures, du gaufrage et du vide central dans lequel on enfile la papillote comme dans un anneau.

FIN

TABLE DES MATIÈRES

A

ABATIS de dinde aux navets.	197
— d'oie (potage anglais d') ou *gibelettes*.	398
ABRICOTS à la Condé.	735
— au riz.	734
— (bavarois aux).	309
— (beignets aux), dits *à la Dauphine*.	738
— (cannelon à la marmelade d').	739
— (charlotte russe aux).	771
— (compote d').	328
— (flan d').	318
— (gâteau glacé à la marmelade d').	761
— (gelée aux noyaux garnie d').	745
— (marmelade d').	334
— (moscovite à l').	752
— (omelette à la marmelade d').	303
— (pain d'amande à l').	719
— (pain de riz à l').	725
— (pannequets aux).	732
— (pommes meringuées à l').	302
AGNEAU.	553
— (blanquettes de ris d') aux truffes.	560
— (caisses de ris d').	485
— (cassolettes de ris d').	481
— (côtelettes d') à la purée de marrons.	558
— (côtelettes d') avec rognons et truffes dites *demi-deuil*.	556
— (côtelettes d') garnies de blanquette de ris d'agneau.	558
— (côtelettes d') garnies d'émincés de champignons et de truffes.	559
— (côtelettes d') panées et grillées à la purée d'artichauts.	557
— (côtelettes d') panées et grillées à la purée de cardons.	556
— (côtelettes d') panées et grillées à la purée de céleri.	557
— (côtelettes d') panées et grillées à la purée de champignons.	557
— (côtelettes d') panées et grillées à la purée de truffes.	558
— (côtelettes d') panées et grillées à la Soubise.	557
AGNEAU (côtelettes d') panées et grillées au salpicon.	556
— (côtelettes d') sautées à la financière.	558
— (côtelettes d') sautées aux haricots verts.	556
— entier, sauce poivrade.	553
— (entrées d').	554
— (épaules d') à la macédoine de légumes.	561
— (épaules d') à la purée d'artichauts.	561
— (épaule d') à la purée de tomates.	561
— (épigrammes d') à la macédoine.	554
— (épigrammes d') aux concombres.	554
— (épigrammes d') aux petits pois.	554
— (épigrammes d') aux pointes d'asperges.	554
— (grosse pièce d') aux croquettes de pommes de terre.	553
— (grosse pièce d') aux tomates farcies.	554
— (grosse pièce d') garni de céleri-rave.	554
— (grosse pièce d') garnie de croquettes milanaises.	554
— (marinade de pieds d') à la sauce tomate.	559
— (pieds d') farcis à la Périgueux.	559
— (pieds d') à la poulette.	560
— (poitrine d') à la sauce poivrade.	560
— (poitrine d') sauce Valois.	560
— (quartier d') rôti.	561
— (relevés d').	553
— (rôtis d').	561
— (selle d') rôtie.	562
AILERONS de dinde au consommé.	579
— de dindon à la purée de marrons.	579
— de poulets (casserole d') dits *à la Toulouse*.	656
— de poulets farcis.	452
ALLEMAND (potage) au cumin.	400
ALLEMANDE, sauce.	411
— (brioche à l') au vin de Madère.	728

LE LIVRE DE CUISINE.

ALLEMANDE (gaufres à l'). 781
— (liaison à l'). 87
ALOSE à la maître-d'hôtel. 239
— à l'oseille. 239
— à la sauce aux câpres. 239
ALOYAU. 138, 509
— braisé à la chipolata. 499
— braisé à la nivernaise. 500
— braisé aux tomates et champignons farcis. 498
— braisé garni de céleri. 499
— braisé garni de choux à l'allemande. 498
— braisé garni de concombres farcis. 498
— braisé garni d'oignons et de laitues farcies. 499
— rôti à la sauce Robert, dit *Saint-Florentin*. 496
— rôti garni de cromesquis de volaille. 496
— rôti garni de croquettes de pommes de terre à la sauce bordelaise. 497
— rôti garni de friture mêlée à l'italienne. 497
— rôti garni de pommes de terre, sauce Chateaubriand. 496
— rôti garni de rissoles de volaille. 497
AMANDES (biscuits grillés aux). 784
— (blanc-manger aux). 741
— (charlotte russe aux) grillées. 772
— (crème frite aux) amères. 737
— (gâteau d'). 316
— (lait d') aux croûtons, potages. 393
— (lait d') au riz, potage. 393
— (pain d') à l'abricot. 779
— (pain d') à l'orange. 778
— (tartelettes d') à l'ananas. 779
AMÉRICAINE (filets d'anguille sauce piment, dits à *l'*). 648
— (filets de saumon à l'). 480
— (homard à l'). 649
ANANAS (compote d'). 793
— (croûtes à l'). 727
— (moscovite à l'). 753
— (pain d'). 742
— (pain de riz à l'). 726
— (pastilles à l'). 791
— (petits pains d'). 791
— (petites meringues à l'). 784
— (tartelettes d'amandes à l'). 779
— (timbale de fruits, oranges et). 753
ANCHOIS. 117
— (beurre d'). 421
— (canapés d'). 717
— (orly d'). 480
— (salade d'). 721
ANCIENNE (carpe farcie à l') 632
ANDOUILLETTES. 207
ANGLAISE (filets de merlan à l'). 646
— (petits pâtés à l'). 490
— (pigeons à l'). 583
— (poulardes garnies de légumes dites à l'). 765
ANGUILLE à la tartare. 245

ANGUILLE en matelote. 246
— (bastion d'). 707
— (filets d') à la bordelaise. 647
— (filets d') à la tartare. 648
— (filets d') garnis de quenelles de brochet. 648
— (filets d') sauce piment, dits à *l'Américaine*. 648
— (pâté chaud d'). 654
ANGUILLE DE MER. 241
ANISETTE (gelée d') garnie de poires. 748
— (rosaces aux fondants à l'). 786
APPROVISIONNEMENTS. 4, 28
AROMATES (épices et). 4, 34
ARTICHAUTS à la barigoule. 255
— à la lyonnaise. 671
— à la sauce blanche. 255
— à l'huile. 255
— frits. 256
— poivrade. 118
— (fonds d') à l'italienne. 671
— (fonds d') à la macédoine de légumes. 672
— (fonds d') farcis. 671
— (fonds d') pour garnitures 456
— (purée d') pour garnitures. 460
ASPERGES à la sauce blanche. 253
— à l'huile. 254
— aux petits pois. 254
— (œufs brouillés aux pointes d'). 669
— (omelettes aux pointes d'). 667
— (pointes d') pour garnitures. 456
— (purée d'), potage. 380
— (purée d') pour garnitures. 460
ASPICS à la financière. 704
— avec filets décorés, dits à *la Bellevue*. 684
— de filets de perdreau à la Bellevue. 704
— de filets de sole à la sauce ravigote. 706
— de homard. 705
— de purée de volaille, dits *à la Reine*. 705
— de purée de volailles et de truffes, dits *demi-deuil*. 705
— (moulage des). 679
— (petits) pour garnitures. 694
ASPIQUER, terme de cuisine. 851
AUBERGINES farcies. 266
AVELINES (en olives). 786
— (macarons aux). 776
— (soufflés aux). 783
— (timbales de gaufres aux). 757

B

BABA au rhum. 760
BALLOTTINES de cailles, sauce Périgueux. 610
— de mauviettes en croustades. 610
— de perdreaux rouges. 700
— de poulets à la gelée. 698
BAR. 230
BARAKINE (croustade de langue, truffes et volaille, dite). 471

TABLE DES MATIÈRES. 831

BARBILLON grillé à la maître-d'hôtel.	247
BARBUE.	230
— garnie de coquilles d'huîtres.	625
— garnie d'orlys de merlan.	624
— garnie de pommes de terre et d'écrevisses.	625
BASTION d'anguilles.	707
BATEAU de bœuf fumé.	720
— de crevettes.	720
— de filets de sole aux anchois.	719
— de hareng fumé.	719
— de jambon et saucisson.	721
— de langue à l'écarlate.	720
— de mortadelle.	720
— de saumon fumé.	720
— de thon.	720
BATTERIES de cuisine.	20
BAVAROIS à la vanille.	307
— aux abricots.	309
— aux fraises.	308
— moderne à l'orange.	752
— moderne au cacao grillé.	751
— moderne au citron.	751
— moderne au moka.	750
BÉARNAISE (sauce).	437
BÉCASSE à la Périgueux.	605
— rôtie.	617
— (chaudfroid de).	700
— (filets de) à la purée de truffes.	606
— (filets de) au foie gras, dits *Mancelle*.	606
— (fumet de).	418
— (pâté chaud de).	653
— (pâté froid de).	694
— (purée de) pour garnitures.	450
— (salmis de).	607
BÉCASSINE rôtie.	617
— (pâté chaud de).	653
— (petit pain de) au salpicon.	607
— (salmis de).	607
BECFIGUES rôtis.	618
BÉCHAMEL à l'ancienne.	411
— chaudfroid.	442
— de morue (vol-au-vent de).	664
— d'œufs (vol-au-vent à la).	664
— de turbot (vol-au-vent à la).	664
— de volaille.	412
— maigre.	412
BEIGNETS aux abricots, dits *à la Dauphine*.	738
— de pommes.	295
— soufflés.	296
— soufflés au fromage, dits *Pignatelli*.	490
BELLEVUE (aspics avec filets décorés, dits *à la*).	684
— (aspics de filets de perdreau à la).	704
— (galantine de perdreau à la).	699
BEURRE à la maître-d'hôtel.	422
— d'anchois.	421
— d'anchois (sauce au).	421
— de crevettes.	421
— d'écrevisses.	421
— de homard.	421
— de Montpellier.	420
— de ravigote.	420
BEURRE fondu, sauce.	95
— noir, sauce.	95
— pour hors-d'œuvre.	116
— pour les roux.	403
— pour sauces et garnitures.	420
— son emploi dans les soupes maigres.	67
— (liaison au).	89
— (pommes au).	302
— (sauce au).	436
BIFTECK à l'anglaise.	140
— au beurre d'anchois.	140
— aux pommes de terre.	140
BIGARADE (crème frite aux zestes de).	737
— (sauce à la).	435
BISCUITS à la cuiller.	323
— à la crème au citron.	724
— à la crème à l'orange.	724
— à la crème à la vanille.	725
— à la vénitienne.	764
— aux pistaches.	785
— garnis de crème glacée, dite *en surprise*.	765
— grillés aux amandes.	784
BISQUE D'ÉCREVISSES au maigre.	389
— liée (potage).	388
BLANC-MANGER aux amandes.	741
BLANCHE (sauce).	90
BLANCHIR, terme de cuisine.	5
BLANQUETTE de cardons.	670
— de poulardes à la chicorée, dite *à la Talleyrand*.	578
— de poulardes aux truffes.	578
— de riz d'agneau aux truffes.	560
— de veau.	144
— de veau aux champignons en croustade.	521
BLOND DE VEAU.	355
— (potage au céleri au).	372
— (potage d'orge au).	375
BŒUF.	121, 493
— au gratin.	124
— à la mode chaud.	128
— à la mode froid.	130
— bouilli.	121
— fumé (bateau de).	720
— (entrées de).	504
— (relevés de).	493
— aloyau braisé à la chipolata.	499
— aloyau braisé à la nivernaise.	500
— aloyau braisé aux tomates et champignons farcis.	498
— aloyau braisé garni de céleri.	499
— aloyau braisé garni de choux à l'allemande.	498
— aloyau braisé garni de concombres farcis.	498
— aloyau braisé garni d'oignons et laitues farcis.	499
— aloyau rôti.	138, 509
— aloyau rôti à la sauce Robert, dit *Saint-Florentin*.	496
— aloyau rôti garni de cromesquis de volaille.	496
— aloyau rôti garni de croquettes de	

832 LE LIVRE DE CUISINE.

pommes de terre à la sauce bordelaise.	497
BŒUF, aloyau rôti garni de friture mêlée à l'italienne.	497
— aloyau rôti garni de pommes de terre, sauce Chateaubriand.	496
— bifteck à l'anglaise.	140
— bifteck au beurre d'anchois.	140
— bifteck aux pommes de terre.	140
— cœur à la mode.	132
— côte à la gelée.	695
— côte braisée.	131
— côte braisée garnie de croquettes.	504
— côte braisée garnie de navets glacés.	504
— côte rôtie.	138, 510
— culotte à la flamande.	495
— culotte aux choux-fleurs et laitues farcis.	494
— culotte au macaroni.	495
— culotte bouillie à la jardinière.	493
— culotte garni de carottes et oignons glacés.	494
— culotte garnie de nouilles à l'essence de jambon.	495
— émincé de filet à la sauce piquante.	142
— entre-côte à la bordelaise.	507
— entre-côte à la maître-d'hôtel.	507
— entre-côte aux pommes de terre.	139
— escalopes de filet à la nivernaise.	506
— escalopes de filet à la purée de marrons.	506
— escalopes de filet aux truffes.	506
— filet à la choucroute.	503
— filet à la gelée.	684
— filet à la Godard.	500
— filet à la jardinière.	502
— filet à la milanaise.	502
— filet à la napolitaine.	504
— filet à la purée de tomates.	509
— filet aux olives.	141
— filet béarnaise.	508
— filet Chateaubriand.	508
— filet rôti.	139, 509
— filet garni de croustade à la financière.	503
— filet garni de fonds d'artichauts avec macédoine.	502
— filet garni de macédoine à la française.	503
— filet sauté à la purée de champignons.	509
— filet sauté aux champignons.	141
— filet sauté aux truffes.	509
— filet Valois.	508
— grenadins de filets à la financière.	505
— grenadins de filets à la sauce poivrade et aux champignons.	505
— grenadins de filets aux olives.	506
— grenadins et filets garnis de pommes de terre sauce Valois.	505
— langue.	132
BŒUF, noix à la gelée.	682
— palais.	133
— queue frite.	135
— queue hochepot.	134
— rognons sautés.	137
— tourne-dos.	507
BOHÉMIENNE (faisan aux foies gras aux truffes, dit *à la*).	590
BOMBE à l'abricot et au marasquin.	798
— à la groseille et à la vanille.	798
BONBONS de table.	785
BORDELAISE (sauce).	430
BOUCHÉES au salpicon.	472
— de crevettes.	473
— de dames à la framboise.	781
— de dames au chocolat.	782
— de filets de sole.	473
— de homard.	473
— d'huîtres.	473
— de purée de gibier.	472
— de purée de volaille, dites *à la Reine*.	472
BOUDIN blanc de volaille.	487
— noir et blanc.	206
— de brochet au salpicon.	644
— de carpe garni de laitances au suprême.	642
— de faisan au fumet.	600
— de lapereau.	616
— de lièvre au salpicon.	614
— de merlan à la maréchale.	647
— de merlan à la marinière.	646
— de merlan à la sauce ravigote.	646
— de perdreau à la sauce Périgueux.	600
— de perdreau rouge.	602
— de saumon au beurre d'écrevisses.	638
— de volaille à la purée d'artichauts.	581
— de volaille à la purée de champignons.	581
— de volaille à la purée de truffes.	580
— de volaille au salpicon, dit *à la Richelieu*.	580
— de volaille aux crevettes.	580
BOUILLABAISSE, potage.	392
BOUILLI.	121
— à la sauce italienne.	124
— à la sauce piquante.	123
— à la sauce tomate.	123
— aux pommes de terre.	125
— en persillade.	124
— en salade.	128
— (croquettes de).	126
— (emploi du).	123
— (garnitures du).	122
— (hachis de).	125
BOUILLIE, potage maigre.	65
BOUILLON à la minute.	51
— de bœuf.	39
— (coloration du).	46
— (conservation du).	47
— (grand).	355
BOUQUET garni.	36
BRAISER, terme de cuisine.	5
BRAISÉS (observation sur les).	497
BRANDADE de morue.	645

TABLE DES MATIÈRES.

BREAD SAUCE (sauce au pain, dite). 441
BRÈME DE MER grillée à la maître-d'hôtel. 241
BRETONNE (gigot de mouton aux haricots, dits à la). 534
— (purée d'oignons rouges dite). 460
BRIDER, terme de cuisine. 5
BRIOCHE. 314
— à l'allemande au vin de Madère. 728
— au fromage. 316
— (petites flûtes). 316
BROCHET à la Chambord. 629
— à la financière maigre. 630
— à la normande. 631
— garni de quenelles au beurre d'écrevisses. 630
— sauce aux câpres. 244
— (boudins de) au salpicon. 644
— (farce de). 467
BRUNOISE, potage. 369
BUISSON de coquillages. 693
— d'écrevisses. 249
— de meringues. 740
— d'ortolans à la provençale. 591
— de truffes. 693

C

CABILLAUD. 230
— garni d'abricots frits. 629
— garni de pommes de terre et de persil. 629
CAFÉ glacé. 801
— (charlotte russe au). 771
— (glacés au). 782
— (mousse au). 755
— (parfait au). 797
— (petits soufflés en caisse au) blanc. 740
— (tablettes de) blanc. 789
CAILLES à la financière. 608
— à la jardinière. 608
— au gratin. 609
— en cerises aux truffes. 609
— rôties. 618
— (ballottines de) sauce Périgueux. 610
— (chaudfroid de galantine de). 703
— (escalopes de) avec bordure de riz. 610
— (pâté chaud de). 652
CAISSES d'escalopes de faisan. 485
— d'escalopes de perdreau. 485
— de foies gras. 485
— de mauviettes. 484
— de ris d'agneau. 485
CANAPÉS d'anchois. 717
— de caviar. 718
— de crevettes. 718
— de homard. 718
— de queue d'écrevisses. 718
— de saumon fumé. 719
CANARD aux navets. 191
— aux olives. 192
— aux petits pois. 191
— rôti. 192

CANARD (potage de) à la livonienne. 400
CANARD SAUVAGE rôti. 618
— (filets de) à la bigarade. 611
— (filets de) aux olives. 611
— (filets de) garnis de céleri à la française. 611
— (filets de) sauce poivrade. 611
— (salmis de). 611
CANETONS (filets de) à la bigarade. 582
— (filets de) aux olives. 582
— (filets de) aux petits pois. 582
— (salmis de cuisses de). 582
CANNELON à la crème d'amandes. 739
— à la marmelade d'abricots. 739
— à la Reine. 481
CARAMEL pour pot-au-feu. 46
CARBONADE DE MOUTON à la chicorée. 537
— à la nivernaise. 537
— à la purée d'artichauts. 537
— à la purée d'oseille. 536
— garnie de champignons, sauce poivrade. 537
CARDONS. 273
— à la moelle. 670
— pour garnitures. 457
— (blanquette de). 670
— (omelette à la purée de). 668
— (purée de) pour garnitures. 459
CAROTTES en olives, dites nivernaises, pour garnitures. 453
— flamandes. 271
— pour garnitures. 74, 453
CARPE à la Chambord. 631
— en matelote. 246
— farcie à l'ancienne. 632
— farcie à la moderne. 633
— frite. 245
— (boudins de) garnis de laitances au suprême. 642
— (coquilles de laitances de). 484
— (farce de). 467
— (laitances de) pour garnitures. 448
CARRÉ de porc rôti garni de tomates farcies. 549
— de porc frais rôti à la purée de marrons. 550
— de porc frais rôti à la sauce poivrade. 550
— de porc frais rôti à la Soubise. 550
— de veau garni d'épinards au velouté. 520
— de veau garni de macédoine de légumes. 520
— de veau garni d'oignons glacés. 520
— de veau piqué garni de purée de chicorée. 519
— de veau rôti. 531
CARRELET au gratin. 240
— bouilli à la sauce hollandaise. 240
— frit. 240
CASSEROLE au riz garnie de ris d'agneau. 655
— d'ailerons de poulet dit à la Toulouse. 656

CASSEROLE de pommes de terre avec blanquette de volaille. 656
— de pommes de terre avec escalopes de filets de sole. 658
— de pommes de terre avec escalopes de lapereau. 657
— de pommes de terre aux quenelles de faisan. 657
— de pommes de terre garnie de filets piqués. 656
— de purée de gibier, dite *à la polonaise*. 655
CASSOLETTES de ris d'agneau. 481
CAVIAR (canapé de). 718
CÉLERI à la française pour garnitures. 459
— au jus. 269
— pour garnitures. 459
— (potage au) et au blond de veau. 372
— (purée de) en branches pour garnitures. 461
— rave au jus. 271
— rave pour garnitures. 459
CÉLESTINE (omelette à la). 739
CERISES glacées. 788
— glacées au caramel. 332
— glacées (compote de). 794
— (compote de). 327
— (confiture de). 333
— (eau de). 803
— (flan de). 318
— (gelée au kirsch, garnie de). 746
— (gimblettes grillées à la). 779
— (petites meringues aux). 784
— (tablettes de). 789
— (timbale de) et pommes. 754
CERNEAUX au verjus. 335
CERVELLE DE VEAU au beurre de Montpellier. 696
— au beurre noir. 162
— de veau en matelote. 161
— sauce ravigote. 580
CHAMBORD (observations sur les). 632
— (brochet à la). 629
— (carpe à la). 631
— (saumon à la). 621
— (truite à la). 627
CHAMPIGNONS à la poulette. 265
— farcis. 264
— farcis pour garnitures. 446
— sautés pour garnitures. 73
— tournés pour garnitures. 70, 446
— (croûte aux). 674
— (essence de). 416
— (omelette aux). 284
— (purée de) pour garnitures. 462
CHANTILLY (sultane à la). 762
CHAPELURE. 113
CHARLOTTE de poires. 731
— de pommes. 731
— de pommes de ménage. 294
— russe aux abricots. 771
— russe aux amandes grillées. 772
— russe au café. 771
CHARTREUSE de fruits. 758
— de perdreaux. 106

CHASSEUR (côtelettes de chevreuil à la). 597
— (potage profiterolles au). 374
— (timbale à la). 660
— (timbale de nouilles au) 478
CHATEAUBRIAND (sauce à la maître-d'hôtel liée, dite). 431
— entremets sucrés. 765
CHAUDFROID de bécasses. 700
— de fruits. 750
— de galantines de cailles. 703
— de galantine de mauviettes. 703
— de perdreaux. 699
— de perdreaux (sauce). 442
— de poulets à la gelée. 697
— de volaille (sauce). 442
— (béchamel). 442
CHEMISER, terme de cuisine. 351
CHEVALIÈRE (fricassée de poulets à la). 571
CHEVREUIL rôti. 209
— (côtelettes de) à la chasseur. 597
— (côtelettes de) à l'émincé de truffes. 596
— (côtelettes de) à la maréchale. 597
— (côtelettes de) à la purée de gibier. 596
— (côtelettes de) à la sauce poivrade. 596
— (émincé de). 211
— (filet de) à la purée de truffes. 595
— (filet de) sauce madère. 596
— (quartier de). 589
— (râble de) à la sauce poivrade. 595
— (selle de). 590
CHEVREUSES (tartelettes aux foies gras, dites). 481
CHICORÉE au gras. 267
— au maigre. 267
— pour garnitures. 85, 458
— (purée de), potage. 381
CHIPOLATA, saucisses pour garnitures. 451
CHIVRY (poulet sauce ravigote, dite). 573
CHOCOLAT à la crème. 789
— glacé. 801
— grillé. 790
— (bouchées de dames au). 781
— (macaron au). 777
— (mousse au). 755
— (tablettes de) blanc. 789
CHOUCROUTE garnie. 207
— pour garnitures. 82
CHOUX garnis (croquenbouche de). 764
— pour garnitures. 455
— (soupe aux), potage gras. 53
CHOUX DE BRUXELLES pour garnitures. 83, 455
— sautés au beurre. 264
CHOUX-FLEURS à la sauce blanche. 263
— au gratin. 263
— en bouquets pour garnitures. 454
— en mayonnaise. 711
— pour garnitures. 81
CISELER, terme de cuisine. 5
CITRON (écorces de). 779
CIVET de lièvre. 212

TABLE DES MATIÈRES. 833

CLARIFIER, terme de cuisine.	6
CLOUTER, terme de cuisine.	351
COCHON DE LAIT (observations sur le).	552
— rôti.	551
CŒUR de bœuf à la mode.	132
COINGS (gelée de).	335
COLBERT (potage aux légumes et aux œufs pochés, dit).	370
— (sole à la).	639
COLIMAÇONS.	252
COMBUSTIBLES (feux de cuisine et).	26
COMPOTES.	782
— d'abricots.	328
— d'ananas.	793
— de brignoles.	327
— de cerises.	327
— de cerises glacées.	794
— de fraises glacées.	774
— de fruits mêlés au vin de Champagne.	793
— de groseilles à froid.	328
— de marrons.	792
— de marrons à la vanille, à l'orange ou au citron.	330
— de mirabelles.	329
— d'oranges.	329
— de poires de bon-chrétien.	325
— de poires de catillac.	325
— de poires de martin-sec.	324
— de pommes.	326
— de pruneaux.	326
— de reine-claude.	328
— de verjus.	792
CONCLUSION de la première partie.	337
CONCOMBRES à la poulette.	269
— blancs pour garnitures.	457
— bruns pour garnitures.	458
— en hors-d'œuvre.	118
— (potage purée de volaille aux).	385
CONDÉ (abricots à la).	735
— (pêches à la).	735
— (potage crème de navets à la).	369
— (potage purée de haricots rouges, dit).	385
CONFITURES de cerises.	333
CONGRE ou anguille de mer à la sauce blanche.	241
— à la sauce hollandaise.	241
— (farce de).	467
CONSIDÉRATIONS préliminaires.	3
CONSOMMÉ.	356
— aux œufs pochés.	360
— de gibier.	357
— de poisson.	358
— de poisson (potage au).	374
— de racines fraîches.	359
— de racines sèches.	359
— de volailles.	357
— de volailles (potage crème de riz au).	387
CONTI (potage purée de lentilles, dit).	381
— (purée de lentilles, pour garnitures, dite).	461
CONTISER, terme de cuisine.	351
COQ (crêtes de) farcies frites.	486
— (crêtes de) pour garnitures.	447
— (rognons de) pour garnitures.	448

COQ DE BRUYÈRE rôti.	617
COQUILLAGES.	621, 649
— (buisson de).	693
COQUILLES de crevettes.	483
— de homard.	483
— d'huîtres.	482
— de laitances de carpe.	484
— de moules.	483
— de queues d'écrevisses.	483
— de sole.	484
— de turbot.	484
— de volaille.	482
— pour hors-d'œuvre.	482
CORBEILLES de fruits d'hiver.	794
— de fruits d'été.	794
CORNICHONS.	116
COTE DE BŒUF à la gelée.	695
— braisée.	131
— braisée garnie de croquettes.	504
— braisée garnie de navets glacés.	504
— rôtie.	138, 510
COTELETTES D'AGNEAU à la purée de marrons.	558
— avec rognons et truffes, dites demi-deuil.	556
— garnies de blanquettes de ris d'agneau.	558
— garnies d'émincés de champignons, et de truffes.	559
— panées et grillées à la purées d'artichauts.	557
— panées et grillées à la purée de cardons.	556
— panées et grillées à la purée de céleri.	557
— panées et grillées à la purée de champignons.	557
— panées et grillées à la purée de truffes.	558
— panées et grillées à la Soubise.	557
— panées et grillées au salpicon.	556
— sautées à la financière.	558
— sautées aux haricots verts.	556
— à la chasseur.	597
— à l'émincé de truffes.	596
— à la maréchale.	597
COTELETTES DE CHEVREUIL à la purée de gibier.	596
— à la sauce poivrade.	596
COTELETTES DE MOUTONS à la Soubise.	537
— au naturel.	116
— braisées à la jardinière.	539
— braisées à la purée d'artichauts.	539
— braisées à la purée de marrons.	539
— braisées, garnies de céleri à la française.	538
— braisées, garnies d'escalopes de cardons.	538
— grillées avec d'Uxelles, dites à la Maintenon.	541
— grillées aux petits pois.	540
— grillées aux pommes de terre sautées.	540
— panées et grillées.	177

COTELETTES DE MOUTON panées, grillées, à la sauce tomate. 541
— panées et grillées, garnies de chicorée. 541
— sautées à la financière. 540
— sautées à la macédoine de légumes. 540
— sautées à la sauce et aux légumes. 177
— sautées, garnies de pommes de terre. 539
COTELETTES DE PIGEON à l'émincé de champignons. 585
— à la macédoine de légumes. 585
— aux pointes d'asperges. 585
— panées aux haricots verts. 584
COTELETTES DE PORC FRAIS à la sauce piquante. 203
— panées au jus. 204
COTELETTES DE VEAU à la Dreux, garnies de champignons. 524
— à la Dreux, garnies de purée de navets. 524
— à la gelée. 696
— à la maître-d'hôtel. 149
— à la purée d'oseille. 523
— à la sauce piquante. 149
— à la sauce tomate. 150
— aux carottes. 151
— aux lames de jambon, dites *Singara*. 523
— en papillotes. 151
— grillées et panées. 149
— piquées de langues, lard et truffes dites *à la Dreux*. 524
— sautées aux champignons. 150
COURT-BOUILLON. 243
CRÉCY (potage) au gras. 377
— (potage) au maigre. 378
CRÈME (flan de) meringuée. 319
— frite aux amandes amères. 737
— frite au caramel et à la fleur d'oranger. 738
— frite aux zestes de bigarade. 737
— (gelée de) de moka. 749
— (gelée de) de thé. 749
— (liaison au beurre et à la). 90
— (potage) de légumes dit *à la Royale*. 367
— (potage) de navets à la Condé. 369
— (potage) de riz au consommé de volaille. 387
— (potage) de truffes et de volaille. 368
— (pots de) au café. 305
— (pots de) au caramel. 306
— (pots de) au citron. 306
— (pots de) à la vanille. 306
CRÊPES au sucre. 304
CRÉPINETTES. 205
— au riz et à la sauce tomates. 206
— de pieds de porc aux truffes. 486
CRÊTES DE COQ farcies frites. 486
— pour garnitures. 447
CREVETTES pour garnitures. 448
— (bateau de). 720
— (beurre de). 421
— (bouchées de). 478
— (canapés de). 718

CREVETTES (coquilles de). 483
— (cromesquis de). 477
— (omelettes aux). 668
— (sauce aux). 437
CROISSANTS au kirsch. 778
CROMESQUIS de crevettes. 477
— de gibier. 477
— de ris de veau. 477
— de saumon. 477
— de volaille. 476
CROQUENBOUCHE de choux garnis. 764
— de fruits. 763
— de génoises. 763
CROQUETTES de bouilli. 126
— de faisan. 475
— de filets de sole. 476
— de foie gras. 475
— de gigot. 172
— de homard. 475
— de lapereau. 475
— de pommes de terre pour garnitures. 452
— de ris de veau. 474
— de riz. 301
— de turbot. 476
— de volaille. 474
— milanaises. 475
CROUSTADE à la financière. 471
— garnie d'escalopes de foie gras. 656
— garnie d'escalopes de levraut. 659
— garnie de langue, truffes et volailles, dites *Barakin*. 471
— garnie de mauviettes farcies. 658
CROUTE à l'anas. 727
— aux champignons. 674
— au madère. 726
— au pot. 359
CROUTONNER, terme de cuisine. 351
CROUTONS en cœur pour garnitures d'entrées. 464
— pour entremets de légumes. 464
— pour garnitures de potage. 464
— (lait d'amandes aux), potage. 393
— (potage printanier aux). 365
CUISINE des ménages. 1
— (batterie de). 21
— (feux de) et combustibles. 26
— (fourneaux de). 22
— (la grande). 339
— (installation et tenue de la). 4, 7
— (outillage de la). 4, 11
— (le personnel). 348
— (service de la table et de la). 4, 36
— (termes de). 5, 350
— (ustensiles de). 12
CUISSES de canetons (salmis de). 582
— de poulets à la diable. 577
— de poulets à la purée d'artichauts. 578
— de poulets à la purée de cardons. 578
— de poulets à la purée de céleri. 578
— de poulets à la sauce ravigote. 577
— de poulets à la sauce tomate. 577
— de poulets en papillotes. 577
CUISSONS. 27
— prolongées au pot-au-feu. 47

TABLE DES MATIÈRES. 837

CULOTTE DE BŒUF à la flamande.	495
— aux choux-fleurs, et laitues farcies.	494
— au macaroni.	495
— bouillie à la jardinière.	493
— garnie de carottes et oignons glacés.	494
— garnie de nouilles à l'essence de jambon.	495
CUMIN (potage allemand au).	400
CUSSY (gâteau glacé à la vanille, dit).	761

D

DARNE d'esturgeon à la broche, sauce matelote.	626
d'esturgeon bouillie à la sauce aux câpres.	627
— d'esturgeon garnie de paupiettes de filets de sole.	625
— de saumon à la financière maigre.	635
— de saumon à la sauce aux huîtres.	635
— de saumon à la sauce genevoise.	636
— de saumon au beurre de Montpellier.	707
— de saumon grillée à la maître-d'hôtel.	636
DAUPHINE (beignets aux abricots, dits à la).	738
DÉCOR en cuisine (du).	675
DÉCOUPER, terme de cuisine.	6
DÉGORGER, terme de cuisine.	6
DÉGRAISSAGE du pot-au-feu.	45
DEMI-DEUIL (aspics de purée de volaille et de truffes, dits).	705
— (côtelettes d'agneau avec rognons et truffes, dites).	556
DEMIDOFF (salade de pommes de terre et truffes, dite).	714
DEMI-GLACE.	428
DESSÉCHER, terme de cuisine.	6
DESSERT.	323, 776
— (observations sur le).	775
DESSINS de l'ouvrage.	IX
DIABLE (sauce à la).	434
DINDE à la jardinière.	569
— chipolata.	569
— farcie aux marrons.	196
— grasse rôtie.	586
— rôtie.	196
— truffée rôtie.	587
— truffée, sauce Périgueux.	568
— (abatis de) aux navets.	197
— (ailerons de), à la purée de marrons.	579
— (ailerons de) au consommé.	579
— (galantine de) sur socle.	680
— (terrine de).	219
DOUGLAS (potage).	397
DRESSER en sens inverse, terme de cuisine.	351
DREUX (côtelettes à la).	524
— (côtelettes à la), garnies de champignons.	524
— (côtelettes à la), garnie de purée de navets.	524
DUCHESSES (pommes de terre, dites).	453

E

EAU de cerises,	803
ÉCHALOTTES (sauce au jus d').	435
ÉCORCES de citron.	779
ÉCOSSAIS (potage).	399
ÉCREVISSES.	249
— à la bordelaise.	649
— pour garnitures.	448
— (beurre d').	421
— (bisque d') à la crème.	390
— (bisque d') au maigre.	389
— (bisque d') liée.	388
— (canapés de queues d').	718
— (coquilles de queues d').	483
— (omelettes aux queues d').	668
ÉMINCÉ de filet de bœuf à la sauce piquante.	142
— de chevreuil.	211
— de gigot à la sauce piquante.	172
ENTRE-COTE DE BŒUF à la bordelaise.	507
— à la maître-d'hôtel.	507
— aux pommes de terre.	139
ENTRÉES d'agneau.	554
— de bœuf.	493
— de four.	651
— de froid.	695
— de gibier.	595
— de mouton.	536
— de poisson.	635
— de porc.	549
— de veau.	516
— de volaille.	570
— (croûtons pour garnitures d').	464
ENTREMETS de légumes (croûtons pour).	464
— d'œufs et de légumes.	667
— froids.	711
— sucrés.	293
— sucrés chauds.	723
— sucrés froids.	740
ÉPAULE d'agneau à la macédoine de légumes.	561
— d'agneau à la purée d'artichauts.	561
— d'agneau à la purée de tomates.	561
— de mouton farcie.	172
— de veau farcie.	165
ÉPERLANS au gratin.	239
— frits.	239
ÉPICERIE (approvisionnements).	32
ÉPICES et AROMATES.	34

ÉPIGRAMMES D'AGNEAU à la macédoine. 554
— aux concombres. 554
— aux petits pois. 554
— aux pointes d'asperges. 554
ÉPINARDS au gras. 266
— au maigre. 266
— au sucre. 267
— pour garnitures. 83, 458
ÉPINE-VINETTE (gelée d') garnie de pommes. 174
ESCALOPES de cailles avec bordure de riz. 610
— d'esturgeon (timbale d'). 660
— de faisan (caisse d'). 485
— de filet de bœuf à la nivernaise. 506
— de filet de bœuf à la purée de marrons. 506
— de filet de bœuf aux truffes. 506
— de filets de lièvre liées au sang. 613
— de foie gras aux truffes. 581
— de foie gras (croustade garnie d'). 659
— de lapereaux avec bordure de farce. 615
— de levraut (croustade garnie d'). 659
— de mauviettes froides en croustade. 702
— de perdreau (caisse d'). 485
— de perdreaux (timbale de nouilles aux). 662
— de saumon (vol-au-vent aux). 664
— de veau à l'anglaise, purée d'artichauts. 521
— de veau à la purée de cardons. 521
— de veau à la purée de céleri. 520
— de veau à la sauce vénitienne. 521
— de veau aux fines herbes. 153
— de veau aux navets glacés. 520
ESPAGNOLE grasse, sauce. 407
— maigre, sauce. 409
ESSENCES. 415
— de champignons. 416
— de jambon. 417
— de poisson. 416
— de truffes. 415
— de viandes et de légumes, dites Mirepoix. 417
— de volaille. 415
ESTURGEON. 231
— (darne d') à la broche, sauce matelote. 626
— (darne d') bouillie à la sauce aux câpres. 627
— (darne d') garnie de paupiettes de filets de sole. 625
— (timbale d'escalopes d'). 660

F

FAISAN à la financière. 591
— aux foies gras aux truffes, dits à la bohémienne. 590

FAISAN rôti. 617
— (boudins de) au fumet. 600
— (boudins de) truffes à Périgueux. 600
— (caisses d'escalopes de). 485
— (croquettes de). 475
— (farce de). 466
— (filets de) à la financière. 597
— (filet de) au foie gras à la Périgueux. 598
— (filets de) au fumet, garnis de quenelles. 598
— (fumet de). 418
— (pain de) garni de grenadins de faisan 594
— (purée de) en croustade garnie de filets piqués. 599
— (purée de) pour garnitures. 449
— (salmis de). 508
FARCES. 445, 464
— de brochet. 467
— de carpe. 467
— de congre. 467
— de faisan. 466
— de foie gras. 467
— de lapereau. 467
— de merlan. 467
— de perdreau. 466
— de volaille. 466
— de volaille (rissoles de). 489
— (observation sur les). 464
FAUBONNE (potage à la purée de légumes, dit). 384
FEUX de cuisine et combustibles. 26
FÈVES DE MARAIS à la poulette. 273
FILETS d'anguille à la bordelaise. 647
— d'anguille à la tartare. 648
— d'anguille garnis de quenelles de brochet. 648
— d'anguille, sauce piment, dits à l'américaine. 648
— de bécasses à la purée de truffes. 606
— de bécasses aux foies gras, dits Mancelle. 606
— de bœuf à la choucroute. 503
— de bœuf à la gelée. 684
— de bœuf à la Godard. 500
— de bœuf à la jardinière. 502
— de bœuf à la milanaise. 502
— de bœuf à la napolitaine. 504
— de bœuf à la purée de tomates. 509
— de bœuf aux olives. 141
— de bœuf à la béarnaise. 508
— de bœuf Chateaubriand. 508
— de bœuf garni de croustades à la financière. 503
— de bœuf garni de fonds d'artichauts avec macédoine. 502
— de bœuf (émincé de) à la sauce piquante. 142
— de bœuf garni de macaroni à la française. 503
— de bœuf rôti. 139, 509
— de bœuf sautés aux champignons. 141
— de bœuf sautés à la purée de champignons. 509

TABLE DES MATIÈRES. 839

FILETS de bœuf sautés aux truffes. 509
— de bœuf Valois. 508
— de canards sauvages à la bigarade. 611
— de canards sauvages aux olives. 611
— de canards sauvages garnis de céleri à la française. 611
— de canards sauvages, sauce poivrade. 611
— de canetons à la bigarade. 582
— de canetons aux olives. 582
— de canetons aux petits pois. 582
— de chevreuil à la purée de truffes. 595
— de chevreuil, sauce madère. 596
— de faisans à la financière. 597
— de faisans au foie gras à la Périgueux. 598
— de faisans au fumet garni de quenelles. 598
— de lapereaux à la purée de truffes. 615
— de lapereaux garnis de quenelles. 615
— de lièvre contisés. 612
— de lièvre piqués et glacés, sautés à la française. 613
— de lièvre (escalopes de) liées au sang. 613
— de maquereau à la hollandaise. 642
— de maquereau à la vénitienne. 643
— de maquereau aux crevettes. 627
— de maquereau aux laitances de carpe. 643
— de maquereau au salpicon de homard. 643
— de maquereau en orlys. 643
— de merlan à l'anglaise. 646
— de merlan au gratin. 645
— de merlan en paupiettes. 646
— de mouton braisé. 175
— de mouton rôti. 176
— de mouton mignons marinés à la sauce piquante. 544
— de mouton mignons marinés aux champignons. 543
— de mouton panés, grillés, dits à la Maréchale. 544
— de mouton panés, grillés, à la purée de navets. 644
— de mouton panés, grillés, aux truffes. 544
— de perdreaux à la financière. 604
— de perdreaux (aspics de) à la Bellevue. 704
— de perdreaux (sauté de) à la purée de perdreaux. 602
— de perdreaux (suprême de) aux truffes. 605
— de perdreaux rouges à la Toulouse. 604
— de perdreaux rouges au suprême froid. 703
— de porc frais à la sauce Robert. 202
— de porc frais rôti. 202
— de porc mignons à la chicorée. 550
— de porc mignons à la Maréchale. 551
— de porc mignons au céleri à la française. 550

FILETS de porc mignons à la purée de cardons. 551
— de porc mignons à la purée de champignons. 551
— de porc mignons à la purée de tomates. 551
— de poulets à la macédoine. 576
— de poulets à la Toulouse. 575
— de poulets aux concombres. 575
— de poulets aux haricots verts. 575
— de poulets aux petits pois. 575
— de poulets aux pointes d'asperges. 575
— de poulets aux truffes, sauce suprême. 574
— de poulets (épigrammes de) à la purée de champignons. 576
— de poulets (suprêmes) à la gelée. 82
— de sanglier mignons à la sauce Robert. 612
— de saumon à l'américaine. 480
— de saumon à la Périgueux maigre. 637
— de saumon à la ravigote maigre. 637
— de saumon à la vénitienne. 637
— de saumon aux huîtres et aux crevettes, dits à la Parisienne. 637
— de saumon garnis de pommes de terre, dits à la Montreuil. 636
— de sole à la vénitienne. 640
— de sole au gratin. 639
— de sole aux anchois (bateau de). 719
— de sole aux crevettes. 641
— de sole aux écrevisses et aux truffes, dits à la Joinville. 640
— de sole aux huîtres. 641
— de sole (aspics de) à la sauce ravigote. 706
— de sole (bouchées de). 473
— de sole (croquettes de). 476
— de sole (mayonnaise de). 709
— de sole (paupiettes de). 641
— de sole (petits pains garnis de). 698
— de veau en grenadins à la nivernaise. 522
— de veau mignons avec blanquettes d'artichauts. 522
— de veau mignons panés et grillés, avec purée de chicorée. 522
— (potage aux trois). 377
FINANCIÈRE (sauce) pour gibier. 433
— pour poisson. 433
— pour volaille. 433
FINES HERBES pour garnitures et sauce. 72
— (omelette aux). 281
FLAMANDE (culotte de bœuf à la). 495
FLAMBER, terme de cuisine. 6
FLAN d'abricots. 318
— de cerises. 318
— de crème meringuée. 319
— de poires. 319
— de pommes. 317
— de prunes. 319
FLUTES-BRIOCHES (petites). 316

FOIE DE VEAU à la bourgeoise.	163
— sauté à l'italienne.	164
— sauté à la lyonnaise.	164
— sauté à la ménagère.	165
FOIE GRAS clouté au vin de Madère.	581
FOIE GRAS en caisse à la purée de truffes.	582
— (caisse de).	483
— (croquettes de).	475
— (croustade garnie d'escalopes de).	659
— (escalopes de) aux truffes.	584
— (filets de bécasse au) dits *Mancelle*.	606
— (farce de).	467
— (pain de) à la gelée.	685
— (pain de) à la gelée, pour entrée.	701
— (pâté de).	690
— (petits pâtés au) et aux truffes, dits *Monglas*.	470
— (sandwich aux).	717
— (tartelettes aux), dites *Chevreuses*.	481
— (terrine de).	692
FONDANTS panachés.	787
FONDS D'ARTICHAUTS pour garnitures.	456
FOUR (entrées de).	651
FOURNEAUX de cuisine.	22
FRAISE DE VEAU à la vinaigrette.	160
FRAISES glacées compote.	794
— (bavarois aux).	308
— (gelée de).	745
— (glacés à la).	683
— (moscovite aux).	753
— (mousse aux).	756
— (pain de).	743
— (pastilles à la).	790
FRAMBOISES glacées.	788
— (bouchées de dames à la).	781
— (gelée de groseilles blanches, garnie de).	748
— (moscovite à la).	753
FRANÇAISE (sauce).	440
FRÉMIR, terme de cuisine.	6
FRICANDEAU.	146
FRICASSÉE DE POULET.	181
— à la chevalière.	571
— à l'essence de racines, dites *Saint-Lambert*.	570
— liée au lait d'amandes.	572
— panés et frits, dite *Villeroy*.	570
FRITOT de poulets.	576
FRITURE.	110
— mêlée à l'italienne.	488
FROID (le).	675
FROMAGES de saison.	336
— glacé à l'abricot et à la pistache.	796
— glacé à la crème grillée et à l'orange.	796
— glacé à la vanille et à la fraise.	795
— (beignets soufflés au), dits *Pignatelli*.	490
— (brioche au).	316
— (omelette au).	287
— (petits soufflés au).	488
— (tranches de pain de seigle au).	716
FRUITS de saison.	336
— (approvisionnements).	32

FRUITS (chartreuse de).	758
— (chaudfroid de).	750
— (compote de) mêlés, au vin de Champagne.	793
— (corbeilles de) d'été.	794
— (corbeilles de) d'hiver.	794
— (croquenbouche de).	763
— (gelée de macédoine de) au vin de Champagne.	743
— (suprême de).	735
— (timbale de).	736
— (timbale de) à la macédoine.	754
— (timbale de), oranges et ananas.	753
FUMETS.	418
— de bécasse.	418
— de faisan.	418
— de grive.	419
— de lapereau.	419
— de levraut.	419
— de mauviette.	419
— de perdreau.	419

G

GALANTINE de cailles (chaudfroid de).	703
— de dinde sur socle.	680
— de mauviettes (chaudfroid de).	703
— de perdreaux *à la Bellevue*.	699
GALETTE.	311
GARNITURE, terme de cuisine.	6
GARNITURES.	70, 445
— du bouilli.	122
GATEAU au kirsch, dit *Montmorency*.	728
— au rhum, dit *Mazarin*.	727
— d'amandes.	316
— de plomb.	313
— de plomb (petits) pour le café et le thé.	314
— de riz au citron.	300
— de semoule à la fleur d'oranger pralinée.	301
— feuilleté.	312
— glacé à la marmelade d'abricots.	761
— glacé à la vanille, dit *Cussy*.	761
— napolitain.	759
GAUFRES à l'allemande.	781
— aux avelines (timbale de).	757
— au marasquin (timbale de).	758
— d'office.	780
— hollandaises.	780
GELÉE au kirsch garnie de cerises.	746
— au punch.	746
— d'anisette garnie de poires.	748
— de coings.	335
— de couleur (observations sur les).	744
— de crème de moka.	749
— de moka, de thé.	740
— d'épine-vinette garnie de pommes.	744
— de fraises.	745
— de groseilles.	333

TABLE DES MATIÈRES.

GELÉE de groseilles blanches garnie de framboises. 748
— de macédoine de fruits au vin de Champagne. 743
— de madère fouettée, dite à la Russe. 749
— de marasquin garnie de pêches. 747
— de noyaux garnie d'abricots. 745
— d'oranges garnie d'oranges. 747
— de pommes. 335
— de viande. 426
— et charlotte russes. 309
— maigre. 427
— pour pâté de lièvre. 226
— pour pâté de veau et jambon. 225
— pour pâté de volaille. 224
GELINOTTE rôtie. 617
GENEVOISE (sauce). 431
GÉNOISE (croquenbouche). 763
GIBELETTES (potage anglais d'abatis d'oie, ou). 398
GIBELOTTE de lapin. 214
GIBIER (approvisionnements). 31, 589
— (consommé de). 357
— (cromesquis de). 477
— (entrée de). 595
— (glace de). 424
— (petits soufflés de). 487
— (potage à la purée de). 386
— (potage aux quenelles de). 374
— (relevés de). 589
— (rissoles de). 480
— (rôtis de). 617
— (rôtis de) composé. 618
— *Voir* : bécasse, bécassine, becfigue, caille, canard sauvage, chevreuil, coq de bruyère, faisan, gelinotte, lapereau, lapin, lièvre, mauviette, ortolan, perdreau, perdrix, pilet, pintade, rouge de rivière, sanglier, sarcelle.
GIGOT DE MOUTON aux haricots, dit à la bretonne. 534
— bouilli à l'anglaise. 535
— braisé. 171
— dit de sept heures. 170
— garni de carottes à la flamande. 534
— GIGOT garni de macédoine de légumes. 533
— noix de présalé à la jardinière. 534
— noix de présalé à la milanaise. 535
— rôti. 169
— (croquettes de). 172
— (émincé de) à la sauce piquante. 172
— (hachis de). 172
GIMBELETTES grillées à la cerise. 779
GLACE, *glacer*, termes de cuisine. 6
GLACES de gibier. 424
— de poisson. 424
— de poivrade. 425
— de viande. 423
— de volaille. 423
— (demi-glace). 428
— (les observations sur). 422

GLACES. 795
— (rocher de). 797
GLACÉS à la fraise. 783
— au café. 782
— au kirsch. 782
— au marasquin. 783
GNOCCI. 290
GODARD, sauce. 435
— (filet de bœuf à la). 500
— (poulardes à la). 564
— (observations sur les). 500
GODIVEAU. 465
GOUJONS frits. 249
GRANIT au citron. 800
— à l'orange. 801
— au vin de Champagne et aux fruits. 800
GRAS-DOUBLE à la lyonnaise. 136
— à la mode de Caen. 135
GRENADINS de filet de bœuf à la financière. 505
— de filet de bœuf à la sauce poivrade et aux champignons. 505
— de filet de bœuf aux olives. 506
— garni de pommes de terre, sauce Valois. 505
— de lapereaux à la financière. 616
GRENOUILLES à la poulette. 647
— frites. 647
— (potage aux quenelles de). 391
GRILLADE. 109
GRIVE (fumet de). 419
GROSEILLES au caramel. 332
— au sucre. 332
— (compote de) à froid. 328
— (gelée de). 333
— (gelée de) blanche, garnie de framboises. 748
— (liqueur fraîche). 802
— (pastilles à la). 791
GROSSES PIÈCES froides. 680

H

HACHIS de bouilli. 125
HARENG frais, sauce moutarde. 238
— frit. 238
— fumé (bateau de). 719
— marinés. 117
— saurs. 251
HARICOTS DE MOUTON. 173
HARICOTS blancs à la maître-d'hôtel. 258
— blancs pour garnitures. 81
— blancs (potage à la purée de). 384
— blancs (purée de), soupe maigre. 62
— de Soissons. 259
— flageolets. 259
— (purée de) pour garnitures. 461
— rouges. 260
— rouges (potage purée de), dit *Condé*. 379

HARICOTS rouges (purée de), potage maigre.	62
— verts à l'anglaise.	262
— verts à la poulette.	260
— verts pour garniture.	454
— verts sautés au beurre.	261
— verts (salade de).	715
HATELETS, terme de cuisine.	351
HOCHEPOT à l'anglaise (potage).	399
— queue de bœuf.	134
HOLLANDAISE (potage d'orge à la).	373
— sauce.	93
HOMARD.	231
— à l'américaine.	649
— à la bordelaise.	649
— à la provençale.	650
— (aspics de).	705
— (beurre de).	421
— (bouchées de).	473
— (canapés de).	718
— (coquilles de).	483
— (croquettes de).	475
— (petits pains à la française au).	716
— (pilau de) à la turque.	642
— (salade de).	710
— (sauce au).	436
HORS-D'ŒUVRE d'office pour l'ordinaire.	115
— chauds.	469
HUITRES d'Uxelles.	479
— d'Ostende (potage aux).	390
— marinées.	117
— panées et frites Villeroy.	479
— pour garnitures.	449
— (bouchées d').	473
— (coquilles d').	482
— (orly d').	479
— (sauce aux).	436
HURE de sanglier.	687

I

IMPÉRATRICE (riz à l').	770
INSTALLATION et tenue de la cuisine.	4, 7
ITALIENNE (friture mêlée à l').	448
— (sauce).	97, 429

J

JAMBON à la gelée.	682
— à la jardinière.	549
— à la milanaise.	549
— aux épinards.	549
— aux nouilles, sauce tomate.	548
— de sanglier à la sauce venaison.	591
— garni de légumes, dits à la Maillot.	548
— mariné à la sauce Robert.	547
— (bateau de) et saucisson.	721
— (essence de).	417

JAMBON (lames de) à la maître-d'hôtel.	489
— (omelette au).	284
— (pâté de veau et).	224
— (sandwichs au).	716
— (timbales de nouilles au).	661
JOINVILLE (filets de sole aux écrevisses et aux truffes, dits à ls).	640
JULIENNE, potage maigre.	55
— au consommé.	363
— aux œufs pochés.	363
— garnie de crème au consommé, dite Royale.	364
— maigre au consommé de racines.	364
JUS DE VIANDE, sauce.	102
— glacé.	425

K

KARI (poulets au).	572
KIRSCH (croissants au).	778
— (gelée au) garnie de cerises.	746
— (glacés au).	782
— (olives au).	786

L

LAIT D'AMANDES au riz.	393
— aux croûtons.	393
LAITANCES de carpe pour garnitures	448
— (coquilles de).	484
LAITUES au jus.	271
— farcies aux croûtons.	672
— farcies (potage aux).	371
— pour garnitures.	458
— (potage aux) au consommé.	372
— (potage aux) gras.	54
LAMES DE JAMBON à la maître-d'hôtel.	489
LANGUE à l'écarlate (bateau de).	720
— de bœuf.	132
— de veau à la Soubise.	530
— de veau au gratin.	159
— de veau panée, grillée à la maître-d'hôtel.	530
LAPEREAU (boudins de).	616
— (croquettes de).	475
— (escalopes de) avec bordure de farce.	615
— (farce de).	467
— (filets de) à la purée de truffes.	615
— (filets de) garnis de quenelles.	615
— (fumet de).	419
— (grenadins de) à la financière.	616
— (pain de) froid.	702
— (purée de) pour garnitures.	450
— (râbles de) en papillottes.	614
— (vol-au-vent aux quenelles de).	663
LAPIN rôti.	213
— sauté.	214
— (gibelotte de).	214

TABLE DES MATIÈRES.

LARD (omelette au). 283
LÉGUMES. 32, 253
— pour pot-au-feu. 45
— (entremets d'œufs et de). 667
— (macédoine de). 273
— (macédoine de) à la gelée. 711
— (macédoine de) au gras. 674
— (macédoine de) au maigre. 674
— (petits pâtés aux). 470
— (poids des). 36
— (potage à la purée de, dit *Faubonne*). 384
— (potage crème de), dite *à la Royale*. 367
— (salade de). 271
LENTILLES à la maître-d'hôtel. 262
— pour garnitures. 81
— (purée de), potage maigre. 60
— (purée de), dite *Conti*, potage. 381
— (purée de), pour garnitures, dite *Conti*. 461
LÉOPOLD (potage de semoule à la chiffonnade d'oseille, dit). 375
LEVRAUT (croustade garnie d'escalopes de). 659
— (fumet de). 419
— (pain de) froid. 702
— (purée de) pour garnitures. 450
LIAISONS. 87
— à l'allemande. 87
— à l'œuf. 89
— au beurre. 89
— au beurre et à la crème. 90
— au roux. 88
— au sang. 89
LIÈVRE rôti. 211
— (boudins de) au salpicon. 614
— (civet de). 212
— (escalopes de filets de), liées au sang. 613
— (filets de) contisés. 612
— (filets de), piqués et glacés à la française. 613
— (pain de) aux truffes. 614
— (pain de) sauce venaison. 614
— (pâté de). 225
— (potage de), à l'anglaise. 397
— (râbles de), piqués, glacés, sauce poivrade. 612
— (terrine de). 220
LIMANDE au gratin. 234
— aux fines herbes. 234
— au vin blanc. 234
— frite. 234
LIMONADE. 803
LIQUEURS FRAICHES. 802
LONGE DE VEAU à la béchamel, dite *en surprise*. 514
— à la financière. 515
— à la jardinière. 513
— à la macédoine. 515
— braisée. 147
— farcie. 683
— garnie de champignons et de tomates farcies. 514

LONGE DE VEAU garnie de croquettes milanaises. 516
— garnie d'escalopes de cardons. 514
— garnie de rognons. 516
— rôtie. 531
LOSANGES cannelés au marasquin. 787
LYONNAISE (artichauts à la). 671

M

MACARONI à l'italienne. 287
— au consommé. 361
— au gras. 287
— au gratin. 288
— au maigre. 287
— (potage villageois au). 376
MACARONS. 324
— aux avelines. 776
— au chocolat. 777
— aux pistaches. 776
— soufflés. 777
MACÉDOINE de fruits (gelée de) au vin de Champagne. 743
— de fruits (timbale de). 736
— de légumes. 273
— de légumes à la gelée. 711
— de légumes au gras. 674
— de légumes au maigre. 674
— salade. 714
— (timbale de fruits à la). 754
MADÈRE (gelée de) fouettée, dite *à la Russe*. 749
— (sauce). 430
MAILLOT (jambon garni de légumes, dit à la). 548
MAINTENON (côtelettes de mouton à la). 541
MAITRE-D'HOTEL (beurre à la). 422
— (lames de jambon à la). 489
— (sauce). 94
— (sauce liée). 431
— (sauce à la) liée, dite *Chateaubriand*. 481
MANCELLE (filets de bécasse au foie gras, dits). 606
MANDARINES (glacées). 788
MAQUEREAU à la maître-d'hôtel. 234
— (filets de) à la hollandaise. 642
— (filets de) à la vénitienne. 643
— (filets de) aux crevettes. 644
— (filets de) aux laitances de carpe. 643
— (filets de) au salpicon de homard. 643
— (filets de) en orlys. 643
MARASQUIN (gelée de) garnie de pêches. 747
— (glacés au). 783
— (losanges cannelés au). 787
— (timbales de gaufres au). 758
MARÉCHALE (boudins de merlan à la). 647
— (côtelettes de chevreuil à la). 597
— (filets mignons de porc à la). 541
— (ris de veau panés, dits à la). 527

MARINADE, sauce. 414
— de pieds d'agneau à la sauce tomate. 559
— de pied de mouton. 180
— de tête de veau. 158
— de volaille. 189
MARINIÈRE (boudins de merlan à la). 646
MARMELADE d'abricots. 334
— pommes glacées. 326
MARMITE pour pot-au-feu. 40
MARQUISE (pudding). 767
MARRONS à la glace de viande. 759
— en vermicelle. 330
— glacés au caramel. 331
— (compote de). 792
— (compote de) à la vanille, à l'orange ou au citron. 330
— (potage à la purée de). 384
— (purée de) glacés. 788
— (purée de) pour garnitures. 462
MASSEPAINS au citron. 777
MATELOTE de carpe ou d'anguille. 246
— (grande) pour relevé. 633
— (sauce). 429
MAUVIETTES. 217
— au gratin. 611
— farcies (croustade garnie de). 658
— rôties. 618
— (ballotines de) en croustades. 610
— (caisses de). 484
— (chaudfroid de galantine de). 703
— (escalopes de) froides en croustade. 702
— (fumet de). 419
— (pâté chaud de). 654
— (petits pâtés aux). 470
— (salmis de) pour ménage. 218
MAYONNAISE à la gelée, sauce. 441
— blanche, sauce. 101
— verte, sauce. 101
— de filets de sole. 709
— de poulet. 190
— (choux-fleurs en). 711
MAZARIN (gâteau au rhum, dit). 727
MÉNAGE (sauce de). 90
MENTHE, sauce. 412
MENUS. 316, 805
MERINGUES (buisson de). 740
— (petites) à l'ananas. 784
— (petites) aux cerises. 784
MERLAN à la sauce aux câpres. 237
— aux fines herbes et au vin blanc. 238
— au gratin. 236
— frit. 237
— (boudins de) à la maréchale. 647
— (boudins de) à la marinière. 646
— (boudins de) à la sauce ravigote. 646
— (farce de). 467
— (filets de) à l'anglaise. 646
— (filets de) au gratin. 645
— (filets de) en paupiettes. 646
MILANAISE (filet de bœuf à la). 502
MILANAISES (croquettes). 475

MIREPOIX, essence de viande et de légumes. 417
MIROTON. 123
MODERNE (carpe farcie à la). 633
MONGLAS (petits pâtés au foie gras et aux truffes, dits). 470
MONTMORENCY (gâteau au kirsch, dit). 728
— (poulardes aux quenelles et aux truffes, dites). 566
MONTREUIL (filets de saumon garnis de pommes de terre, dits à la). 636
MORILLES (omelettes aux). 668
MORTADELLE (bateau de). 720
MORUE à la maître-d'hôtel. 236
— à la sauce à l'œuf. 236
— au beurre et aux pommes de terre. 235
— au beurre noir. 236
— (brandade de). 645
— (vol-au-vent à la béchamel de). 664
MOSCOVITE à l'abricot. 752
— à l'ananas. 753
— aux fraises. 753
— à la framboise. 753
— à la pêche. 753
MOU DE VEAU. 157
MOUILLER, terme de cuisine. 7
MOULAGE des aspics. 679
MOULES à la marinière. 243
— à la poulette. 242
— pour garnitures. 449
— (coquilles de). 483
— (potage aux). 391
MOUSSE au café. 755
— au chocolat. 755
— aux fraises. 756
— à la vanille. 756
MOUTON. 533
— (carbonade de) à la chicorée. 537
— (carbonade de) à la nivernaise. 537
— (carbonade de) à la purée d'artichauts. 737
— (carbonade de) à la purée d'oseille. 536
— (carbonade de) garnie de champignons, sauce poivrade. 537
— (côtelettes de) à la Soubise. 537
— (côtelettes de) au naturel. 176
— (côtelettes de) braisées à la jardinière. 539
— (côtelettes de) braisées à la purée d'artichauts. 539
— (côtelettes de) braisées à la purée de marrons. 539
— (côtelettes de) garnies de céleri à la française. 538
— (côtelettes de) garnies d'escalopes et de cardons. 538
— (côtelettes de) grillées aux petits pois. 540
— (côtelettes de) grillées aux pommes de terres sautées. 540
— (côtelettes de) grillées avec d'Uxelles, dites à la Maintenon. 541

MOUTON (côtelettes de) panées et grillées.	177
— (côtelettes de) panées et grillées à la sauce tomate.	541
— (côtelettes de) panées et grillées, garnies de chicorée.	541
— (côtelettes de) sautées à la financière.	540
— (côtelettes de) sautées à la macédoine de légumes.	540
— (côtelettes de) sautées à la sauce et aux légumes.	177
— (côtelettes de) sautées garnies de pommes de terre.	539
— (croquettes de gigot de).	172
— (émincé de gigot de), à la sauce piquante.	172
— (entrée de).	536
— (épaule de) farcie.	172
— (filet de) braisé.	175
— (filet de) rôti.	176
— (filets de) mignons marinés à la sauce piquante.	514
— (filets de) mignons marinés aux champignons.	513
— (filets de) mignons panés, grillés, dits *à la Maréchale*.	544
— (filets de) mignons panés, grillés à la purée de navets.	544
— (filets de) mignons panés, grillés aux truffes.	544
— (gigot de) bouilli à l'anglaise.	535
— (gigot de) braisé.	171
— (gigot de) aux haricots, *à la Bretonne*.	534
— (gigot de) garni de carottes à la flamande.	534
— (gigot de) garni de macédoine de légumes.	533
— (gigot de) noix de présalé à la jardinière.	534
— (gigot de) noix de présalé à la milanaise.	535
— (gigot de) rôti.	169
— (gigot de) dit de sept heures.	170
— (hachis de gigot de).	172
— (haricot de).	173
— (pieds de) à la poulette.	179
— (pieds de) en marinade.	180
— (poitrine de), braisée, panée et grillée.	178
— (poitrine de) glacée à la chicorée.	543
— (poitrine de) glacée au céleri à la française.	513
— (poitrine de) grillée à la purée de céleri.	542
— (poitrine de) panée et grillée, sauce béarnaise.	542
— (poitrine de) panée et grillée, sauce Chateaubriand.	543
— (quartier de) présalé rôti.	546
— (queues de) à la purée de lentilles, dite *Conti*.	544
— (queues de) à la purée d'oseille.	545
— (queues de) à la sauce Valois.	545
— (queues de) à la Soubise.	545
MOUTON (queues de) garnies de concombres.	545
— (relevés de).	533
— (rognons de) à la brochette.	179
— (rognons de) panés et grillés.	179
— (rôtis de).	516
— (selle de) à la purée de céleri.	536
— (selle de) garnie de carottes et de laitues.	536
— (selle de) garnie de croquettes de pommes de terre.	536
— (selle de) rôtie.	546
MULET à la maître-d'hôtel.	231
— à la sauce hollandaise.	231

N

NAPOLITAIN (gâteau).	759
NAPOLITAINE (filet de bœuf à la).	504
NAVETS au sucre.	272
— blanc pour garnitures.	76
— colorés pour garnitures.	76
— pour garnitures.	76, 453
— (potage crème de) à la Condé.	369
— (potage purée de) à la crème.	378
— (purée de) pour garnitures.	462
NESSELRODE (pudding glacé, dit).	768
NIDS D'HIRONDELLES (potage aux).	375
NIVERNAISES (carottes dites).	453
NOISETTES DE VEAU avec blanquette d'artichauts en escalopes.	528
— aux champignons émincés.	528
— aux truffes.	529
NOIX de bœuf à la gelée.	682
— de présalé à la jardinière.	534
— de présalé à la milanaise.	535
— de veau à la chicorée.	516
— de veau à la gelée.	695
— de veau à la jardinière.	517
— de veau à l'oseille.	517
— de veau à la purée de champignons.	517
— de veau au céleri à la française.	518
— de veau aux concombres.	518
NORMANDE (brochet à la).	631
— (sole à la).	638
— (vol-au-vent à la).	665
NOUGAT.	320
— à la Parisienne.	762
NOUILLES au jambon.	289
— (potage aux).	362
— (timbale de) à la purée de gibier.	478
— (timbale de) au chasseur.	478
— (timbale de) aux escalopes de perdreaux.	662
— (timbale de) au jambon.	661
— (timbale de) au salpicon.	662

O

ŒUFS.	277
— à la coque.	277

846 LE LIVRE DE CUISINE.

ŒUFS à la neige.	305
— à la tripe.	281
— au beurre noir.	278
— au lait au café noir.	294
— au lait au chocolat.	294
— au lait au citron.	294
— au lait à l'orange.	293
— brouillés aux fines herbes.	278
— brouillés au fromage.	279
— brouillés aux pointes d'asperges.	669
— brouillés aux truffes.	669
— durs à l'oseille.	280
— farcis.	669
— frits à la sauce tomate.	279
— pochés à la chicorée.	280
— pochés à l'oseille.	280
— pochés au jus.	280
— pochés (consommé aux).	360
— pochés (julienne aux).	363
— pochés (potage aux légumes et aux) dit *Colbert*.	370
— pochés (printanier maigre aux).	367
— sur le plat.	277
— (entremets d') et de légumes.	667
— (liaison à l').	89
— (vol-au-vent à la béchamel d').	664
— Voir : *Omelette*.	
OIE à la choucroute.	198
— aux marrons.	198
— rôtie.	198
— (potage anglais d'abatis d') ou *gibelettes*.	398
— (terrine d').	220
OIGNON blanc.	77
— coloré.	77
— glacés.	78
— pour garnitures.	77, 454
— (potage russe à la purée d')	401
— (purée d') blanche, dite *Soubise*.	460
— (purée d') rouge, dite *Bretonne*.	460
— (soupe à l')	57
— (soupe à l') liée à l'œuf.	57
OLIVES.	116
— au kirsch.	786
— farcies pour garnitures.	447
OMELETTE à la Célestine.	739
— à la marmelade d'abricots.	303
— à l'oseille.	284
— à la purée d'artichauts.	668
— à la purée de cardons.	668
— aux champignons.	284
— aux crevettes.	668
— aux fines herbes.	281
— au fromage.	284
— au jambon.	284
— au lard.	283
— aux morilles.	668
— aux pointes d'asperges.	667
— aux queues d'écrevisses.	668
— aux rognons de mouton.	284
— au rhum.	304
— aux truffes.	667
— soufflée au citron.	297
— soufflée à la vanille.	299
OMELETTES (les trois).	668

ORANGEADE.	802
ORANGES glacées au caramel.	331
— (compote d').	329
— (gelée d') garnie d'oranges.	749
— (salades d') aux liqueurs.	329
— (timbale de fruits) et ananas.	753
OREILLES DE VEAU à la financière.	530
— en tortue.	529
— farcies.	529
ORGE de Francfort (potage d').	386
— pour les soupes de purée.	64
— (potage d') à la crème.	387
— (potage d') à la hollandaise.	373
— (potage d') au blond de veau.	375
ORGEAT.	803
ORLY d'anchois.	480
— d'huîtres.	479
— de soles.	480
— de vives.	480
— (filets de maquereau en).	643
ORTOLANS en caisse.	610
— rôtis.	618
— (buissons d') à la provençale.	594
— (terrine d').	692
OSEILLE pour garnitures.	85, 458
— (omelette à l').	284
— (potage à l') à la crème.	383
— (soupe à l').	58
OUTILLAGE de la cuisine.	4, 11

P

PAIN d'amandes à l'abricot.	779
— d'amandes à l'orange.	778
— d'ananas.	742
— de faisan garni de grenadins de faisan.	594
— de fleurs d'oranger pralinées.	791
— de foie gras à la gelée.	685
— de foie gras à la gelée pour entrée.	701
— de fraises.	743
— de lapereaux froid.	702
— de levraut froid.	702
— de lièvre aux truffes.	614
— de lièvre sauce venaison.	614
— de perdreaux froid.	702
— de riz à l'abricot.	725
— de riz à l'ananas.	726
— de seigle (tranches de) au fromage.	716
— de volaille aux truffes.	585
— de volaille froide.	701
— (petits) d'ananas.	791
— (petit) de bécassines au salpicon.	607
— (sauce au), dit *bread-sauce*.	441
PALAIS DE BŒUF.	133
PANADE, potage maigre.	66
PANNEQUETS aux abricots.	732
PANURE.	113
PAPILLOTE avec sa bobèche et sa tulipe.	824
PARER, terme de cuisine.	7
PARFAIT au café.	797

TABLE DES MATIÈRES. 847

PARISIENNE (filets de saumon aux huîtres et aux écrevisses, dits *à la*). 637
— (nougat à la). 762
— pommes au beurre et au salpicon de fruits, dites *à la*). 733
PARMENTIER (potage purée de pommes de terre, dit). 379
PASTILLES à l'ananas. 791
— à la fraise. 790
— à la groseille. 791
— au punch. 791
PATÉ chaud à la financière. 651
— chaud d'anguille. 654
— chaud de bécasses. 653
— chaud de bécassines. 653
— chaud de cailles. 652
— chaud de mauviettes. 654
— chaud de perdreaux. 653
— de bécasses. 691
PATÉS de foies gras. 690
— de lièvre. 226
— de lièvre (gelée pour). 426
— de perdreaux rouges. 690
— de poularde truffée. 689
— de saumon. 691
— de thon. 691
— de veau et jambon. 224
— de veau (gelée pour). 225
— de volaille. 221
— de volaille (gelée pour). 224
— et terrine de ménage. 219
— (petits) à l'anglaise. 490
— (petits) au foie gras et aux truffes, dits *Monglas*. 470
— (petits) aux légumes. 470
— (petits) aux mauviettes. 470
— (petits) au naturel. 469
PATÉS. 287
— à frire. 112
— d'Italie au consommé. 363
PATISSERIE de ménage. 363
PAUPIETTES de filets de sole. 641
— (filets de merlan en). 646
PAYSANNE (potage à la). 370
PÊCHES à la Condé. 735
— au riz. 734
— (gelée de marasquin garnie de). 747
— (moscovite à la). 753
PERCHE au vin blanc. 248
PERDREAUX à la financière. 600
— à la Périgueux. 600
— à la Sierra-Morena. 592
— en croustade. 593
— rôtis. 215, 617
— rouges à la Régence. 593
— rouges aux truffes. 603
— rouges garnis de foie gras. 602
— (rouges (ballottines de). 700
— rouges (filets de) au suprême froid. 700
— rouges (filets de) à la Toulouse. 604
— rouges (pâté froid de). 690
— rouges (purée de) garnie d'œufs de vanneau. 603
— rouges (suprême de filets de) aux truffes. 605

PERDREAUX (aspics de filets de) à la Bellevue. 704
— (boudins de). 600, 602
— (caisses d'escalopes de). 485
— (chartreuse de). 601
— (chaudfroid de). 699
— (farce de). 466
— (filets de) à la financière. 604
— (fumet de). 419
— (galantine de) à la Bellevue. 699
— (pain de) froid. 702
— (pâté chaud de). 653
— (purée de) pour garnitures. 450
— (salmis de). 601
— (sauce chaudfroid de). 442
— (sauté de filets de) à la purée de perdreaux. 602
— (timbale de nouilles aux escalopes). 662
PERDRIX aux choux. 215
PRIGORD (potage purée de volaille à la). 368
PÉRIGUEUX (sauce). 431
— maigre (sauce). 432
PERSIL frit pour garnitures. 86
— pour garniture de bouilli. 122
PETITS ASPICS pour garnitures. 694
PETITS PAINS à la française au foie gras. 715
— à la française au homard. 716
— à la française au salpicon. 715
— garnis de filets de sole. 716
PETITS PATÉS à l'anglaise. 490
— au foie gras et aux truffes, dits *Monglas*. 470
— aux légumes. 470
— aux mauviettes. 470
— au naturel. 469
PETITS SOUFFLÉS au fromage. 488
— de gibier. 487
— de volaille. 487
— en caisse au café blanc. 740
— en caisse à la fleur d'orange pralinés. 740
— en caisse à la vanille. 740
PETITES MERINGUES aux cerises. 784
— à l'ananas. 784
PIEDS d'agneau à la poulette. 560
— d'agneau farcis à la Périgueux. 559
— d'agneau (marinade de) à la sauce tomate. 204
— de cochon à la Sainte-Menehould. 204
— de mouton à la poulette. 179
— de mouton (marinade de). 180
— de veau à la poulette. 161
— de veau frits. 161
PIGEON. 193
— à l'anglaise. 583
— à la crapaudine. 194
— à la financière. 584
— aux petits pois. 194
— en compote. 193
— rôti.
— (côtelettes de) à la macédoine de légumes. 585
— (côtelettes de) à l'émincé de champignons. 585

PIGEON (côtelettes de) aux pointes d'asperges.	585
— (côtelettes de) panées aux haricots verts.	584
PIGNATELLI (beignets soufflés au fromage, dits).	490
PILAU de homard à la turque.	642
PILET rôti.	618
PINCÉES de sel et de poivre.	86
PINTADE rôtie.	618
PIQUANTE (sauce).	96, 428
PISTACHES aux olives.	785
— (biscuits aux).	785
— (macarons aux).	776
PLOMBIÈRES.	770
PLUM PUDDING au madère.	730
— au rhum.	729
POIDS des légumes.	37
POINTES D'ASPERGES pour garnitures.	456
— (œufs aux).	669
— (omelette aux).	667
POIREAUX (soupe aux).	59, 60
POIRES au riz.	734
— au riz à la vanille.	303
— (charlotte de).	731
— (compote de) de bon-chrétien.	325
— (compote de) de catillac.	325
— (compote de) de martin-sec.	324
— (flan de).	319
— (gelée d'anisette garnie de).	748
POIS à l'allemande (potage).	382
— à l'anglaise.	258
— au lard.	258
— frais (purée de) pour garnitures.	462
— (petits) à la française.	257
— pour garnitures.	456
— secs (purée de), potage maigre.	62
— verts au gras (purée de), potage.	382
— verts au maigre, potage.	383
POISSON (approvisionnements).	31
— (consommé de).	358
— (entrées de).	635
— (essence de).	416
— (glace de).	424
— (potage au consommé de).	374
— (relevés de).	621
— (rissoles de).	489
— (sauce au velouté de).	437
POISSON D'EAU DOUCE.	243
— Voir : anguille, barbillon, brochet, carpe, goujons, perche, tanche, sardines.	
POISSON DE MER.	229
— Voir : alose, anguille de mer, bar, barbue, brême, cabillaud, carrelet, congre, éperlans, esturgeon, hareng, homard, limande, maquereau, merlan, morue, moules, mulet, raie, rouget, saumon, sole, truite, turbot.	
POITRINE d'agneau à la sauce poivrade.	560
— d'agneau sauce Valois.	560
POITRINE de mouton braisée et grillée.	178
— de mouton glacée au céleri à la française.	543
— de mouton glacée à la chicorée.	543
— de mouton grillée à la purée de céleri.	542
— de mouton panée et grillée, sauce béarnaise.	542
— de mouton panée et grillée, sauce Chateaubriand.	543
POIVRADE, sauce.	98, 429
— blanche, sauce.	414
— brune, sauce.	413
— maigre, sauce.	414
— (glace de).	245
POLONAISE (petite casserole de purée de gibier, dite à la).	655
POMMES au beurre.	302
— au beurre et au salpicon de fruits, dites à la Parisienne.	733
— au riz.	733
— meringuées à l'abricot.	302
— (beignets de).	295
— (charlotte de).	731
— (charlotte de) de ménage.	294
— (flan de).	317
— (gelée de).	335
— (gelée d'épine-vinette garnie de).	744
— (marmelade de) glacée.	326
— (timbale de cerises et de).	754
POMMES DE TERRE à la maître-d'hôtel.	262
— à l'eau.	79
— au lait.	262
— frites.	80
— pour garnitures.	79
— pour garnitures, dites Duchesses.	453
— sautées.	80
— (casseroles de) avec blanquette de volaille.	656
— (casserole de) avec escalopes de filets de sole.	658
— (casserole de) avec escalopes de lapereau.	657
— (casserole de) aux quenelles de faisan.	657
— (casserole de) garnie de filets piqués.	656
— (croquettes de) pour garnitures.	452
— (potage purée de), dit Parmentier.	379
— (purée de) pour garnitures.	462
— (salade de) et truffes, dite Demidoff	714
— (soupe aux) et aux poireaux	60
PORC.	201, 547
— andouillettes.	207
— boudin noir et blanc.	208
— choucroute garnie.	207
— cochon de lait rôti.	551
— (carré de) frais rôti à la purée de marrons.	500
— (carré de) frais rôti à la sauce poivrade.	500
— (carré de) fraie rôti à la Soubise.	500
— (carré de) rôti garni de tomates farcies.	549

TABLE DES MATIÈRES.

PORC (côtelettes de) frais à la sauce piquante. 203
— (côtelettes de) frais panées au jus. 204
— (entrées de). 549
— (filet de) à la sauce Robert. 202
— (filet de) frais rôti. 202
— (filets mignons de) à la chicorée. 550
— (filets mignons de) à la maréchale. 551
— (filets mignons de) à la purée de cardons. 551
— (filets mignons de) à la purée de champignons. 551
— (filets mignons de) à la purée de tomates. 551
— (filets mignons de) au céleri à la française. 550
— jambon à la jardinière. 549
— jambon à la milanaise. 549
— jambon aux épinards. 549
— jambon aux nouilles, sauce tomate. 548
— jambon garni de légumes, dit *à la Maillot*. 548
— jambon mariné à la sauce Robert. 547
— (pieds de) à la Sainte-Menehould. 204
— (relevés de). 547
— (rognons de) sautés. 204
— (saucisses de) à la purée. 205
— (saucisses de) au vin blanc. 205
— (saucisses de) crépinettes au riz et à la sauce tomate. 206
— (saucisses de) plates, dites crépinettes. 205
— (saucisses de) sur le gril. 204
POTAGE. 49, 353
— à l'oseille, à la crème. 383
— à la paysanne. 370
— au céleri et au blond de veau. 372
— au consommé de poisson. 374
— aux huîtres d'Ostende. 390
— aux laitues au consommé. 372
— aux laitues farcies. 371
— aux légumes et aux œufs pochés, dit *Colbert*. 370
— aux moules. 391
— aux nids d'hirondelles. 375
— aux nouilles. 362
— aux quenelles de consommé de volaille. 374
— aux quenelles de gibier. 374
— aux quenelles de grenouille. 391
— aux raviolis. 372
— au riz à la turque. 394
— au riz à l'italienne. 394
— aux trois filets. 377
— aux trois racines. 374
— allemand au cumin. 400
— anglais d'abatis d'oies, ou *gibelettes*. 398
— bisque d'écrevisses à la crème. 390
— bisque d'écrevisses au maigre. 389
— bisque d'écrevisses liée. 388
— blond de veau. 355
— bouillabaisse. 392

POTAGE brunoise. 369
— consommé. 356
— consommé à la semoule. 362
— consommé au macaroni. 361
— consommé aux œufs pochés. 360
— consommé aux pâtes d'Italie. 363
— consommé au riz. 360
— consommé au tapioca. 361
— consommé au vermicelle. 361
— consommé de gibier. 357
— consommé de poisson. 374
— consommé de racines fraîches. 359
— consommé de racines sèches. 350
— consommé de volaille. 357
— Crécy au gras. 377
— Crécy au maigre. 378
— crème de légumes, dit *à la Royale*. 367
— crème de navets à la Condé. 360
— crème de truffe et de volaille. 368
— crème de riz au consommé de volaille. 387
— croûte au pot. 359
— de canards à la livonienne. 400
— de lièvre à l'anglaise. 397
— d'orge à la crème. 387
— d'orge à la hollandaise. 373
— d'orge au blond de veau. 375
— d'orge de Francfort. 387
— de pois à l'allemande. 382
— de pois verts au maigre. 383
— de semoule à la chiffonnade d'oseille, dit *Léopold*. 375
— Douglas. 397
— écossais. 397
— étrangers (observations sur les). 394
— fausse tortue. 396
— grand bouillon. 355
— gras, aux laitues. 54
— gras, bouillon à la minute. 51
— gras, riz. 52
— gras semoule. 53
— gras, soupe aux choux. 53
— gras, soupe au pain. 50
— gras, soupe mitonnée. 53
— gras, tapioca. 52
— gras, vermicelle. 51
— hochepot à l'anglaise. 399
— julienne au consommé. 363
— julienne au consommé de racines. 364
— julienne aux œufs pochés. 363
— julienne garnie de crème au consommé, dit *Royale*. 364
— lait d'amandes au riz. 393
— lait d'amandes aux croûtons. 393
— maigre bouillie. 65
— maigre (emploi du beurre dans les soupes maigres). 67
— maigre, julienne. 55
— maigre, panade. 66
— maigre, purée de haricots blancs. 61
— maigre, purée de haricots rouges. 62
— maigre, purée de lentilles. 60
— maigre, purée de pois secs. 62
— maigre, riz au lait. 65
— maigre, au riz, et aux herbes. 64

POTAGE maigre, riz et orge pour les soupes de purée.	64
— maigre, soupe à l'oignon.	57
— maigre, à l'oseille.	58
— maigre, aux poireaux.	59
— maigre, aux pommes de terre et aux poireaux.	60
— maigre, au potiron.	62
— maigre, lié à l'œuf.	58
— maigres de purée (observations sur les).	63
— printanier au consommé.	364
— printanier au consommé maigre.	366
— printanier aux croûtons.	365
— printanier aux quenelles de poisson.	367
— printanier aux quenelles de volaille.	366
— printanier maigre aux œufs pochés.	367
— profiterolles au chasseur.	375
— purée d'asperges.	380
— purée de chicorée.	381
— purée de gibier.	386
— purée de haricots blancs.	62, 384
— purée de haricots rouges, dit Condé.	379
— purée de légumes, dit Faubonne.	384
— purée de lentilles, dit Conti.	381
— purée de marrons.	384
— purée de navets à la crème.	378
— purée de pois verts au gras.	382
— purée de pommes de terre, dit Parmentier.	379
— purée de volaille aux concombres.	385
— purée de volaille, dit à la Périgord.	368
— purée de volaille, dit potage à la Reine.	385
— russe à la purée d'oignons.	401
— russe aux rognons de veau.	412
— sagou.	360
— salep.	362
— tortue.	395
— vertpré.	372
— villageois au macaroni.	379
— (croûtons pour garniture de).	404
POT-AU-FEU.	39
— (ce qui entre dans le).	41
— (coloration du bouillon; caramel).	46
— (conservation du bouillon).	47
— (dégraissage).	45
— (des cuissons prolongées).	47
— (la viande pour).	42
— (légumes).	45
— (manière d'opérer pour le).	43
— (marmites pour).	40
POTIRON (soupe au), potage maigre.	62
POTS DE CRÈME à la vanille.	306
— au café.	305
— au caramel.	306
— au citron.	306
POULARDES à la financière.	566
— à la Godard.	564
— au gros sel.	568

POULARDES aux nouilles.	567
— aux quenelles et aux truffes, dites Montmorency.	566
— au riz de veau et aux truffes, dites Régence.	563
— au riz.	567
— farcies aux légumes.	686
— garnies de légumes, dite à l'anglaise.	565
— rôties.	586
— sauce suprême, avec crêpes farcies frites.	568
— truffées (pâté de).	689
— (blanquette de) à la chicorée, dite à la Talleyrand.	578
— (blanquette de) aux truffes.	579
POULET à la bonne femme.	581
— à la bourguignonne.	184
— à la macédoine.	573
— à la Marengo.	186
— en marinade.	189
— à la mayonnaise.	190
— à la sauce tomate.	188
— à l'estragon.	188
— au beurre d'écrevisses.	574
— au blanc.	189
— au gros sel.	187
— aux huîtres.	573
— au kari.	572
— au riz.	189
— rôti.	189
— sauce ravigote, dite Chivry.	513
— sauté aux champignons.	186
— (ailerons de) pour garnitures.	452
— (ballottines de) à la gelée.	698
— (chaudfroid de) à la gelée.	697
— (cuisses de) à la diable.	577
— (cuisses de) à la purée d'artichauts.	578
— (cuisses de) à la purée de cardons.	578
— (cuisses de) à la purée de céleri.	578
— (cuisses de) à la sauce ravigote.	577
— (cuisses de) à la sauce tomate.	577
— (cuisses de) en papillotes.	577
— (épigrammes de filets de) à la purée de champignons.	576
— (filets de) à la macédoine.	576
— (filets de) à la Toulouse.	575
— (filets de) aux concombres.	575
— (filets de) aux haricots verts.	575
— (filets de) aux petits pois.	575
— (filets de) aux pointes d'asperges.	575
— (filets de) aux truffes, sauce suprême.	574
— (fricassée de).	181
— (fricassée de) à la chevalière.	571
— (fricassée de) à l'essence de racines, dite Saint-Lambert.	570
— (fricassée de) panés et frits, dite Villeroy.	570
— (fricassée de) au lait d'amandes.	572
— (fritot de)	576
— (suprême de) à la gelée.	698
POULETTE (sauce).	99
PRÉFACE.	1

TABLE DES MATIÈRES. 851

PRÉLIMINAIRES (grande cuisine). 341
PRÉSALÉ (noix de) à la jardinière. 534
— (noix de) à la milanaise. 535
— (quartier de) rôti. 546
PRINTANIER (potage) au consommé. 364
— (potage) au consommé maigre. 366
— (potage) aux croûtons. 365
— (potage) aux quenelles de poisson. 367
— (potage) aux quenelles de volaille. 366
— (potage) maigre aux œufs pochés. 367
PRISES de sel et de poivre. 36
PROFITEROLLES (potage) au chasseur. 375
— (pudding). 772
PROVENÇALE (buisson d'ortolans à la). 594
— (homard à la). 650
— (rougets à la). 644
PRUNEAUX (compote de). 326
PRUNES de Brignoles (compote de). 327
— de mirabelles (compote de). 329
— de reine-Claude (compote de). 328
— (flan de). 319
PUDDING cabinet. 730
— glacé, dit *Nesselrode*. 768
— marquise. 767
— d'Orléans. 773
— profiterolles. 772
PUNCH à la romaine. 799
— (gelée au). 746
— (pastilles au). 791
PURÉE (soupes de). 60, 63
— d'artichauts pour garnitures. 460
— d'artichauts (omelette à la). 668
— d'asperges, potage. 380
— d'asperge pour garnitures. 460
— de bécasse pour garnitures. 450
— de cardons pour garnitures. 459
— de cardons (omelette à la). 668
— de céleri en branches pour garnitures. 461
— de champignons pour garnitures. 462
— de chicorée, potage. 381
— de faisan pour garnitures. 449
— de faisan en croustade, garnie de filets piqués. 509
— de gibier (bouchées de). 472
— de gibier (potage à la). 386
— de gibier (timbales de nouilles à la). 478
— haricots pour garnitures. 461
— de haricots blancs (potage à la). 384
— de haricots rouges, dite *Condé*, potage. 379
— de lapereau pour garnitures. 450
— de légumes (potage à la), dit *Faubonne*. 384
— de lentilles, potage, dite *Conti*. 381
— de lentilles pour garnitures, dite *Conti*. 461
— de levraut pour garnitures. 450
— de marrons glacés. 788
— de marrons pour garnitures. 624

PURÉE de marrons (potage à la). 384
— de navets à la crème, potage. 378
— de navets pour garnitures. 462
— d'oignons blanche, dite *Soubise*, pour garnitures. 460
— d'oignons rouge, dite *bretonne*, pour garnitures. 460
— d'oignons (potage russe à la). 401
— de perdreau pour garnitures. 450
— de perdreaux rouges garnis d'œufs de vanneau. 603
— de pois frais pour garnitures. 624
— de pois verts au gras, potage. 382
— de pommes de terre pour garnitures. 462
— de pommes de terre (potage), dit *Parmentière*. 379
— de tomates pour garnitures. 463
— de truffes pour garnitures. 463
— de volaille pour garnitures. 449
— de volaille (aspic de), dit *à la Reine*. 705
— de volaille (aspic de) et de truffes, dit *demi-deuil*. 705
— de volaille (bouchées de) dite *à la Reine*. 472
— de volaille (potage), à la Périgord. 368
— de volaille (potage) aux concombres. 385
— de volaille (potage), dit *potage à la Reine*. 385

Q

QUARTIER d'agneau rôti. 561
— de chevreuil. 589
— de présalé rôti. 546
QUASI DE VEAU à la nivernaise. 518
— aux nouilles à l'allemande. 519
— garni de carottes flamandes. 519
— garni de choux-fleurs. 518
QUENELLES au consommé de volaille (potage aux). 374
— de gibier (potage aux). 374
— de grenouilles (potage aux). 391
— de lapereau (vol-au-vent). 663
— de poisson (potage printanier aux). 367
— de volaille (potage printanier aux). 366
— de volaille (vol-au-vent) aux. 663
— pour potage (observations sur les). 365
QUEUE de bœuf frite. 135
— de bœuf hochepot. 134
— d'écrevisses (canapés de). 718
— d'écrevisses (coquilles de). 483
— d'écrevisses (omelettes aux). 668
— de mouton à la purée de lentilles, dite *Conti*. 544
— de mouton à la purée d'oseille. 545
— de mouton à la sauce Valois. 545
— de mouton à la Soubise. 545
— de mouton garnie de concombres. 545

R

RABLE de chevreuil à la sauce poivrade.	559
— de lapereau en papillotes.	614
— de lièvres piqués, glacés, sauce poivrade.	612
RACINES (consommé de) fraîches.	359
— (consommé de) sèches.	359
— (potage aux trois).	374
RADIS noir.	191
— roses.	115
RAFRAICHIR, terme de cuisine.	7
RAGOUT à la financière.	452
RAIE au beurre noir.	234
— à la sauce aux câpres.	235
RAIFORT (sauce)	442
RAISINS glacés au caramel.	332
RAMEQUINS.	490
RAVIGOTE (beurre de).	420
— (sauce).	441
RAVIOLIS (potage aux).	372
RÉDUCTION.	27
REGENCE (poulardes aux ris de veau et aux truffes, dites).	563
— (sauce à l'essence de volailles, dite).	434
RELEVÉS d'agneau.	553
— de bœuf.	493
— de mouton.	533
— de poisson.	547
— de porc.	547
— de veau.	511
— de volaille.	563
RÉMOULADE, sauce.	101
REVENIR, terme de cuisine.	7
RHUM (baba au).	760
RICHELIEU (boudins de volaille au salpicon, dits à la).	580
RIS de veau à la financière.	525
— de veau à la macédoine.	525
— de veau à la nivernaise.	526
— de veau au jus, chicorée, oseille, épinards, sauce tomate.	155
— de veau aux petits pois.	525
— de veau aux pointes d'asperges.	525
— de veau en blanquette aux truffes.	526
— de veau panés, dit à la Maréchale.	527
— de veau (cromesquis de).	477
— de veau (croquettes de).	474
— d'agneau (blanquette de) aux truffes.	560
— d'agneau (caisses de).	485
— d'agneau (cassolettes de).	481
RISSOLES de farce de volaille.	489
— de gibier.	489
— de poisson.	489
RIZ à l'impératrice.	770
— à la ménagère.	290
— au consommé.	360
— au lait.	64
RIZ au plat à la vanille.	301
— pour les soupes de purées.	64
— (abricots au).	734
— (casserole au) garnie de ris d'agneau.	655
— (croquettes de).	301
— (gâteau de) au citron.	300
— (lait d'amandes au), potage.	393
— (pain de) à l'abricot.	726
— (pain de) à l'ananas.	726
— (pêches au).	734
— (poires au).	734
— (poires au) à la vanille.	303
— (pommes au).	733
— (potage au) à l'italienne.	394
— potage au) à la turque.	394
— (potage au) gras.	52
— (potage au) et aux herbes, maigre.	64
— (potage crème de) au consommé de volaille.	387
ROBERT (sauce).	430
ROCHER de glace.	797
ROGNONS de bœuf sautés.	137
— de coq pour garniture.	448
— de mouton à la brochette.	179
— de mouton panés et grillés.	179
— de mouton (omelette aux).	284
— de porc sautés.	204
— de veau grillés à la maître-d'hôtel.	162
— de veau sautés.	163
— de veau (potage russe aux rognons de).	401
ROMAINE (punch à la).	799
ROSACES aux fondants à l'anisette.	786
ROTI.	108
— d'agneau.	561
— de bœuf.	493, 509
— de boucherie.	138
— de gibier.	617
— de gibier composé.	618
— de mouton.	546
— de veau.	531
— de volaille.	586
— aloyau rôti.	138, 509
— bécasses et bécassines rôties.	617
— becfigues et ortolans rôtis.	618
— cailles rôties.	618
— canards sauvages, pilets, sarcelles et rouges de rivière, rôtis.	618
— carré de veau rôti.	531
— coq de bruyère rôti.	617
— côte de bœuf rôtie.	138, 510
— dinde grasse rôtie.	586
— dinde truffée, rôtie.	587
— faisan rôti.	617
— filet de bœuf rôti.	139, 509
— gelinottes rôties.	617
— longe de veau rôtie.	531
— mauviettes rôties.	618
— perdreaux gris et rouges rôtis.	617
— pintades rôties.	618
— poularde rôtie.	586
— quartier d'agneau rôti.	561
— quartier de présalé rôti.	546
— selle d'agneau rôtie.	562

TABLE DES MATIÈRES.

ROTI, selle de mouton rôtie. 546
ROUGE de rivière, rôti. 618
ROUGET à la provençale. 644
— en papillotes. 614
— grillé à la maître-d'hôtel. 240
ROUX (liaison au). 88
ROYALE (julienne), potage. 364
— (potage crème de légumes, dit à la). 367
RUSSE (gelée de madère, dite à la). 749
— (potage) à la purée d'oignons. 401
— (potage) aux rognons de veau. 401
— salade). 710

S

SAGOU, potage. 362
SAINT-FLORENTIN (aloyau rôti à la sauce Robert, dit). 496
SAINT-LAMBERT (fricassée de poulet à l'essence de racines, dite). 570
SALADE allemande. 712
— d'anchois. 721
— de bouilli. 128
— d'été. 713
— d'hiver. 712
— de haricots verts. 715
— de homard. 710
— de légumes. 274
— d'orange aux liqueurs. 329
— de pommes de terre et de truffes, dite *Demidoff*. 714
— de salsifis. 712
— de saumon. 709
— turbot. 709
— italienne. 712
— macédoine. 714
— russe. 710
— suédoise. 713
SALEP, potage. 362
SALMIS de bécasses. 607
— de bécassines. 607
— de canards sauvages. 611
— de cuisses de caneton. 582
— de faisan. 598
— de mauviettes pour ménage. 218
— de perdreaux. 601
SALPICON (bouchées au). 472
SALSIFIS à la sauce blanche. 268
— frits. 269
— (salade de). 712
SANDWICHS à la volaille. 717
— au foie gras. 717
— au jambon. 716
SANG (liaison au). 89
SANGLER, terme de cuisine. 351
SANGLIER (filets mignons de) à la sauce Robert. 612
— (hure de). 687
— (jambon de) à la sauce venaison. 519
SARCELLE rôtie. 618
SARDINES. 117

SARDINES fraîches. 251
SAUCES. 403
— en général (des). 405
SAUCE à la bigarade. 435
— à la diable. 434
— à la maître-d'hôtel liée, dite *Chateaubriand*. 431
— à l'essence de volaille, dite *Régence*. 434
— allemande. 411
— au beurre. 436
— aux crevettes. 734
— au homard. 436
— aux huîtres. 436
— au jus d'échalotes. 435
— au pain, dite *bread-sauce*. 441
— au velouté de poissons, dite *water-fish*. 437
— béarnaise. 437
— béchamel à l'ancienne. 411
— béchamel chaudfroid. 442
— béchamel de volaille. 412
— béchamel maigre. 412
— beurre d'anchois. 432
— beurre fondu. 95
— beurre noir. 95
— blanche. 90
— bordelaise. 430
— chaudfroid de perdreau. 442
— chaudfroid de volaille. 442
— de ménage. 90
— d'Uxelles. 428
— espagnole grasse. 407
— espagnole maigre. 409
— financière pour gibier. 434
— financière pour poisson. 433
— financière pour volaille. 433
— française. 440
— genevoise. 431
— Godard. 435
— hollandaise. 93
— italienne. 97, 429
— jus de viande. 102
— madère. 430
— maître-d'hôtel. 94
— maître-d'hôtel liée. 431
— matelote. 429
— mayonnaise à la gelée. 441
— mayonnaise blanche. 101
— mayonnaise verte. 101
— menthe. 442
— mères. 407
— Périgueux. 431
— Périgueux maigre. 432
— piquante. 96, 428
— poivrade. 98, 429
— poivrade blanche. 414
— poivrade brune. 413
— poivrade maigre. 414
— poulette. 99
— pour venaison. 443
— raifort. 442
— ravigote. 441
— rémoulade. 101
— Robert. 430
— suprême. 439

SAUCE tartare.	102
— tomate.	99, 432
— tortue.	438
— Valois.	488
— velouté gras.	410
— velouté maigre.	410
— vénitienne.	438
SAUCISSES à la purée.	205
— au vin blanc.	205
— dites *chipolata*.	451
— chipolata pour garnitures.	451
— plates, dites *crépinettes*.	205
— crépinettes au riz et à la sauce tomate.	206
— sur le gril.	204
SAUCISSONS.	116
— (bateau de jambon et).	721
SAUMON.	231
— à la Chambord.	621
— aux truffes (timbale de).	661
— en mayonnaise.	693
— fumé (bateau de).	720
— fumé (canapé de).	719
— garni de coquilles de homard.	622
— garni de croquettes de crevettes.	623
— garni d'orlys de filets de truite.	622
— (boudins de) au beurre d'écrevisses.	638
— (cromesquis de).	477
— (darne de) à la financière maigre.	635
— (darne de) à la sauce aux huîtres.	635
— (darne de) à la sauce genevoise.	636
— (darne de) au beurre de Montpellier.	707
— (darne de) grillé à la maître-d'hôtel.	636
— (filets de) à l'américaine.	480
— (filets de) à la Périgueux maigre.	637
— (filets de) à la ravigote maigre.	637
— (filets de) à la vénitienne.	637
— (filets de) aux huîtres et aux crevettes, dits *à la Parisienne*.	637
— (filets de) garnis de pommes de terre, dits *à la Montreuil*.	636
— (pâté de).	691
— (salade de).	709
— (vol-au-vent aux escalopes de).	664
SAUTÉ DE FILETS de perdreaux à la purée de perdreaux.	602
SAUTER, terme de cuisine.	7
SAUTÉS (observations sur les).	142
SAVARIN.	728
SELLE d'agneau rôtie.	562
— de chevreuil.	590
— de mouton à la purée de céleri.	536
— de mouton garnie de carottes et de laitue.	536
— de mouton garnie de croquettes de pommes de terre.	536
— de mouton rôtie.	546
SEMOULE, potage gras.	53
— en consommé.	362
— (gâteau de) à la fleur d'oranger pralinée.	301
— (potage de) à la chiffonnade d'oseille, dit *Léopold*.	357

SERVICE à la française et à la russe.	344
— de la table et de la cuisine.	37
SERVIETTE pour friture, couvert.	822
SICILIENNE entremets sucré.	767
SINGARA (côtelettes de veau aux lames de jambon, dites).	523
SOCLES (observations sur les).	677
— pour fonds de plats.	679
— pour grosses pièces.	678
SOLE à la Colbert.	639
— à la normande.	638
— aux fines herbes.	233
— au gratin.	232
— au vin blanc.	232
— frite.	233
— (aspics de filets de) à la sauce ravigote.	706
— (bateau de filets de) aux anchois.	719
— (bouchées de filets de).	473
— (coquilles de).	484
— (croquettes de filets de).	476
— (filets de) à la vénitienne.	640
— (filets de) aux crevettes.	641
— (filets de) aux écrevisses et aux truffes, dits *à la Joinville*.	640
— (filets de) au gratin.	639
— (filets de) aux huîtres.	641
— (mayonnaise de filets de).	709
— (orly de).	480
— (paupiettes de filets de).	641
— (petits pains garnis de filets de).	716
SORBETS.	795
— au kirsch.	800
— au rhum.	800
SOUBISE (purée d'oignons blanche, dite).	460
SOUFFLÉ à la fleur d'oranger pralinée.	783
— à la vanille.	299
— aux avelines.	783
— (petits) au fromage.	488
— (petits) de gibier.	487
— (petits) de volaille.	487
— (petits) en caisse à la fleur d'oranger pralinée.	740
— (petits) en caisse à la vanille.	740
— (petits) en caisse au café blanc.	740
SOUPE. Voir *Potages*.	
SULTANE à la Chantilly.	762
SUPRÊME de filets de perdreaux rouges aux truffes.	605
— de fruits.	735
— de poulets à la gelée.	698
— (sauce).	439
SURPRISE (biscuits de crème glacée, dite en).	765

T

TABLE (service de la) et de la cuisine.	4, 36
TABLETTES de café blanc.	789

TABLE DES MATIÈRES.

TABLETTES de cerises. 789
— de chocolat blanc. 789
— de thé à la crème. 789
TALLEYRAND (blanquette de poulardes à la chicorée, dite à la). 578
— (timbale de truffes à la). 673
TANCHE à la poulette. 248
TAPIOCA au consommé. 361
— potage gras. 52
TARTARE (sauce). 102
TARTELETTE aux foies gras, dites Chevreuses. 481
— d'amandes à l'ananas. 779
TENDONS DE VEAU à la macédoine. 528
— à la purée d'artichauts. 528
— aux petits pois. 527
— à la provençale. 154
TENUE de la CUISINE (installation et). 4, 7
TERMES de cuisine. 5, 350
TERRINES et pâtés de ménage. 219
— de dinde. 219
— de foies gras. 629
— de lièvre. 220
— d'oie. 220
— d'ortolans. 692
TÊTE DE VEAU à la financière. 512
— à la poulette. 158
— à la sauce dite pauvre-homme. 157
— à la vénitienne. 531
— au naturel. 156
— marinade. 158
— en tortue. 511
THÉ (tablettes de) à la crème. 789
THON (bateau de). 720
— (pâté de). 401
TIMBALE à la chasseur. 660
— de cerises et de pommes. 754
— d'escalopes d'esturgeon. 660
— de fruits. 736
— de fruits à la macédoine. 754
— de fruits, oranges et ananas. 753
— de gaufres aux avelines. 757
— de gaufres au marasquin. 758
— de macédoine. 736
— de nouilles à la purée de gibier. 478
— de nouilles au chasseur. 478
— de nouilles aux escalopes de perdreau. 266
— de nouilles au jambon. 661
— de nouilles au salpicon. 662
— de saumon aux truffes. 661
— de truffes à la Talleyrand. 613
— milanaise. 659
TOMATES farcies. 265
— farcies pour garnitures. 456
— (purée de) pour garnitures. 463
— (sauce aux). 99, 433
TORTUE (oreilles de veau en). 529
— (potage). 395
— (potage fausse). 396
— (sauce). 438
— (tête de veau en). 511
TOTFAIT. 321
TOULOUSE (casserole d'ailerons de poulet, dit à la). 656

TOULOUSE (filets de perdreaux rouges à la). 604
— (filets de poulets à la). 657
TOURNEDOS, entrée de bœuf. 507
TOURNER, terme de cuisine. 7
TRANCHES DE PAIN de seigle au fromage. 716
TRAVAILLER, terme de cuisine. 351
TROIS filets (potage aux). 377
— omelettes (les). 668
— racines (potages aux). 374
TRUFFES à la serviette. 673
— à l'étouffée au vin de Champagne. 673
— en olives ou en boules pour petites garnitures. 416
— (pour grosses garnitures). 445
— (buisson de). 693
— (crème de) et volaille, potage. 368
— (essence de). 415
— (omelettes aux). 667
— (petits pâtés au foie gras et aux), dits Monglas. 470
— (purée de) pour garnitures. 463
— (timbale de) à la Talleyrand. 673
TRUITE. 231
— à la Chambord. 627
— garnie de coquilles de queues d'écrevisses. 628
— garnies de laitances frites. 628
— garnies de pommes de terre et de crevettes. 628
TURBOT. 229
— garni de coquilles de laitances. 624
— garni de croquettes de sole et de truffes. 624
— garni d'éperlans frits et de pommes de terre. 623
— garni d'huîtres frites et d'écrevisses. 624
— (coquilles). 484
— (croquettes de). 476
— (salade de). 709
— (vol-au-vent à la béchamel de). 664
TURQUE (pilau de homard à la). 642

U

USTENSILES de cuisine. 12
UXELLES pour garnitures. 72
— (huîtres d'). 479
— (sauce d'). 428

V

VACHERIN à la vanille. 756
VALOIS (sauce). 438
VANILLE (mousse à la). 756
— (vacherin à la). 756
VARIANTE au vinaigre. 118
VEAU. 143, 511

VEAU à la bourgeoise. 145
— à la bourgeoise et à la gelée. 146
— rôti. 143
— (blanquette de). 144
— (blanquette de) aux champignons en croustade. 521
— (carré de) piqué garni de purée de chicorée. 519
— (carré) piqué garni d'épinards au velouté. 520
— (carré de) piqué garni de macédoine de légumes. 250
— (carré de) garni piqué d'oignons glacés. 520
— (carré de) rôti. 531
— (cervelle de) au beurre de Montpellier. 696
— (cervelle de) au beurre noir. 162
— (cervelle de) en matelote. 161
— (cervelle de) sauce ravigote. 530
— (côtelettes de) à la Dreux, garnies de champignons, 524
— (côtelettes de) à la Dreux, garnies de purée de navets. 524
— (côtelettes de) à la gelée. 696
— (côtelettes de) à la maître d'hôtel. 149
— (côtelettes de) à la purée d'oseille. 523
— (côtelettes de) à la sauce piquante. 149
— (côtelettes de) à la sauce tomate. 150
— (côtelettes de) aux carottes. 151
— (côtelettes de) aux lames de jambon, dites *Singara*. 523
— (côtelettes de) en papillote. 151
— (côtelettes de) grillées et panées. 149
— (côtelettes de) piquées de langues, lard et truffes, dites *à la Dreux*. 425
— (côtelettes de) sautées aux champignons. 150
— (entrées de). 516
— (épaule de) farcies. 165
— (escalopes de) à l'anglaise, purée d'artichauts. 521
— (escalopes de) à la purée de cardons. 521
— (escalopes de) à la purée de céleri. 520
— (escalopes de) à la sauce vénitienne. 521
— (escalopes de) aux fines herbes. 153
— (escalopes de) aux navets glacés. 520
— (filets de) en grenadins à la nivernaise. 522
— (filets de) mignons avec blanquette d'artichauts. 522
— (filets de) mignons panés et grillés avec purée de chicorée. 522
— (foie de) à la bourgeoise. 163
— (foie de) à la lyonnaise. 164
— (foie de) sauté à la ménagère. 165
— (foie de) sauté à l'italienne. 164
— (fraise de) à la vinaigrette. 160
— (fricandeau). 148
— (langue de) à la Soubise. 530
— (langue de) au gratin. 159
— (langue de) parée, grillé à la maître-d'hôtel. 530

VEAU (longe de) à la béchamel, dite *en surprise*. 514
— (longe de) à la financière. 515
— (longe de) à la jardinière. 513
— (longe de) à la macédoine. 515
— (longe de) braisée. 47
— (longe de) farcie. 83
— (longe de) garnie de champignons et tomates farcies. 514
— (longe de) garnie de croquettes milanaises. 16
— (longe de) garnie d'escalopes de cardons. 514
— (longe de) garnie de rognons. 516
— (longe de) rôtie. 531
— (mou de). 159
— (noisettes de) aux champignons émincés. 528
— (noisettes de) aux truffes. 529
— (noisettes de) avec blanquette d'artichauts en escalopes. 528
— (noix de) à la chicorée. 516
— (noix de) à la gelée. 695
— (noix de) à la jardinière. 517
— (noix de) à l'oseille. 517
— (noix de) à la purée de champignons. 517
— (noix de) au céleri à la française. 518
— (noix de) aux concombres. 518
— (oreilles de) à la financière. 530
— (oreilles de) en tortue. 529
— (oreilles de) farcies. 529
— (pâté de) et jambon. 224
— (pieds de) à la poulette. 161
— (pieds de) frits. 161
— (potage russe aux rognons de). 401
— (quasi de) à la nivernaise. 518
— (quasi de) aux nouilles à l'allemande. 519
— (quasi de) garni de carottes flamandes. 519
— (quasi de) garni de choux-fleurs. 518
— (relevés de). 511
— (ris de) à la financière. 525
— (ris de) à la macédoine. 525
— (ris de) à la nivernaise. 526
— (ris de) au jus, chicorée, oseille, épinards, sauce tomate. 155
— (ris de) aux petits pois. 525
— (ris de) aux pointes d'asperges. 525
— (ris de) en blanquette aux truffes. 526
— (ris de) panés, dits *à la Maréchale*. 527
— (rognons de) grillés à la maître-d'hôtel. 162
— (rognons de) sautés. 163
— (rôtis de). 531
— (tendons de) à la macédoine. 528
— (tendons de) à la provençale. 154
— (tendons de) à la purée d'artichauts. 528
— (tendons de) aux petits pois. 527
— (tête de) à la financière. 512
— (tête de) poulette à la 158
— (tête de) à la sauce dite *pauvre-homme*. 157

TABLE DES MATIÈRES.

VEAU (tête de) à la vénitienne.	531
— (tête de) au naturel.	156
— (tête de) en marinade.	158
— (tête de) en tortue.	511
VELOUTÉS gras, sauce.	410
— maigre, sauce.	410
— de poisson (sauce au), dite *waterfish*.	437
VENAISON (sauce pour).	443
VÉNITIENNE (sauce).	438
VERJUS glacé.	788
— (compote de).	792
VERMICELLE au consommé.	361
— (potage), gras.	51
VERT-PRÉ (potage).	372
VIANDE de boucherie (approvisionnement).	29
— pour pot-au-feu.	42
— (gelée de).	426
— (glace de).	423
VILLAGEOIS (potage).	376
VILLEROY (fricassée de poulets panés et frits, dite).	570
— (huîtres panées et frites).	479
VINS DE CUISINE (observations sur les).	403
VIVES (orly de).	480
VOLAILLE.	181, 563
— (approvisionnement de).	29
— (aspics de purée de), dits à la Reine.	705
— (aspics de purée de) et de truffes, dits *demi-deuil*.	705
— (béchamel de), sauce.	412
— (boudin blanc de).	487
— (boudins de) à la purée d'artichauts.	581
— (boudin de) à la purée de champignons.	581
— (boudin de) à la purée de truffes.	580
— (boudins de) aux crevettes.	581
— (boudin de) au salpicon, dit à la Richelieu.	580
— (consommé de).	357
— (crème de) et truffes, potage.	368
— (coquilles de).	482
VOLAILLE (cromesquis de).	476
— (croquettes de).	474
— (entrées de).	570
— (essence de).	415
— (escalopes de foies gras aux truffes).	581
— (farce de).	466
— (foies gras cloutés au vin de Madère).	581
— foies gras en caisse, à la purée de truffes.	582
— (glace de).	423
— (marinade de).	189
— (pain de) aux truffes.	585
— (pain de) froid.	701
— (pâté de).	221
— (petits soufflés de).	487
— (potage à la purée de), dit *potage à la Reine*.	385
— (potage à la purée de) aux concombres.	385
— (purée de) pour garnitures.	449
— (relevés de).	563
— (rissoles de farce de).	489
— (rôtis de).	568
— (sandwichs à la).	717
— (sauce à l'essence de), dite *régence*.	434
— (sauce chaudfroid de).	442
Voir : Canards, canetons, dinde, oie, pigeon poularde, poulet.	
VOL-AU-VENT à la béchamel de morue.	664
— à la béchamel d'œufs.	664
— à la béchamel de turbot.	664
— à la financière.	662
— à la normande.	665
— aux escalopes de saumon.	664
— aux quenelles de lapereau.	663
— aux quenelles de volaille.	663
— aux quenelles de laitances.	665

W

WATERFISH (sauce au velouté de poisson, dite).	437

FIN DE LA TABLE DES MATIÈRES.

II

TABLE DES GRAVURES SUR BOIS

A

Agneau (carré d').	562
— (quartier d').	553
Aigle.	621
Aiguilles à brider.	17
Andouillette ciselée, crue et cuite.	206
Anguille.	229
Artichauts.	275
Asperges pour garnitures.	468
Attributs de cuisine.	3

B

Bain-marie à glace.	443
Barbue.	621
Bassin à blanc d'œufs, et son fouet.	741
Bassine à blanchir les légumes.	670
— à confitures.	334
Batte en acier pour aplatir.	16
Bavarois à la vanille.	309
— (démoulage du).	307
Billot de pain frit.	565
— pour dresser la volaille et le gibier.	599
Biscuit à la crème.	774
Bœuf rôti, garni de pommes de terre.	493
— (côte de) à la gelée.	675
— (pièce de) garnie de racines.	121
— (côte de) braisée, garnie.	123
Boîte à colonne.	75
— à coupe-pâtes.	738
— à glacer.	732

Bol à bouillon	67
Bouchées.	469
Braisière.	683
Brochet.	229

C

Caisse à bain-marie.	403
— pour soufflés, cailles, mauviettes.	491
Carottes tournées pour potage et garnitures.	454
Carpe.	229
Casserole à glacer.	424
— à légumes.	352
— de pommes de terre garnie d'escalopes de lapereau.	651
Céleri en branches.	674
Champignons (position des mains pour tourner les).	71
Charlotte de pommes.	295
— russe.	723
Chou-fleur.	87
Compote de poires.	804
Coquille pour hors-d'œuvre.	630
Couperet en fer.	16
Couteau cannelé.	71
— à hacher pour farces et légumes.	84
— à légumes.	79
— de cuisine.	17
Couvert (le) mis et le potage sur la table.	IX
Crêtes Villeroy.	469
Croquettes de bouilli.	127
Croûtons de gelée.	681
Cuillers et écumoires.	13
Cuillers à légumes.	74

D

Démoulage du bavarois.	307
Dessert.	323, 775
Dindon bridé pour relevé.	563
Dressage en sens inverse.	640

E

Écrevisses (buisson d').	250
Éperlans (brochettes d').	239
Étui à lardoire	15

F

Filet contisé et aspic.	694
Filets de lapereau contisés.	613
— pour casseroles au riz à la polonaise.	603
Four de campagne.	299
Fourneau modèle.	23
— coupe montrant l'appareil pour rôtir.	23
Fricandeau.	148

G

Galette des Rois.	321
Garde-manger à appartement.	19
— pour fenêtre.	81
Garnitures.	69, 443
Gibier.	389
Gradins pour buisson d'écrevisses.	251
Grenadins de bœuf.	510
Gril.	109

H

Hors-d'œuvre.	115
Hure de marcassin.	619

J

Jambon d'York.	547
Jambonneau.	207

L

Lardoire (grosse et moyenne).	16
Légumes.	253
Liaison (mains faisant la).	88
Lièvre à la broche.	107

M

Macaroni au gratin.	291
Marmites.	39
— en cuivre.	40
Mauviettes à la broche.	218
Mayonnaise de volaille.	190
Melon cantalou.	119
Merlans.	237, 252, 621
Miroton.	142
Mortier et son pilon.	317
Moule à cylindre uni.	742
— à flan.	317
— à pâté.	222
— pour charlottes.	731
— pour galantine.	721
Moules.	469
Mouton (botte de pieds de).	180
— (carbonade de).	546
— (côtelettes de).	177
— (gigot de).	169
— (selle de).	533

N

Navets tournés pour potages et garnitures.	454
Navette de plomb.	313
Nids d'hirondelle.	353
Nougat.	311

O

Œufs dans un calbanon.	105
— à la coque.	285
— à la coque (soupière en faïence pour).	277
— à la neige.	293
— farcis.	667
Oie à la choucroute.	199
Omelette soufflée, crue.	298
Oreilles de veau à la financière.	511

P

Pain pour potage.	402
Papillote avec sa bobèche ou tulipe.	804
Passoire (grande), en cuivre.	14
— dite *Chinois*.	15
Pâté.	219
Pâtes.	287
Perdreau rôti.	113
Perdrix aux choux.	209
Petits pâtés.	469
Pieds de cochon truffés.	552
Pieds de mouton (botte de).	180
Pigeon à la crapaudine.	199
Pigeons à l'anglaise.	583
— de volière.	587
Plat ovale pour gratin.	14
— à sauter.	150
Poêle à crêpes.	304
— à frire avec sa grille.	111
— à omelettes.	282
Poêlon d'office.	795
Pommes de calville.	336
Porc.	201
Poulet (fricassée de).	181

Q

Quenelles.	366
Queue de bœuf.	353

R

Réchaud, plat et cloche.	341

Ris de veau clouté pour garnitures.	526
Rondelle de bois pour mettre sous les entremets de pâtisserie.	766
Rouleau pour pâtisserie.	313

S

Salade d'escarole.	384
Salière de cuisine.	84
Scie pour boucherie.	18
Serviette (manière de plier la), pour friture, couverts, etc.	802
Soufflet de cuisine.	4
Soupière et accessoires.	49

T

Tamis pour purée.	61
Terrine.	227
Timbales.	469
Tortue.	353

V

Veau (cervelle de).	167
— (côtelettes de) à la Dreux.	532
— (côtelettes de) en papillote.	152
— fricandeau.	148
— (quasi de) rôti.	144
— (tête et pieds de).	143
Vol-au-vent.	665

FIN DE LA TABLE DES GRAVURES SUR BOIS.

III

TABLE DES PLANCHES ET DESSINS

Planches.		Pages.
I.	Frontispice	Titre.
II.	Bœuf de bonne qualité	⎫
	Bœuf de mauvaise qualité	⎬ 28
	Rognons de bœuf de mauvaise qualité	⎬
	Rognons de bœuf de bonne qualité	⎭
III.	Mouton de mauvaise qualité	⎫
	Mouton de bonne qualité	⎬ 30
	Veau de mauvaise qualité	⎬
	Veau de bonne qualité	⎭
IV.	Hors-d'œuvre	154
V.	Fricandeau	⎫
	Côtelettes de mouton parées	⎬
	Côtelettes de mouton non parées	⎬ 174
	Rognons de mouton à la brochette	⎬
	Entre-côte de bœuf	⎬
	Aloyau	⎭
VI.	Tête de veau naturel	154
VII.	Poulet prêt à être découpé	⎫ 190
	Membres du poulet découpé	⎭
VIII.	Pigeons bridés et bardés sur broche	⎫
	Poulets bridés pour entrée	⎬ 190
	Canards bridés	⎬
	Poulet bridé pour rôti	⎭
IX.	Dindon cru sur la broche	⎫ 192
	Dindon rôti débroché	⎭
X.	Hâtelets de racines	⎫ 488
XI.	Filet à la jardinière (relevé)	⎭

XII.	Tête de veau en tortue	⎫
XIII.	Filets de poulets aux truffes, sauce suprême	⎬ 563
	Côtelettes d'agneau aux haricots verts	⎭
XIV.	Poularde à la Godard	⎫
XV.	Casserole de purée de gibier.	⎬ 588
	Chartreuse de perdreaux	⎭
XVI.	Saumon à la Chambord	⎫ 618
XVII.	Grande matelote pour relevé.	⎭
XVIII.	Pâté chaud à la financière.	⎫ 668
	Timbale milanaise.	⎭
XIX.	Galantine de dinde sur socle	⎫
XX.	Chaudfroid de poulet à la gelée	⎬ 682
	Aspics à la Bellevue.	⎭
XXI.	Saumon en mayonnaise.	⎫
XXII.	Buisson de coquillages.	⎬ 694
XXIII.	Salade de homard	⎭
	Mayonnaise de filets de sole.	
XXIV.	Pommes à la Parisienne	⎫ 760
	Gelée de macédoine de fruits	⎭
XXV.	Dessert varié.	

FIN DE LA TABLE DES PLANCHES ET DESSINS.

2950-92. — CORBEIL. Imprimerie CRÉTÉ.

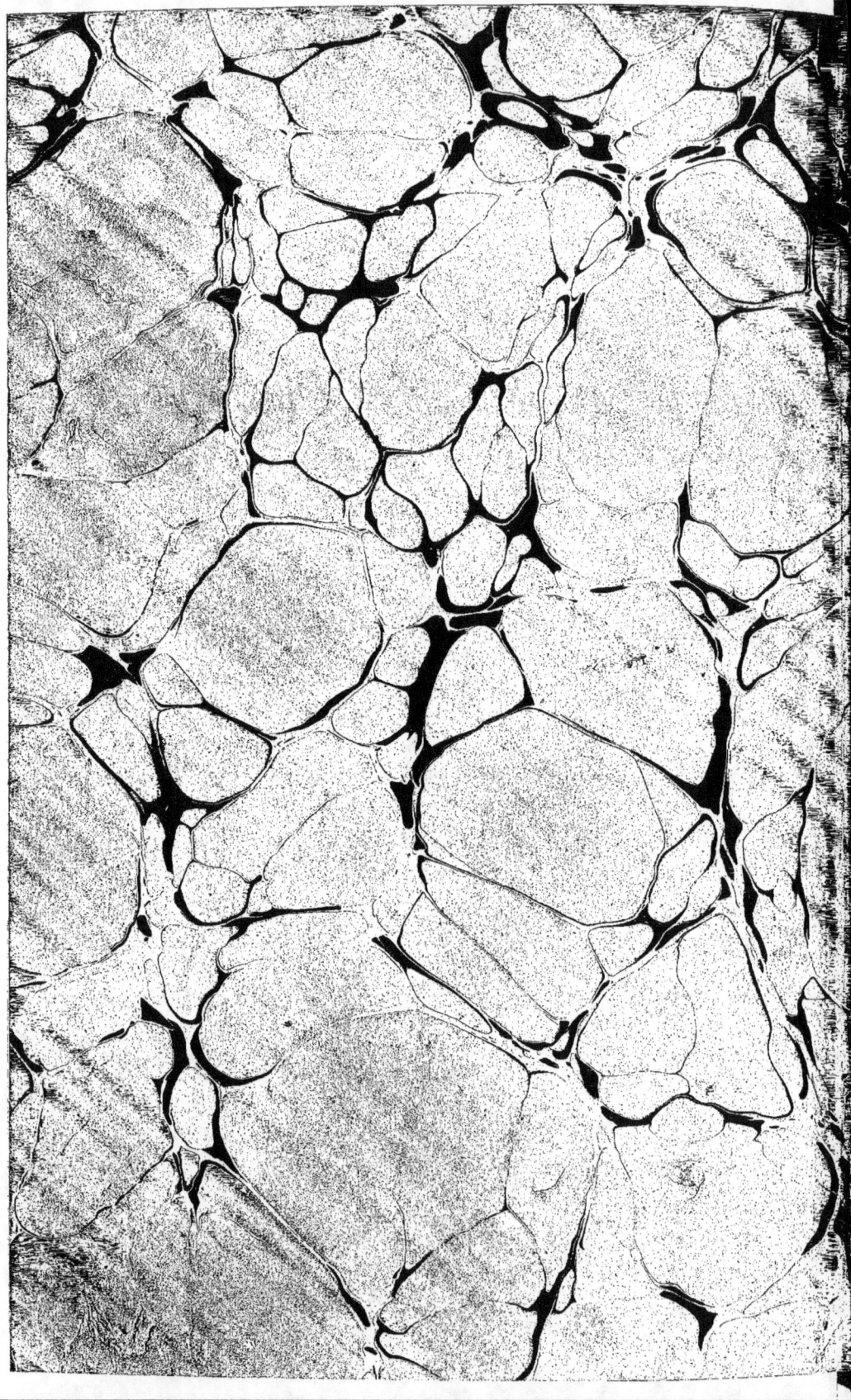

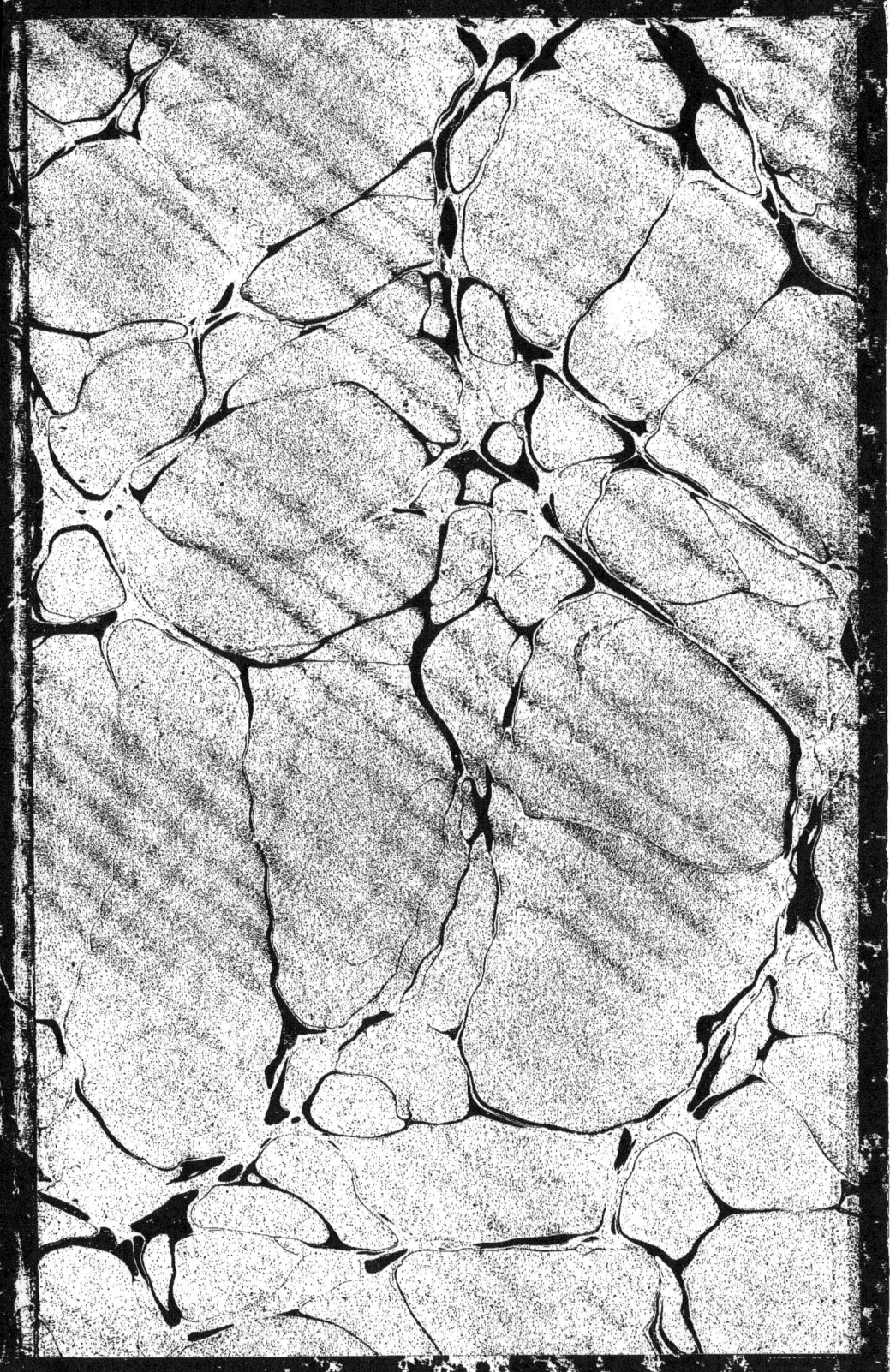

4° N.F.
15171
(2)